ZETMAN

1

MASAKAZU KATSURA

INHALT

Prolog:
Jin

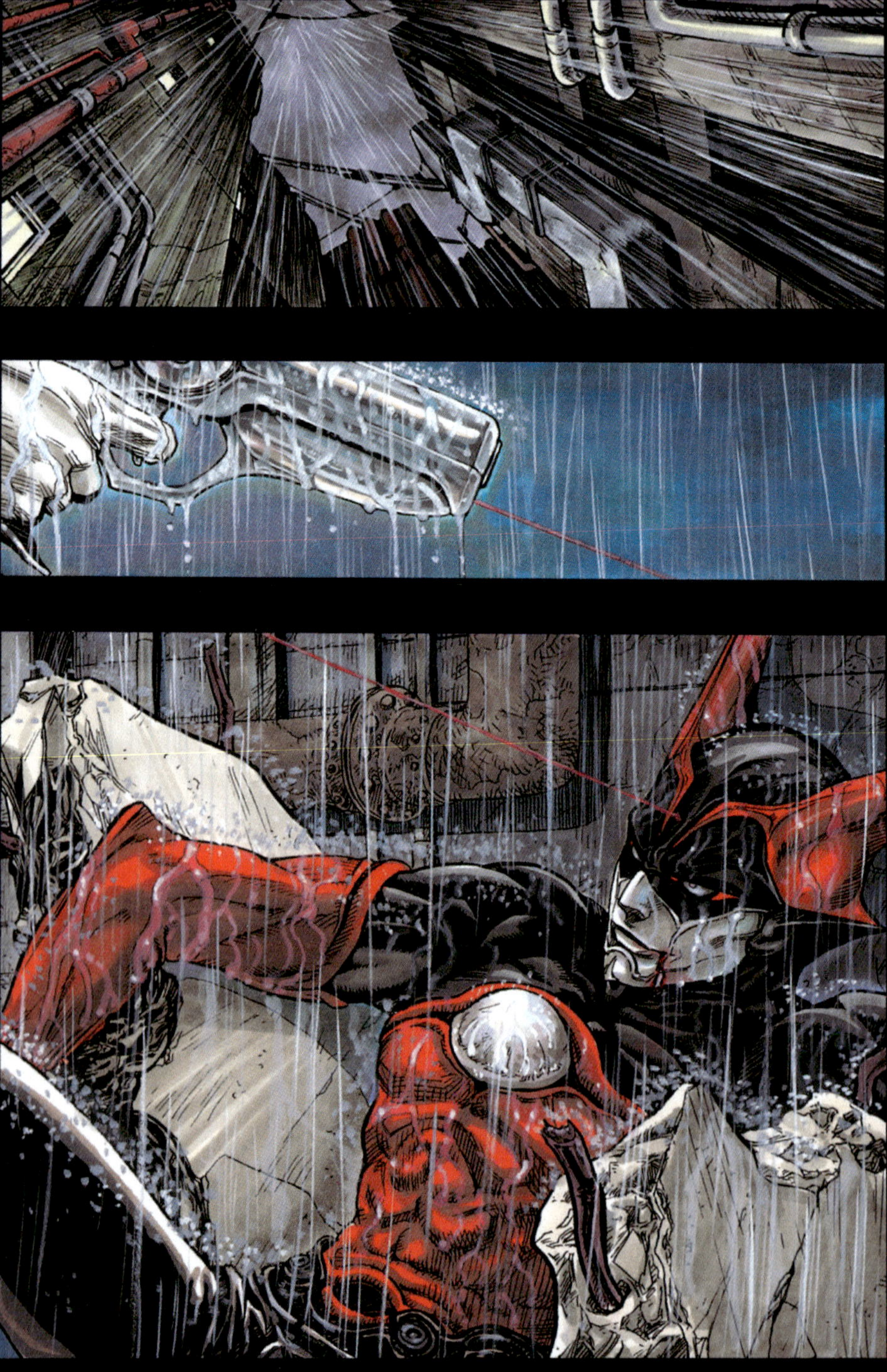

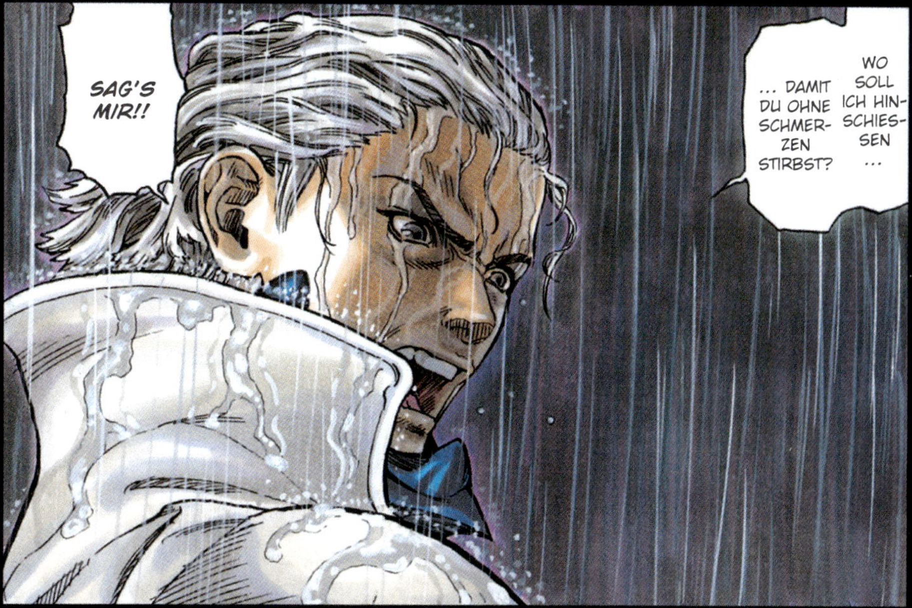
SAG'S MIR!!
WO SOLL ICH HIN-SCHIES-SEN ...
... DAMIT DU OHNE SCHMER-ZEN STIRBST?

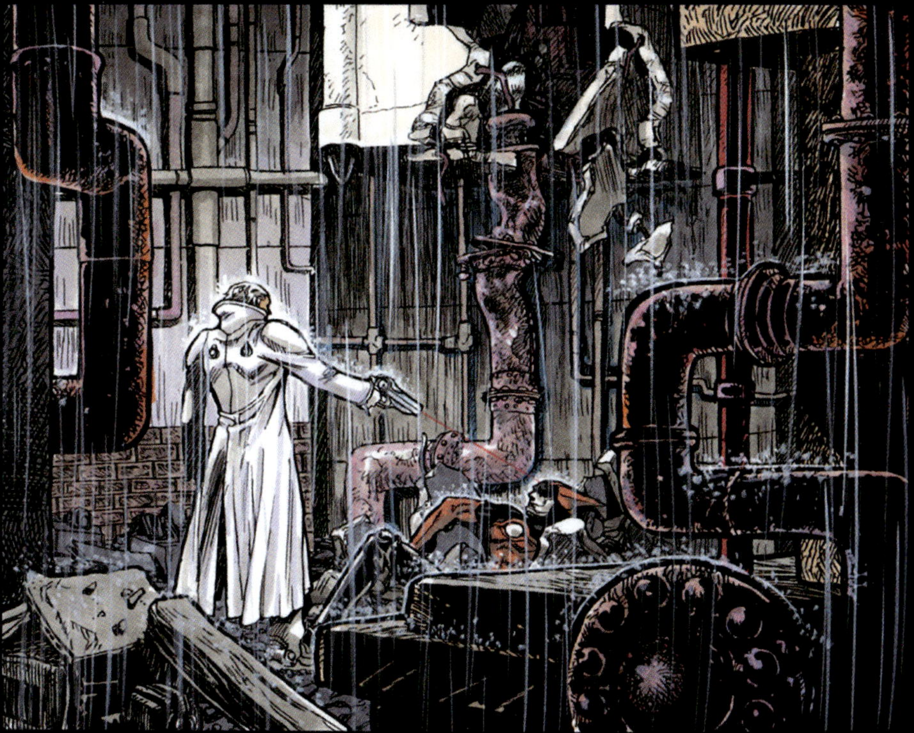

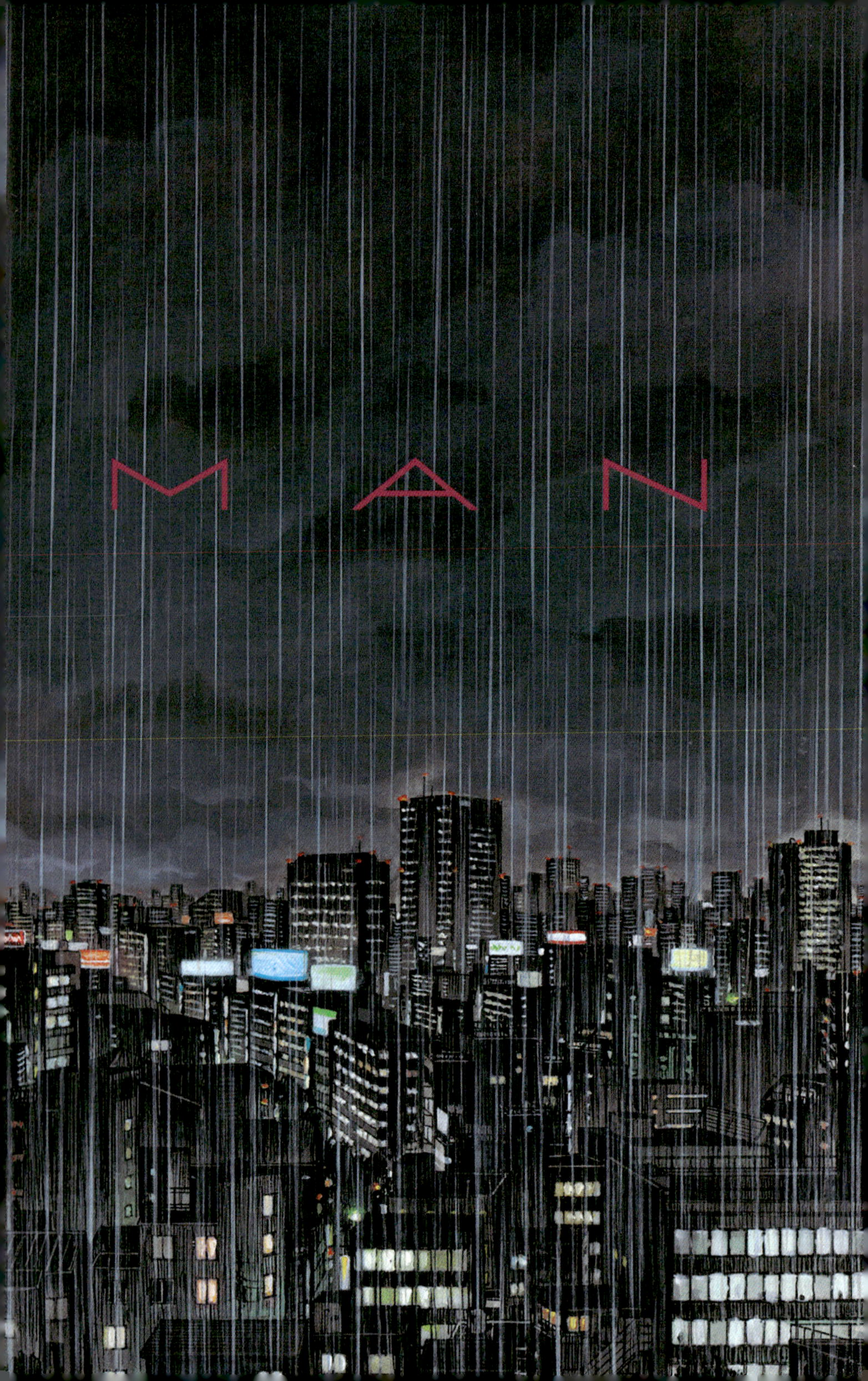
MAN

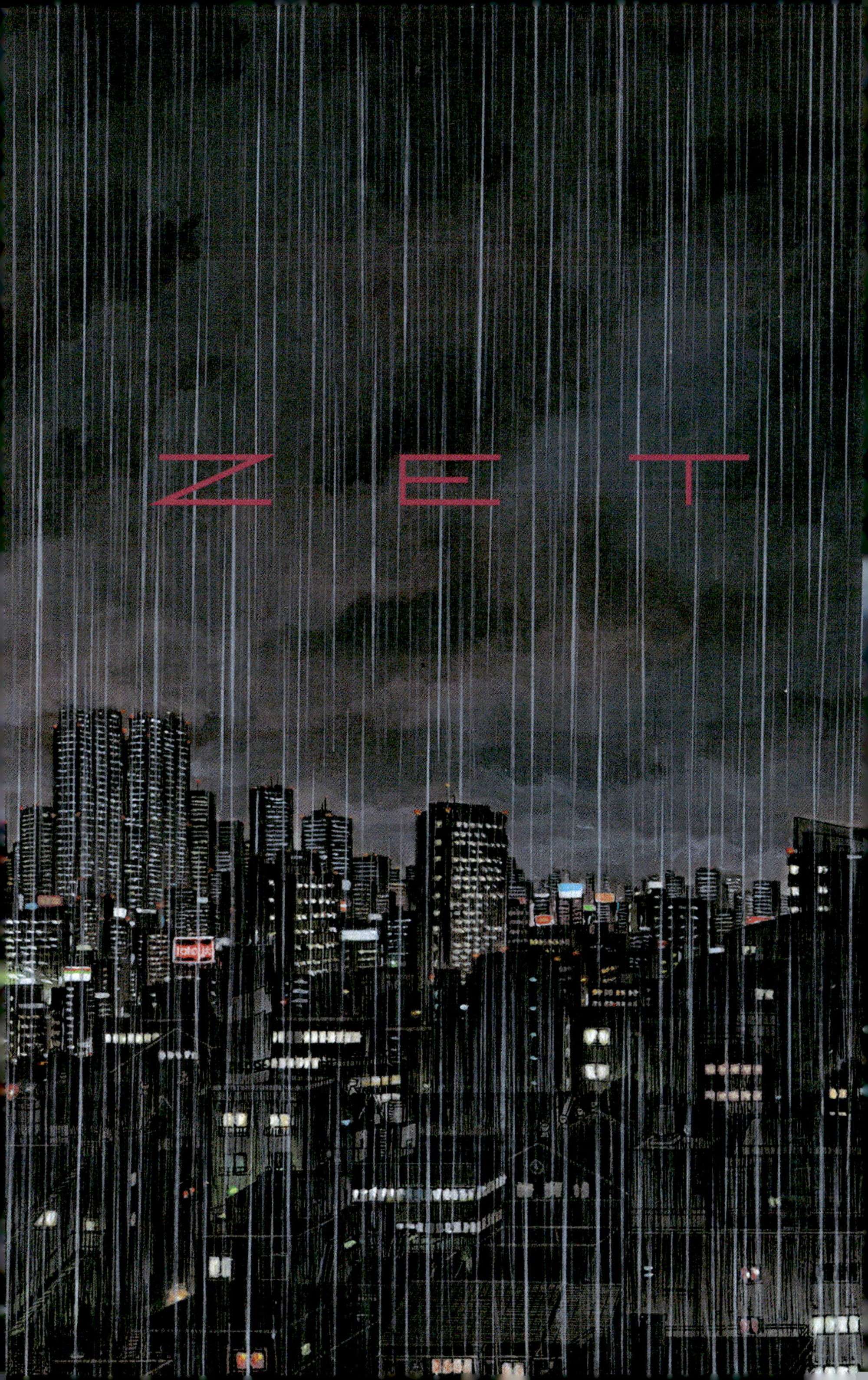
Z E T

ZETMAN

13 Jahre zuvor ...

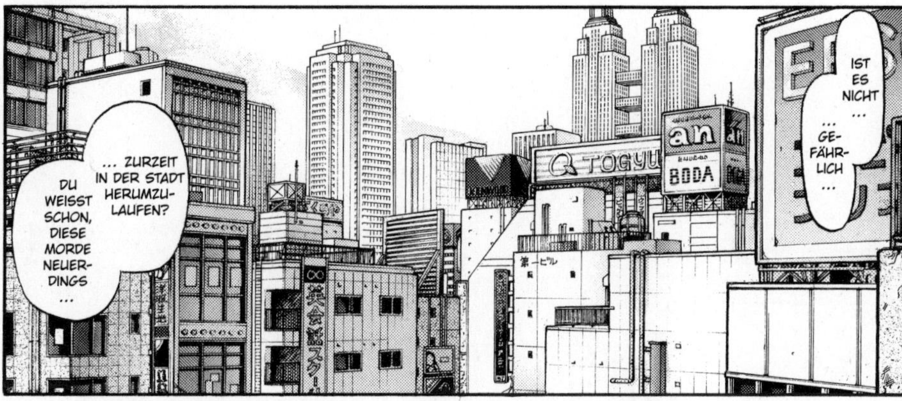

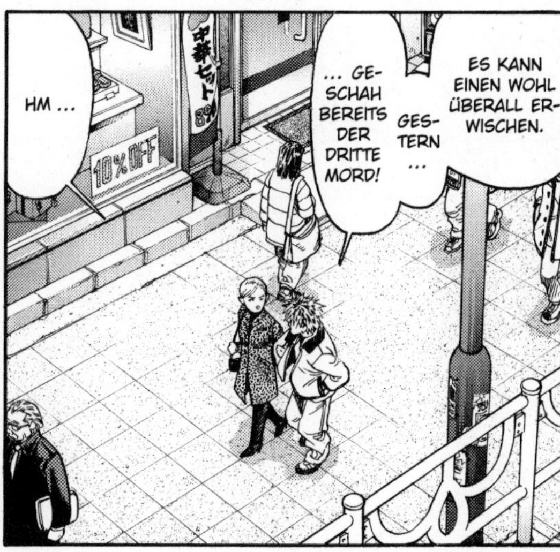

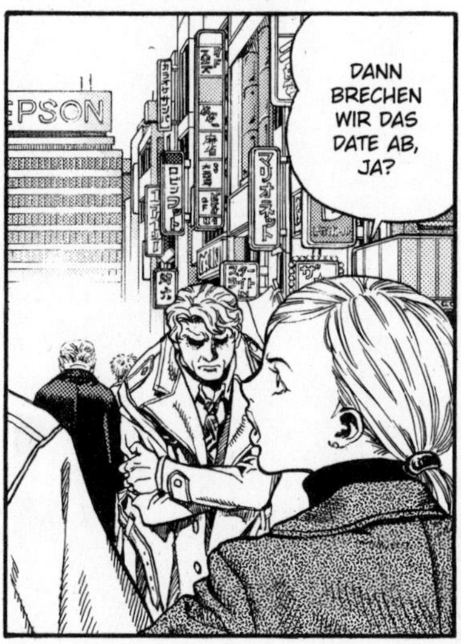

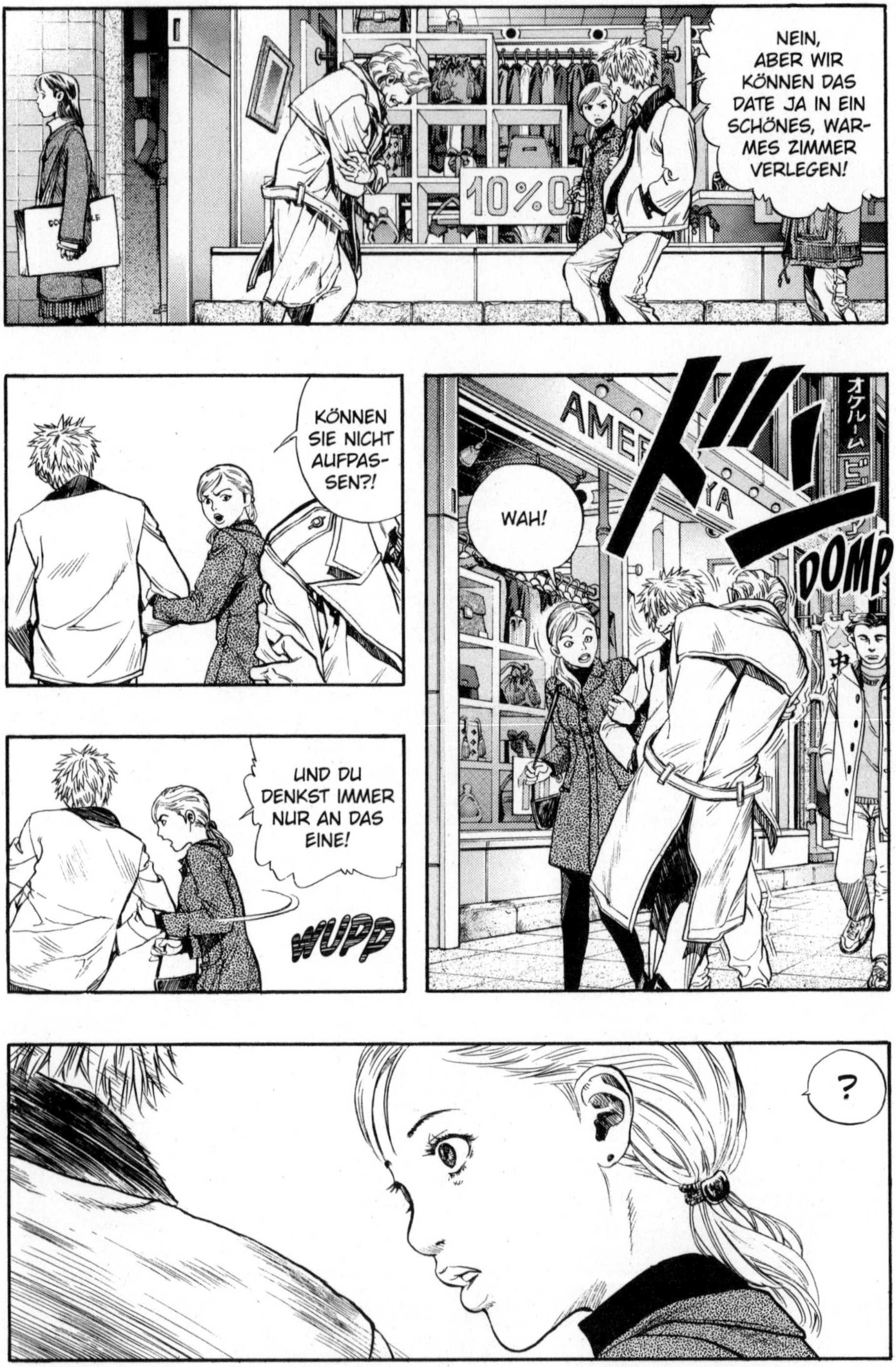
NEIN, ABER WIR KÖNNEN DAS DATE JA IN EIN SCHÖNES, WARMES ZIMMER VERLEGEN!
10%OF
AMER
YA
オケルーム
WAH!
DOMP
KÖNNEN SIE NICHT AUFPASSEN?!
UND DU DENKST IMMER NUR AN DAS EINE!
WUPP
?

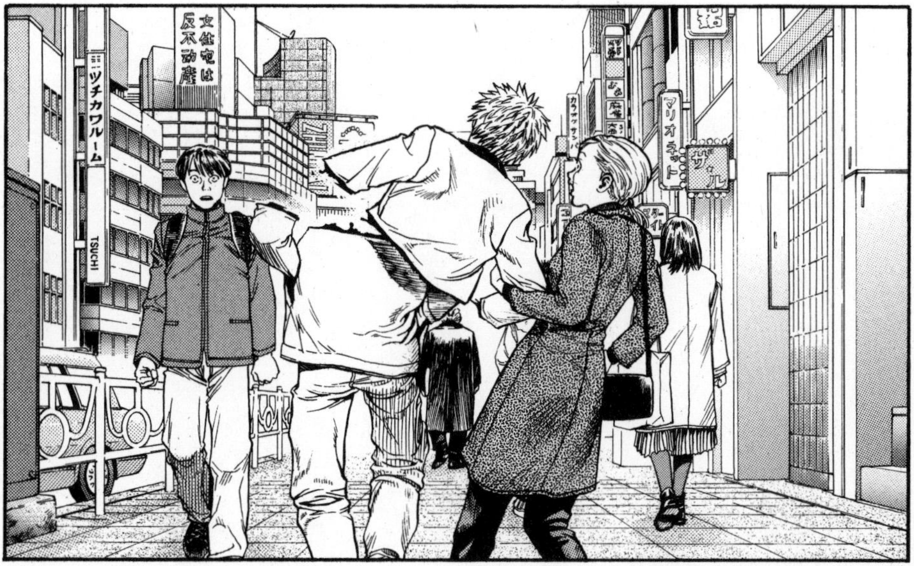

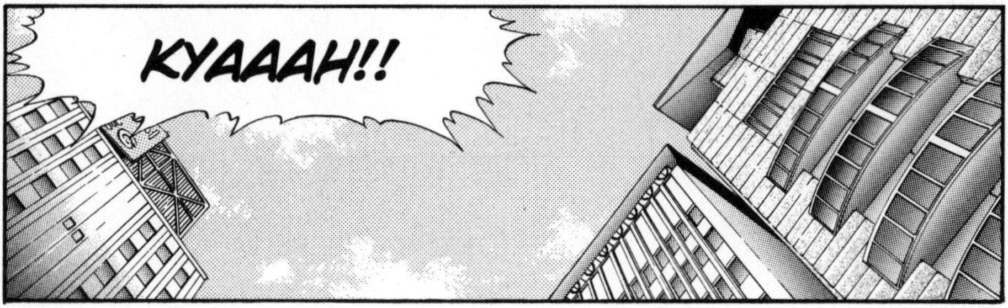

Episode 01:
Jin

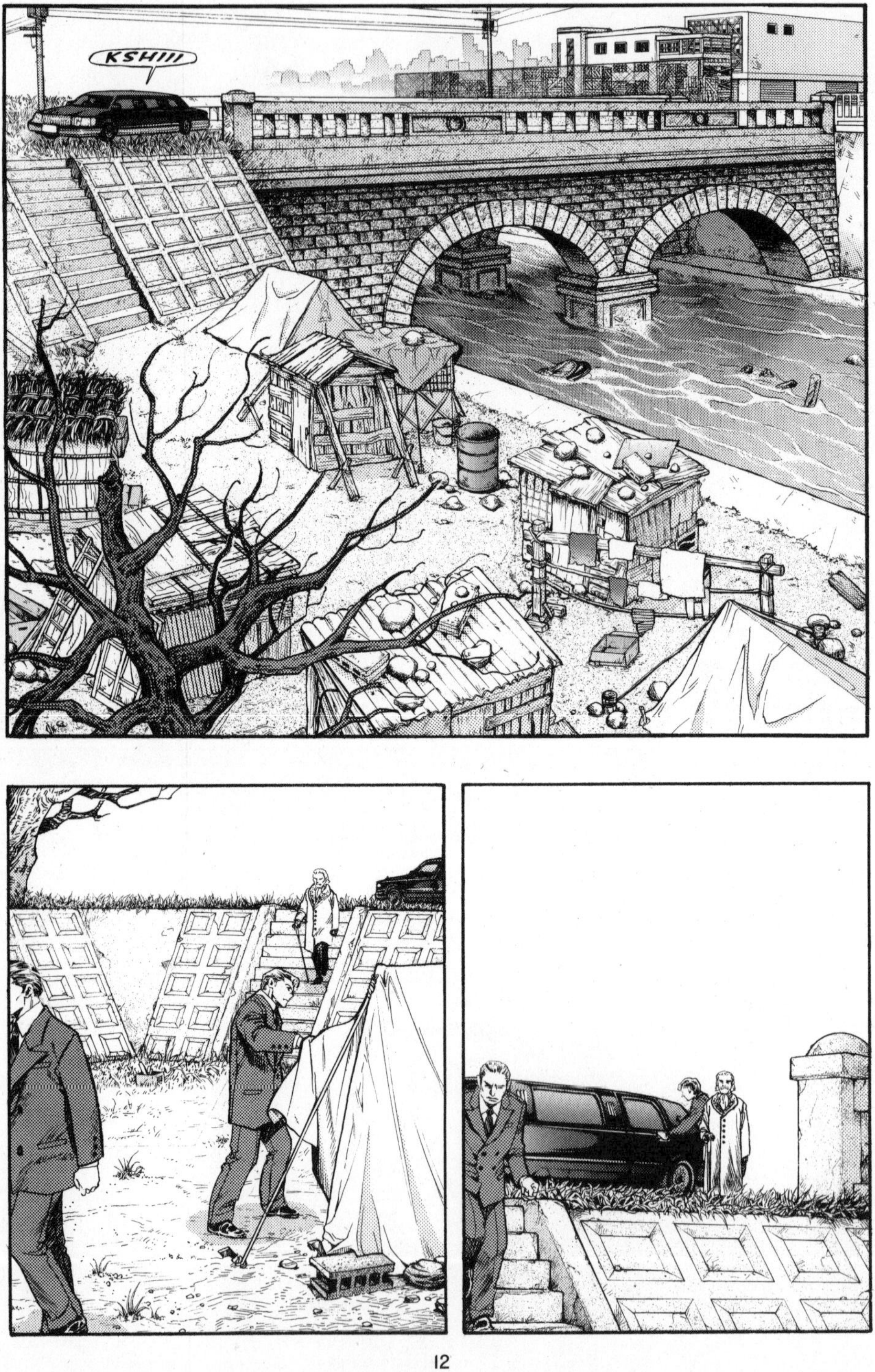
KSHIII

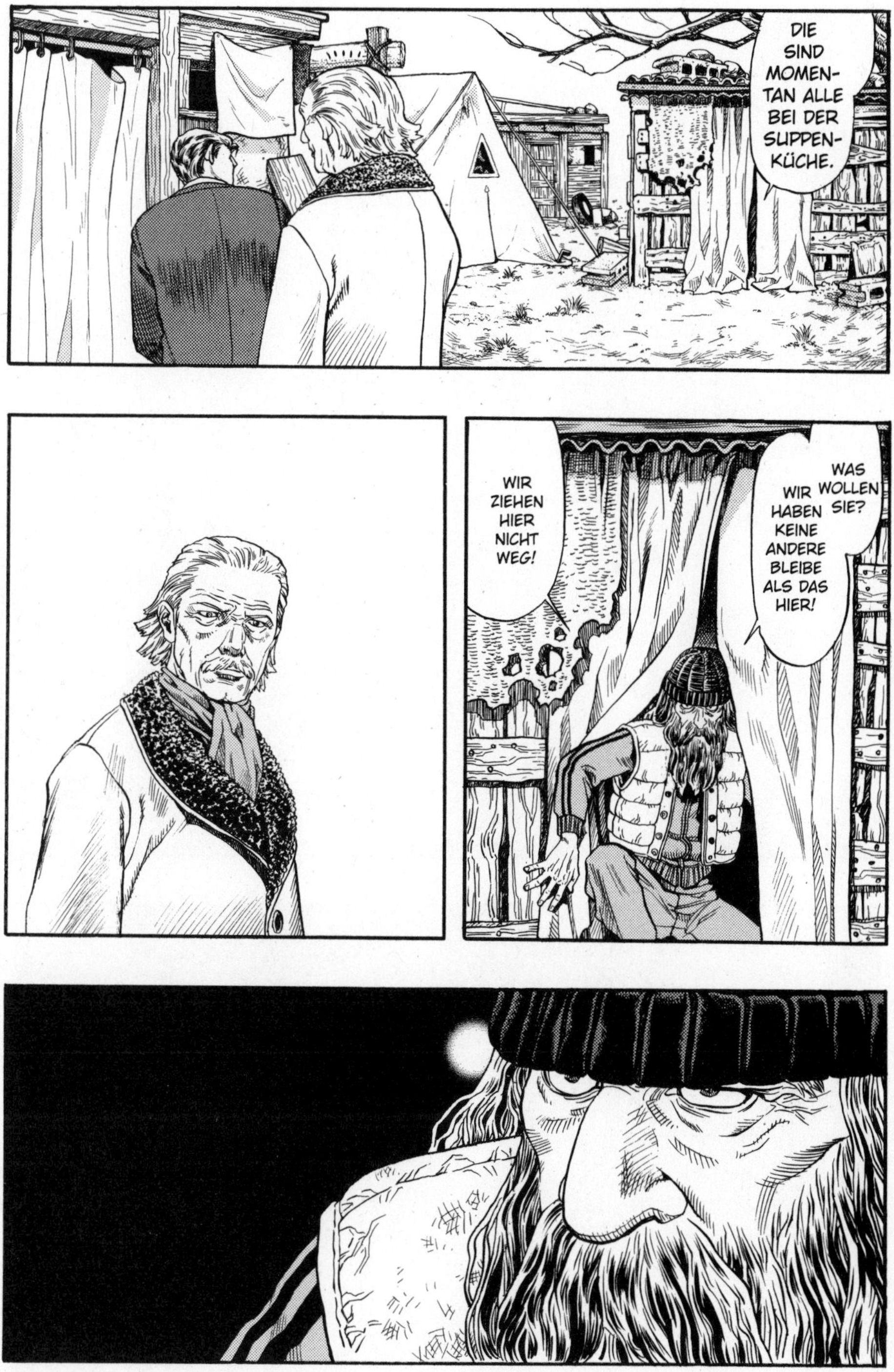
DIE SIND MOMENTAN ALLE BEI DER SUPPENKÜCHE.
WAS WOLLEN SIE?
WIR HABEN KEINE ANDERE BLEIBE ALS DAS HIER!
WIR ZIEHEN HIER NICHT WEG!

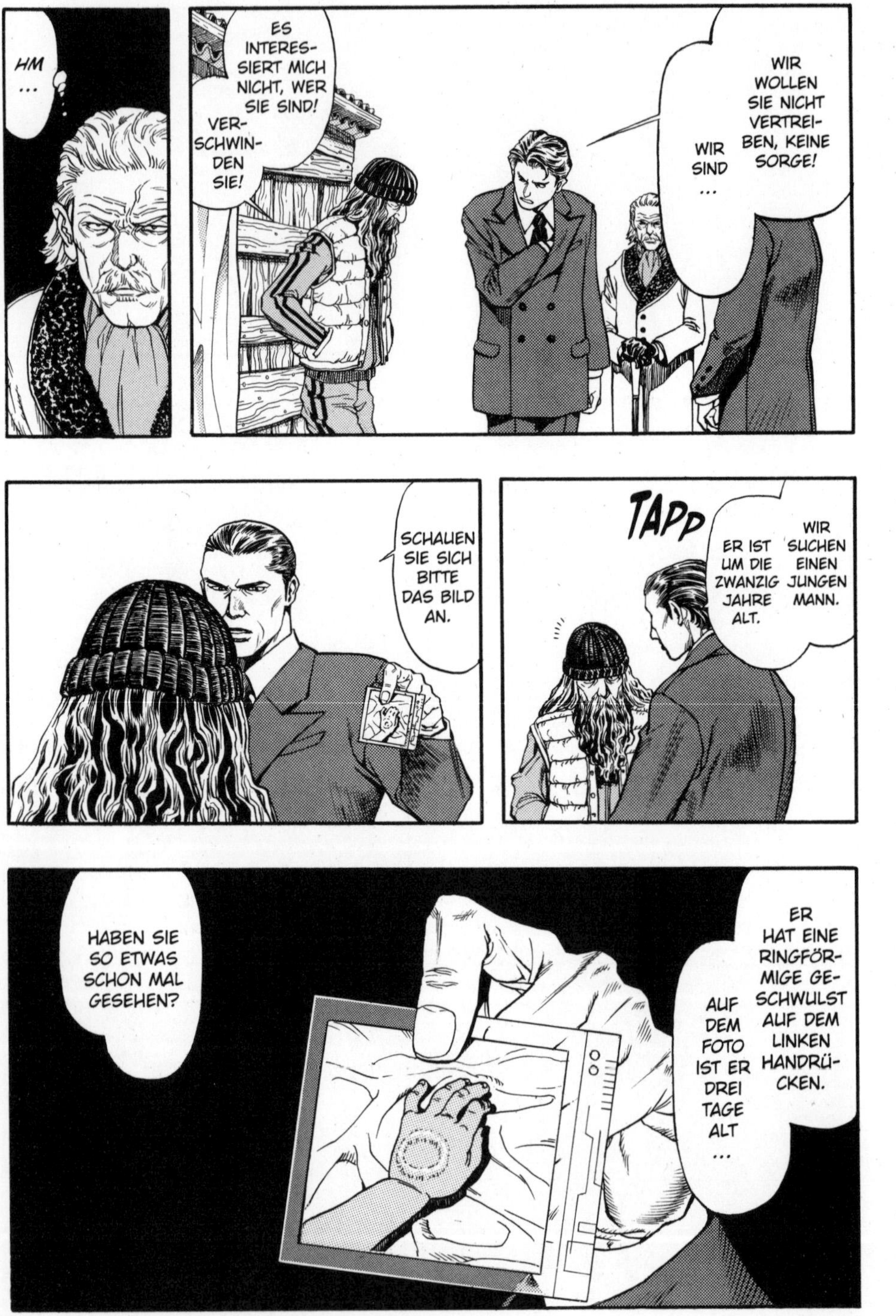
WIR WOLLEN SIE NICHT VERTREIBEN, KEINE SORGE!
WIR SIND ...
ES INTERESSIERT MICH NICHT, WER SIE SIND!
VERSCHWINDEN SIE!
HM ...
TAPP
WIR SUCHEN EINEN JUNGEN MANN.
ER IST UM DIE ZWANZIG JAHRE ALT.
SCHAUEN SIE SICH BITTE DAS BILD AN.
ER HAT EINE RINGFÖRMIGE GESCHWULST AUF DEM LINKEN HANDRÜCKEN.
AUF DEM FOTO IST ER DREI TAGE ALT ...
HABEN SIE SO ETWAS SCHON MAL GESEHEN?

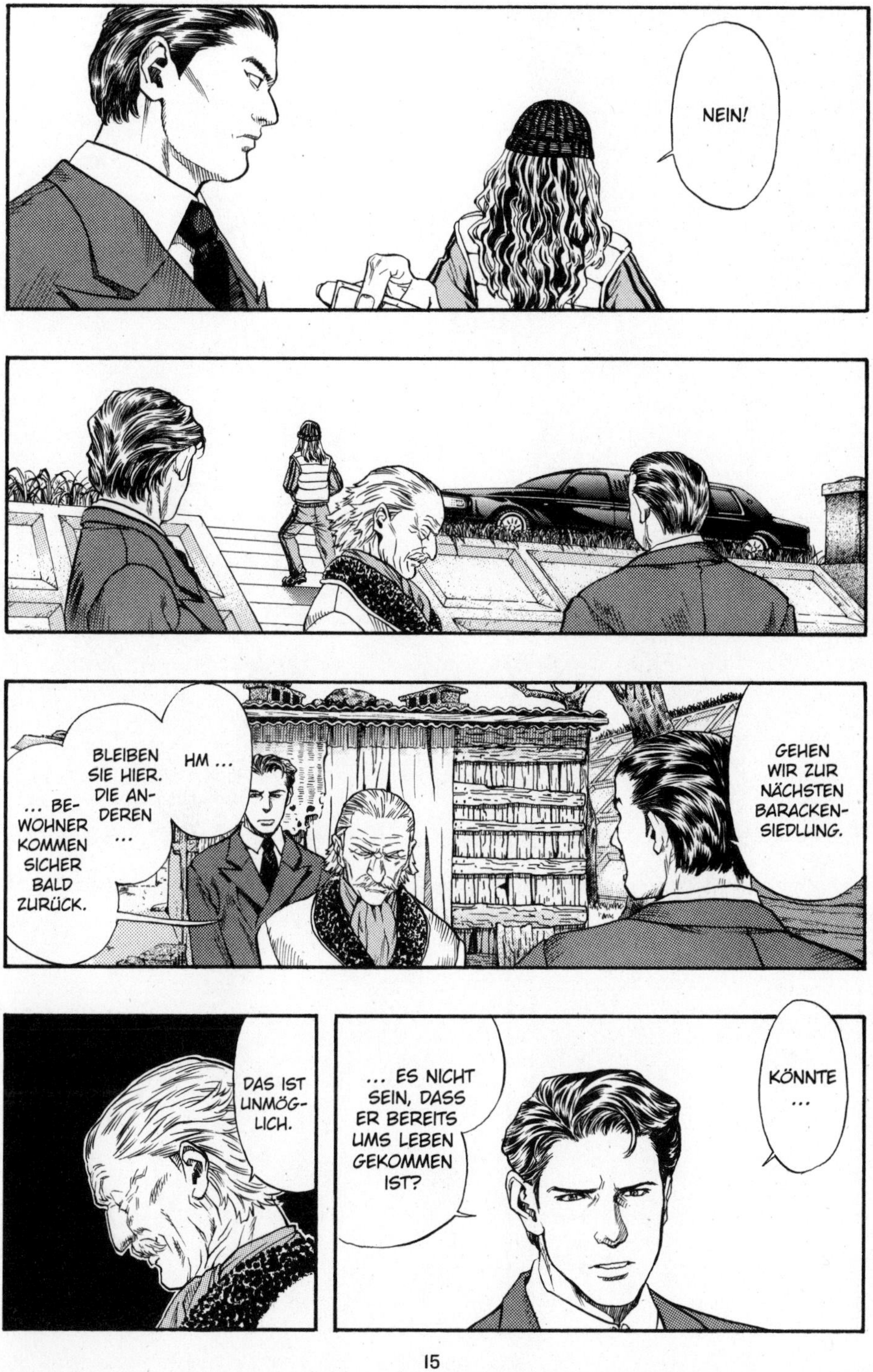
NEIN!
GEHEN WIR ZUR NÄCHSTEN BARACKEN-SIEDLUNG.
HM …
BLEIBEN SIE HIER. DIE AN-DEREN …
… BE-WOHNER KOMMEN SICHER BALD ZURÜCK.
KÖNNTE …
… ES NICHT SEIN, DASS ER BEREITS UMS LEBEN GEKOMMEN IST?
DAS IST UNMÖG-LICH.

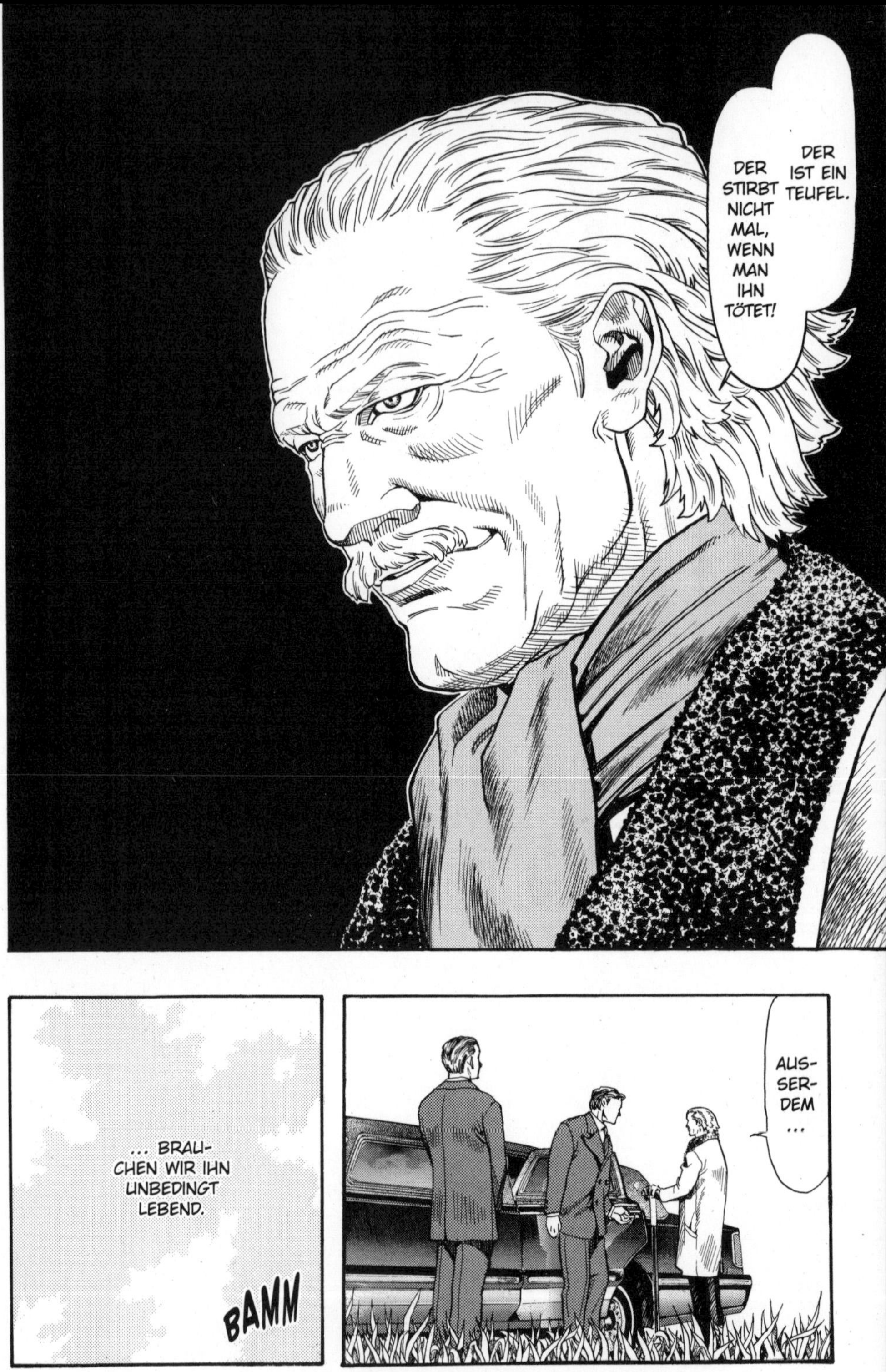
DER IST EIN TEUFEL.
DER STIRBT NICHT MAL, WENN MAN IHN TÖTET!
AUS-SER-DEM ...
... BRAU-CHEN WIR IHN UNBEDINGT LEBEND.
BAMM

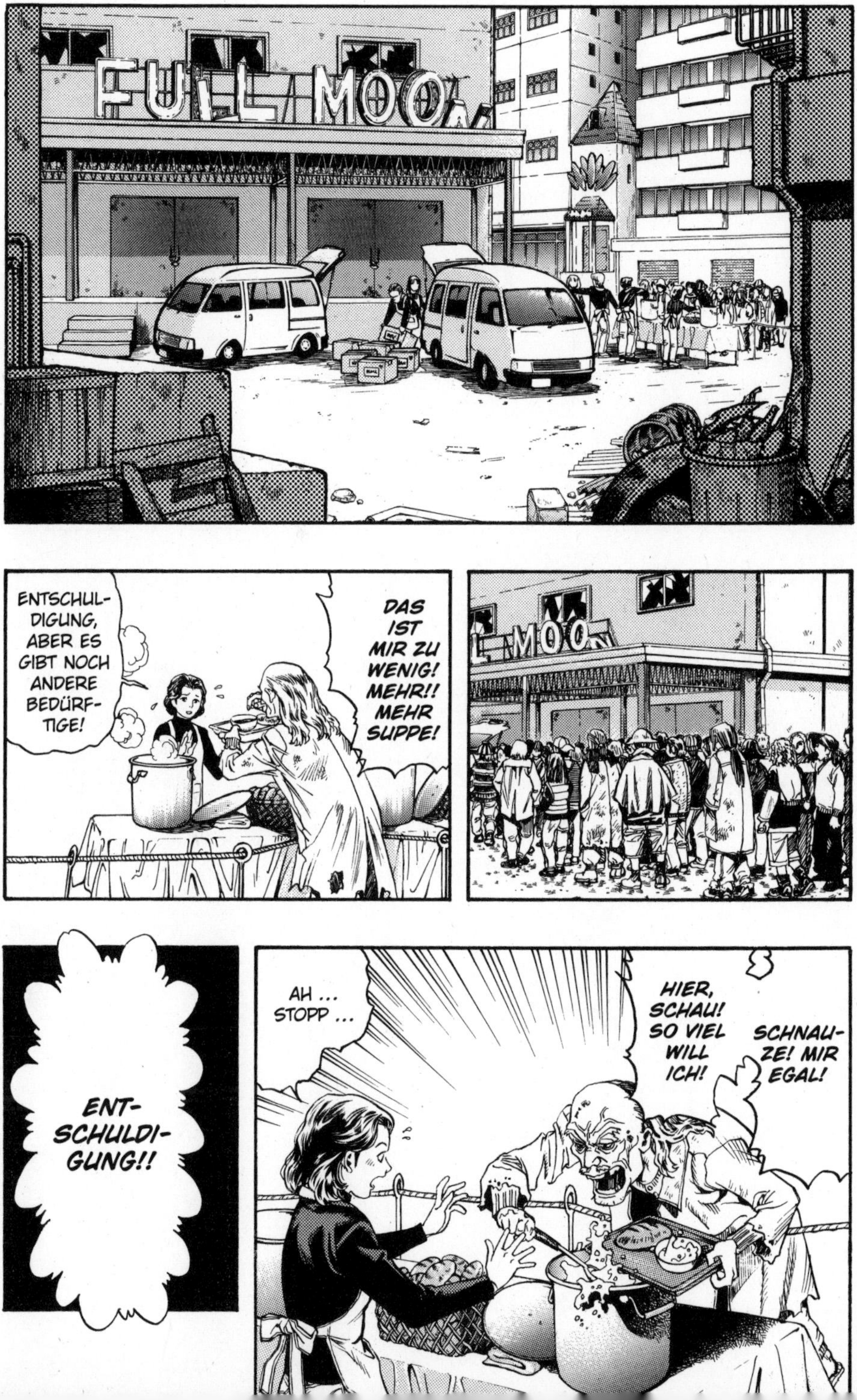
FULL MOO
DAS IST MIR ZU WENIG! MEHR!! MEHR SUPPE!
ENTSCHULDIGUNG, ABER ES GIBT NOCH ANDERE BEDÜRFTIGE!
MOO
SCHNAUZE! MIR EGAL!
HIER, SCHAU! SO VIEL WILL ICH!
AH … STOPP …
ENT-SCHULDI-GUNG!!

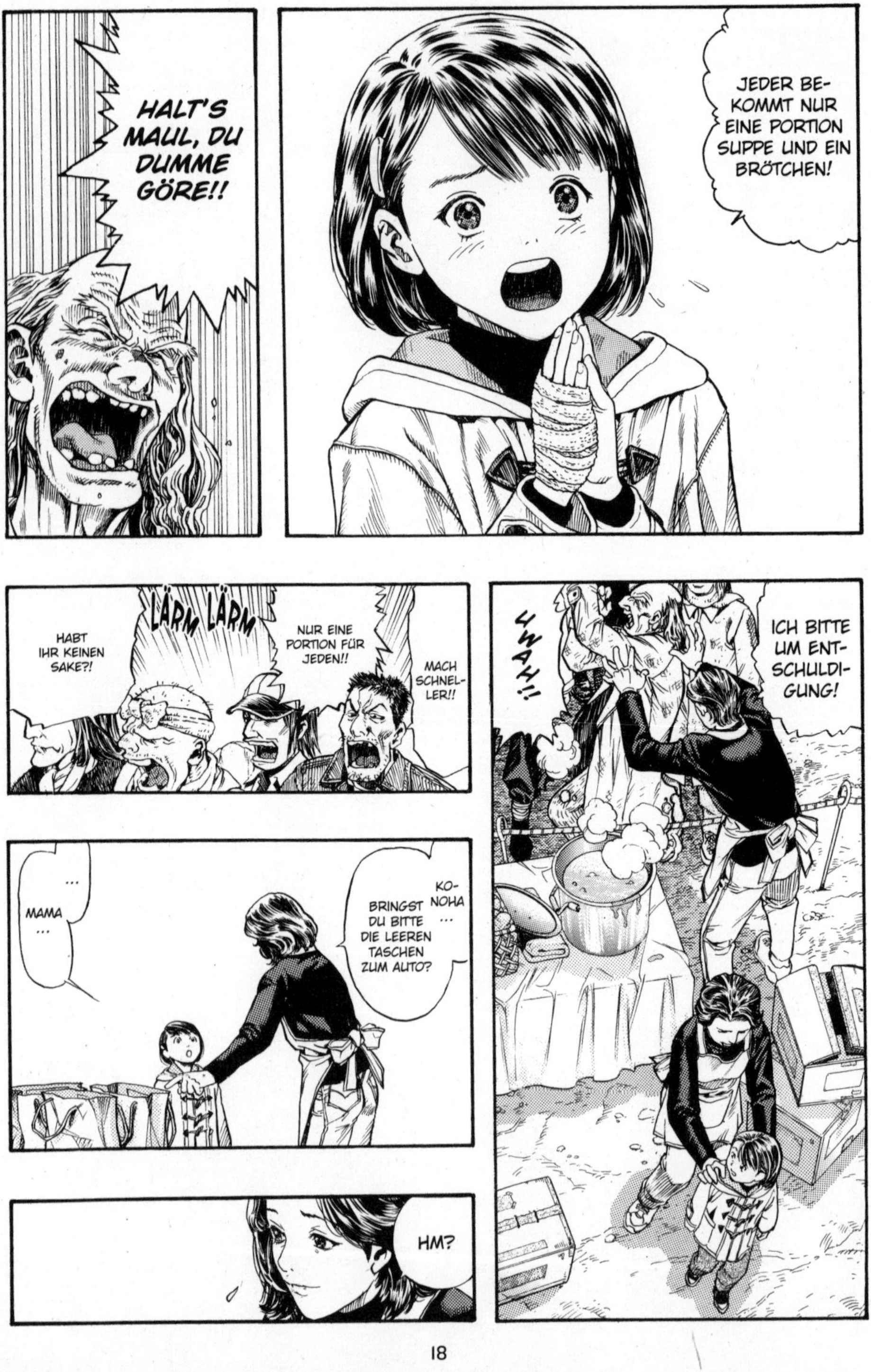
JEDER BEKOMMT NUR EINE PORTION SUPPE UND EIN BRÖTCHEN!
HALT'S MAUL, DU DUMME GÖRE!!
LÄRM LÄRM
MACH SCHNELLER!!
NUR EINE PORTION FÜR JEDEN!!
HABT IHR KEINEN SAKE?!
ICH BITTE UM ENTSCHULDIGUNG!
UWAH!!
KONOHA ...
BRINGST DU BITTE DIE LEEREN TASCHEN ZUM AUTO?
... MAMA ...
HM?

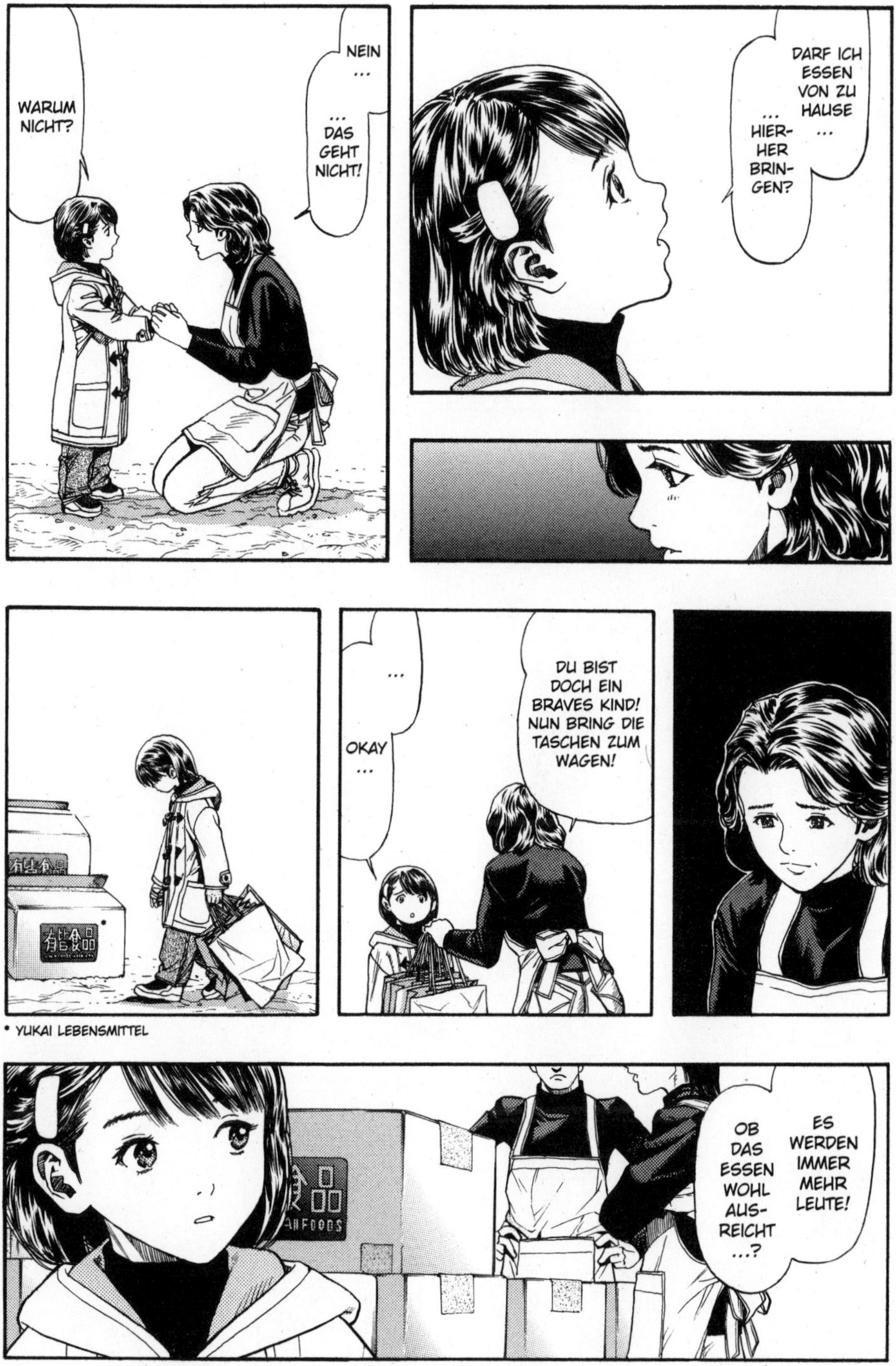

* YUKAI LEBENSMITTEL

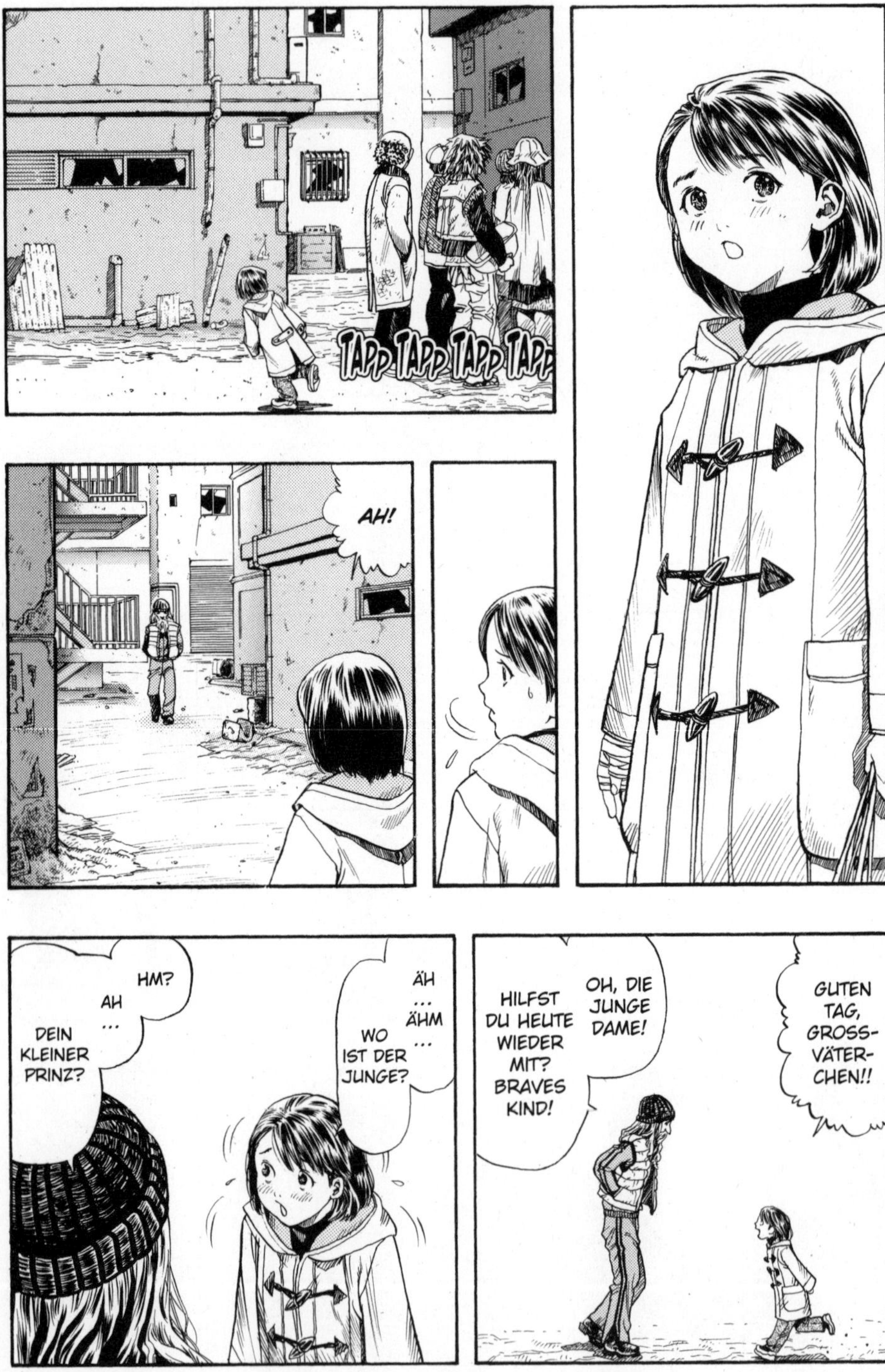
TAPP TAPP TAPP TAPP
AH!
GUTEN TAG, GROSS-VÄTER-CHEN!!
OH, DIE JUNGE DAME!
HILFST DU HEUTE WIEDER MIT? BRAVES KIND!
ÄH … ÄHM …
WO IST DER JUNGE?
HM? AH …
DEIN KLEINER PRINZ?

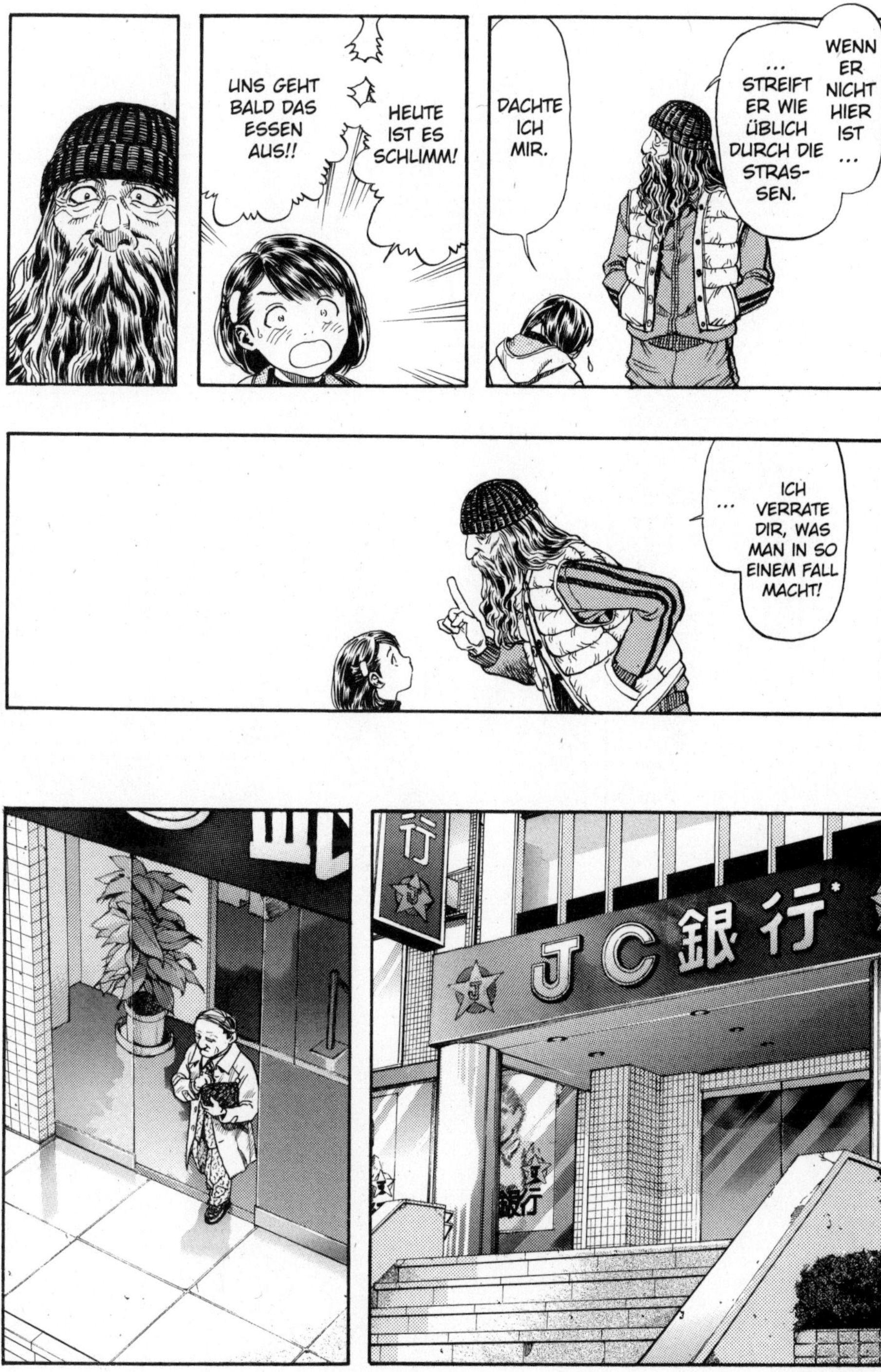
WENN ER NICHT HIER IST …
… STREIFT ER WIE ÜBLICH DURCH DIE STRAS-SEN.
DACHTE ICH MIR.
HEUTE IST ES SCHLIMM!
UNS GEHT BALD DAS ESSEN AUS!!
… ICH VERRATE DIR, WAS MAN IN SO EINEM FALL MACHT!
JC 銀行*

* BANK

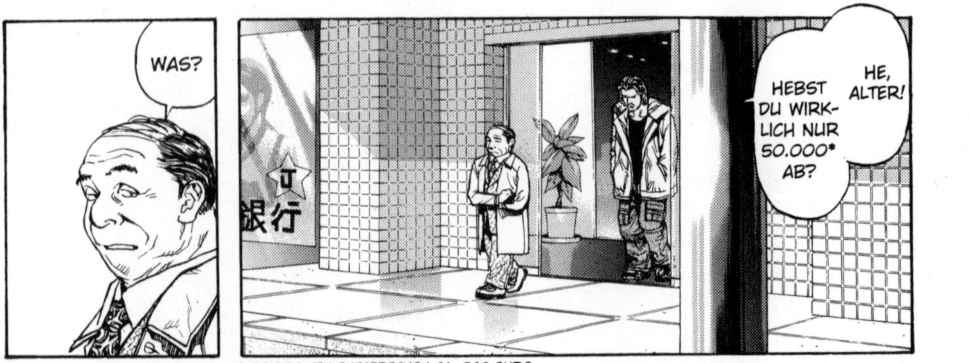

* 50.000 YEN ENTSPRECHEN CA. 360 EURO

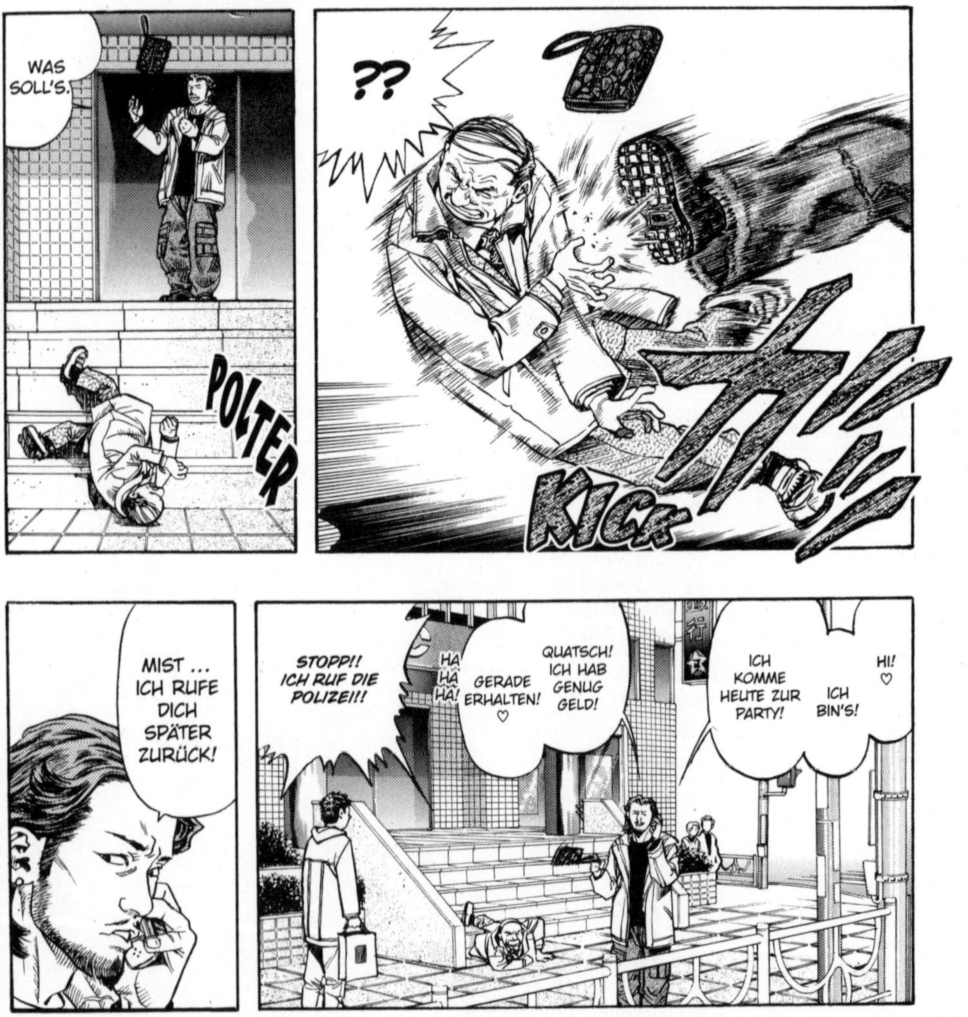

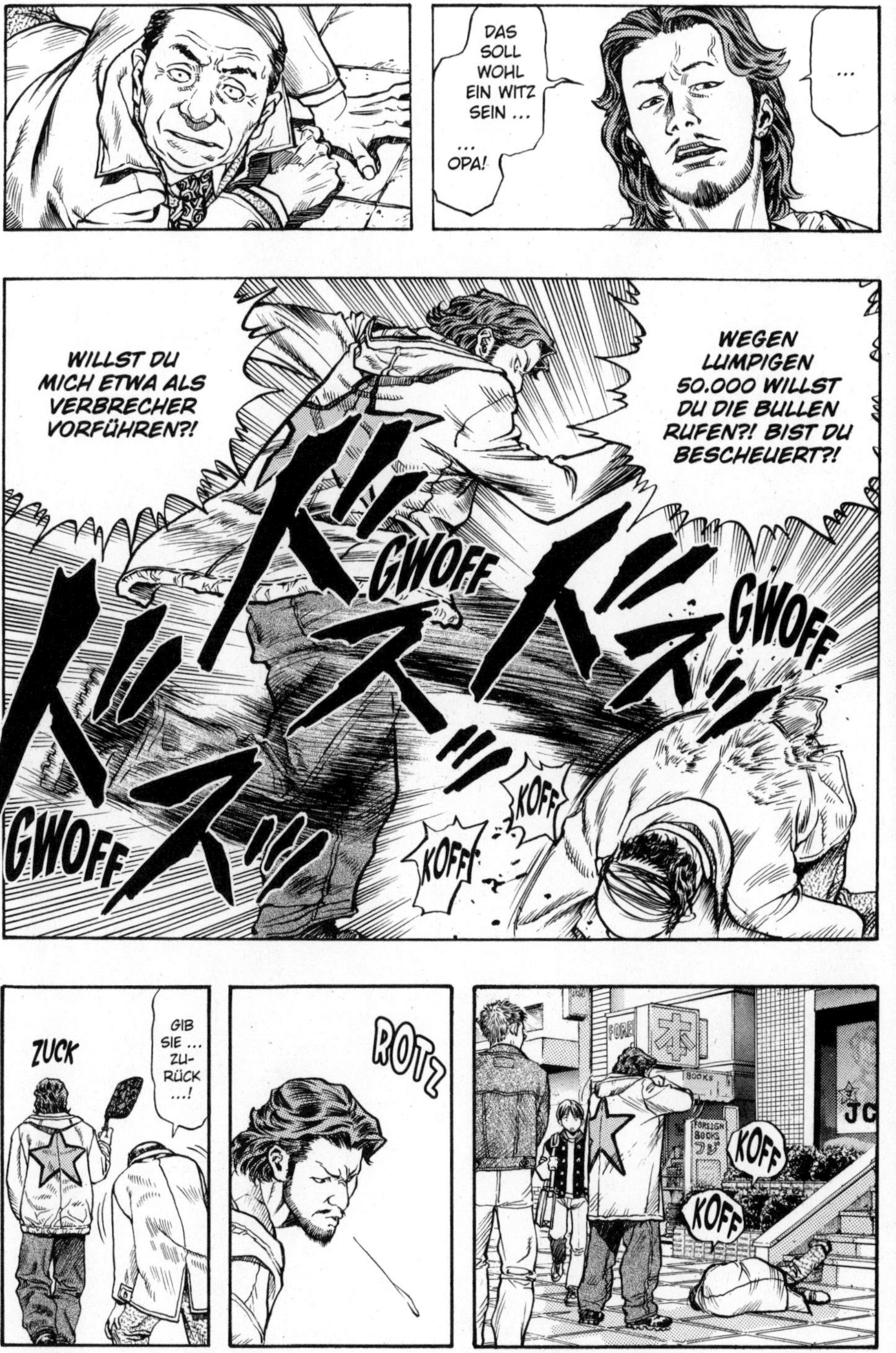
DAS SOLL WOHL EIN WITZ SEIN …
… OPA!
…
WEGEN LUMPIGEN 50.000 WILLST DU DIE BULLEN RUFEN?! BIST DU BESCHEUERT?!
WILLST DU MICH ETWA ALS VERBRECHER VORFÜHREN?!
GWOFF
GWOFF
GWOFF
KOFF
KOFF
ROTZ
GIB SIE … ZU-RÜCK …!
ZUCK
KOFF
KOFF

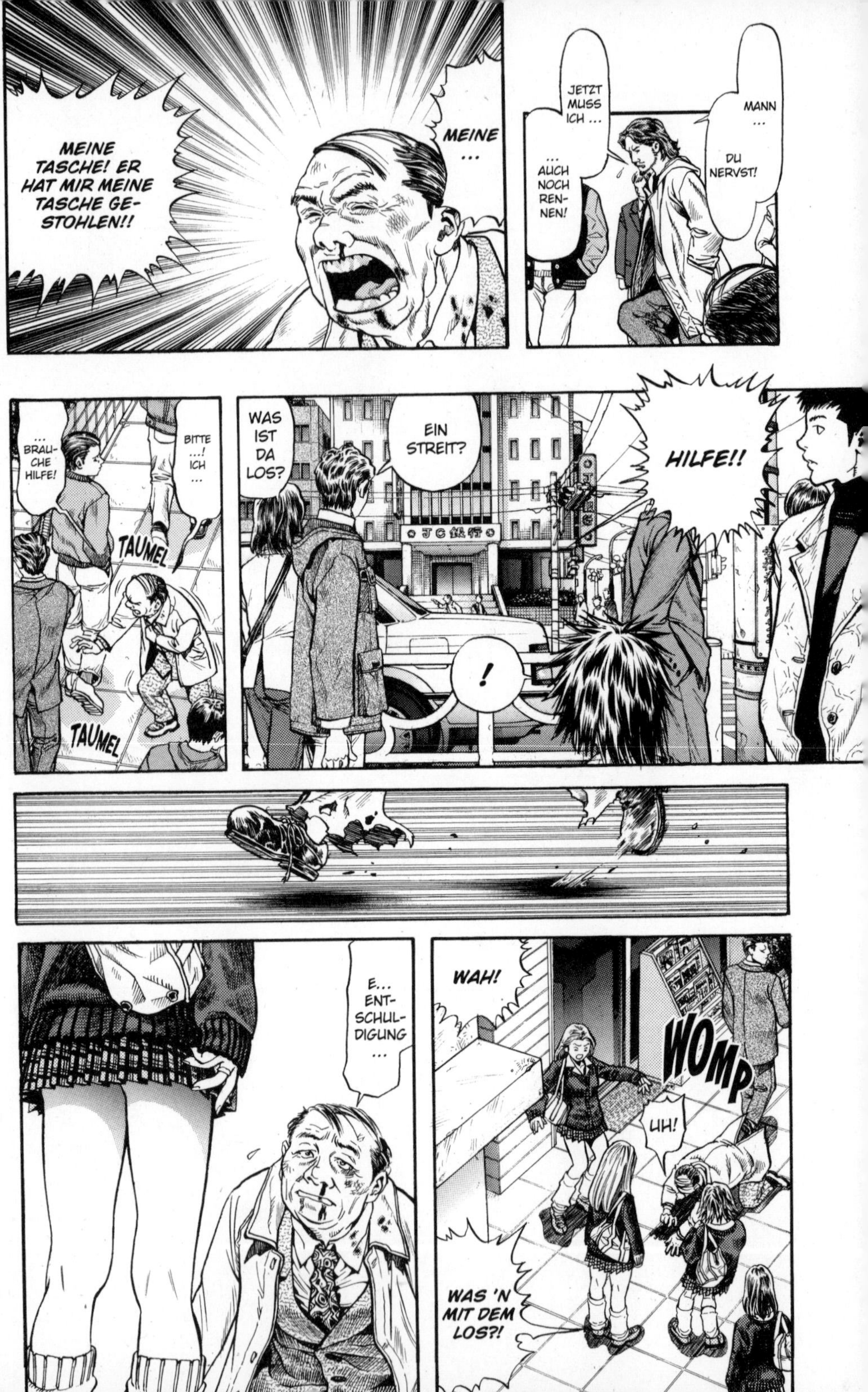
MANN ... DU NERVST!
JETZT MUSS ICH ... ... AUCH NOCH RENNEN!
MEINE ...
MEINE TASCHE! ER HAT MIR MEINE TASCHE GE-STOHLEN!!
HILFE!!
EIN STREIT?
WAS IST DA LOS?
!
BITTE ...! ICH ...
... BRAUCHE HILFE!
TAUMEL
TAUMEL
WAH!
WOMP
UH!
WAS 'N MIT DEM LOS?!
E... ENT-SCHULDIGUNG ...

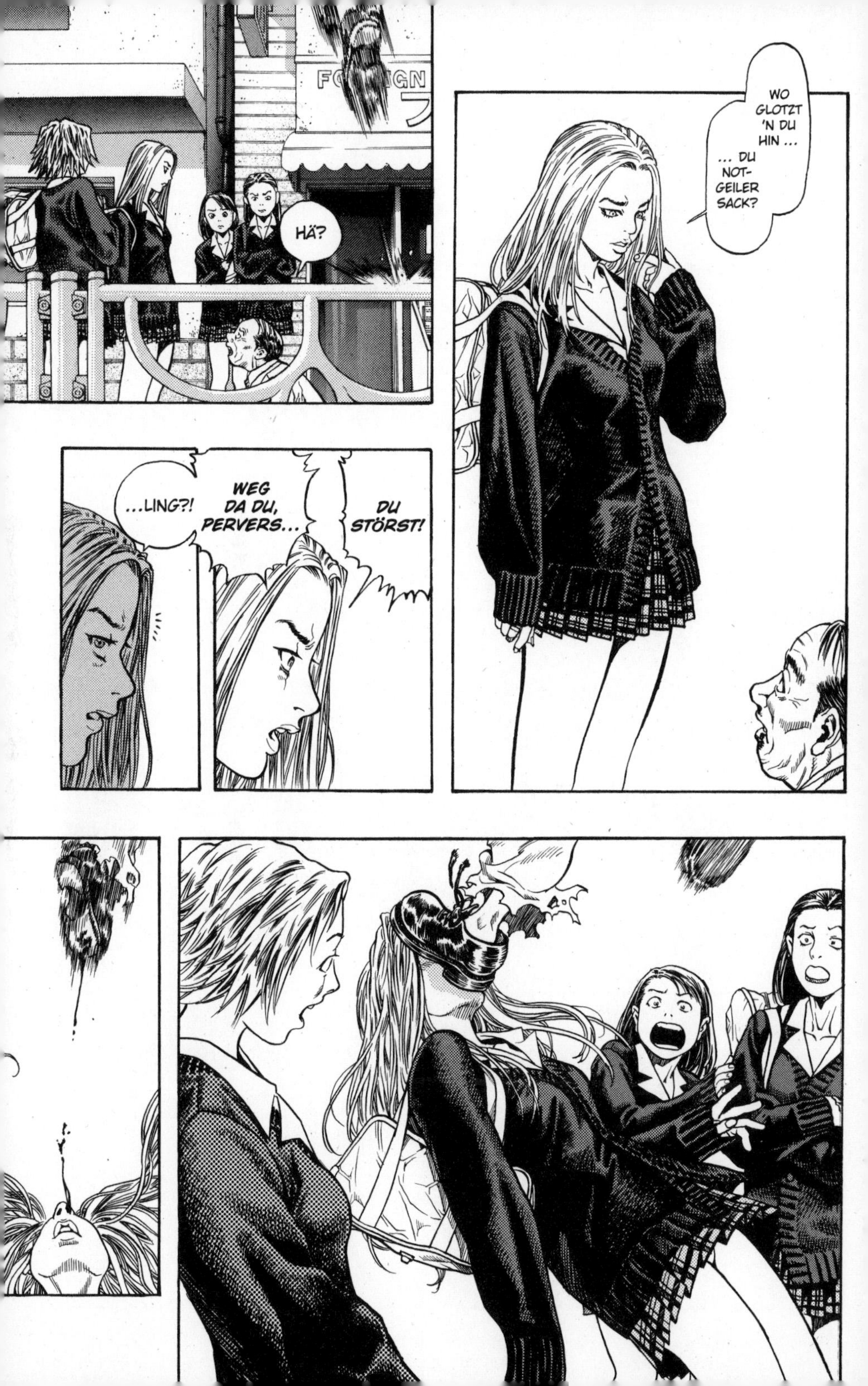

HÄ?
WO GLOTZT 'N DU HIN ...
... DU NOT-GEILER SACK?
DU STÖRST!
WEG DA DU, PERVERS...
...LING?!

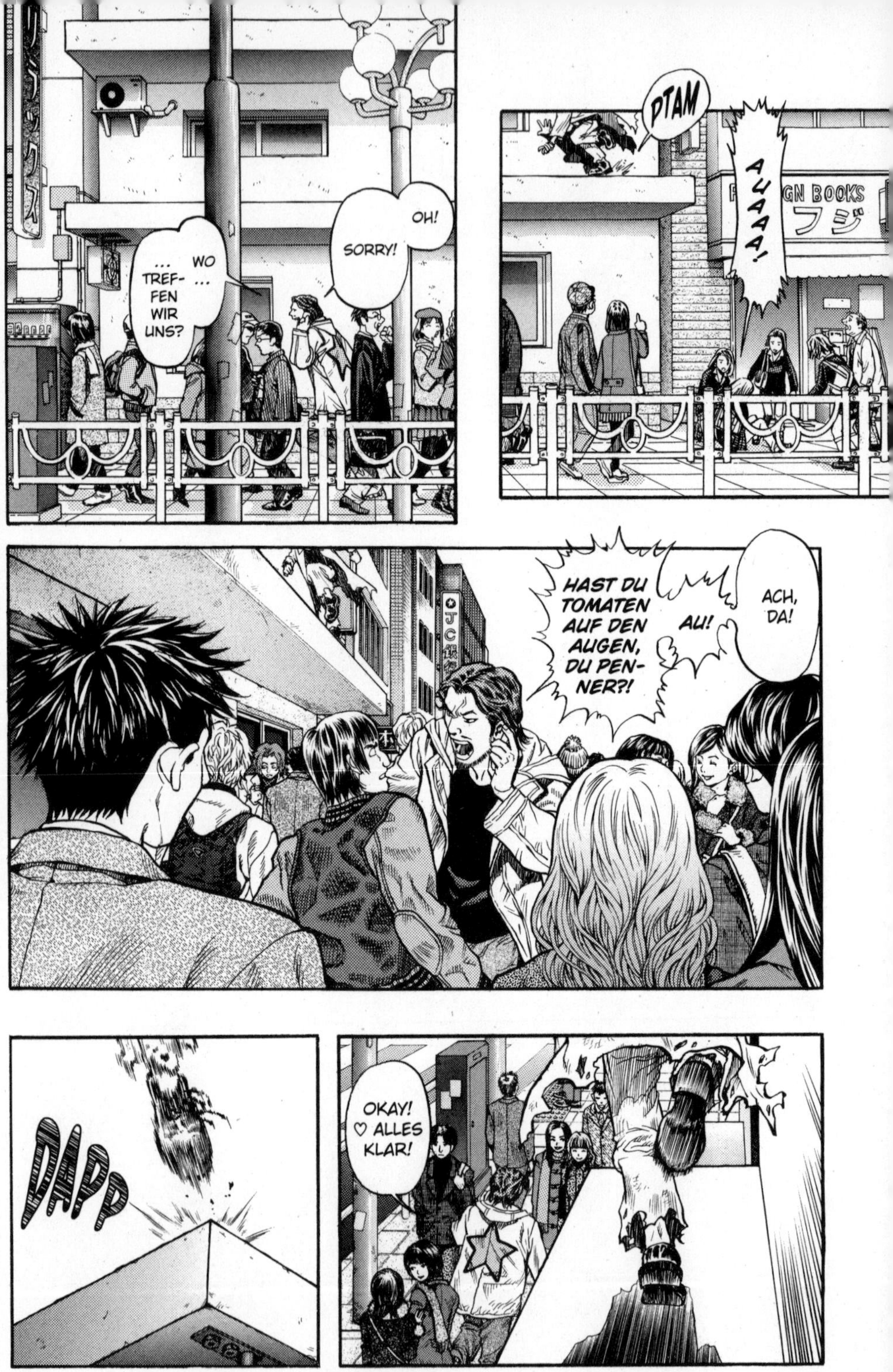

OH!
SORRY!
... WO ... TREFFEN WIR UNS?
PTAM
AUAAAA!
FOREIGN BOOKS
ACH, DA!
AU!
HAST DU TOMATEN AUF DEN AUGEN, DU PENNER?!
OKAY! ♡ ALLES KLAR!
DAPP

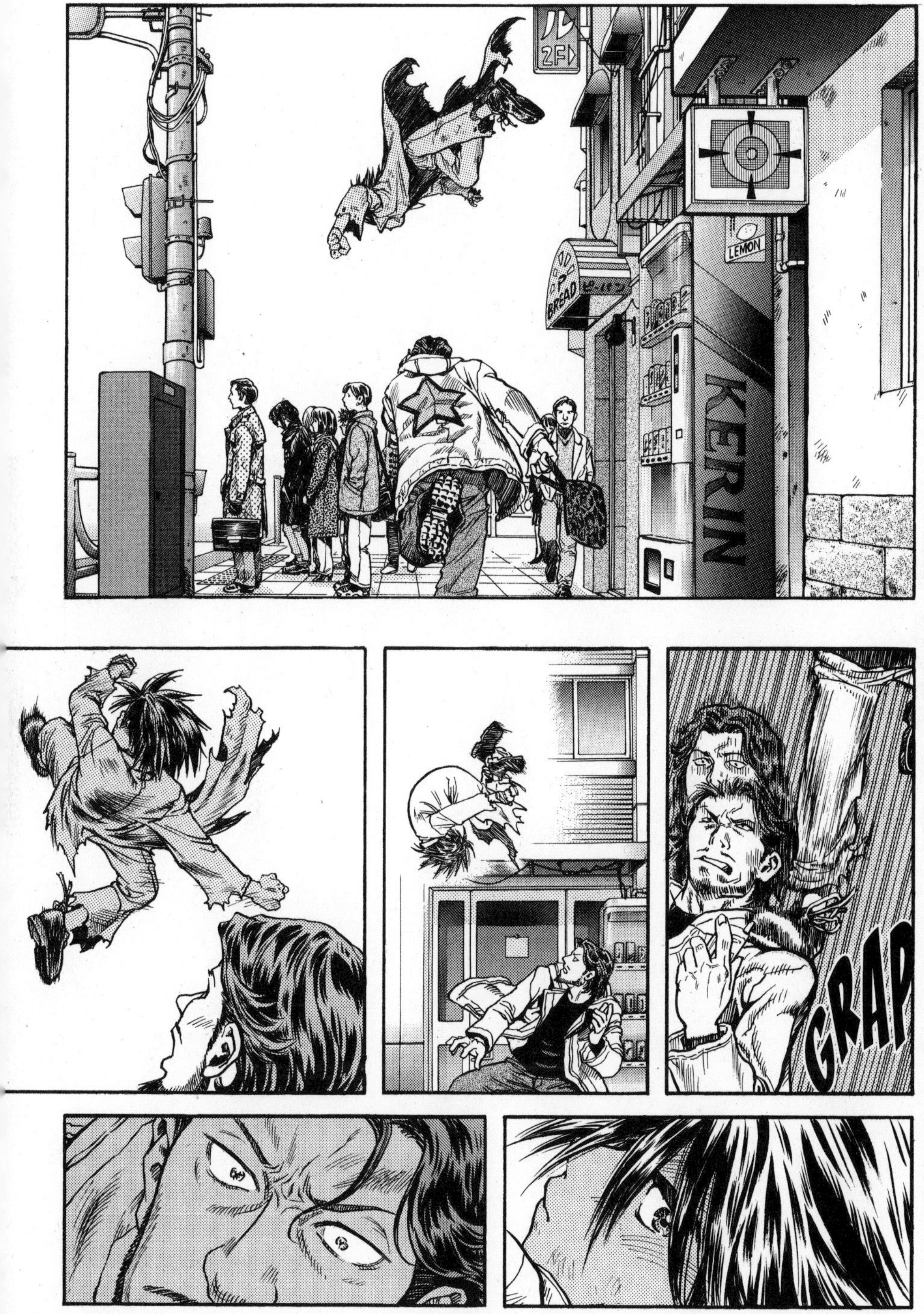
ル
2F
BREAD ピーパン
LEMON
KERIN
GRAP

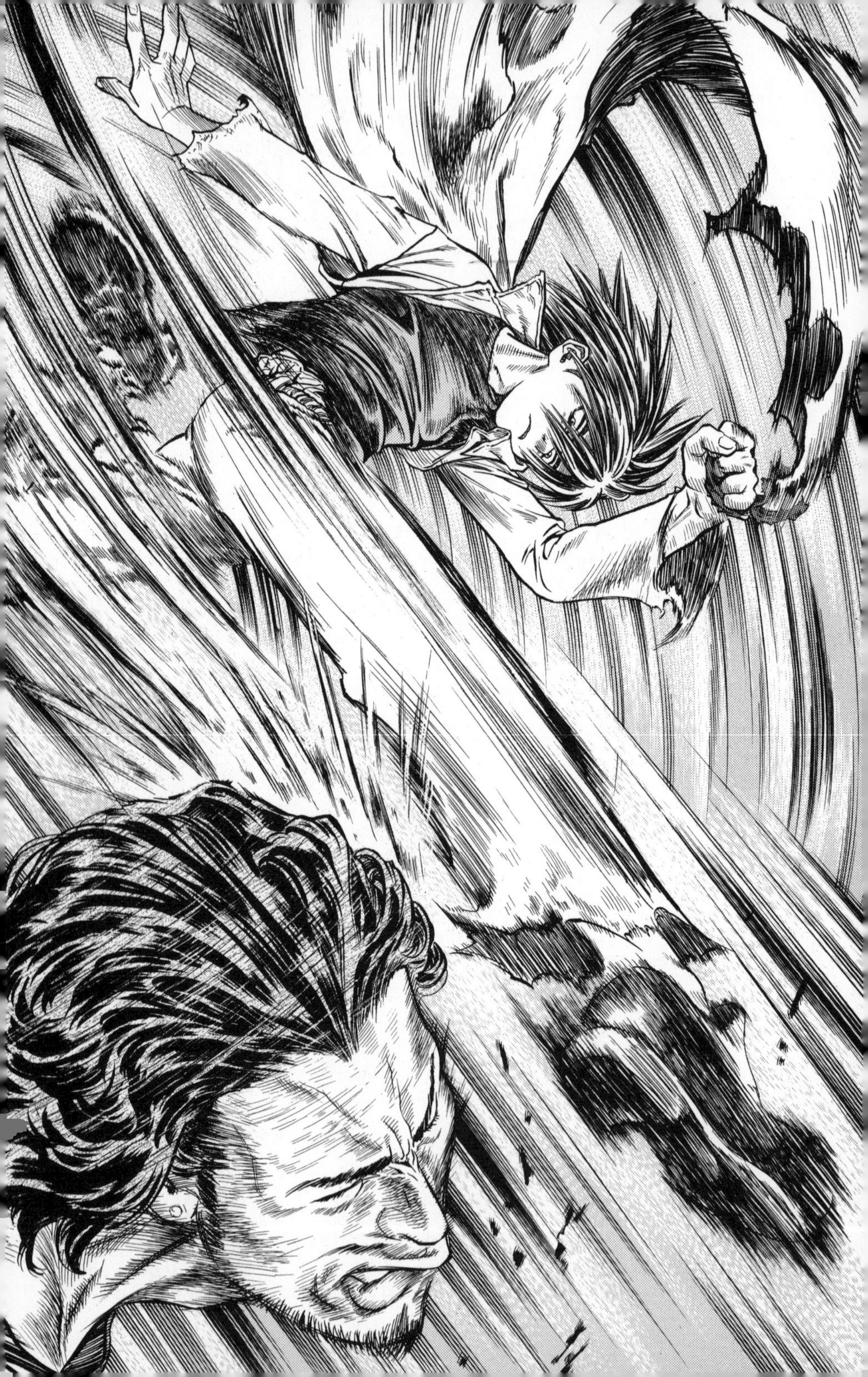

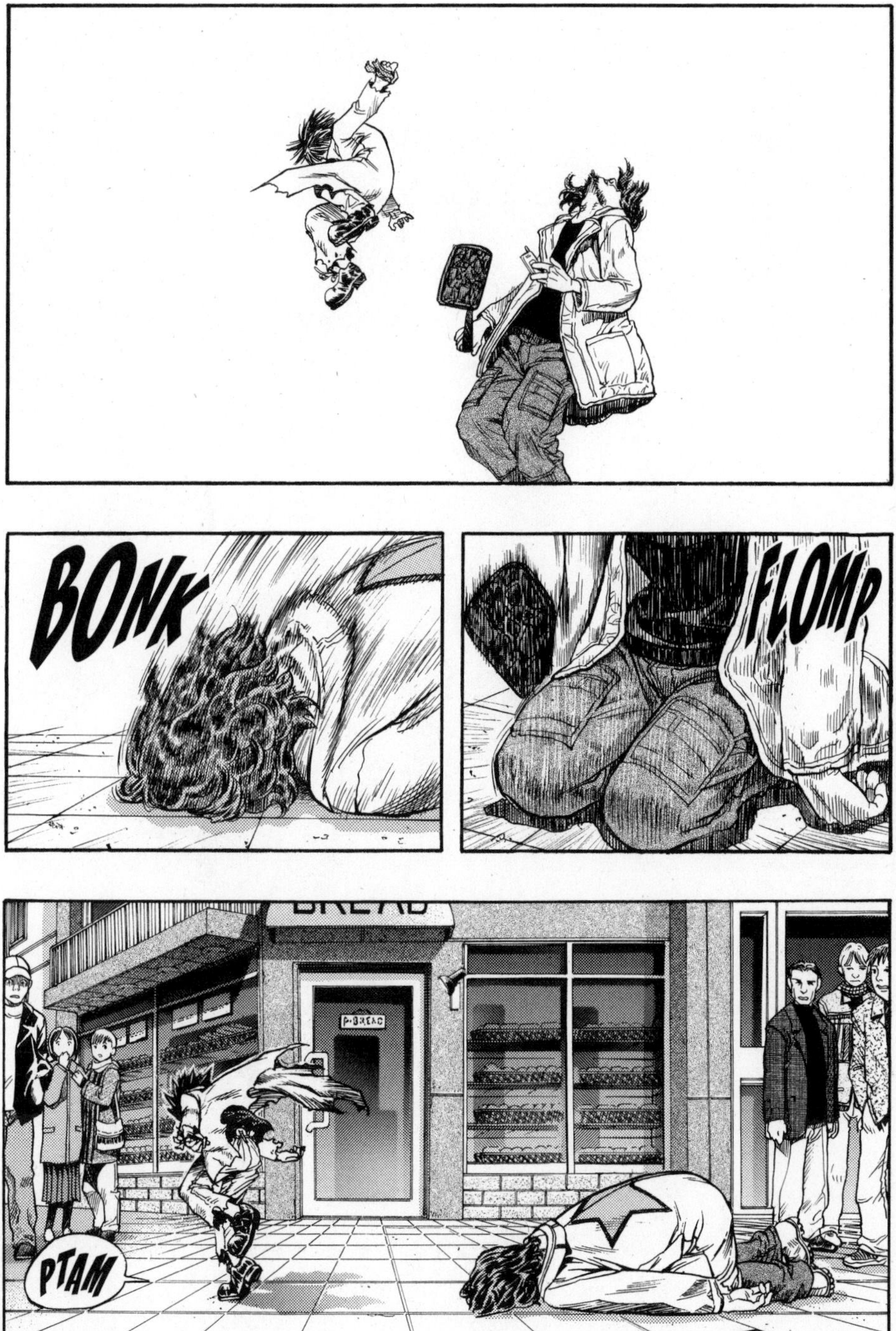
BONK
FLOMP
P-BREAD
PTAM

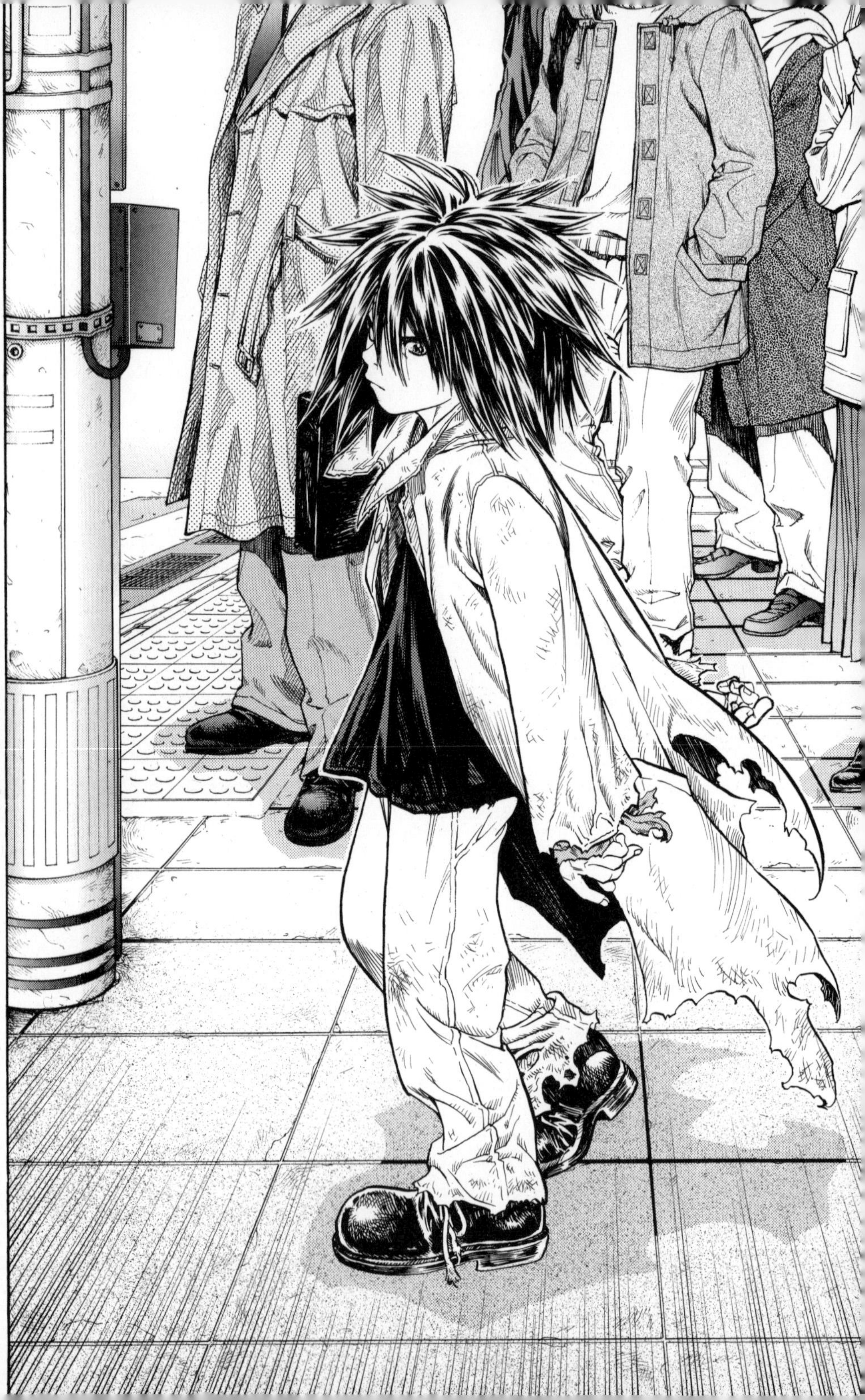

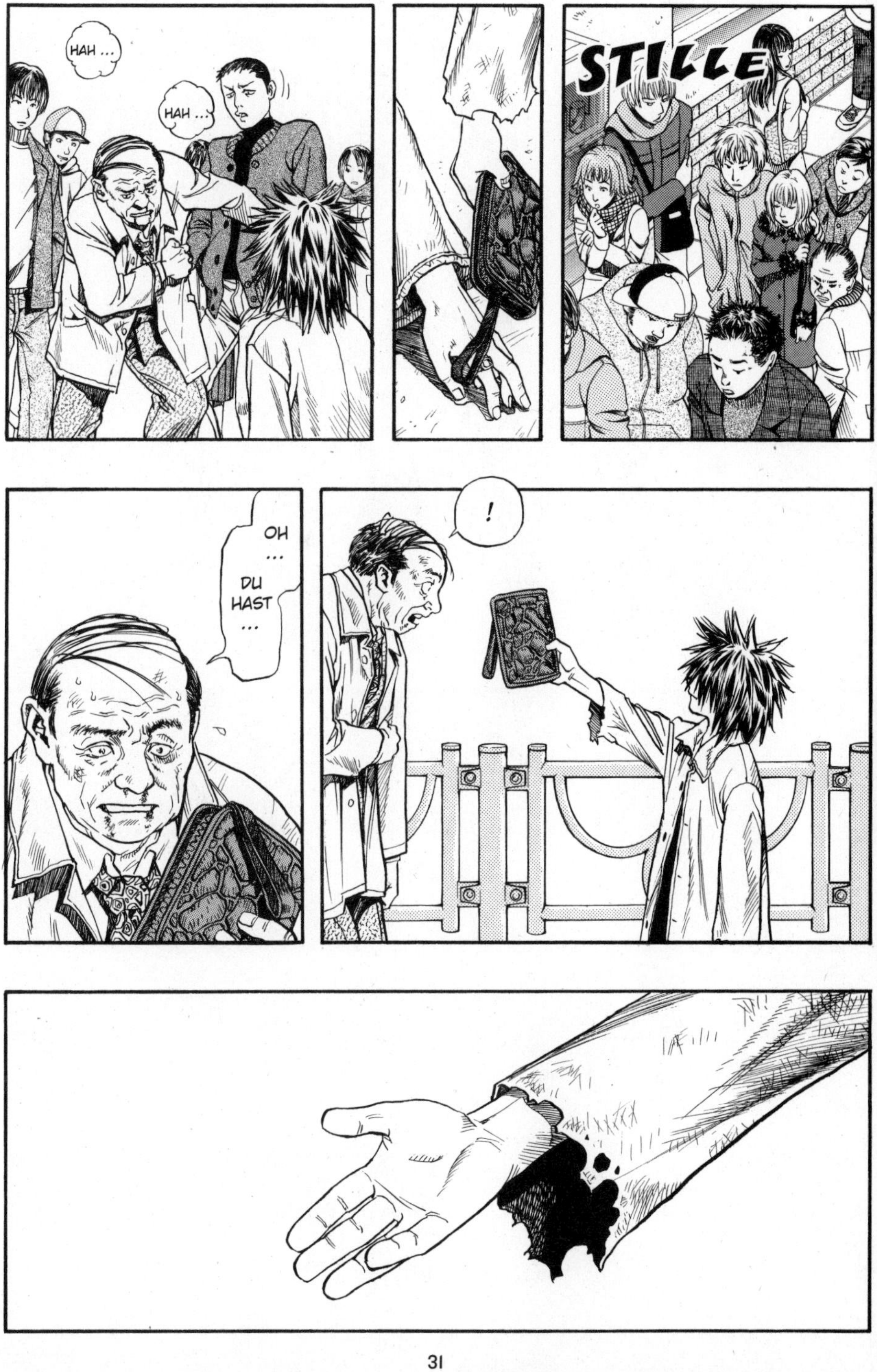
HAH ...
HAH ...
STILLE
OH ... DU HAST ...
!

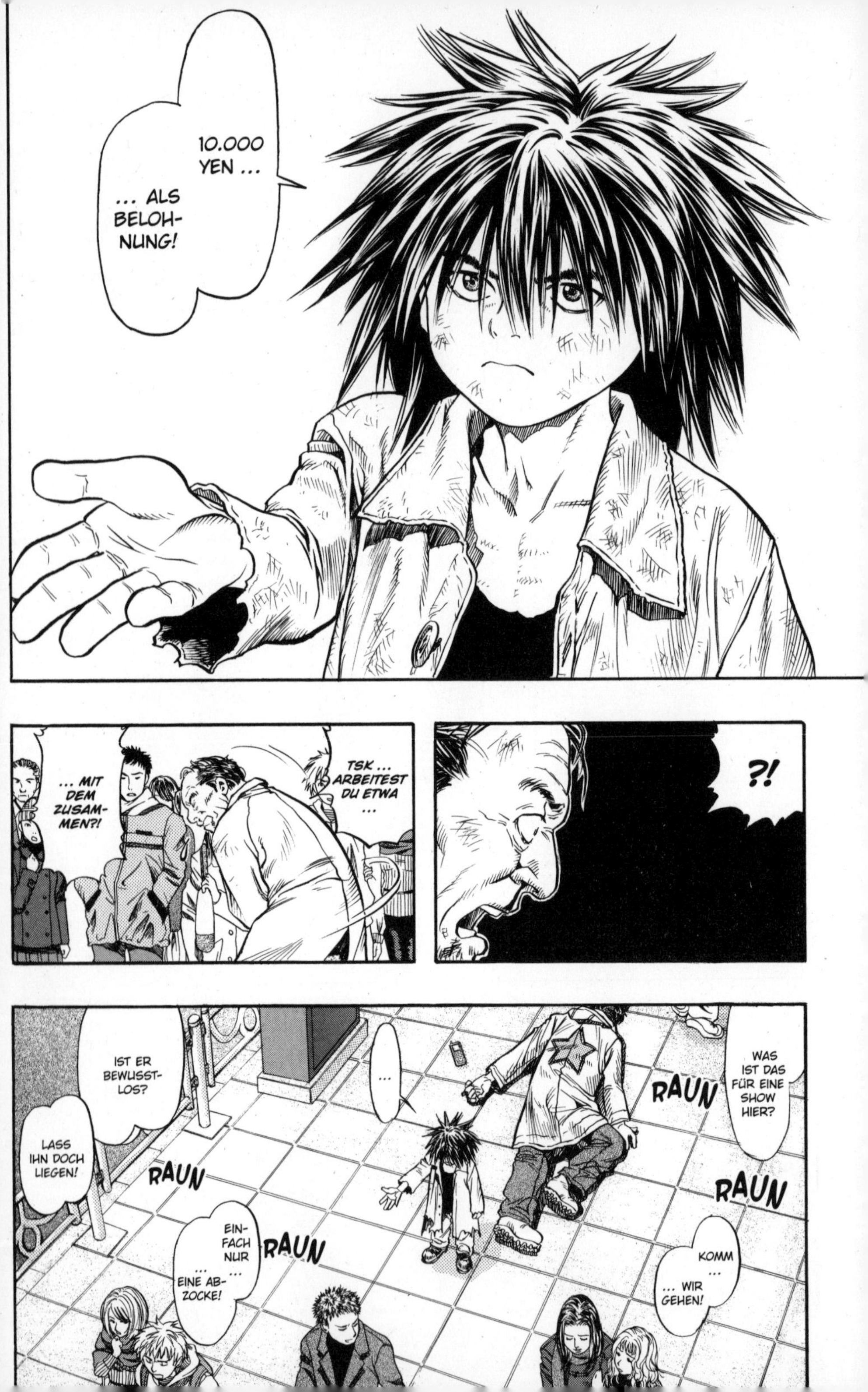
10.000 YEN …
… ALS BELOHNUNG!
TSK … ARBEITEST DU ETWA …
… MIT DEM ZUSAMMEN?!
?!
WAS IST DAS FÜR EINE SHOW HIER?
RAUN
…
IST ER BEWUSSTLOS?
LASS IHN DOCH LIEGEN!
RAUN
RAUN
KOMM … … WIR GEHEN!
RAUN
EINFACH NUR … … EINE ABZOCKE!

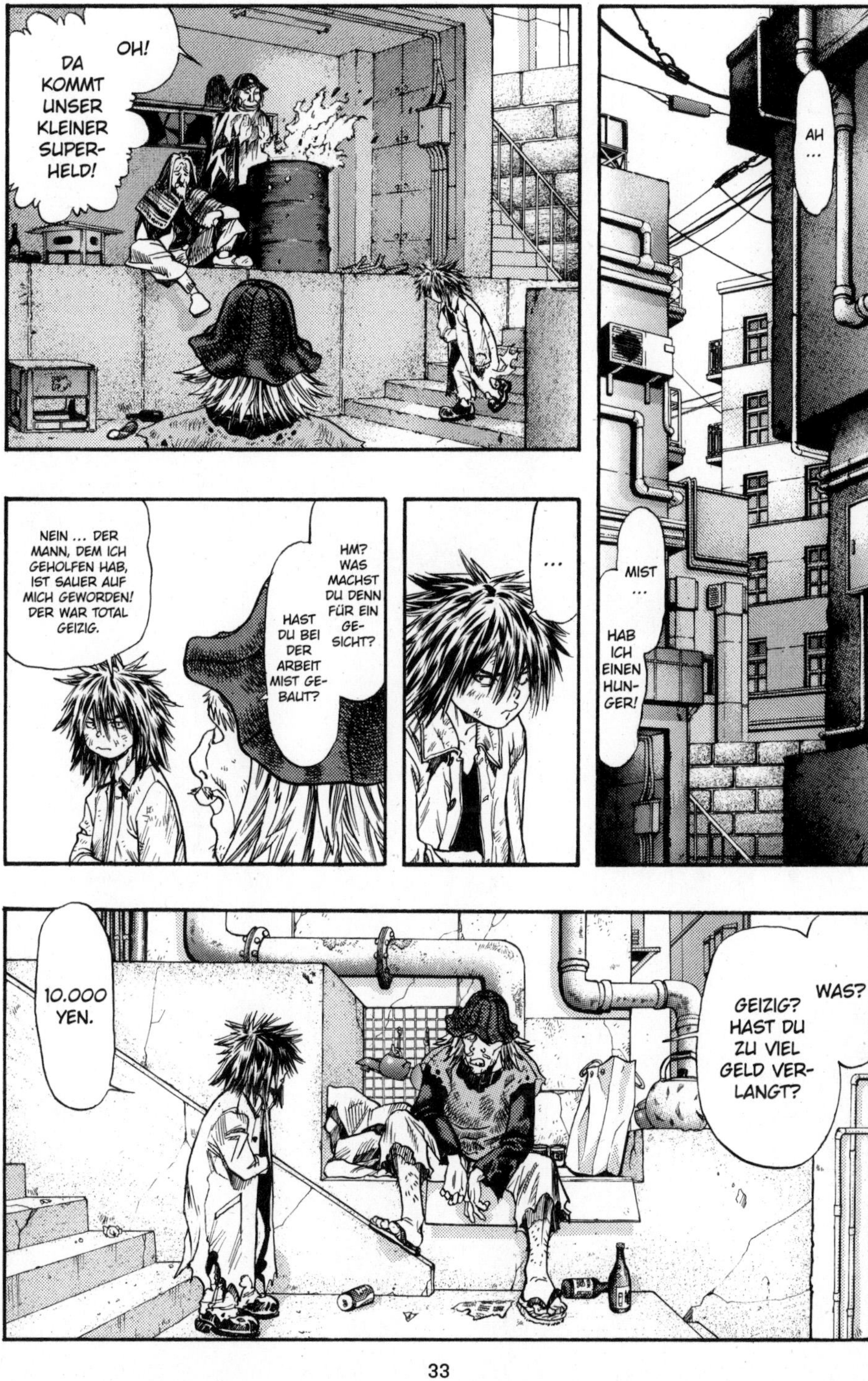
AH ...
MIST ... HAB ICH EINEN HUNGER!
OH!
DA KOMMT UNSER KLEINER SUPER-HELD!
...
HM? WAS MACHST DU DENN FÜR EIN GE-SICHT?
HAST DU BEI DER ARBEIT MIST GE-BAUT?
NEIN ... DER MANN, DEM ICH GEHOLFEN HAB, IST SAUER AUF MICH GEWORDEN! DER WAR TOTAL GEIZIG.
WAS?
GEIZIG? HAST DU ZU VIEL GELD VER-LANGT?
10.000 YEN.

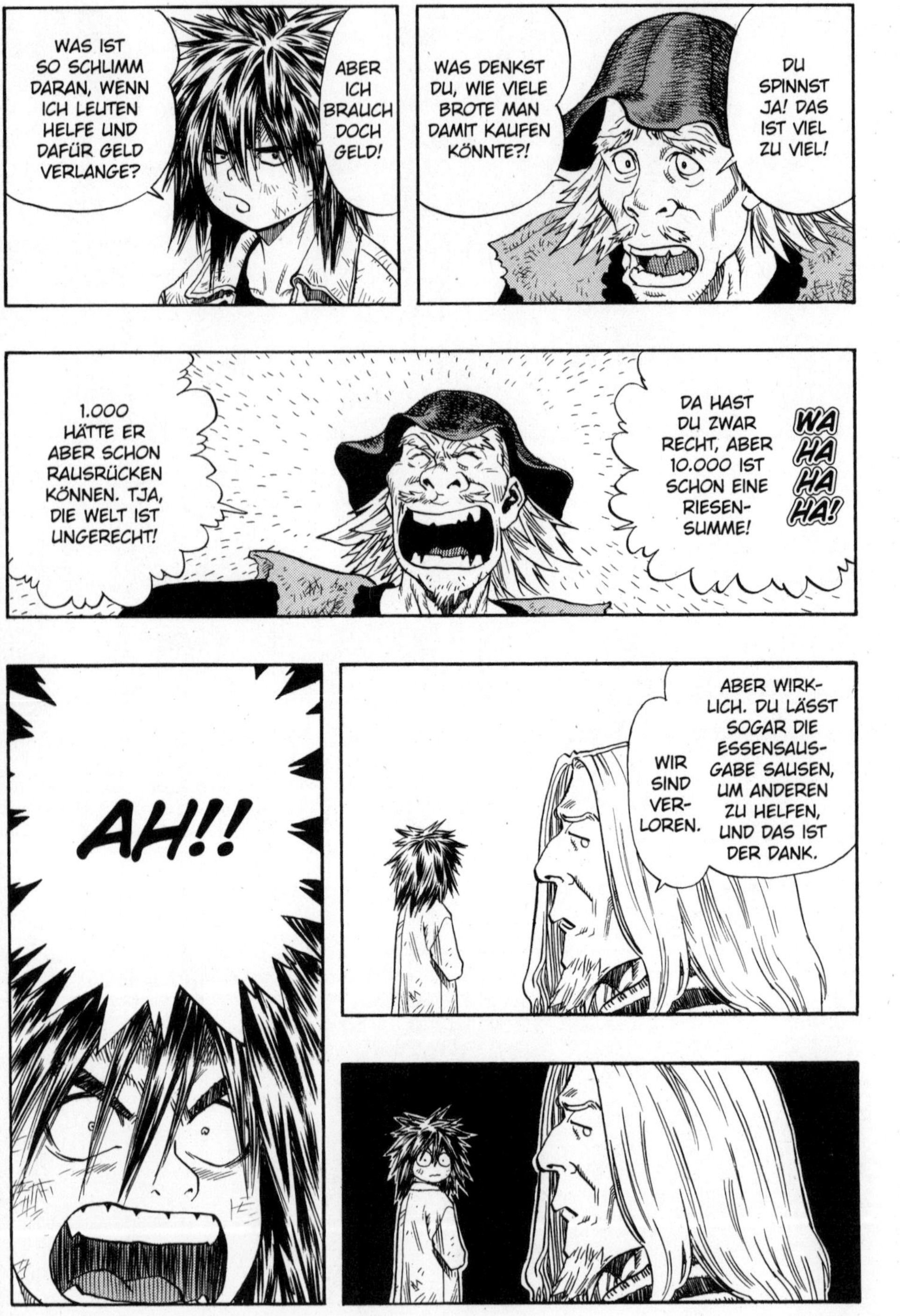
DU SPINNST JA! DAS IST VIEL ZU VIEL!
WAS DENKST DU, WIE VIELE BROTE MAN DAMIT KAUFEN KÖNNTE?!
ABER ICH BRAUCH DOCH GELD!
WAS IST SO SCHLIMM DARAN, WENN ICH LEUTEN HELFE UND DAFÜR GELD VERLANGE?
WA HA HA HA!
DA HAST DU ZWAR RECHT, ABER 10.000 IST SCHON EINE RIESEN-SUMME!
1.000 HÄTTE ER ABER SCHON RAUSRÜCKEN KÖNNEN. TJA, DIE WELT IST UNGERECHT!
ABER WIRK-LICH. DU LÄSST SOGAR DIE ESSENSAUS-GABE SAUSEN, UM ANDEREN ZU HELFEN, UND DAS IST DER DANK.
WIR SIND VER-LOREN.
AH!!

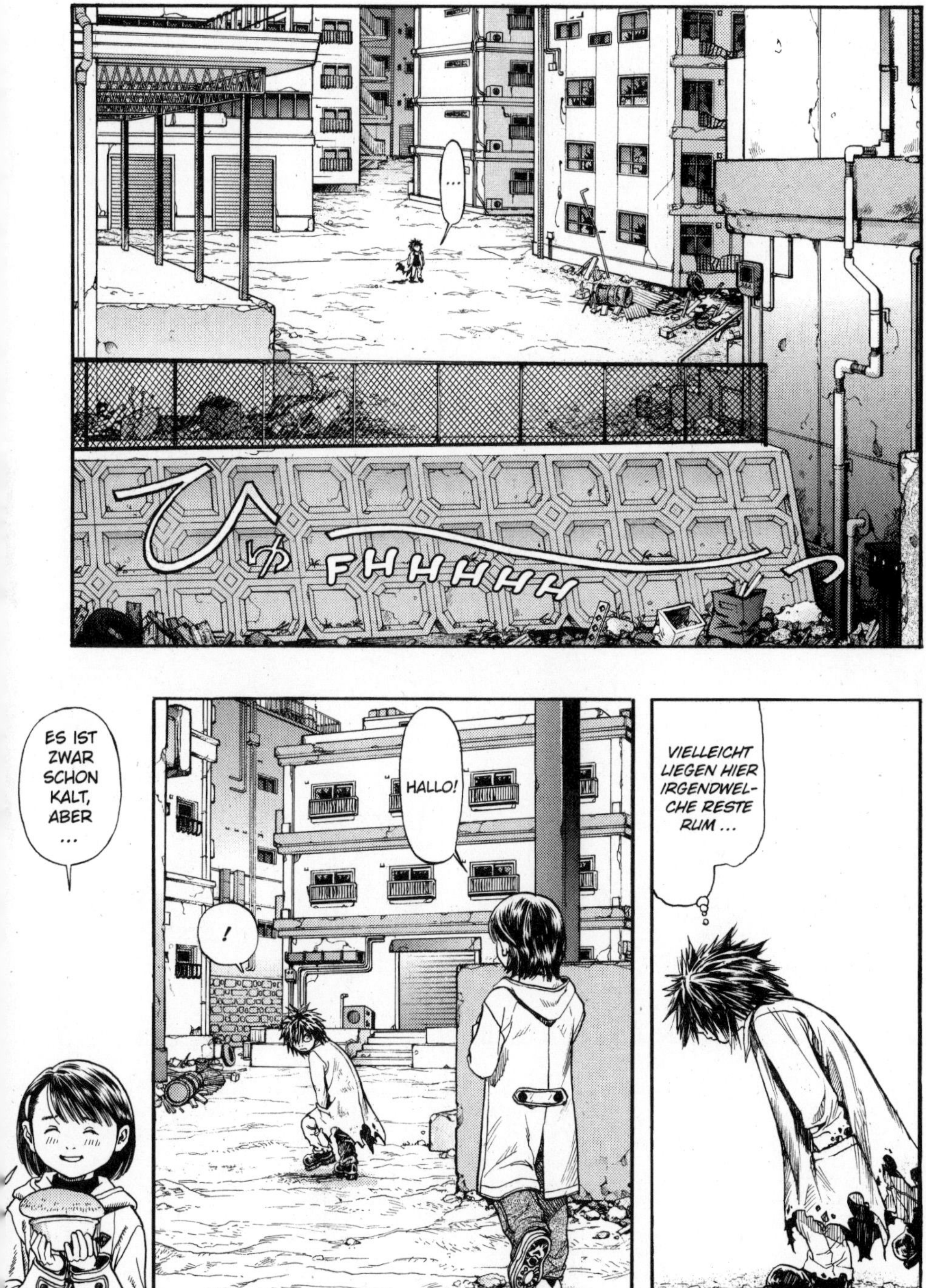
…
FHHHHH
VIELLEICHT LIEGEN HIER IRGENDWELCHE RESTE RUM …
HALLO!
!
ES IST ZWAR SCHON KALT, ABER …

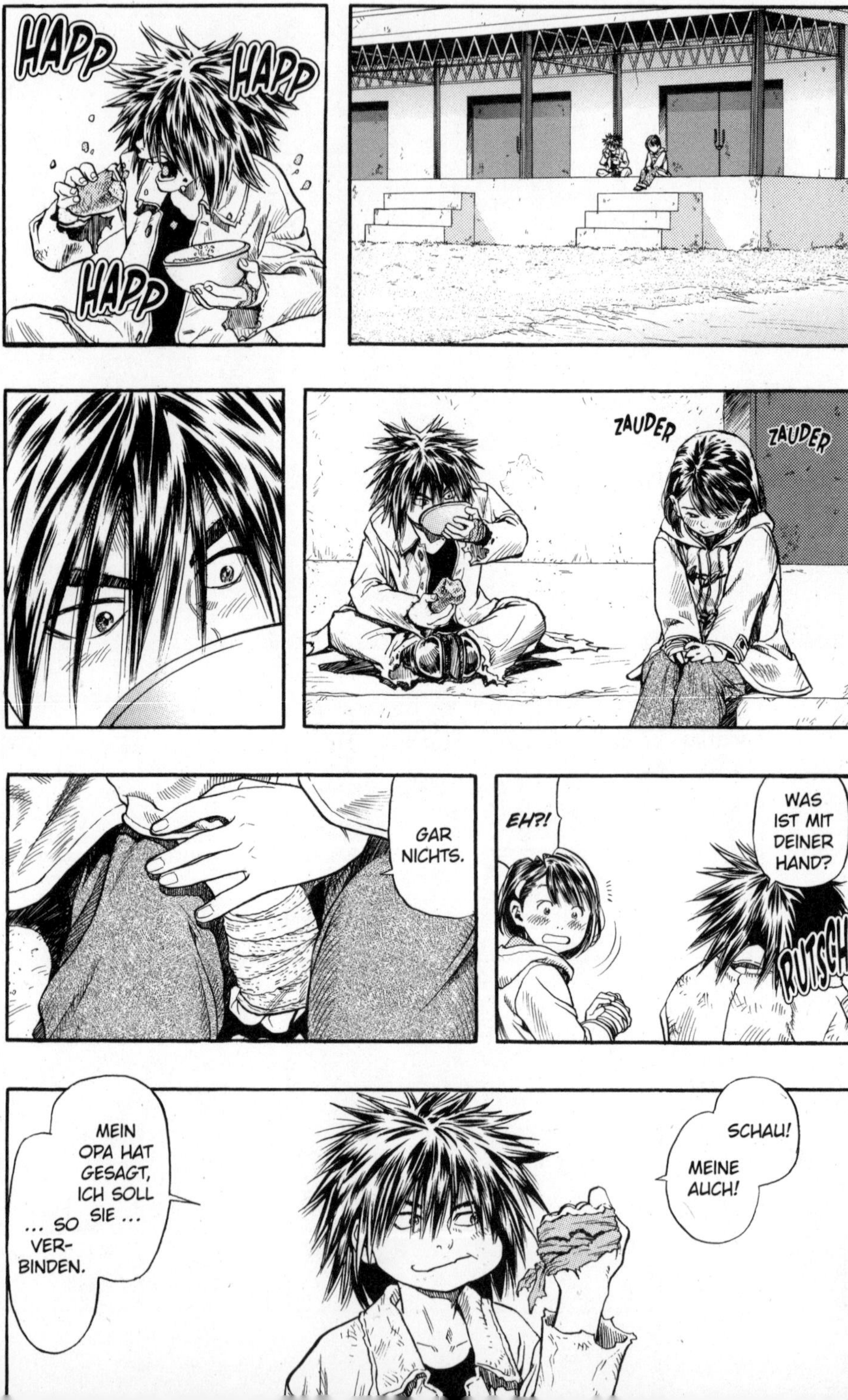
HAPP
HAPP
HAPP
ZAUDER
ZAUDER
WAS IST MIT DEINER HAND?
EH?!
RUTSCH
GAR NICHTS.
SCHAU!
MEINE AUCH!
MEIN OPA HAT GESAGT, ICH SOLL SIE ...
... SO VERBINDEN.

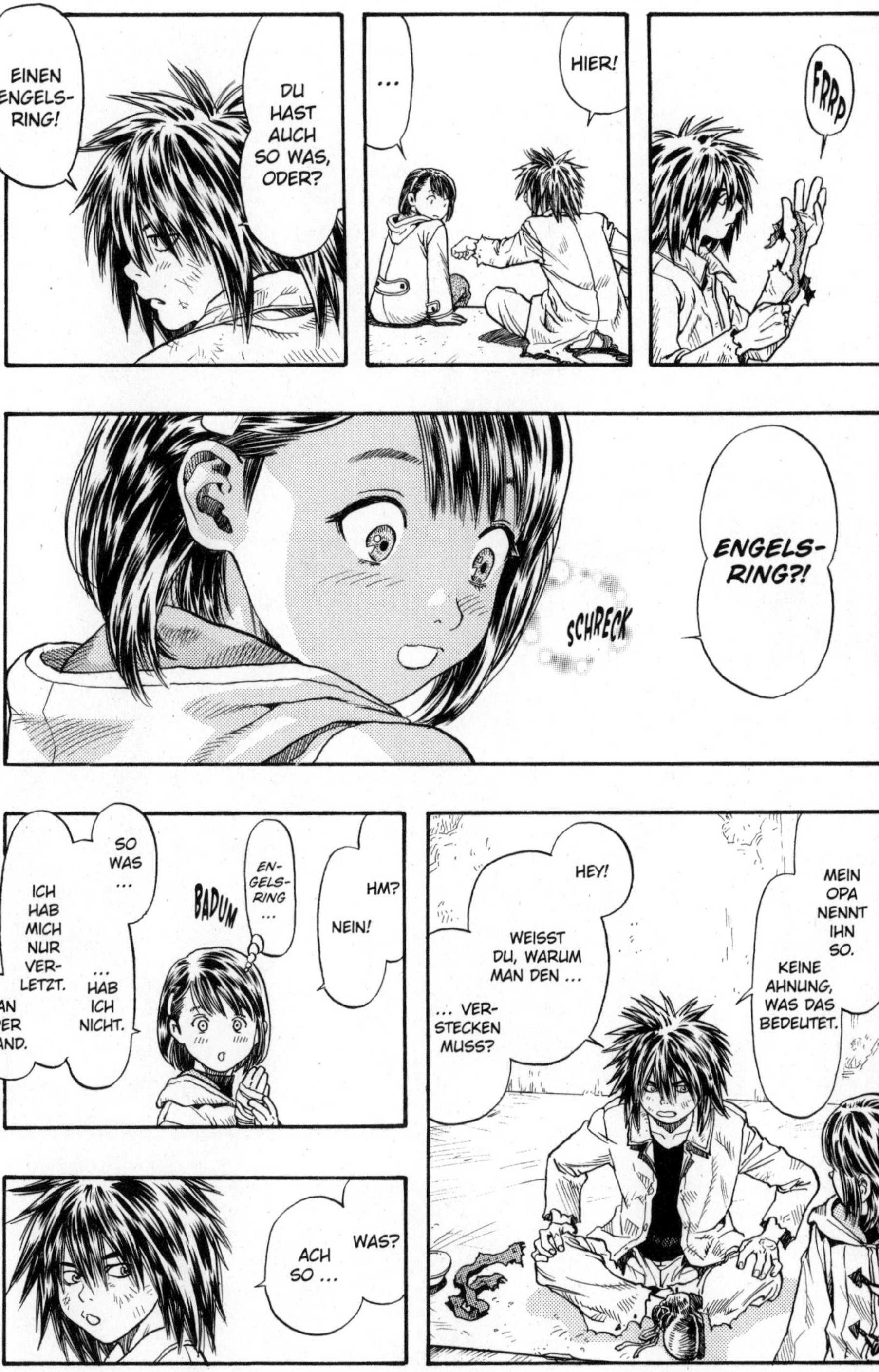
FRRP
HIER!
...
DU HAST AUCH SO WAS, ODER?
EINEN ENGELS-RING!
ENGELS-RING?!
SCHRECK
MEIN OPA NENNT IHN SO.
KEINE AHNUNG, WAS DAS BEDEUTET.
HEY!
WEISST DU, WARUM MAN DEN ...
... VER-STECKEN MUSS?
HM?
NEIN!
EN-GELS-RING ...
BADUM
SO WAS ...
... HAB ICH NICHT.
ICH HAB MICH NUR VER-LETZT.
AN DER HAND.
WAS?
ACH SO ...

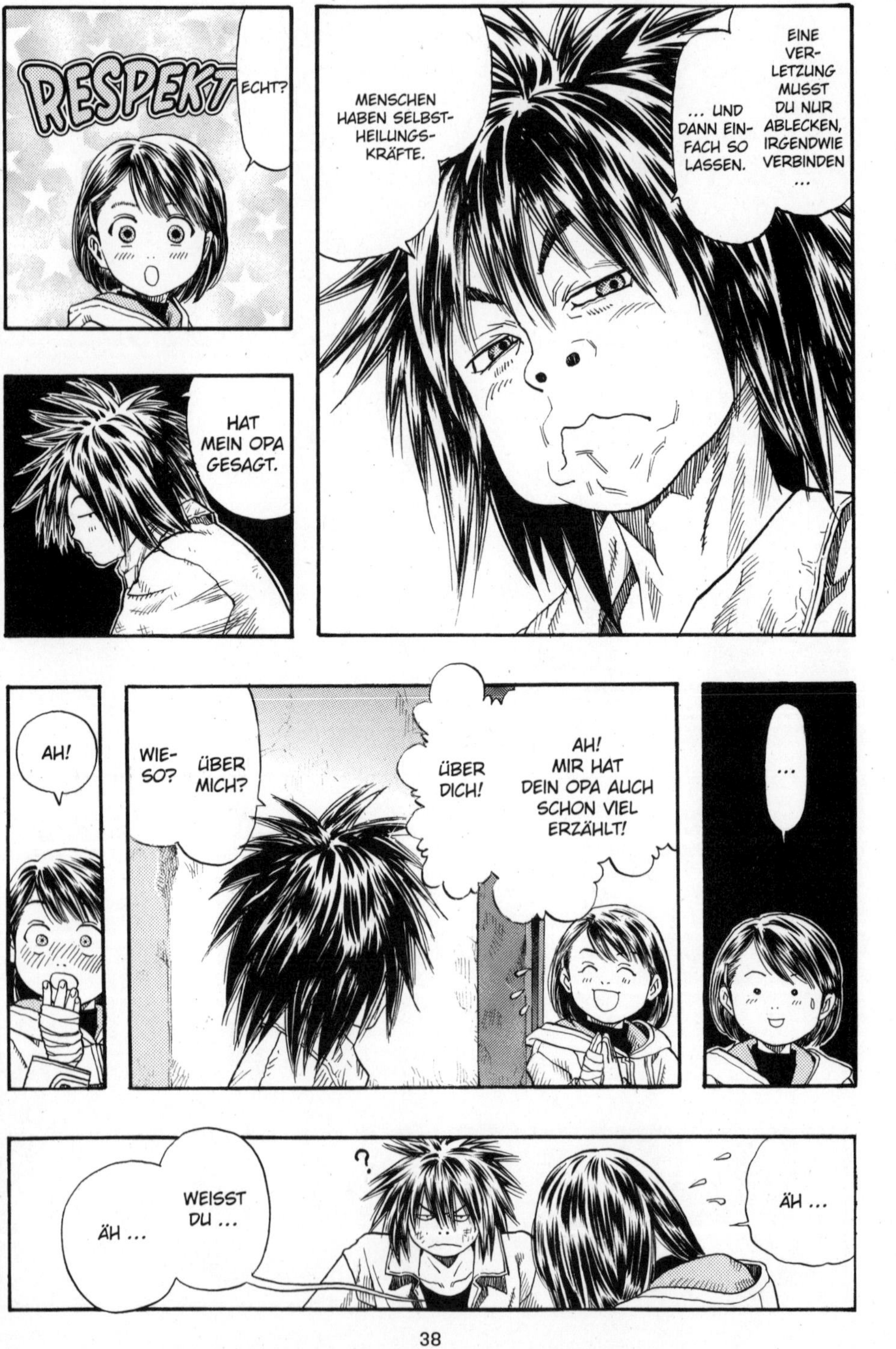
EINE VER-LETZUNG MUSST DU NUR ABLECKEN, IRGENDWIE VERBINDEN …
… UND DANN EIN-FACH SO LASSEN.
MENSCHEN HABEN SELBST-HEILUNGS-KRÄFTE.
RESPEKT
ECHT?
HAT MEIN OPA GESAGT.
…
AH! MIR HAT DEIN OPA AUCH SCHON VIEL ERZÄHLT!
ÜBER DICH!
ÜBER MICH?
WIE-SO?
AH!
ÄH …
?
WEISST DU …
ÄH …

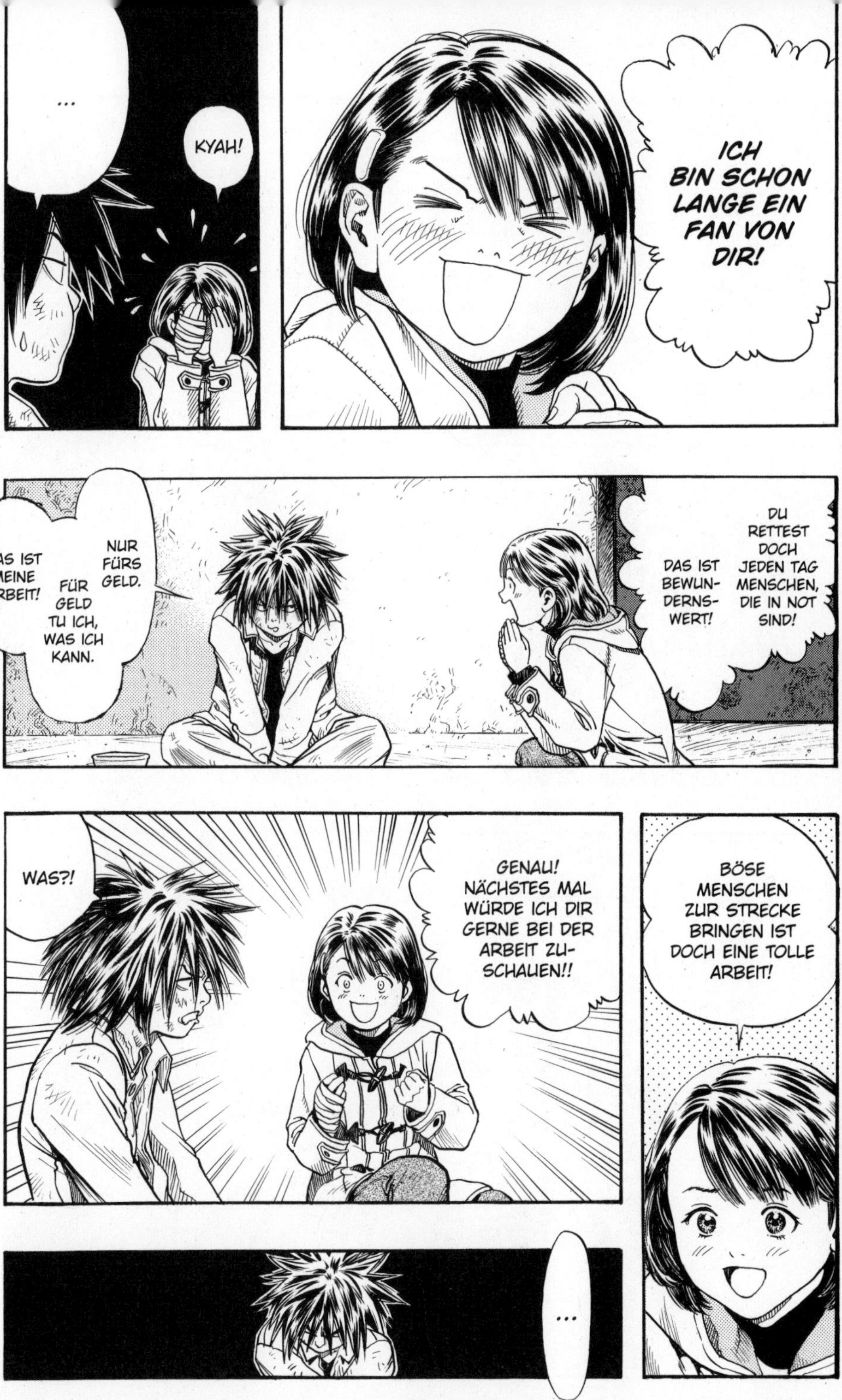
ICH BIN SCHON LANGE EIN FAN VON DIR!
KYAH!
...
DU RETTEST DOCH JEDEN TAG MENSCHEN, DIE IN NOT SIND!
DAS IST BEWUN-DERNS-WERT!
NUR FÜRS GELD.
DAS IST MEINE ARBEIT!
FÜR GELD TU ICH, WAS ICH KANN.
BÖSE MENSCHEN ZUR STRECKE BRINGEN IST DOCH EINE TOLLE ARBEIT!
GENAU! NÄCHSTES MAL WÜRDE ICH DIR GERNE BEI DER ARBEIT ZU-SCHAUEN!!
WAS?!
...

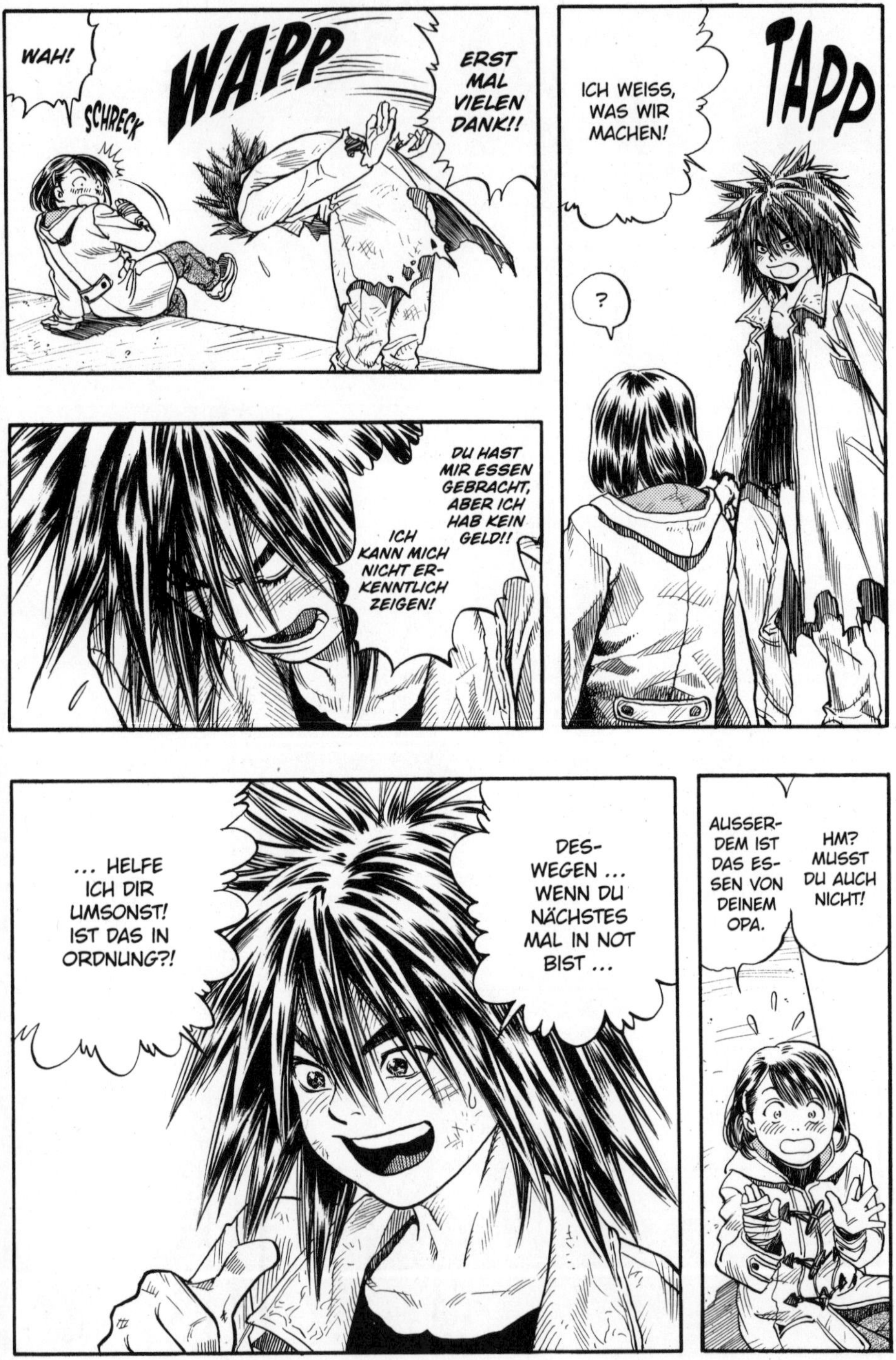
WAH!
SCHRECK
WAPP
ERST MAL VIELEN DANK!!
DU HAST MIR ESSEN GEBRACHT, ABER ICH HAB KEIN GELD!!
ICH KANN MICH NICHT ERKENNTLICH ZEIGEN!
ICH WEISS, WAS WIR MACHEN!
TAPP
?
DES-WEGEN … WENN DU NÄCHSTES MAL IN NOT BIST …
… HELFE ICH DIR UMSONST! IST DAS IN ORDNUNG?!
HM? MUSST DU AUCH NICHT!
AUSSER-DEM IST DAS ES-SEN VON DEINEM OPA.

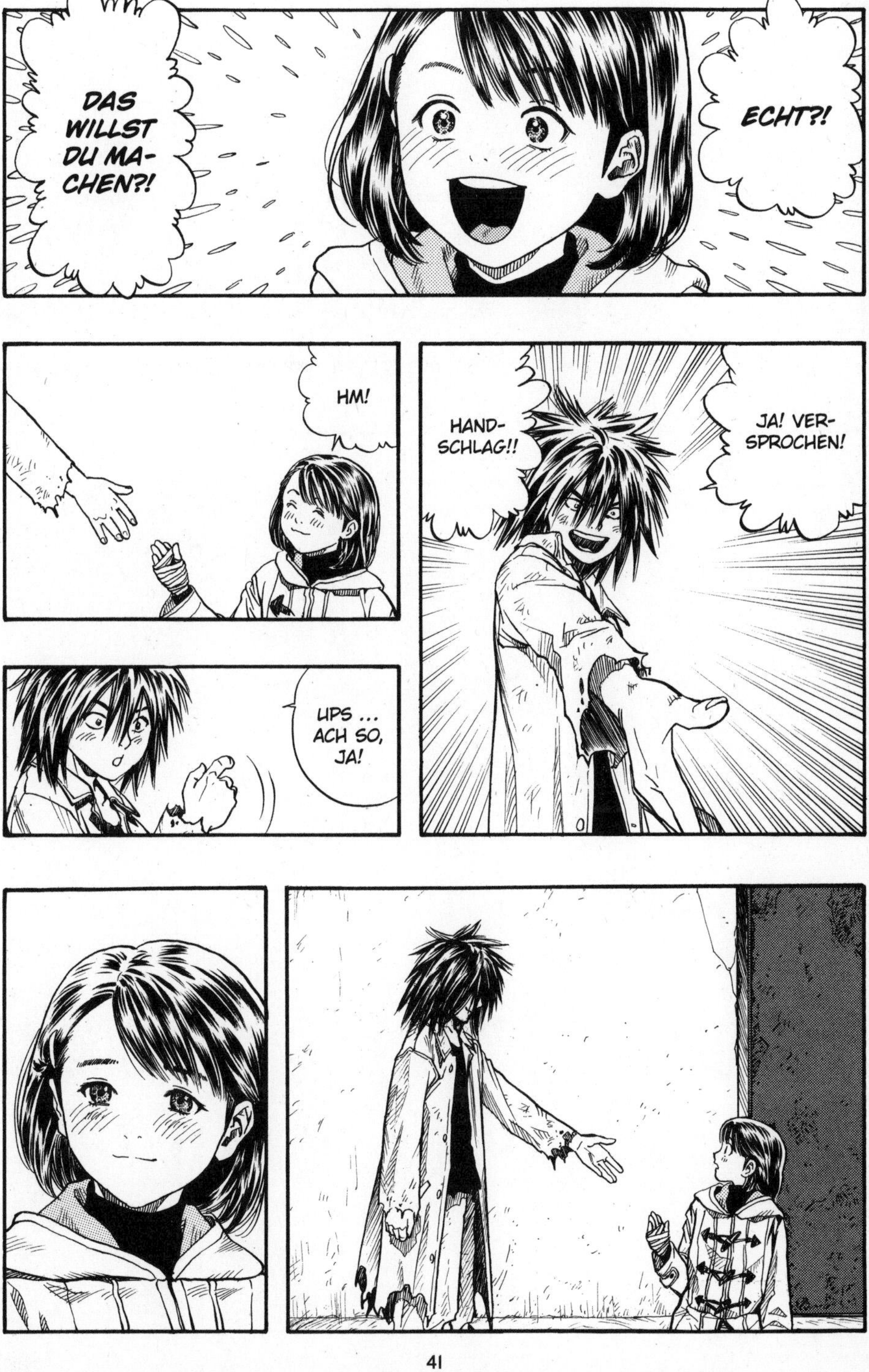
ECHT?!
DAS WILLST DU MA-CHEN?!
JA! VER-SPROCHEN!
HAND-SCHLAG!!
HM!
UPS ... ACH SO, JA!

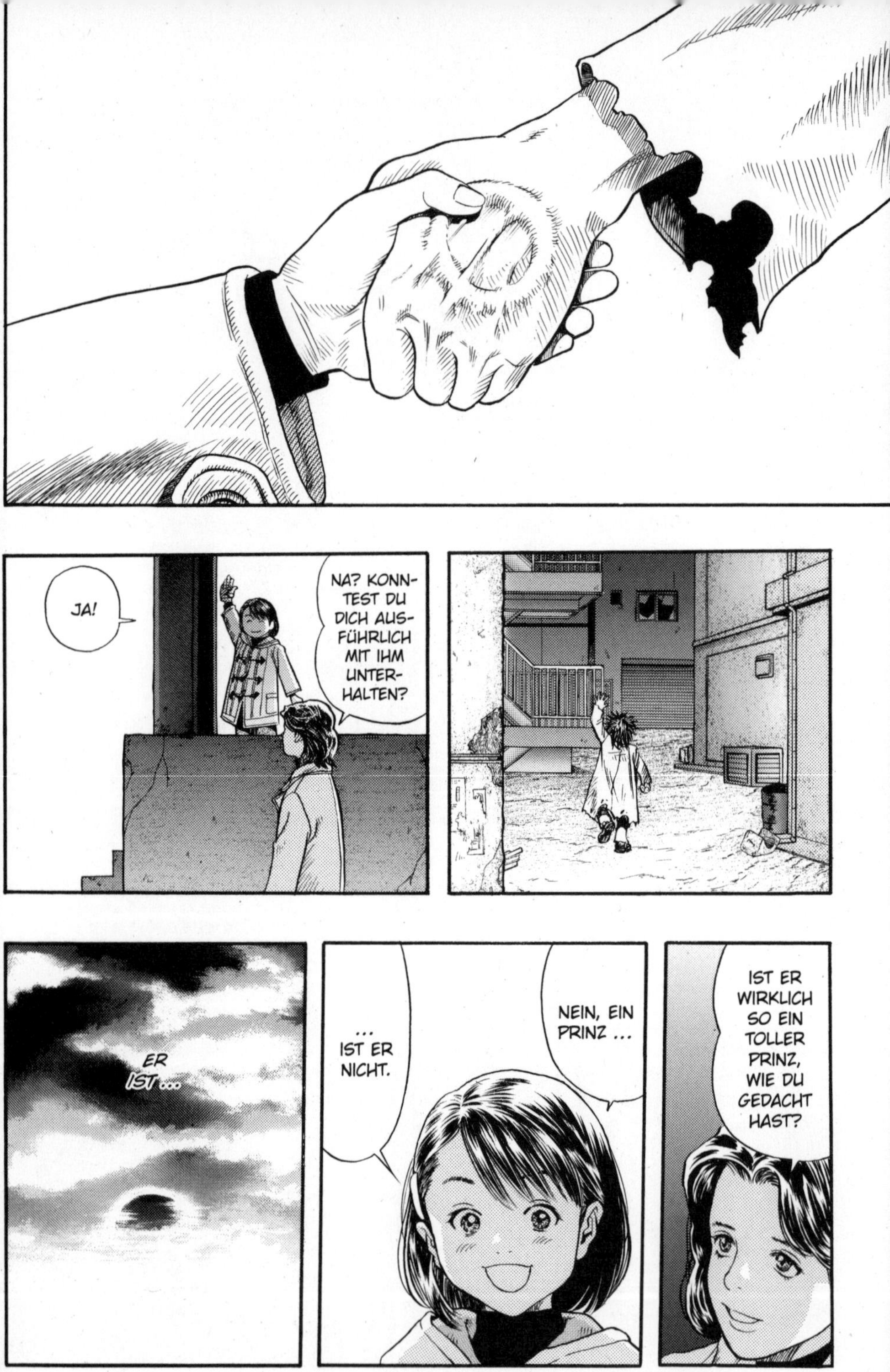
NA? KONNTEST DU DICH AUSFÜHRLICH MIT IHM UNTERHALTEN?
JA!
IST ER WIRKLICH SO EIN TOLLER PRINZ, WIE DU GEDACHT HAST?
NEIN, EIN PRINZ ...
... IST ER NICHT.
ER IST ...

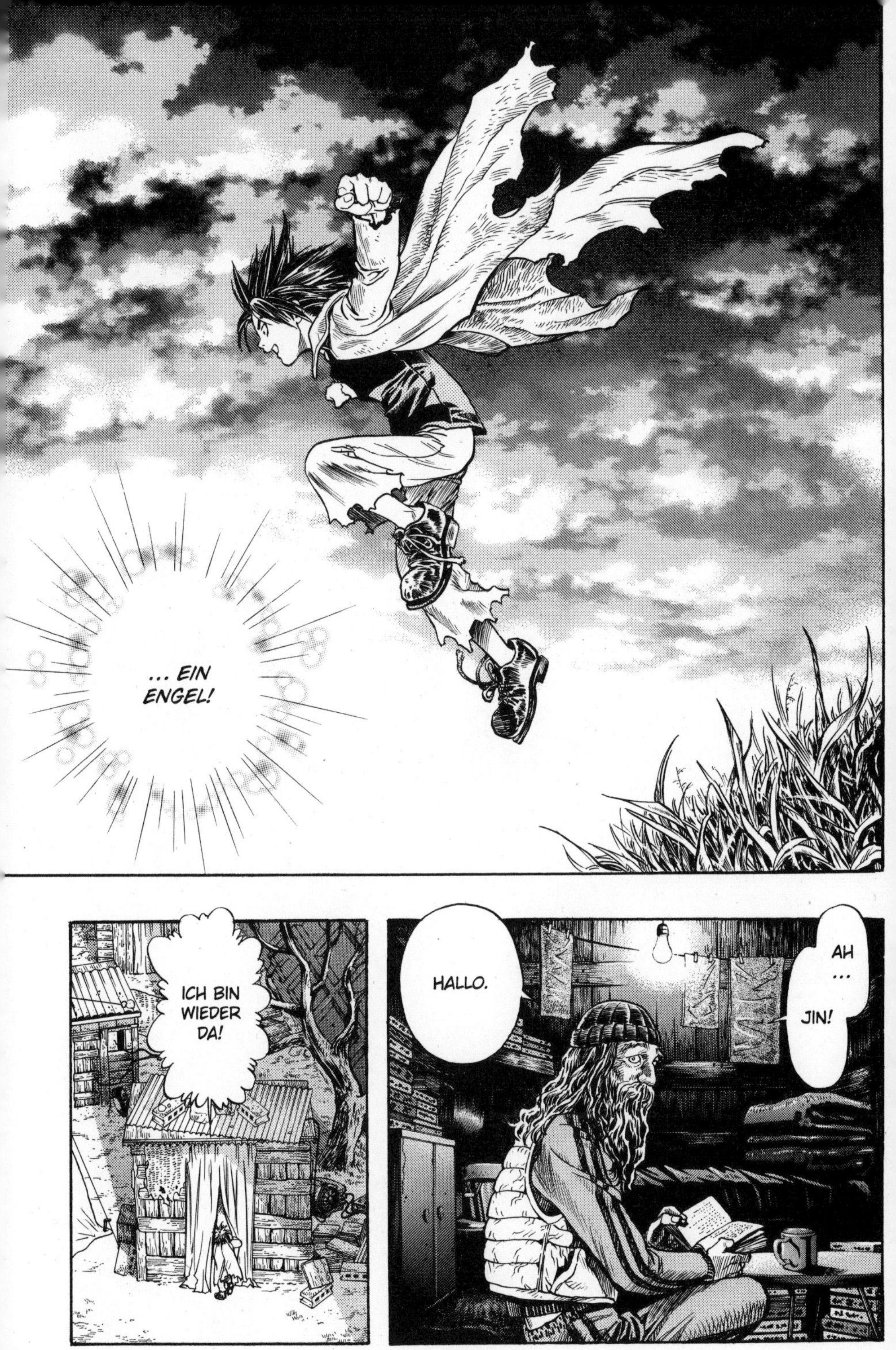
... EIN ENGEL!
ICH BIN WIEDER DA!
HALLO.
AH ... JIN!

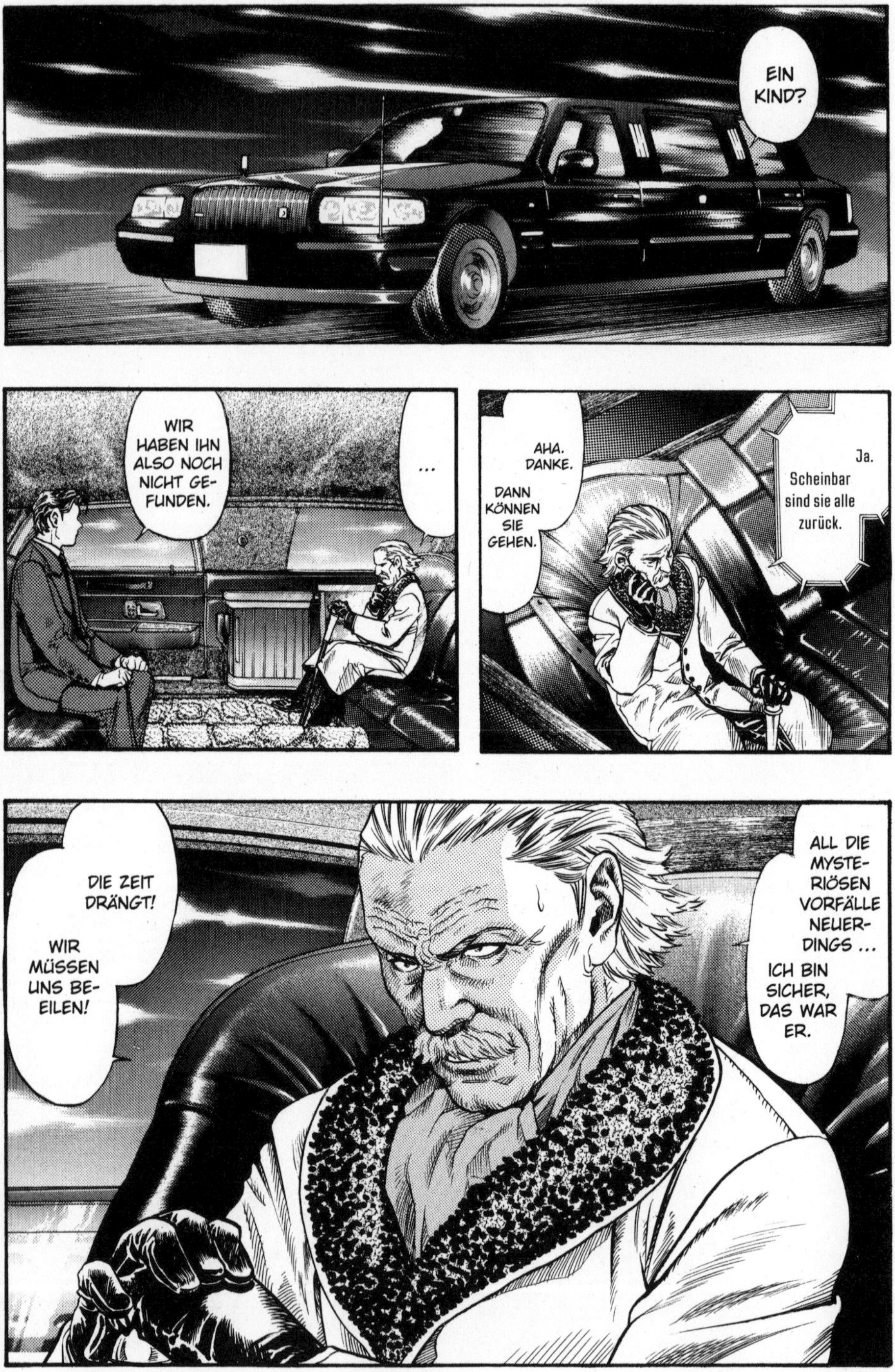
EIN KIND?
Ja. Scheinbar sind sie alle zurück.
AHA. DANKE.
DANN KÖNNEN SIE GEHEN.
...
WIR HABEN IHN ALSO NOCH NICHT GEFUNDEN.
ALL DIE MYSTERIÖSEN VORFÄLLE NEUERDINGS ...
ICH BIN SICHER, DAS WAR ER.
DIE ZEIT DRÄNGT!
WIR MÜSSEN UNS BEEILEN!

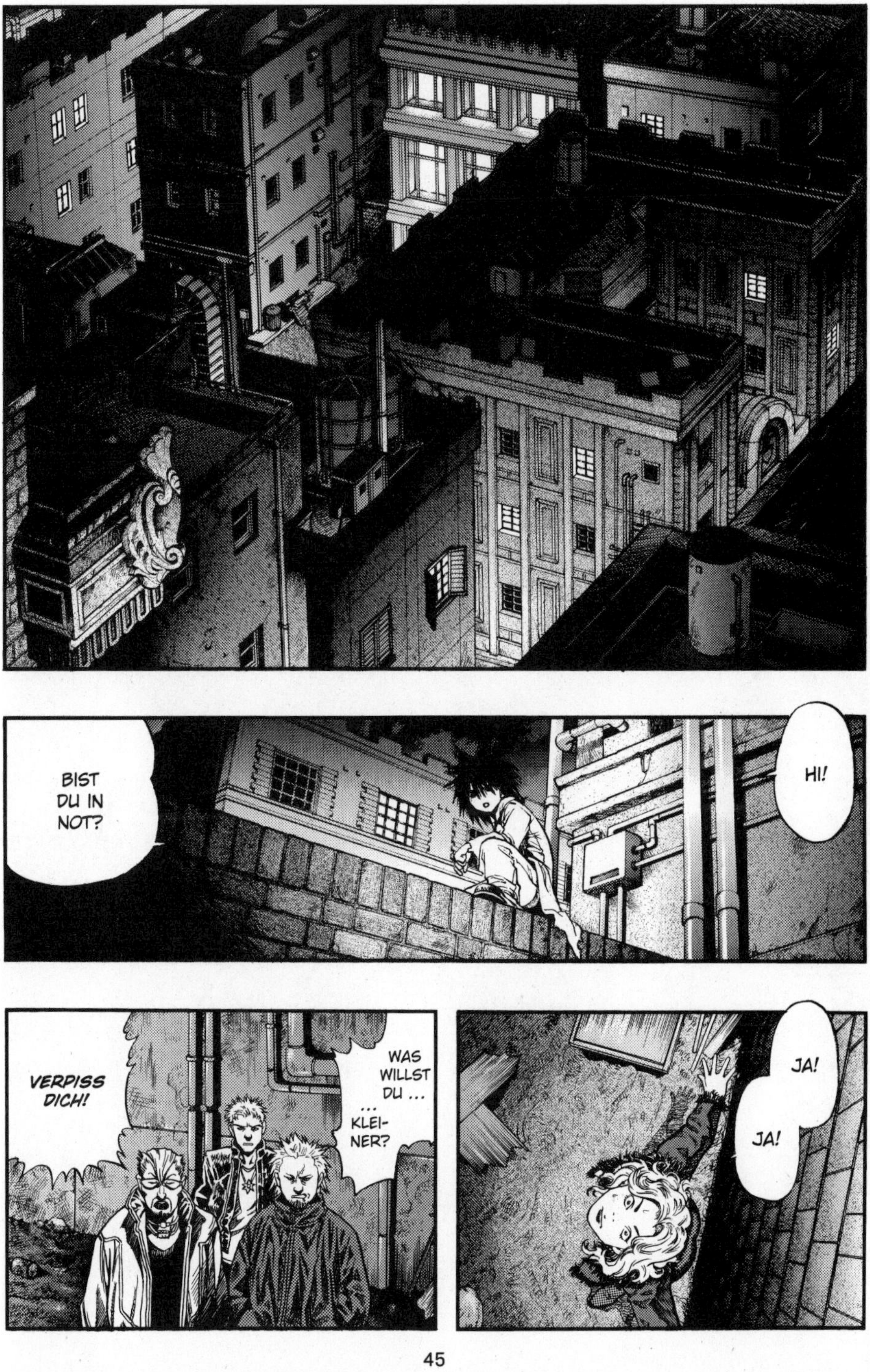

HI!
BIST DU IN NOT?
JA!
JA!
WAS WILLST DU … … KLEINER?
VERPISS DICH!

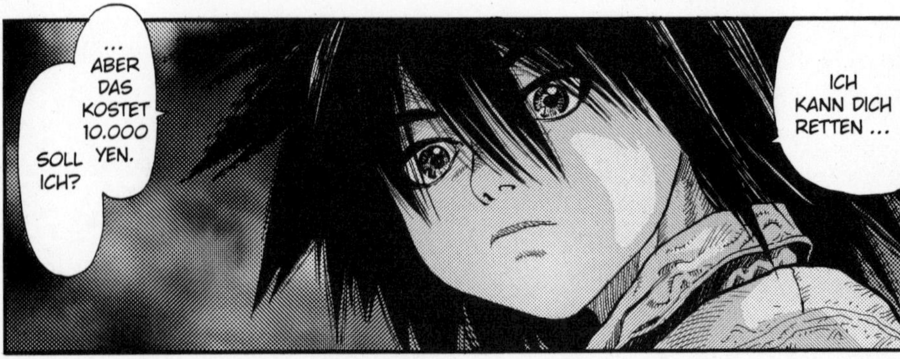

Episode 02:

Ein normales Leben

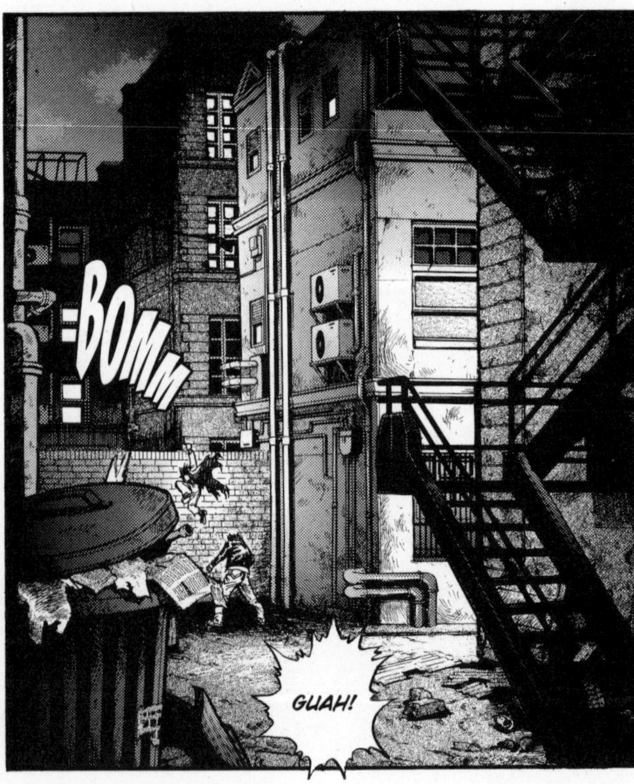

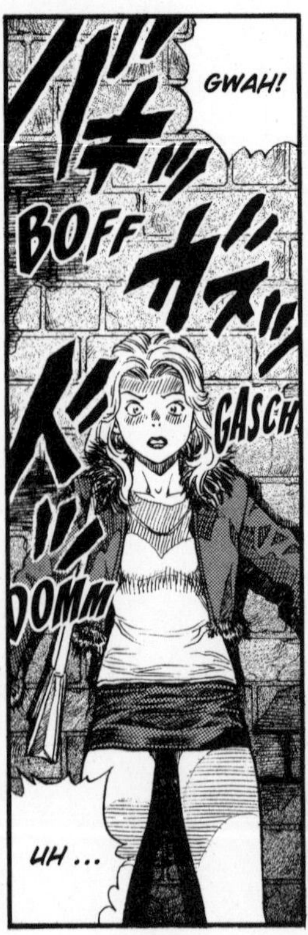

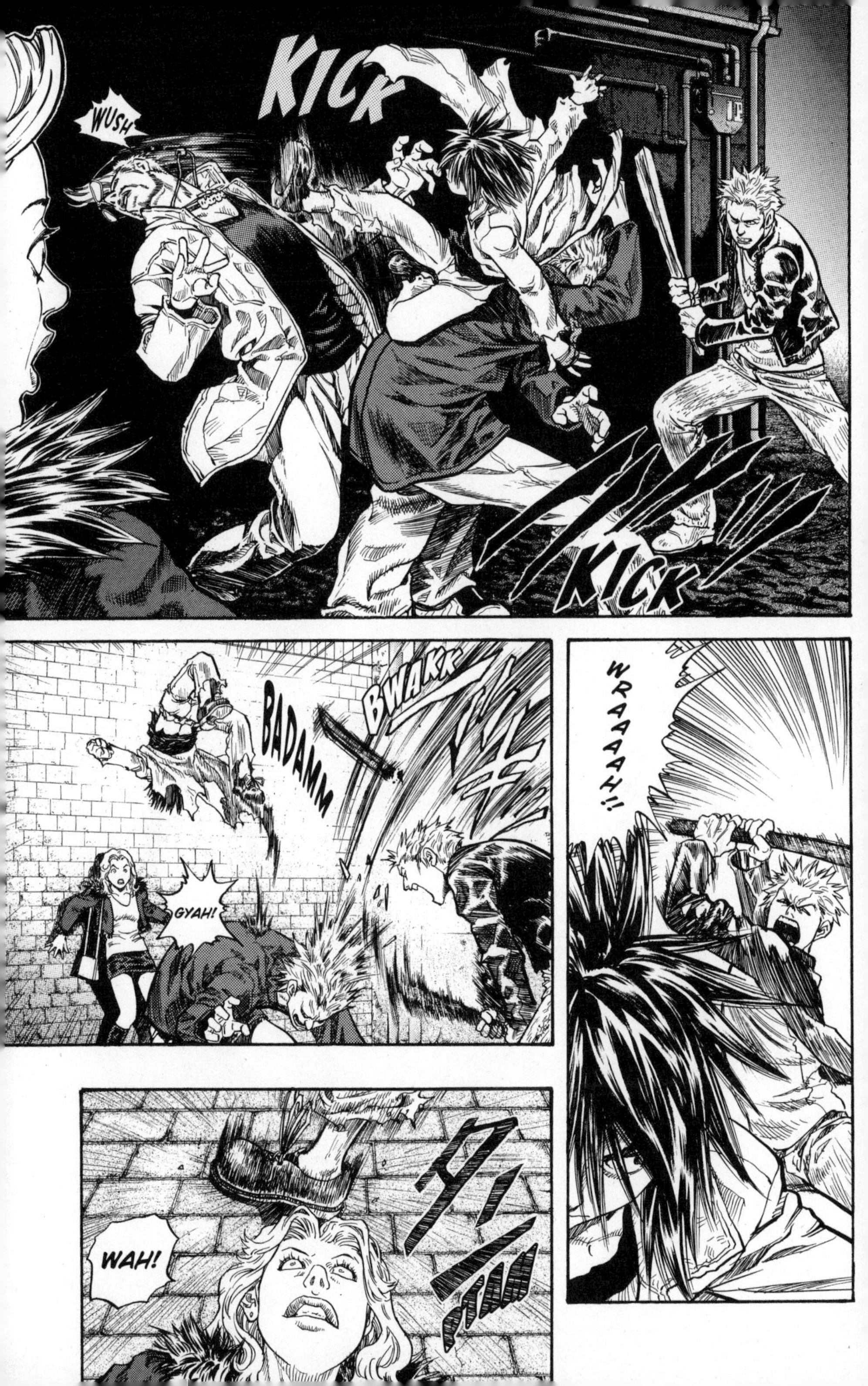

KICK
WUSH
KICK
BWAKK
BADAMM
GYAH!
WRAAAAAH!!
WAH!

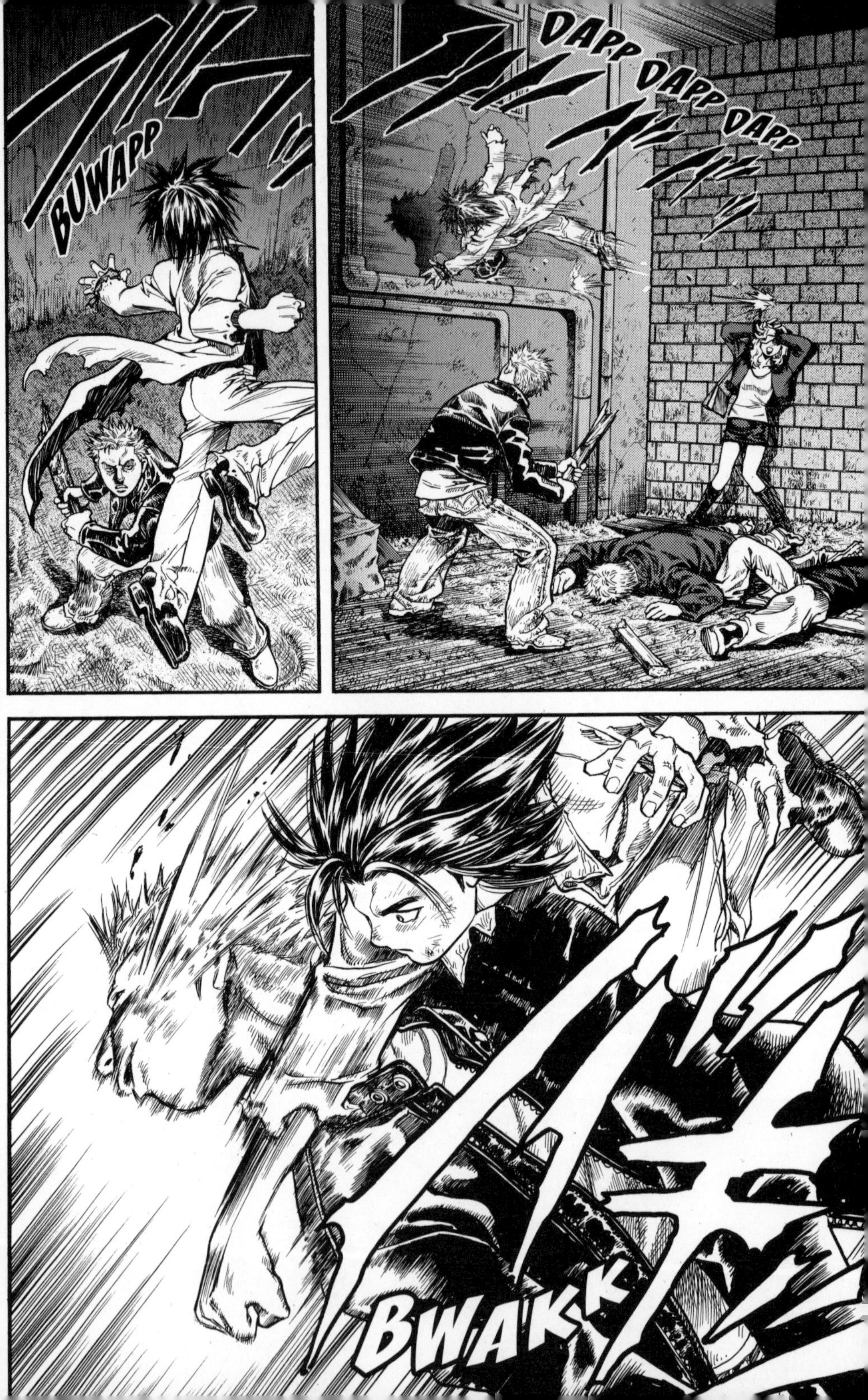
BUWAPP
DAPP
DAPP
DAPP
BWAKK

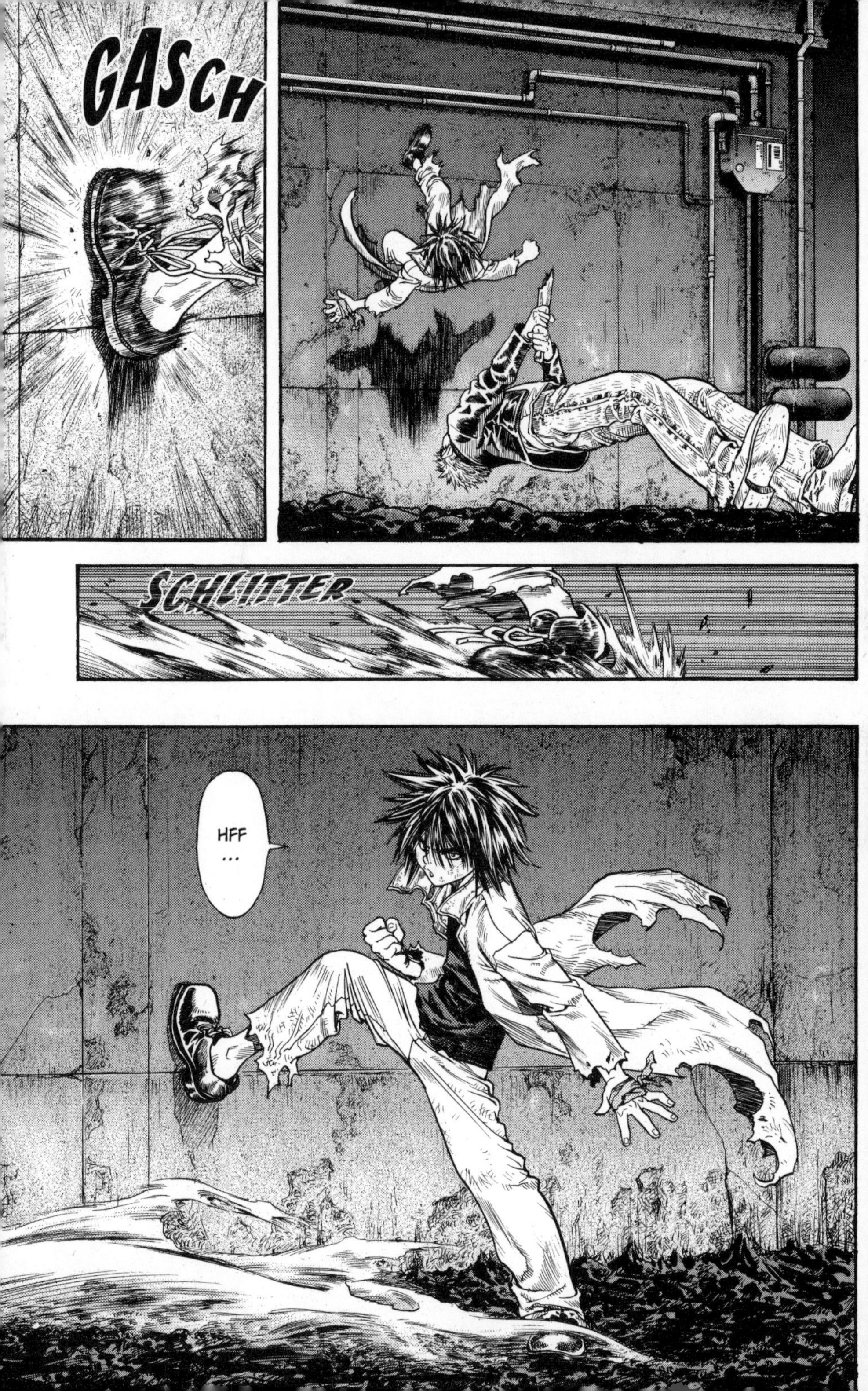
GASCH
SCHLITTER
HFF …

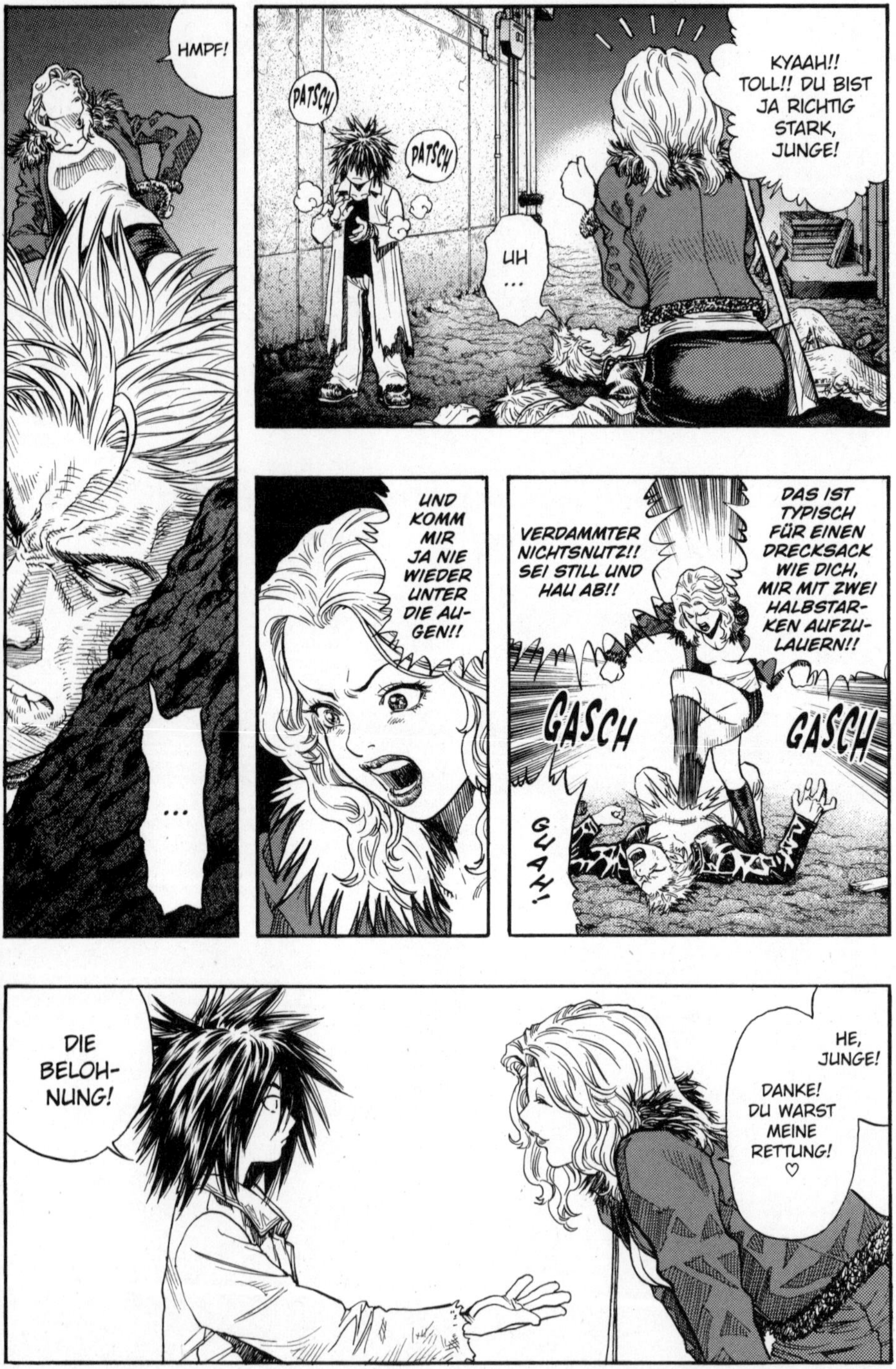
KYAAH!! TOLL!! DU BIST JA RICHTIG STARK, JUNGE!
PATSCH
PATSCH
UH ...
DAS IST TYPISCH FÜR EINEN DRECKSACK WIE DICH, MIR MIT ZWEI HALBSTARKEN AUFZULAUERN!!
VERDAMMTER NICHTSNUTZ!! SEI STILL UND HAU AB!!
GASCH
GASCH
GUAH!
UND KOMM MIR JA NIE WIEDER UNTER DIE AUGEN!!
HMPF!
...
HE, JUNGE!
DANKE! DU WARST MEINE RETTUNG! ♡
DIE BELOHNUNG!

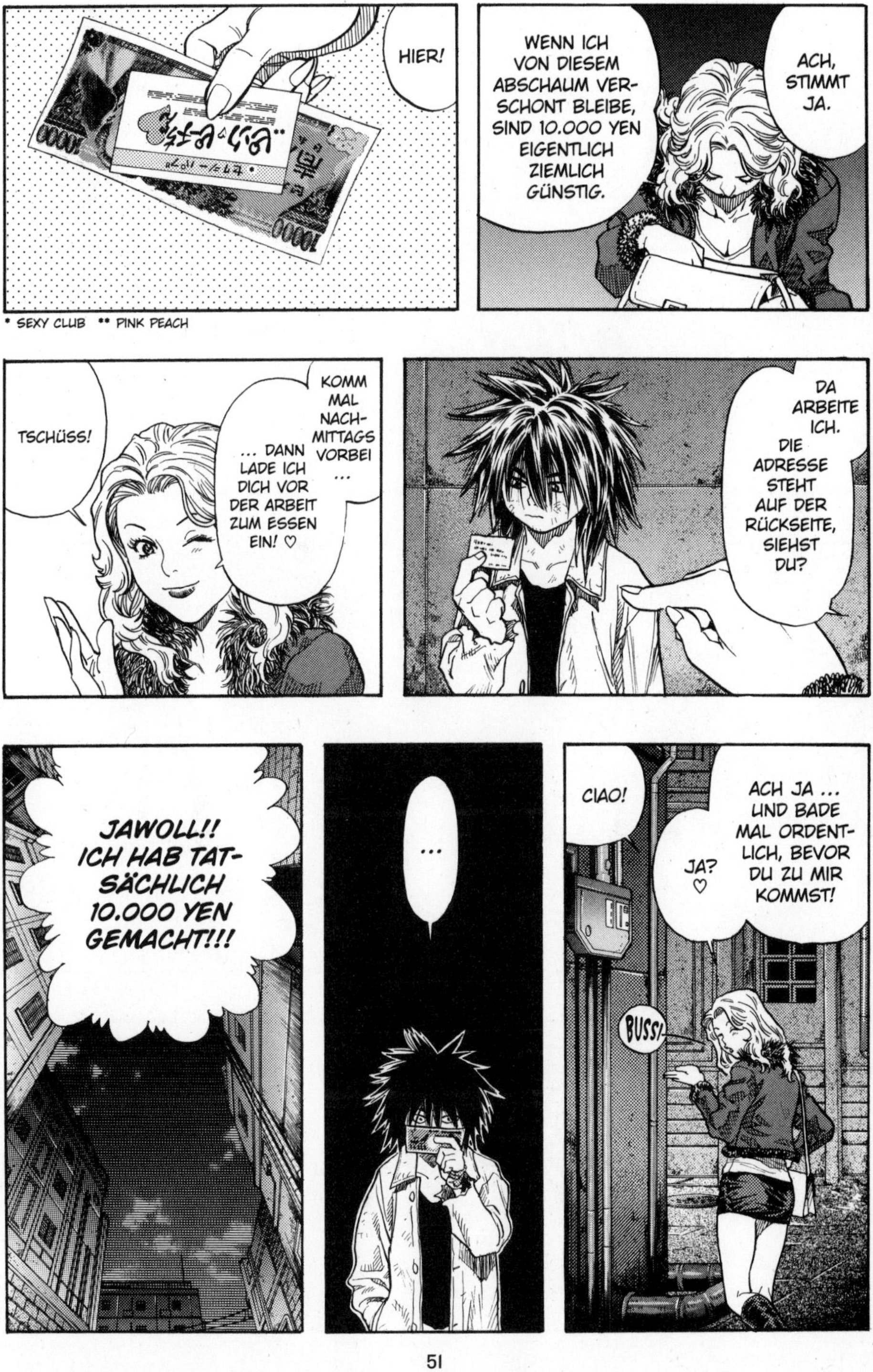

* SEXY CLUB ** PINK PEACH

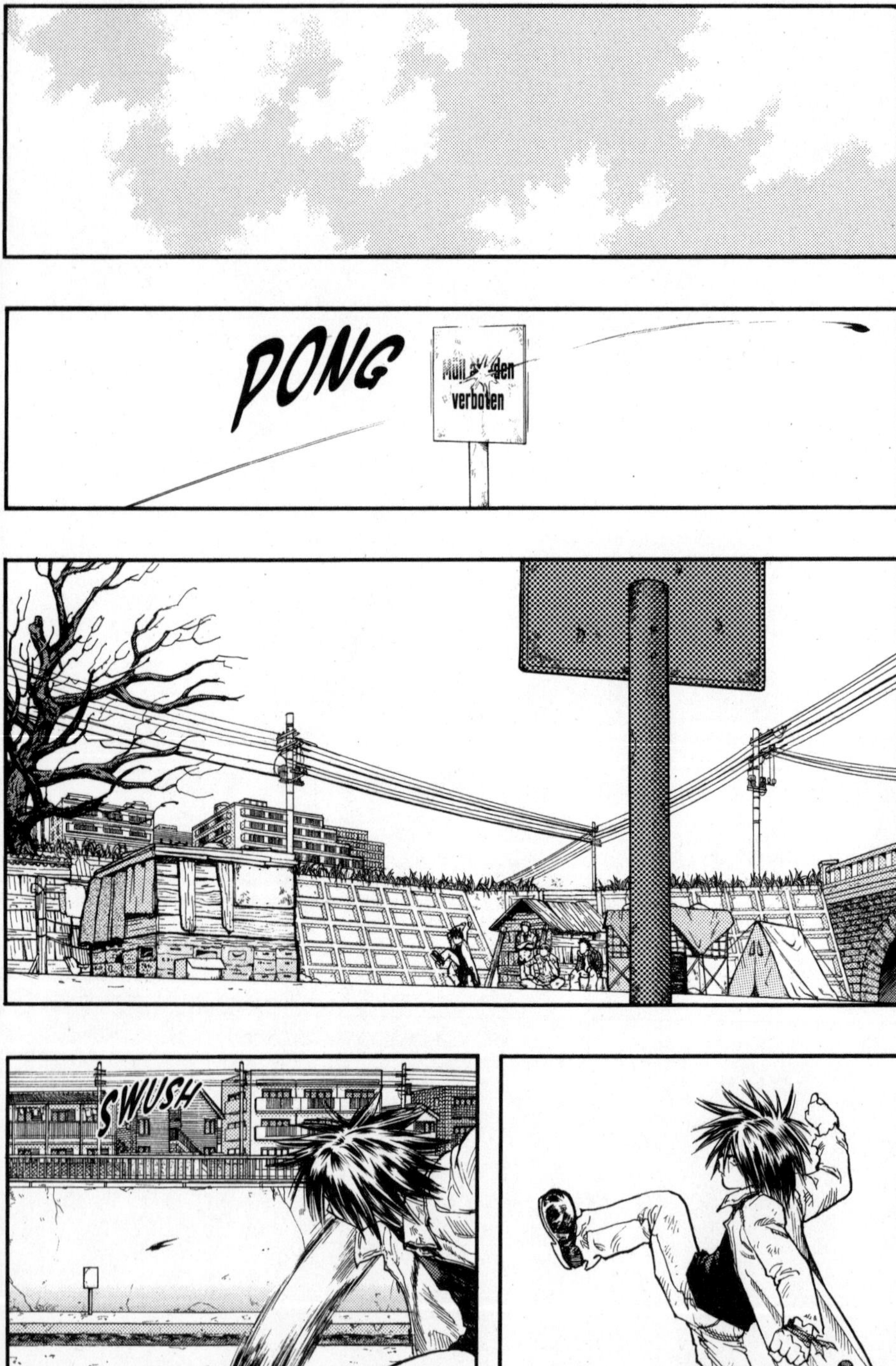
DONG
Müll a den
verboten
SWUSH

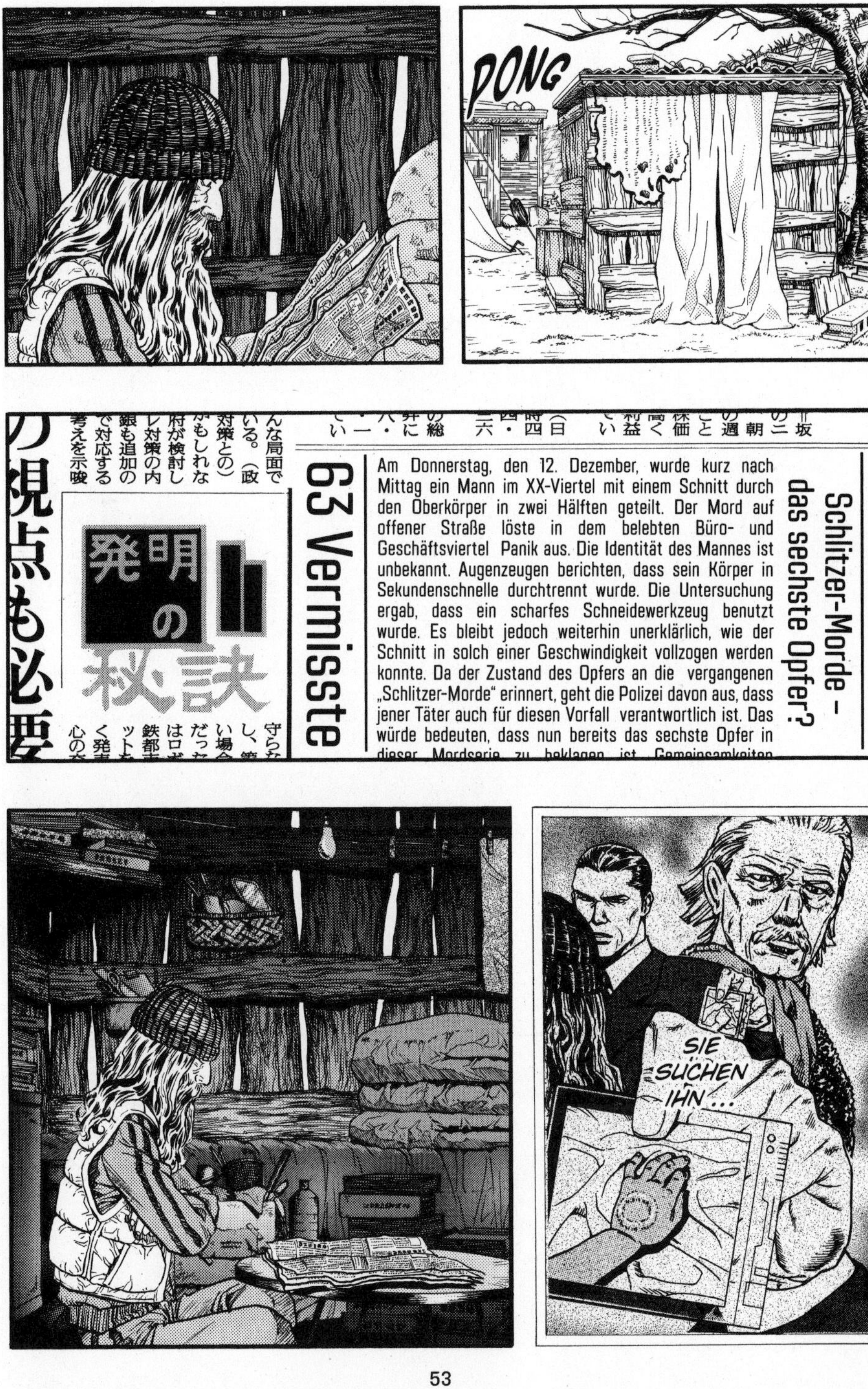
PONG
Schlitzer-Morde – das sechste Opfer?
Am Donnerstag, den 12. Dezember, wurde kurz nach Mittag ein Mann im XX-Viertel mit einem Schnitt durch den Oberkörper in zwei Hälften geteilt. Der Mord auf offener Straße löste in dem belebten Büro- und Geschäftsviertel Panik aus. Die Identität des Mannes ist unbekannt. Augenzeugen berichten, dass sein Körper in Sekundenschnelle durchtrennt wurde. Die Untersuchung ergab, dass ein scharfes Schneidewerkzeug benutzt wurde. Es bleibt jedoch weiterhin unerklärlich, wie der Schnitt in solch einer Geschwindigkeit vollzogen werden konnte. Da der Zustand des Opfers an die vergangenen „Schlitzer-Morde" erinnert, geht die Polizei davon aus, dass jener Täter auch für diesen Vorfall verantwortlich ist. Das würde bedeuten, dass nun bereits das sechste Opfer in dieser Mordserie zu beklagen ist.
63 Vermisste
発明の秘訣
SIE SUCHEN IHN ...

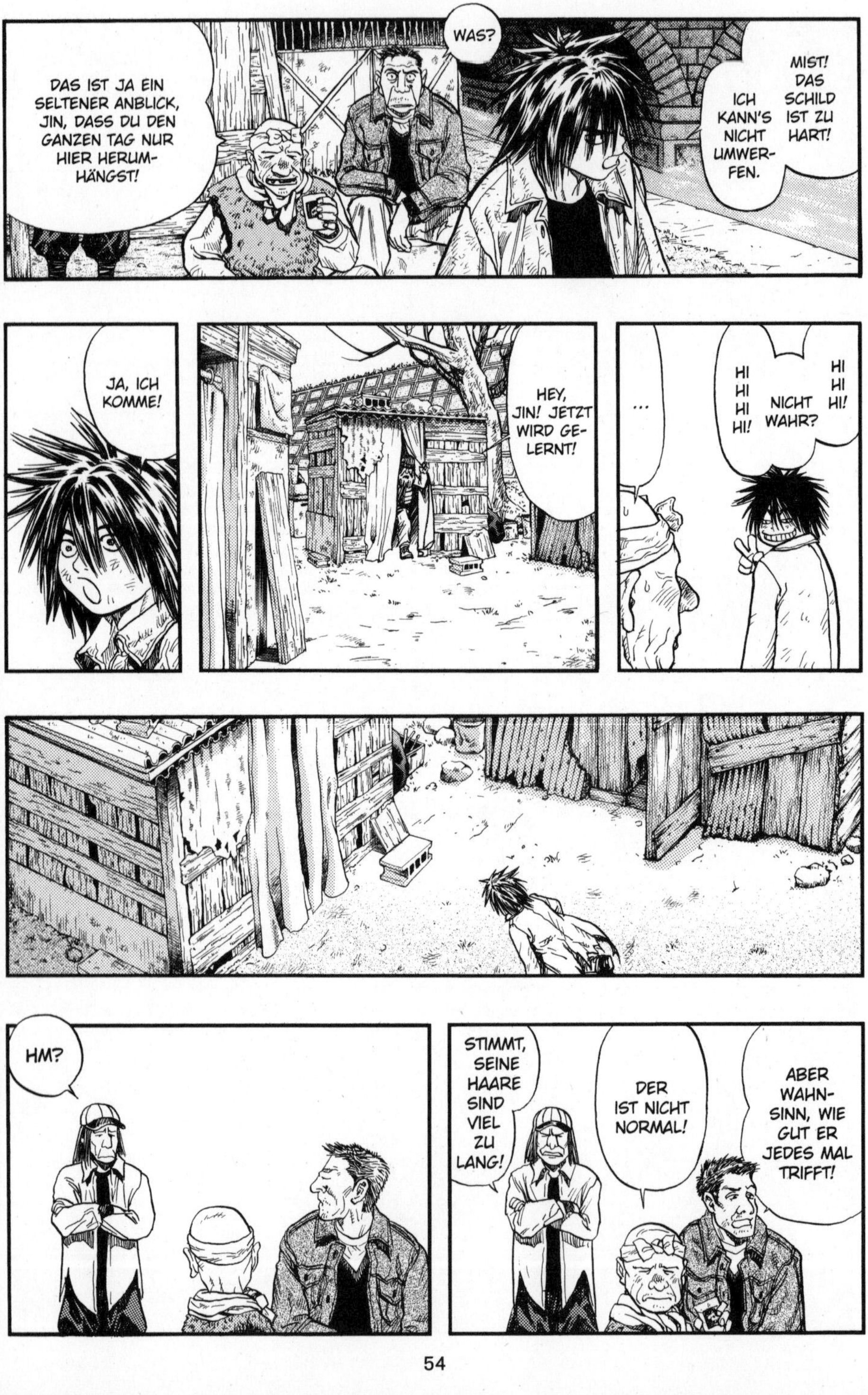
MIST! DAS SCHILD IST ZU HART!
ICH KANN'S NICHT UMWERFEN.
WAS?
DAS IST JA EIN SELTENER ANBLICK, JIN, DASS DU DEN GANZEN TAG NUR HIER HERUMHÄNGST!
HI HI HI HI!
NICHT WAHR?
HI HI HI!
...
HEY, JIN! JETZT WIRD GELERNT!
JA, ICH KOMME!
ABER WAHNSINN, WIE GUT ER JEDES MAL TRIFFT!
DER IST NICHT NORMAL!
STIMMT, SEINE HAARE SIND VIEL ZU LANG!
HM?

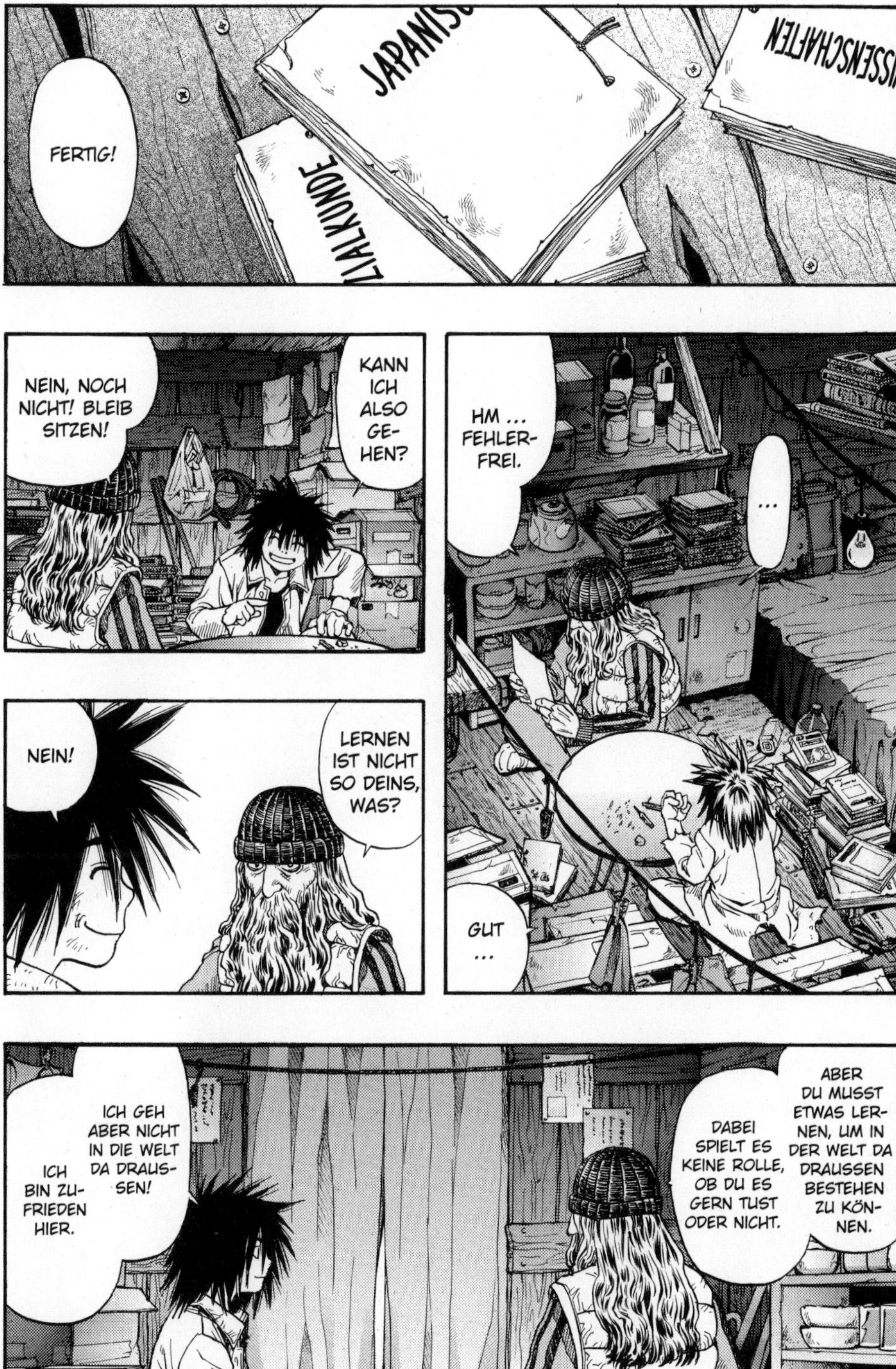
FERTIG!
ZIALKUNDE
HM ... FEHLER-FREI.
...
GUT ...
KANN ICH ALSO GE-HEN?
NEIN, NOCH NICHT! BLEIB SITZEN!
LERNEN IST NICHT SO DEINS, WAS?
NEIN!
ABER DU MUSST ETWAS LER-NEN, UM IN DER WELT DA DRAUSSEN BESTEHEN ZU KÖN-NEN.
DABEI SPIELT ES KEINE ROLLE, OB DU ES GERN TUST ODER NICHT.
ICH GEH ABER NICHT IN DIE WELT DA DRAUS-SEN!
ICH BIN ZU-FRIEDEN HIER.

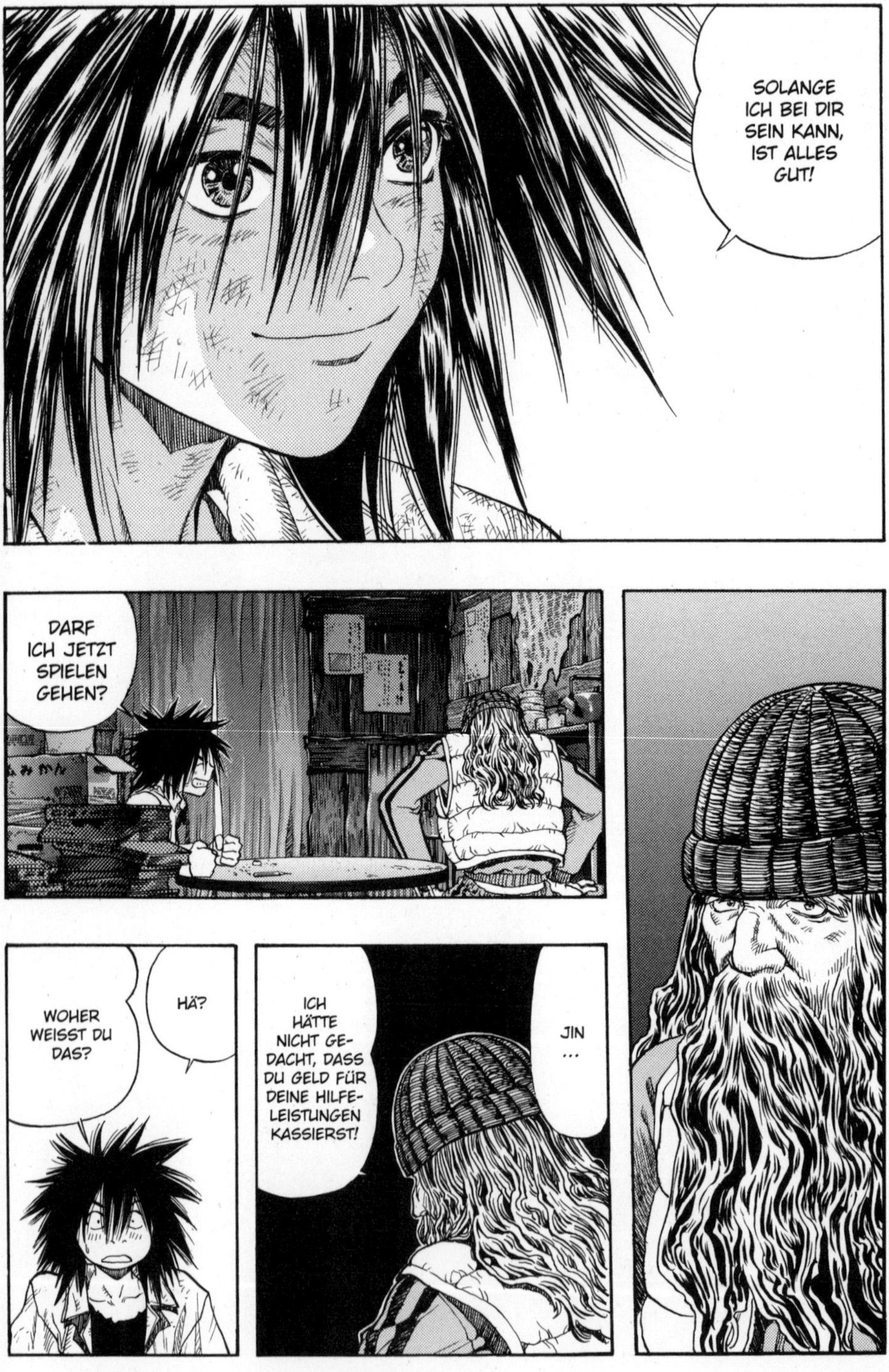
SOLANGE ICH BEI DIR SEIN KANN, IST ALLES GUT!
DARF ICH JETZT SPIELEN GEHEN?
JIN ...
ICH HÄTTE NICHT GEDACHT, DASS DU GELD FÜR DEINE HILFELEISTUNGEN KASSIERST!
HÄ?
WOHER WEISST DU DAS?

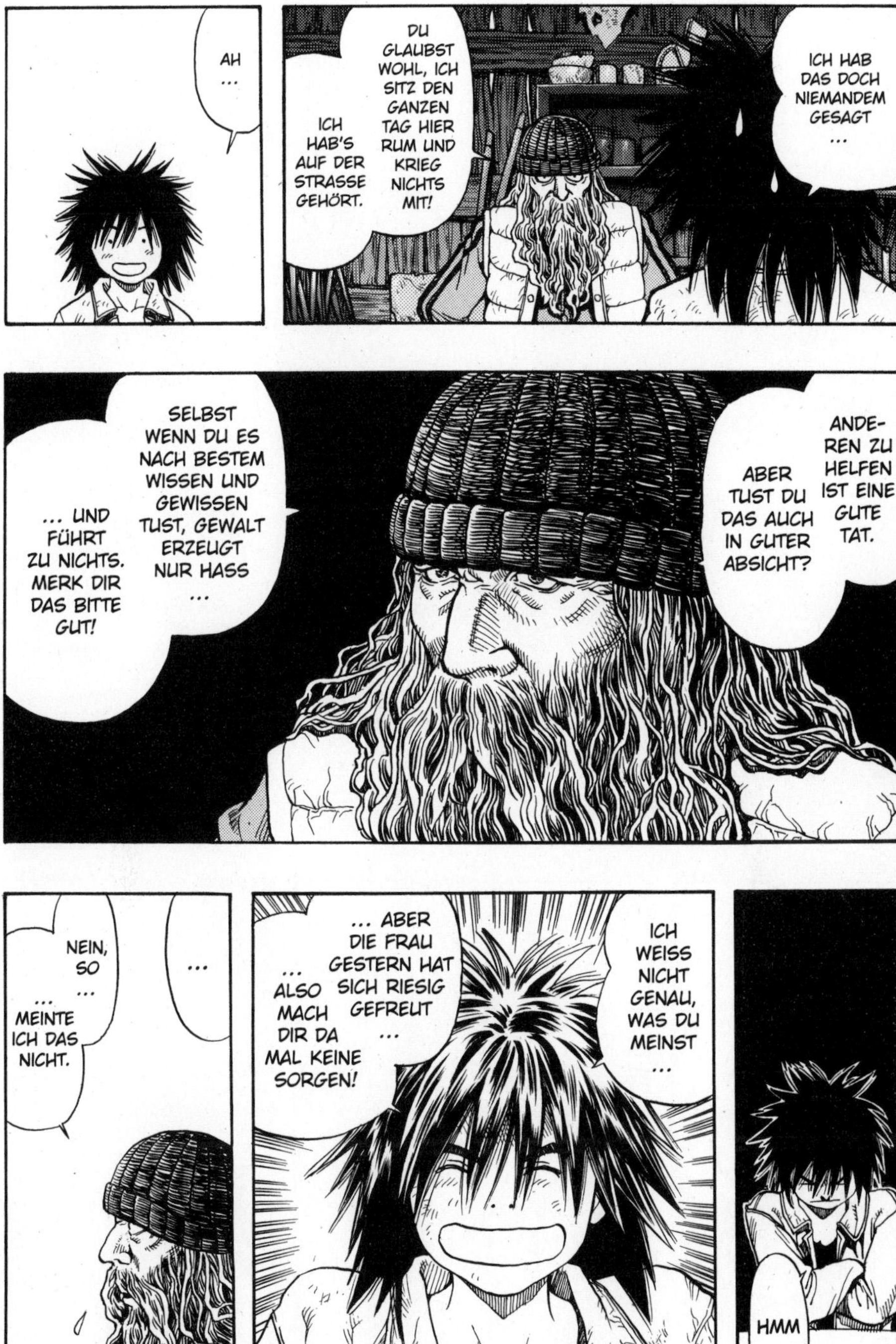
ICH HAB DAS DOCH NIEMANDEM GESAGT …
DU GLAUBST WOHL, ICH SITZ DEN GANZEN TAG HIER RUM UND KRIEG NICHTS MIT!
ICH HAB'S AUF DER STRASSE GEHÖRT.
AH …
ANDE-REN ZU HELFEN IST EINE GUTE TAT.
ABER TUST DU DAS AUCH IN GUTER ABSICHT?
SELBST WENN DU ES NACH BESTEM WISSEN UND GEWISSEN TUST, GEWALT ERZEUGT NUR HASS …
… UND FÜHRT ZU NICHTS. MERK DIR DAS BITTE GUT!
HMM …
ICH WEISS NICHT GENAU, WAS DU MEINST …
… ABER DIE FRAU GESTERN HAT SICH RIESIG GEFREUT …
… ALSO MACH DIR DA MAL KEINE SORGEN!
…
NEIN, SO … … MEINTE ICH DAS NICHT.

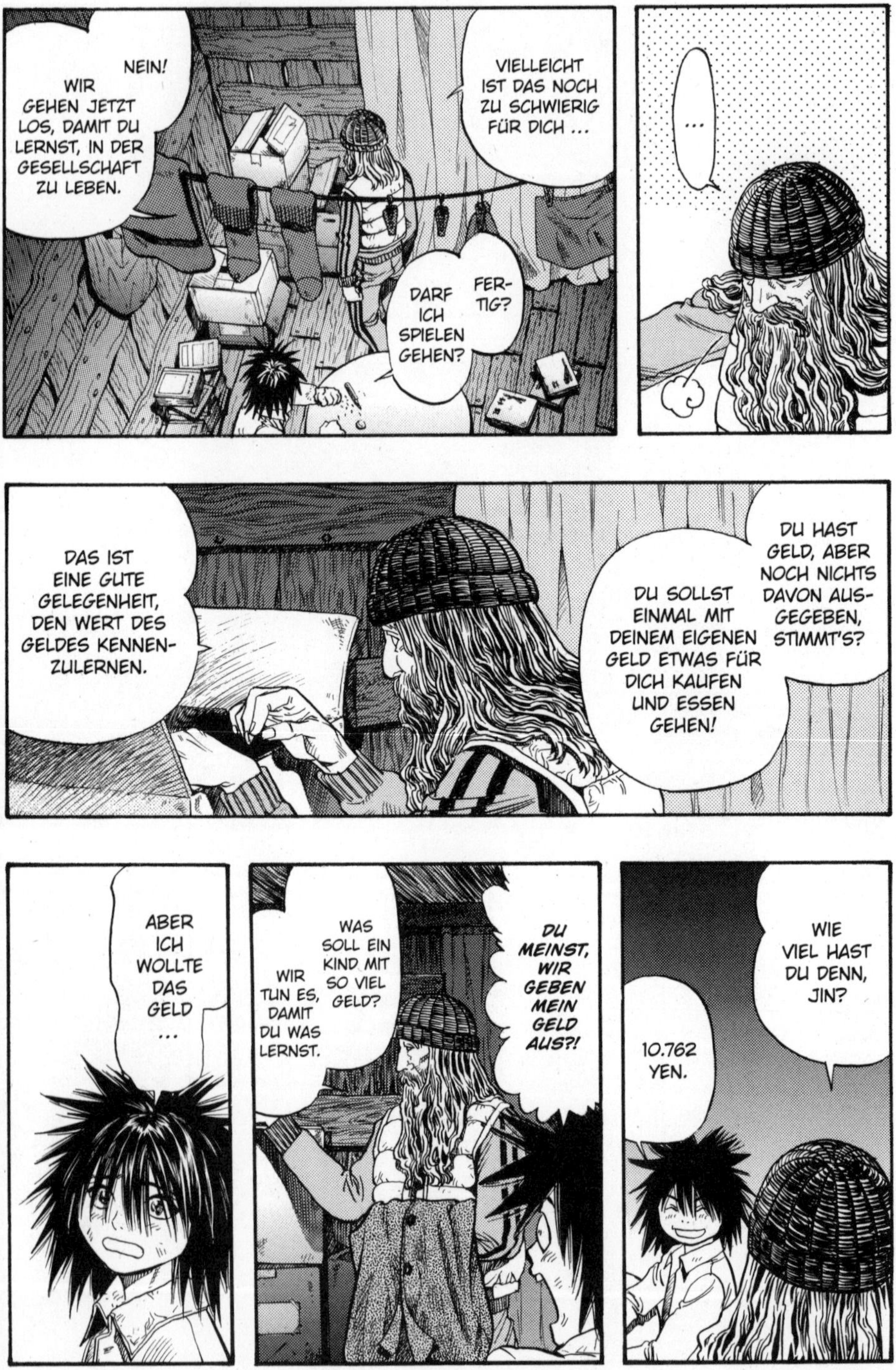
...
VIELLEICHT IST DAS NOCH ZU SCHWIERIG FÜR DICH ...
NEIN! WIR GEHEN JETZT LOS, DAMIT DU LERNST, IN DER GESELLSCHAFT ZU LEBEN.
FER-TIG? DARF ICH SPIELEN GEHEN?
DU HAST GELD, ABER NOCH NICHTS DAVON AUS-GEGEBEN, STIMMT'S?
DU SOLLST EINMAL MIT DEINEM EIGENEN GELD ETWAS FÜR DICH KAUFEN UND ESSEN GEHEN!
DAS IST EINE GUTE GELEGENHEIT, DEN WERT DES GELDES KENNEN-ZULERNEN.
WIE VIEL HAST DU DENN, JIN?
10.762 YEN.
DU MEINST, WIR GEBEN MEIN GELD AUS?!
WAS SOLL EIN KIND MIT SO VIEL GELD?
WIR TUN ES, DAMIT DU WAS LERNST.
ABER ICH WOLLTE DAS GELD ...

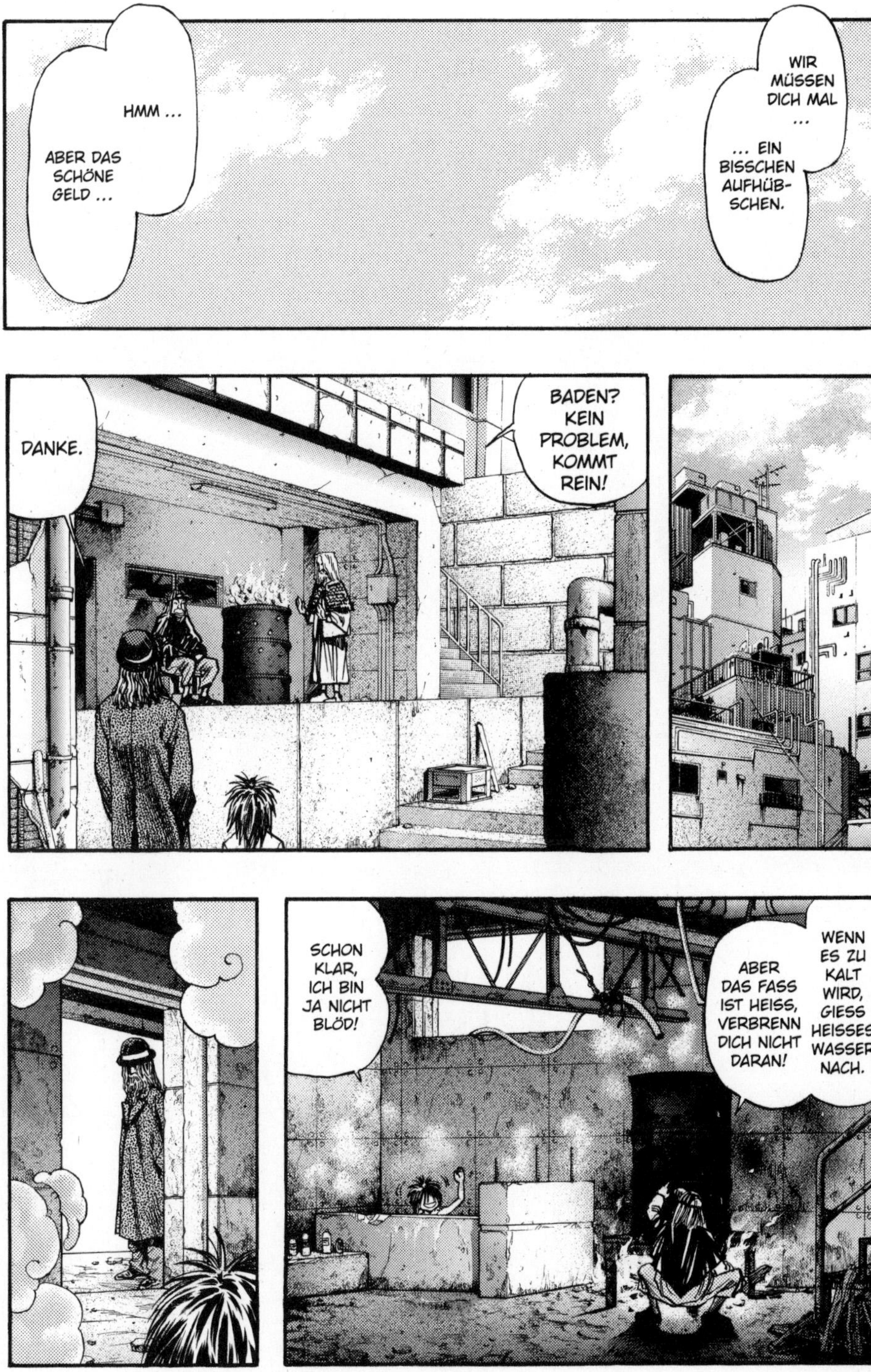
WIR MÜSSEN DICH MAL ... ... EIN BISSCHEN AUFHÜB-SCHEN.
HMM ... ABER DAS SCHÖNE GELD ...
BADEN? KEIN PROBLEM, KOMMT REIN!
DANKE.
WENN ES ZU KALT WIRD, GIESS HEISSES WASSER NACH.
ABER DAS FASS IST HEISS, VERBRENN DICH NICHT DARAN!
SCHON KLAR, ICH BIN JA NICHT BLÖD!

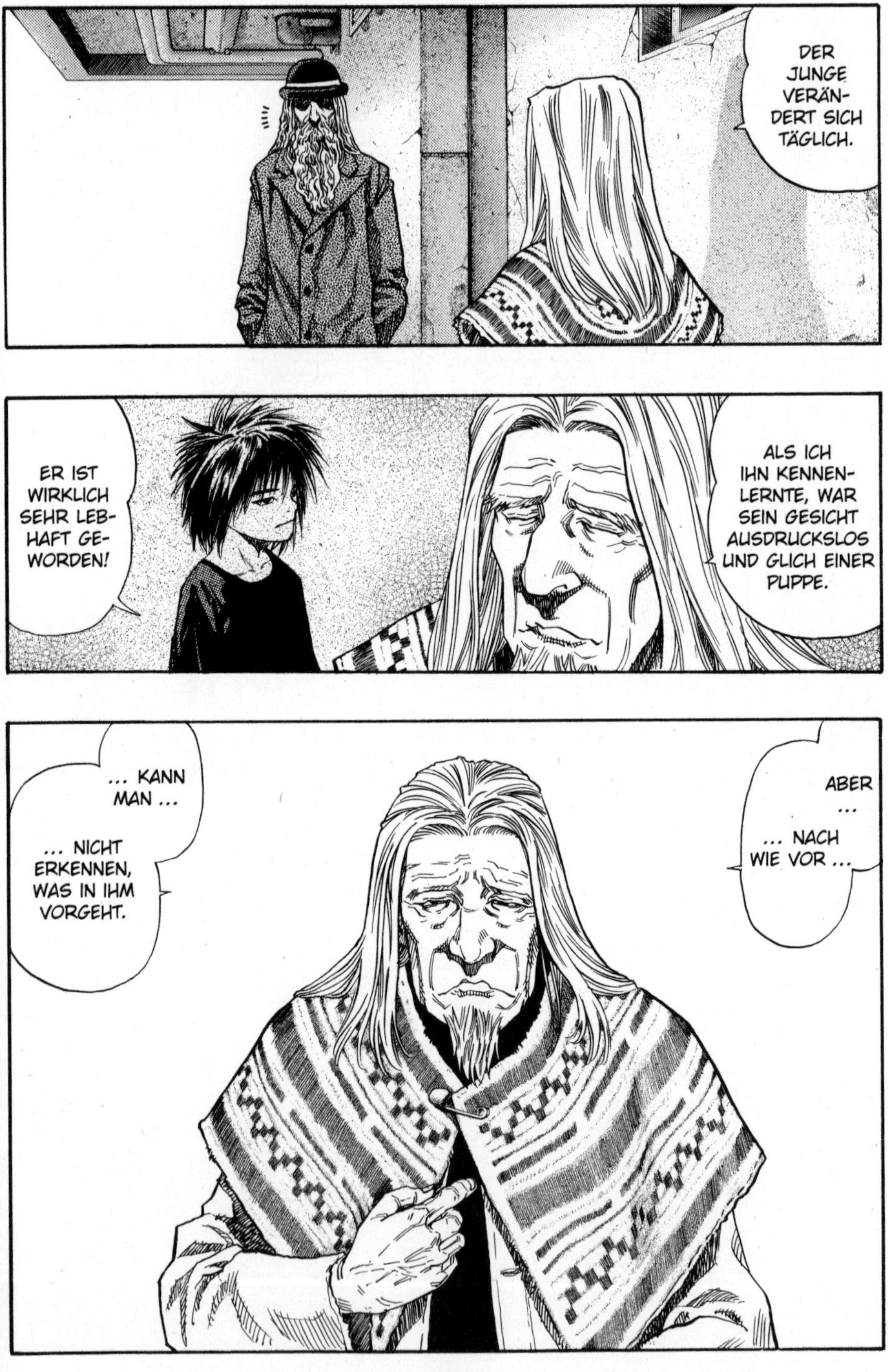
DER JUNGE VERÄN-DERT SICH TÄGLICH.
ALS ICH IHN KENNEN-LERNTE, WAR SEIN GESICHT AUSDRUCKSLOS UND GLICH EINER PUPPE.
ER IST WIRKLICH SEHR LEB-HAFT GE-WORDEN!
ABER ...
... NACH WIE VOR ...
... KANN MAN ...
... NICHT ERKENNEN, WAS IN IHM VORGEHT.

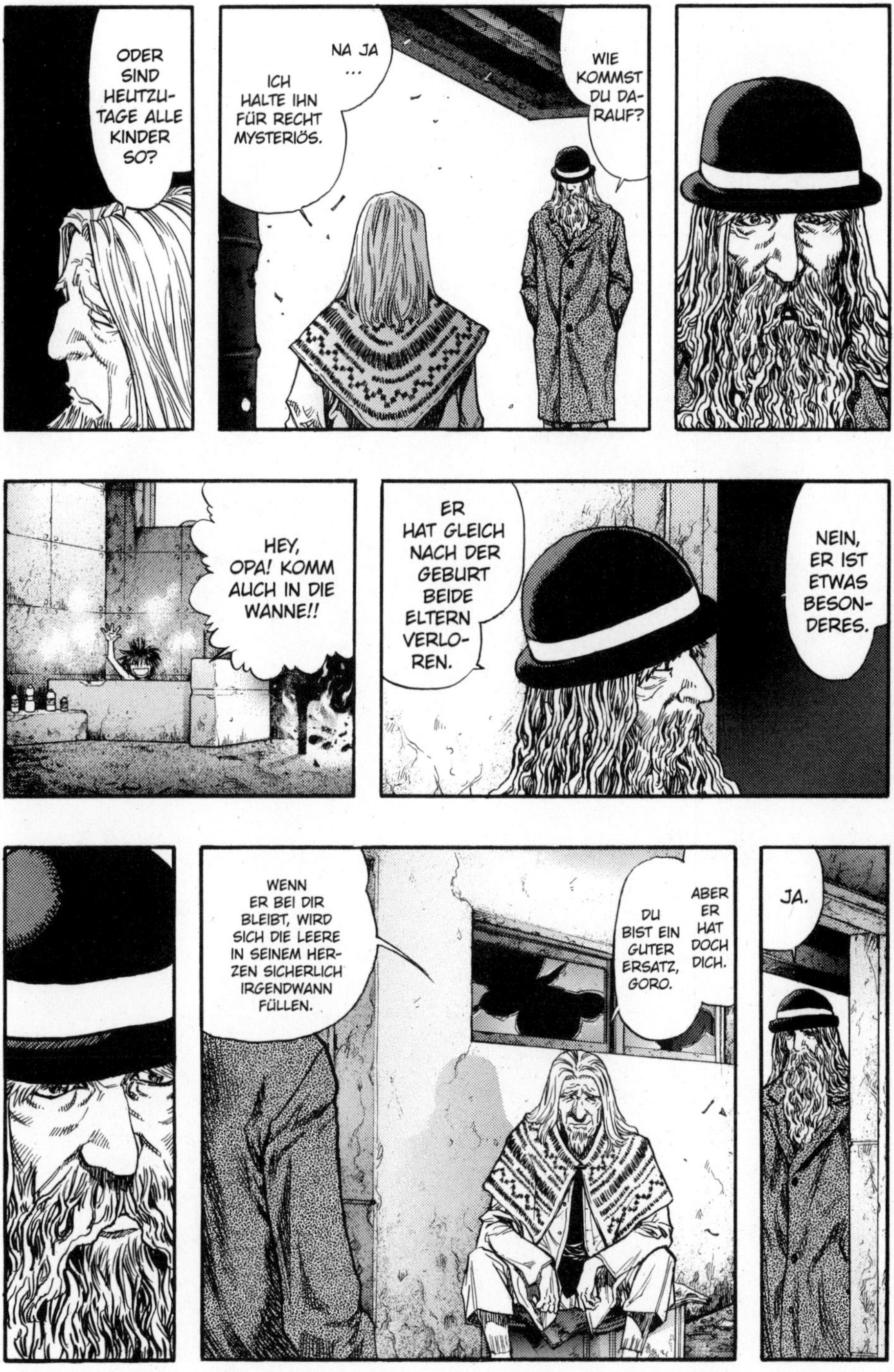

WIE KOMMST DU DARAUF?
NA JA …
ICH HALTE IHN FÜR RECHT MYSTERIÖS.
ODER SIND HEUTZUTAGE ALLE KINDER SO?
NEIN, ER IST ETWAS BESONDERES.
ER HAT GLEICH NACH DER GEBURT BEIDE ELTERN VERLOREN.
HEY, OPA! KOMM AUCH IN DIE WANNE!!
JA.
ABER ER HAT DOCH DICH.
DU BIST EIN GUTER ERSATZ, GORO.
WENN ER BEI DIR BLEIBT, WIRD SICH DIE LEERE IN SEINEM HERZEN SICHERLICH IRGENDWANN FÜLLEN.

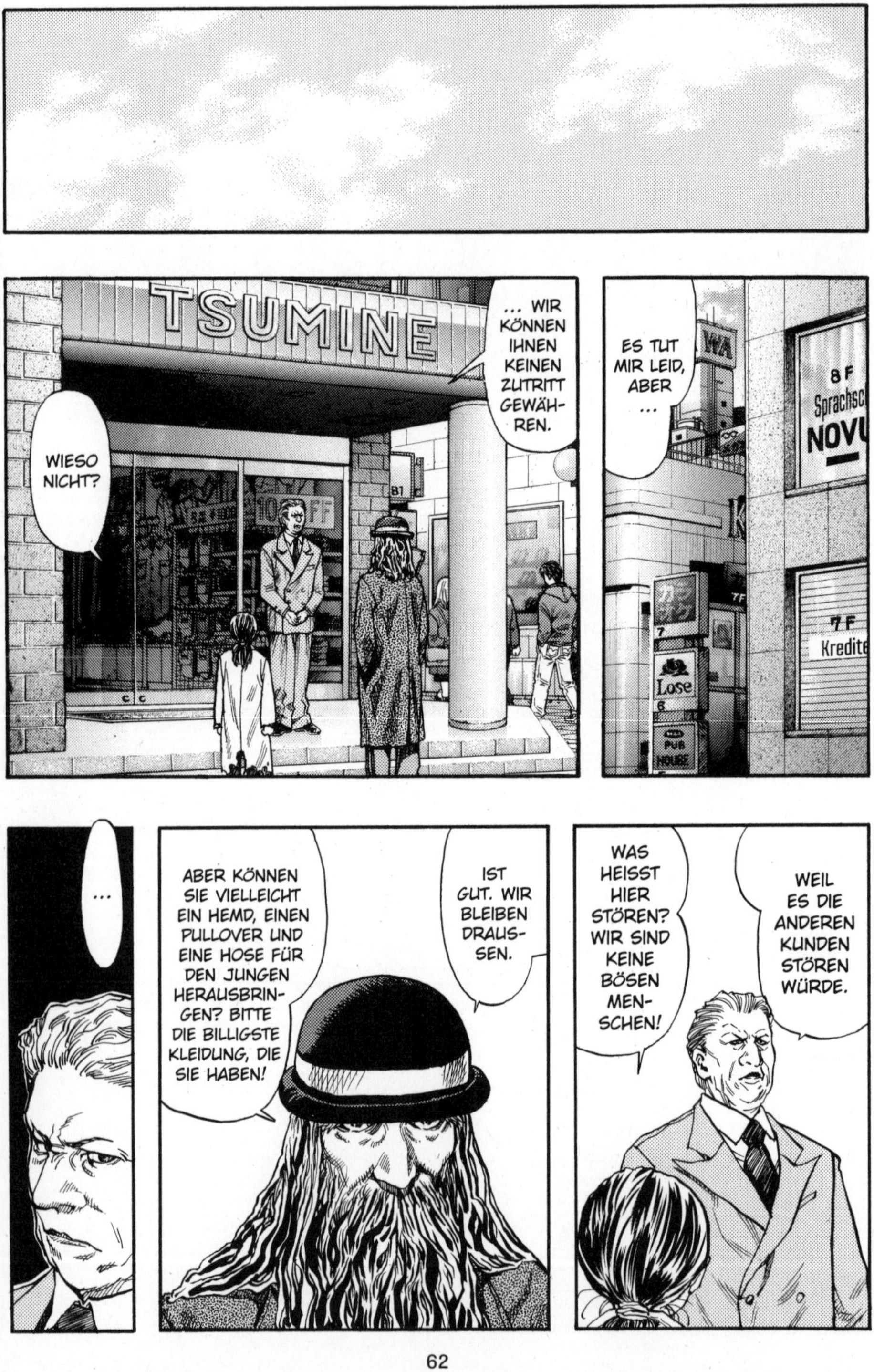

TSUMINE
8 F
Sprachsc
NOVU
7 F
Kredite
Lose
ES TUT MIR LEID, ABER ...
... WIR KÖNNEN IHNEN KEINEN ZUTRITT GEWÄHREN.
WIESO NICHT?
WEIL ES DIE ANDEREN KUNDEN STÖREN WÜRDE.
WAS HEISST HIER STÖREN? WIR SIND KEINE BÖSEN MENSCHEN!
IST GUT. WIR BLEIBEN DRAUSSEN.
ABER KÖNNEN SIE VIELLEICHT EIN HEMD, EINEN PULLOVER UND EINE HOSE FÜR DEN JUNGEN HERAUSBRINGEN? BITTE DIE BILLIGSTE KLEIDUNG, DIE SIE HABEN!
...

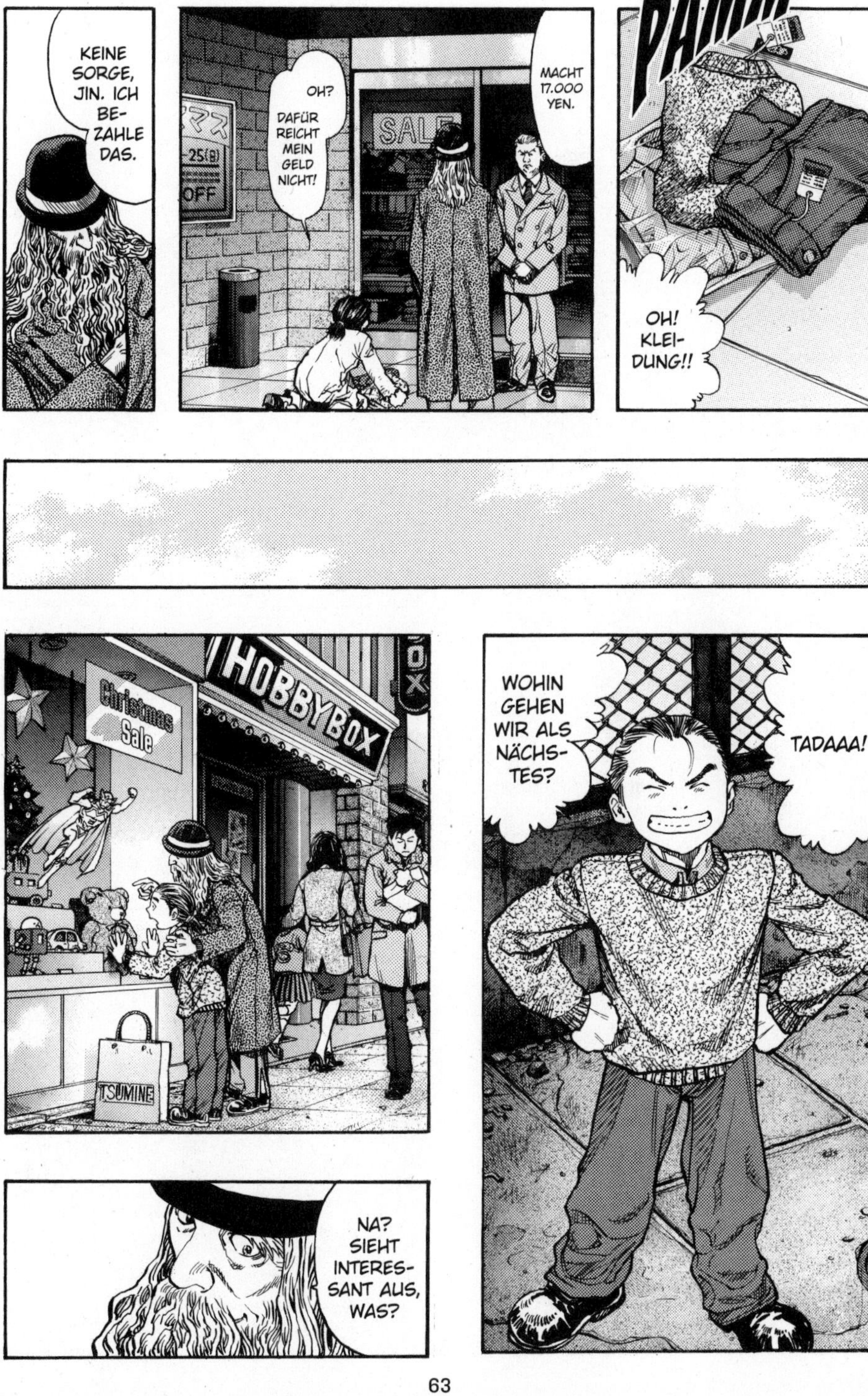
PAMM
OH! KLEIDUNG!!
MACHT 17.000 YEN.
OH? DAFÜR REICHT MEIN GELD NICHT!
KEINE SORGE, JIN. ICH BEZAHLE DAS.
TADAAA!
WOHIN GEHEN WIR ALS NÄCHSTES?
HOBBYBOX
Christmas Sale
TSUMINE
NA? SIEHT INTERESSANT AUS, WAS?

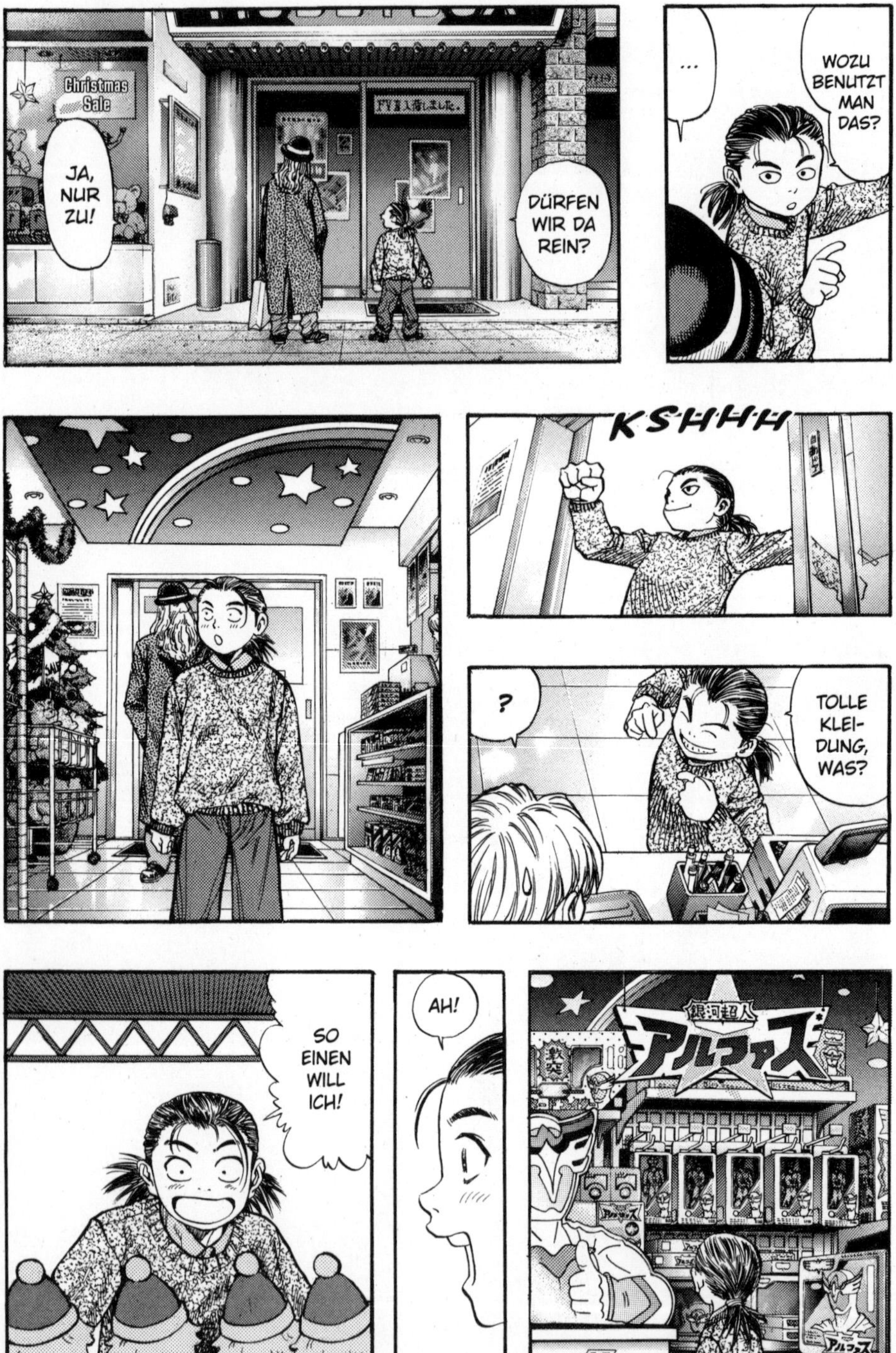

* SUPERMANN ALPHAS AUS EINER FERNEN GALAXIE

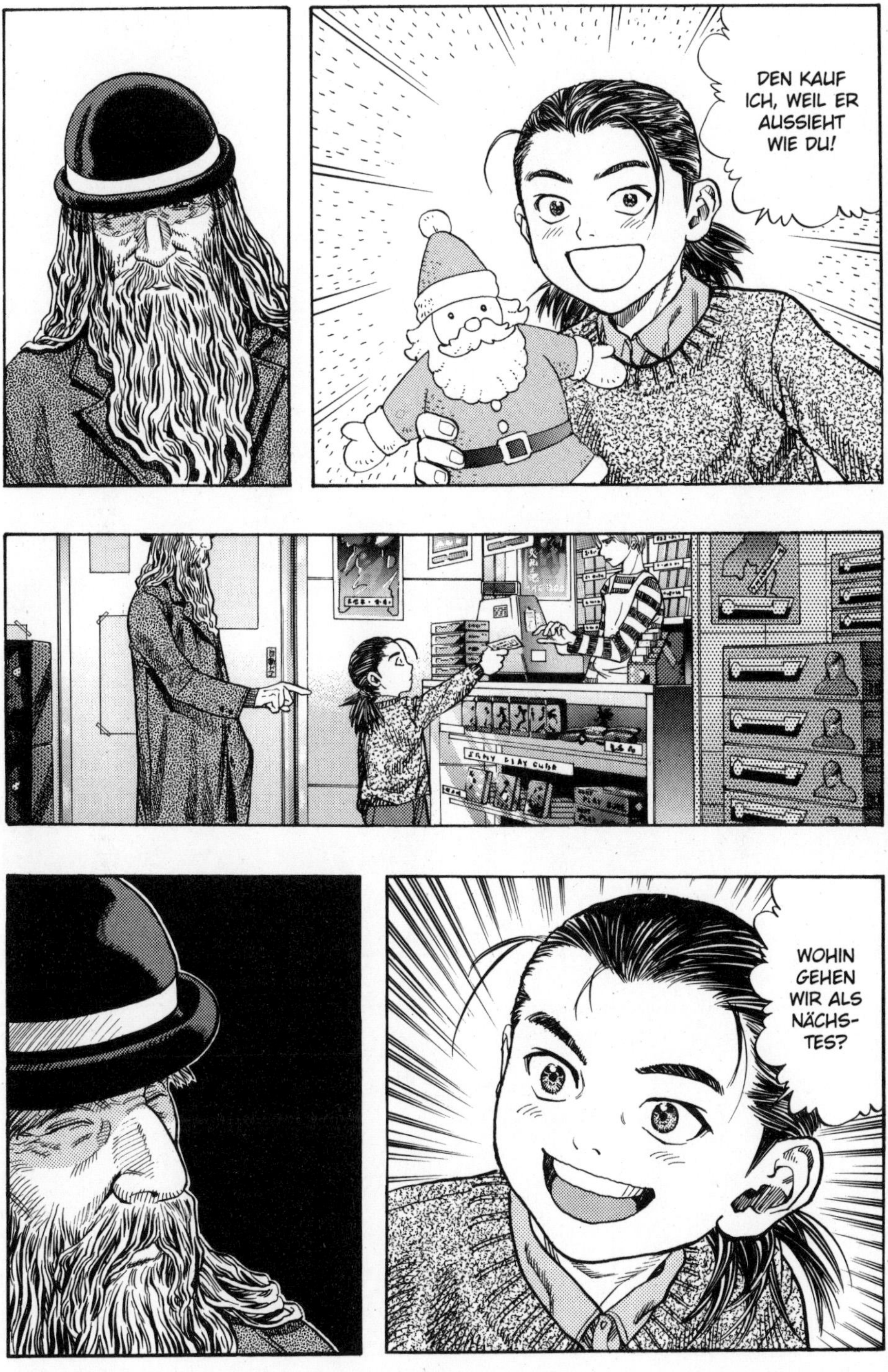
DEN KAUF ICH, WEIL ER AUSSIEHT WIE DU!
WOHIN GEHEN WIR ALS NÄCHS-TES?

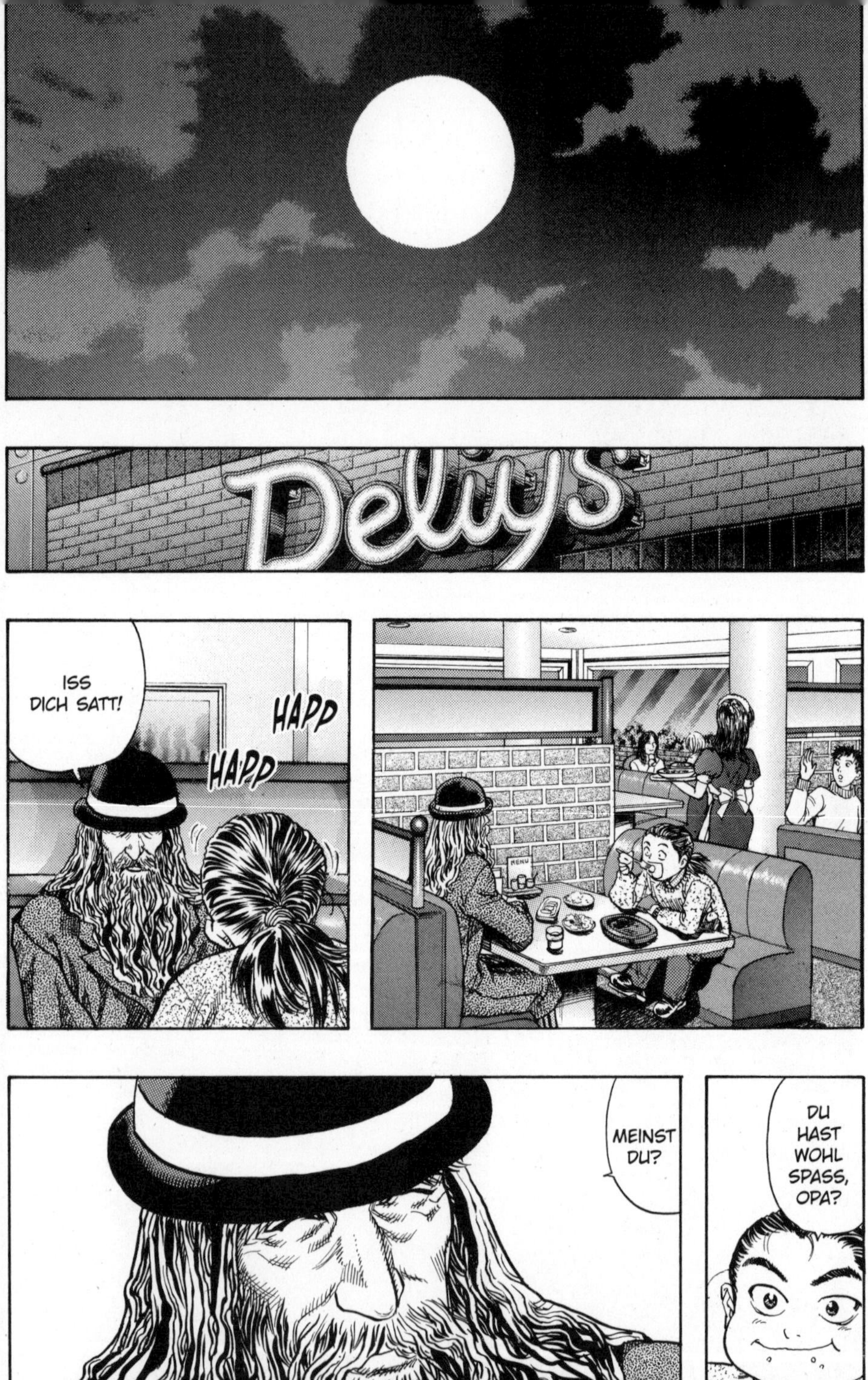
Deliy's
ISS DICH SATT!
HAPP
HAPP
MEINST DU?
DU HAST WOHL SPASS, OPA?

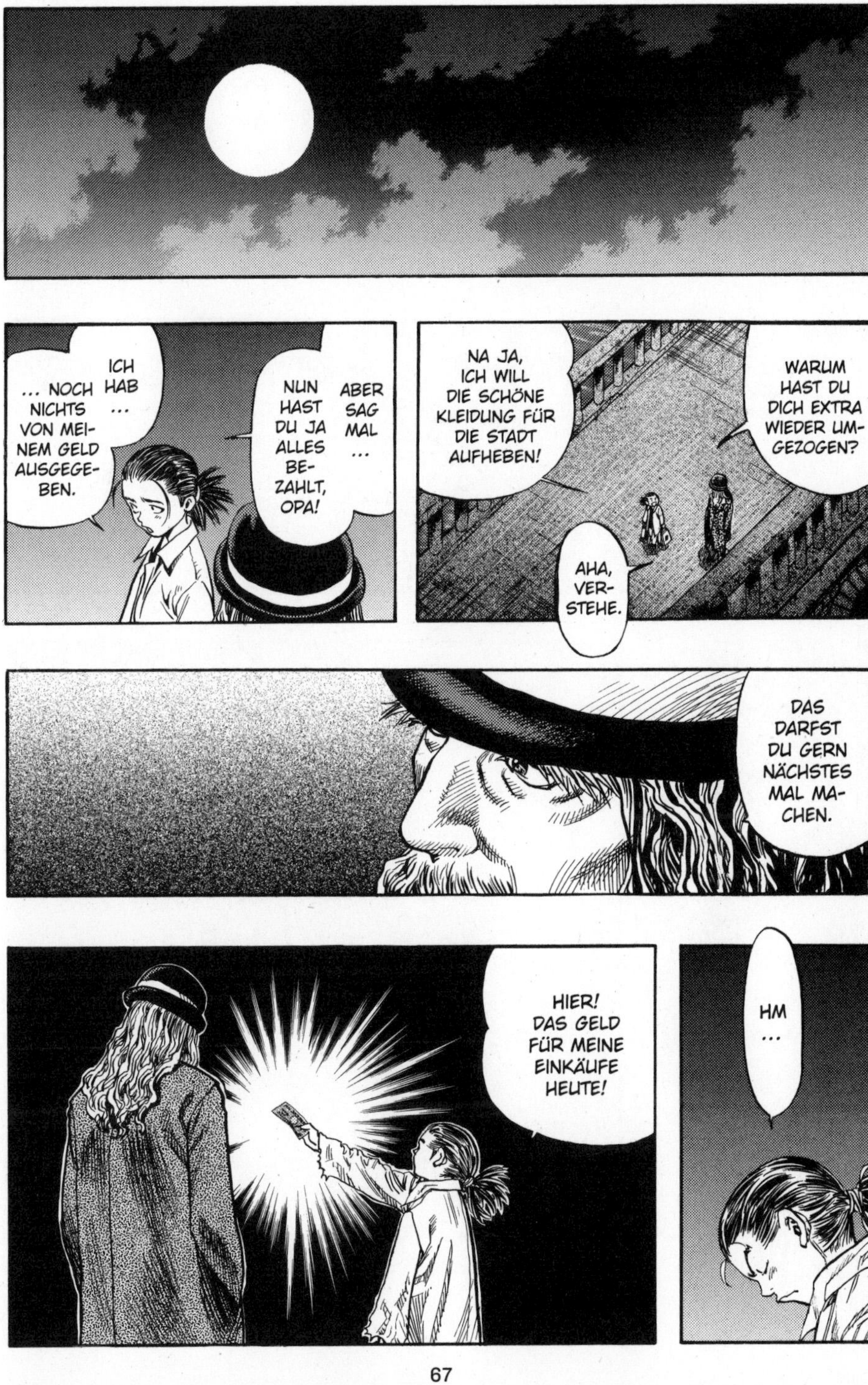
WARUM HAST DU DICH EXTRA WIEDER UM-GEZOGEN?
NA JA, ICH WILL DIE SCHÖNE KLEIDUNG FÜR DIE STADT AUFHEBEN!
AHA, VER-STEHE.
ABER SAG MAL ...
NUN HAST DU JA ALLES BE-ZAHLT, OPA!
ICH HAB ...
... NOCH NICHTS VON MEI-NEM GELD AUSGEGE-BEN.
DAS DARFST DU GERN NÄCHSTES MAL MA-CHEN.
HM ...
HIER! DAS GELD FÜR MEINE EINKÄUFE HEUTE!

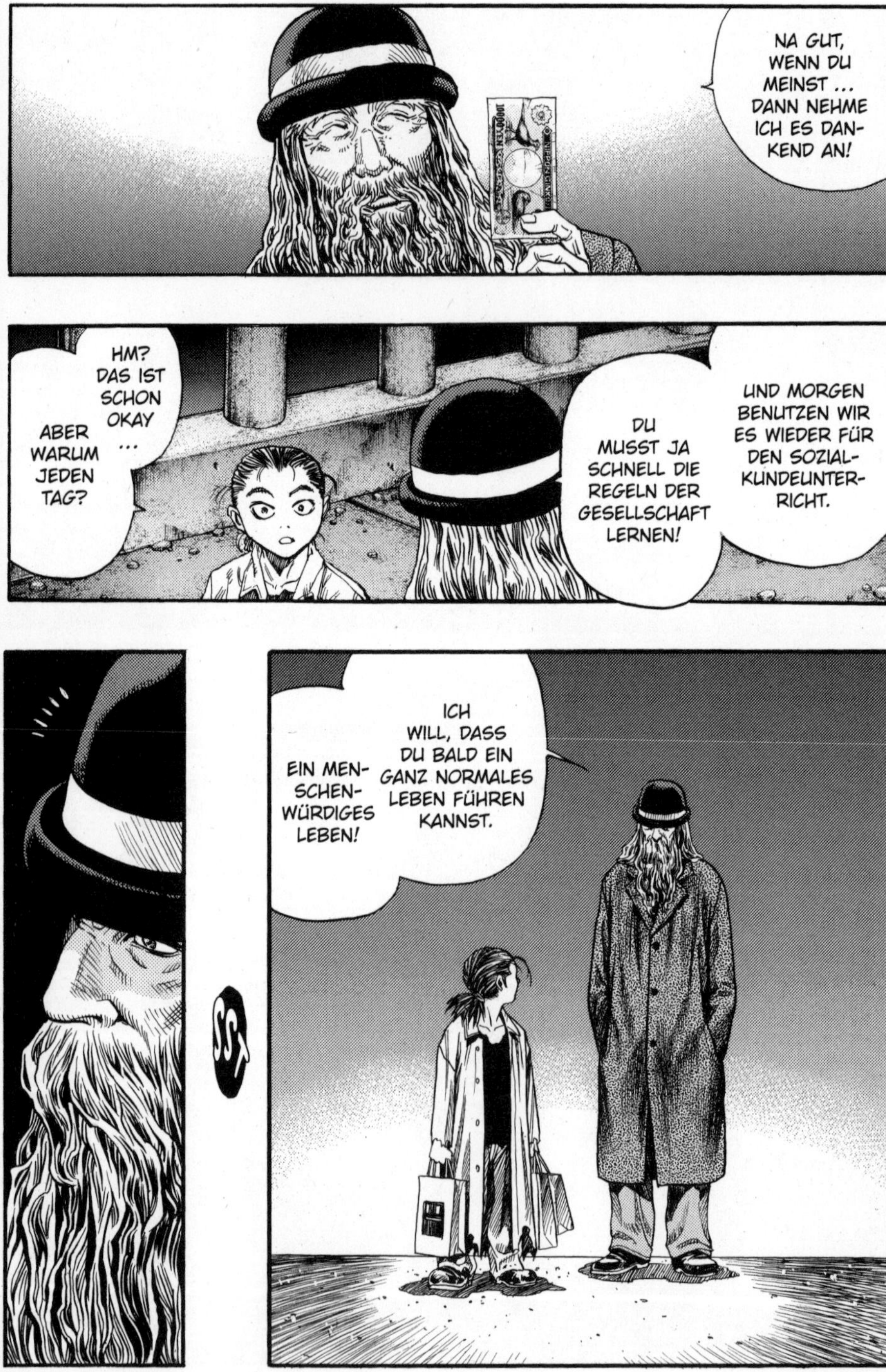
NA GUT, WENN DU MEINST ... DANN NEHME ICH ES DAN-KEND AN!
UND MORGEN BENUTZEN WIR ES WIEDER FÜR DEN SOZIAL-KUNDEUNTER-RICHT.
DU MUSST JA SCHNELL DIE REGELN DER GESELLSCHAFT LERNEN!
HM? DAS IST SCHON OKAY ...
ABER WARUM JEDEN TAG?
ICH WILL, DASS DU BALD EIN GANZ NORMALES LEBEN FÜHREN KANNST.
EIN MEN-SCHEN-WÜRDIGES LEBEN!

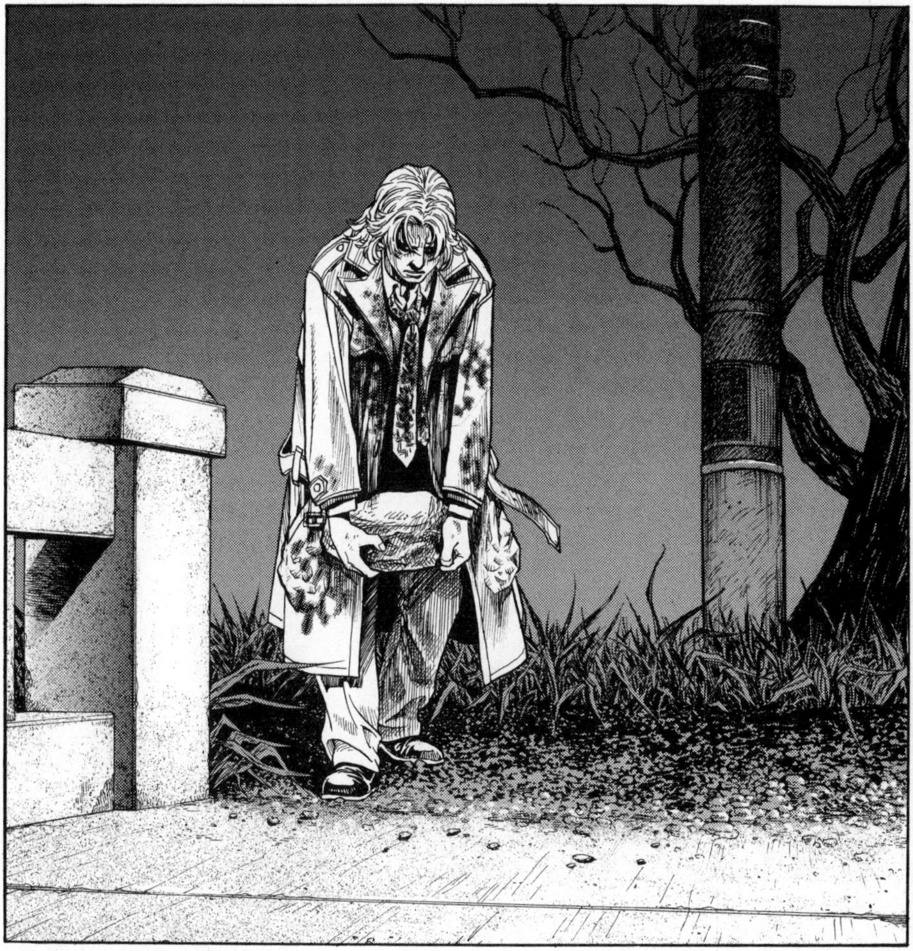

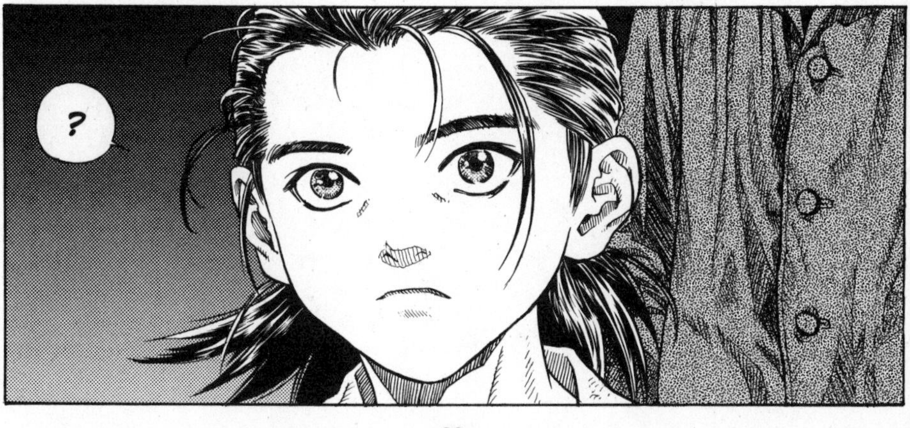

ZETMAN

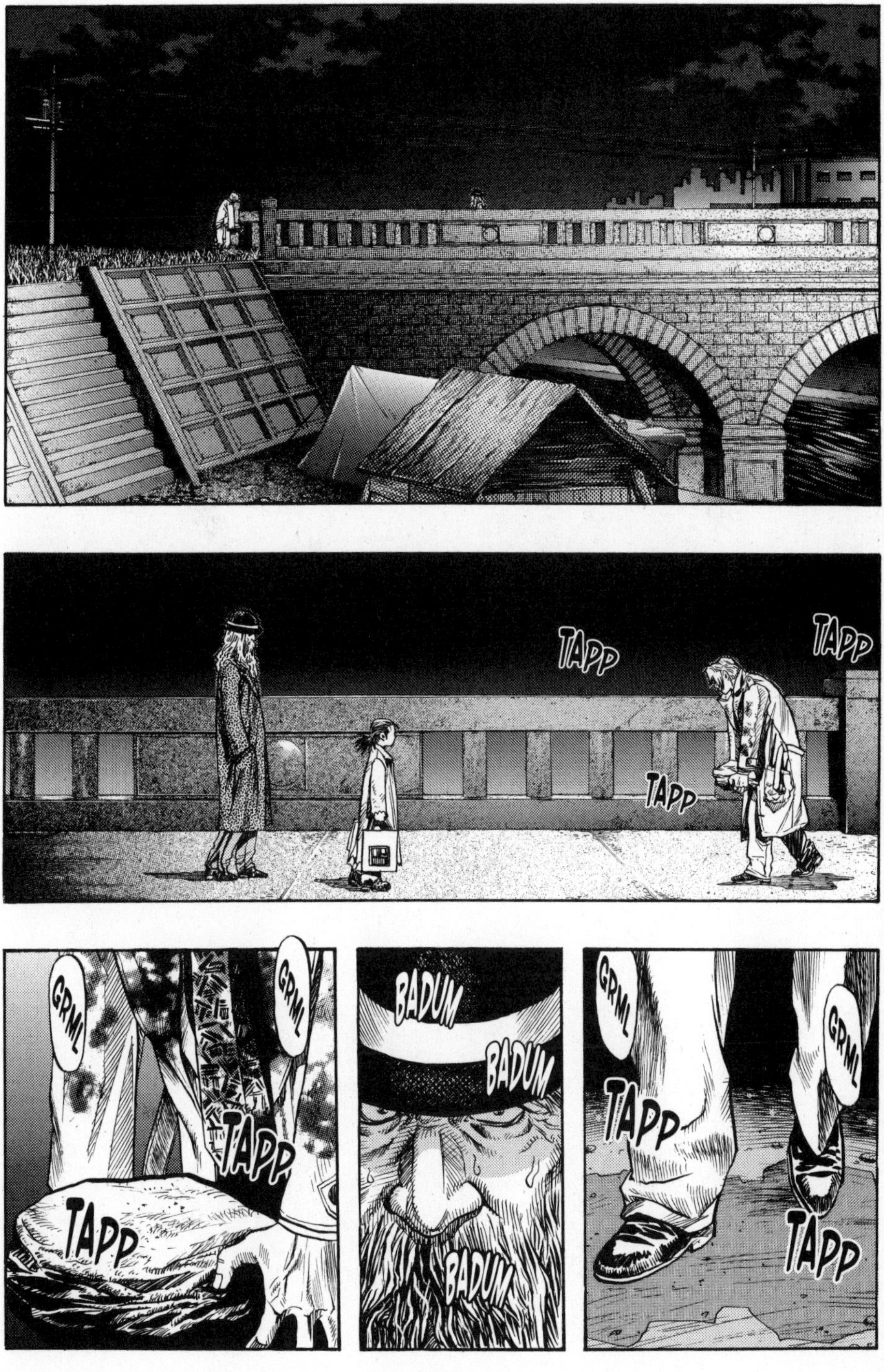
TAPP
TAPP
TAPP
GRML
GRML
TAPP
TAPP
BADUM
BADUM
BADUM
GRML
GRML
TAPP
TAPP

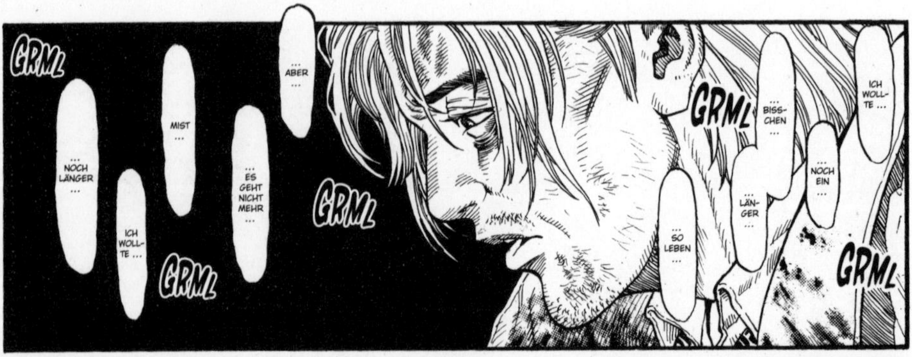

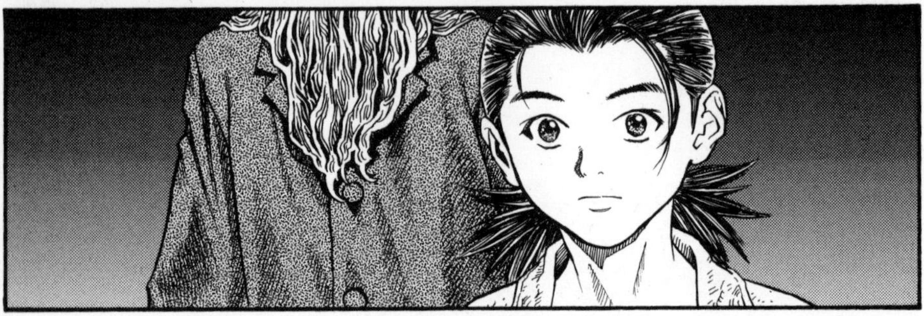

Episode 03:

Gewaltlose Rettung

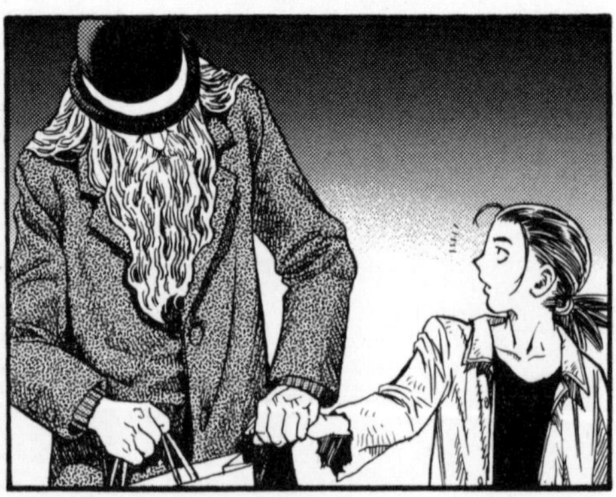

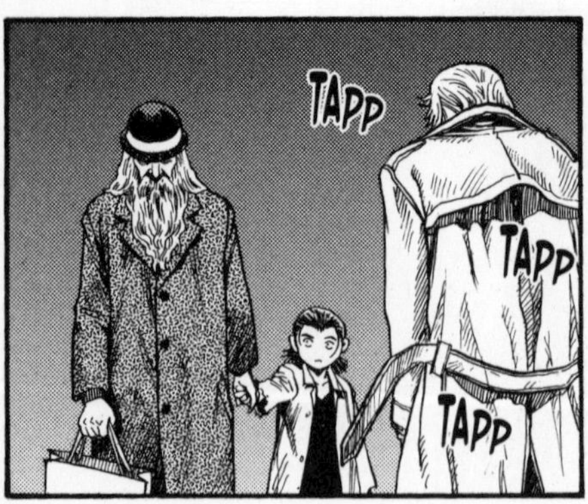

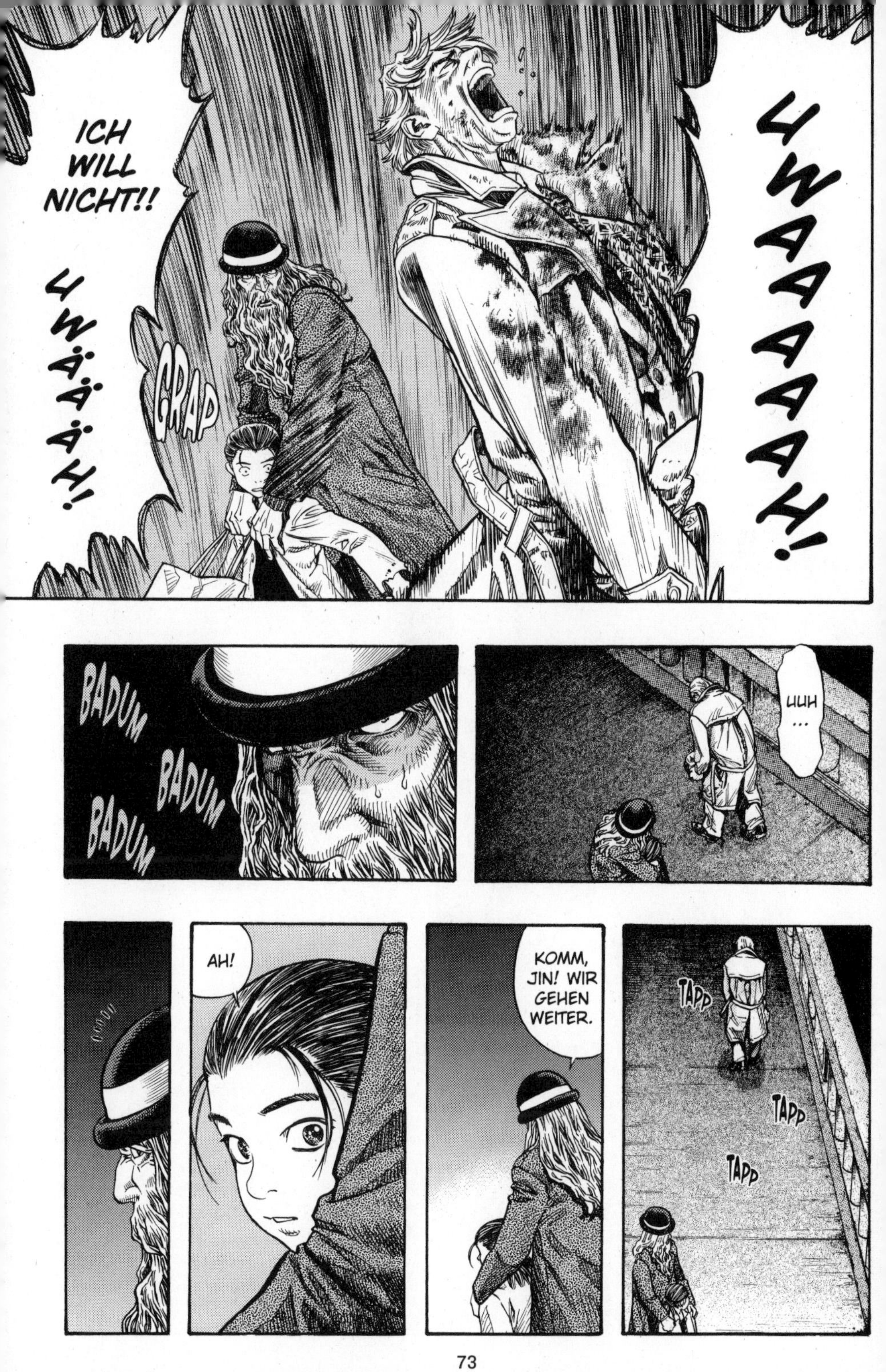
UWAAAAAAAH!
ICH WILL NICHT!!
UWÄÄÄH!
GRAP
UUH ...
BADUM
BADUM
BADUM
AH!
KOMM, JIN! WIR GEHEN WEITER.
TAPP
TAPP
TAPP

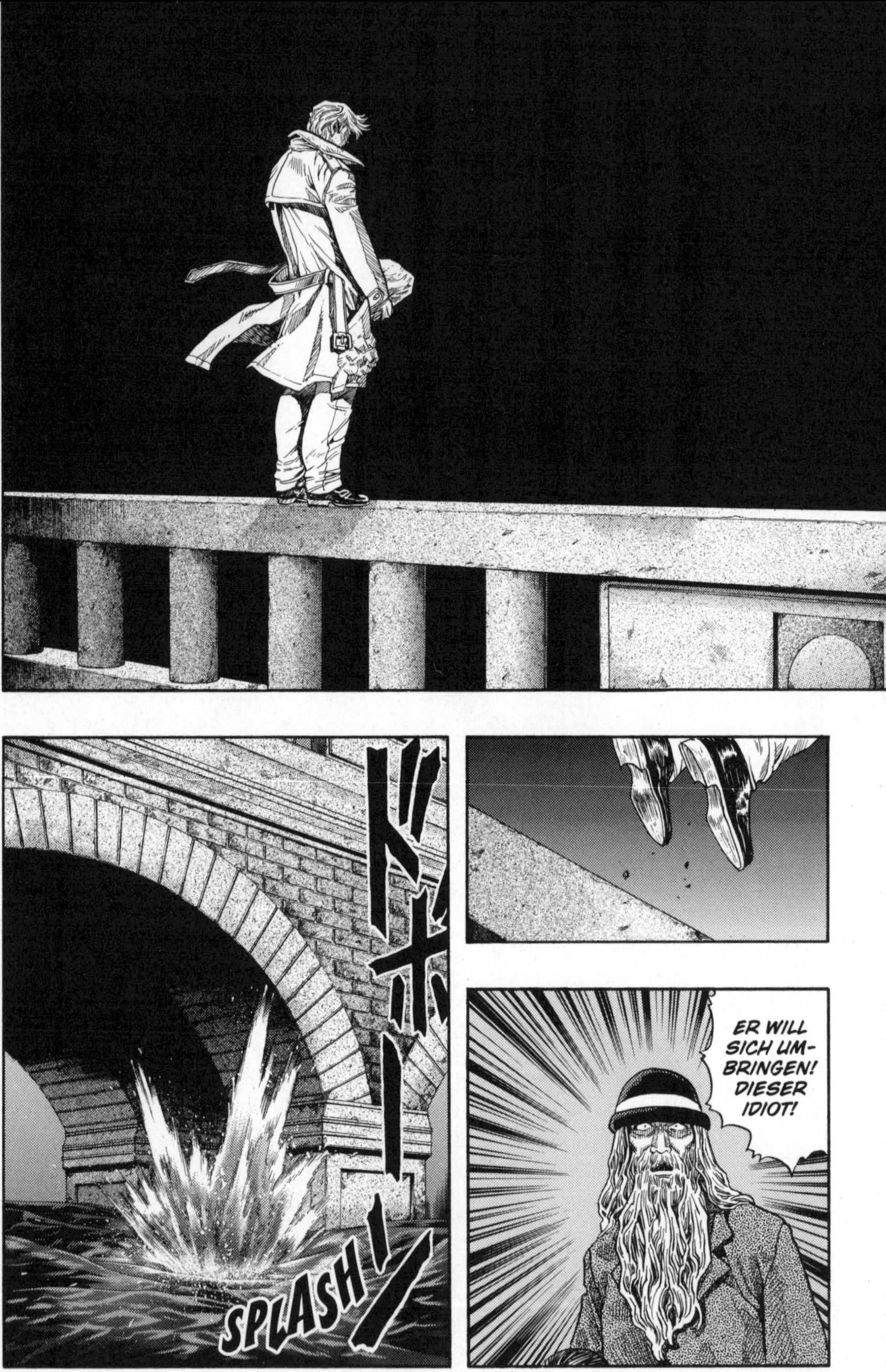
SPLASH!
ER WILL SICH UMBRINGEN! DIESER IDIOT!

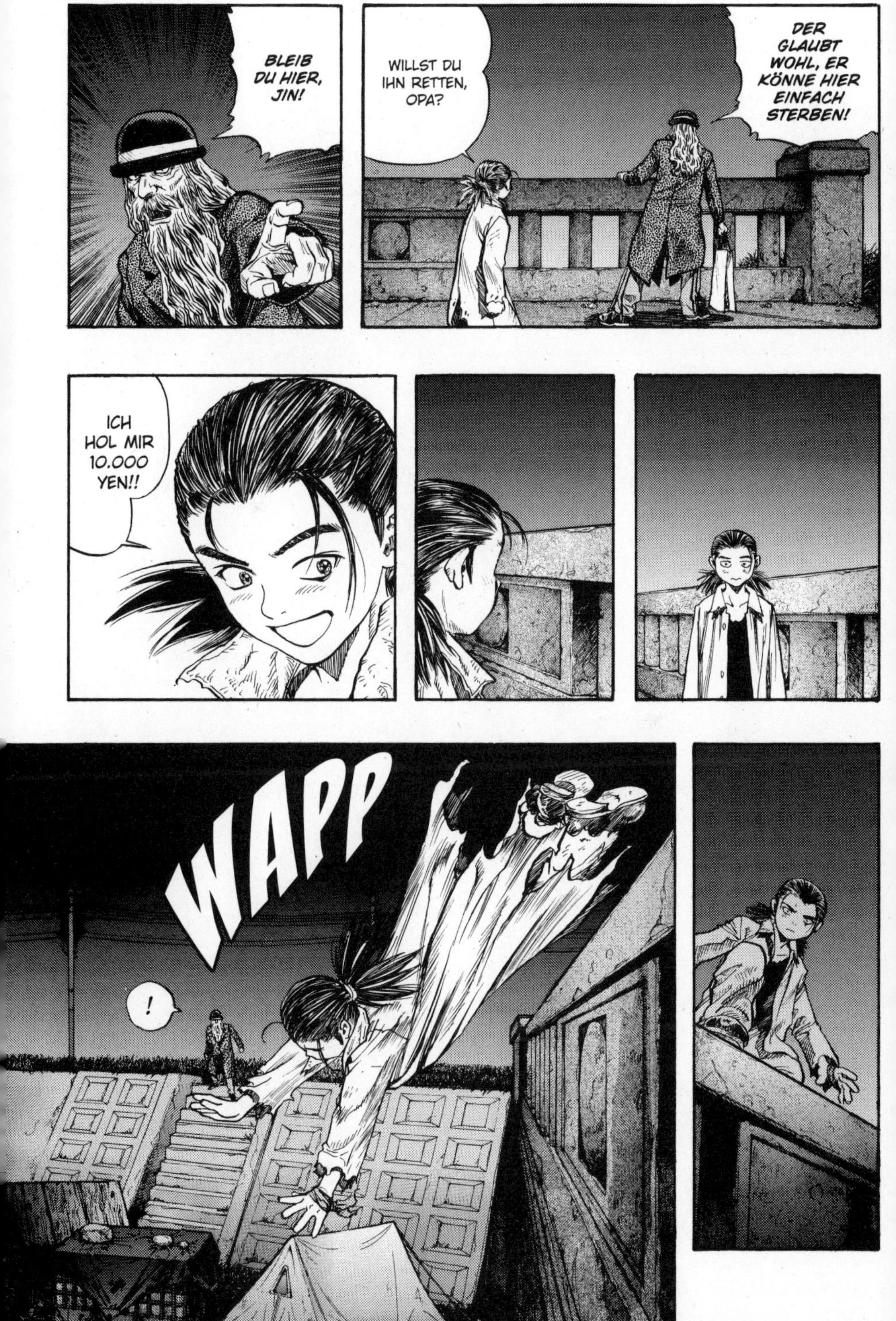

DER GLAUBT WOHL, ER KÖNNE HIER EINFACH STERBEN!
WILLST DU IHN RETTEN, OPA?
BLEIB DU HIER, JIN!
ICH HOL MIR 10.000 YEN!!
WAPP
!

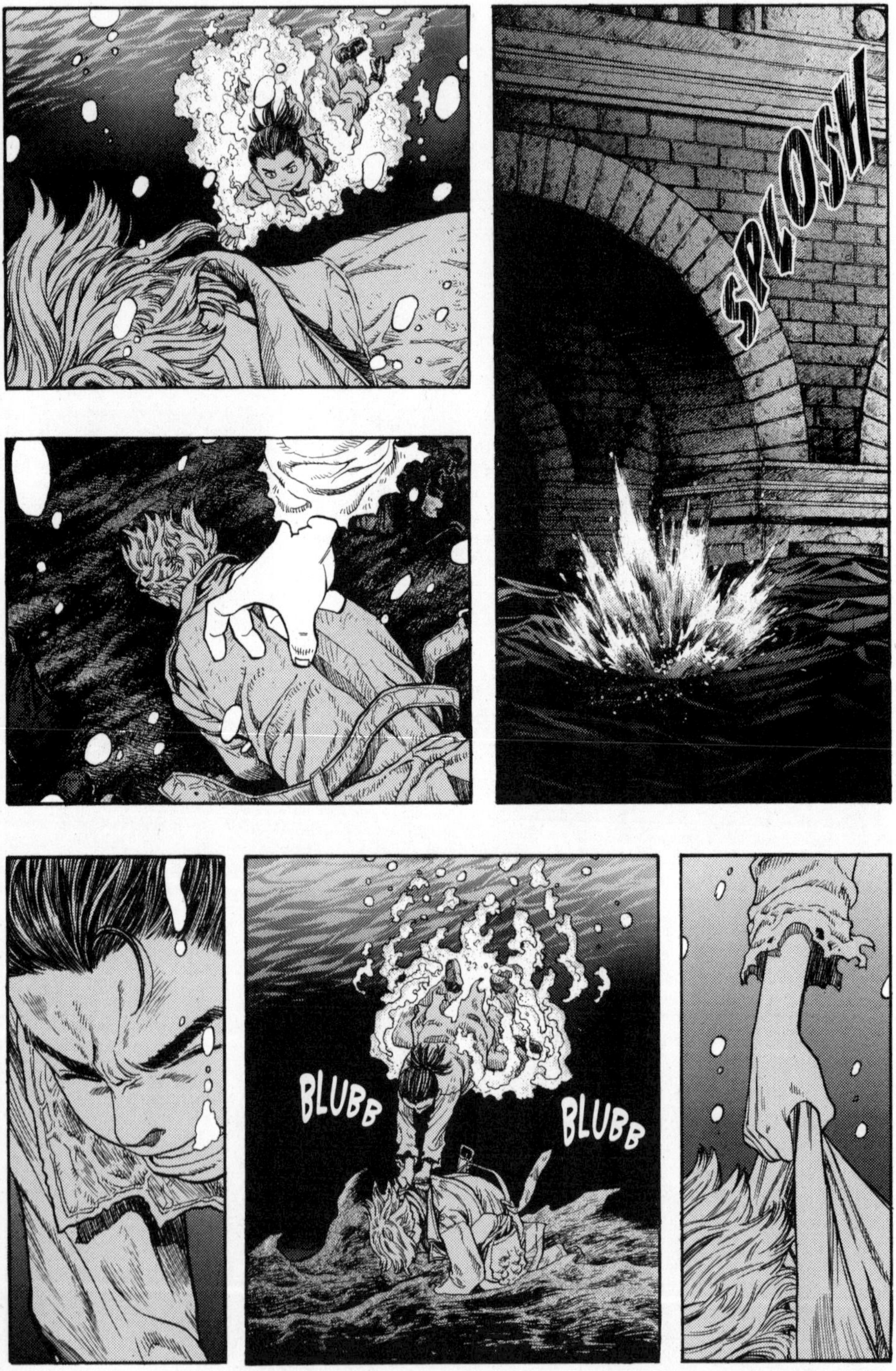
SPLOSH
BLUBB
BLUBB

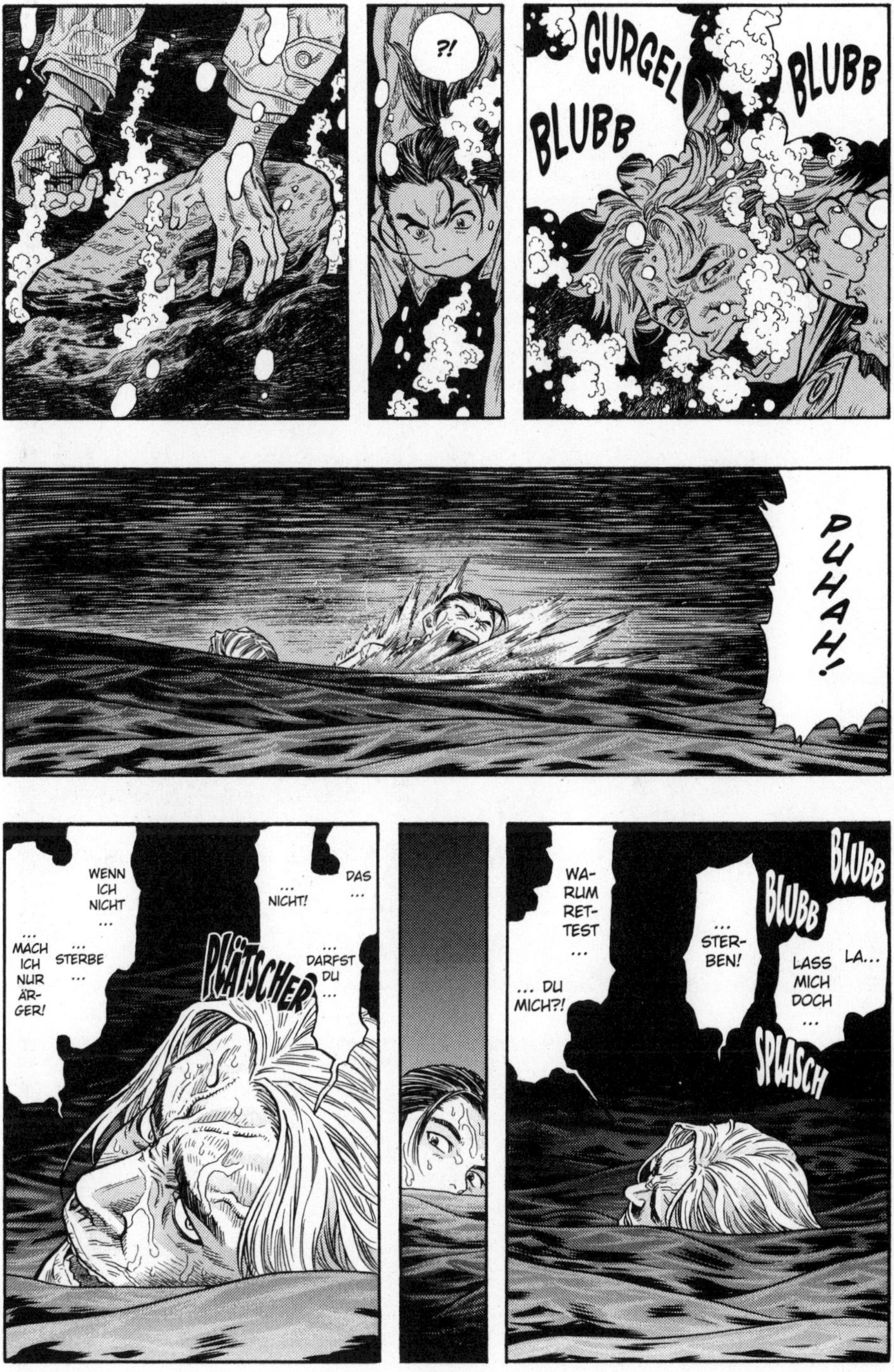
GURGEL
BLUBB
BLUBB
?!
PUHAH!
LA...
LASS MICH DOCH ...
BLUBB
BLUBB
SPLASCH
... STERBEN!
WARUM RETTEST ...
... DU MICH?!
DAS ...
... NICHT!
... DARFST DU ...
PLÄTSCHER
WENN ICH NICHT ...
... STERBE ...
... MACH ICH NUR ÄRGER!

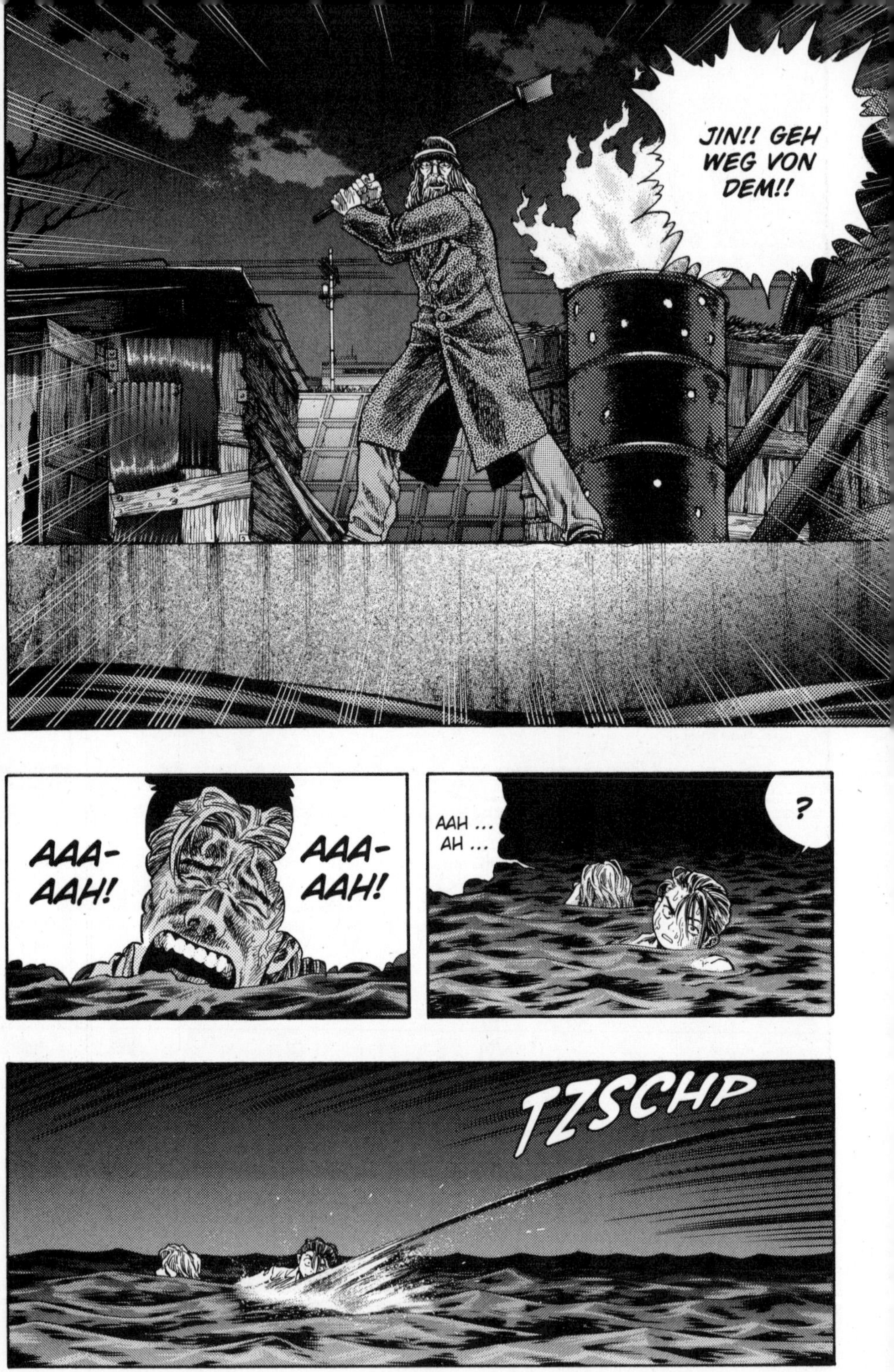
JIN!! GEH WEG VON DEM!!
AAA-AAH!
AAA-AAH!
?
AAH ... AH ...
TZSCHP

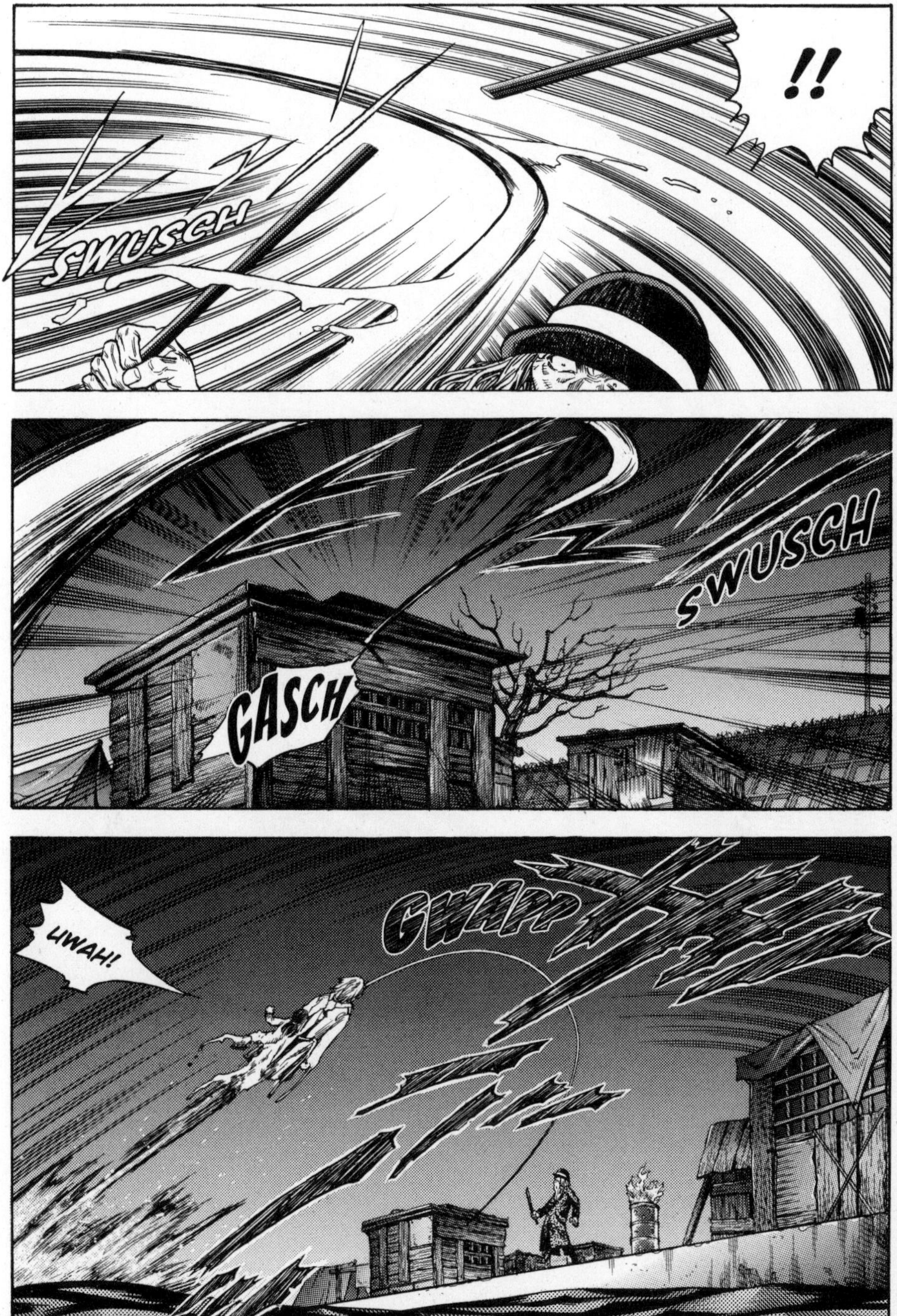
!!
SWUSCH
SWUSCH
GASCH
GWAPP
UWAH!

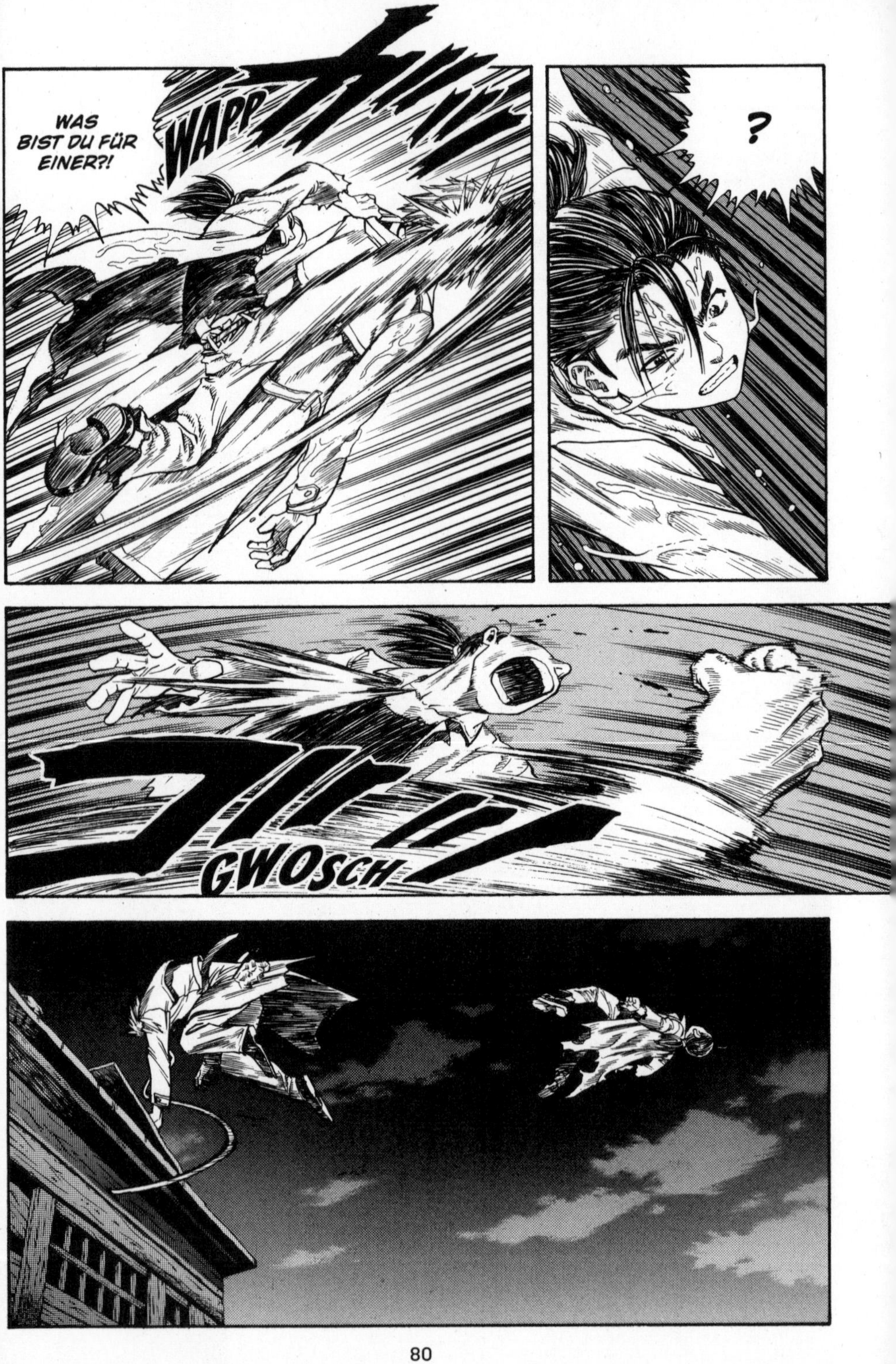
WAS BIST DU FÜR EINER?!
WAPP
?
GWOSCH

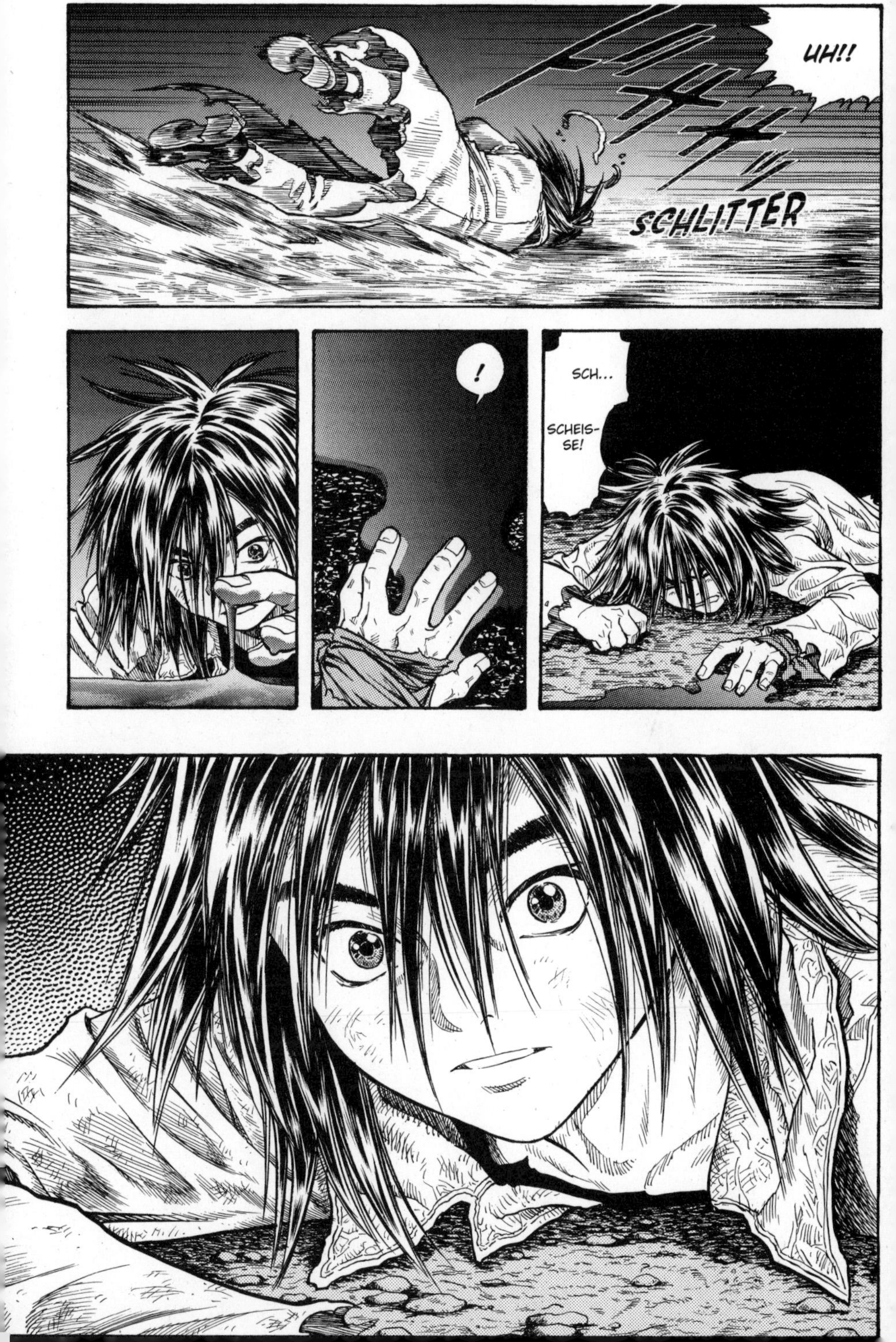
UH!!
SCHLITTER
SCH...
SCHEIS-
SE!
!

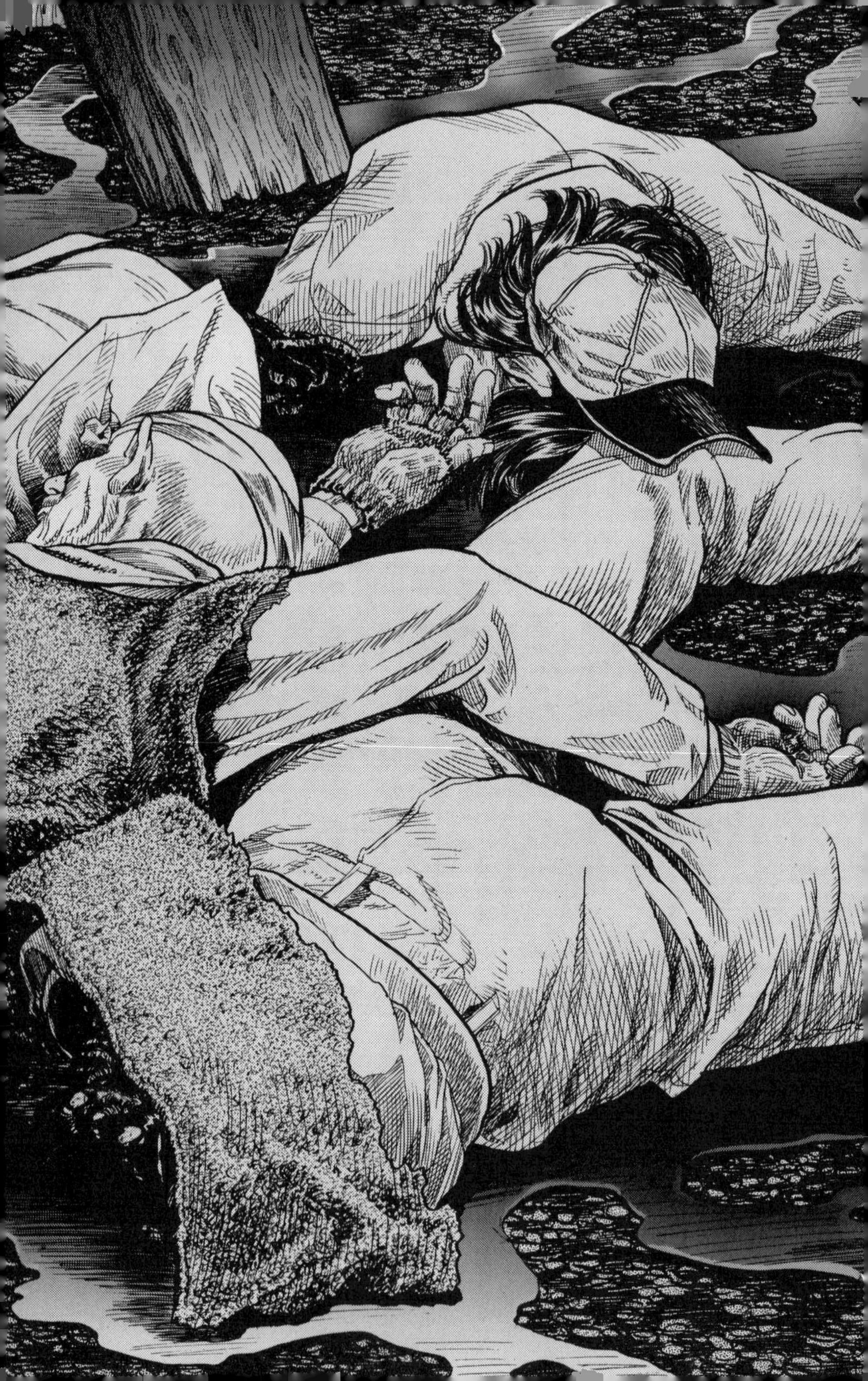

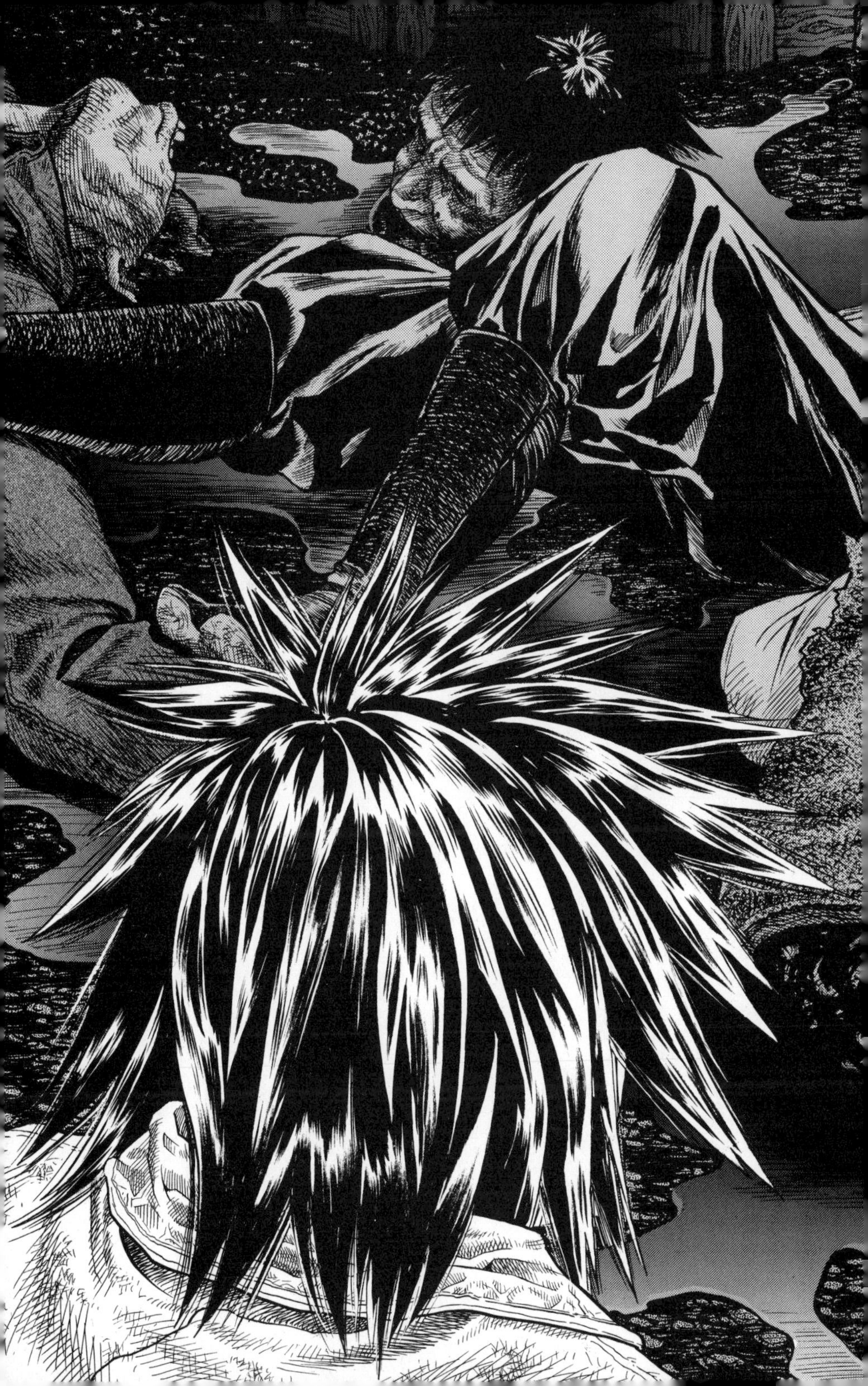

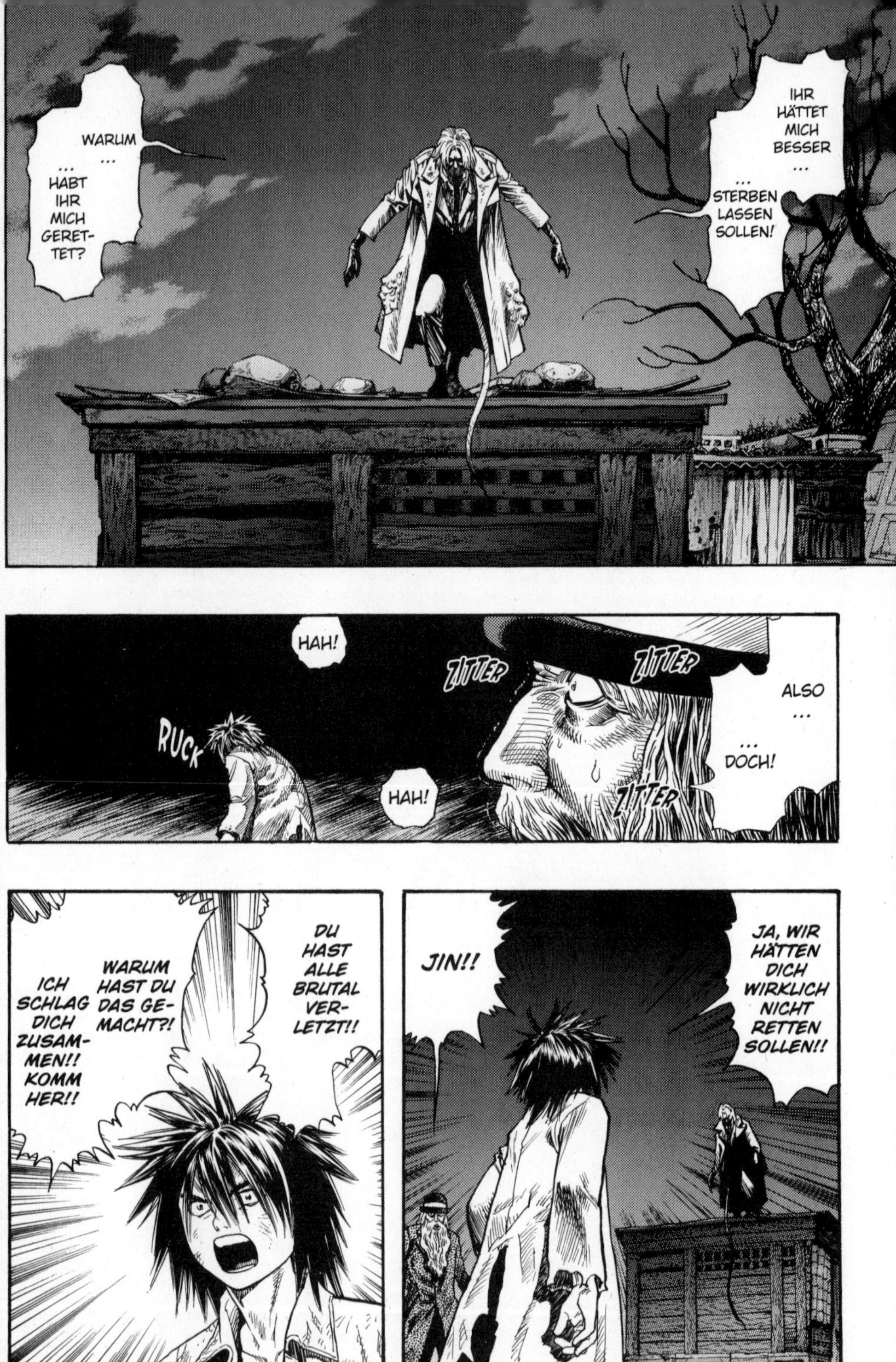
WARUM ... ... HABT IHR MICH GERET-TET?
IHR HÄTTET MICH BESSER ... ... STERBEN LASSEN SOLLEN!
ZITTER
ZITTER
ALSO ... ... DOCH!
ZITTER
HAH!
HAH!
RUCK
JA, WIR HÄTTEN DICH WIRKLICH NICHT RETTEN SOLLEN!!
JIN!!
DU HAST ALLE BRUTAL VER-LETZT!!
WARUM HAST DU DAS GE-MACHT?!
ICH SCHLAG DICH ZUSAM-MEN!! KOMM HER!!

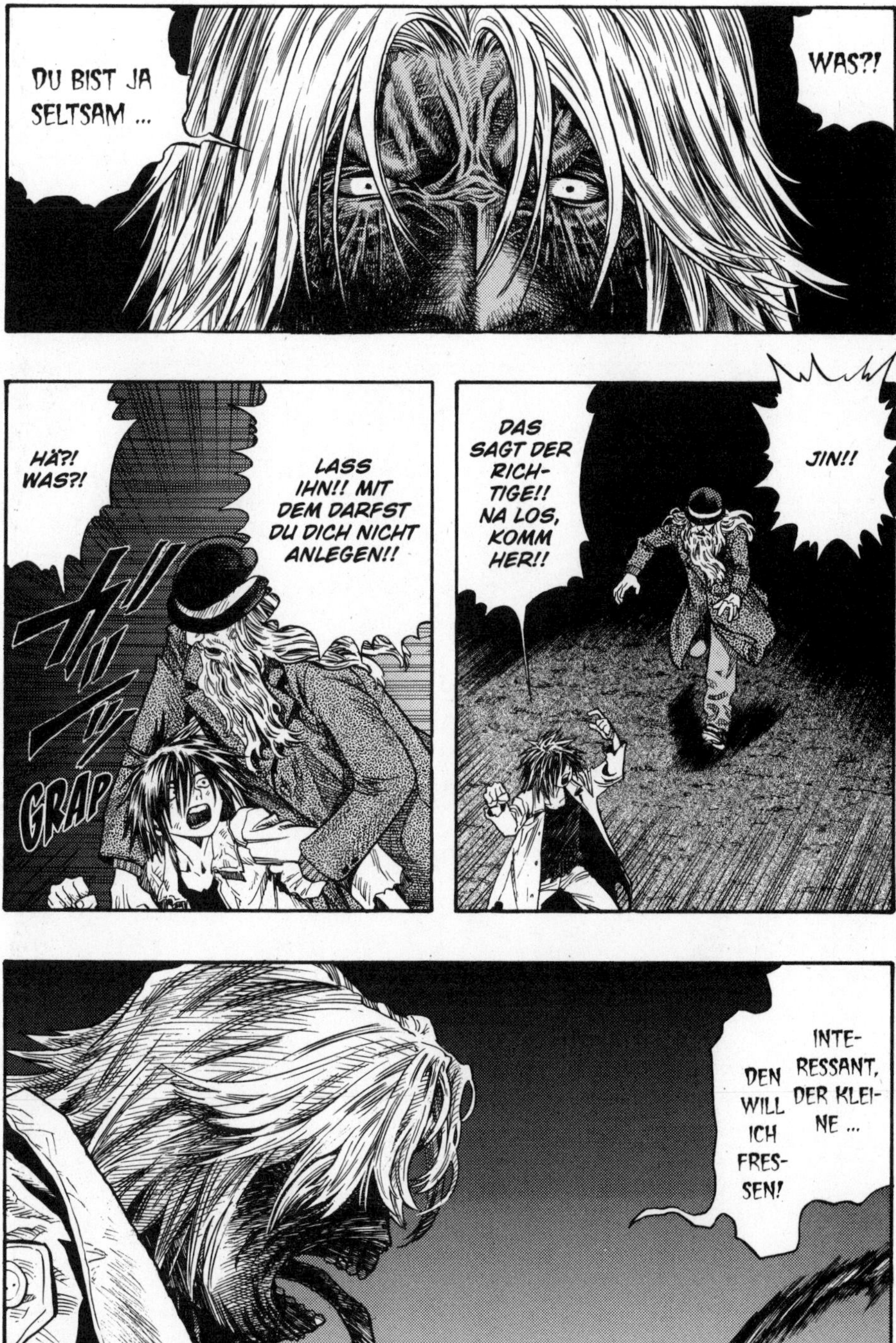
WAS?!
DU BIST JA SELTSAM ...
JIN!!
DAS SAGT DER RICHTIGE!! NA LOS, KOMM HER!!
LASS IHN!! MIT DEM DARFST DU DICH NICHT ANLEGEN!!
HÄ?! WAS?!
GRAP
INTERESSANT, DER KLEINE ...
DEN WILL ICH FRESSEN!

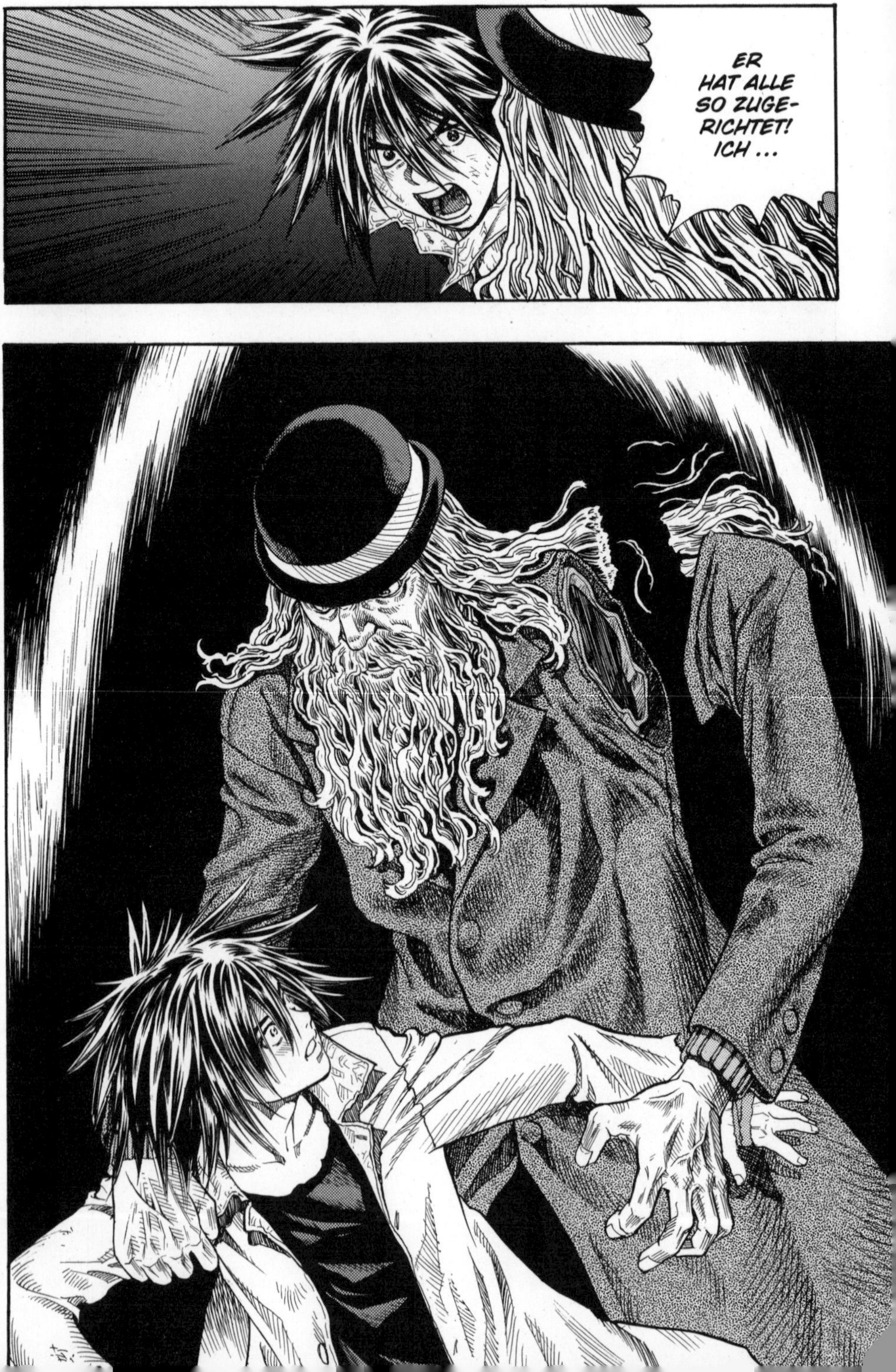
ER HAT ALLE SO ZUGE-RICHTET! ICH ...

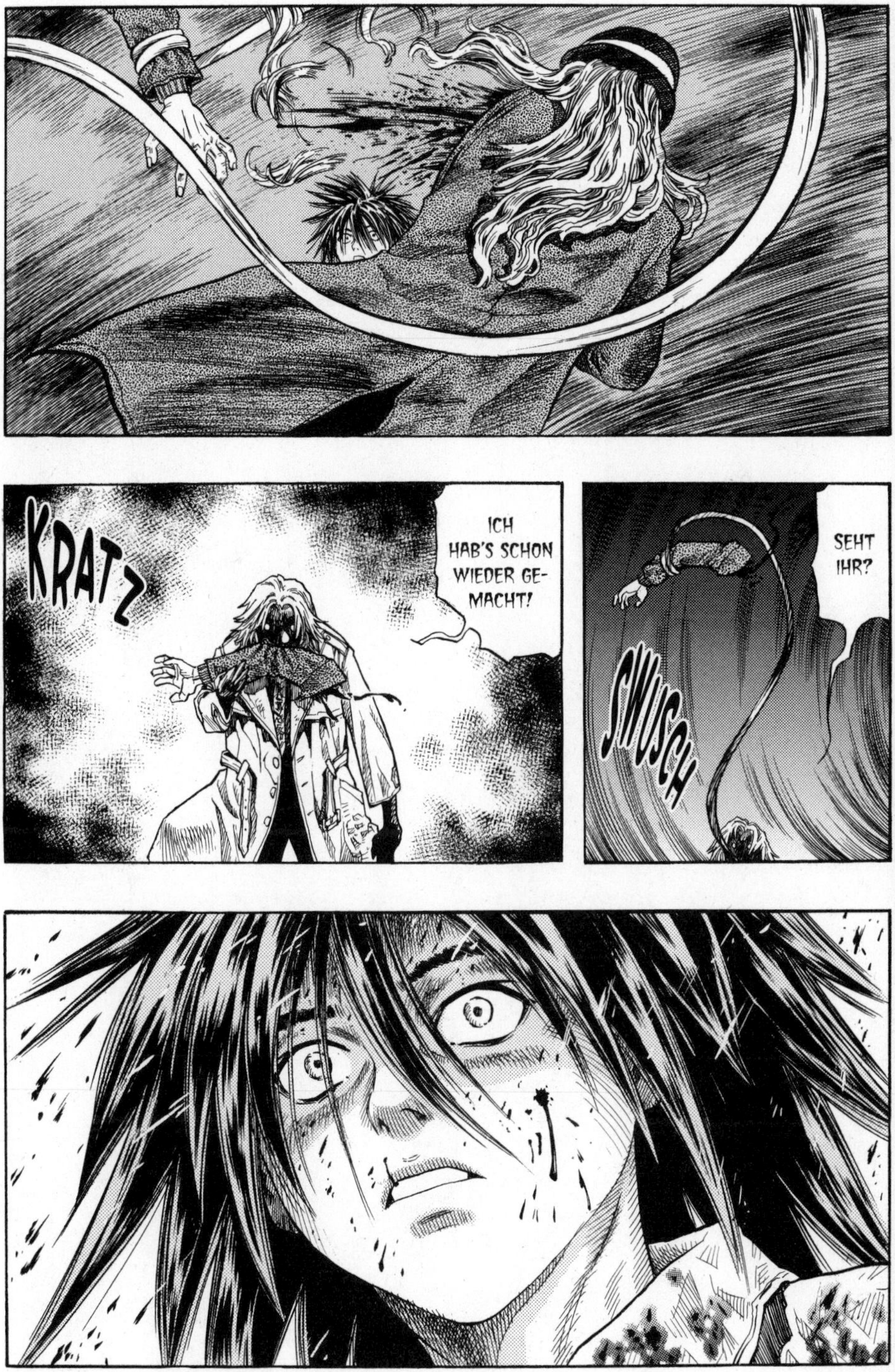
SEHT IHR?
SWUSCH
ICH HAB'S SCHON WIEDER GE-MACHT!
KRATZ

ZETMAN

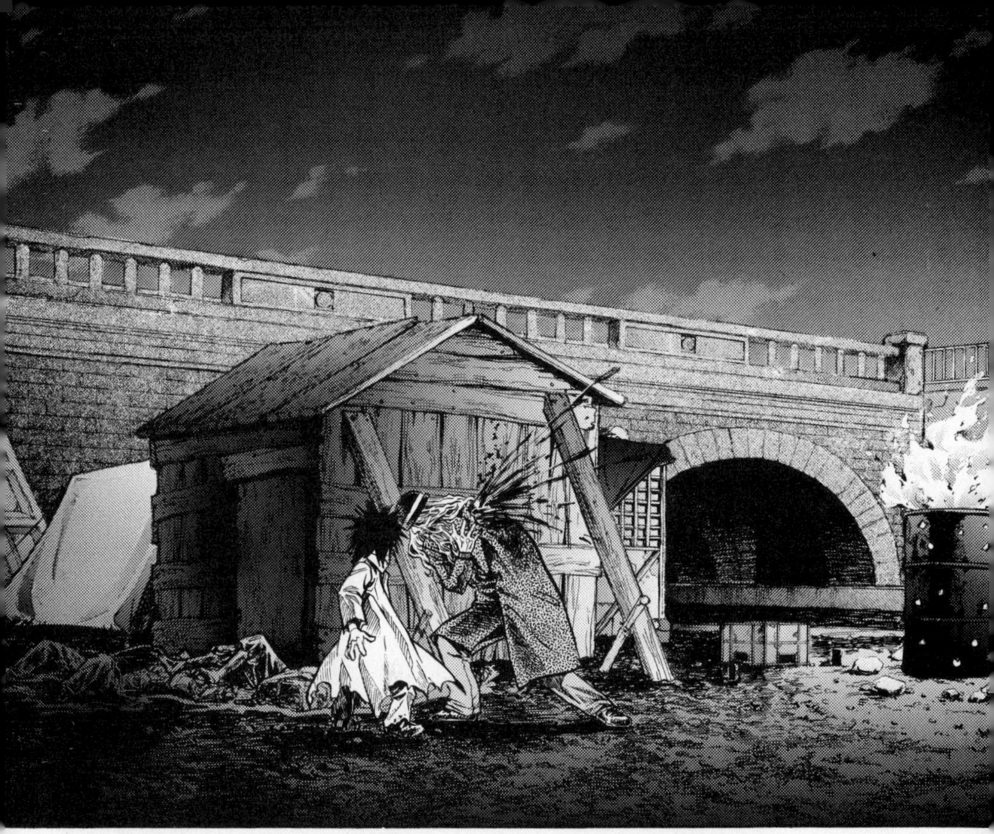

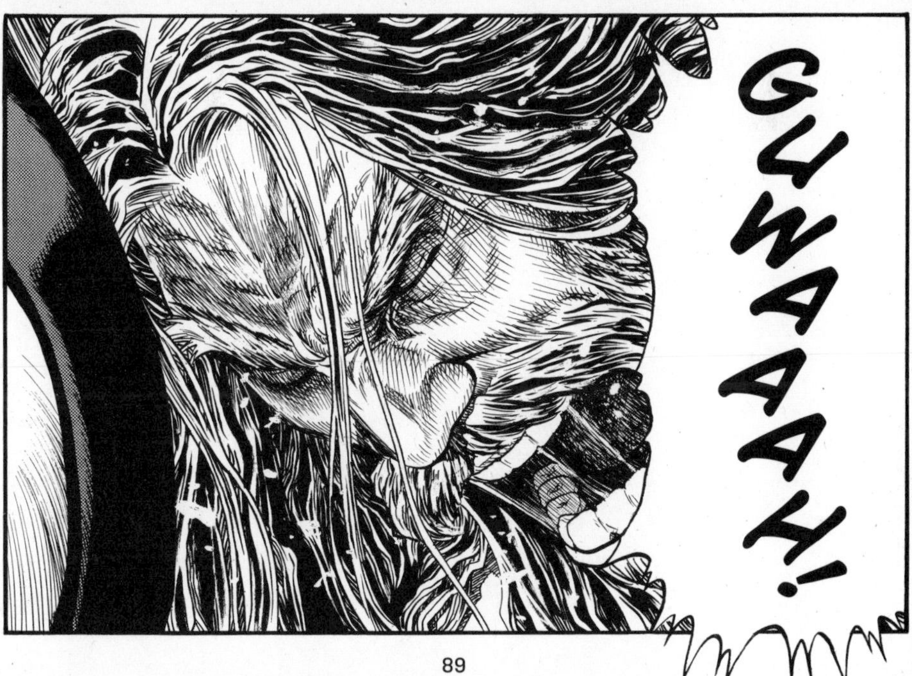
GUWAAAAH!

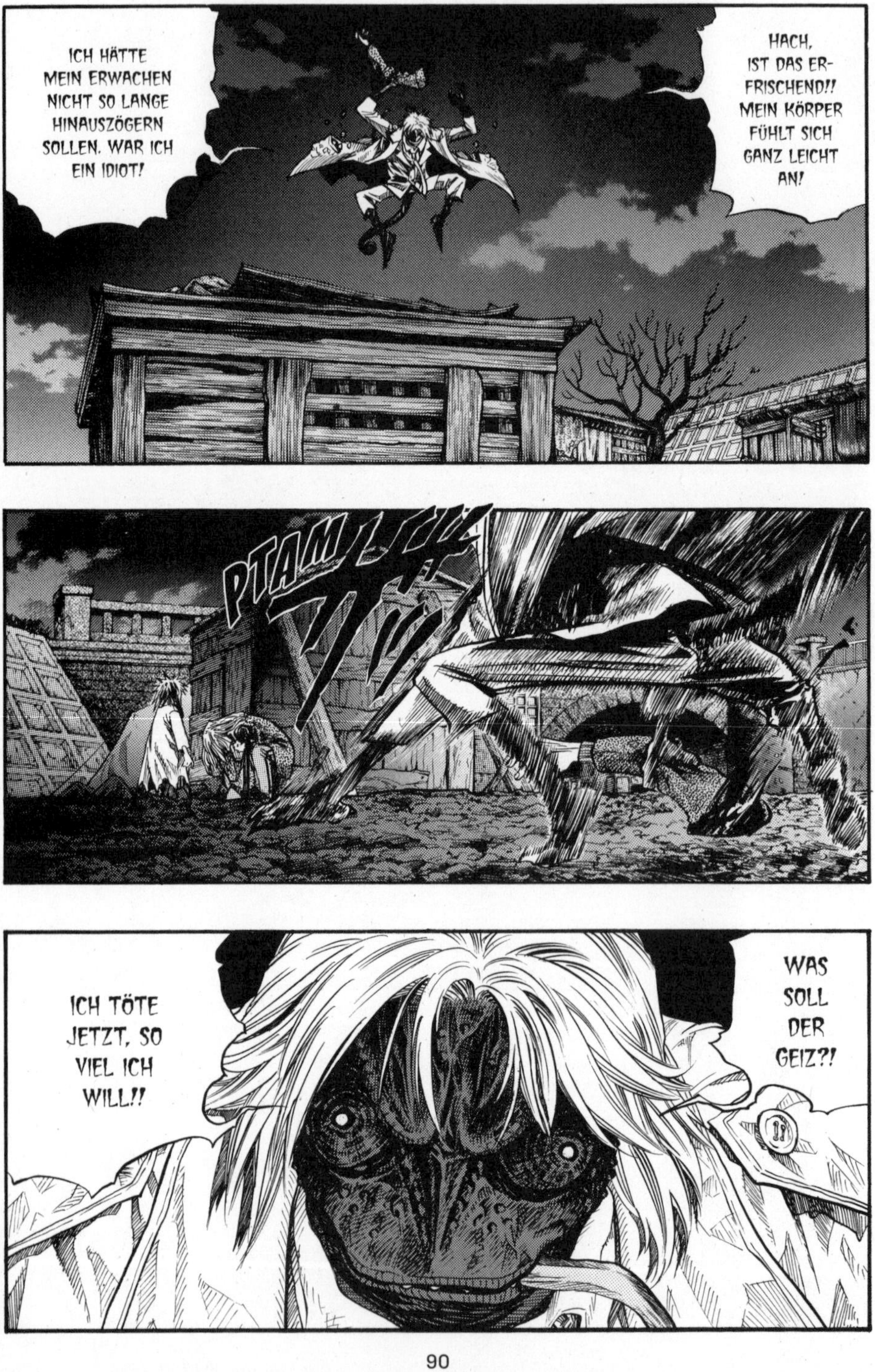
HACH, IST DAS ER-FRISCHEND!! MEIN KÖRPER FÜHLT SICH GANZ LEICHT AN!
ICH HÄTTE MEIN ERWACHEN NICHT SO LANGE HINAUSZÖGERN SOLLEN. WAR ICH EIN IDIOT!
PTAM
WAS SOLL DER GEIZ?!
ICH TÖTE JETZT, SO VIEL ICH WILL!!

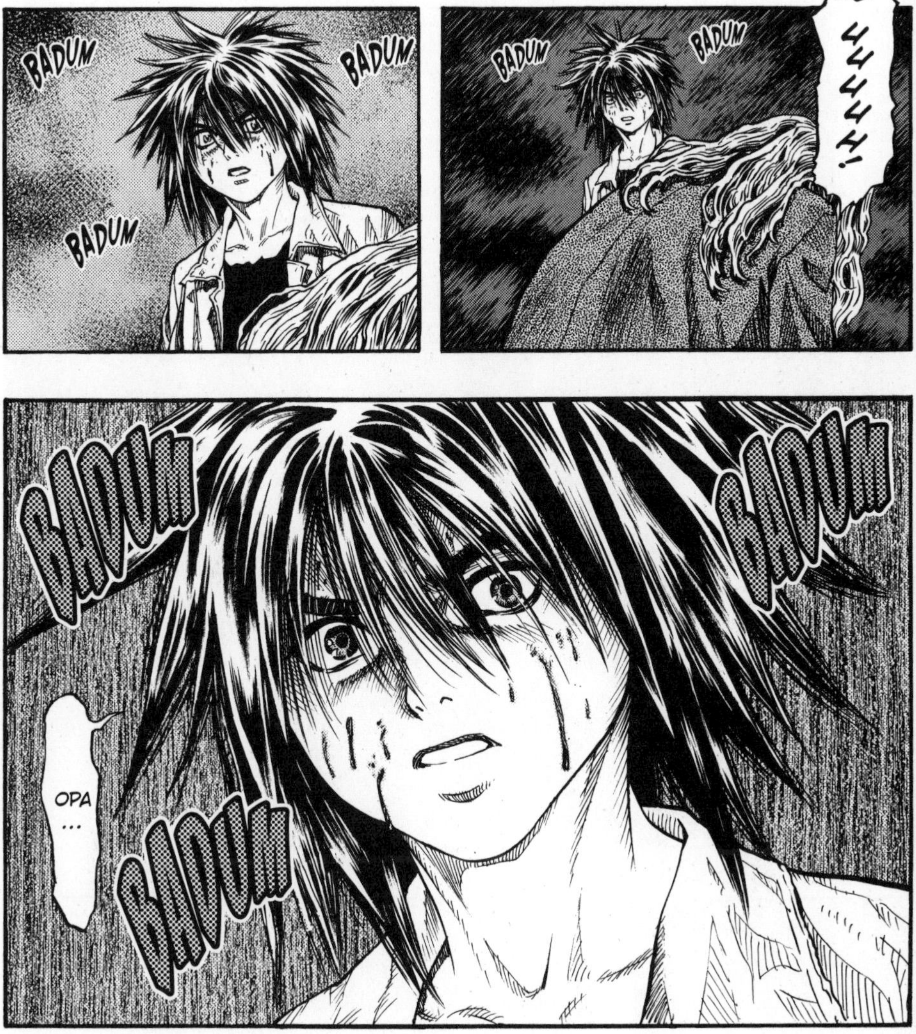

Episode 04:

Das Erwachen

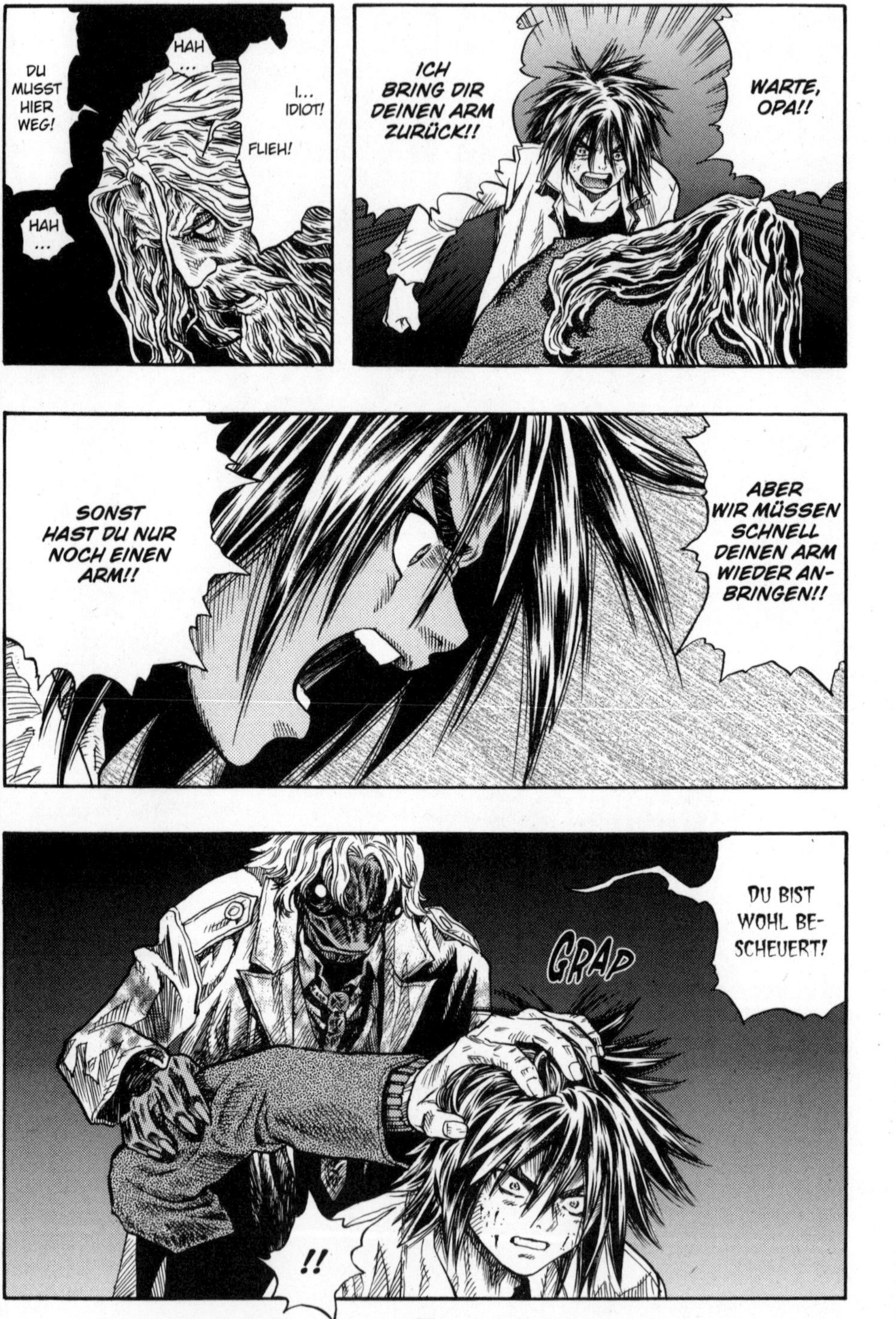
WARTE, OPA!!
ICH BRING DIR DEINEN ARM ZURÜCK!!
HAH ...
I... IDIOT!
FLIEH!
DU MUSST HIER WEG!
HAH ...
ABER WIR MÜSSEN SCHNELL DEINEN ARM WIEDER AN-BRINGEN!!
SONST HAST DU NUR NOCH EINEN ARM!!
DU BIST WOHL BE-SCHEUERT!
GRAP
!!

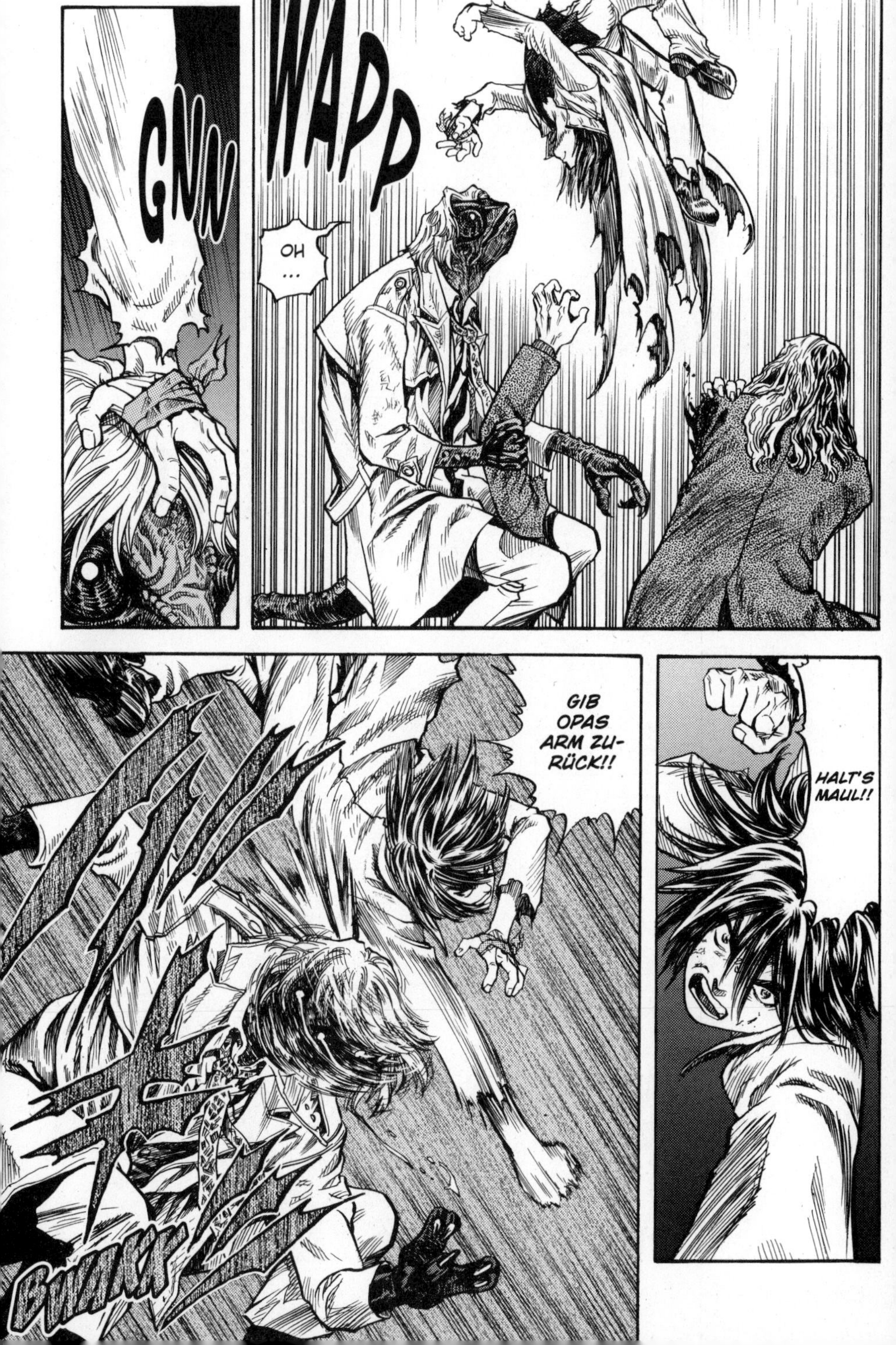
WAPP
OH ...
GNN
HALT'S MAUL!!
GIB OPAS ARM ZURÜCK!!

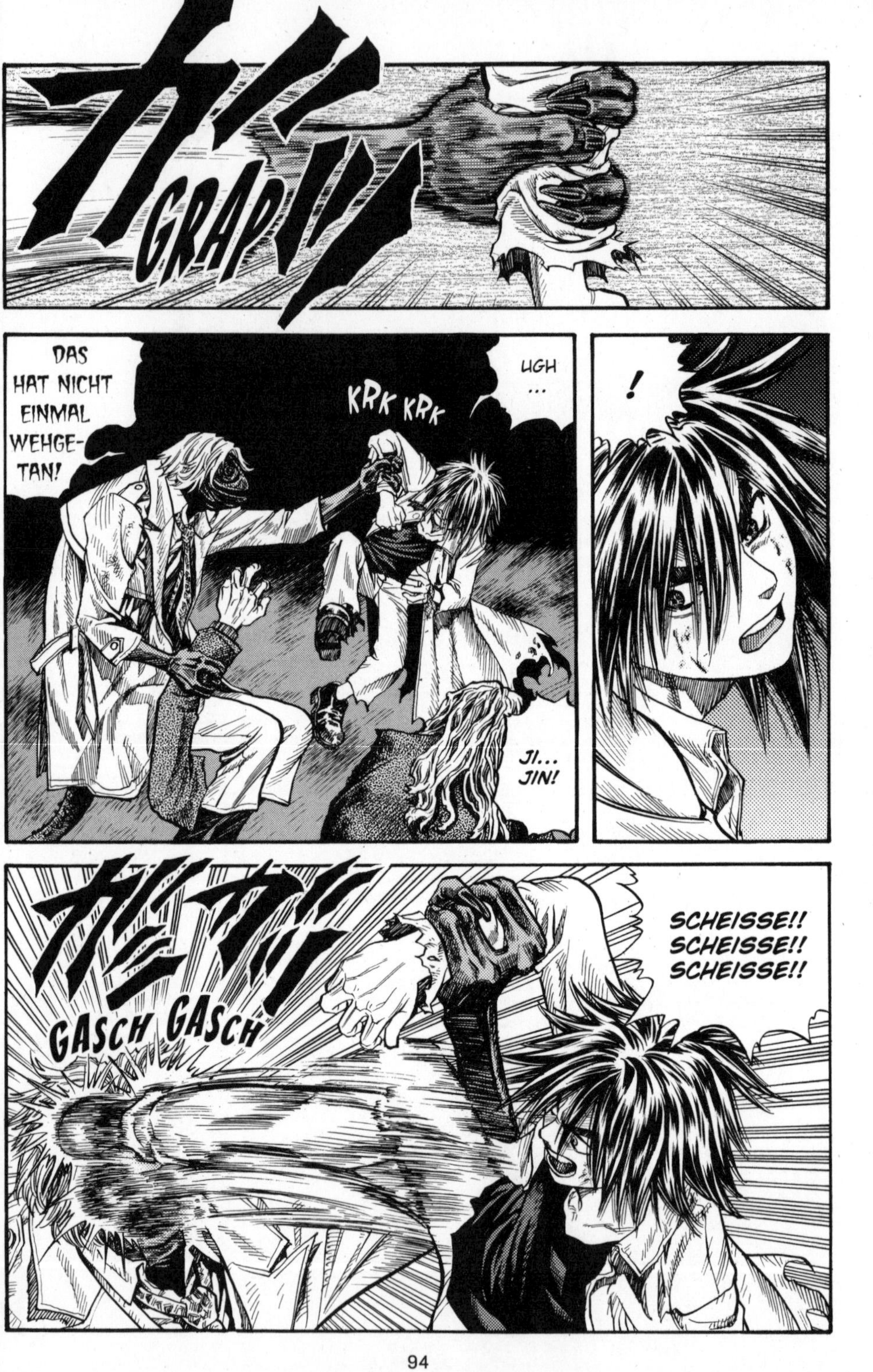
GRAP
!
UGH ...
KRK KRK
DAS HAT NICHT EINMAL WEHGE-TAN!
JI... JIN!
SCHEISSE!! SCHEISSE!! SCHEISSE!!
GASCH GASCH

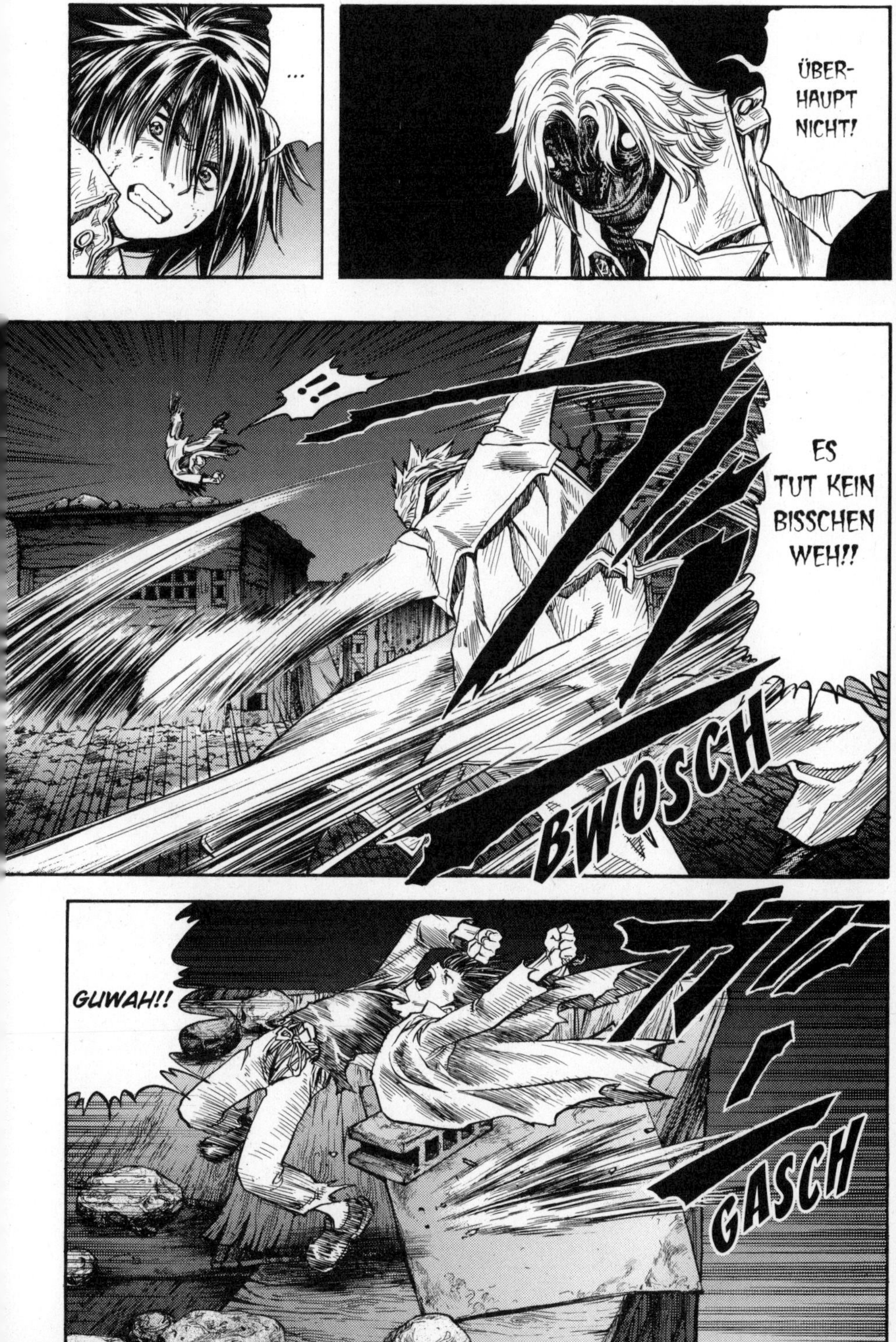
ÜBER-
HAUPT
NICHT!
...
ES
TUT KEIN
BISSCHEN
WEH!!
!!
BWOSCH
GASCH
GUWAH!!

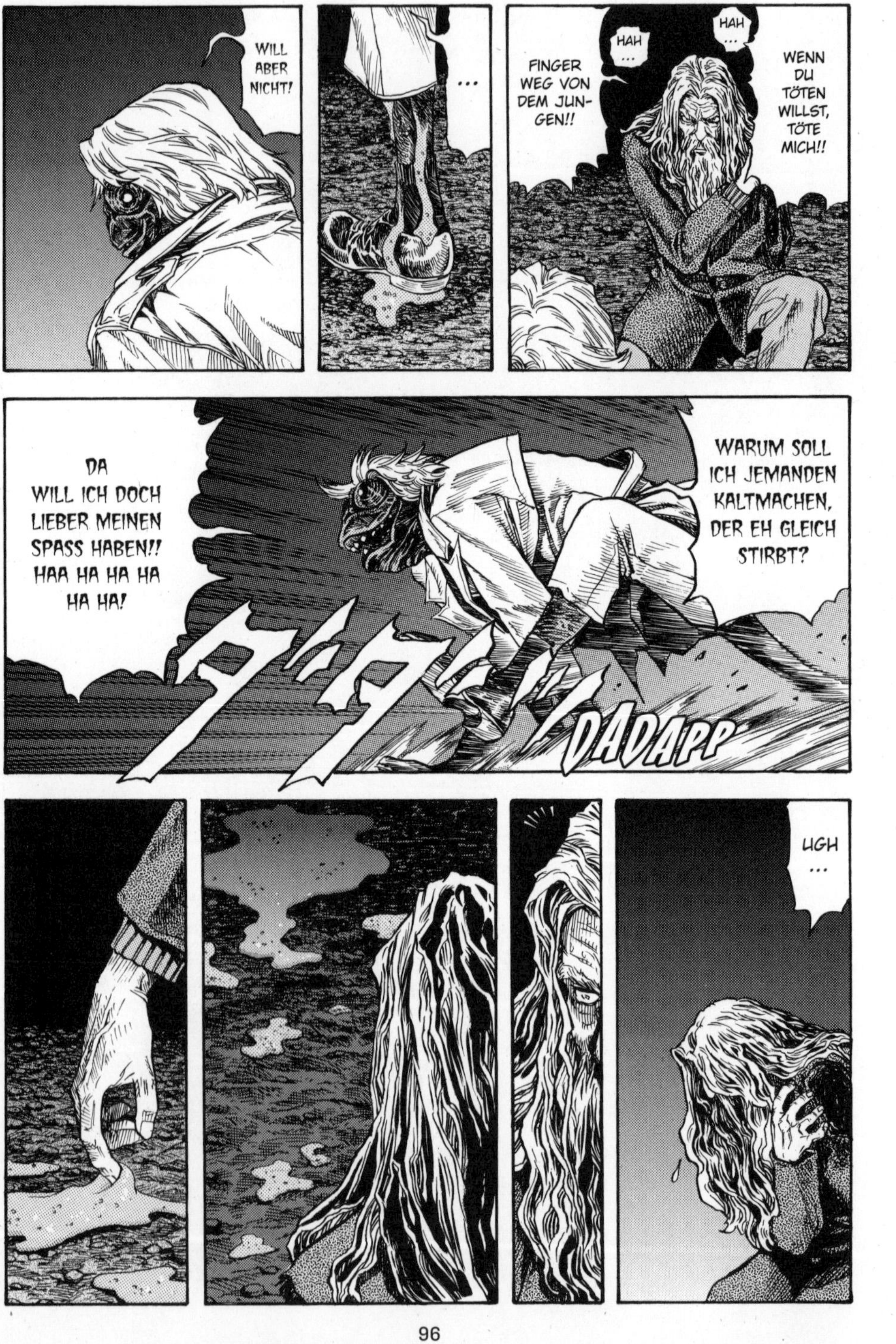
HAH ...
HAH ...
WENN DU TÖTEN WILLST, TÖTE MICH!!
FINGER WEG VON DEM JUN-GEN!!
...
WILL ABER NICHT!
WARUM SOLL ICH JEMANDEN KALTMACHEN, DER EH GLEICH STIRBT?
DA WILL ICH DOCH LIEBER MEINEN SPASS HABEN!! HAA HA HA HA HA HA!
DADAPP
UGH ...

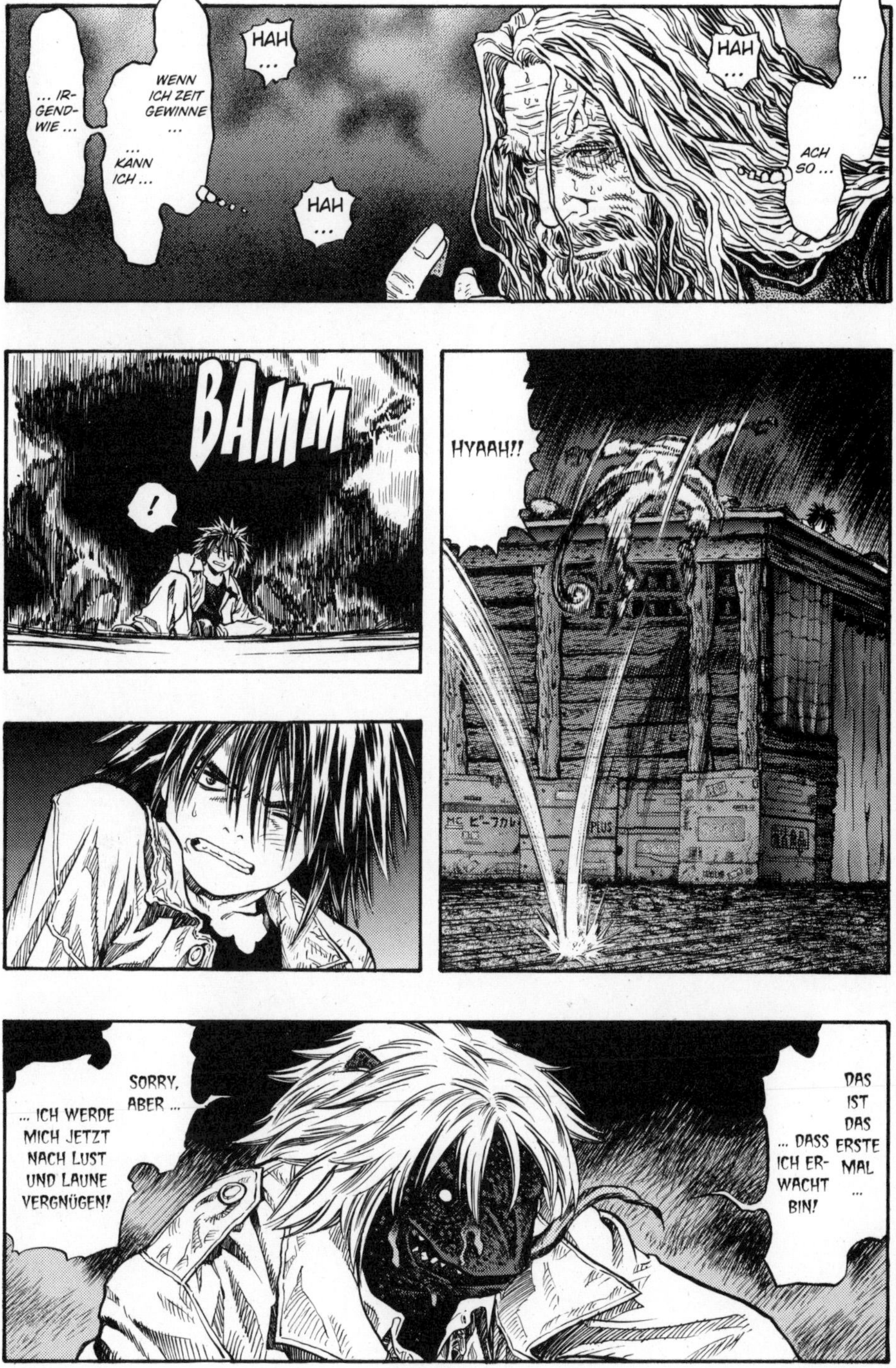
... ACH SO ...
HAH ...
HAH ...
WENN ICH ZEIT GEWINNE ... ... KANN ICH ...
... IR-GENDWIE ...
HAH ...
HYAAH!!
BAMM
!
DAS IST DAS ERSTE MAL ...
... DASS ICH ER-WACHT BIN!
SORRY, ABER ...
... ICH WERDE MICH JETZT NACH LUST UND LAUNE VERGNÜGEN!

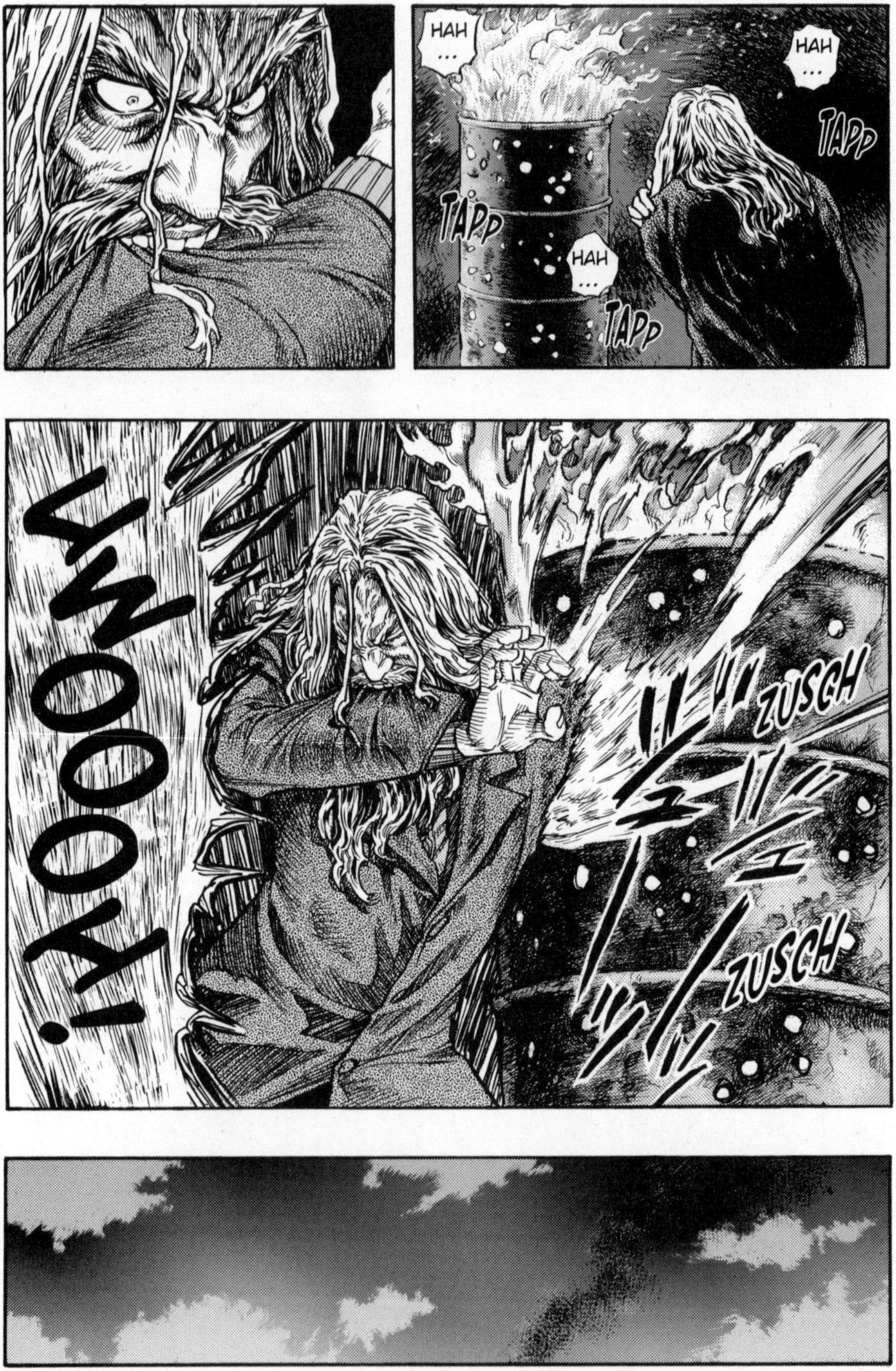
HAH …
HAH …
TAPP
TAPP
HAH …
TAPP
ZUSCH
ZUSCH

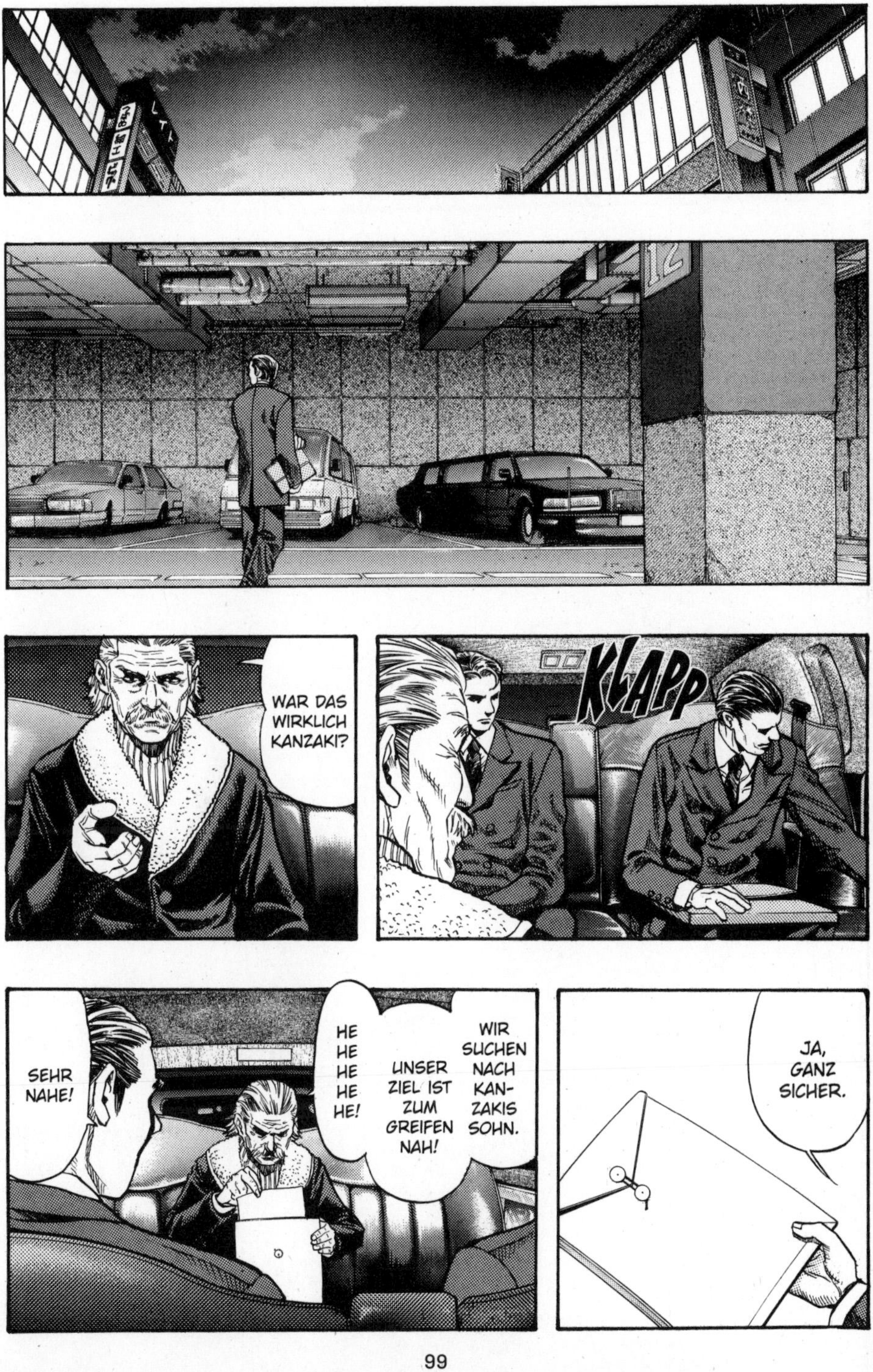
KLAPP
WAR DAS WIRKLICH KANZAKI?
JA, GANZ SICHER.
WIR SUCHEN NACH KAN-ZAKIS SOHN.
UNSER ZIEL IST ZUM GREIFEN NAH!
HE HE HE HE HE!
SEHR NAHE!

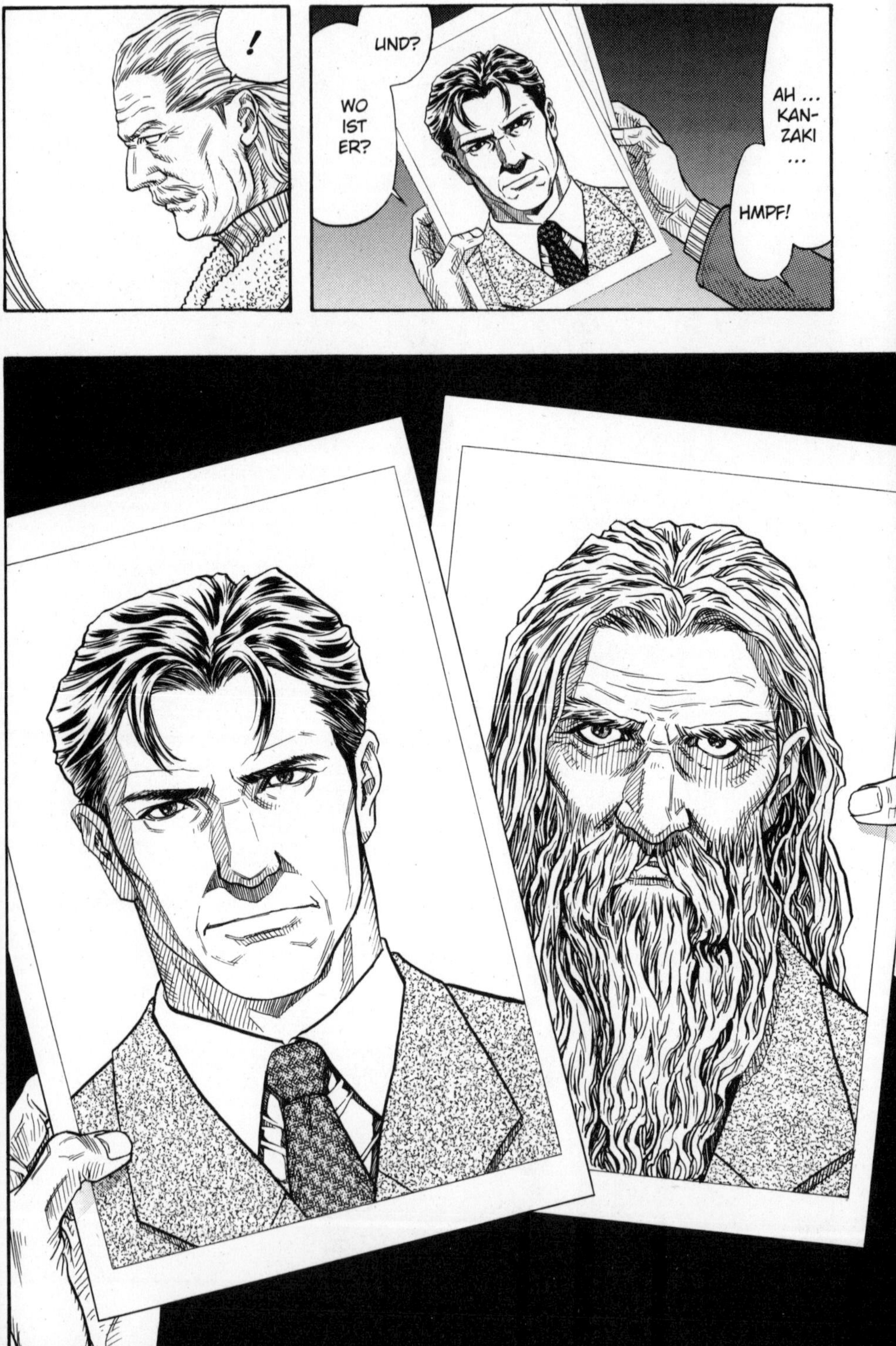
AH ... KAN-ZAKI ...
HMPF!
UND?
WO IST ER?
!

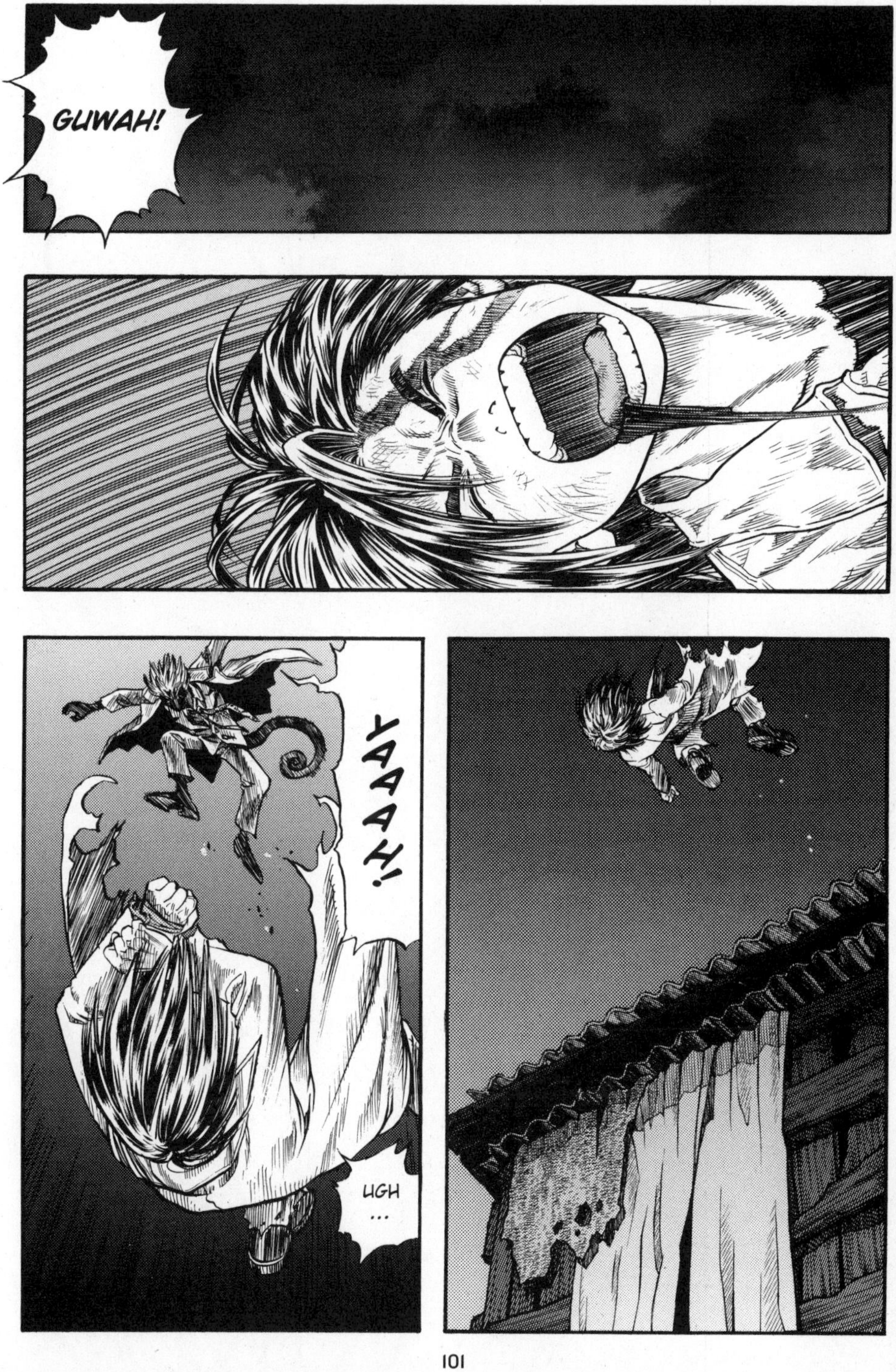
GUWAH!
YAAAAH!
UGH ...

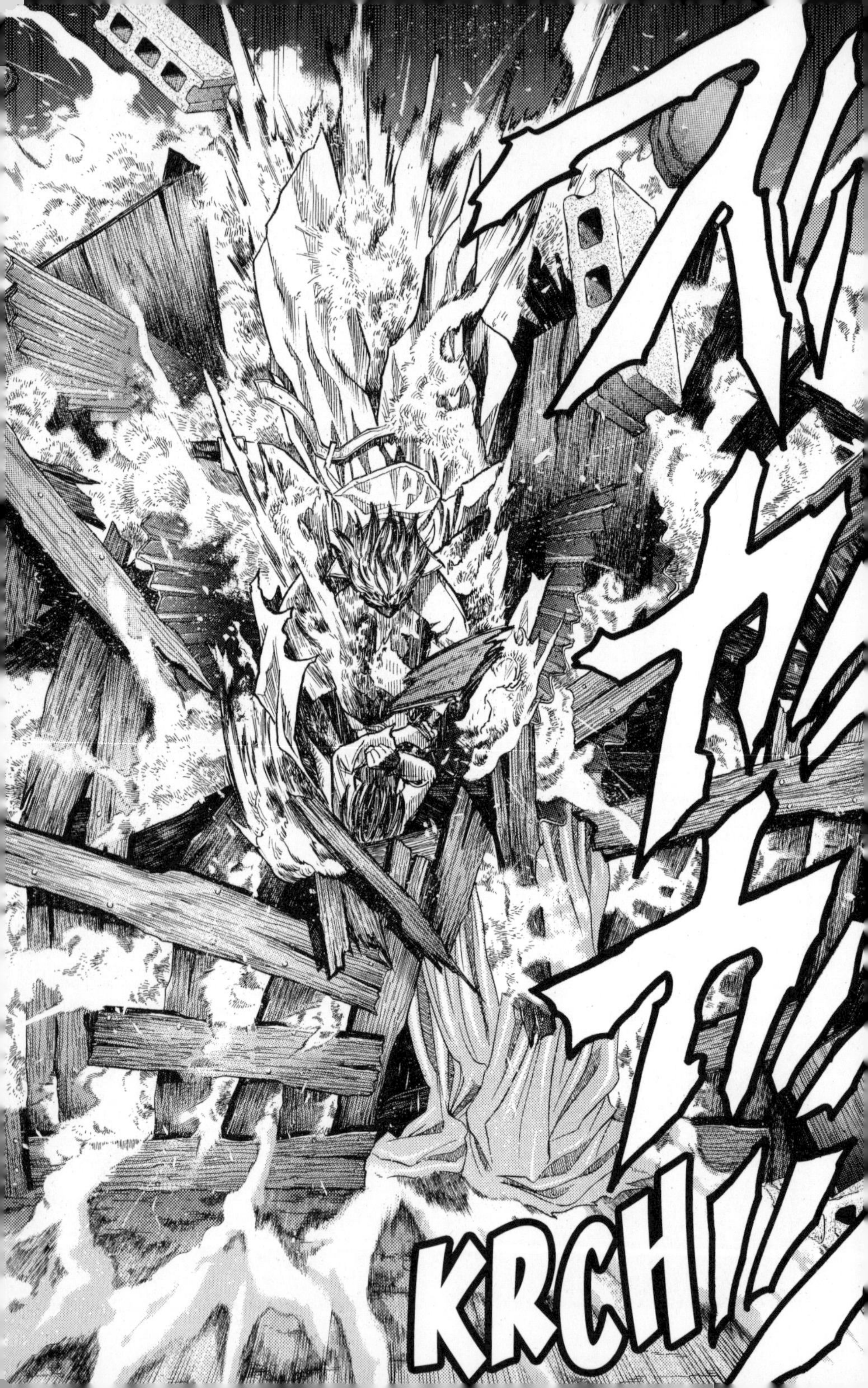
KRCH

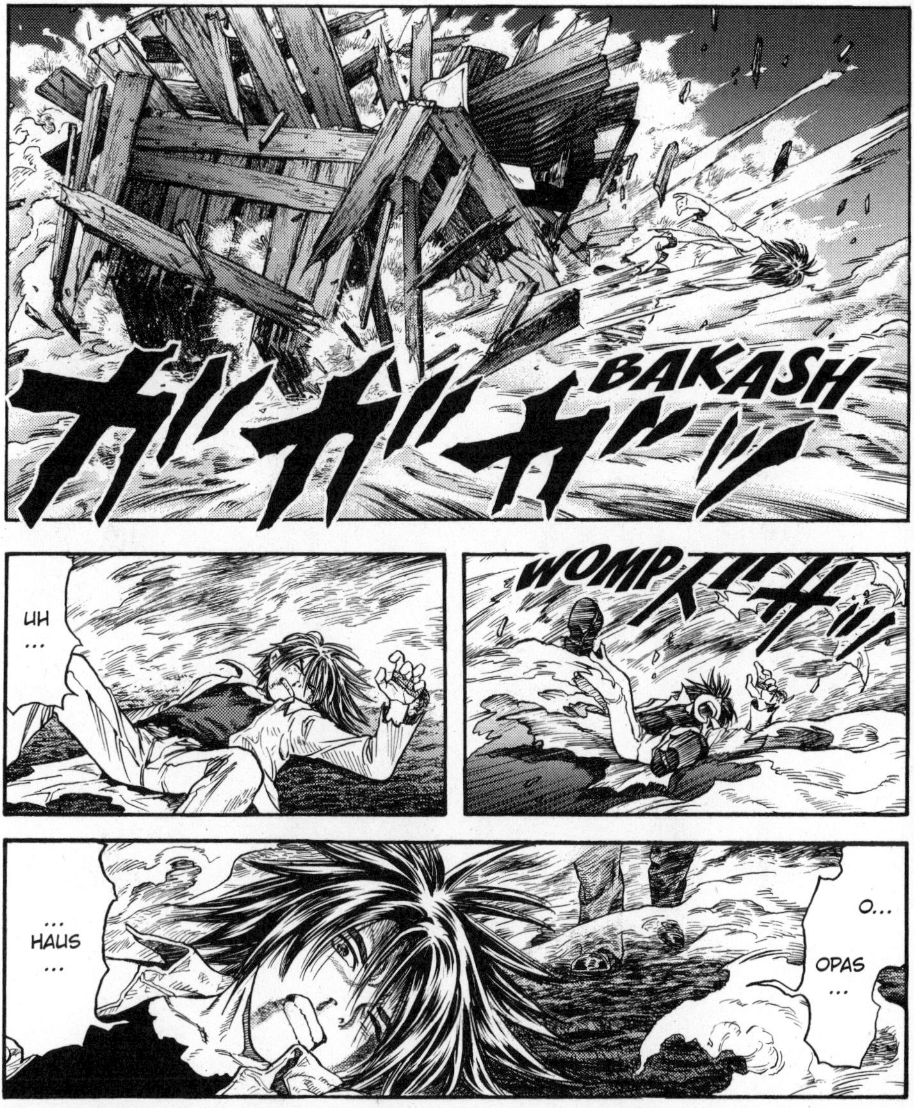
BAKASH
WOMP
UH ...
O...
OPAS ...
... HAUS ...
TAPP

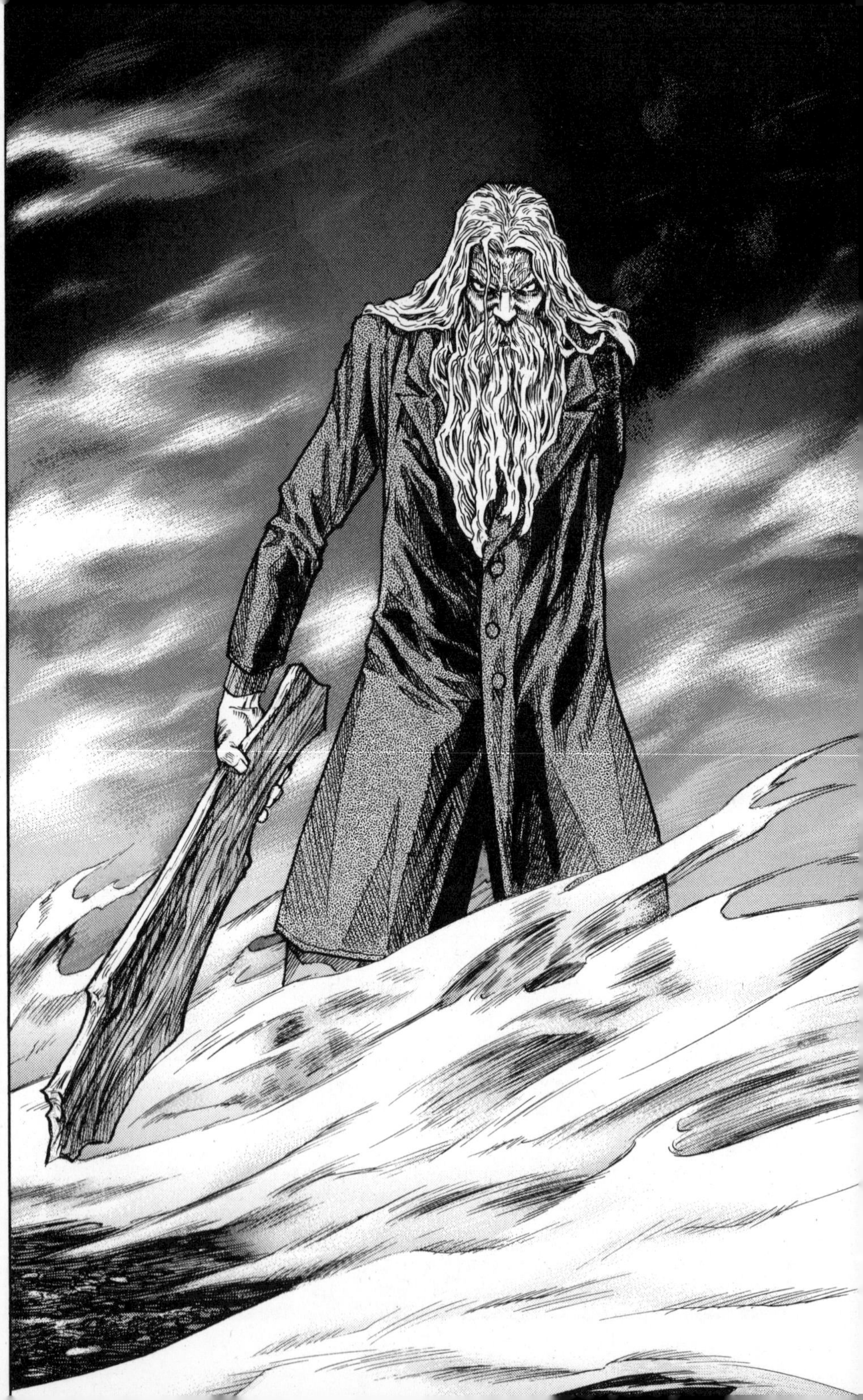

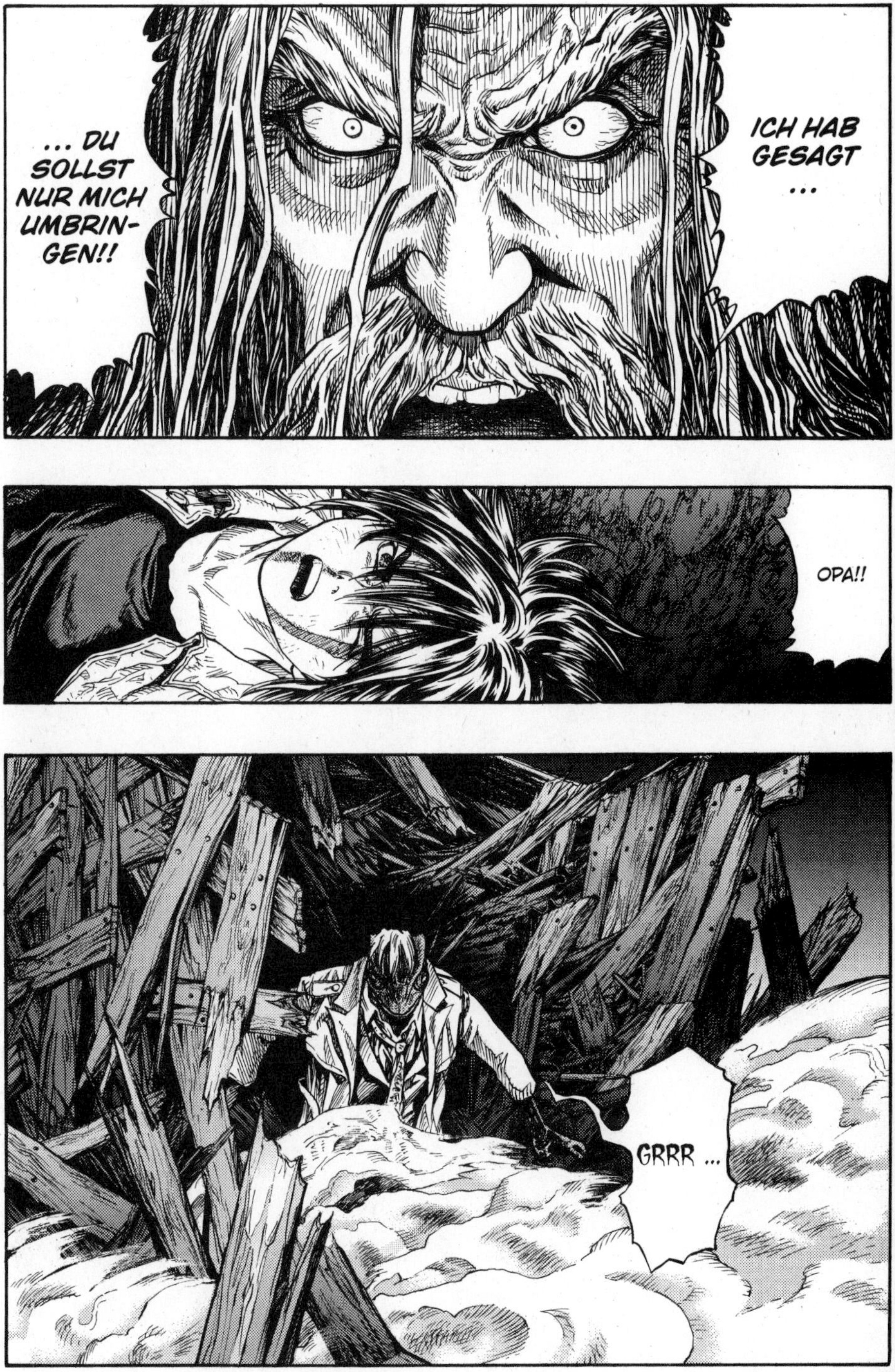
ICH HAB GESAGT ...
... DU SOLLST NUR MICH UMBRIN-GEN!!
OPA!!
GRRR ...

ZETMAN

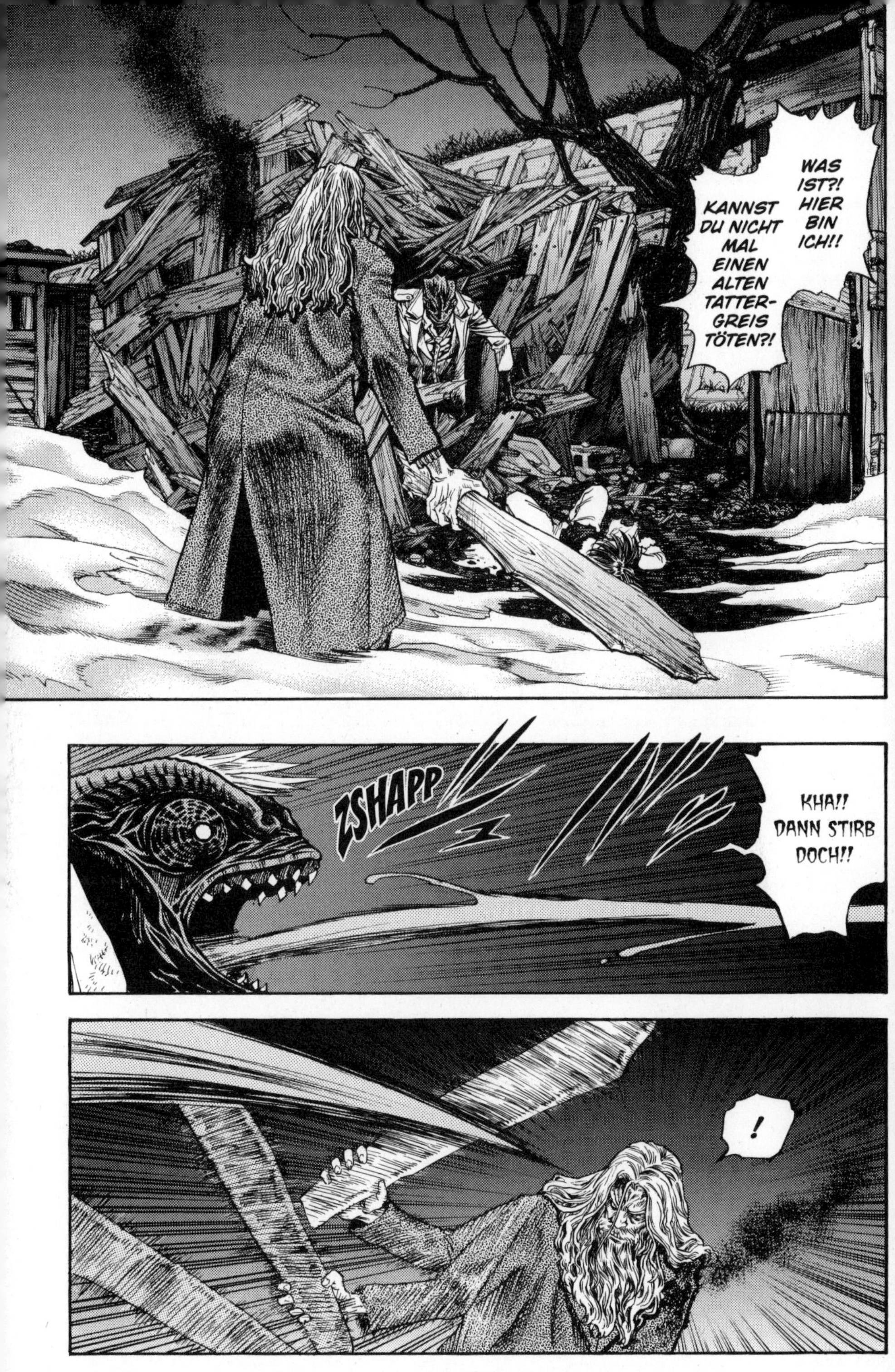
WAS IST?! HIER BIN ICH!!
KANNST DU NICHT MAL EINEN ALTEN TATTERGREIS TÖTEN?!
ZSHAPP
KHA!! DANN STIRB DOCH!!
!

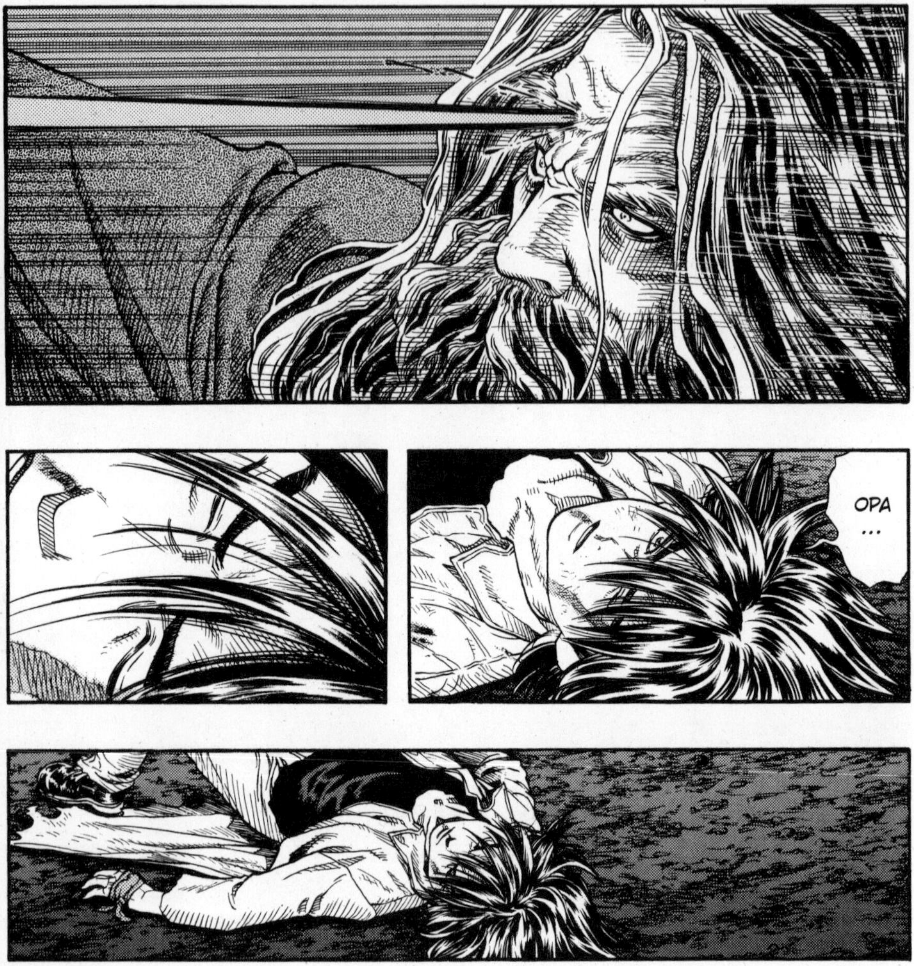

Episode 05:
Dr. Kanzaki

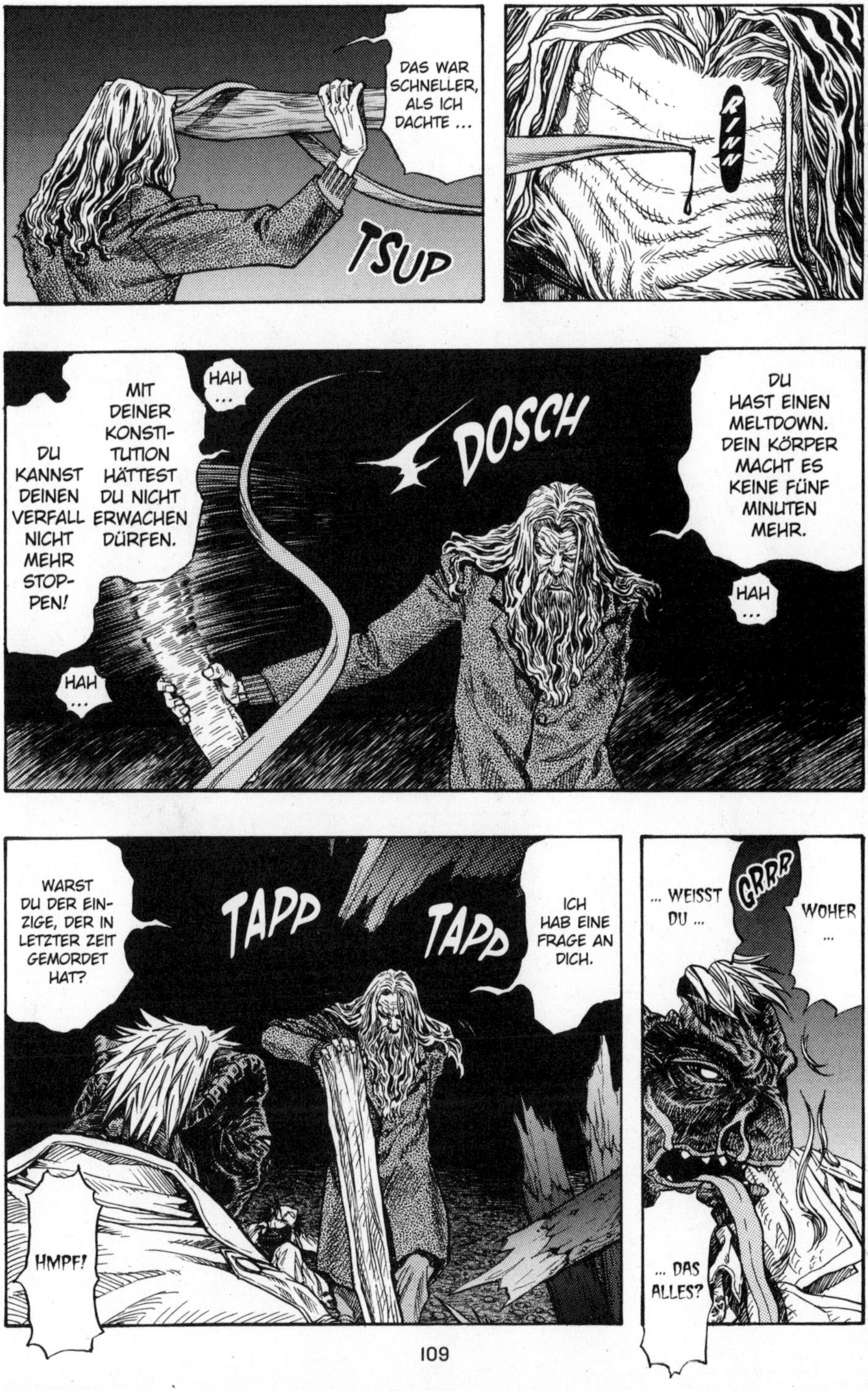
DAS WAR SCHNELLER, ALS ICH DACHTE …
TSUP
RINN
DU KANNST DEINEN VERFALL NICHT MEHR STOPPEN!
MIT DEINER KONSTITUTION HÄTTEST DU NICHT ERWACHEN DÜRFEN.
HAH …
DOSCH
DU HAST EINEN MELTDOWN. DEIN KÖRPER MACHT ES KEINE FÜNF MINUTEN MEHR.
HAH …
HAH …
WARST DU DER EINZIGE, DER IN LETZTER ZEIT GEMORDET HAT?
TAPP
TAPP
ICH HAB EINE FRAGE AN DICH.
HMPF!
… WEISST DU …
GRRR
WOHER …
… DAS ALLES?

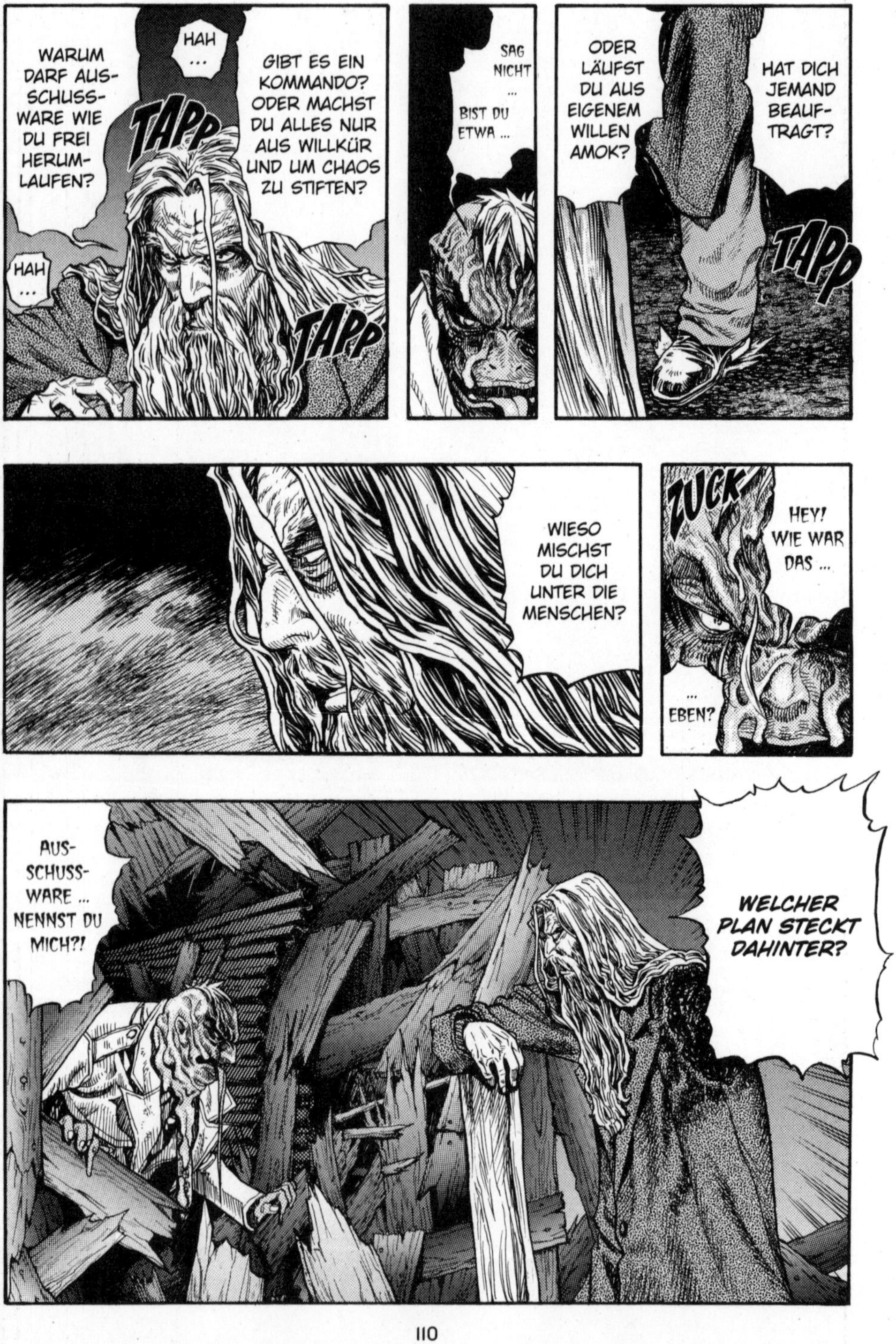
WARUM DARF AUSSCHUSSWARE WIE DU FREI HERUMLAUFEN?
HAH …
TAPP
GIBT ES EIN KOMMANDO? ODER MACHST DU ALLES NUR AUS WILLKÜR UND UM CHAOS ZU STIFTEN?
HAH …
TAPP
SAG NICHT …
BIST DU ETWA …
ODER LÄUFST DU AUS EIGENEM WILLEN AMOK?
HAT DICH JEMAND BEAUFTRAGT?
TAPP
WIESO MISCHST DU DICH UNTER DIE MENSCHEN?
ZUCK
HEY! WIE WAR DAS …
… EBEN?
AUSSCHUSSWARE … NENNST DU MICH?!
WELCHER PLAN STECKT DAHINTER?

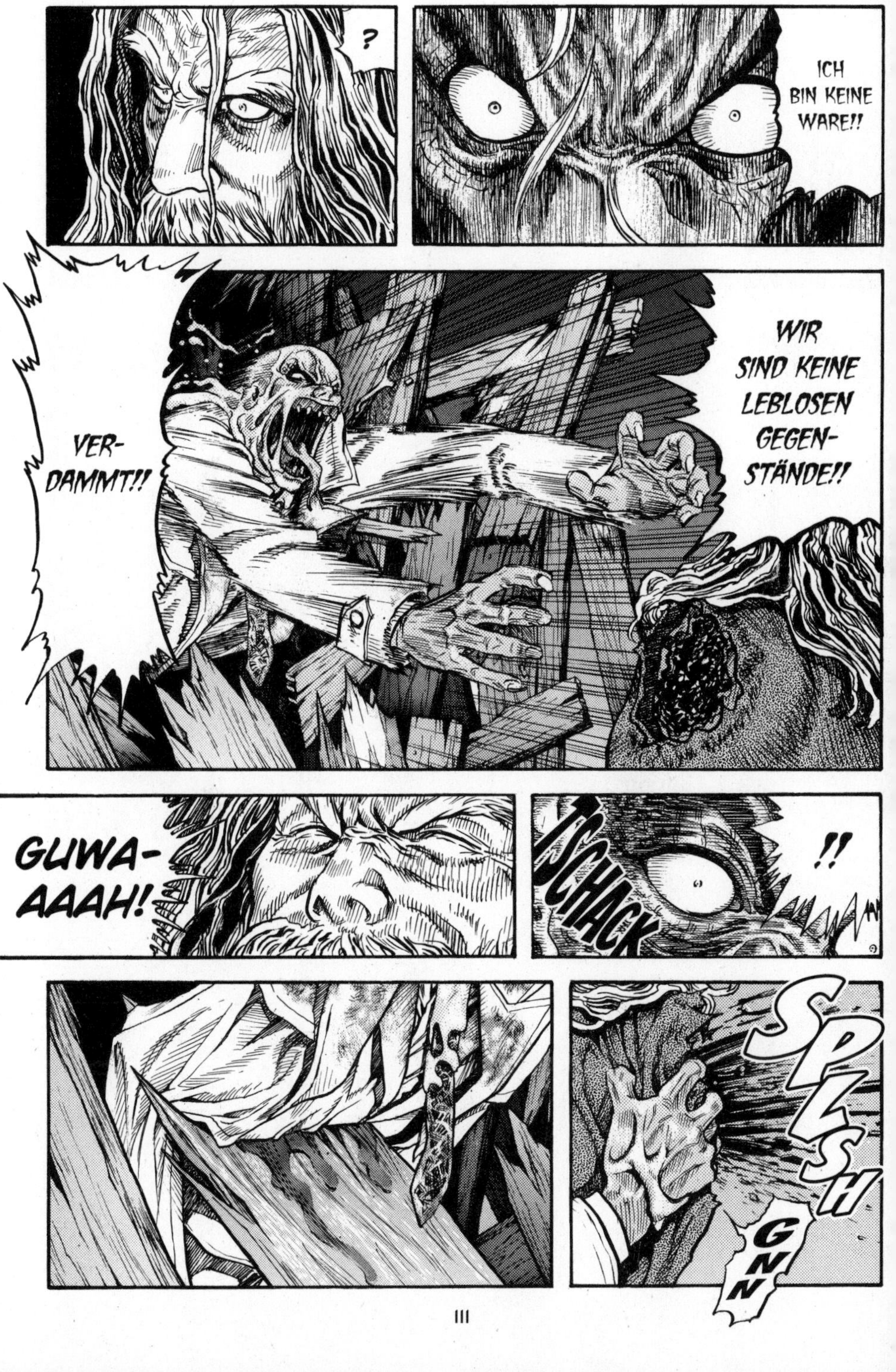
?
ICH BIN KEINE WARE!!
WIR SIND KEINE LEBLOSEN GEGEN-STÄNDE!!
VER-DAMMT!!
GUWA-AAAH!
TSCHACK
!!
SPLSH
GNN

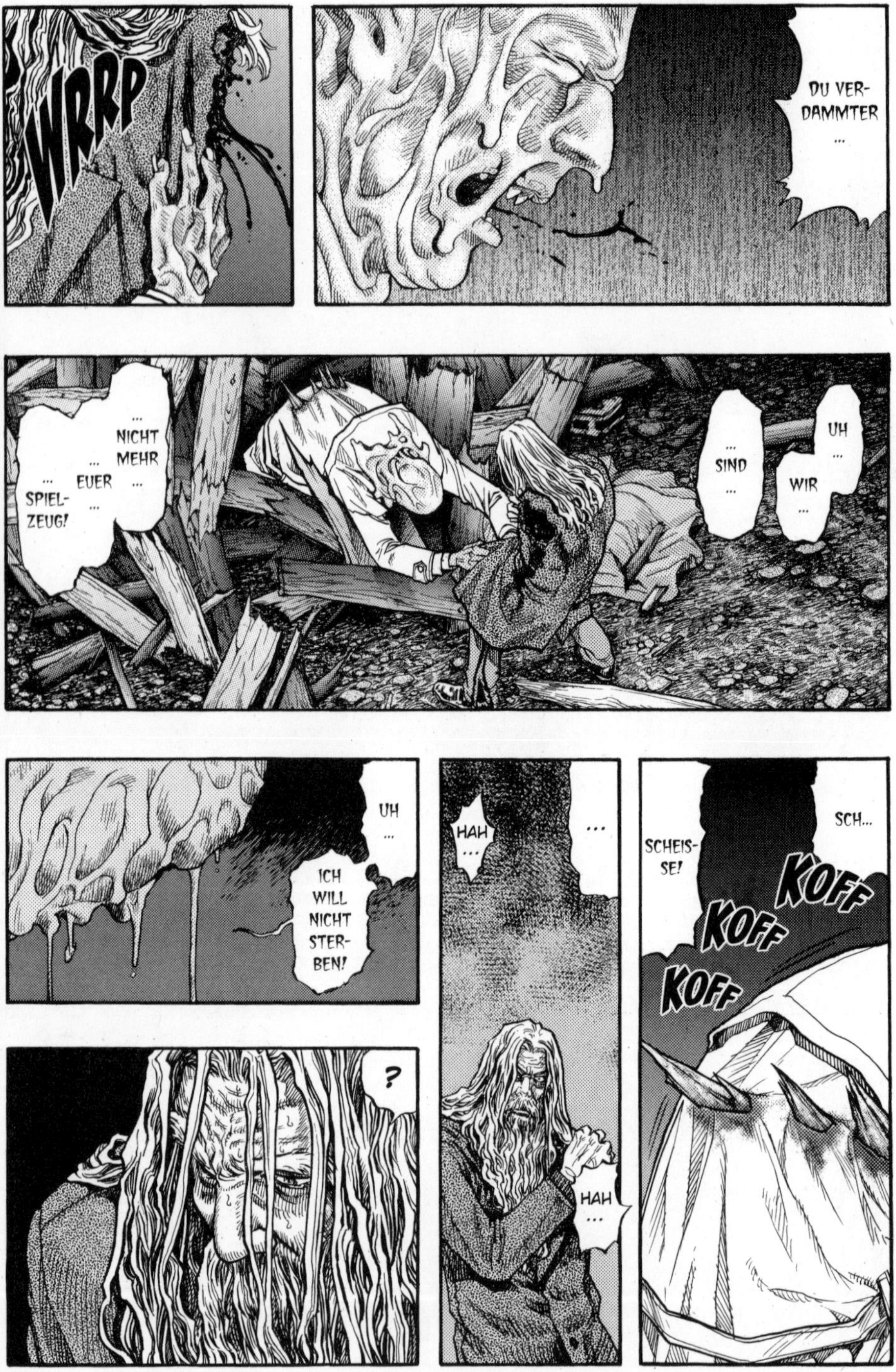
WRRP
DU VERDAMMTER ...
UH ... WIR ...
... SIND ...
... NICHT MEHR ...
... EUER ...
... SPIELZEUG!
UH ...
ICH WILL NICHT STERBEN!
?
...
HAH ...
HAH ...
SCH...
SCHEISSE!
KOFF
KOFF
KOFF

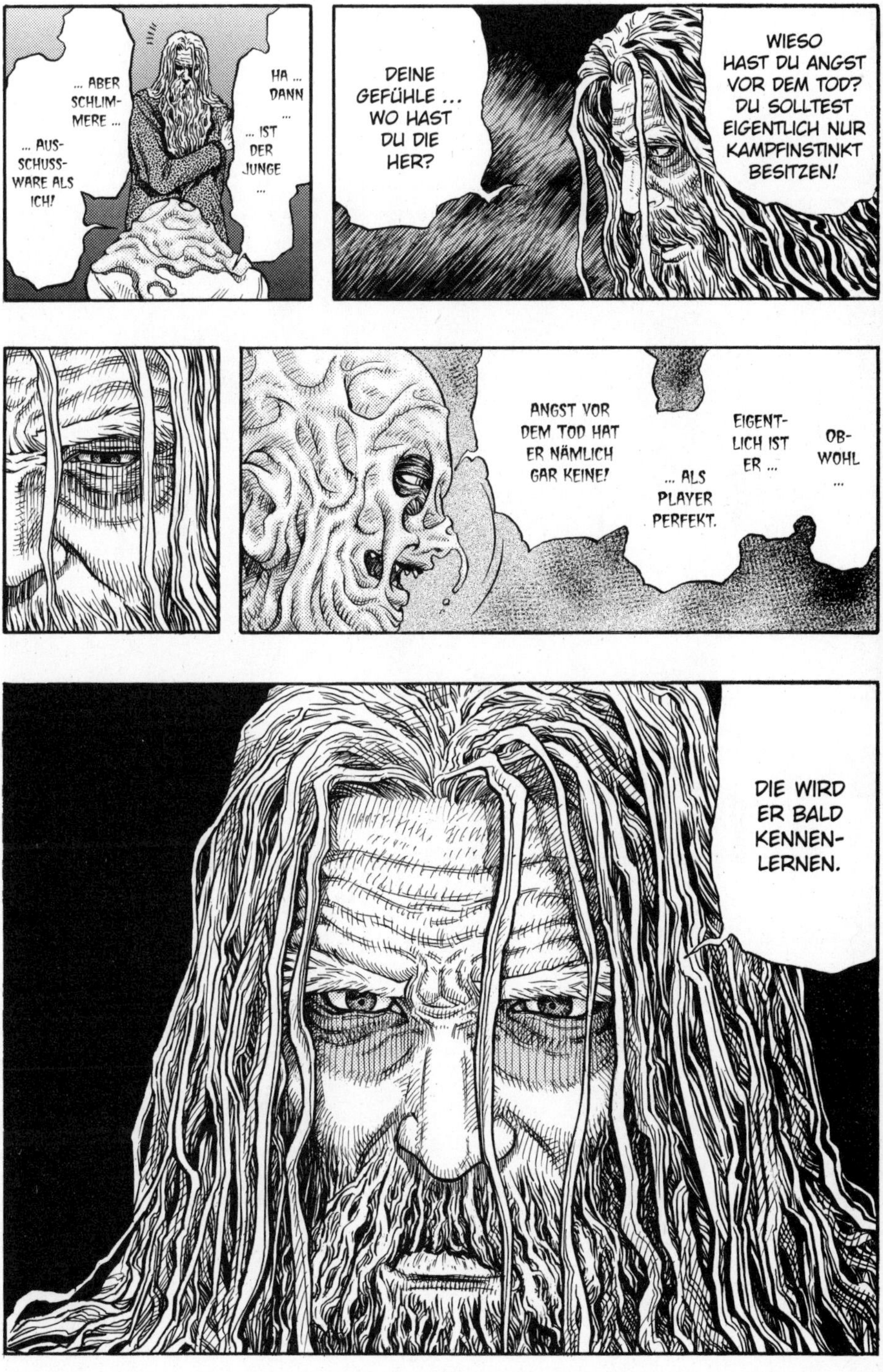
WIESO HAST DU ANGST VOR DEM TOD? DU SOLLTEST EIGENTLICH NUR KAMPFINSTINKT BESITZEN!
DEINE GEFÜHLE … WO HAST DU DIE HER?
HA … DANN …
… IST DER JUNGE …
… ABER SCHLIMMERE …
… AUS-SCHUSS-WARE ALS ICH!
OB-WOHL …
EIGENT-LICH IST ER …
… ALS PLAYER PERFEKT.
ANGST VOR DEM TOD HAT ER NÄMLICH GAR KEINE!
DIE WIRD ER BALD KENNEN-LERNEN.

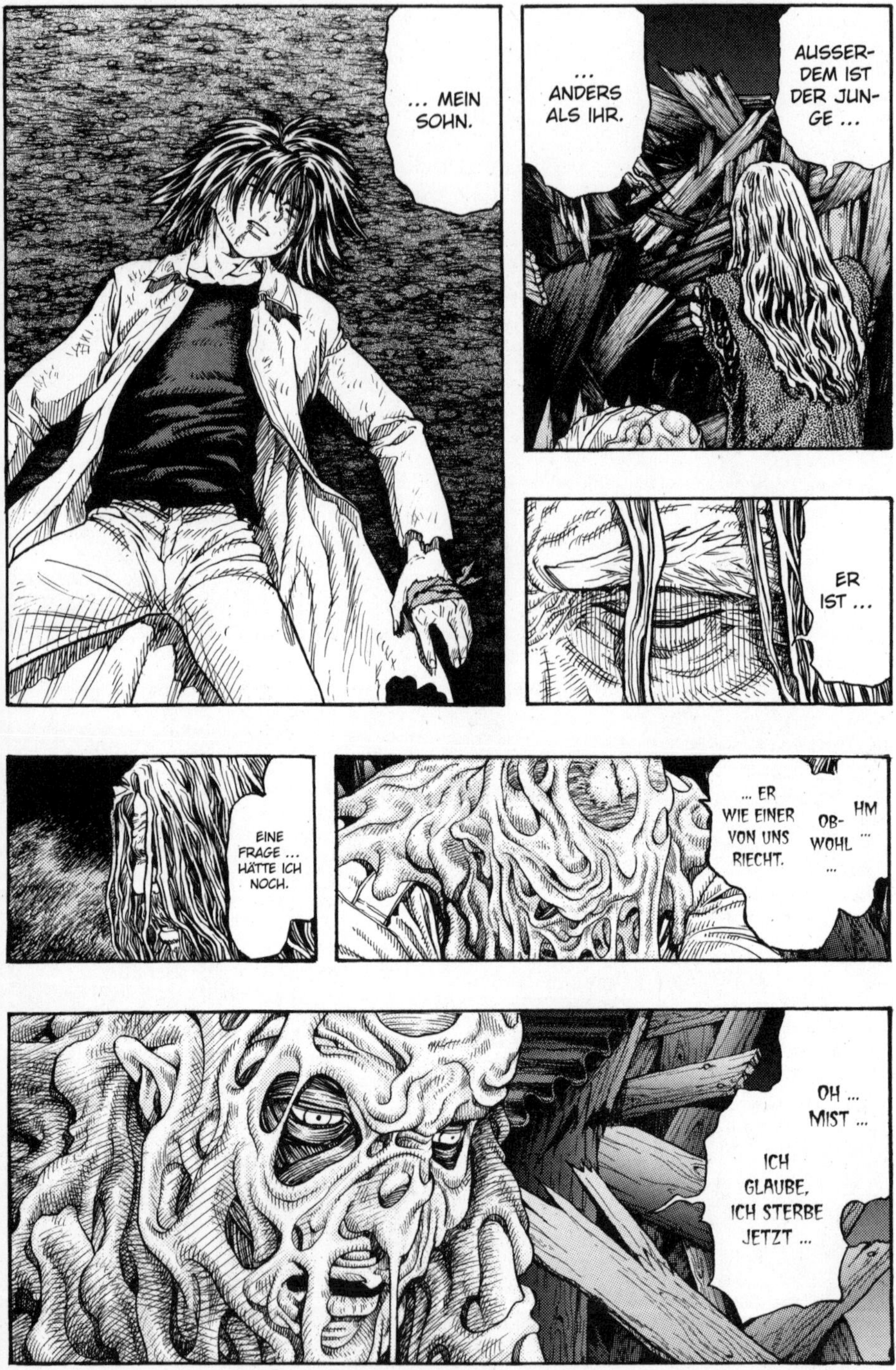
AUSSER-DEM IST DER JUN-GE …
… ANDERS ALS IHR.
… MEIN SOHN.
ER IST …
HM …
OB-WOHL …
… ER WIE EINER VON UNS RIECHT.
EINE FRAGE … HÄTTE ICH NOCH.
OH … MIST …
ICH GLAUBE, ICH STERBE JETZT …

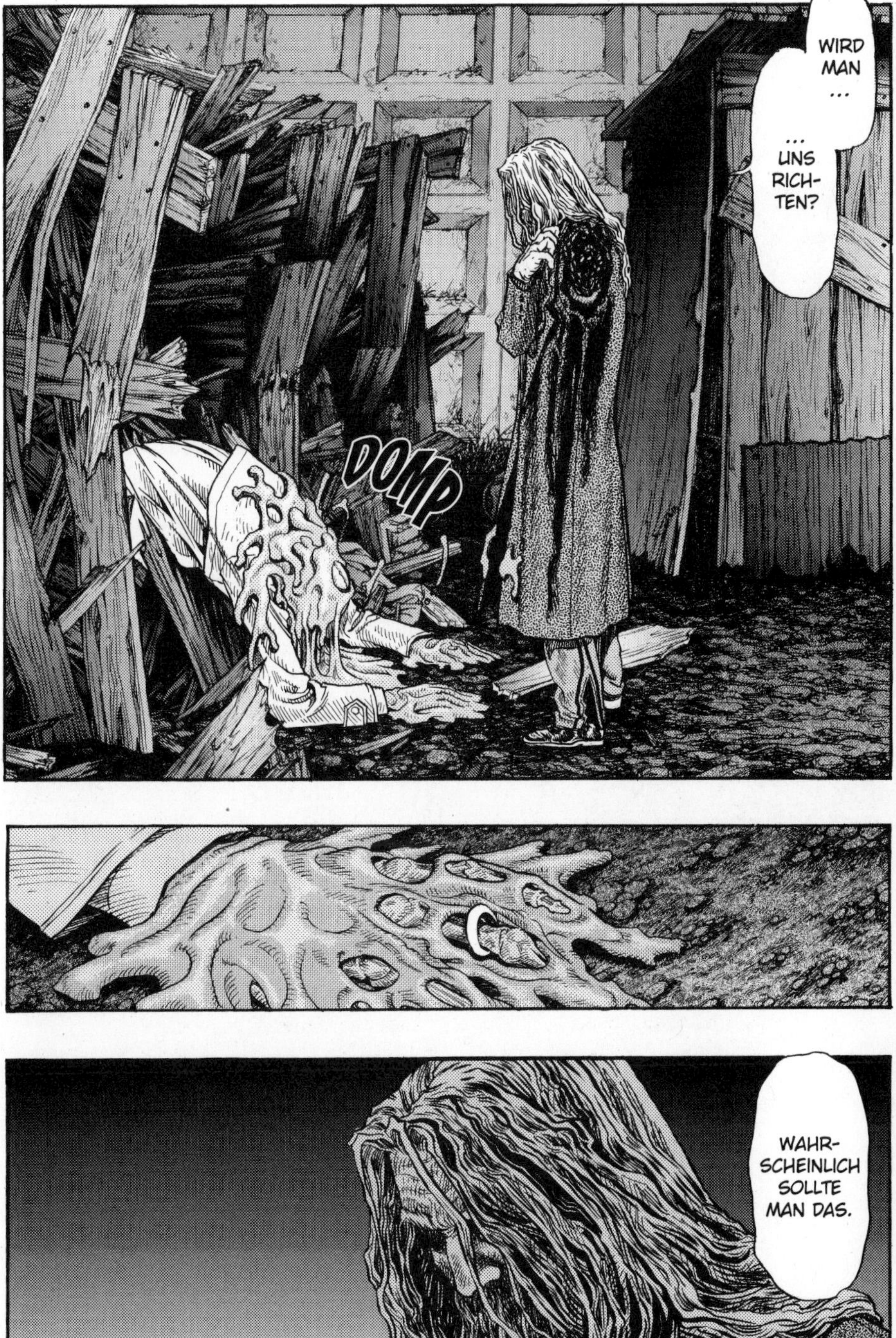
WIRD MAN …
… UNS RICH-TEN?
DOMP
WAHR-SCHEINLICH SOLLTE MAN DAS.

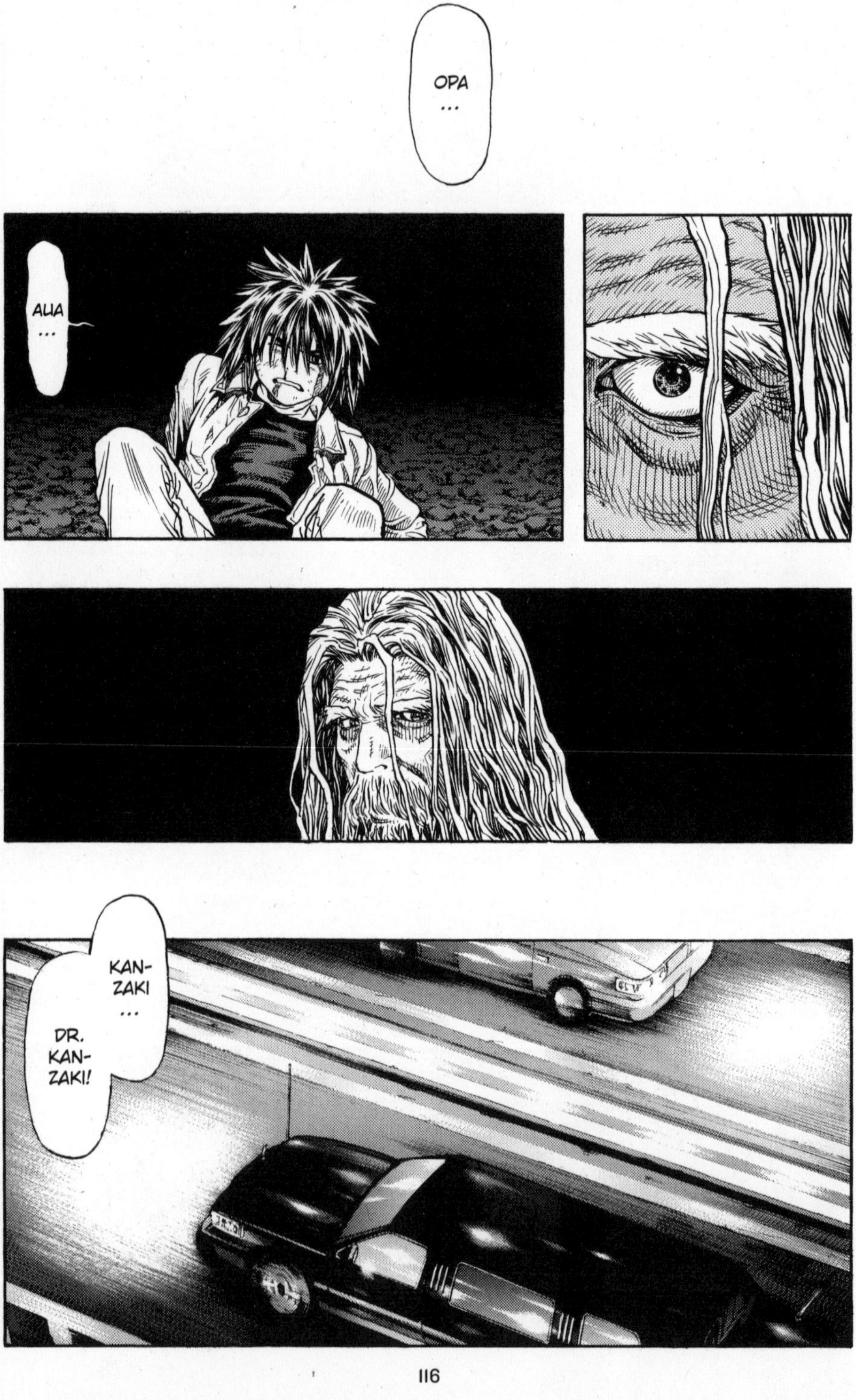
OPA …
AUA …
KAN-ZAKI …
DR. KAN-ZAKI!

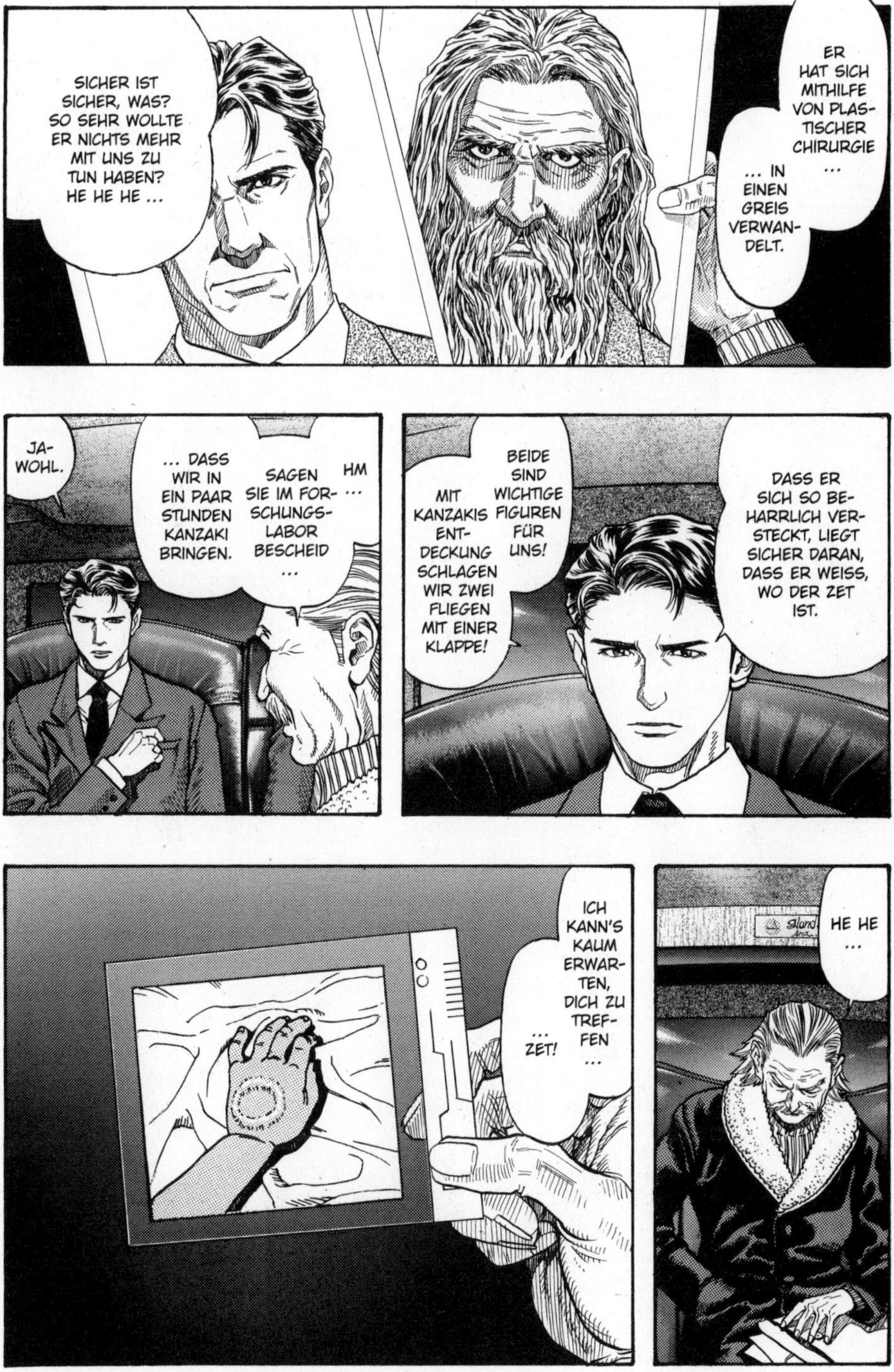

ER HAT SICH MITHILFE VON PLASTISCHER CHIRURGIE …
… IN EINEN GREIS VERWANDELT.
SICHER IST SICHER, WAS? SO SEHR WOLLTE ER NICHTS MEHR MIT UNS ZU TUN HABEN? HE HE HE …
DASS ER SICH SO BEHARRLICH VERSTECKT, LIEGT SICHER DARAN, DASS ER WEISS, WO DER ZET IST.
BEIDE SIND WICHTIGE FIGUREN FÜR UNS!
MIT KANZAKIS ENTDECKUNG SCHLAGEN WIR ZWEI FLIEGEN MIT EINER KLAPPE!
HM …
SAGEN SIE IM FORSCHUNGSLABOR BESCHEID …
… DASS WIR IN EIN PAAR STUNDEN KANZAKI BRINGEN.
JAWOHL.
HE HE …
ICH KANN'S KAUM ERWARTEN, DICH ZU TREFFEN …
… ZET!

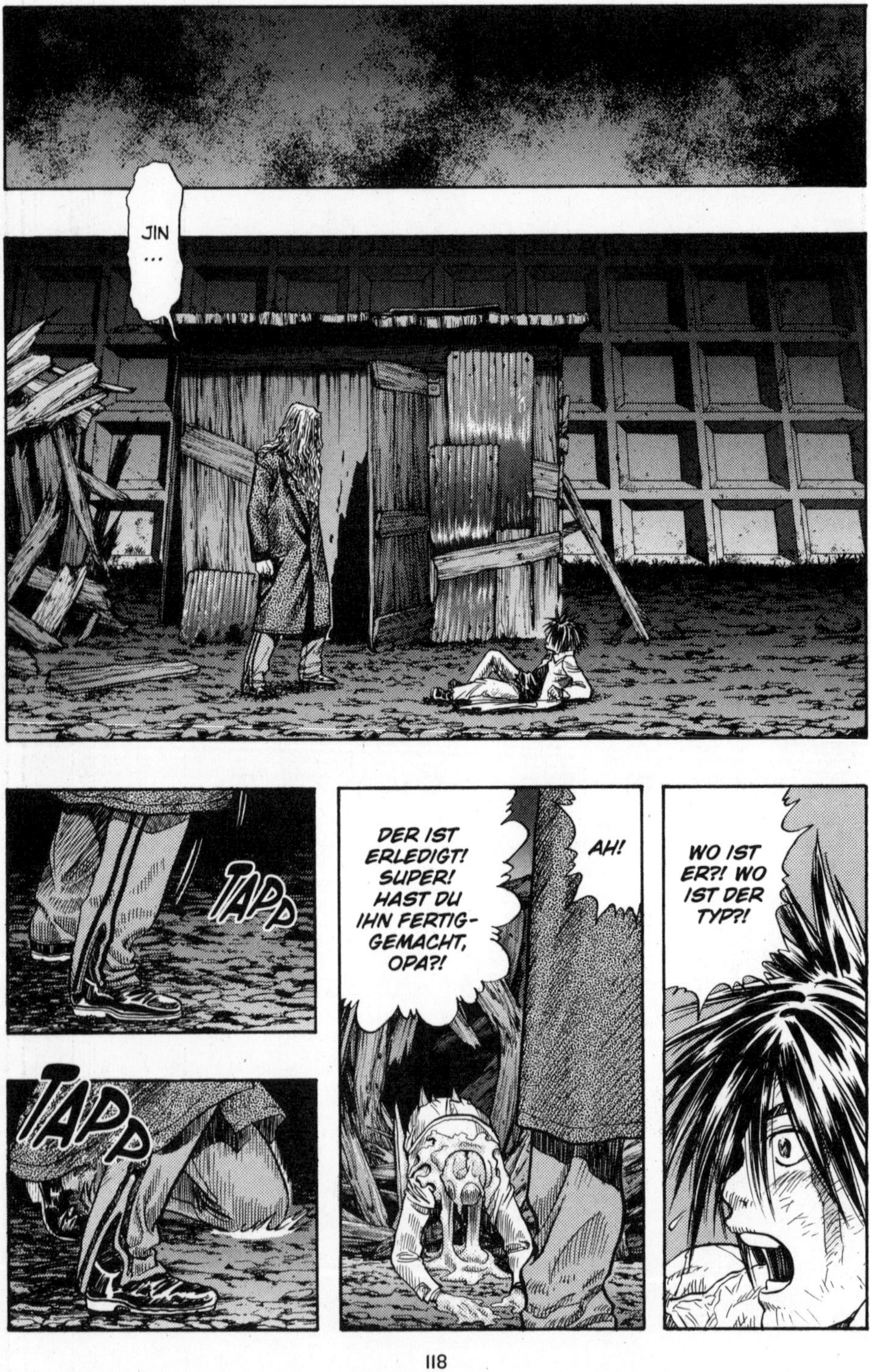
JIN ...
WO IST ER?! WO IST DER TYP?!
AH!
DER IST ERLEDIGT! SUPER! HAST DU IHN FERTIG-GEMACHT, OPA?!
TAPP
TAPP

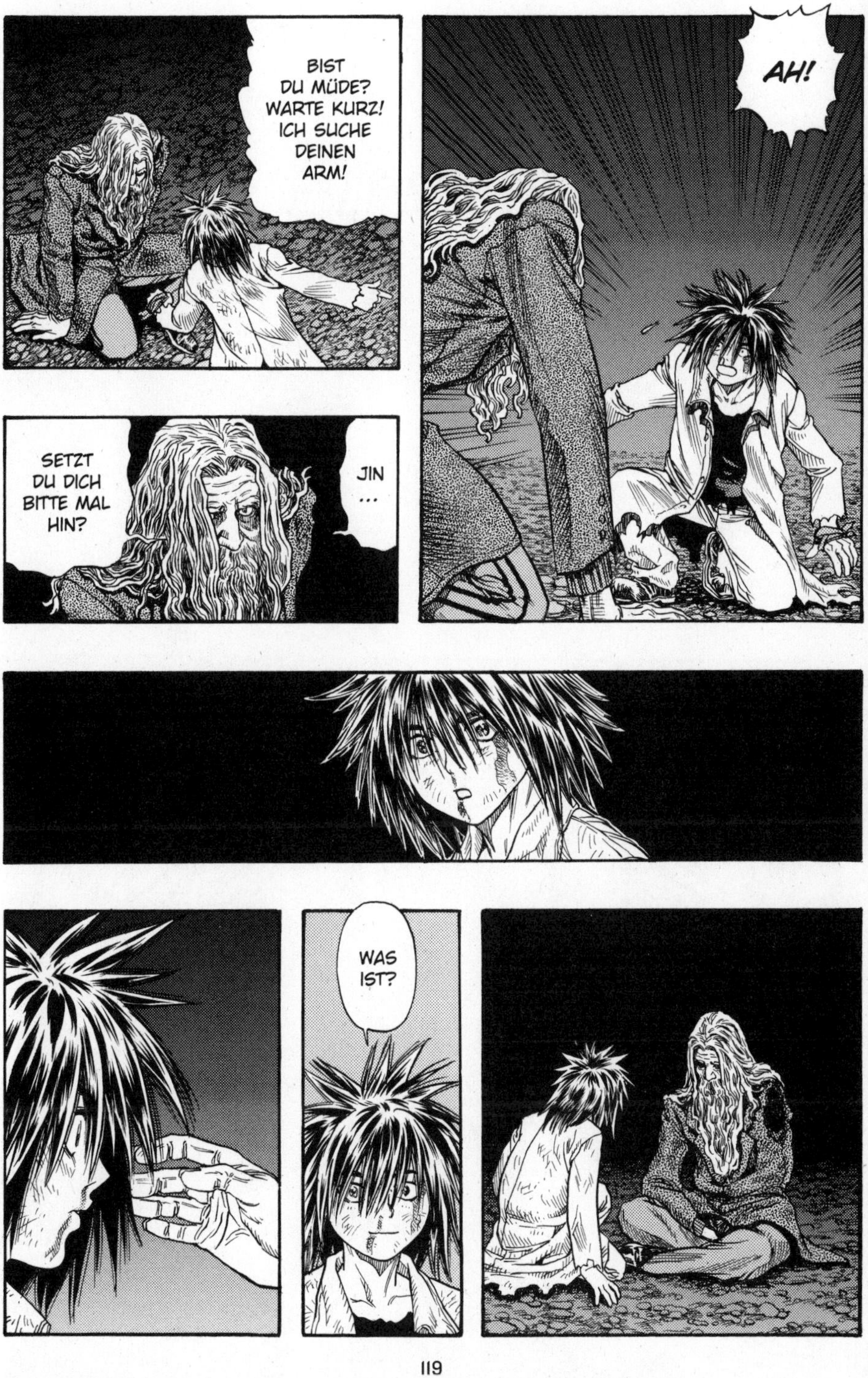
BIST DU MÜDE? WARTE KURZ! ICH SUCHE DEINEN ARM!
AH!
JIN ...
SETZT DU DICH BITTE MAL HIN?
WAS IST?

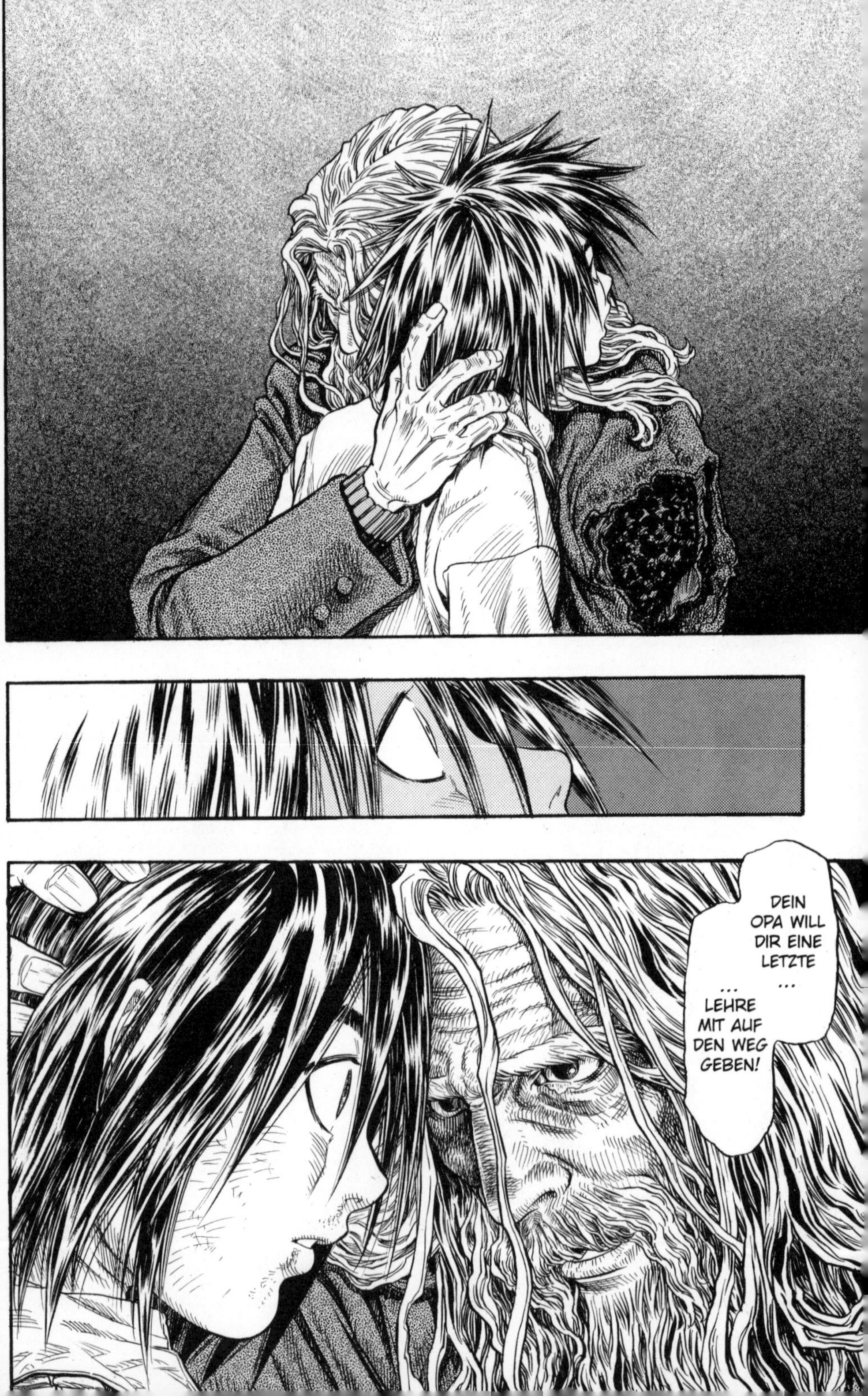
DEIN OPA WILL DIR EINE LETZTE ... ... LEHRE MIT AUF DEN WEG GEBEN!

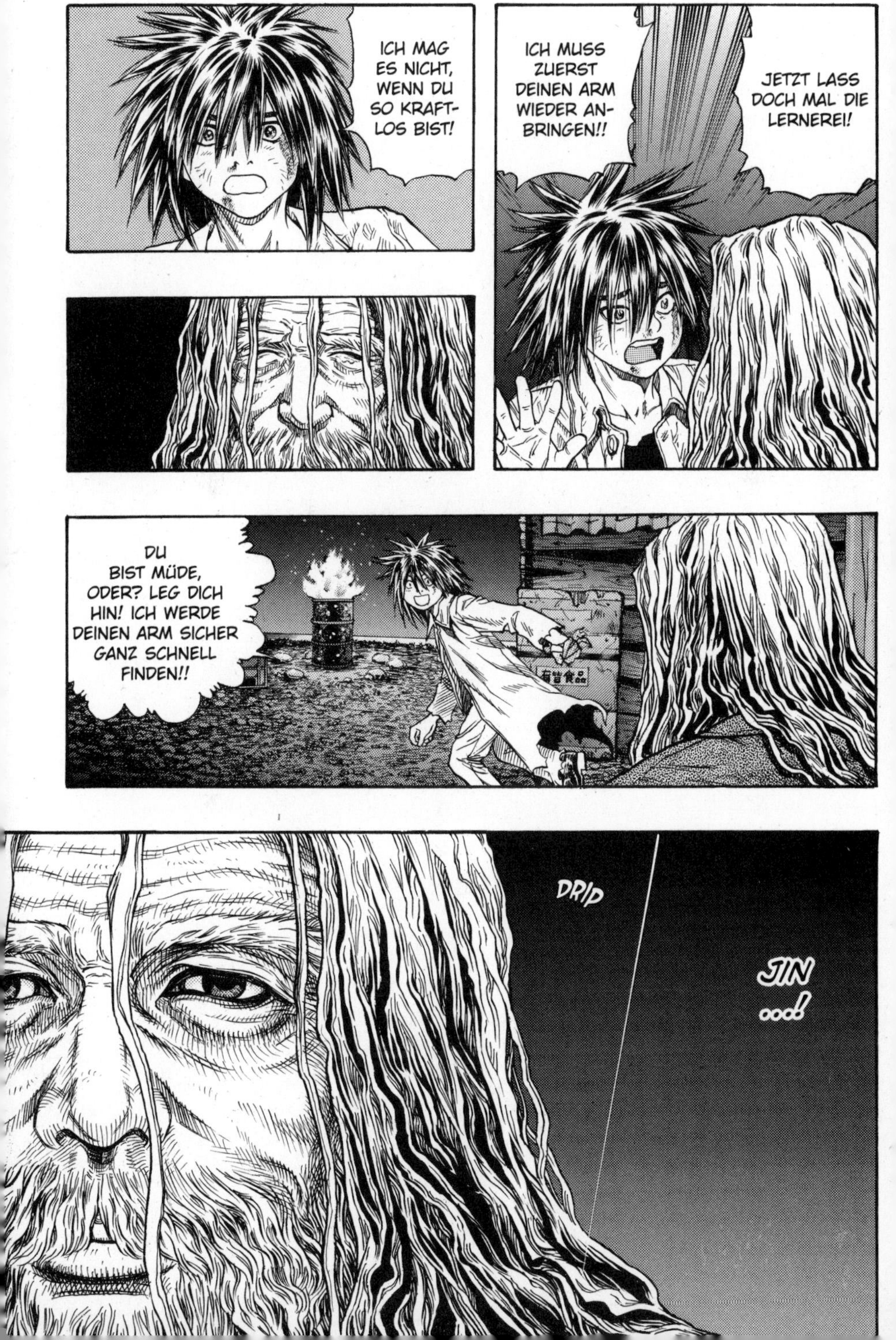
JETZT LASS DOCH MAL DIE LERNEREI!
ICH MUSS ZUERST DEINEN ARM WIEDER AN-BRINGEN!!
ICH MAG ES NICHT, WENN DU SO KRAFT-LOS BIST!
DU BIST MÜDE, ODER? LEG DICH HIN! ICH WERDE DEINEN ARM SICHER GANZ SCHNELL FINDEN!!
JIN ...!
DRIP

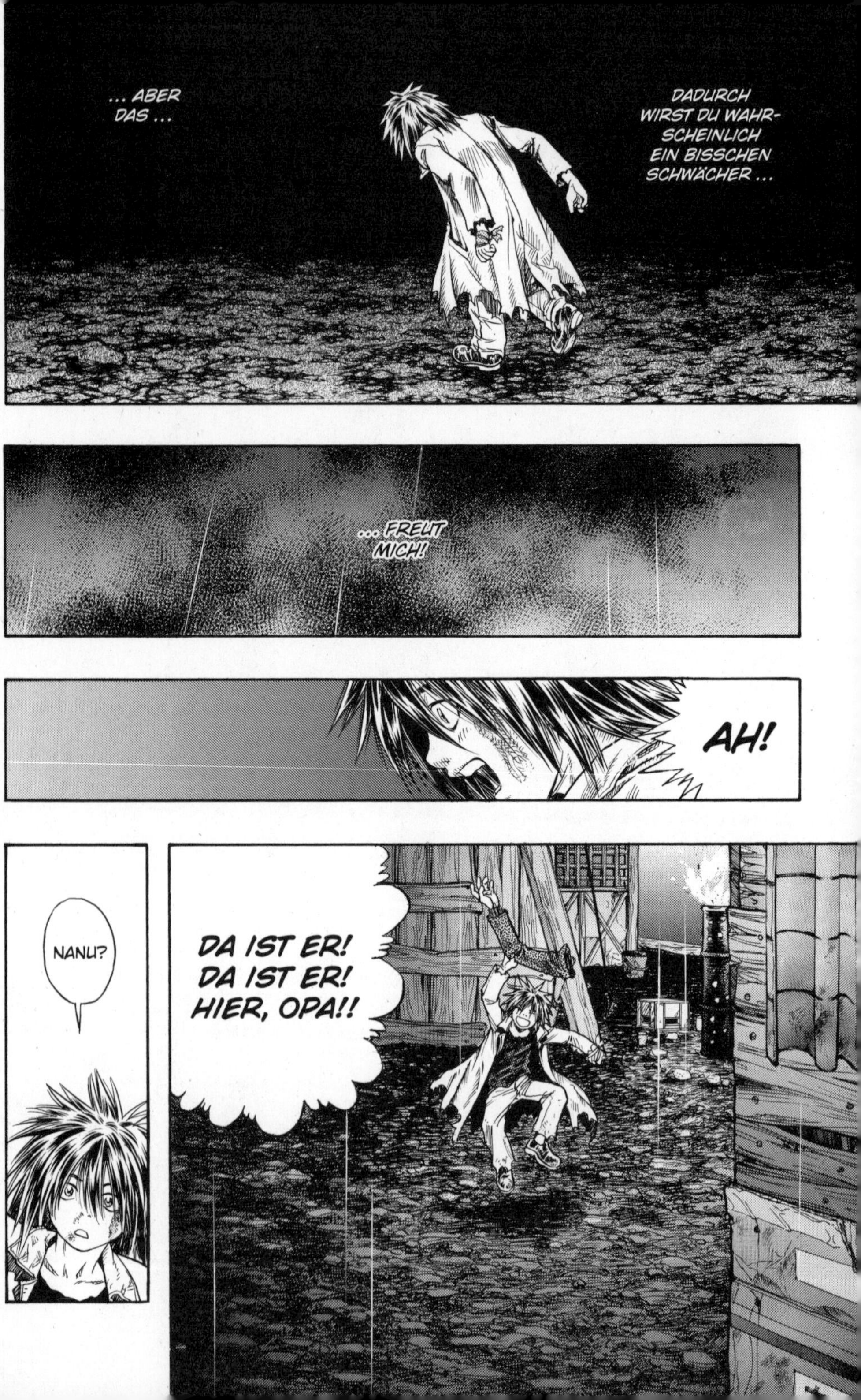
DADURCH WIRST DU WAHR-SCHEINLICH EIN BISSCHEN SCHWÄCHER …
… ABER DAS …
… FREUT MICH!
AH!
DA IST ER! DA IST ER! HIER, OPA!!
NANU?

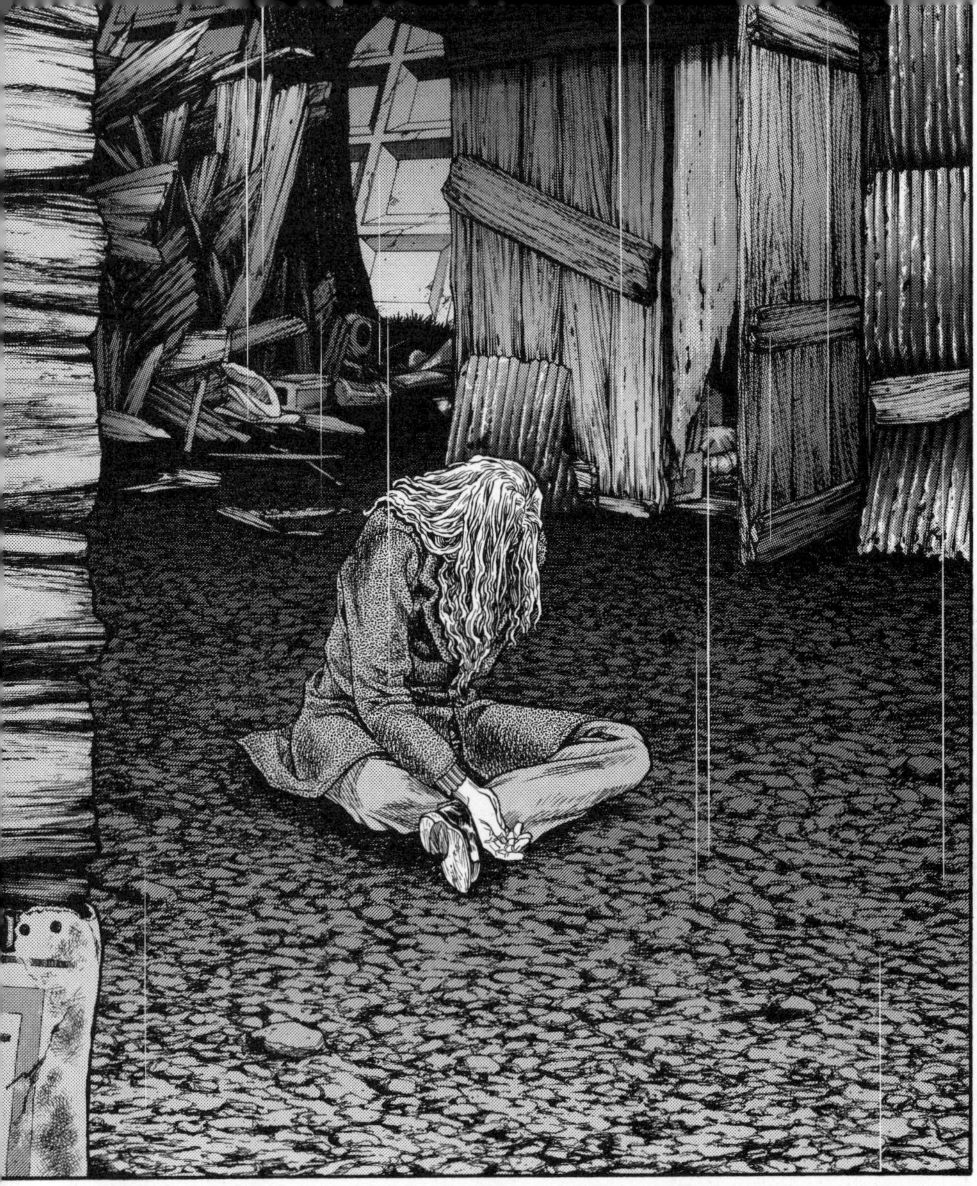
FSHHH
ICH HAB DOCH GE-SAGT …
… LEG DICH HIN …

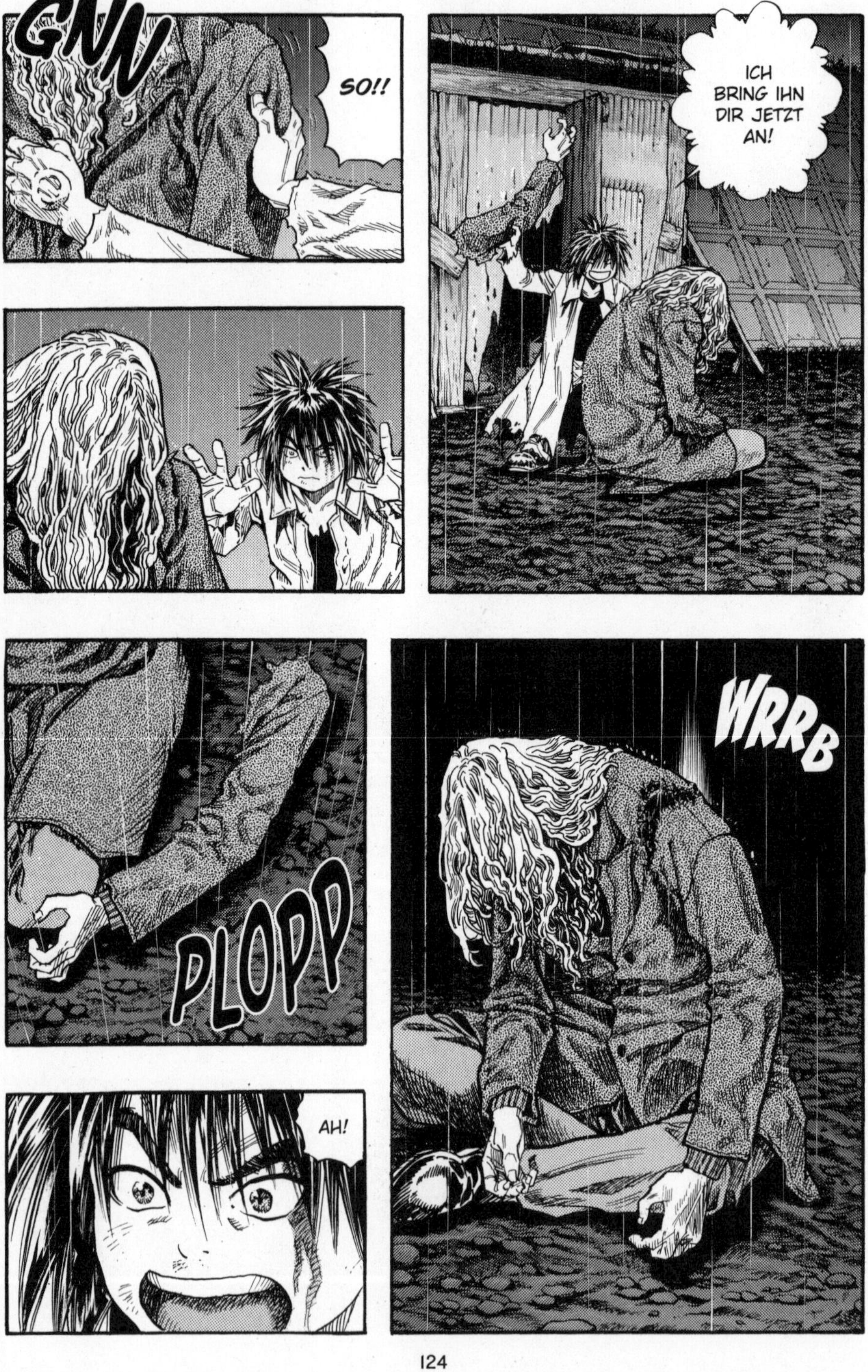
ICH BRING IHN DIR JETZT AN!
GNN
SO!!
WRRB
PLOPP
AH!

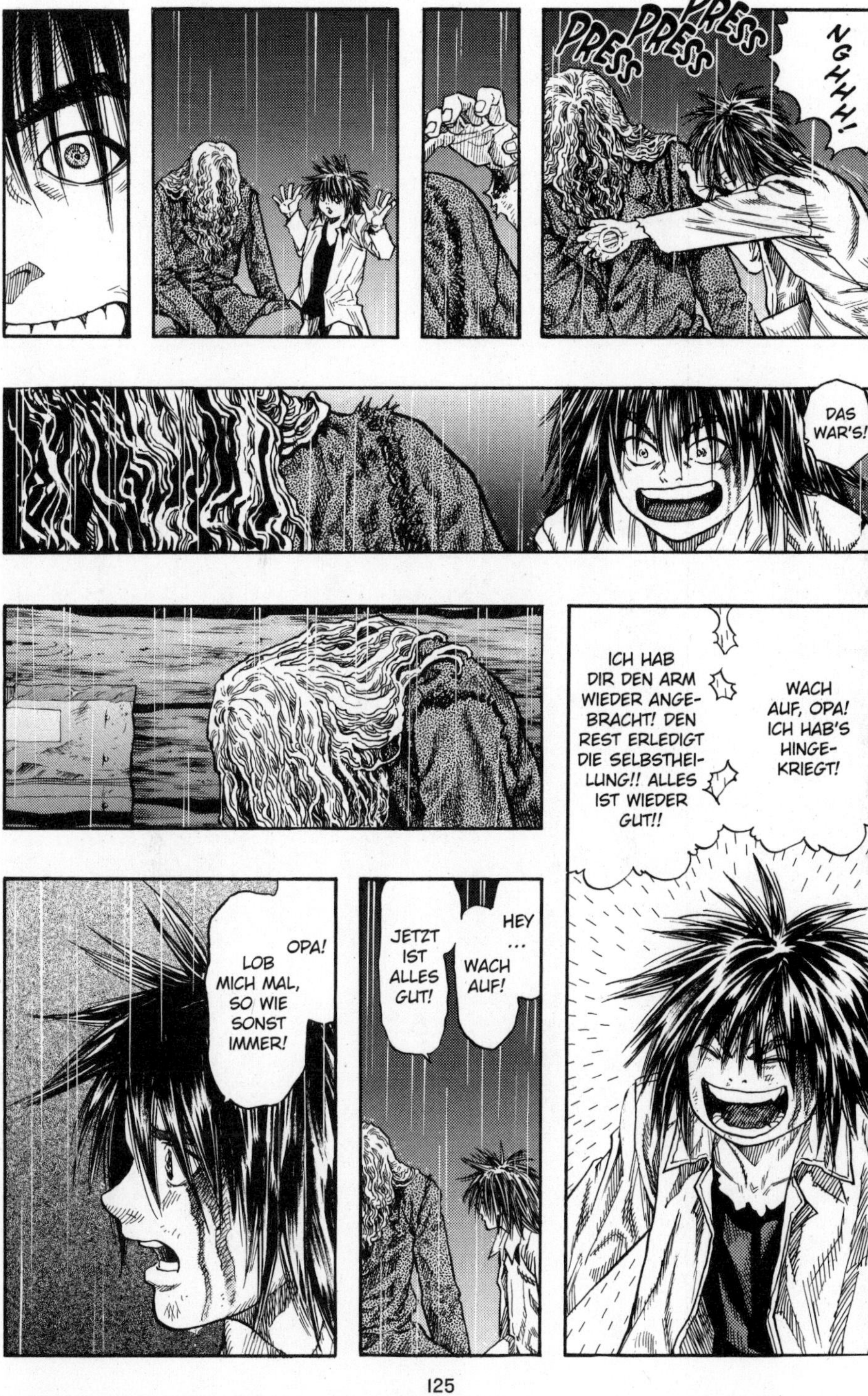
NGHHH!
PRESS PRESS PRESS
DAS WAR'S!
WACH AUF, OPA! ICH HAB'S HINGE-KRIEGT!
ICH HAB DIR DEN ARM WIEDER ANGE-BRACHT! DEN REST ERLEDIGT DIE SELBSTHEI-LUNG!! ALLES IST WIEDER GUT!!
HEY ... WACH AUF!
JETZT IST ALLES GUT!
OPA! LOB MICH MAL, SO WIE SONST IMMER!

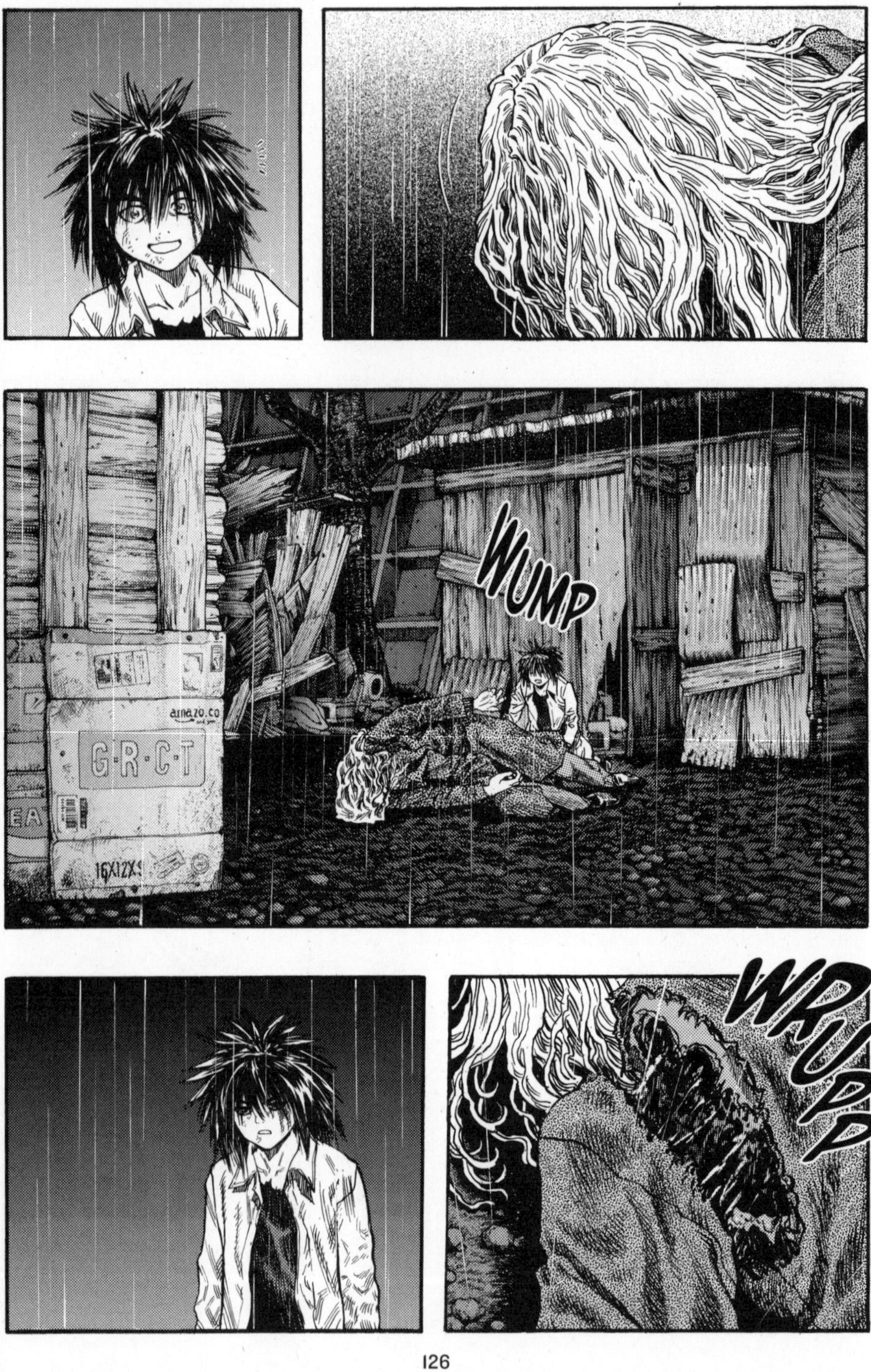
WUMP
G·R·C·T
16X12X9
WRUPP

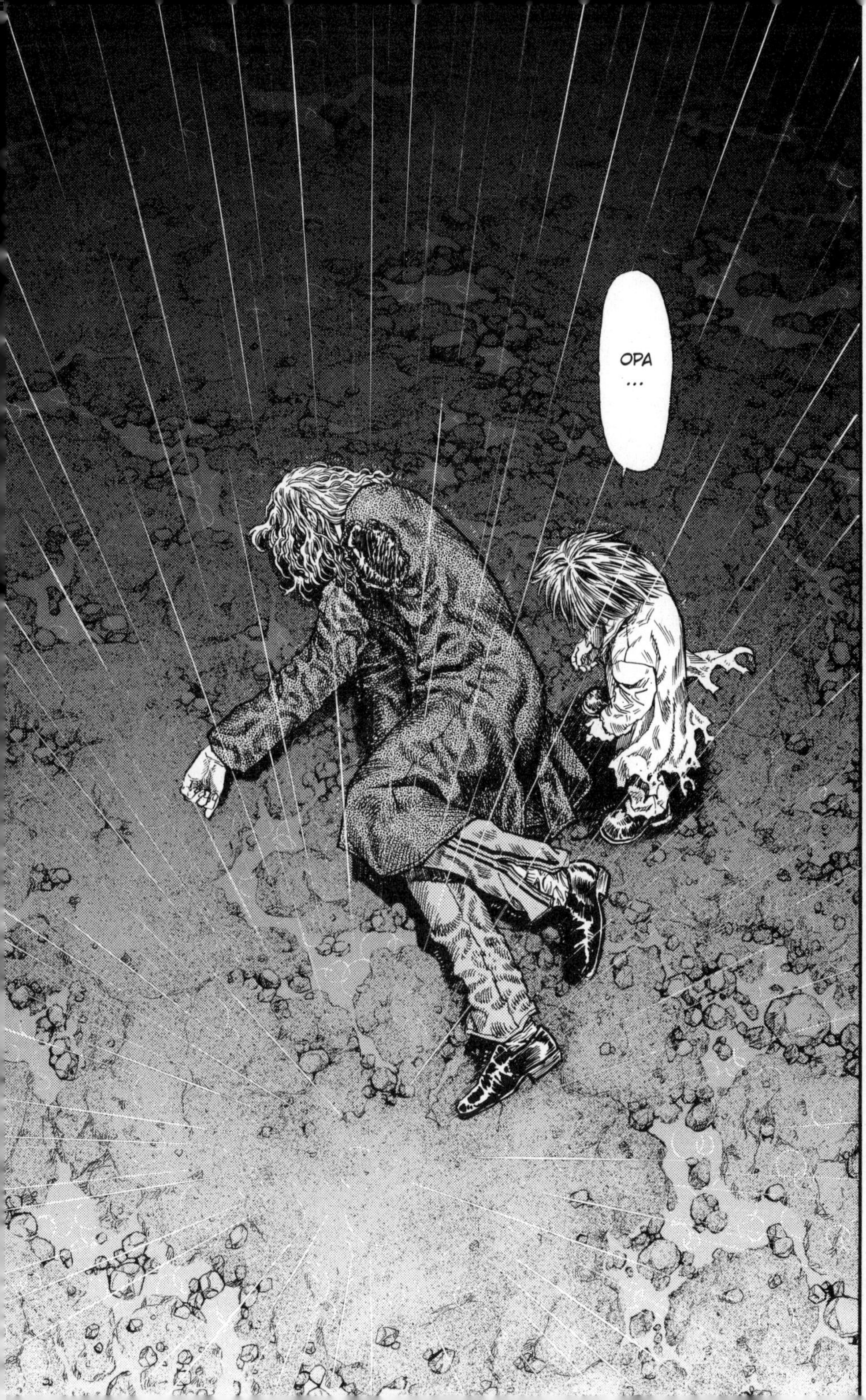
OPA
...

ZETMAN

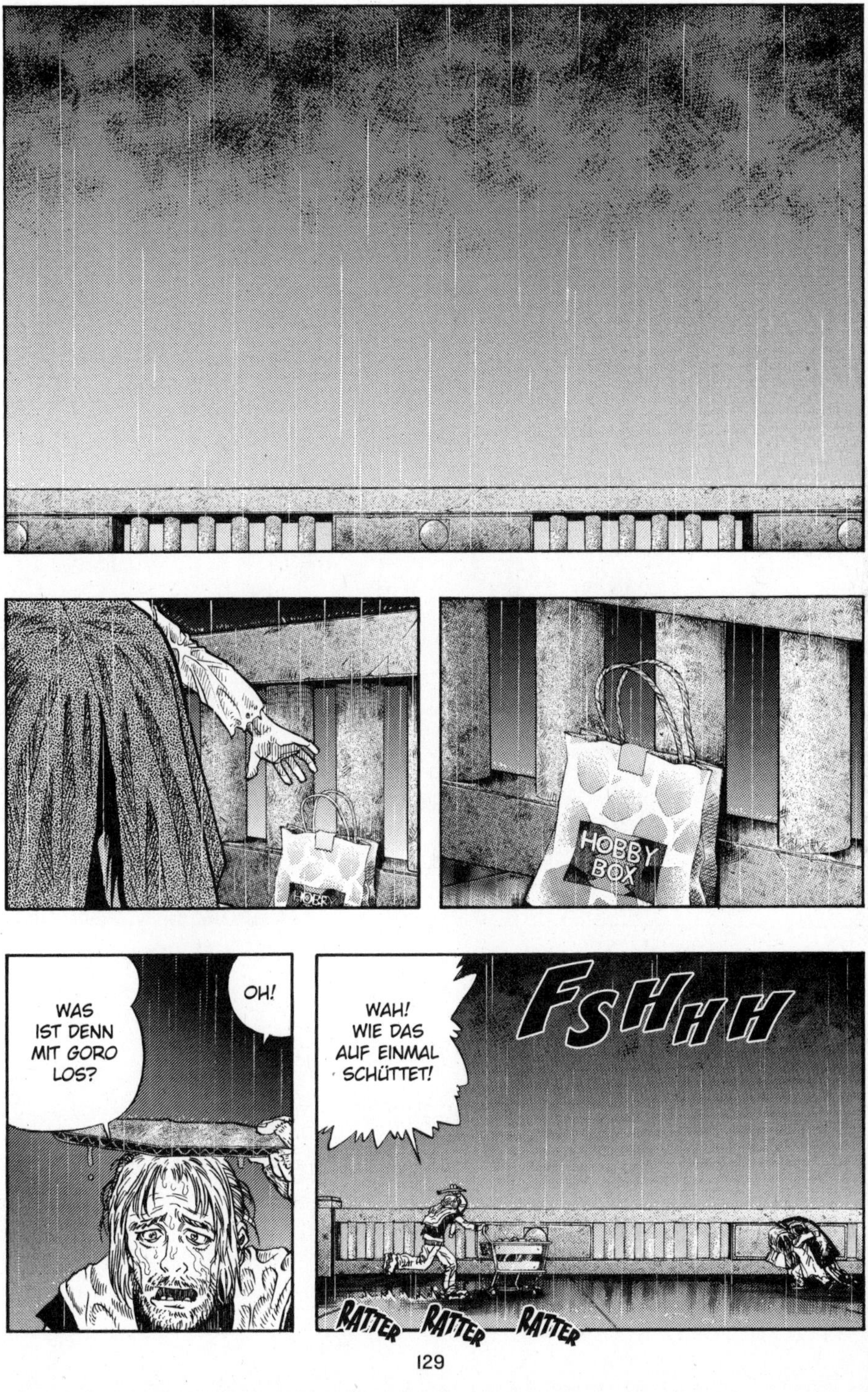
HOBBY
HOBBY BOX
WAS IST DENN MIT GORO LOS?
OH!
WAH! WIE DAS AUF EINMAL SCHÜTTET!
FSHHH
RATTER
RATTER
RATTER

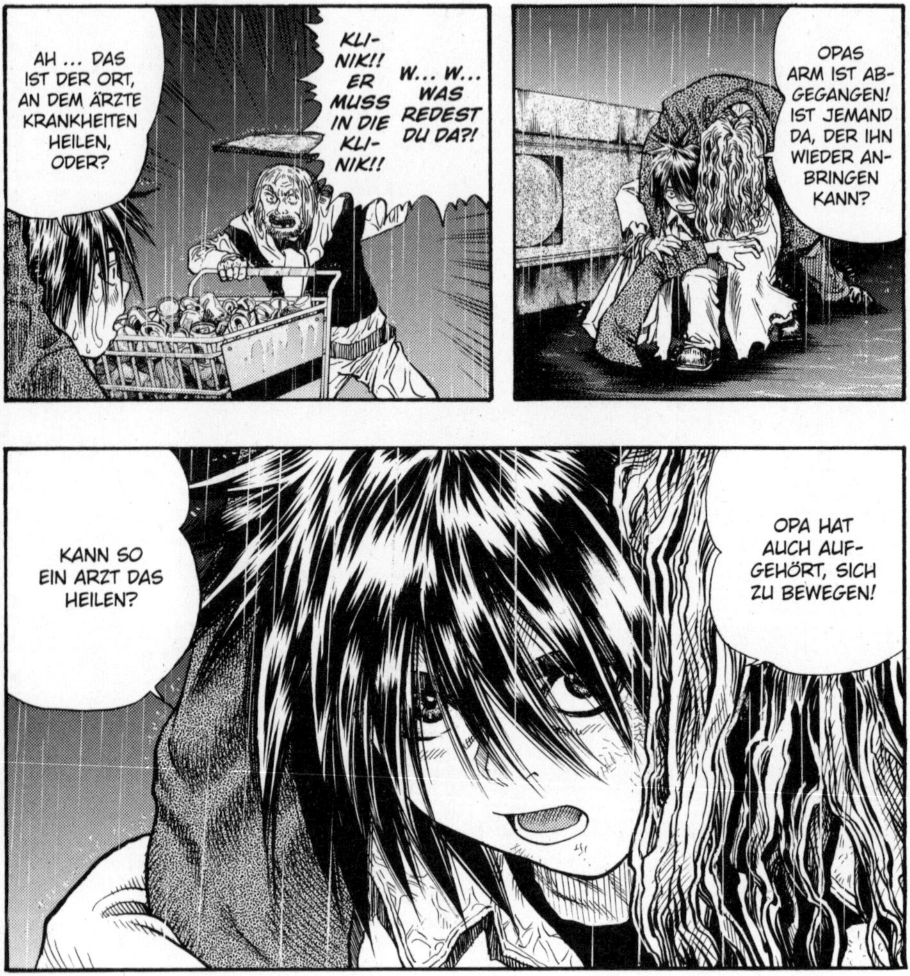

Episode 06:

Unreife Gefühle

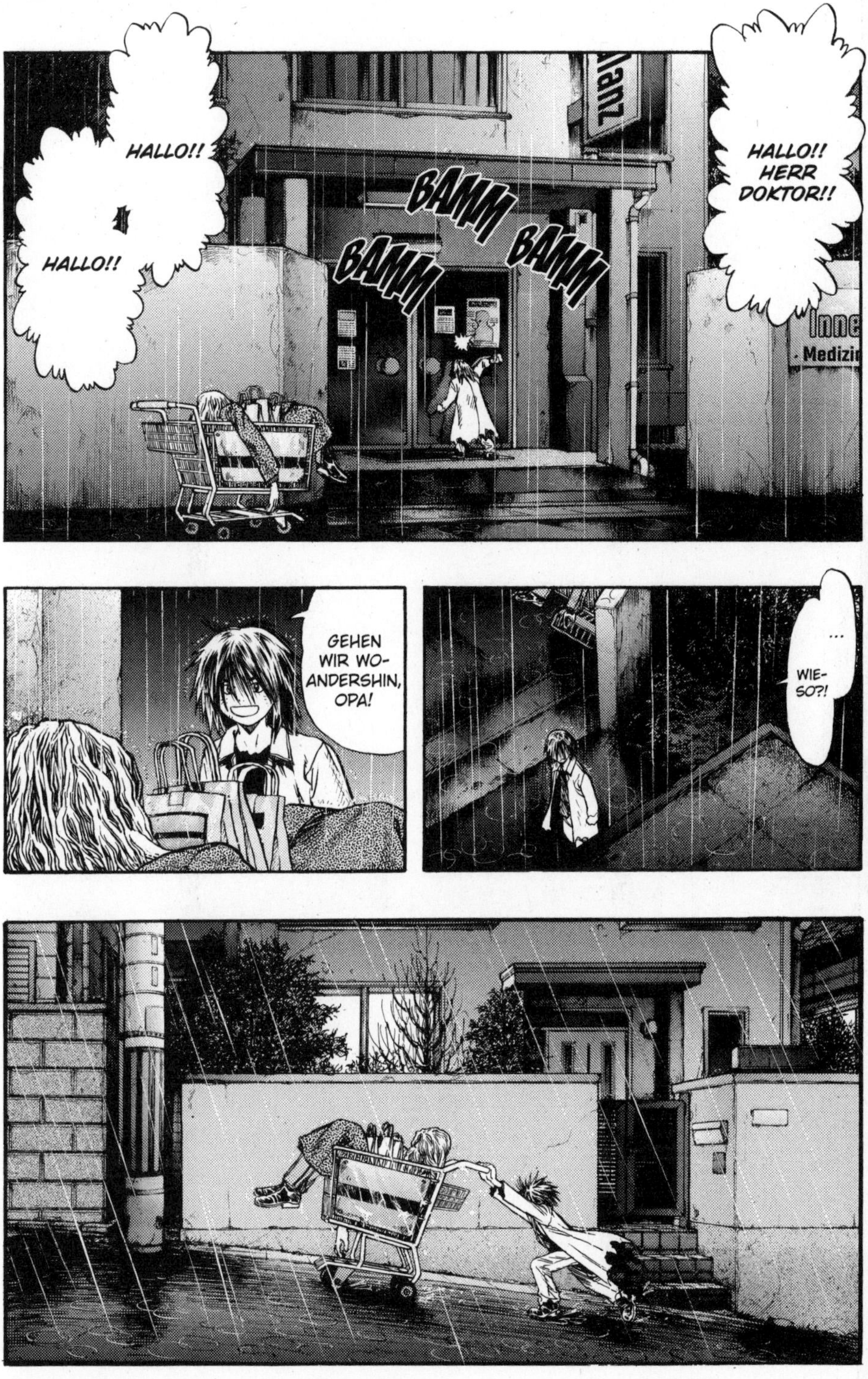
HALLO!! HERR DOKTOR!!
HALLO!!
HALLO!!
BAMM
BAMM
BAMM
...
WIE-SO?!
GEHEN WIR WO-ANDERSHIN, OPA!

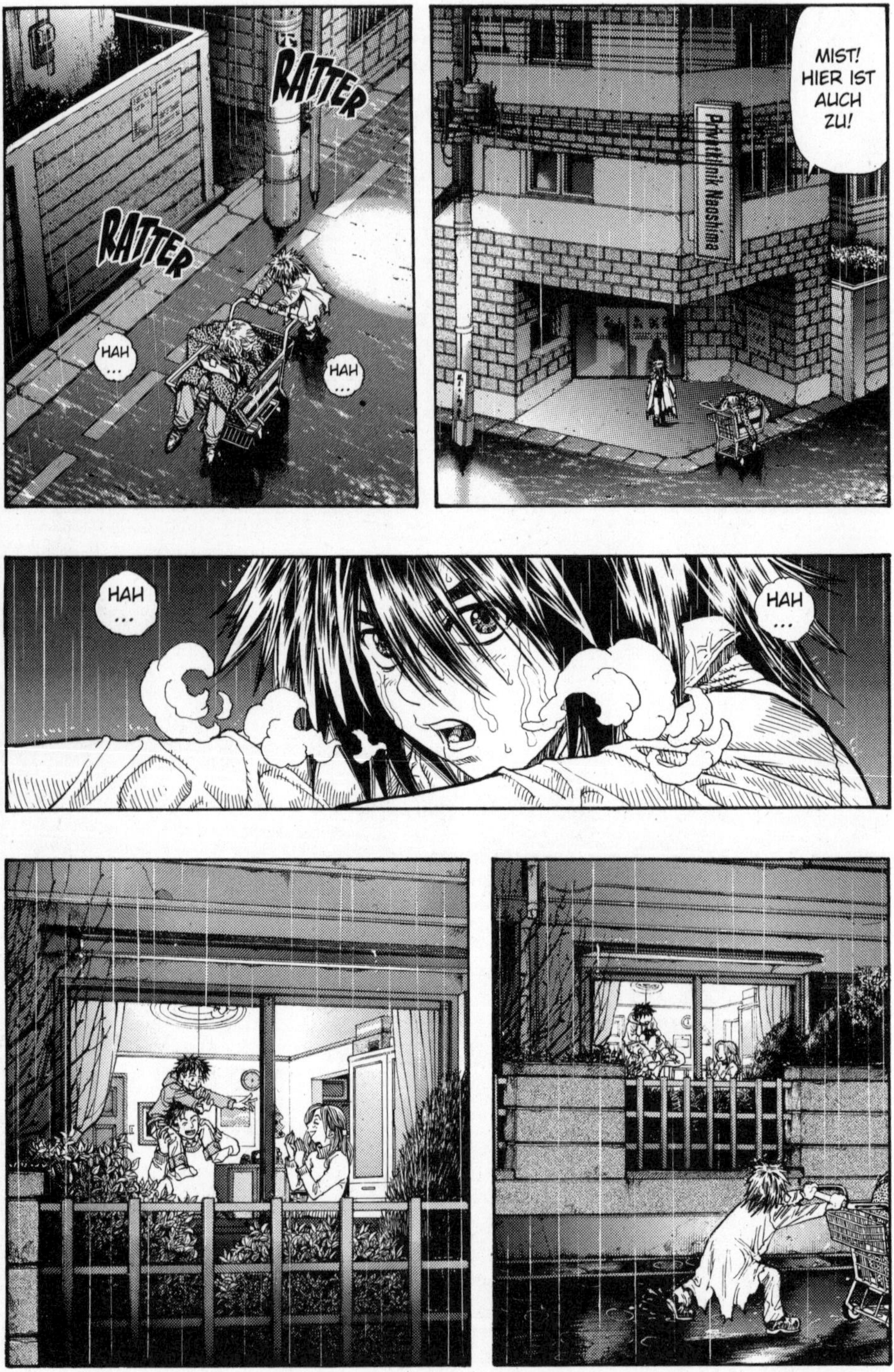
MIST! HIER IST AUCH ZU!
Privatklinik Naoshima
RATTER
RATTER
HAH ...
HAH ...
HAH ...
HAH ...

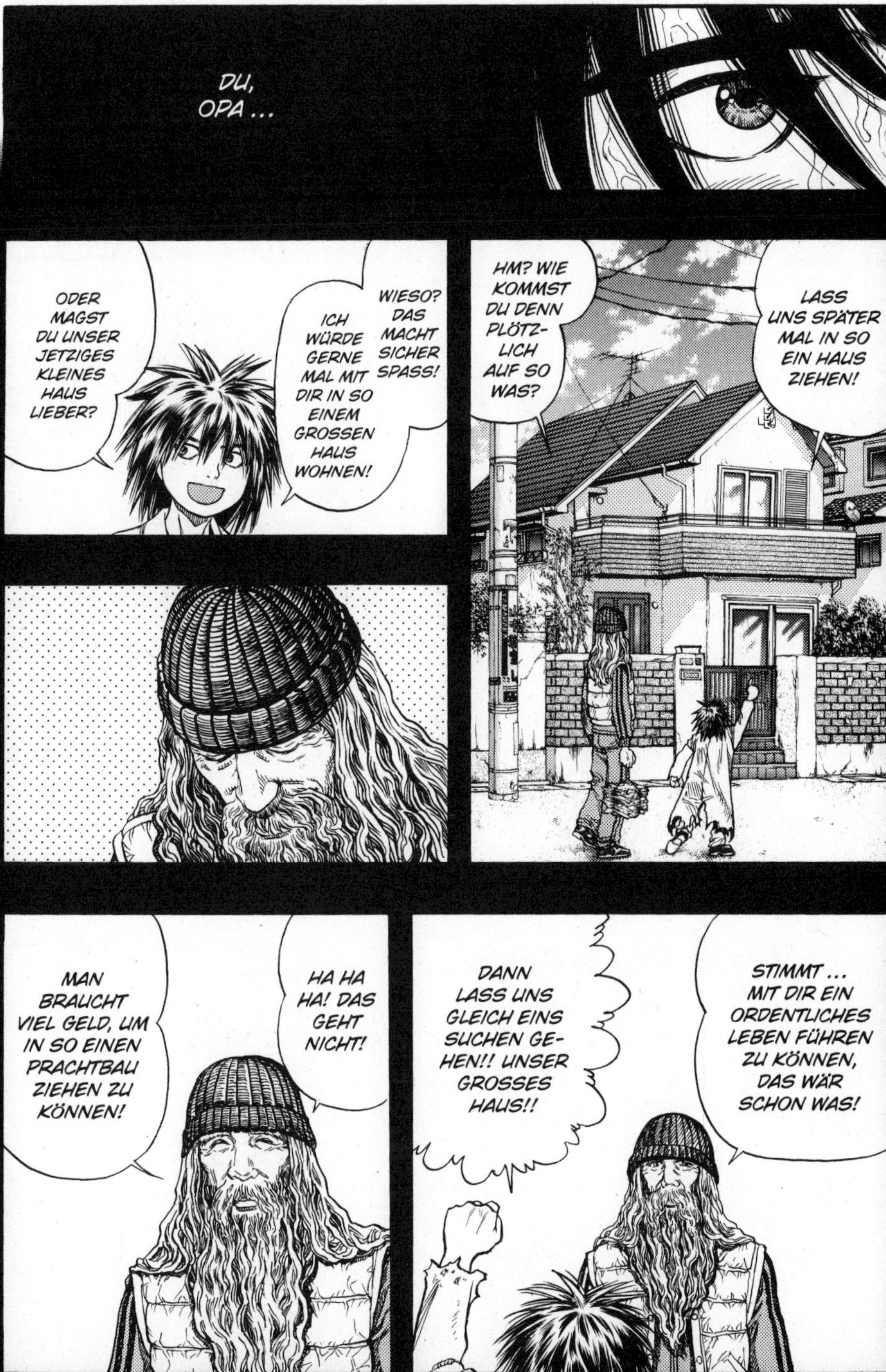
DU, OPA ...
LASS UNS SPÄTER MAL IN SO EIN HAUS ZIEHEN!
HM? WIE KOMMST DU DENN PLÖTZLICH AUF SO WAS?
WIESO? DAS MACHT SICHER SPASS!
ICH WÜRDE GERNE MAL MIT DIR IN SO EINEM GROSSEN HAUS WOHNEN!
ODER MAGST DU UNSER JETZIGES KLEINES HAUS LIEBER?
STIMMT ... MIT DIR EIN ORDENTLICHES LEBEN FÜHREN ZU KÖNNEN, DAS WÄR SCHON WAS!
DANN LASS UNS GLEICH EINS SUCHEN GE-HEN!! UNSER GROSSES HAUS!!
HA HA HA! DAS GEHT NICHT!
MAN BRAUCHT VIEL GELD, UM IN SO EINEN PRACHTBAU ZIEHEN ZU KÖNNEN!

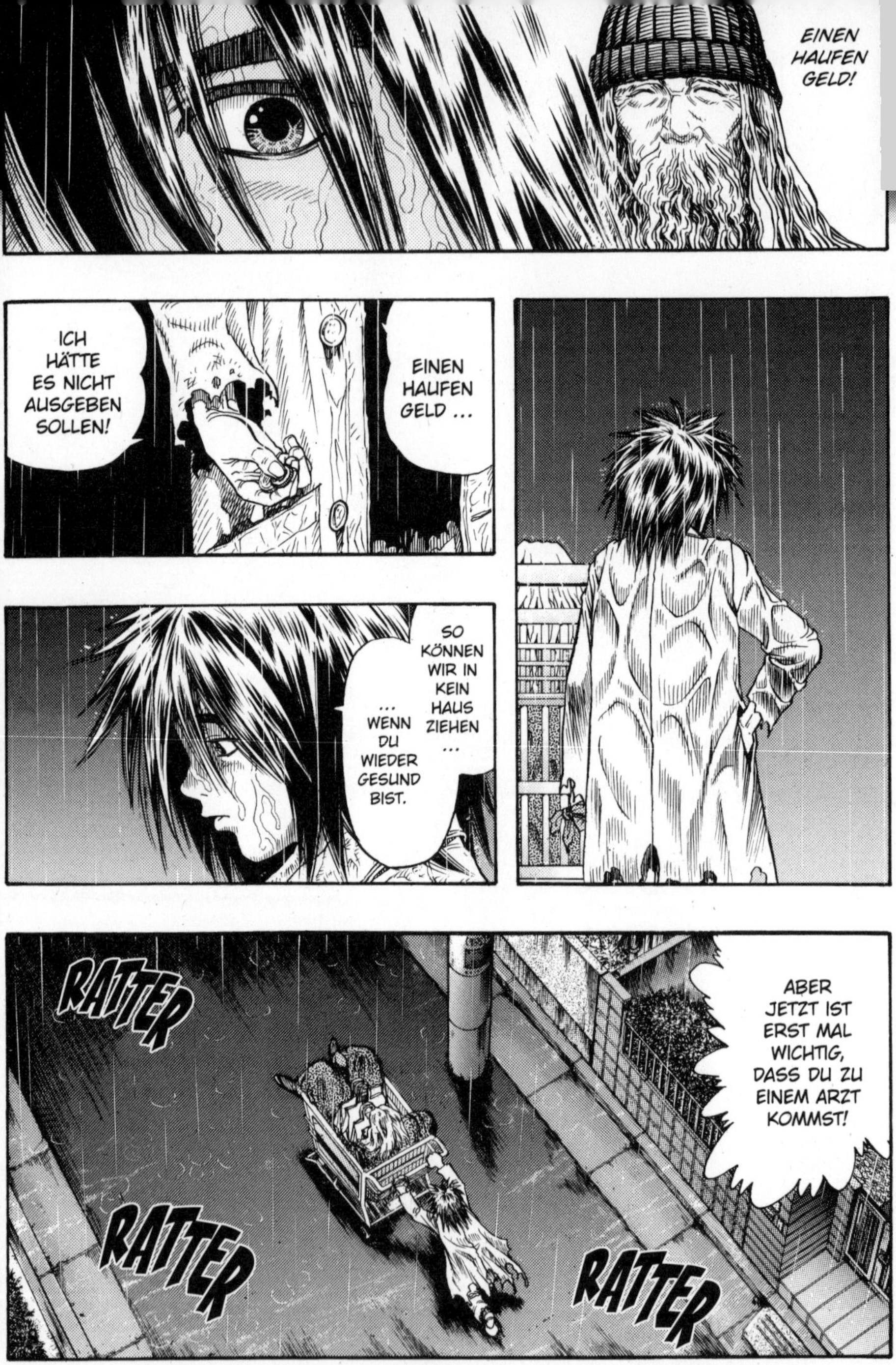
EINEN HAUFEN GELD!
EINEN HAUFEN GELD ...
ICH HÄTTE ES NICHT AUSGEBEN SOLLEN!
SO KÖNNEN WIR IN KEIN HAUS ZIEHEN ...
... WENN DU WIEDER GESUND BIST.
ABER JETZT IST ERST MAL WICHTIG, DASS DU ZU EINEM ARZT KOMMST!
RATTER
RATTER
RATTER

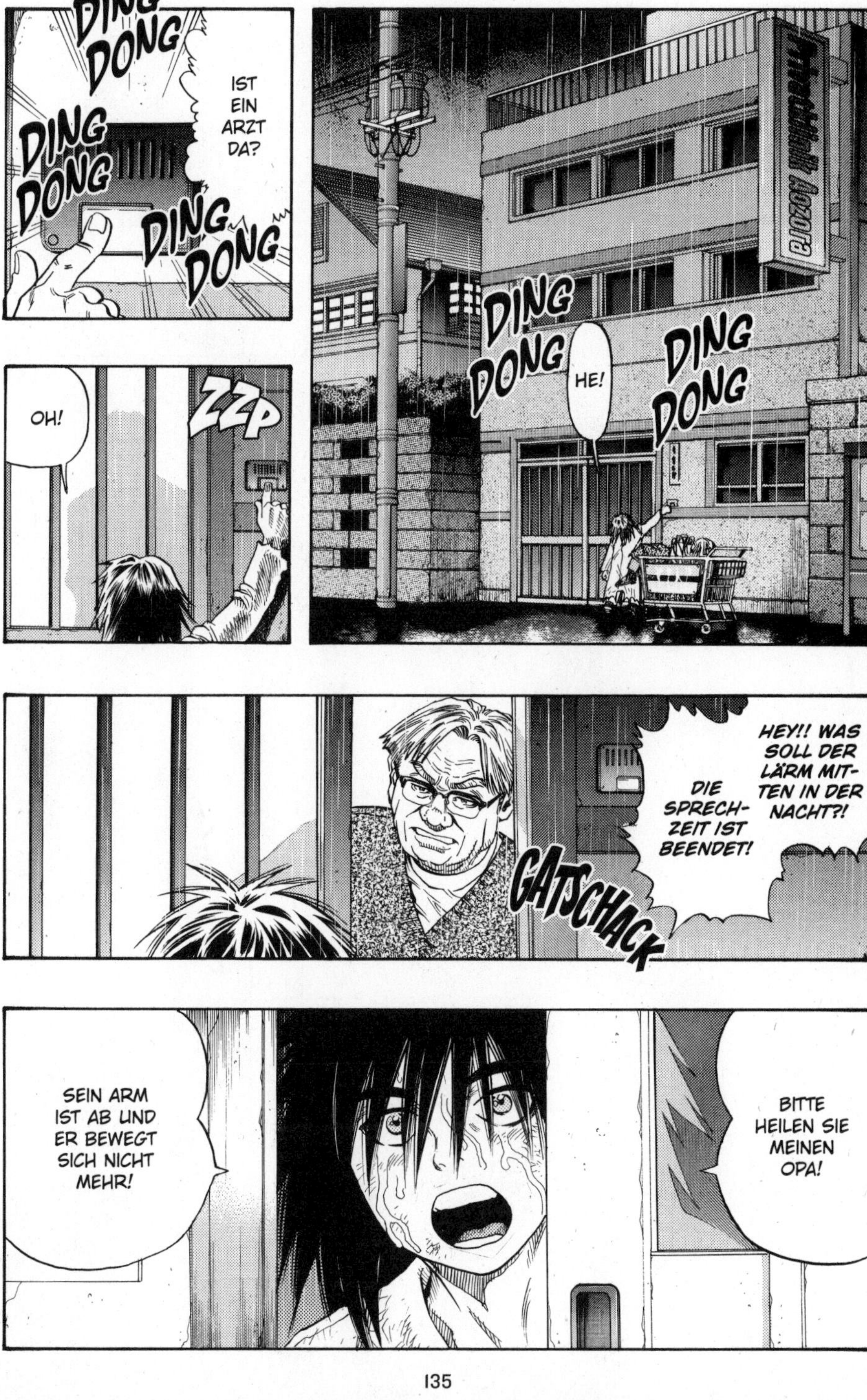
DING DONG
DING DONG
DING DONG
IST EIN ARZT DA?
OH!
ZZP
DING DONG
HE!
DING DONG
HEY!! WAS SOLL DER LÄRM MITTEN IN DER NACHT?!
DIE SPRECHZEIT IST BEENDET!
GATSCHACK
SEIN ARM IST AB UND ER BEWEGT SICH NICHT MEHR!
BITTE HEILEN SIE MEINEN OPA!

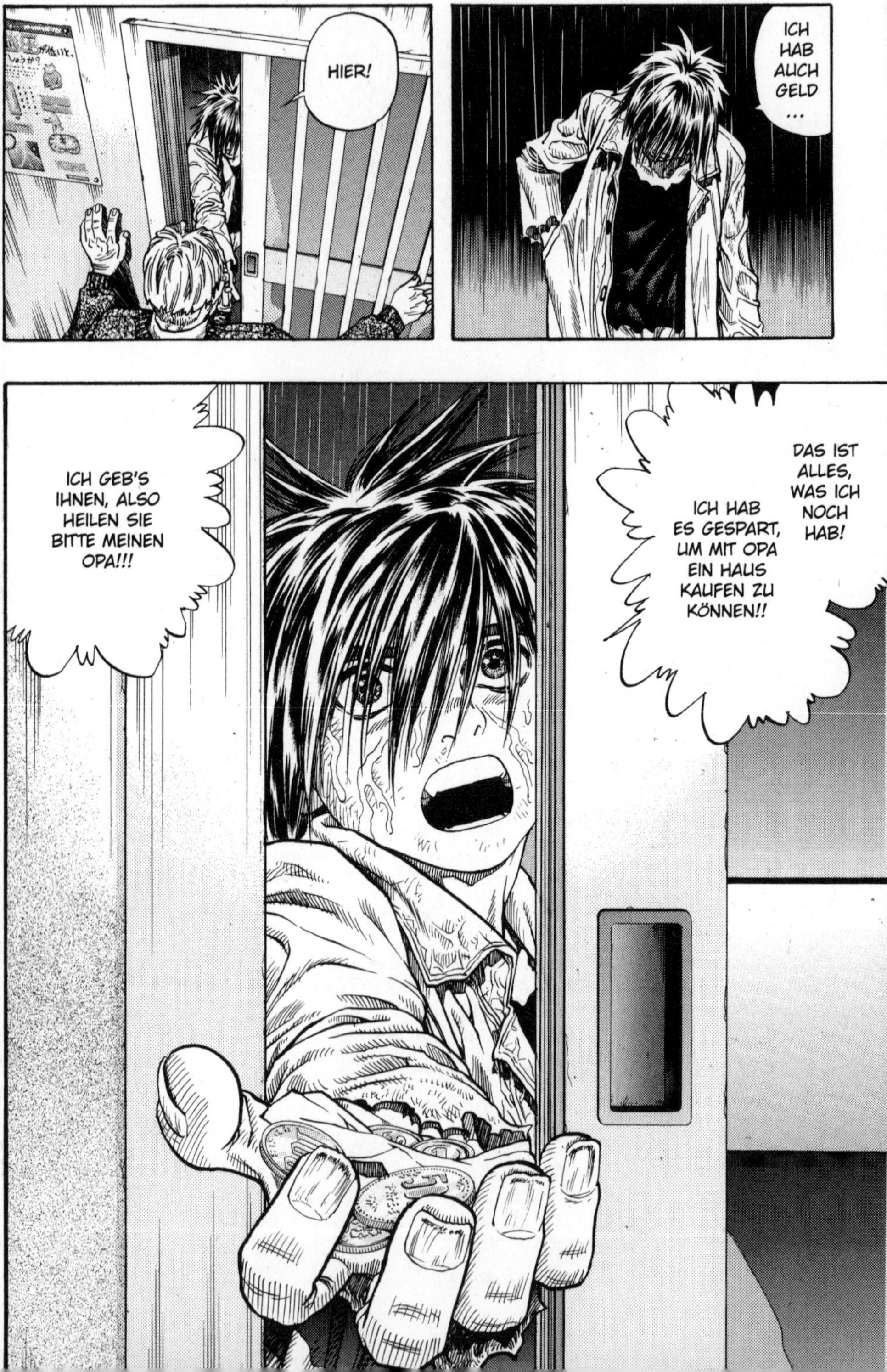
ICH HAB AUCH GELD ...
HIER!
DAS IST ALLES, WAS ICH NOCH HAB!
ICH HAB ES GESPART, UM MIT OPA EIN HAUS KAUFEN ZU KÖNNEN!!
ICH GEB'S IHNEN, ALSO HEILEN SIE BITTE MEINEN OPA!!!

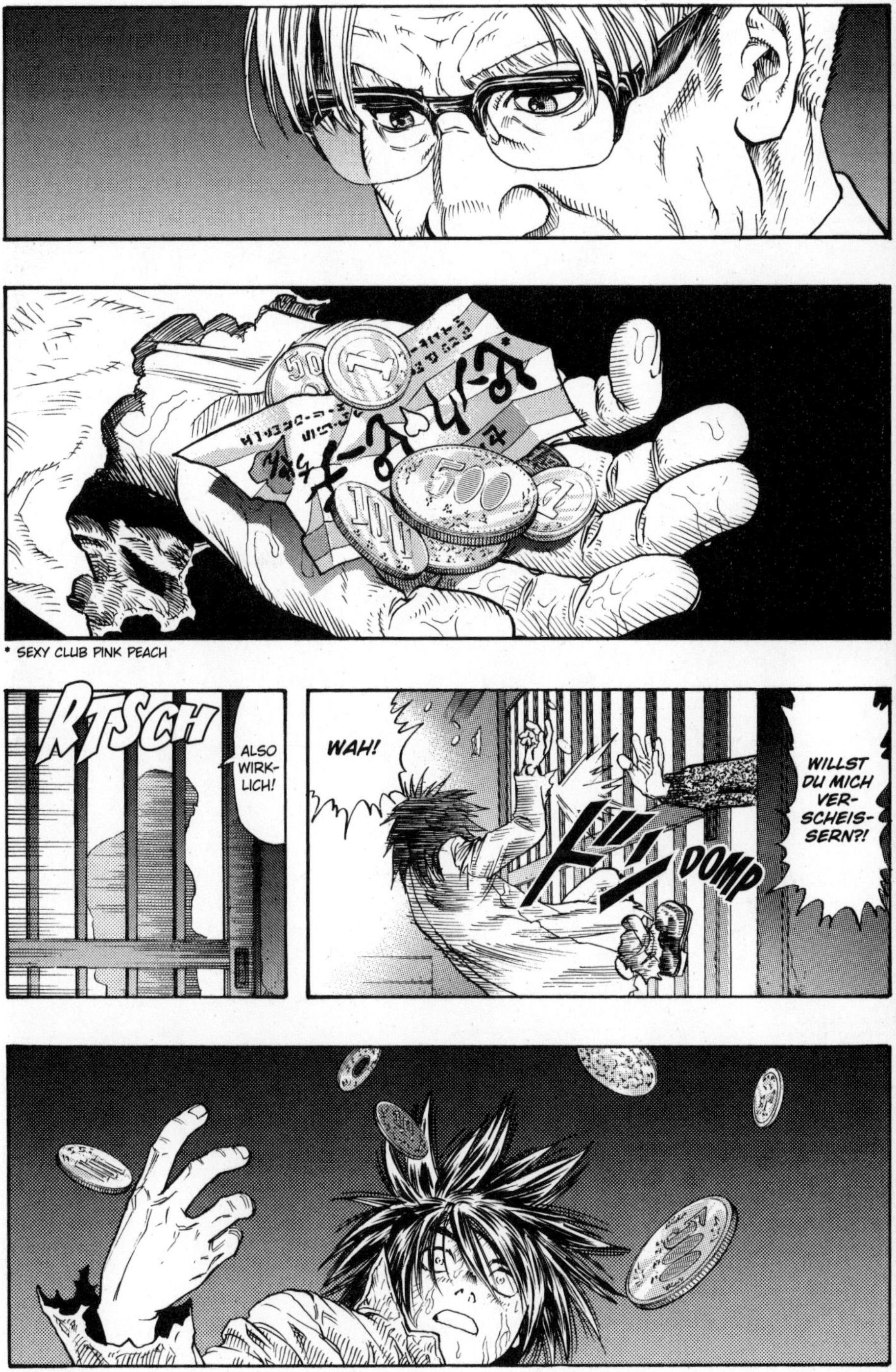

* SEXY CLUB PINK PEACH

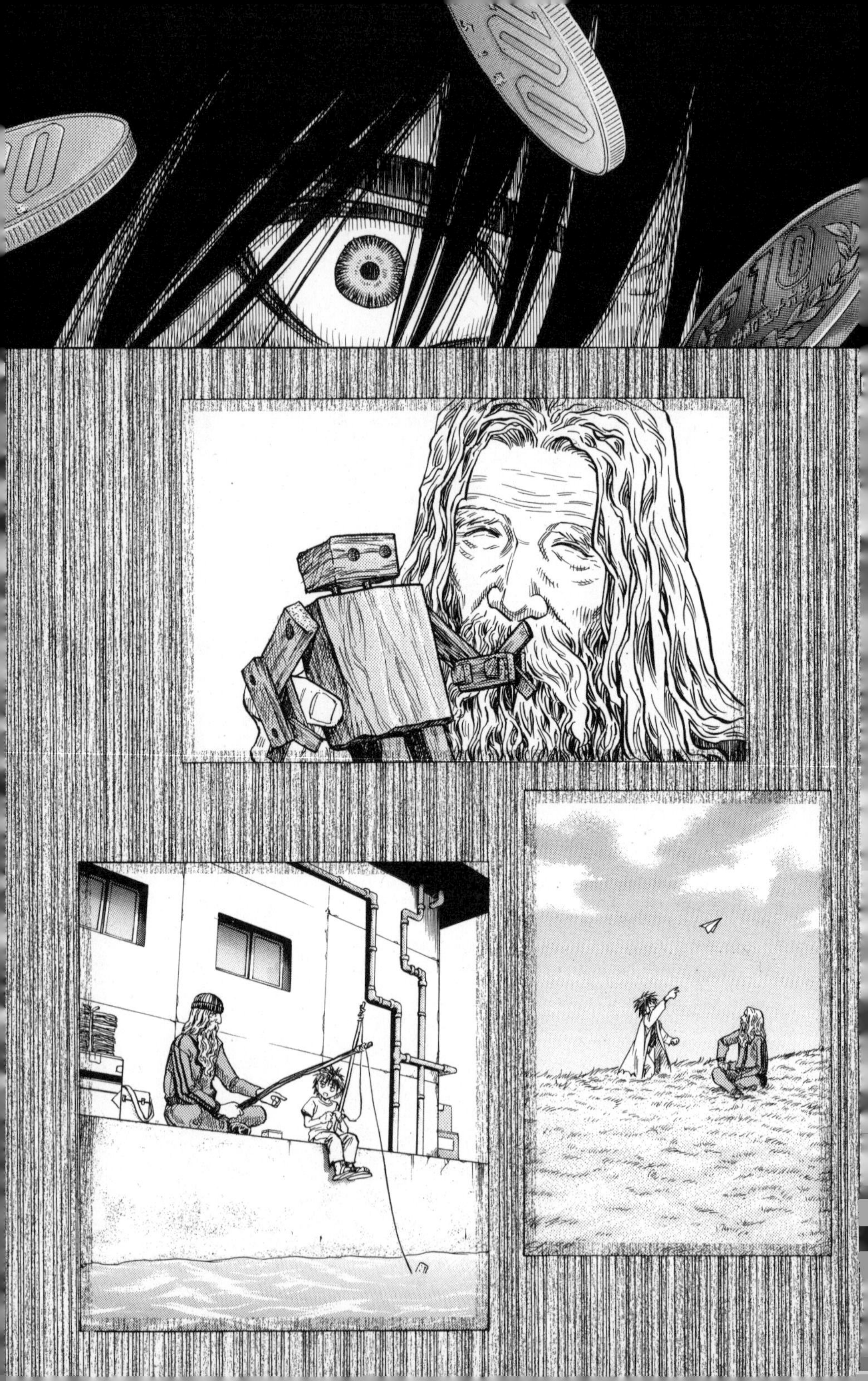

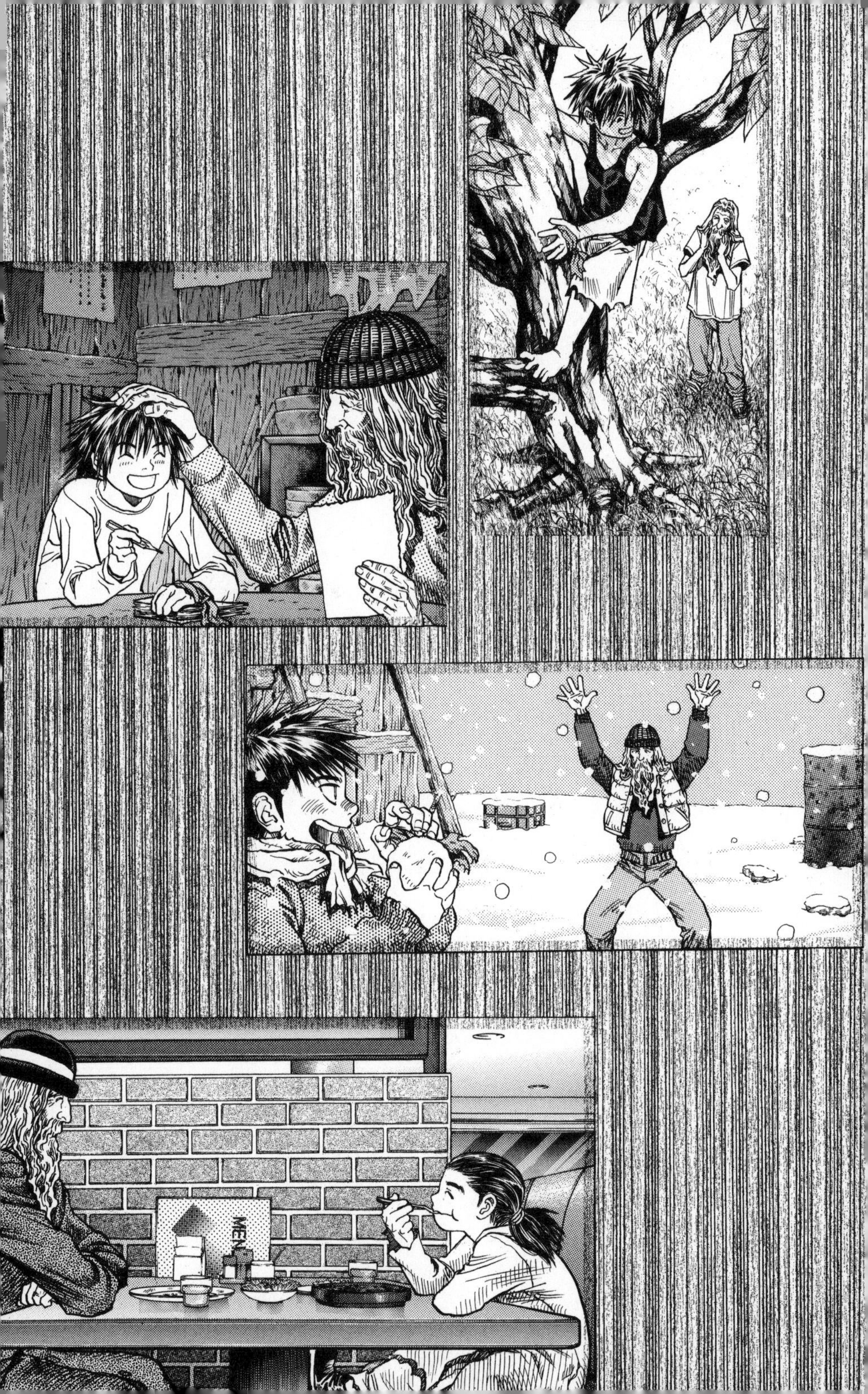

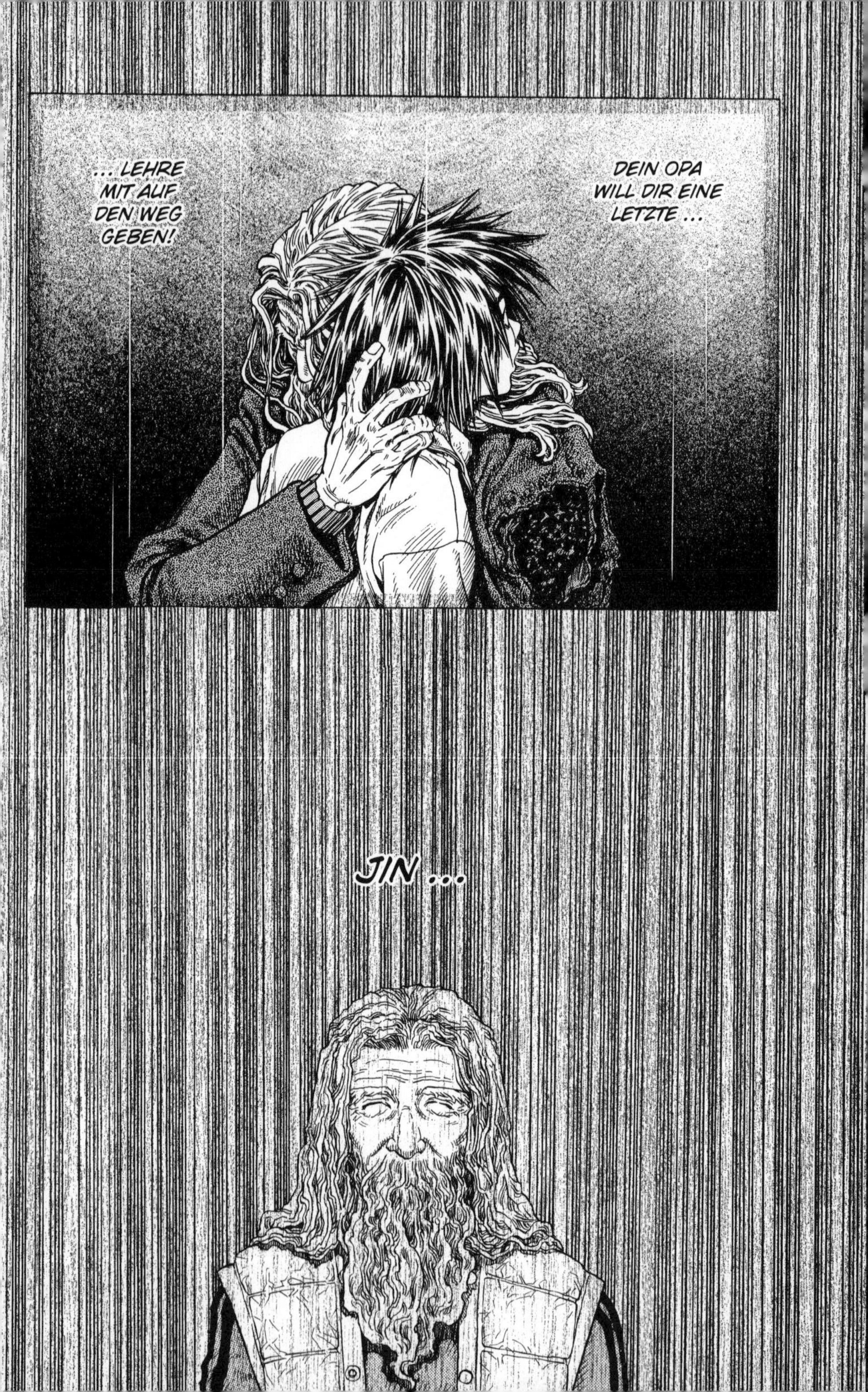
DEIN OPA
WILL DIR EINE
LETZTE …
… LEHRE
MIT AUF
DEN WEG
GEBEN!
JIN …

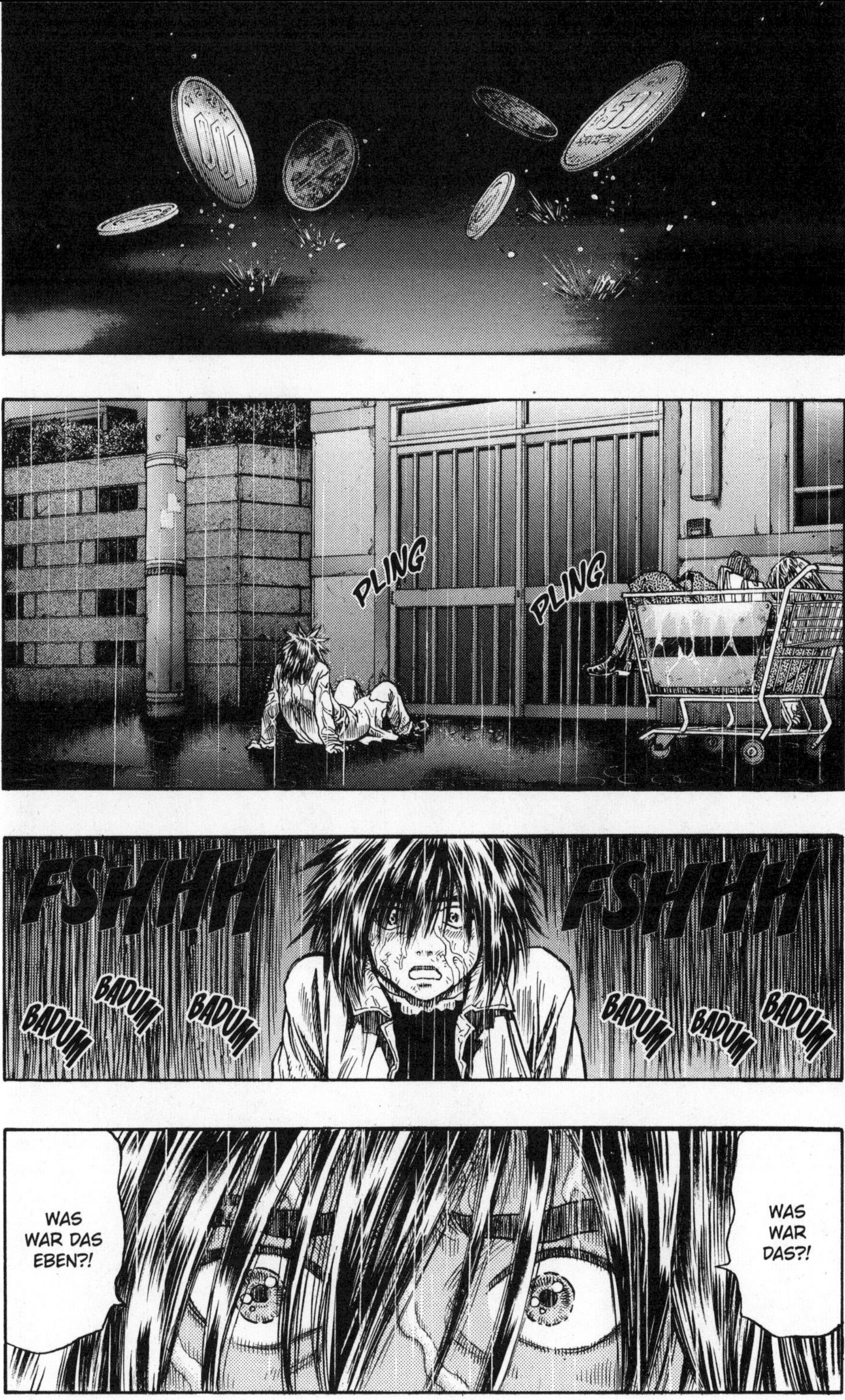
PLING
PLING
FSHHH
FSHHH
BADUM
BADUM
BADUM
BADUM
BADUM
BADUM
WAS WAR DAS?!
WAS WAR DAS EBEN?!

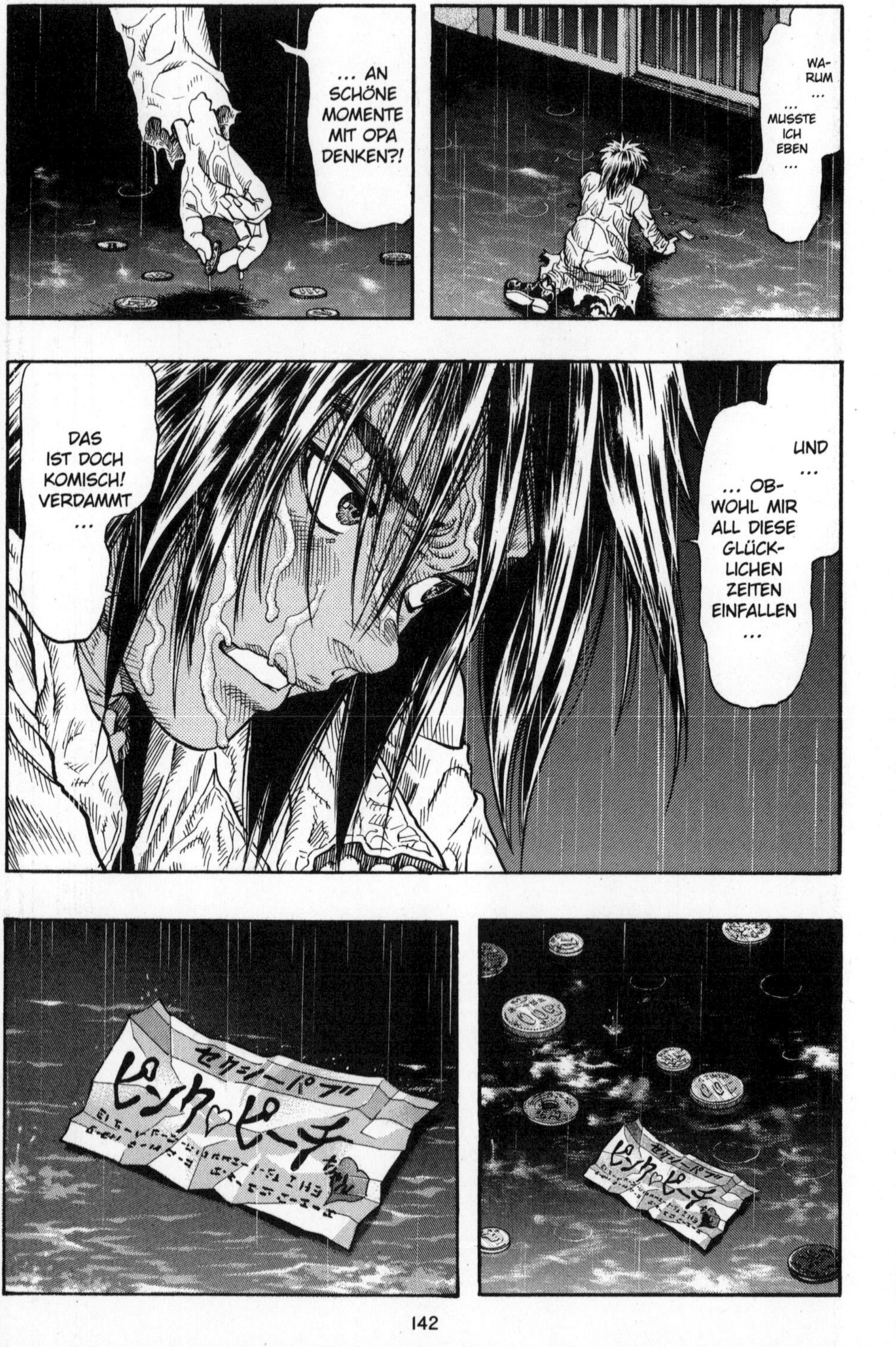
WA-RUM ... ... MUSSTE ICH EBEN ...
... AN SCHÖNE MOMENTE MIT OPA DENKEN?!
UND ... ... OB-WOHL MIR ALL DIESE GLÜCK-LICHEN ZEITEN EINFALLEN ...
DAS IST DOCH KOMISCH! VERDAMMT ...
セクシーパブ
ピンク♡ピーチ

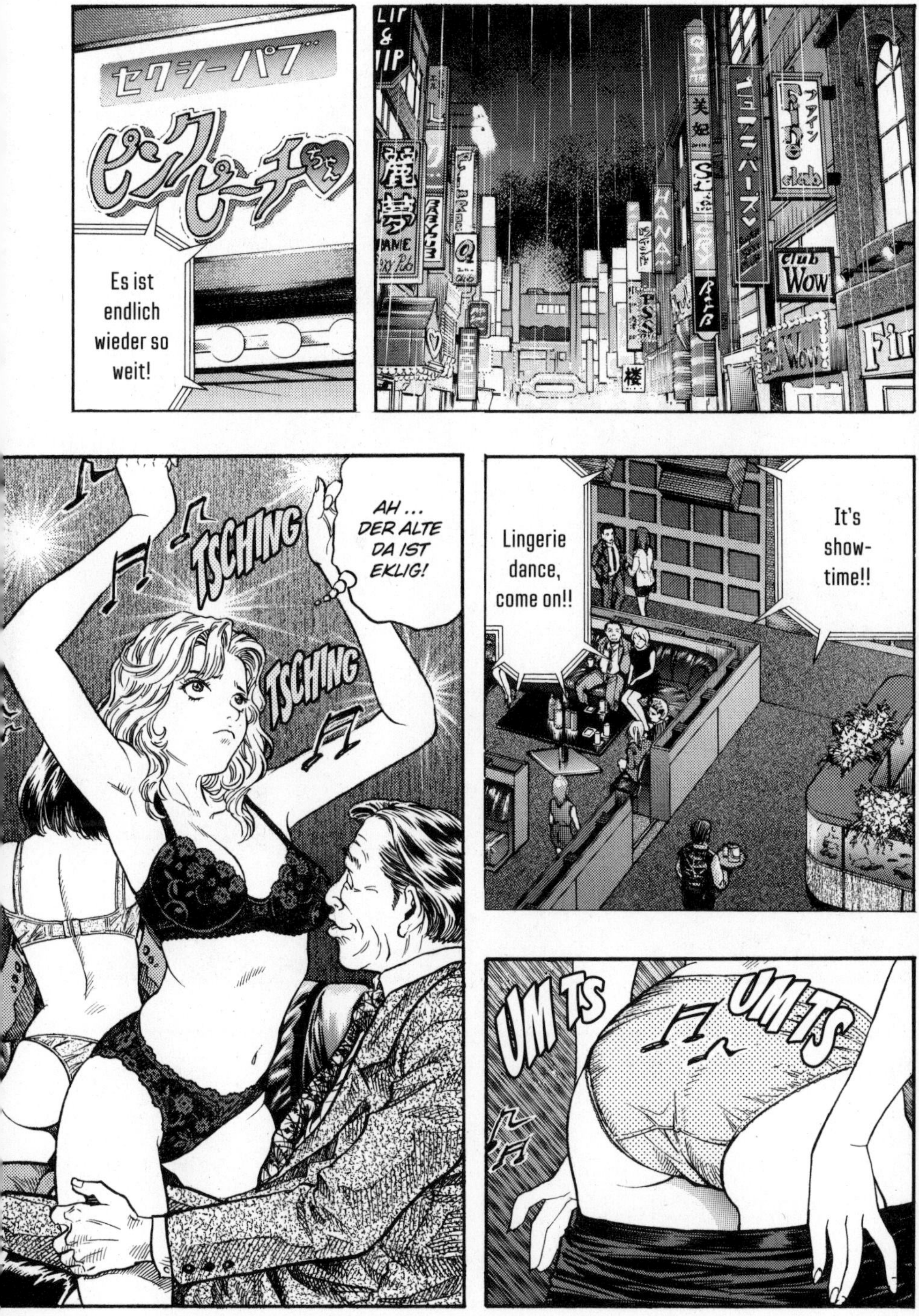

club Wow
セクシーパブ
ピンクピーチちゃん
Es ist endlich wieder so weit!
It's show-time!!
Lingerie dance, come on!!
AH ... DER ALTE DA IST EKLIG!
TSCHING
TSCHING
UMTS
UMTS

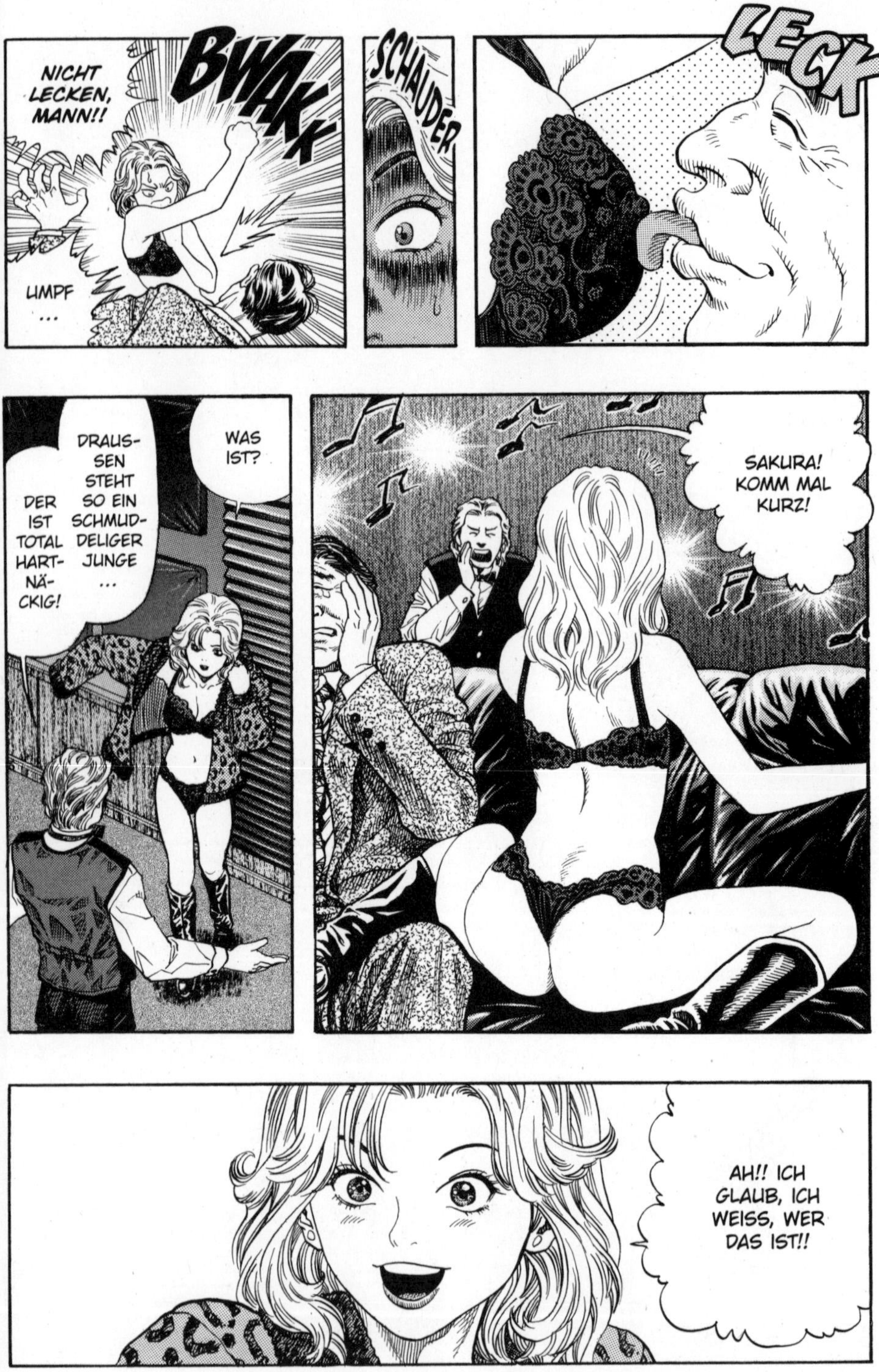
LECK
SCHAUDER
BWAKK
NICHT LECKEN, MANN!!
UMPF …
SAKURA! KOMM MAL KURZ!
WAS IST?
DRAUS-SEN STEHT SO EIN SCHMUD-DELIGER JUNGE …
DER IST TOTAL HART-NÄ-CKIG!
AH!! ICH GLAUB, ICH WEISS, WER DAS IST!!

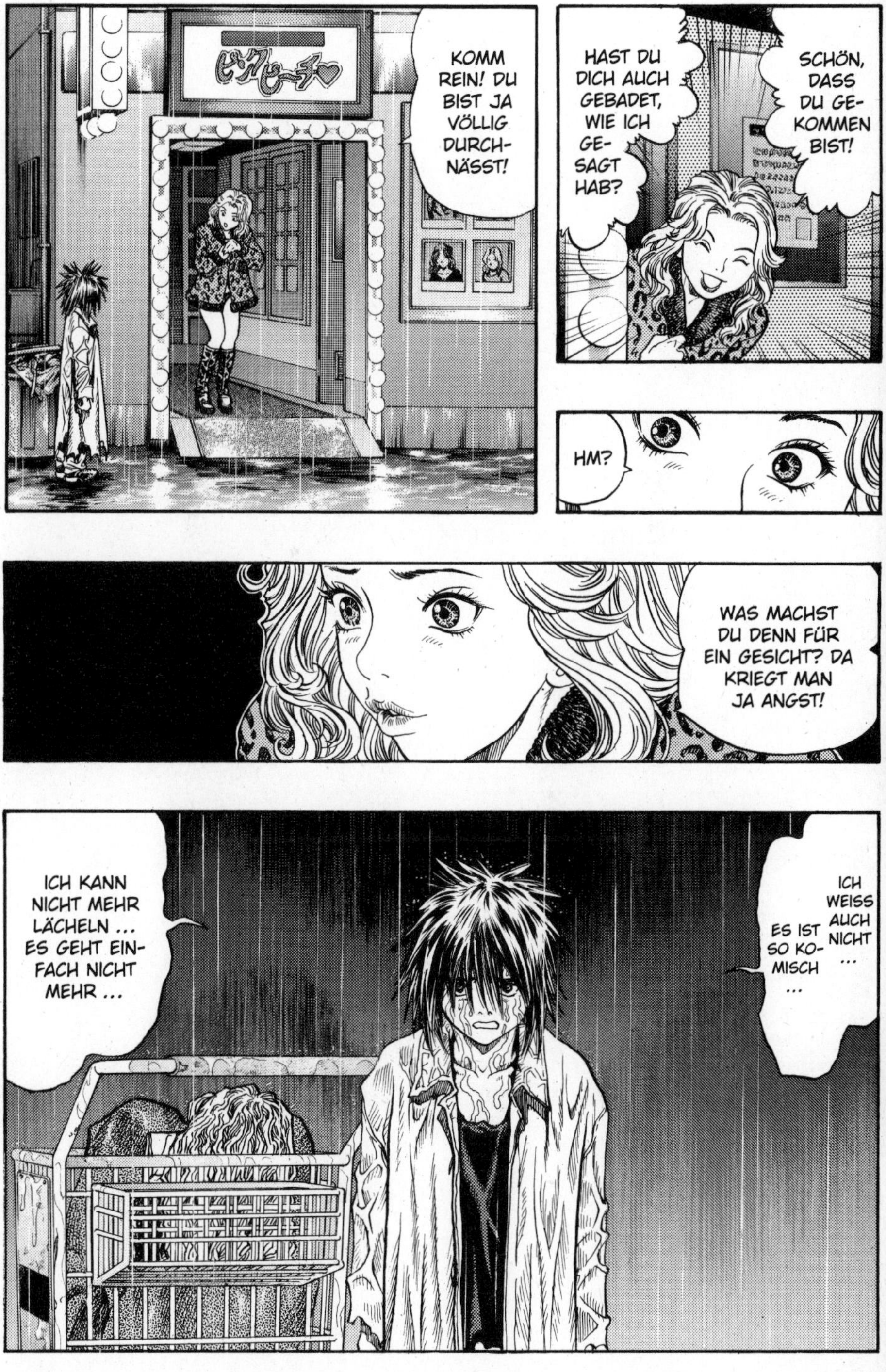
KOMM REIN! DU BIST JA VÖLLIG DURCHNÄSST!
SCHÖN, DASS DU GEKOMMEN BIST!
HAST DU DICH AUCH GEBADET, WIE ICH GESAGT HAB?
HM?
WAS MACHST DU DENN FÜR EIN GESICHT? DA KRIEGT MAN JA ANGST!
ICH WEISS AUCH NICHT …
ES IST SO KOMISCH …
ICH KANN NICHT MEHR LÄCHELN … ES GEHT EINFACH NICHT MEHR …

ZETMAN

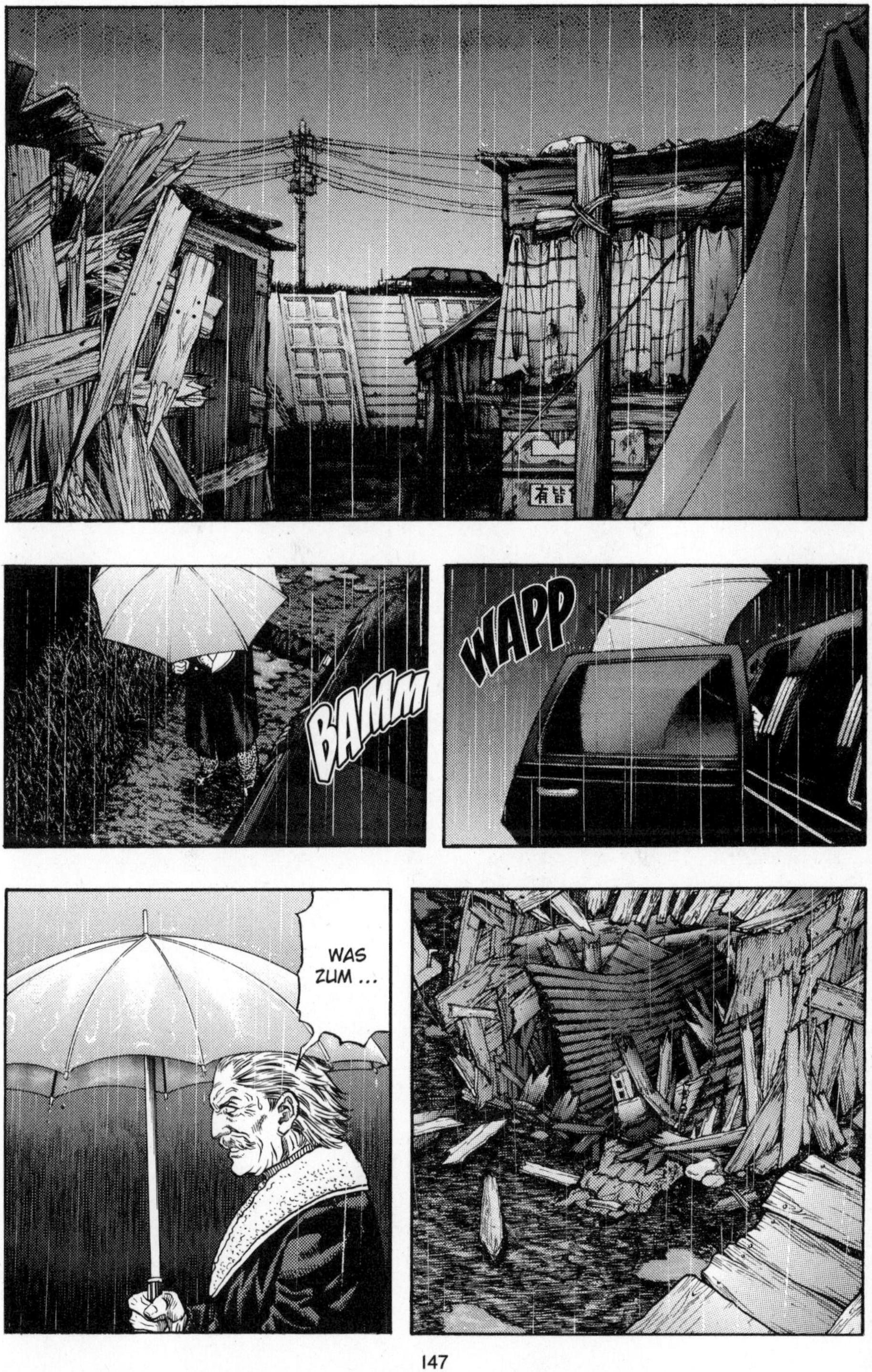
WAPP
BAMM
WAS ZUM ...

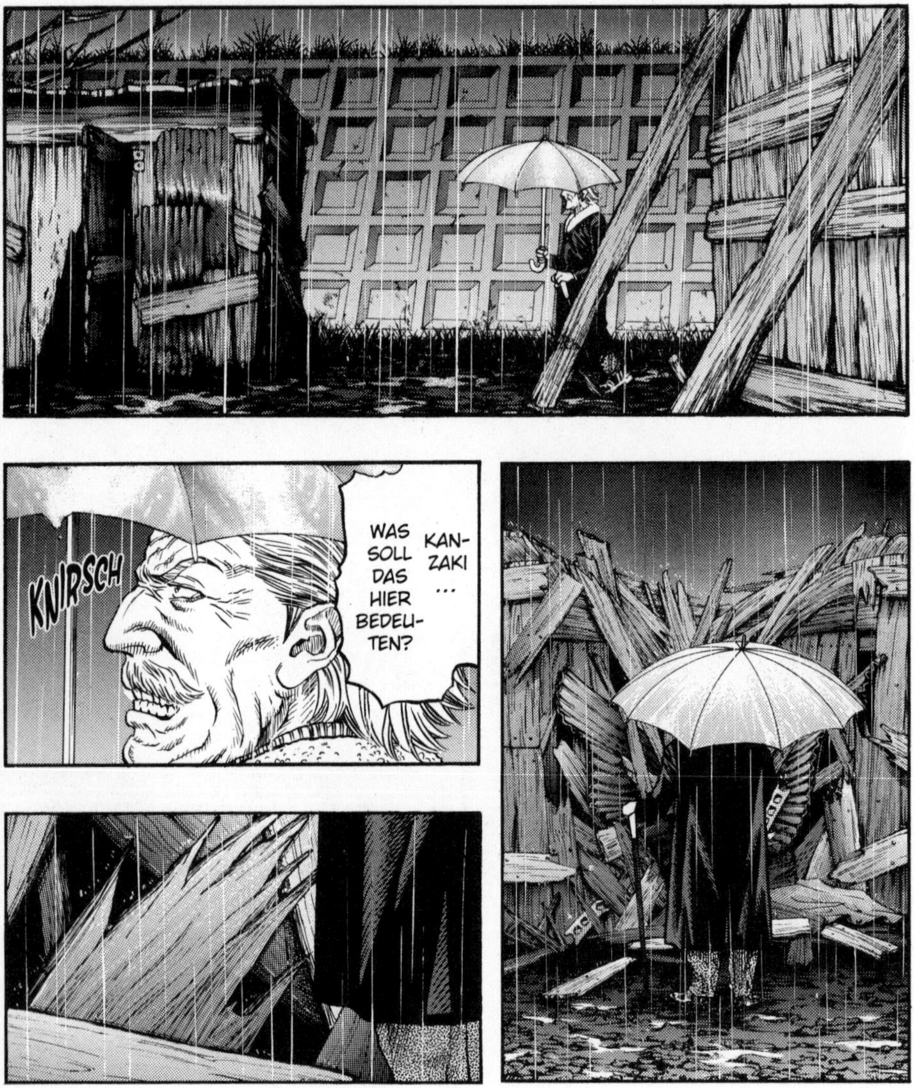

Episode 07:

Der Cleaner

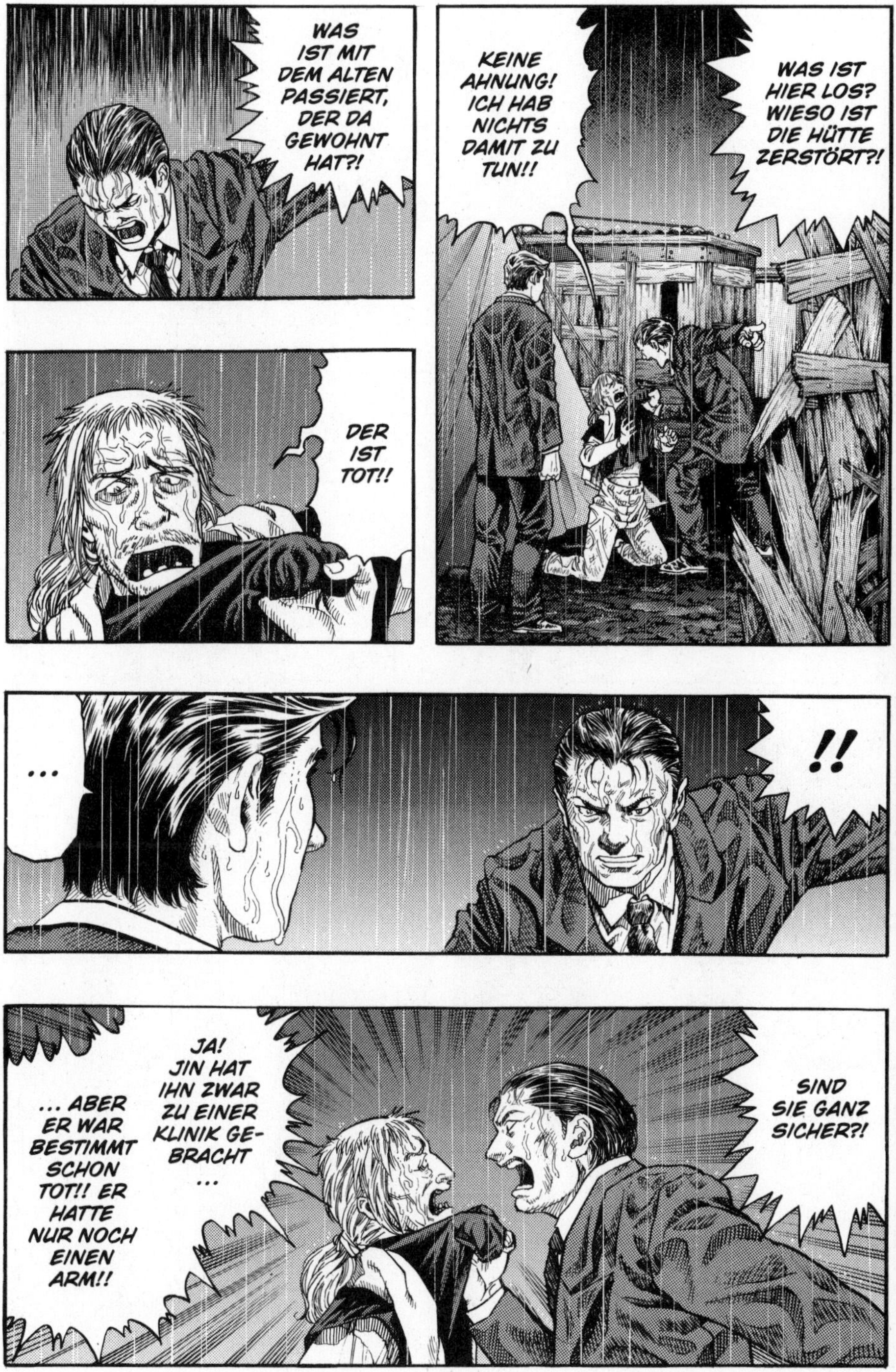
WAS IST MIT DEM ALTEN PASSIERT, DER DA GEWOHNT HAT?!
DER IST TOT!!
KEINE AHNUNG! ICH HAB NICHTS DAMIT ZU TUN!!
WAS IST HIER LOS? WIESO IST DIE HÜTTE ZERSTÖRT?!
...
!!
... ABER ER WAR BESTIMMT SCHON TOT!! ER HATTE NUR NOCH EINEN ARM!!
JA! JIN HAT IHN ZWAR ZU EINER KLINIK GEBRACHT ...
SIND SIE GANZ SICHER?!

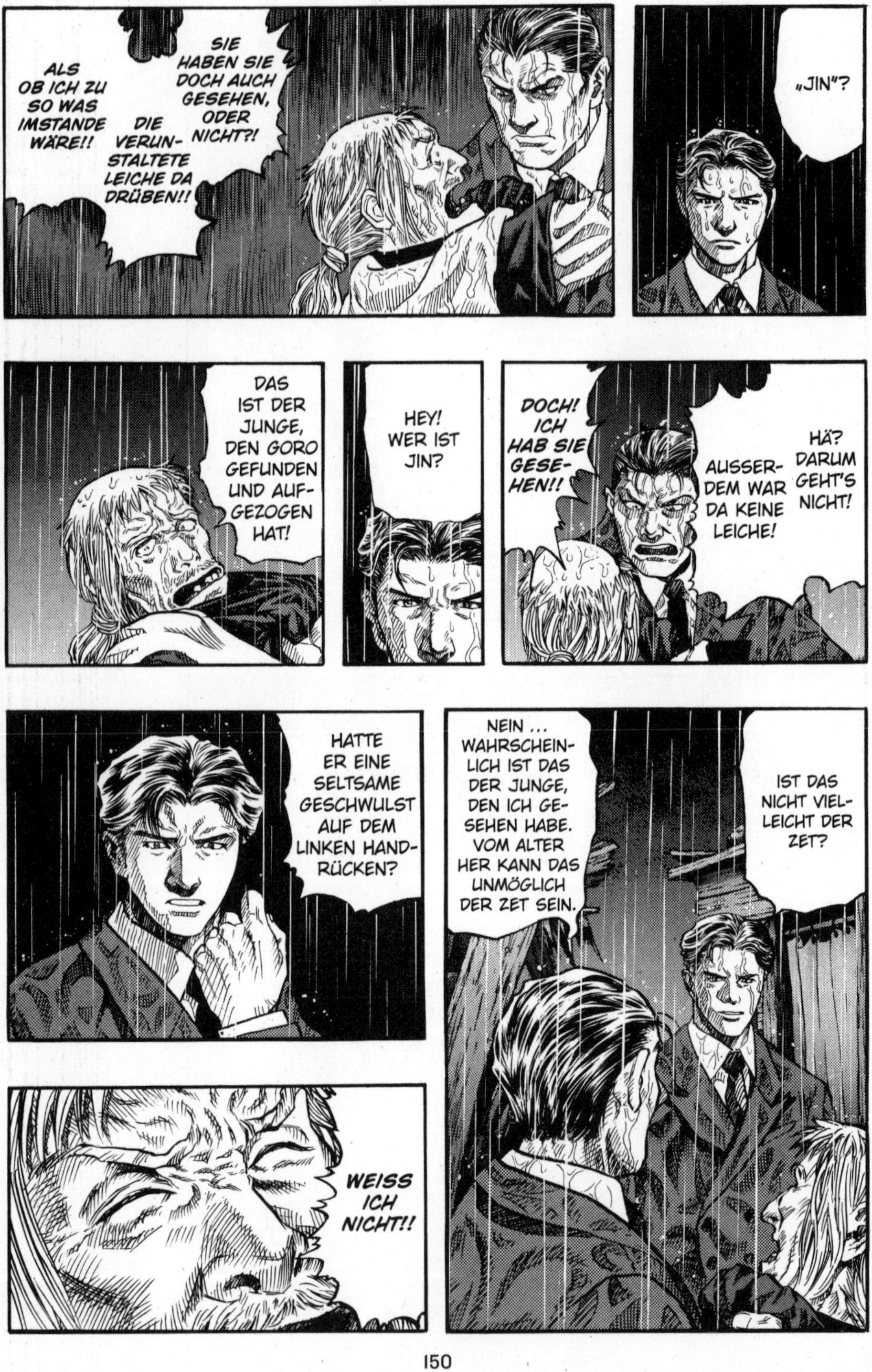
„JIN"?
SIE HABEN SIE DOCH AUCH GESEHEN, ODER NICHT?! DIE VERUNSTALTETE LEICHE DA DRÜBEN!!
ALS OB ICH ZU SO WAS IMSTANDE WÄRE!!
HÄ? DARUM GEHT'S NICHT!
AUSSERDEM WAR DA KEINE LEICHE!
DOCH! ICH HAB SIE GESEHEN!!
HEY! WER IST JIN?
DAS IST DER JUNGE, DEN GORO GEFUNDEN UND AUFGEZOGEN HAT!
IST DAS NICHT VIELLEICHT DER ZET?
NEIN ... WAHRSCHEINLICH IST DAS DER JUNGE, DEN ICH GESEHEN HABE. VOM ALTER HER KANN DAS UNMÖGLICH DER ZET SEIN.
HATTE ER EINE SELTSAME GESCHWULST AUF DEM LINKEN HANDRÜCKEN?
WEISS ICH NICHT!!

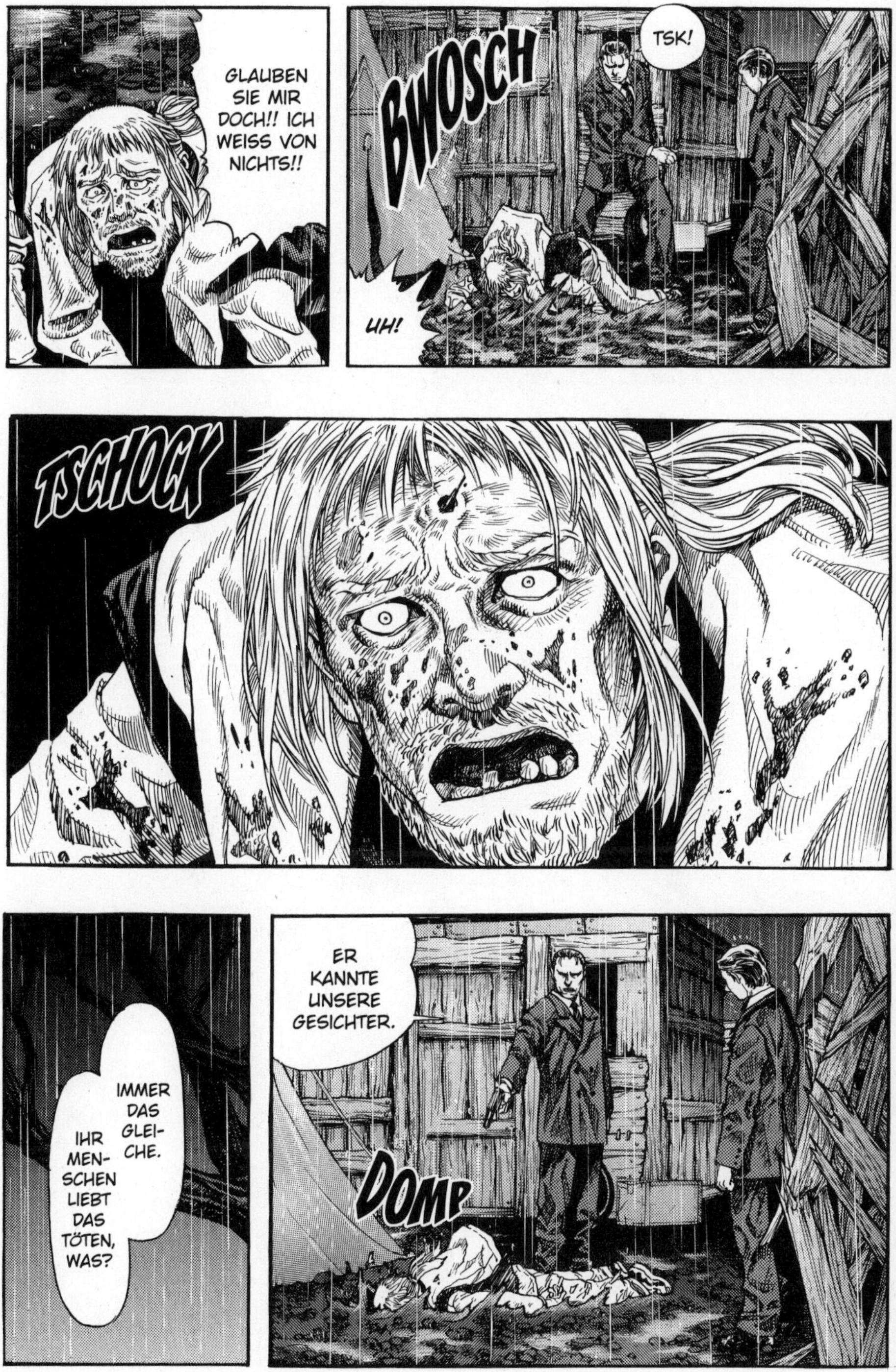
GLAUBEN SIE MIR DOCH!! ICH WEISS VON NICHTS!!
TSK!
BWOSCH
UH!
TSCHOCK
ER KANNTE UNSERE GESICHTER.
DOMP
IMMER DAS GLEI- CHE.
IHR MEN- SCHEN LIEBT DAS TÖTEN, WAS?

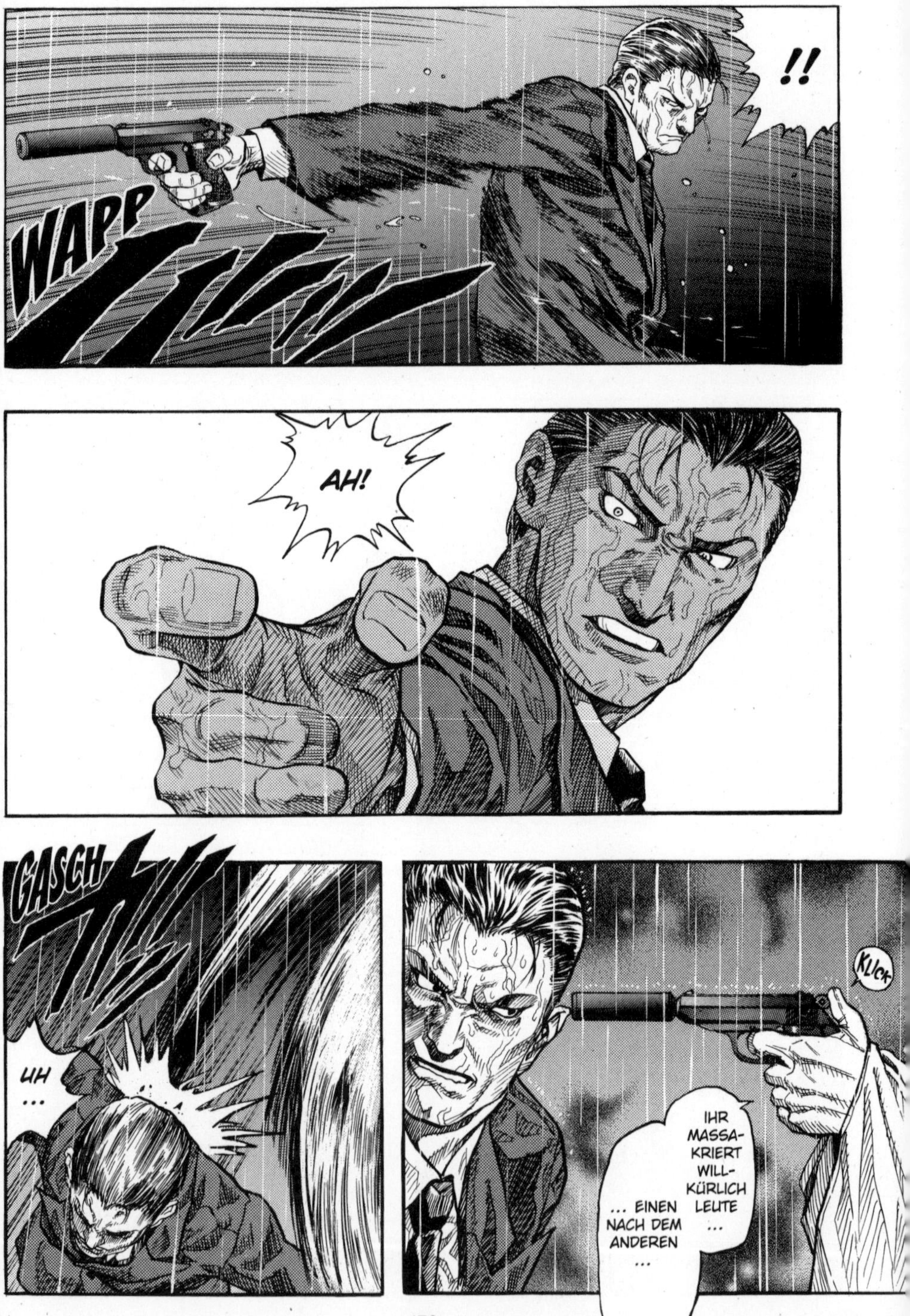
!!
WAPP
AH!
GASCH
UH …
KLICK
IHR MASSAKRIERT WILLKÜRLICH LEUTE …
… EINEN NACH DEM ANDEREN …

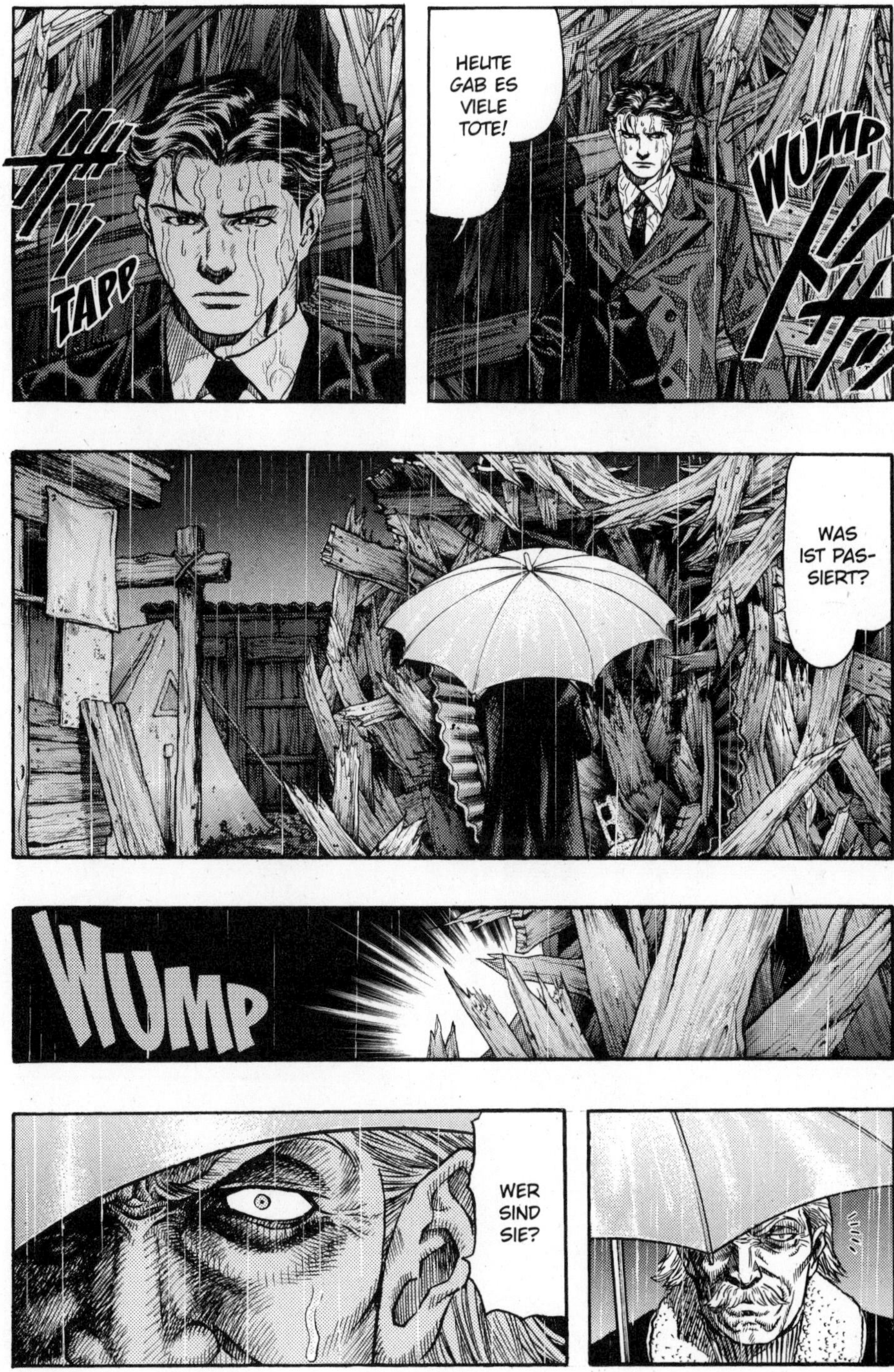
HEUTE GAB ES VIELE TOTE!
WUMP
TAPP
WAS IST PAS-SIERT?
WUMP
WER SIND SIE?

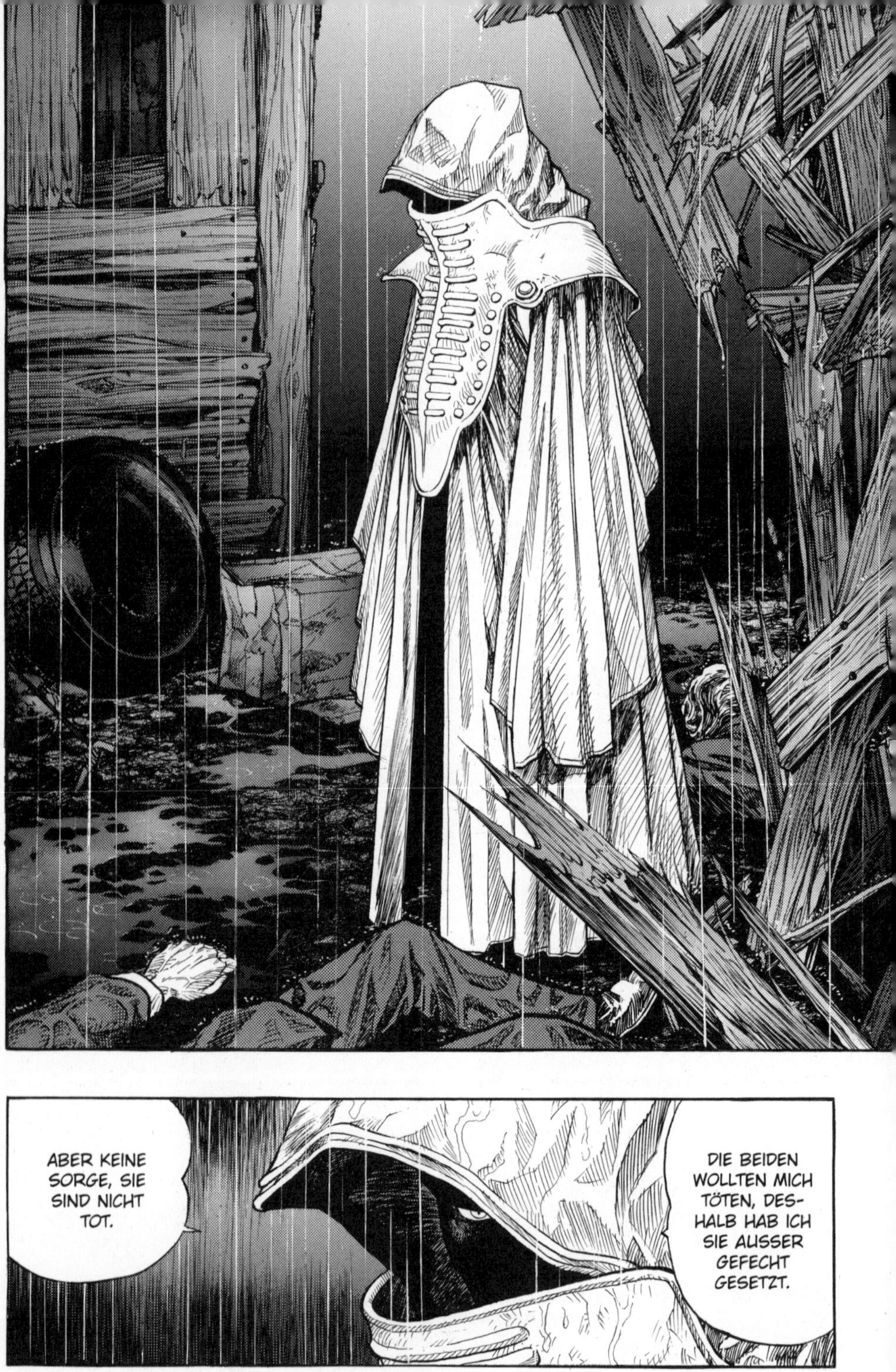
DIE BEIDEN WOLLTEN MICH TÖTEN, DES-HALB HAB ICH SIE AUSSER GEFECHT GESETZT.
ABER KEINE SORGE, SIE SIND NICHT TOT.

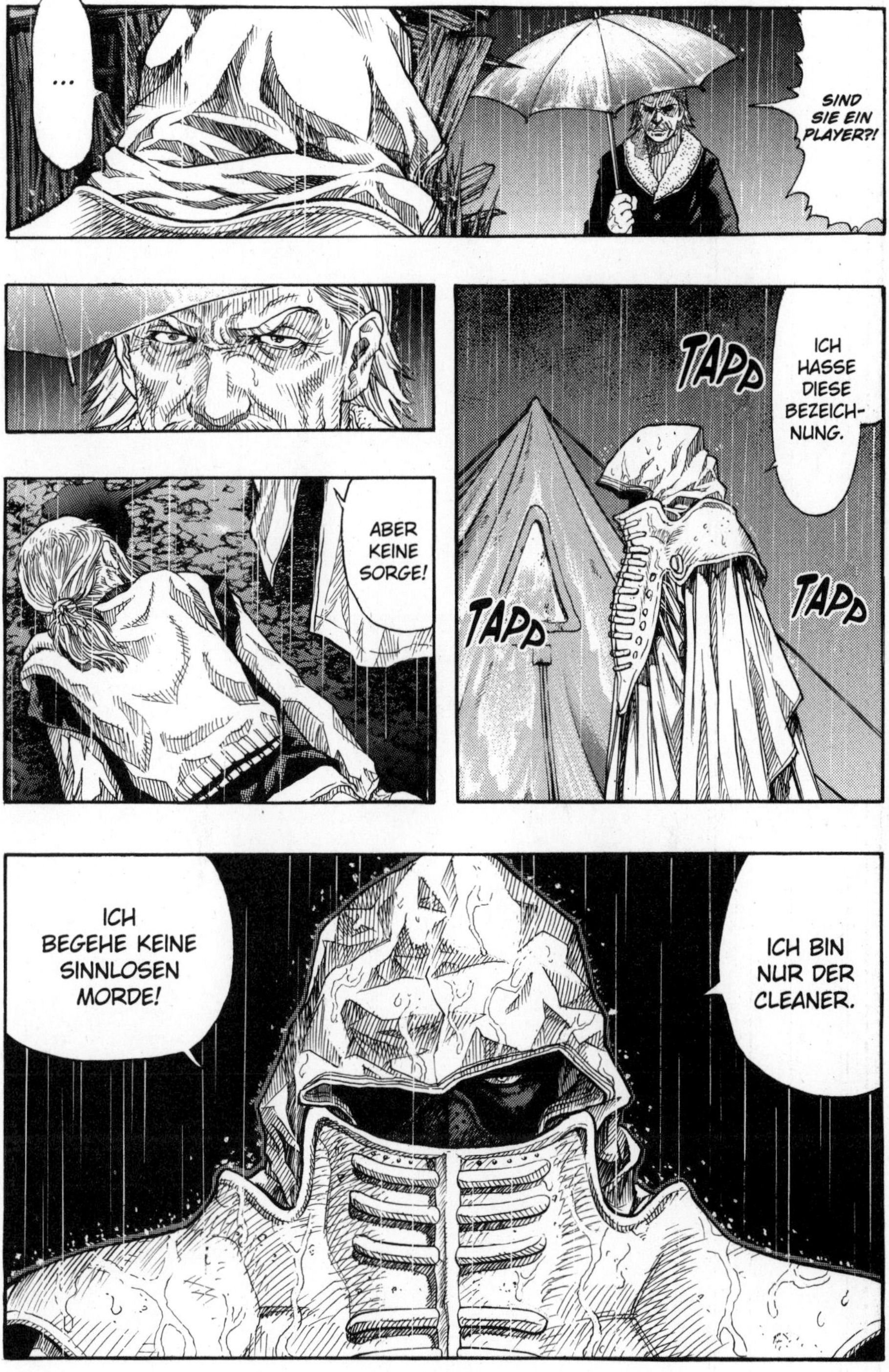
SIND SIE EIN PLAYER?!
...
ICH HASSE DIESE BEZEICH-NUNG.
TAPP
TAPP
TAPP
ABER KEINE SORGE!
ICH BIN NUR DER CLEANER.
ICH BEGEHE KEINE SINNLOSEN MORDE!

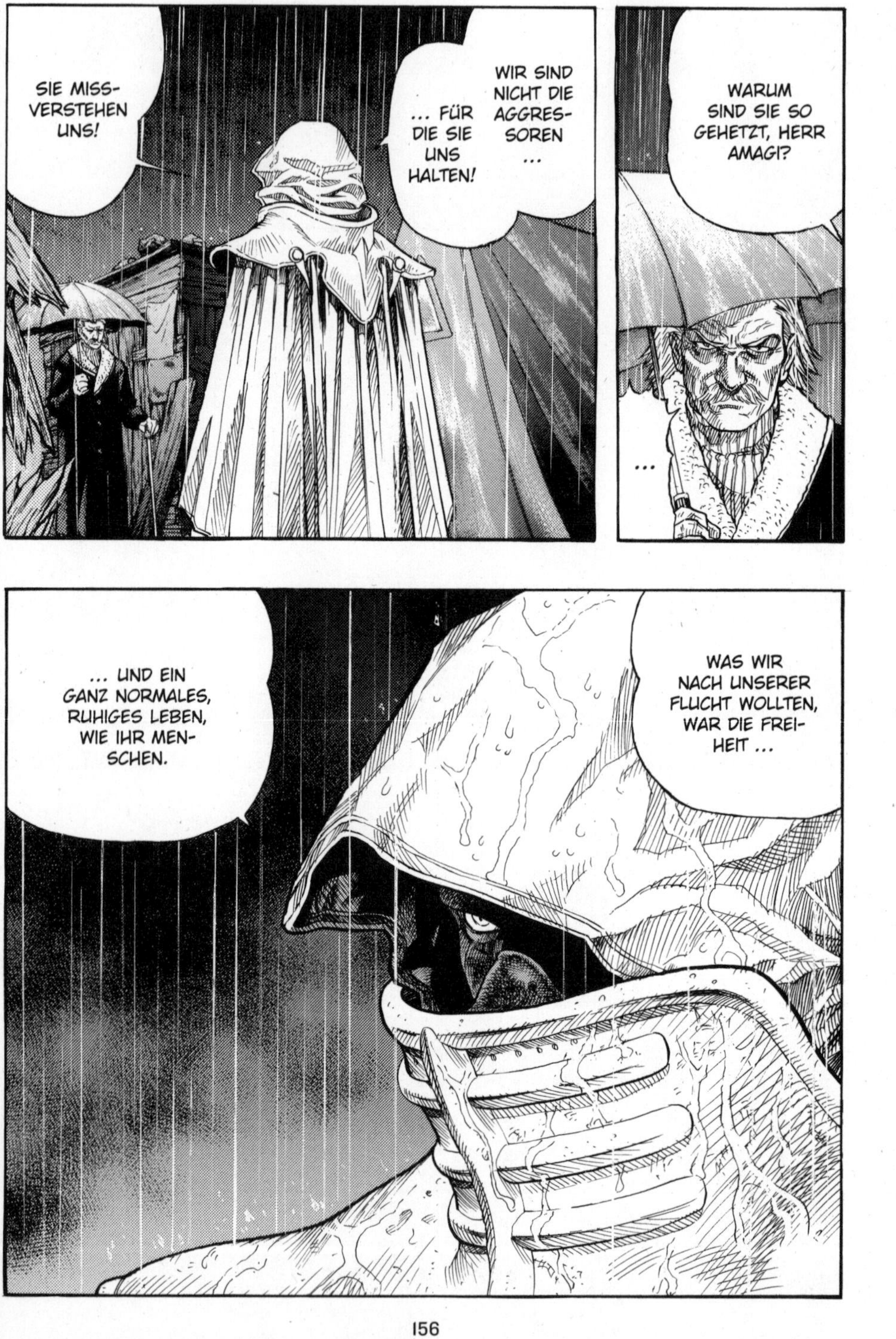
WARUM SIND SIE SO GEHETZT, HERR AMAGI?
...
WIR SIND NICHT DIE AGGRESSOREN ...
... FÜR DIE SIE UNS HALTEN!
SIE MISSVERSTEHEN UNS!
WAS WIR NACH UNSERER FLUCHT WOLLTEN, WAR DIE FREIHEIT ...
... UND EIN GANZ NORMALES, RUHIGES LEBEN, WIE IHR MENSCHEN.

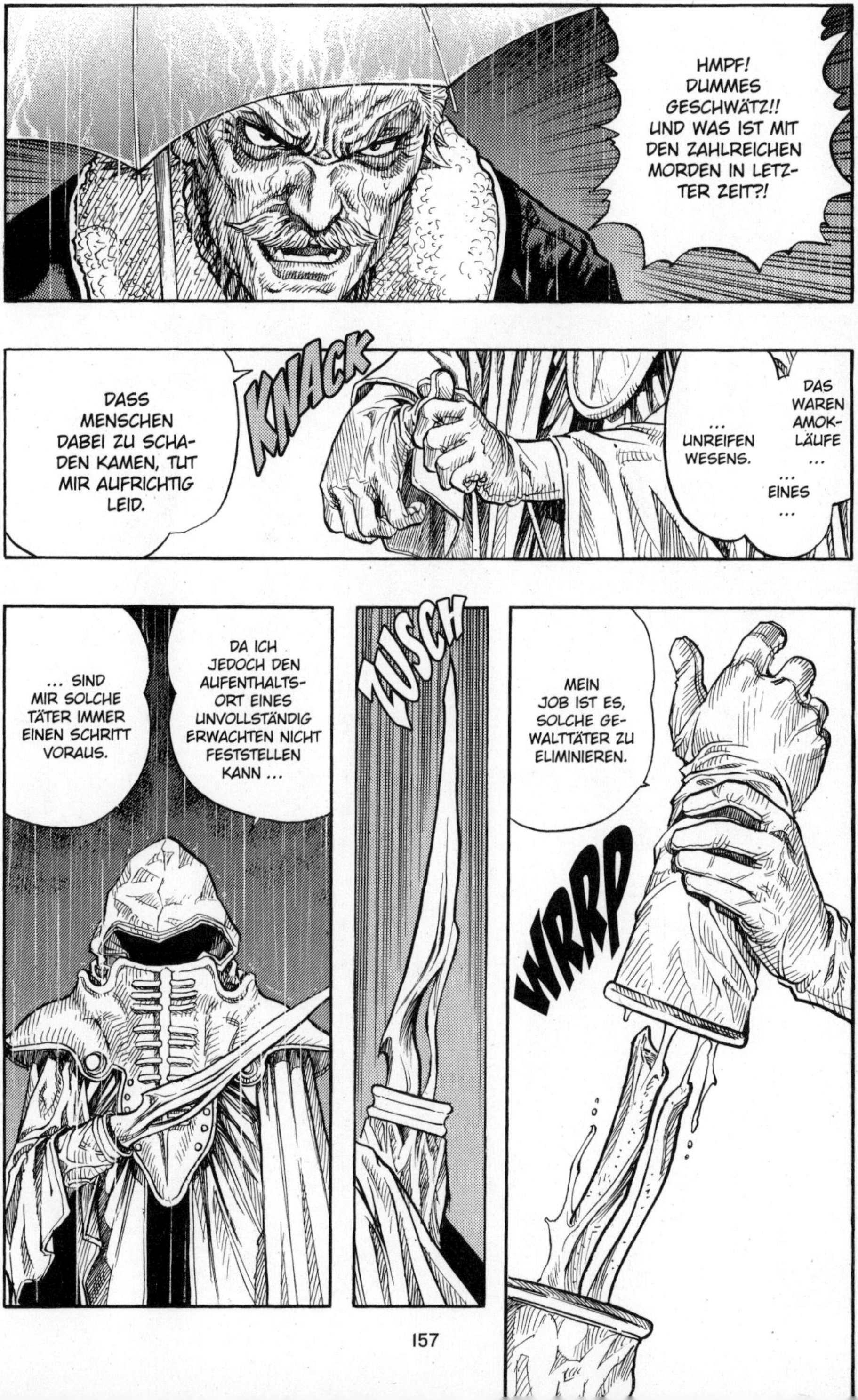
HMPF! DUMMES GESCHWÄTZ!! UND WAS IST MIT DEN ZAHLREICHEN MORDEN IN LETZTER ZEIT?!
KNACK
DASS MENSCHEN DABEI ZU SCHADEN KAMEN, TUT MIR AUFRICHTIG LEID.
DAS WAREN AMOKLÄUFE …
… EINES …
… UNREIFEN WESENS.
DA ICH JEDOCH DEN AUFENTHALTSORT EINES UNVOLLSTÄNDIG ERWACHTEN NICHT FESTSTELLEN KANN …
… SIND MIR SOLCHE TÄTER IMMER EINEN SCHRITT VORAUS.
ZUSCH
MEIN JOB IST ES, SOLCHE GEWALTTÄTER ZU ELIMINIEREN.
WRRP

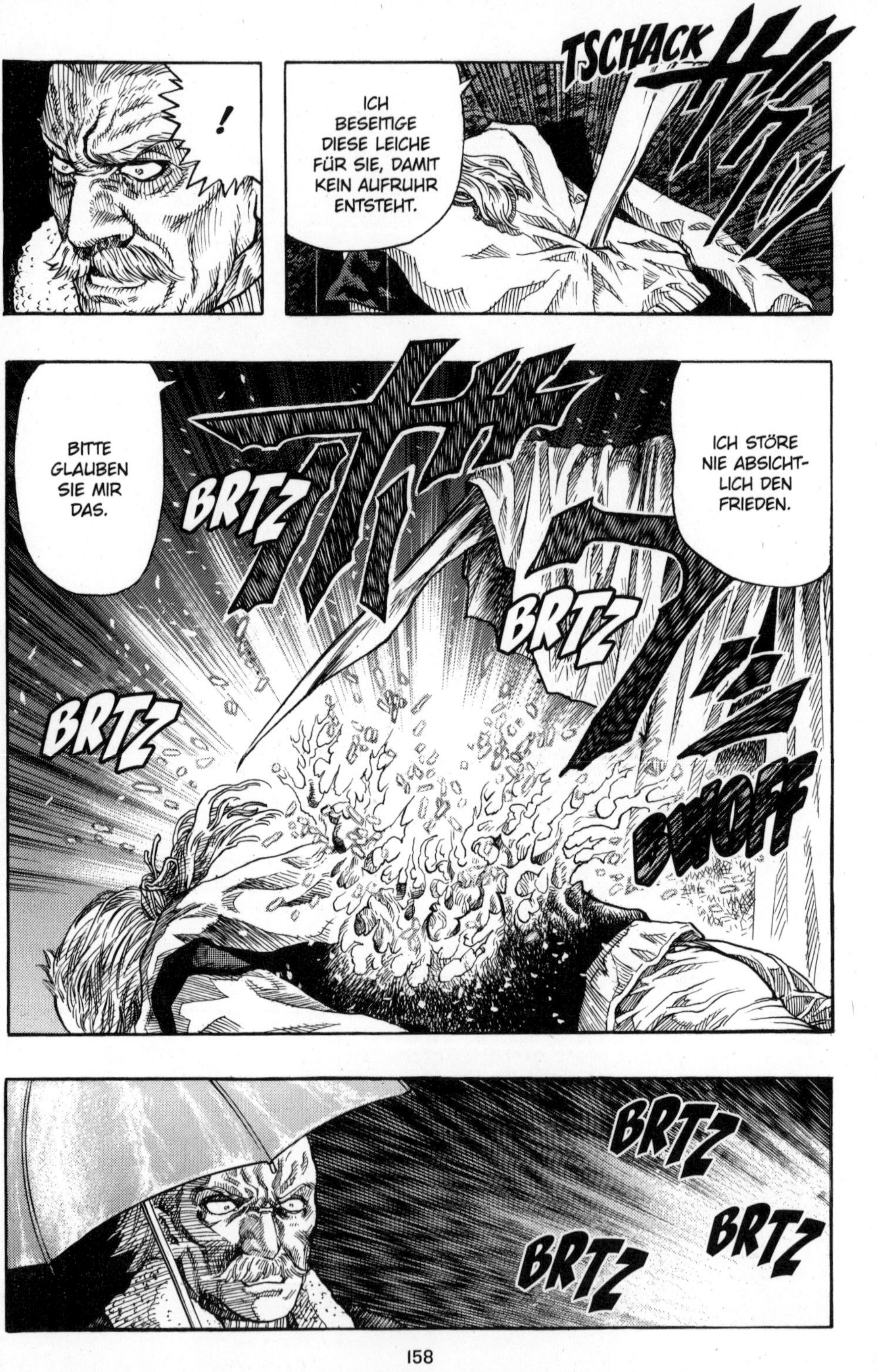
TSCHACK
ICH BESEITIGE DIESE LEICHE FÜR SIE, DAMIT KEIN AUFRUHR ENTSTEHT.
!
ICH STÖRE NIE ABSICHTLICH DEN FRIEDEN.
BITTE GLAUBEN SIE MIR DAS.
BRTZ
BRTZ
BRTZ
BWOFF
BRTZ
BRTZ
BRTZ

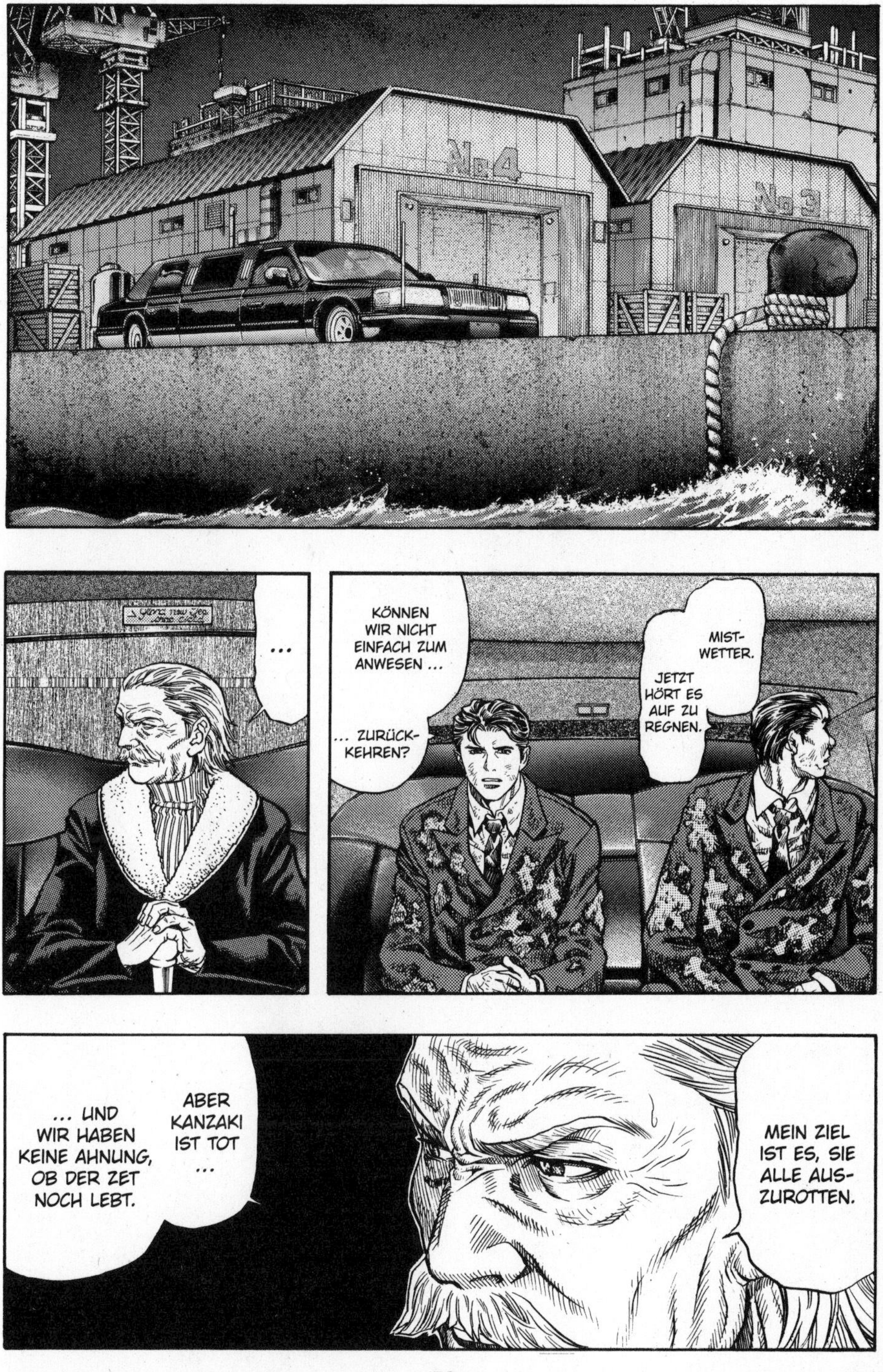

MIST-WETTER.
JETZT HÖRT ES AUF ZU REGNEN.
KÖNNEN WIR NICHT EINFACH ZUM ANWESEN …
… ZURÜCK-KEHREN?
…
MEIN ZIEL IST ES, SIE ALLE AUS-ZUROTTEN.
ABER KANZAKI IST TOT …
… UND WIR HABEN KEINE AHNUNG, OB DER ZET NOCH LEBT.

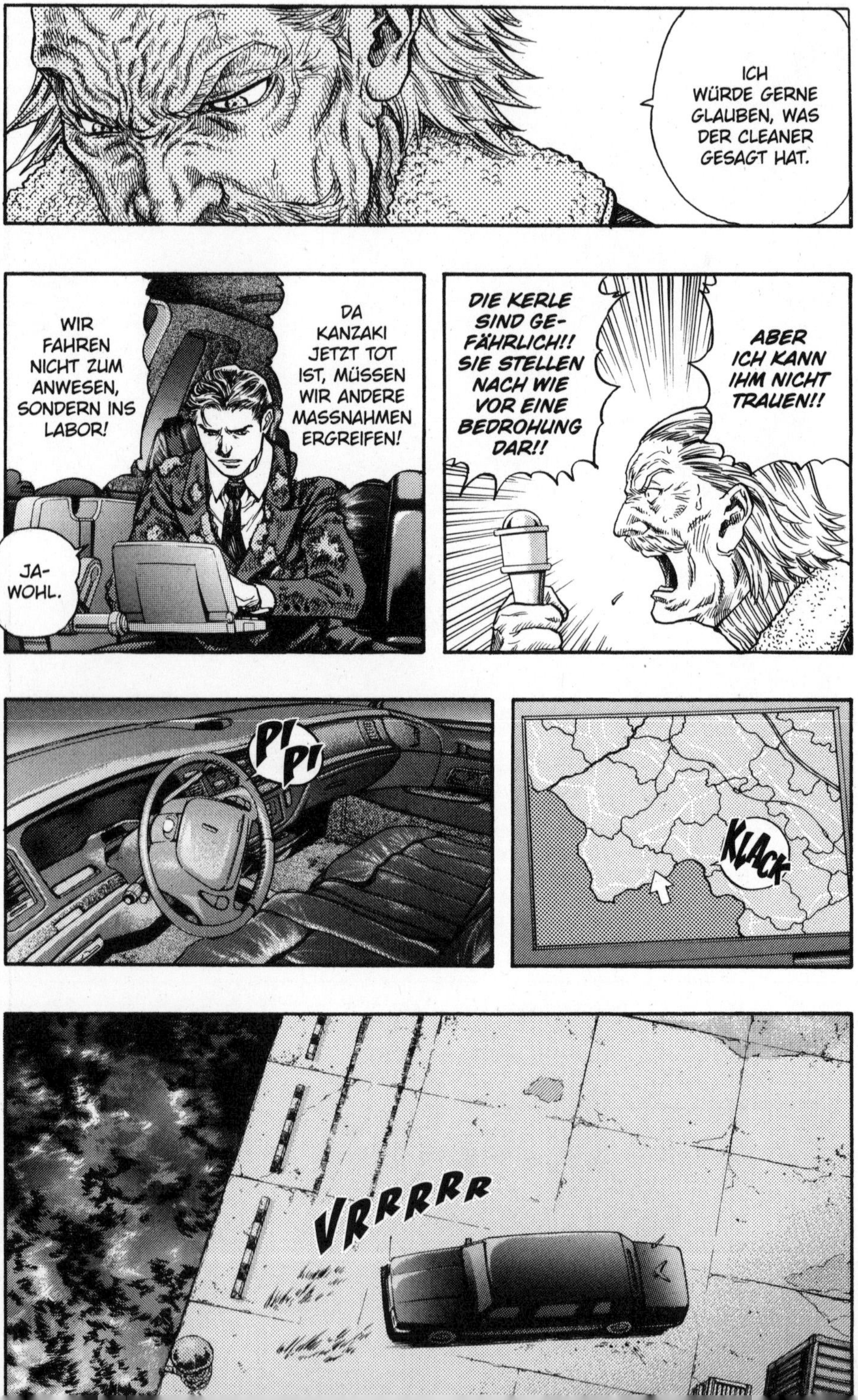
ICH WÜRDE GERNE GLAUBEN, WAS DER CLEANER GESAGT HAT.
ABER ICH KANN IHM NICHT TRAUEN!!
DIE KERLE SIND GE-FÄHRLICH!! SIE STELLEN NACH WIE VOR EINE BEDROHUNG DAR!!
DA KANZAKI JETZT TOT IST, MÜSSEN WIR ANDERE MASSNAHMEN ERGREIFEN!
WIR FAHREN NICHT ZUM ANWESEN, SONDERN INS LABOR!
JA-WOHL.
KLACK
PI PI
VRRRRR

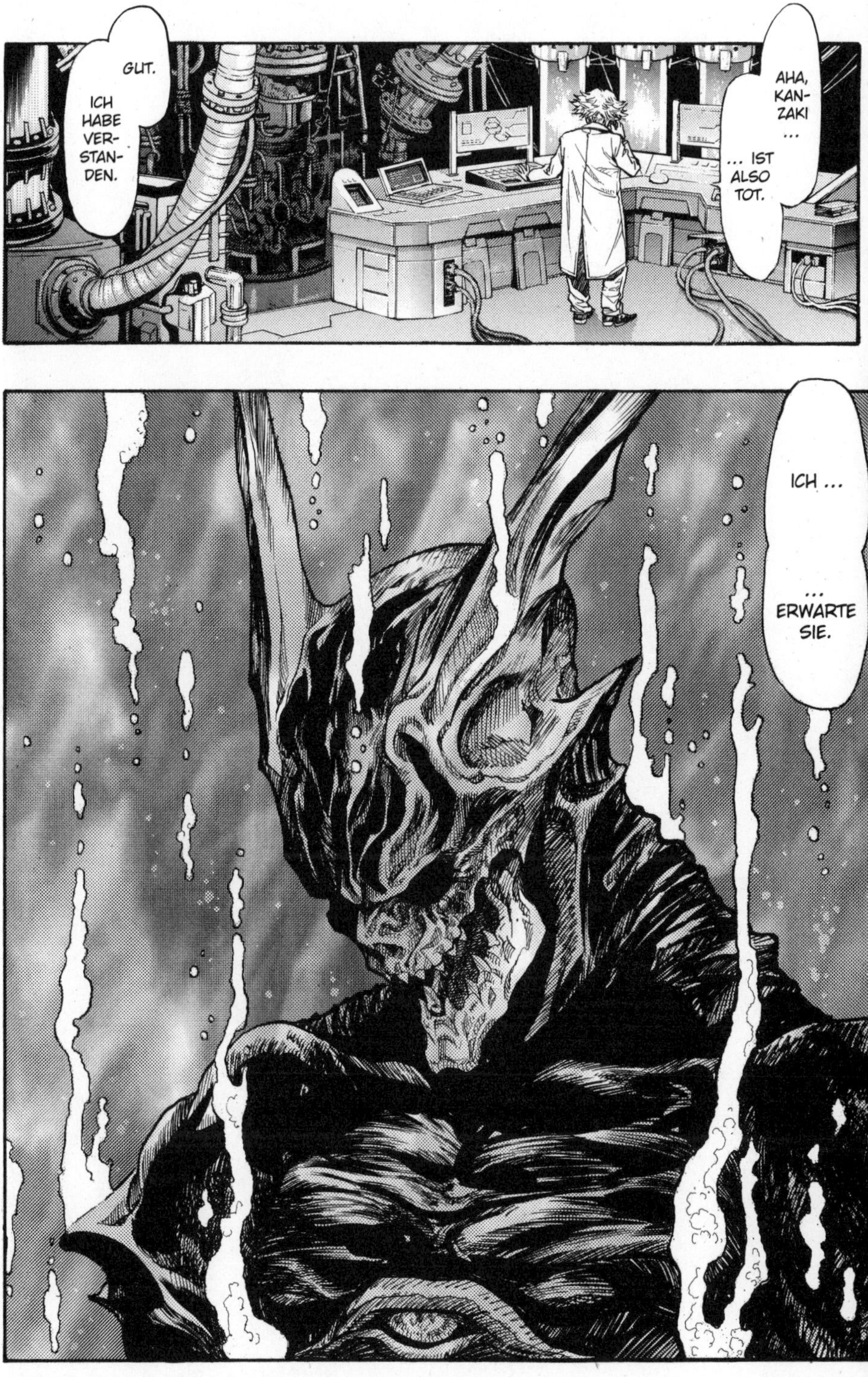
AHA, KANZAKI … … IST ALSO TOT.
GUT. ICH HABE VERSTANDEN.
ICH …
… ERWARTE SIE.

ZETMAN

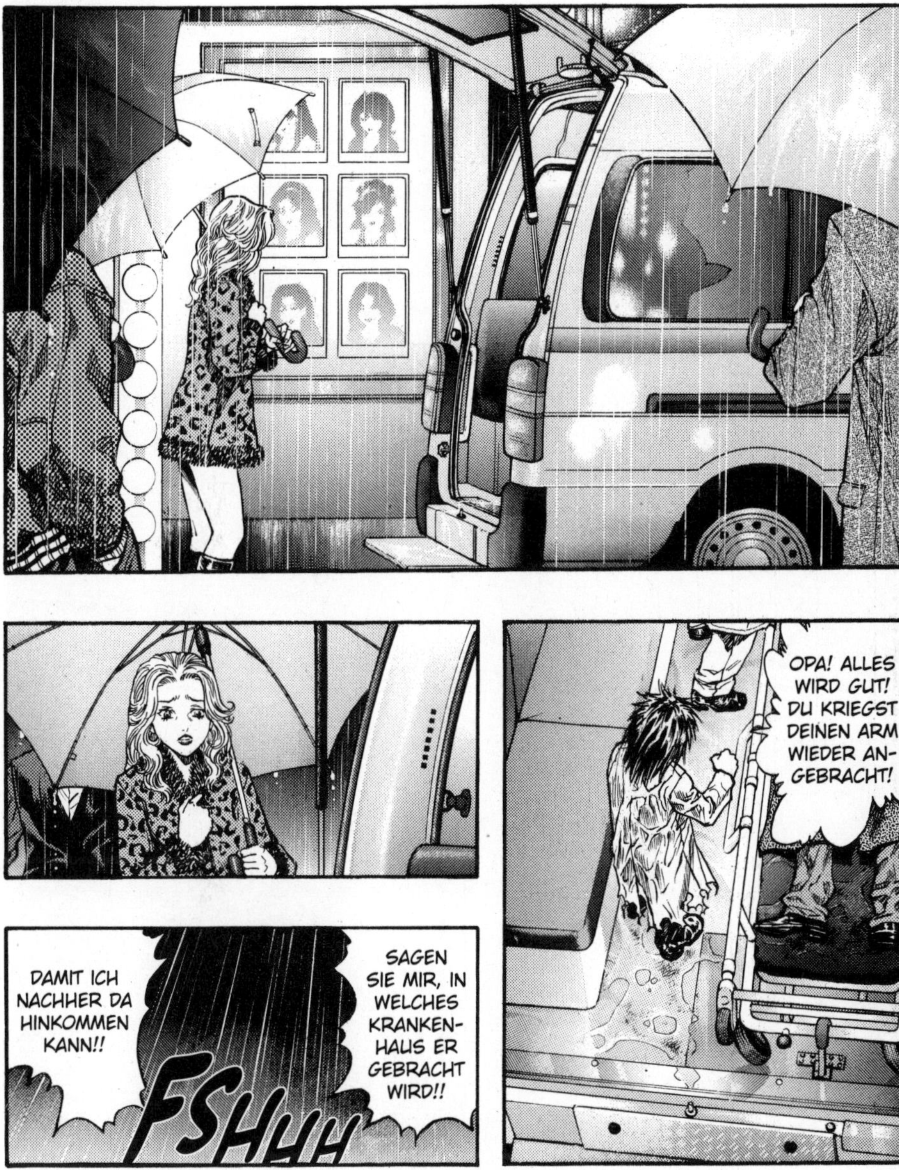

Episode 08:

Wärme

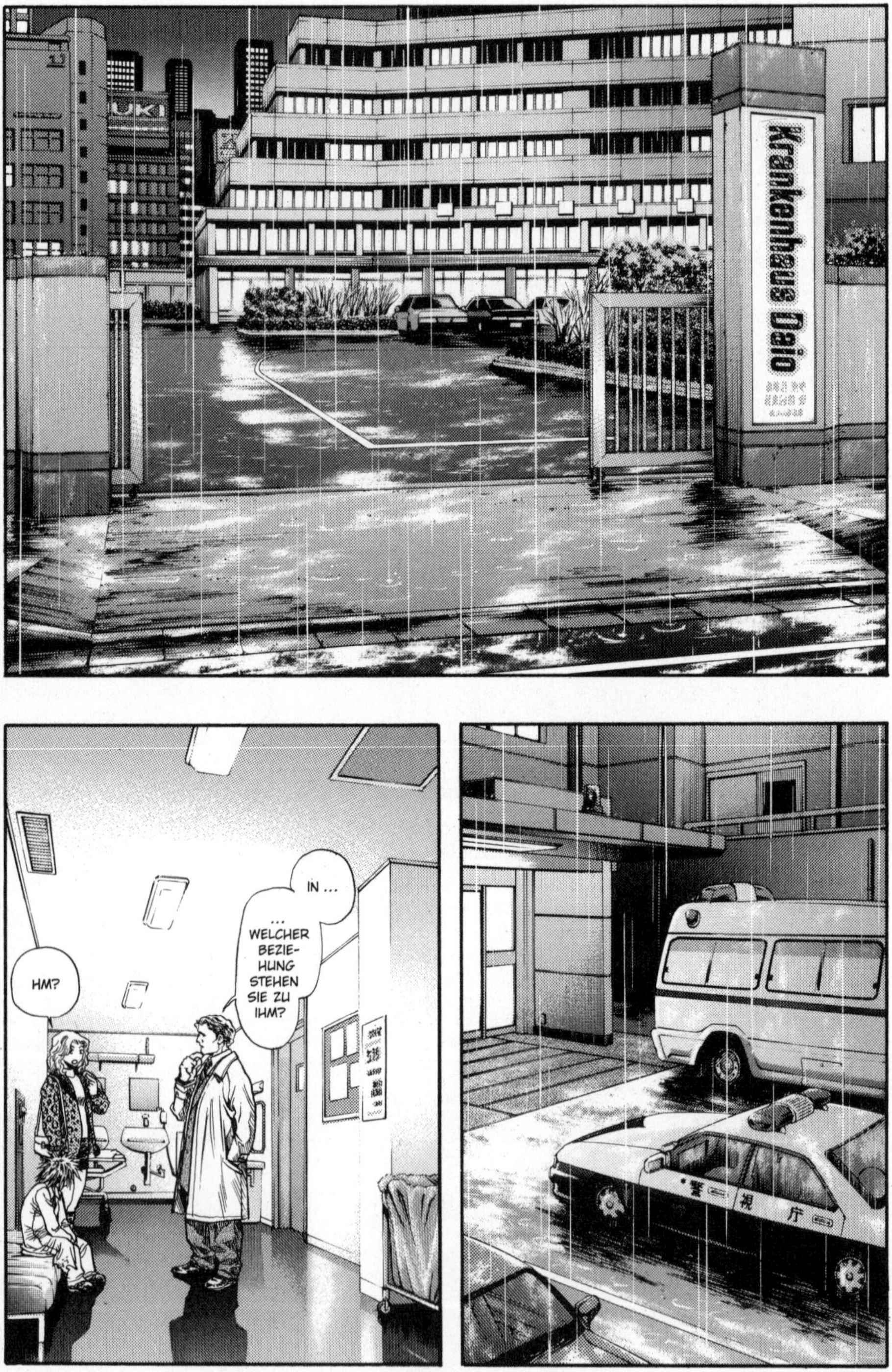

* POLIZEI

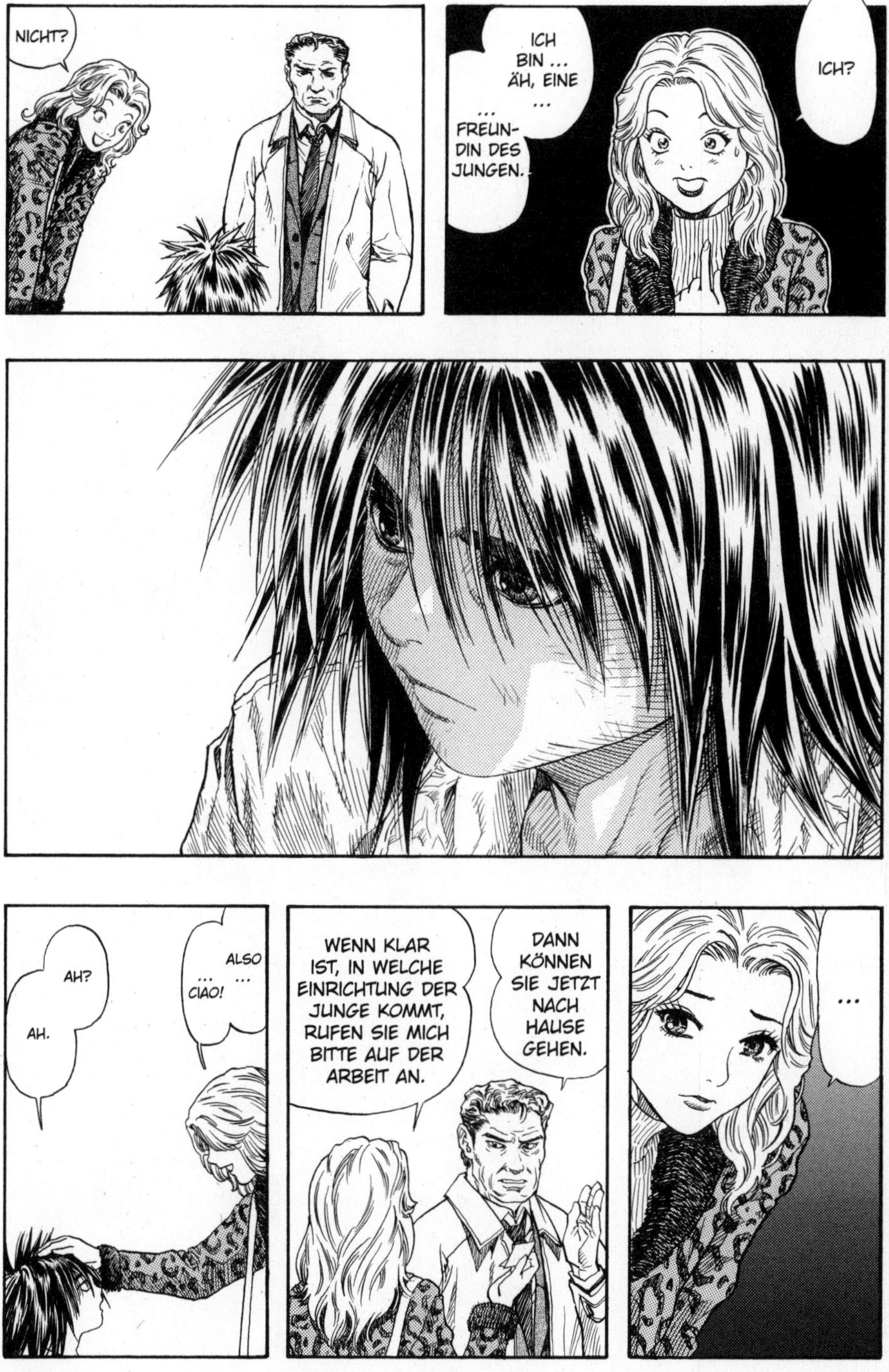
ICH?
ICH BIN … ÄH, EINE … … FREUNDIN DES JUNGEN.
NICHT?
…
DANN KÖNNEN SIE JETZT NACH HAUSE GEHEN.
WENN KLAR IST, IN WELCHE EINRICHTUNG DER JUNGE KOMMT, RUFEN SIE MICH BITTE AUF DER ARBEIT AN.
ALSO … … CIAO!
AH?
AH.

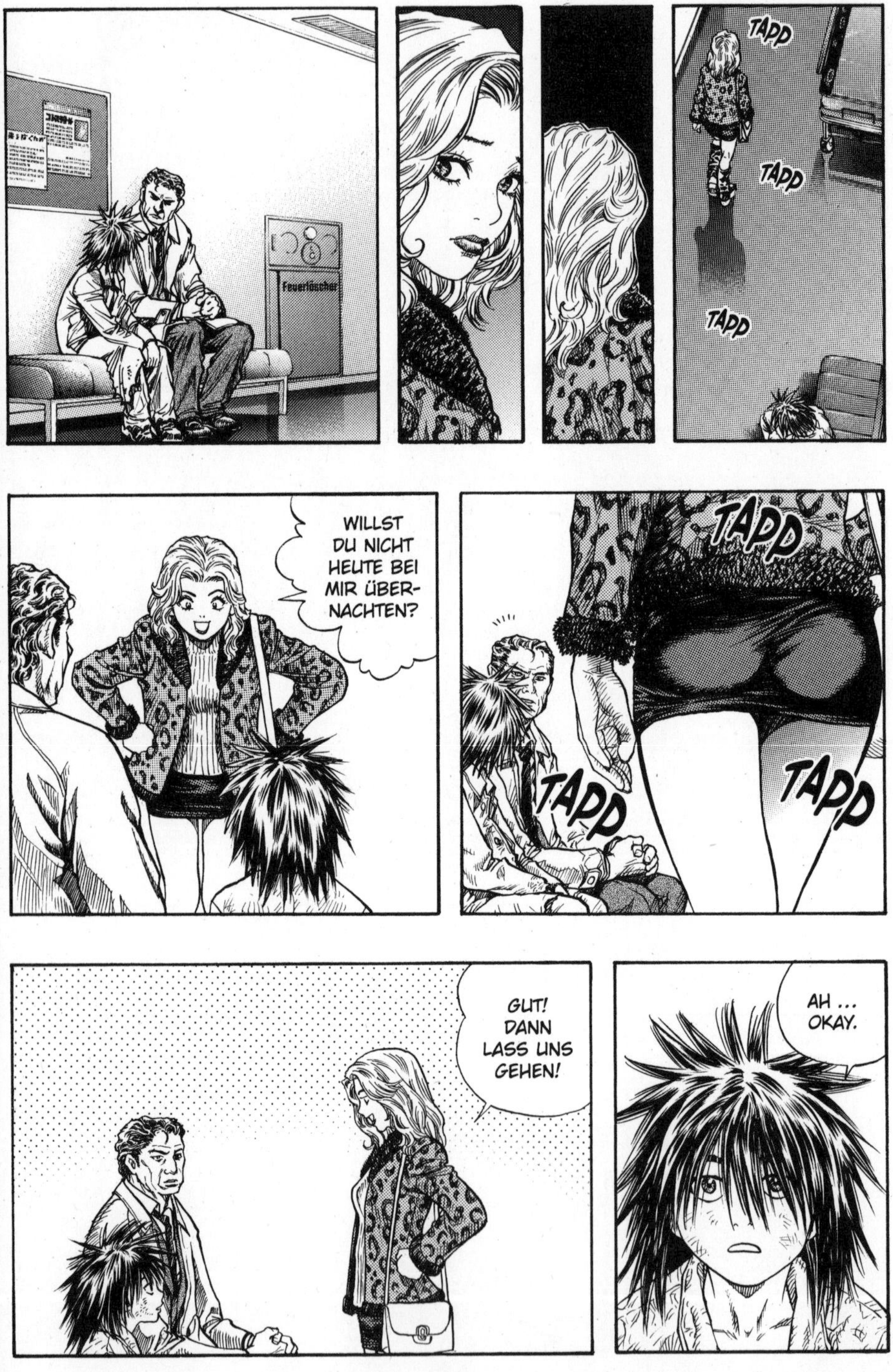
Feuerlöscher
TAPP
TAPP
TAPP
WILLST DU NICHT HEUTE BEI MIR ÜBER-NACHTEN?
TAPP
TAPP
TAPP
GUT! DANN LASS UNS GEHEN!
AH ... OKAY.

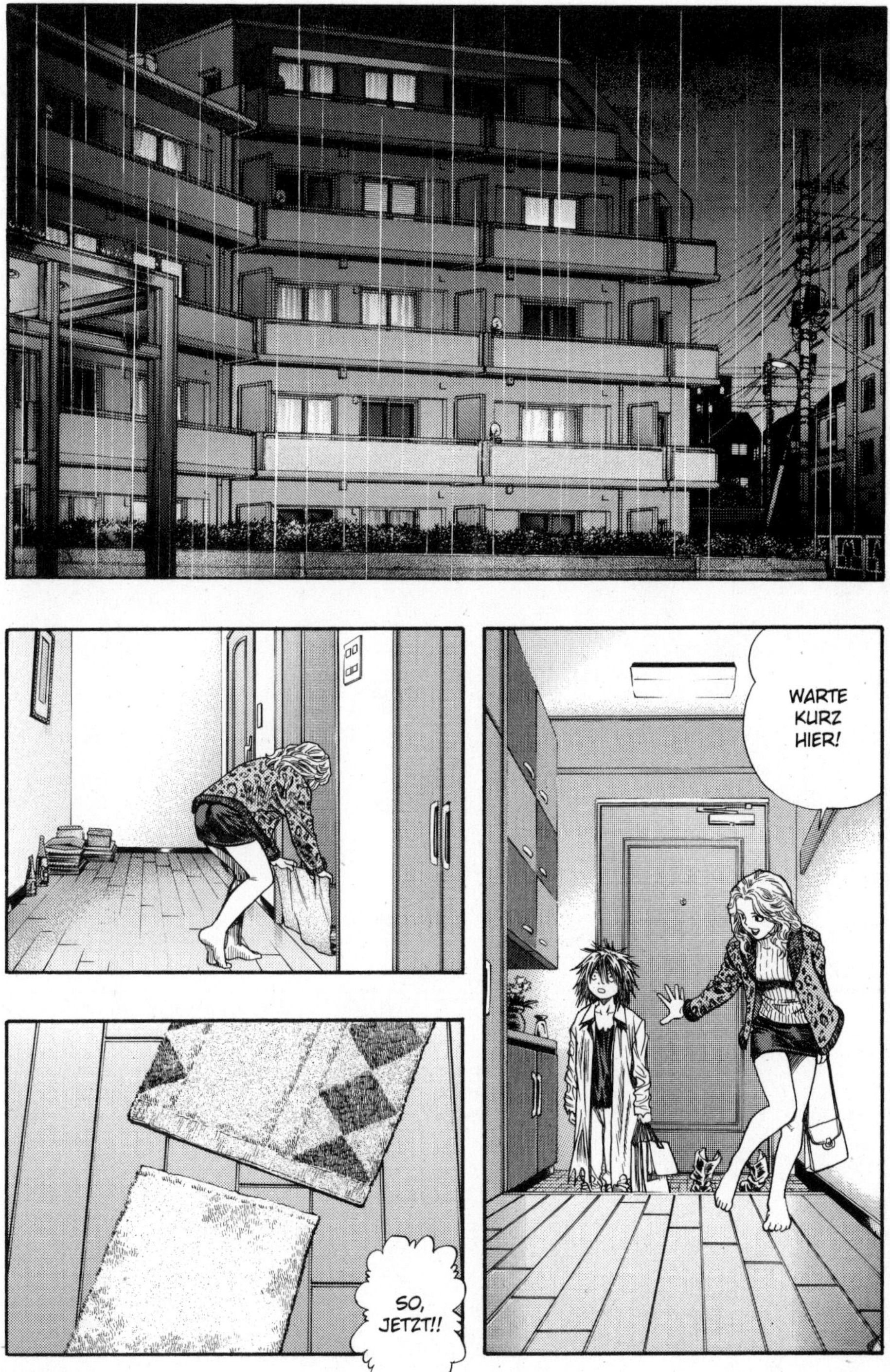
WARTE KURZ HIER!
SO, JETZT!!

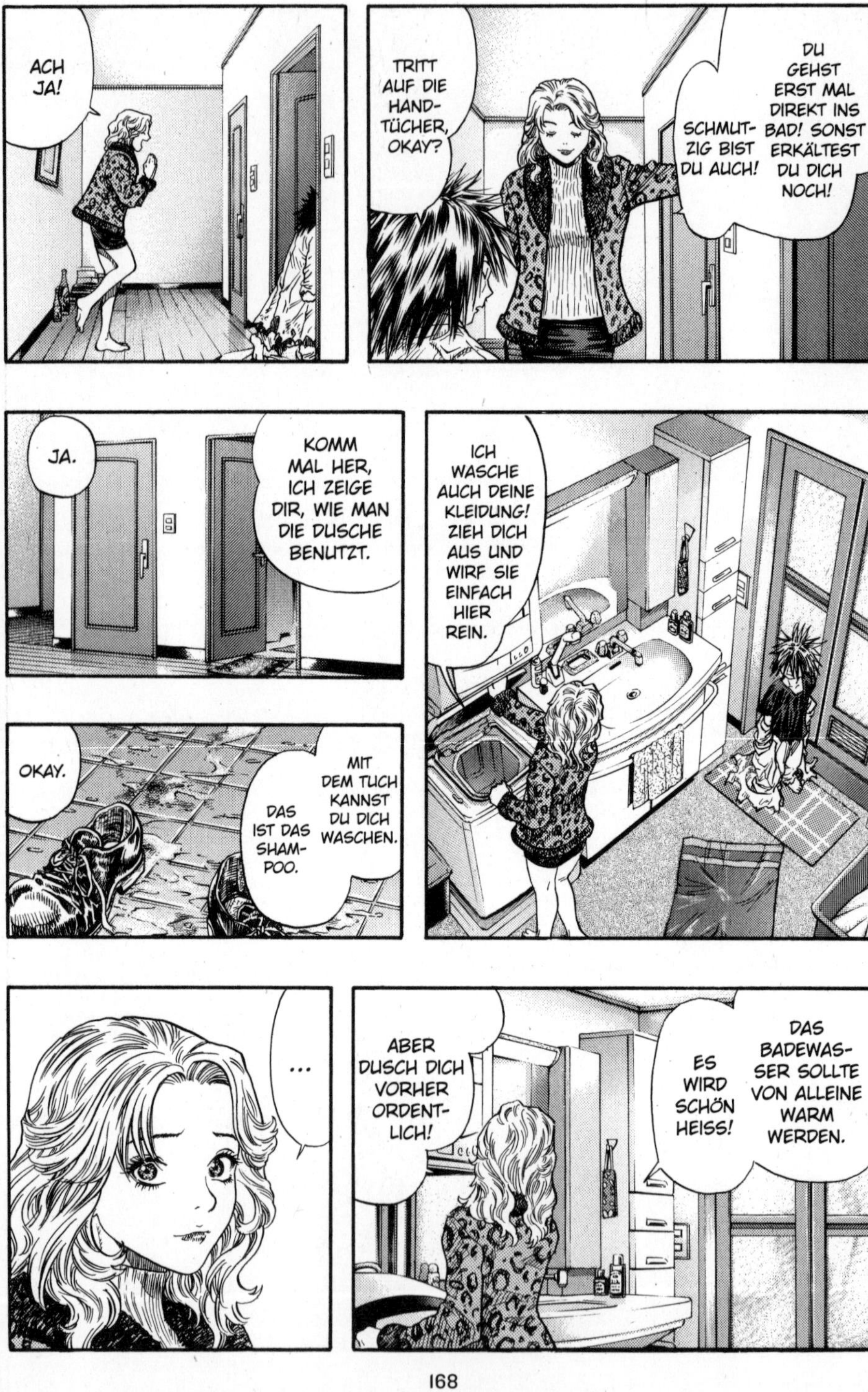
DU GEHST ERST MAL DIREKT INS BAD! SONST ERKÄLTEST DU DICH NOCH!
SCHMUTZIG BIST DU AUCH!
TRITT AUF DIE HANDTÜCHER, OKAY?
ACH JA!
KOMM MAL HER, ICH ZEIGE DIR, WIE MAN DIE DUSCHE BENUTZT.
JA.
MIT DEM TUCH KANNST DU DICH WASCHEN.
DAS IST DAS SHAMPOO.
OKAY.
ICH WASCHE AUCH DEINE KLEIDUNG! ZIEH DICH AUS UND WIRF SIE EINFACH HIER REIN.
DAS BADEWASSER SOLLTE VON ALLEINE WARM WERDEN.
ES WIRD SCHÖN HEISS!
ABER DUSCH DICH VORHER ORDENTLICH!
...

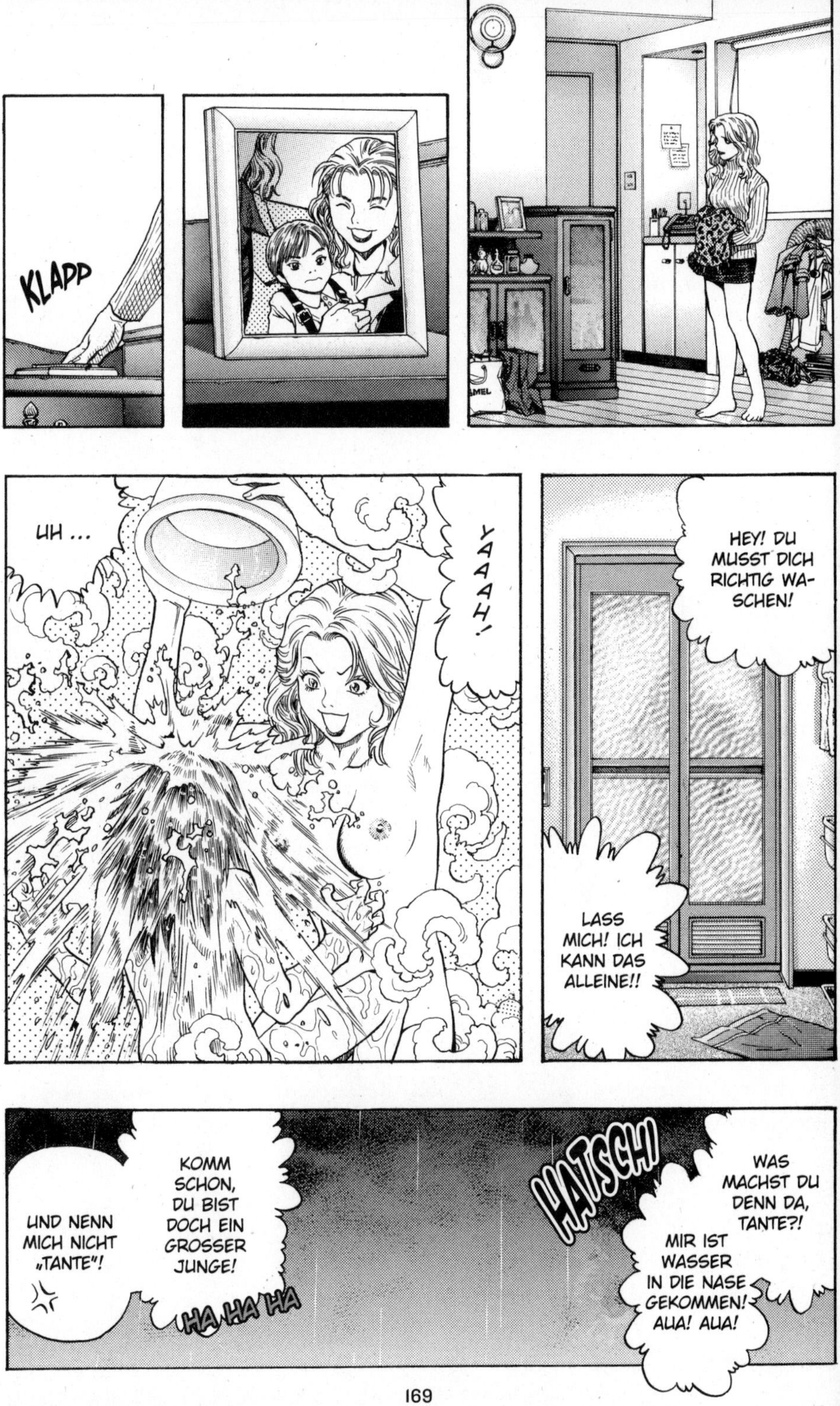
KLAPP
HEY! DU MUSST DICH RICHTIG WA-SCHEN!
LASS MICH! ICH KANN DAS ALLEINE!!
YAAAAH!
UH ...
WAS MACHST DU DENN DA, TANTE?!
HATSCHI
MIR IST WASSER IN DIE NASE GEKOMMEN! AUA! AUA!
KOMM SCHON, DU BIST DOCH EIN GROSSER JUNGE!
HA HA HA
UND NENN MICH NICHT „TANTE"!

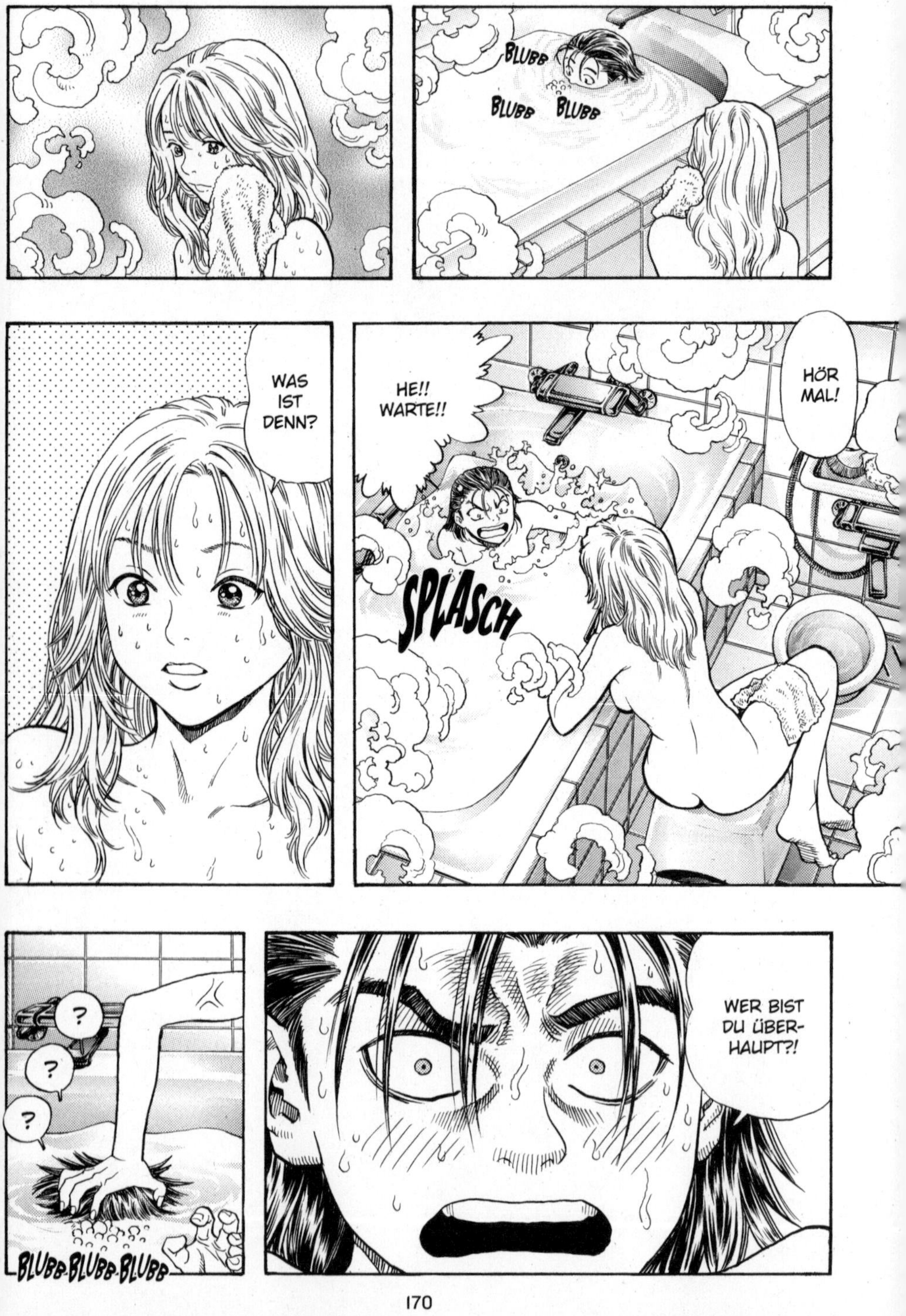
BLUBB
BLUBB
BLUBB
HÖR MAL!
HE!! WARTE!!
SPLASCH
WAS IST DENN?
WER BIST DU ÜBER-HAUPT?!
?
?
?
BLUBB-BLUBB-BLUBB

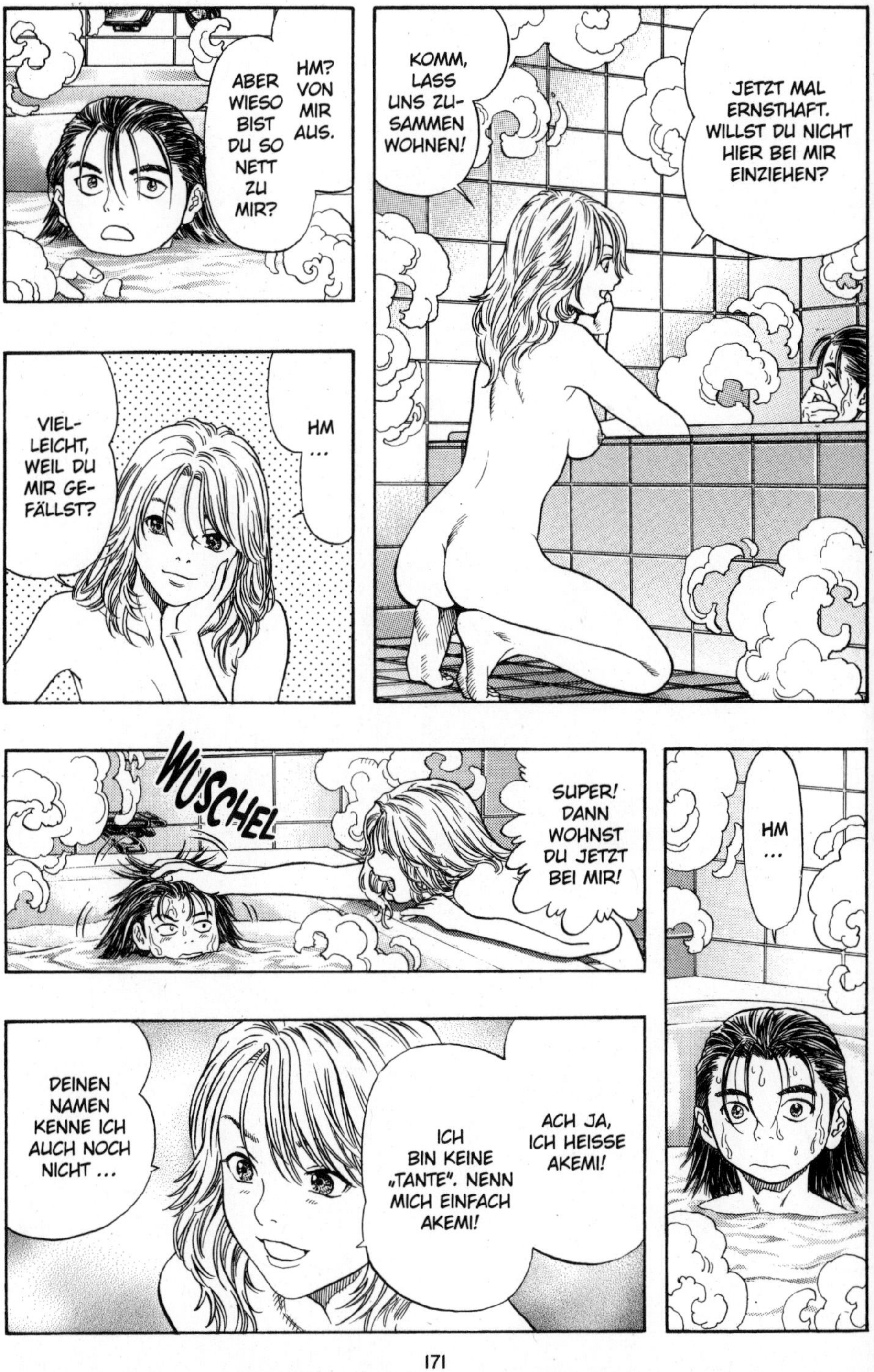
JETZT MAL ERNSTHAFT. WILLST DU NICHT HIER BEI MIR EINZIEHEN?
KOMM, LASS UNS ZUSAMMEN WOHNEN!
HM? VON MIR AUS.
ABER WIESO BIST DU SO NETT ZU MIR?
HM …
VIELLEICHT, WEIL DU MIR GEFÄLLST?
HM …
WUSCHEL
SUPER! DANN WOHNST DU JETZT BEI MIR!
ACH JA, ICH HEISSE AKEMI!
ICH BIN KEINE „TANTE". NENN MICH EINFACH AKEMI!
DEINEN NAMEN KENNE ICH AUCH NOCH NICHT …

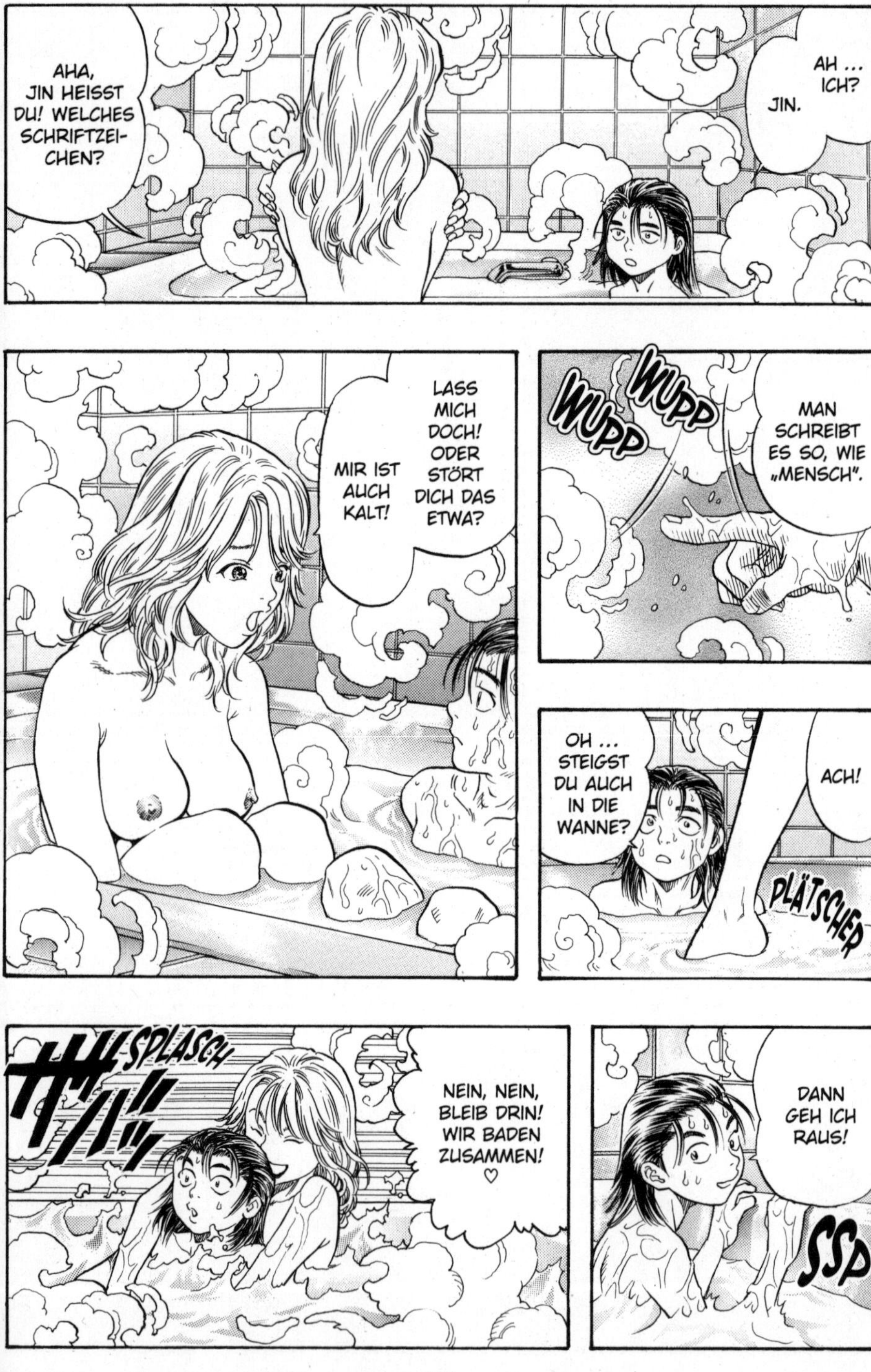
AH ... ICH? JIN.
AHA, JIN HEISST DU! WELCHES SCHRIFTZEICHEN?
WUPP WUPP
MAN SCHREIBT ES SO, WIE „MENSCH“.
ACH!
OH ... STEIGST DU AUCH IN DIE WANNE?
PLÄTSCHER
LASS MICH DOCH! ODER STÖRT DICH DAS ETWA?
MIR IST AUCH KALT!
DANN GEH ICH RAUS!
SSP
SPLASCH
NEIN, NEIN, BLEIB DRIN! WIR BADEN ZUSAMMEN! ♡

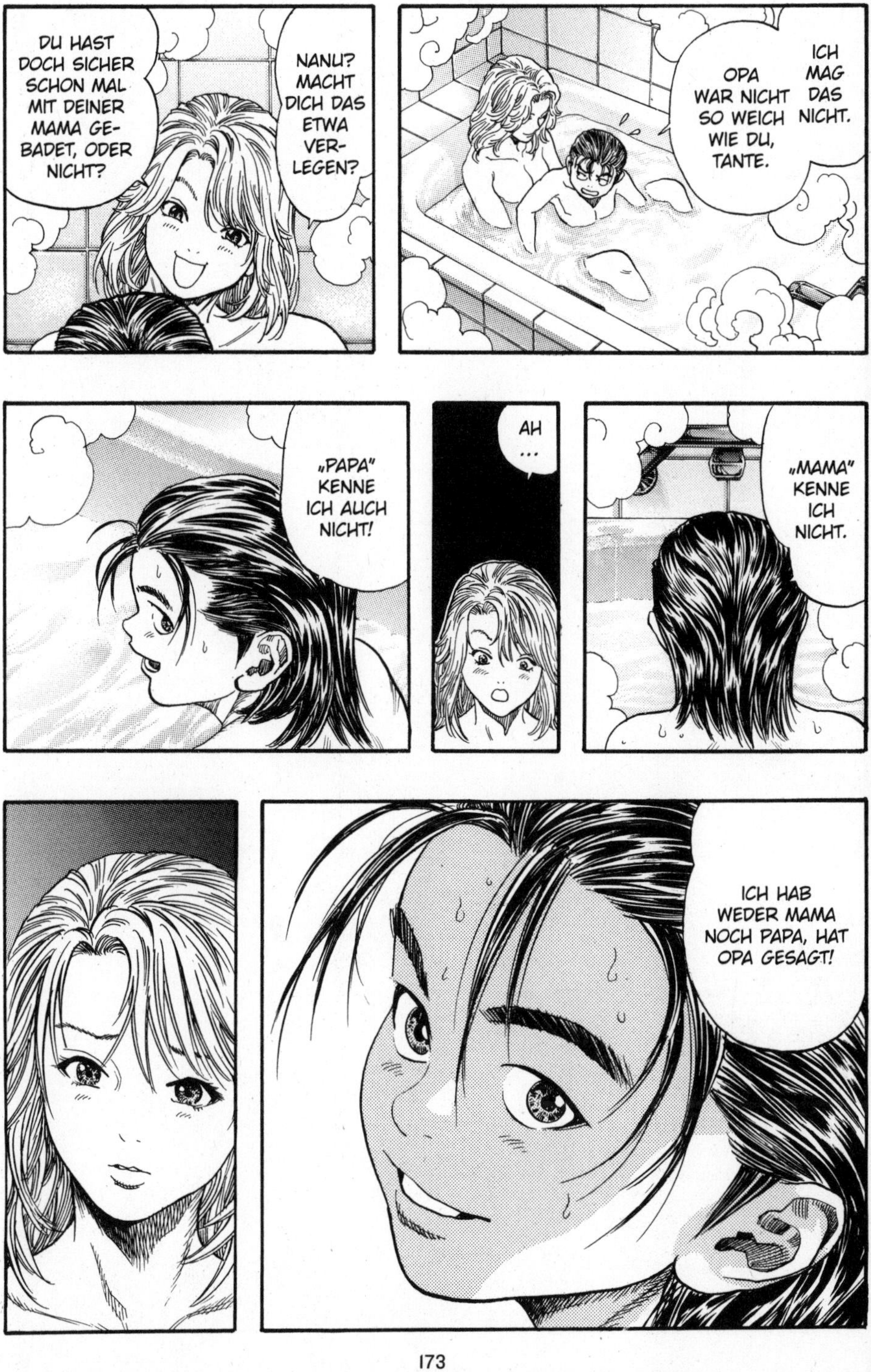
ICH MAG DAS NICHT.
OPA WAR NICHT SO WEICH WIE DU, TANTE.
NANU? MACHT DICH DAS ETWA VER-LEGEN?
DU HAST DOCH SICHER SCHON MAL MIT DEINER MAMA GE-BADET, ODER NICHT?
„MAMA" KENNE ICH NICHT.
AH ...
„PAPA" KENNE ICH AUCH NICHT!
ICH HAB WEDER MAMA NOCH PAPA, HAT OPA GESAGT!

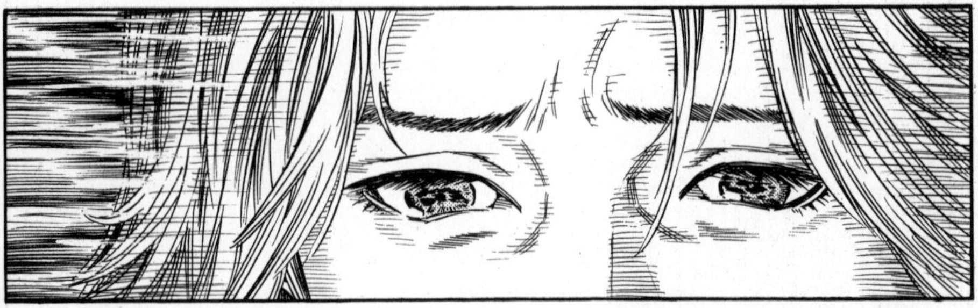

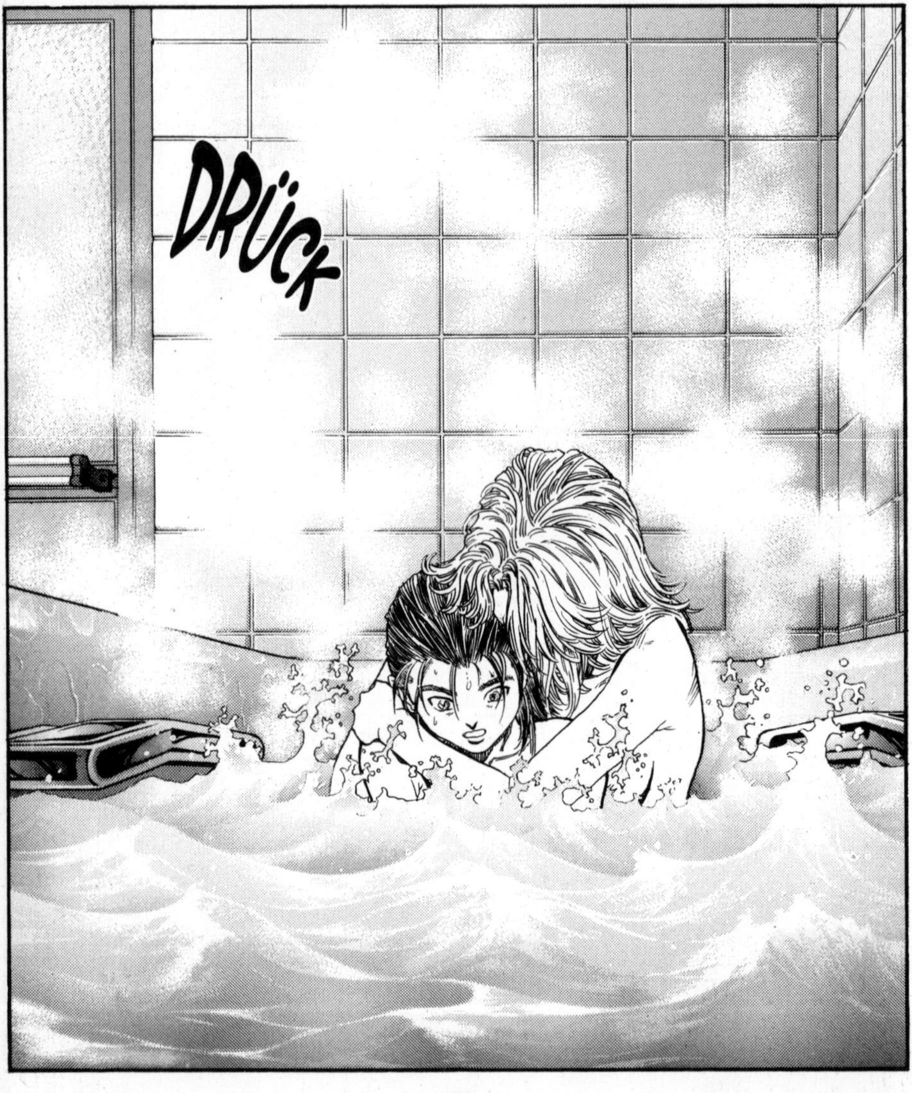
DRÜCK

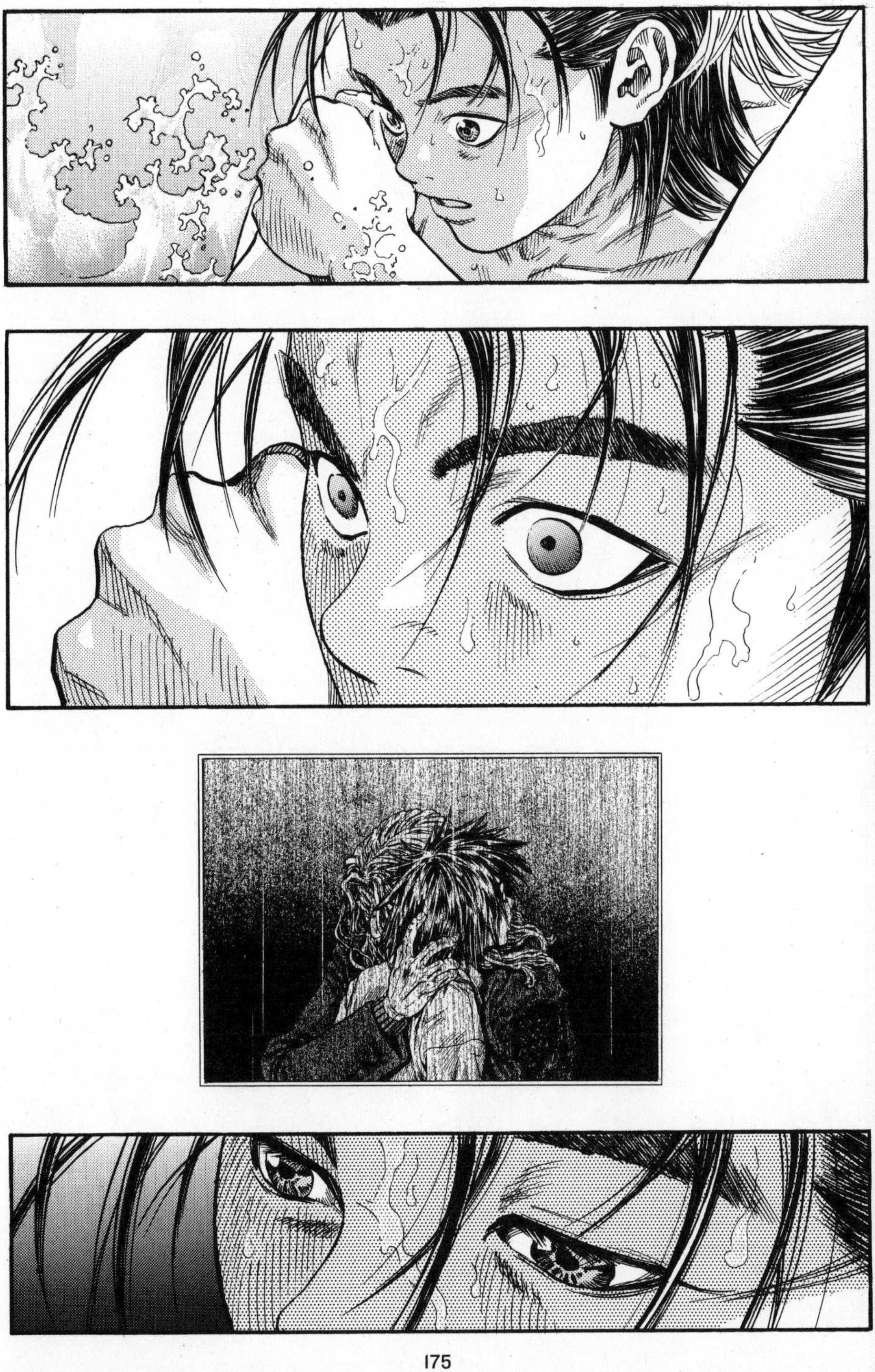

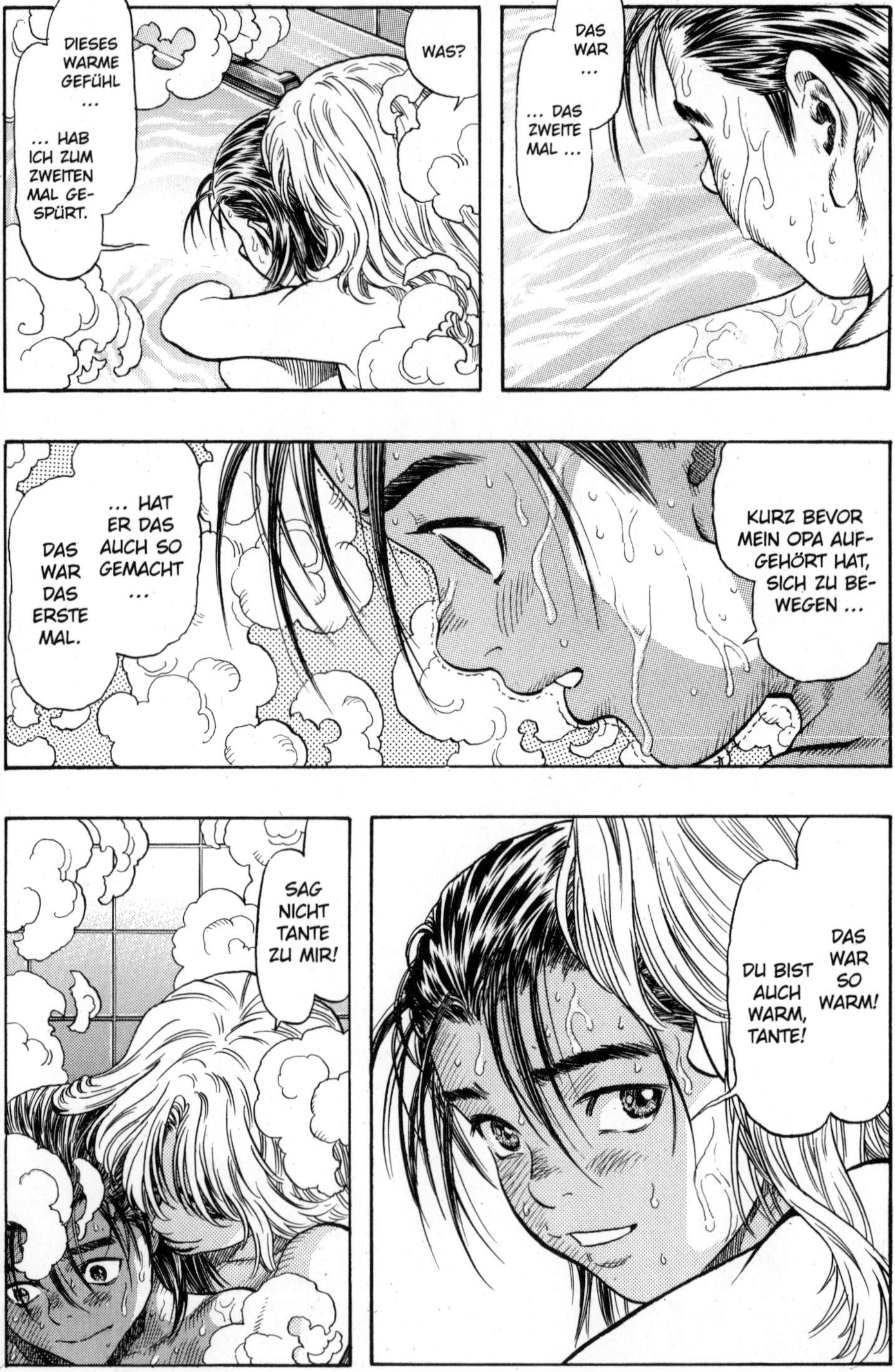
DAS WAR … … DAS ZWEITE MAL …
WAS?
DIESES WARME GEFÜHL … … HAB ICH ZUM ZWEITEN MAL GESPÜRT.
KURZ BEVOR MEIN OPA AUFGEHÖRT HAT, SICH ZU BEWEGEN …
… HAT ER DAS AUCH SO GEMACHT …
DAS WAR DAS ERSTE MAL.
DAS WAR SO WARM!
DU BIST AUCH WARM, TANTE!
SAG NICHT TANTE ZU MIR!

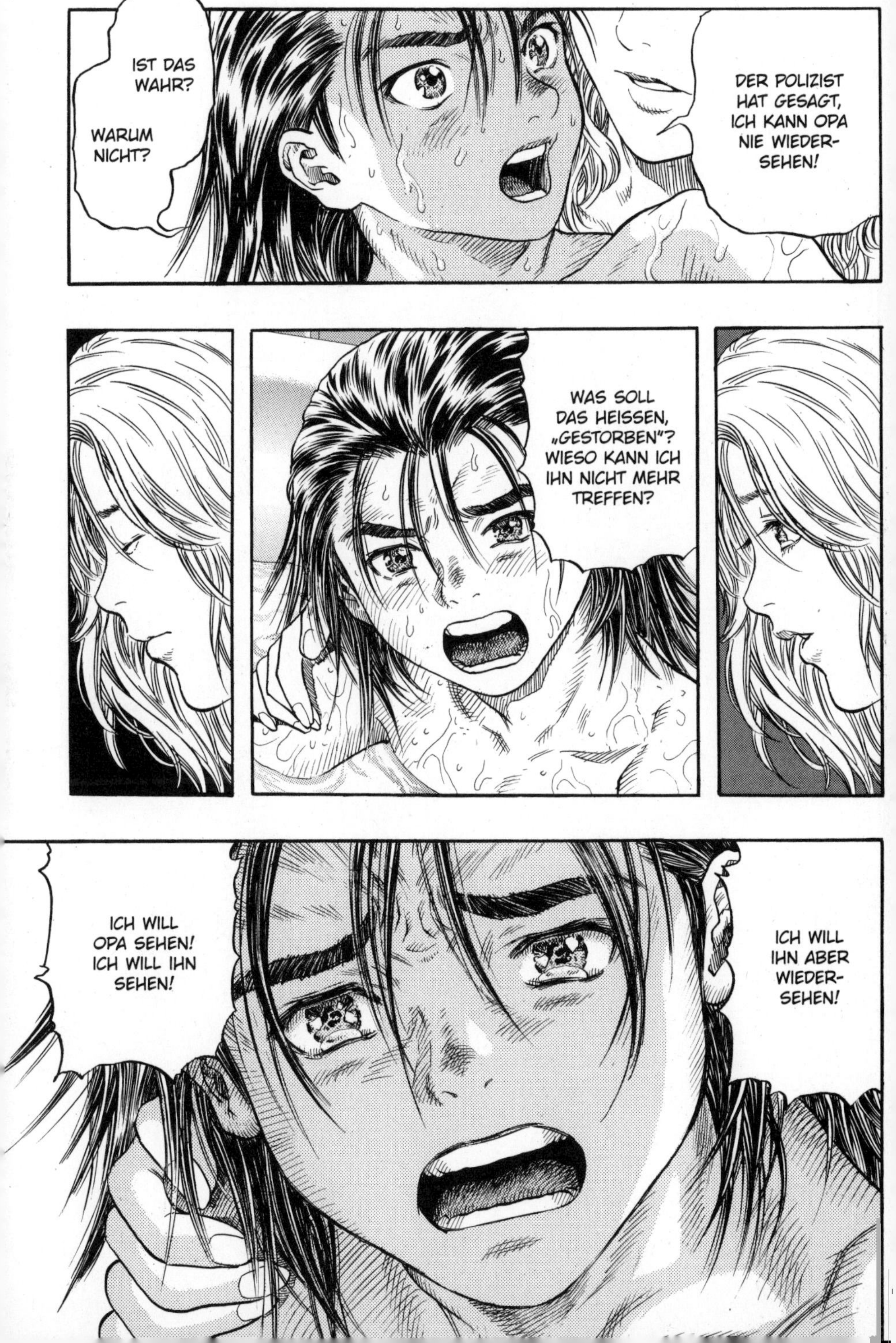
DER POLIZIST HAT GESAGT, ICH KANN OPA NIE WIEDER-SEHEN!
IST DAS WAHR?
WARUM NICHT?
WAS SOLL DAS HEISSEN, „GESTORBEN"? WIESO KANN ICH IHN NICHT MEHR TREFFEN?
ICH WILL IHN ABER WIEDER-SEHEN!
ICH WILL OPA SEHEN! ICH WILL IHN SEHEN!

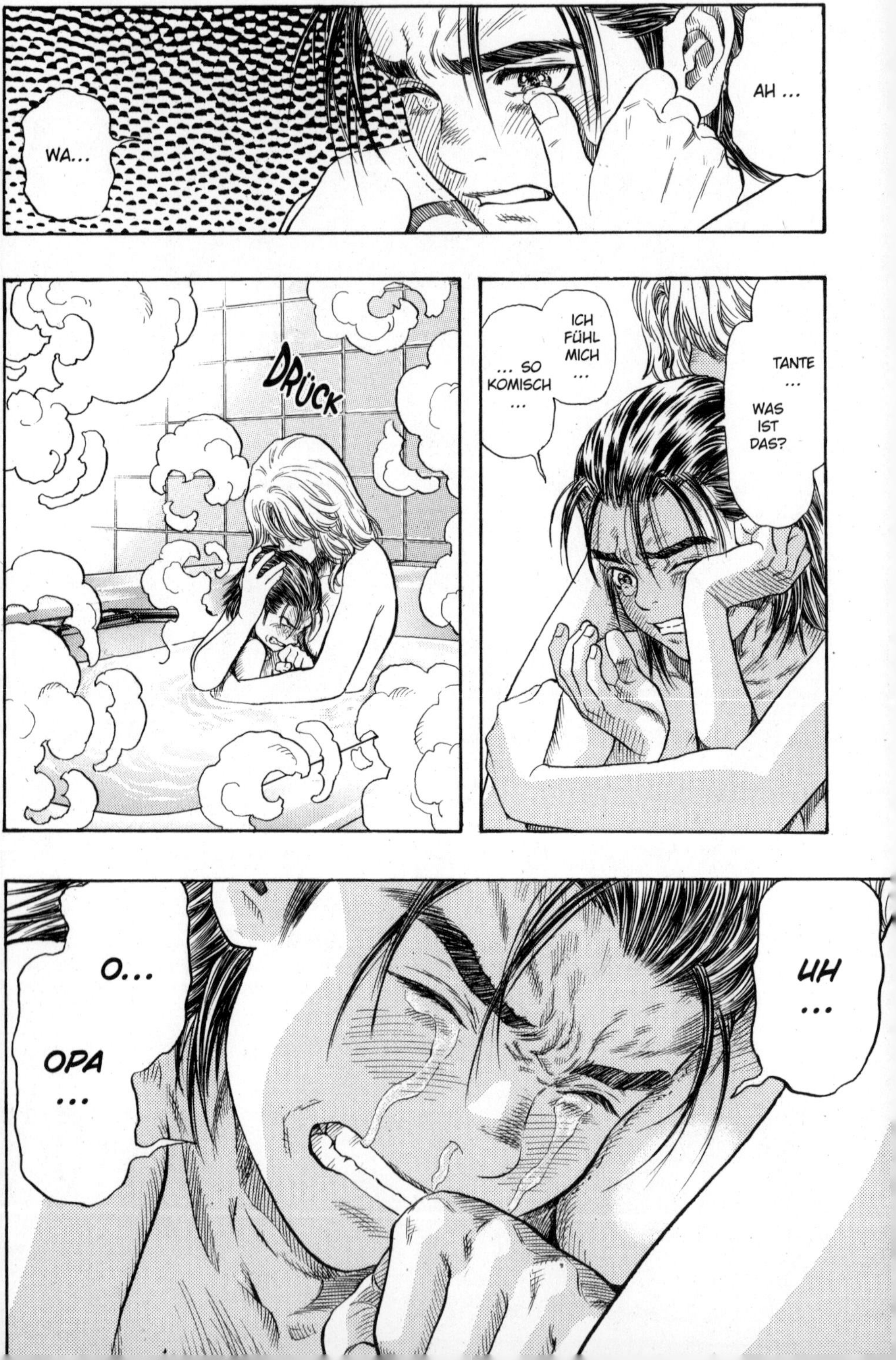
AH ...
WA...
DRÜCK
TANTE ... WAS IST DAS?
ICH FÜHL MICH ...
... SO KOMISCH ...
UH ...
O... OPA ...

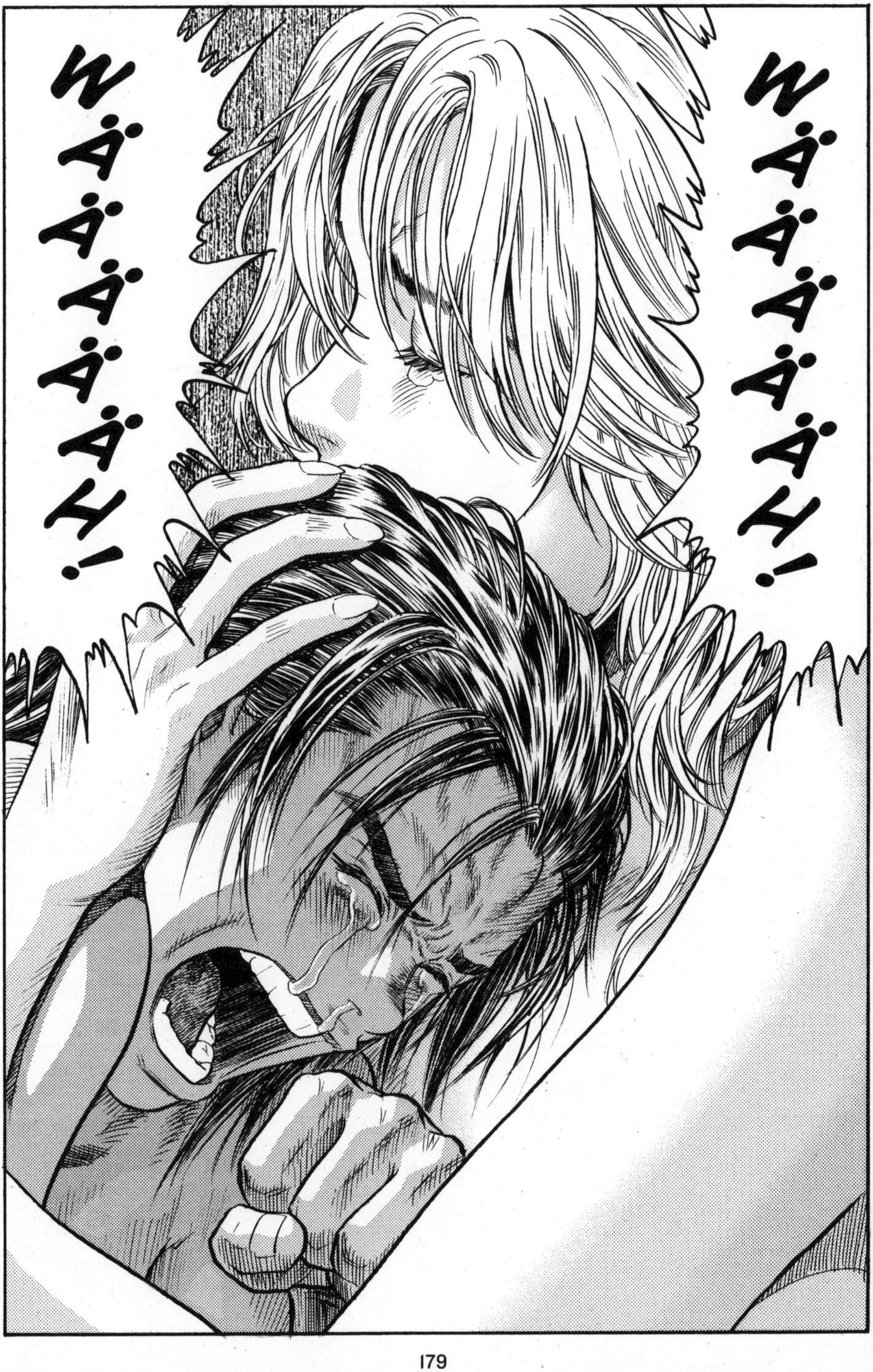
WÄÄÄÄÄH!
WÄÄÄÄÄH!

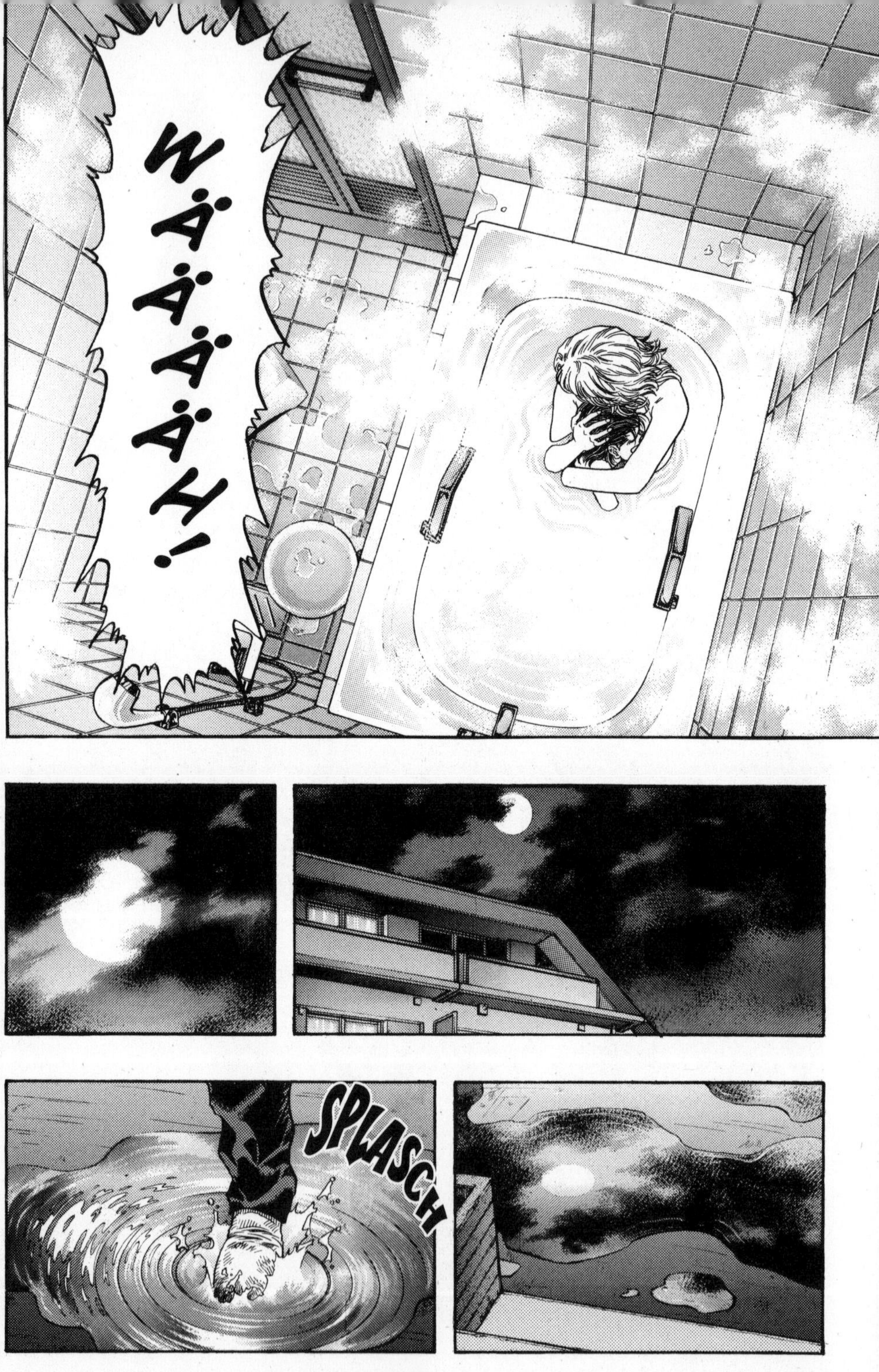
WÄÄÄÄH!
SPLASCH

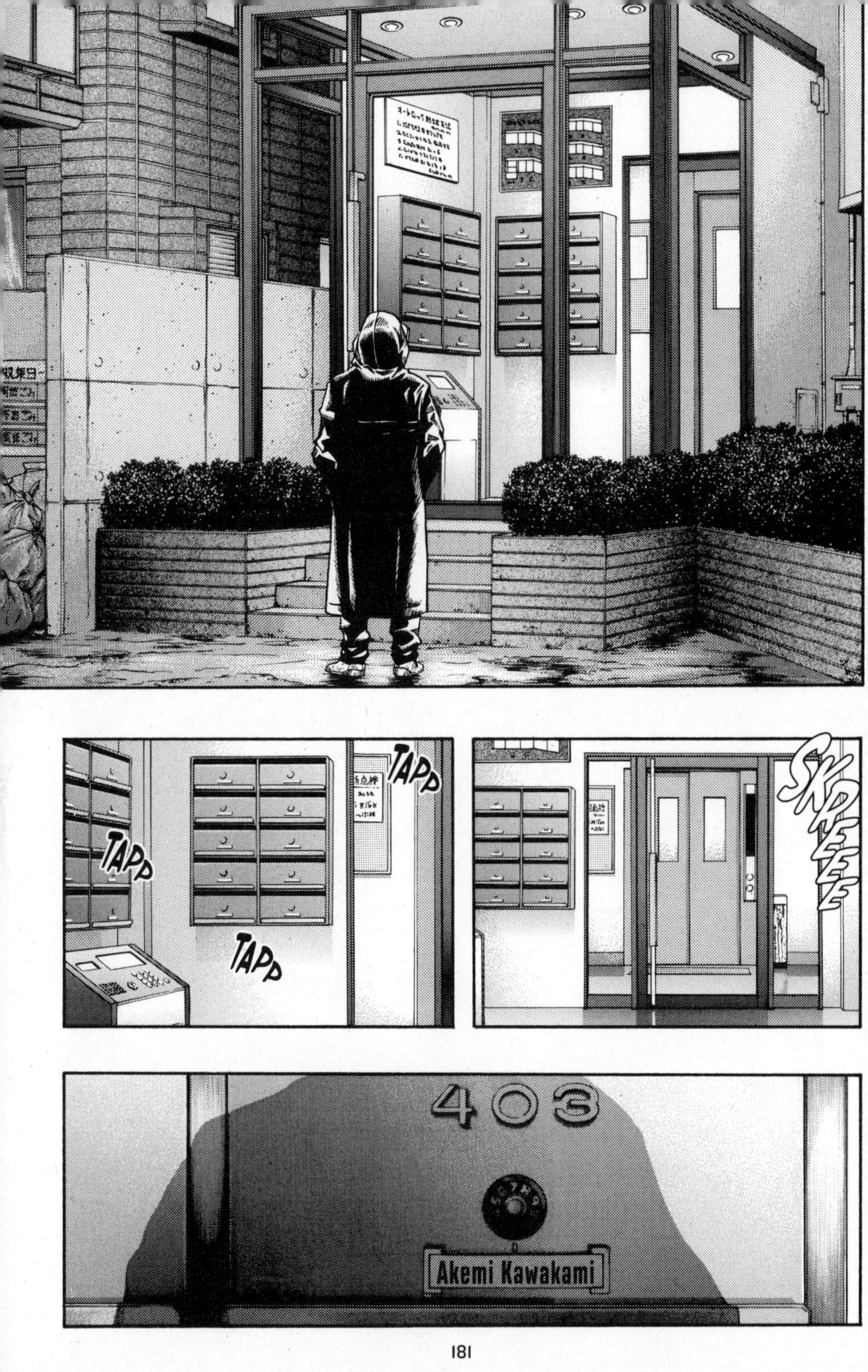
TAPP
TAPP
TAPP
SKREEEE
403
Akemi Kawakami

ZETMAN

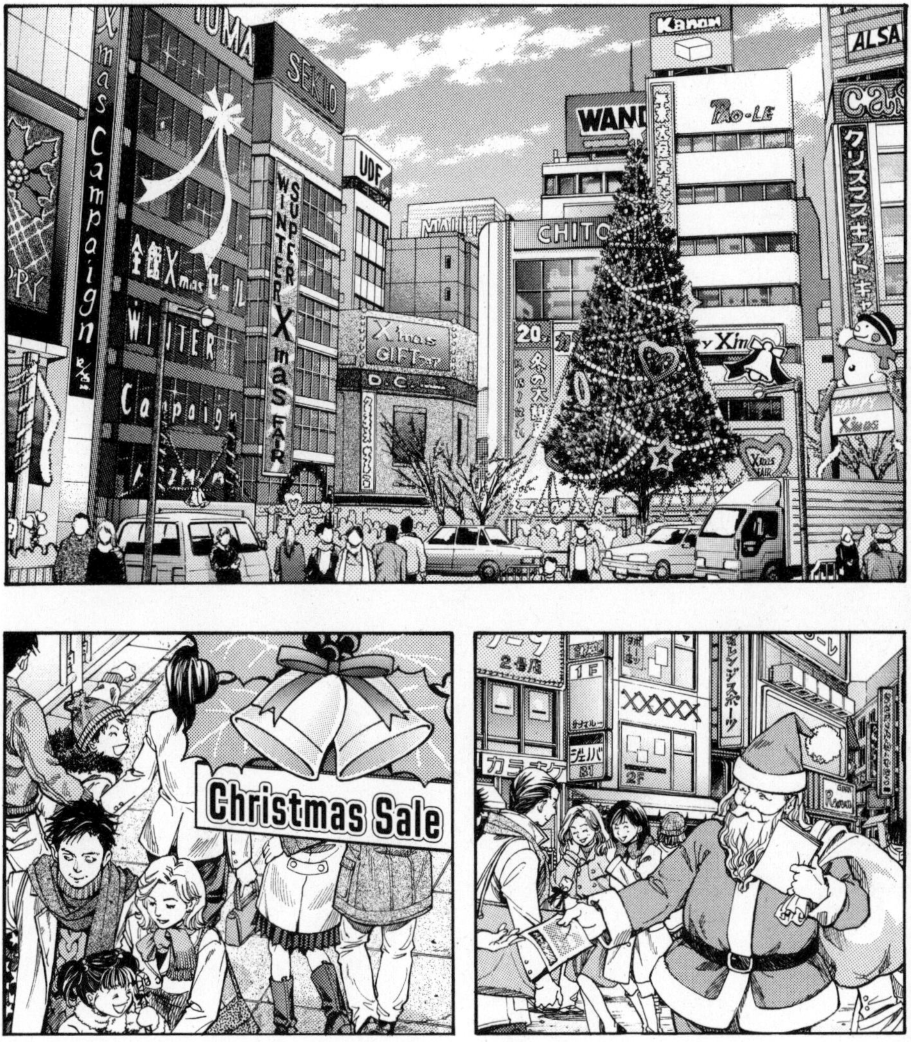

Episode 09:

Heiligabend

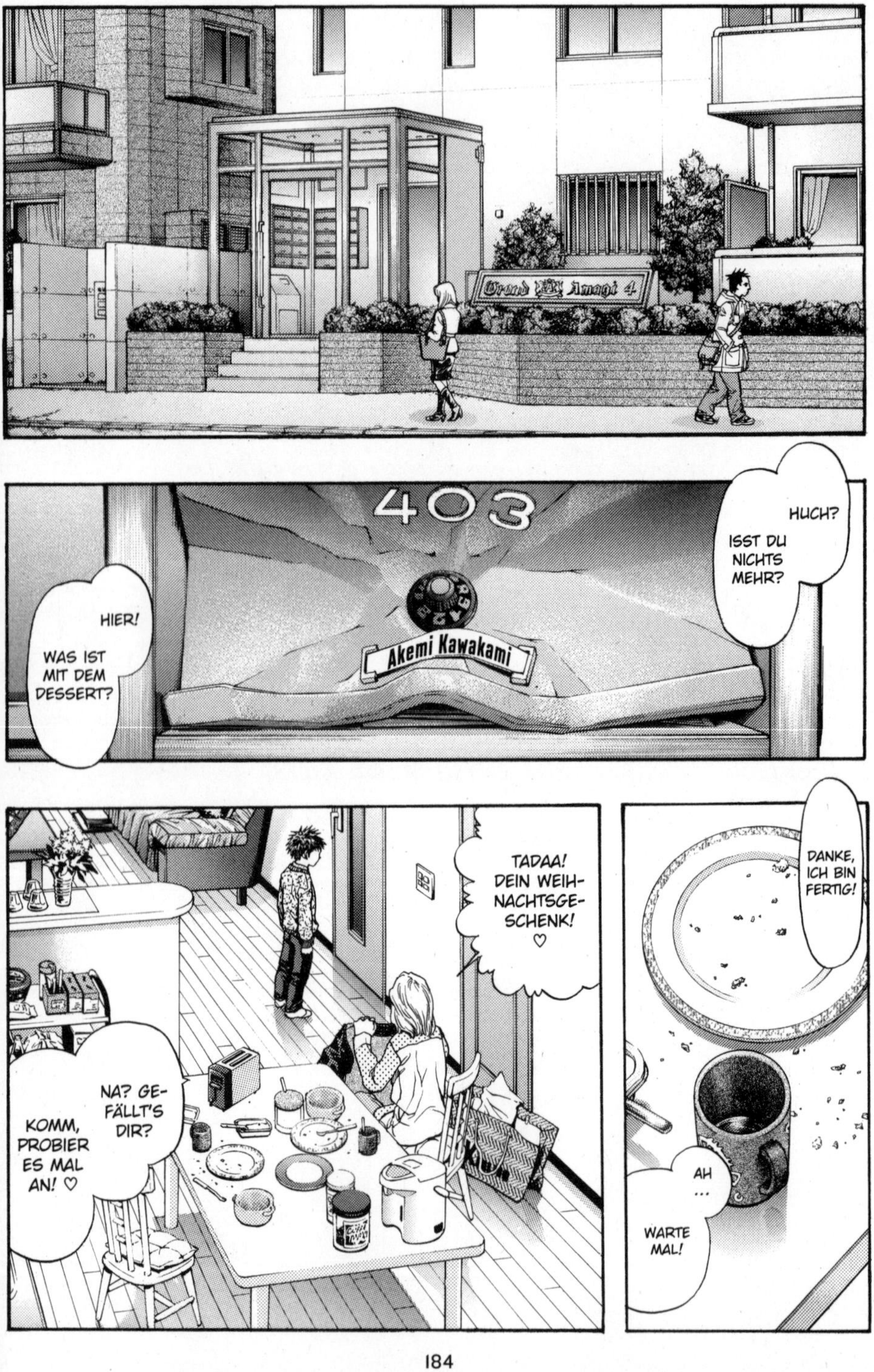
Grand Amagi 4
403
Akemi Kawakami
HUCH? ISST DU NICHTS MEHR?
HIER! WAS IST MIT DEM DESSERT?
DANKE, ICH BIN FERTIG!
AH ... WARTE MAL!
TADAA! DEIN WEIH-NACHTSGE-SCHENK! ♡
NA? GE-FÄLLT'S DIR?
KOMM, PROBIER ES MAL AN! ♡

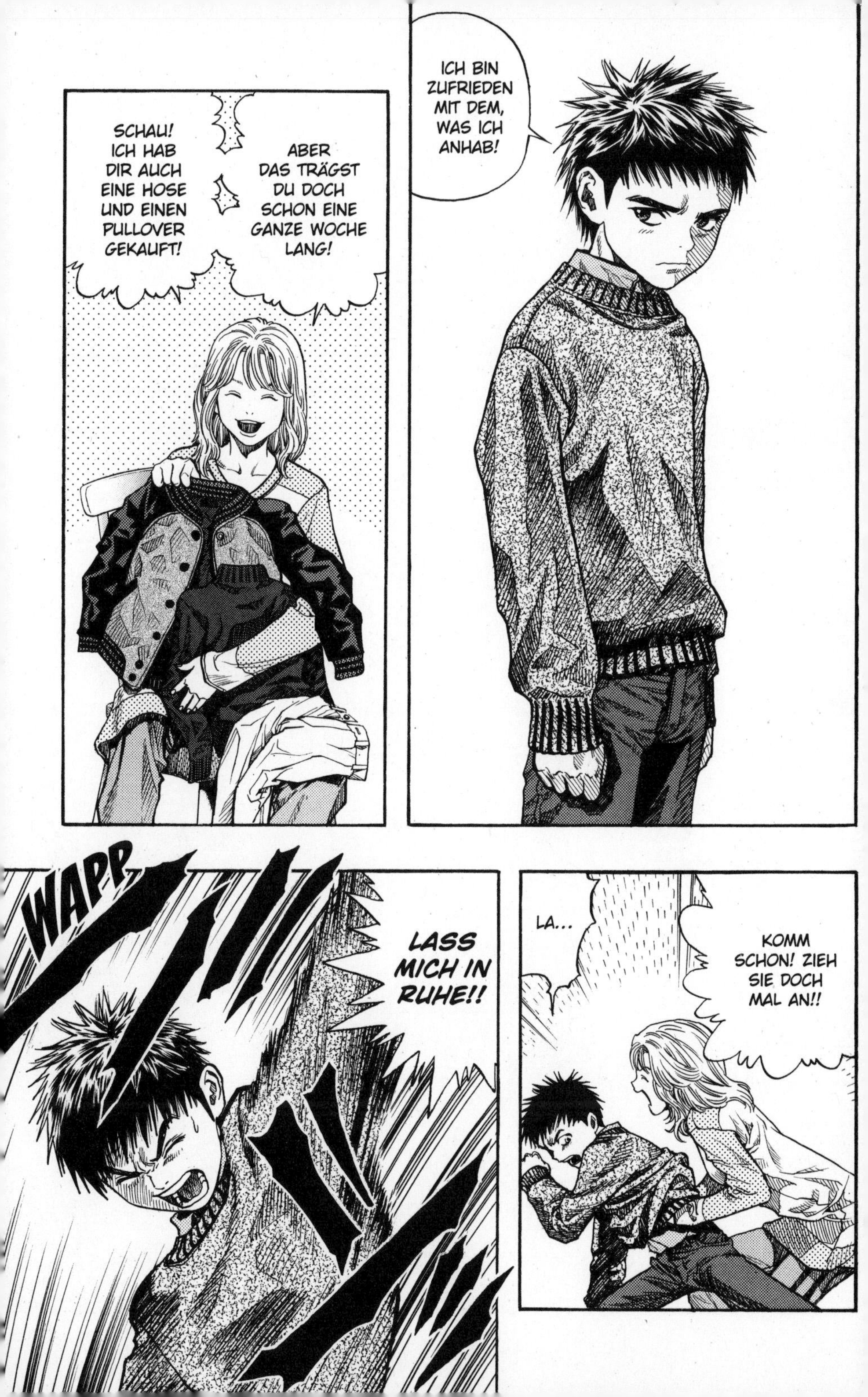
ICH BIN ZUFRIEDEN MIT DEM, WAS ICH ANHAB!
ABER DAS TRÄGST DU DOCH SCHON EINE GANZE WOCHE LANG!
SCHAU! ICH HAB DIR AUCH EINE HOSE UND EINEN PULLOVER GEKAUFT!
LA...
KOMM SCHON! ZIEH SIE DOCH MAL AN!!
WAPP
LASS MICH IN RUHE!!

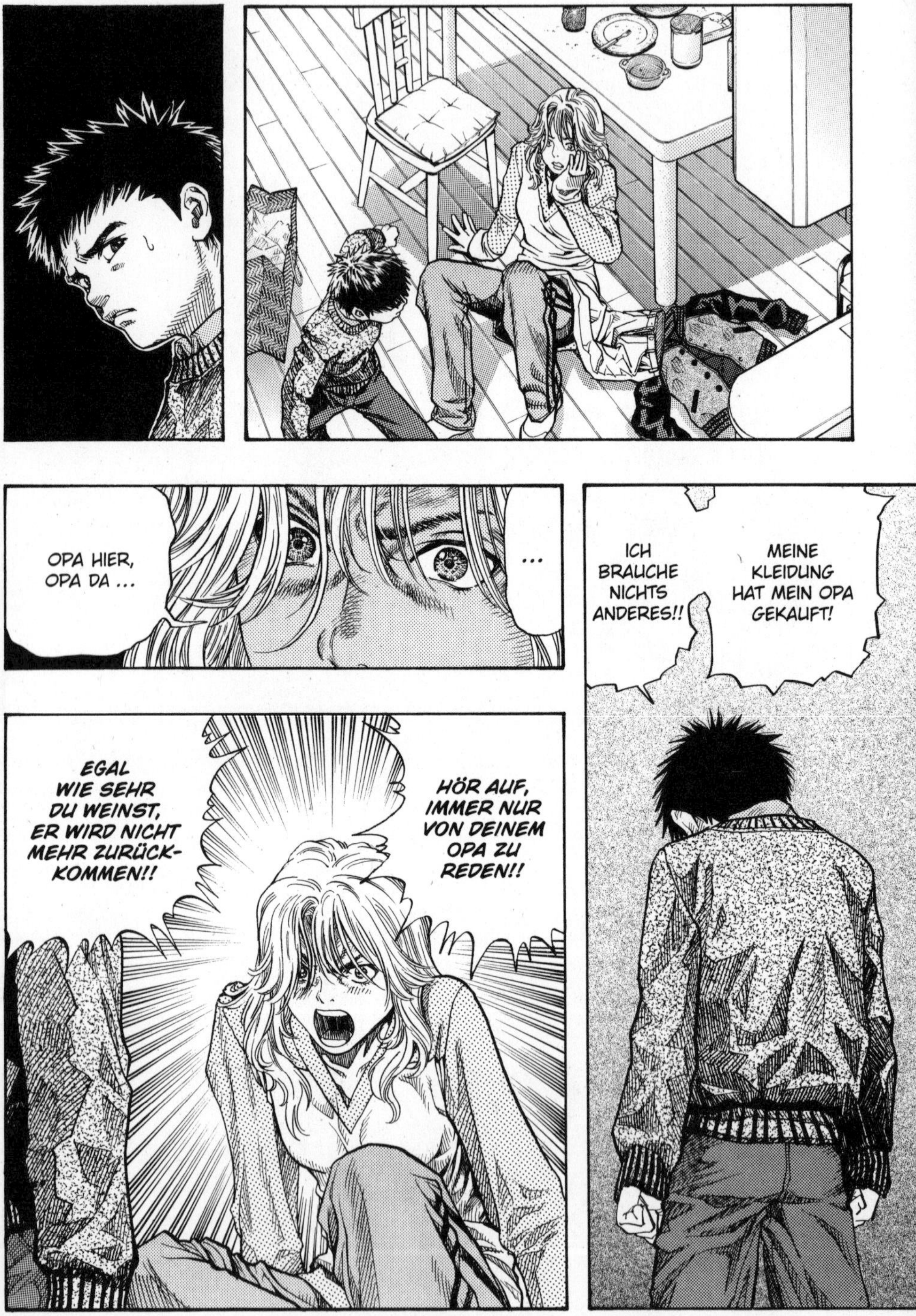
MEINE KLEIDUNG HAT MEIN OPA GEKAUFT!
ICH BRAUCHE NICHTS ANDERES!!
...
OPA HIER, OPA DA ...
HÖR AUF, IMMER NUR VON DEINEM OPA ZU REDEN!!
EGAL WIE SEHR DU WEINST, ER WIRD NICHT MEHR ZURÜCK-KOMMEN!!

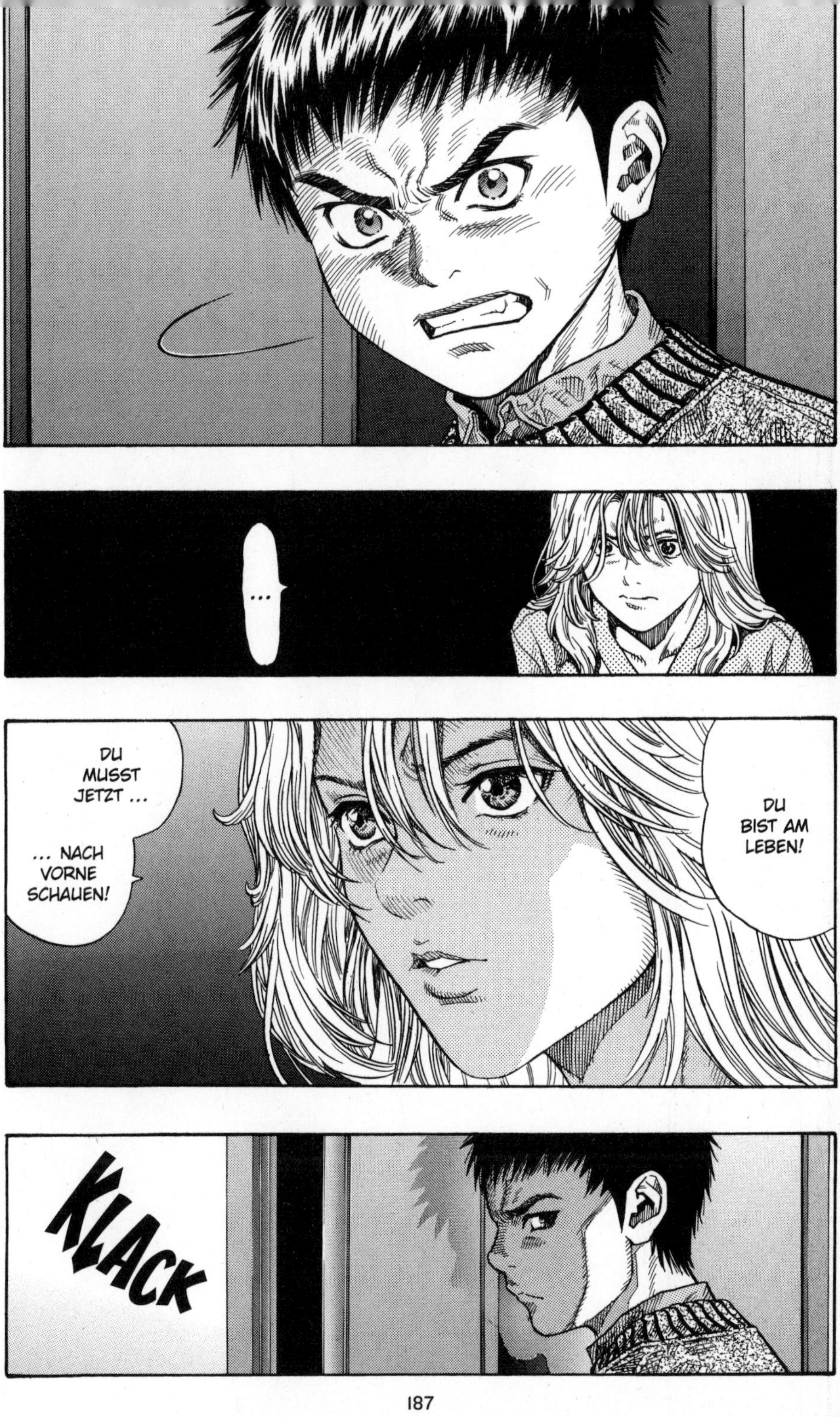
…
DU BIST AM LEBEN!
DU MUSST JETZT …
… NACH VORNE SCHAUEN!
KLACK

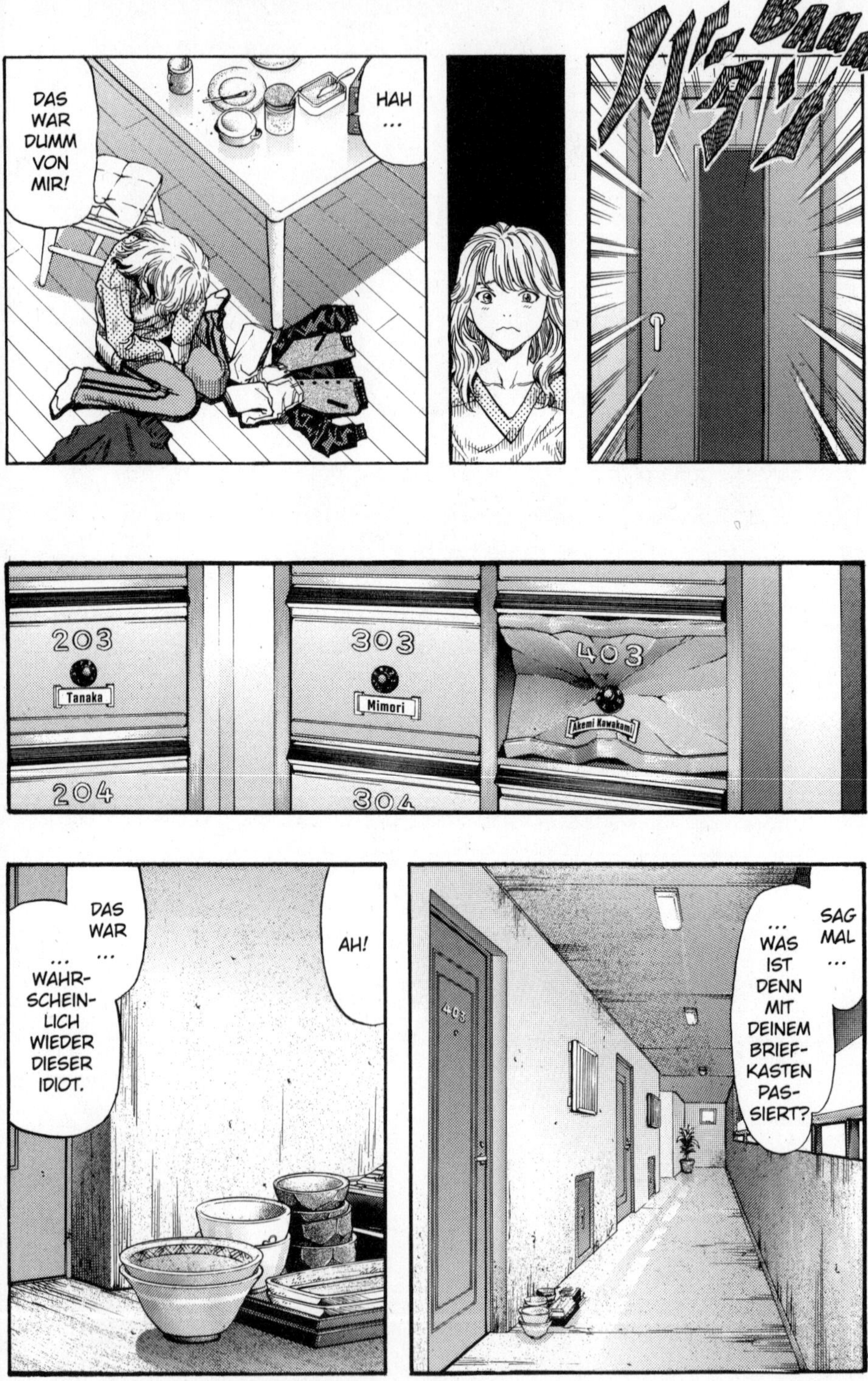
BAMM
HAH …
DAS WAR DUMM VON MIR!
203
Tanaka
303
Mimori
403
Akemi Kawakami
204
304
SAG MAL … … WAS IST DENN MIT DEINEM BRIEF-KASTEN PAS-SIERT?
AH!
DAS WAR … WAHR-SCHEIN-LICH WIEDER DIESER IDIOT.

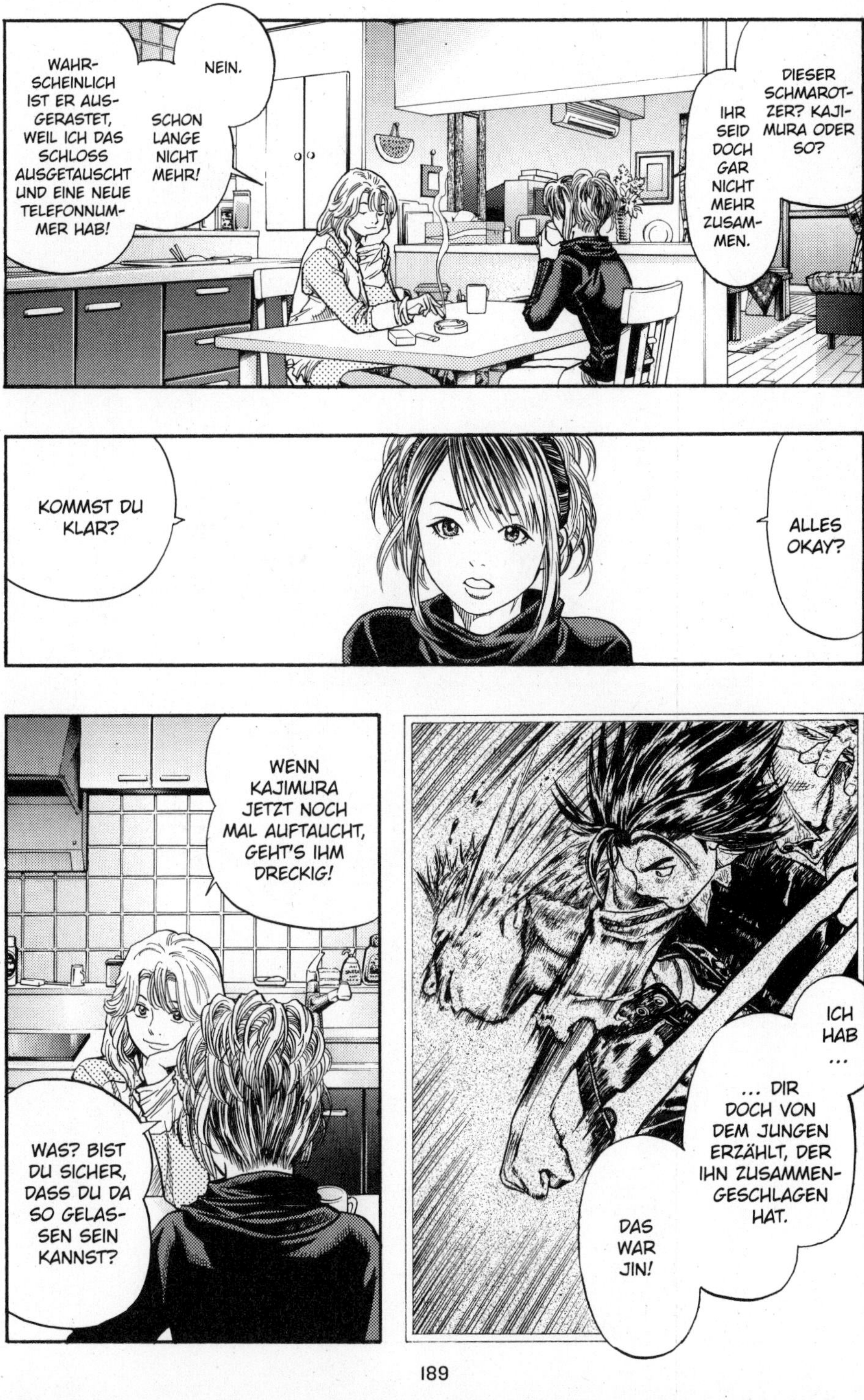
DIESER SCHMAROTZER? KAJIMURA ODER SO?
IHR SEID DOCH GAR NICHT MEHR ZUSAMMEN.
NEIN.
SCHON LANGE NICHT MEHR!
WAHRSCHEINLICH IST ER AUSGERASTET, WEIL ICH DAS SCHLOSS AUSGETAUSCHT UND EINE NEUE TELEFONNUMMER HAB!
ALLES OKAY?
KOMMST DU KLAR?
ICH HAB …
… DIR DOCH VON DEM JUNGEN ERZÄHLT, DER IHN ZUSAMMENGESCHLAGEN HAT.
DAS WAR JIN!
WENN KAJIMURA JETZT NOCH MAL AUFTAUCHT, GEHT'S IHM DRECKIG!
WAS? BIST DU SICHER, DASS DU DA SO GELASSEN SEIN KANNST?

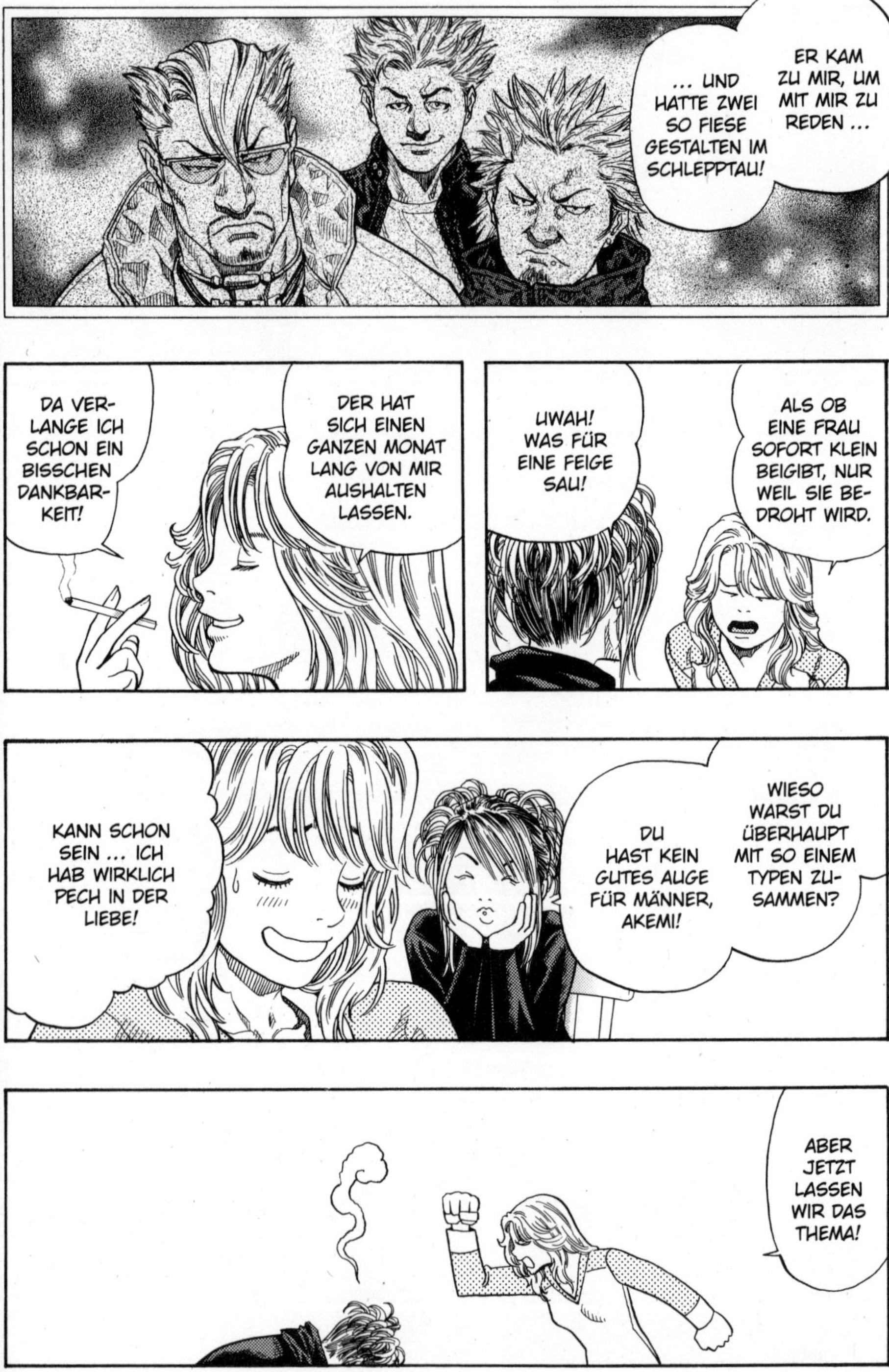
ER KAM ZU MIR, UM MIT MIR ZU REDEN ...
... UND HATTE ZWEI SO FIESE GESTALTEN IM SCHLEPPTAU!
ALS OB EINE FRAU SOFORT KLEIN BEIGIBT, NUR WEIL SIE BEDROHT WIRD.
UWAH! WAS FÜR EINE FEIGE SAU!
DER HAT SICH EINEN GANZEN MONAT LANG VON MIR AUSHALTEN LASSEN.
DA VERLANGE ICH SCHON EIN BISSCHEN DANKBARKEIT!
WIESO WARST DU ÜBERHAUPT MIT SO EINEM TYPEN ZUSAMMEN?
DU HAST KEIN GUTES AUGE FÜR MÄNNER, AKEMI!
KANN SCHON SEIN ... ICH HAB WIRKLICH PECH IN DER LIEBE!
ABER JETZT LASSEN WIR DAS THEMA!

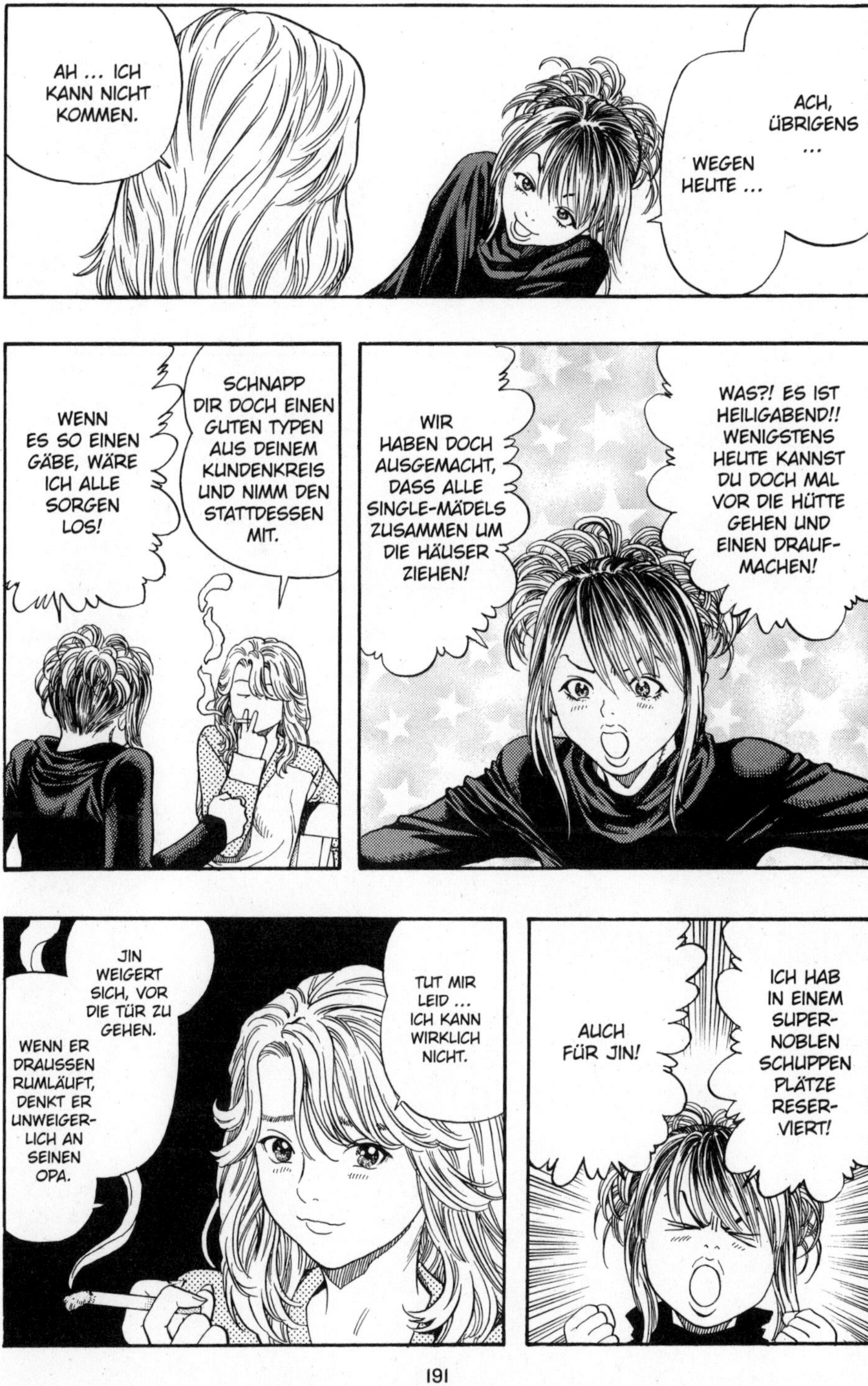
ACH, ÜBRIGENS …
WEGEN HEUTE …
AH … ICH KANN NICHT KOMMEN.
WAS?! ES IST HEILIGABEND!! WENIGSTENS HEUTE KANNST DU DOCH MAL VOR DIE HÜTTE GEHEN UND EINEN DRAUF-MACHEN!
WIR HABEN DOCH AUSGEMACHT, DASS ALLE SINGLE-MÄDELS ZUSAMMEN UM DIE HÄUSER ZIEHEN!
SCHNAPP DIR DOCH EINEN GUTEN TYPEN AUS DEINEM KUNDENKREIS UND NIMM DEN STATTDESSEN MIT.
WENN ES SO EINEN GÄBE, WÄRE ICH ALLE SORGEN LOS!
ICH HAB IN EINEM SUPER-NOBLEN SCHUPPEN PLÄTZE RESER-VIERT!
AUCH FÜR JIN!
TUT MIR LEID … ICH KANN WIRKLICH NICHT.
JIN WEIGERT SICH, VOR DIE TÜR ZU GEHEN.
WENN ER DRAUSSEN RUMLÄUFT, DENKT ER UNWEIGER-LICH AN SEINEN OPA.

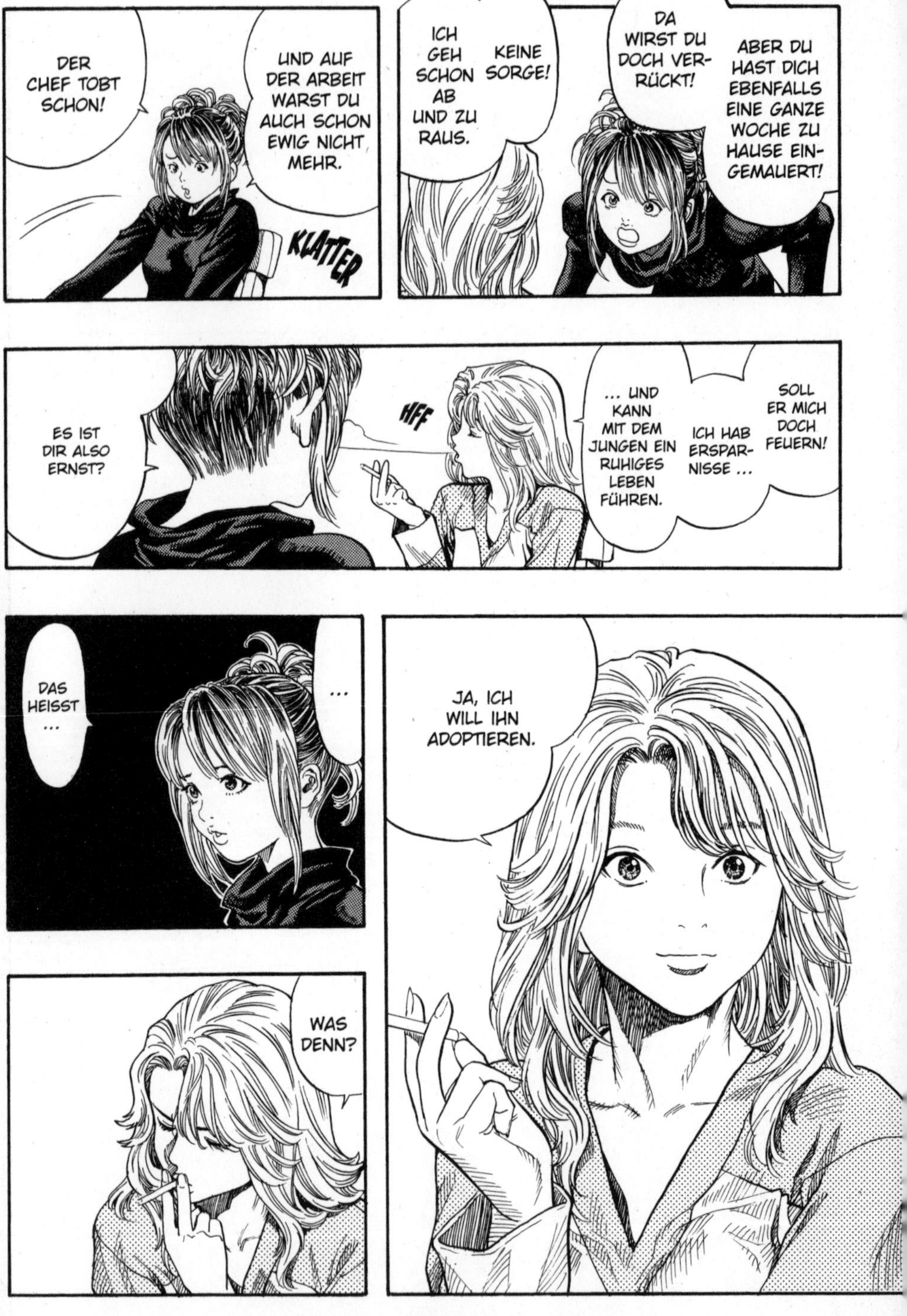
ABER DU HAST DICH EBENFALLS EINE GANZE WOCHE ZU HAUSE EIN-GEMAUERT!
DA WIRST DU DOCH VER-RÜCKT!
KEINE SORGE!
ICH GEH SCHON AB UND ZU RAUS.
UND AUF DER ARBEIT WARST DU AUCH SCHON EWIG NICHT MEHR.
DER CHEF TOBT SCHON!
KLATTER
SOLL ER MICH DOCH FEUERN!
ICH HAB ERSPAR-NISSE ...
... UND KANN MIT DEM JUNGEN EIN RUHIGES LEBEN FÜHREN.
HFF
ES IST DIR ALSO ERNST?
...
DAS HEISST ...
WAS DENN?
JA, ICH WILL IHN ADOPTIEREN.

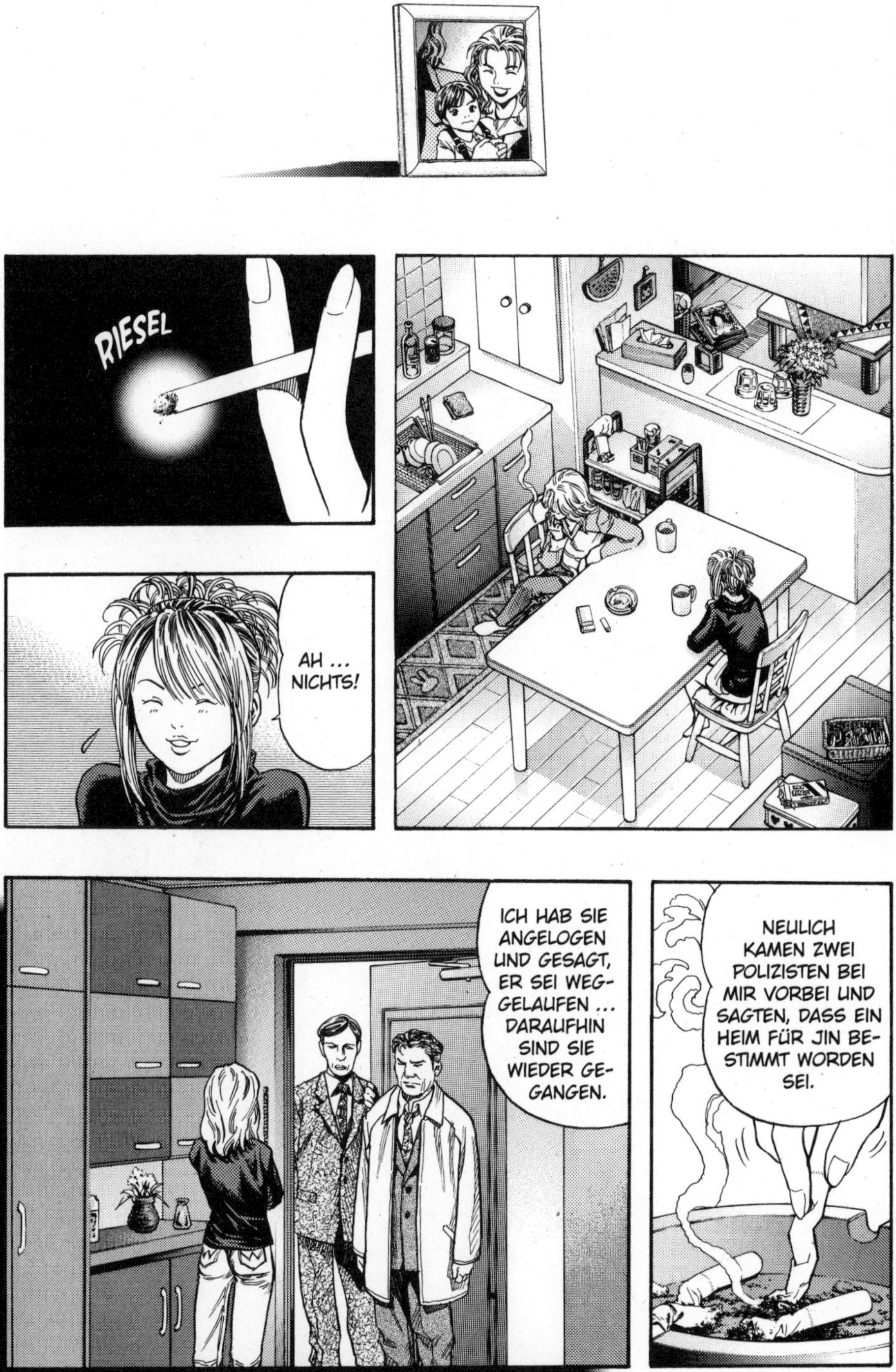
RIESEL
AH … NICHTS!
NEULICH KAMEN ZWEI POLIZISTEN BEI MIR VORBEI UND SAGTEN, DASS EIN HEIM FÜR JIN BESTIMMT WORDEN SEI.
ICH HAB SIE ANGELOGEN UND GESAGT, ER SEI WEGGELAUFEN … DARAUFHIN SIND SIE WIEDER GEGANGEN.

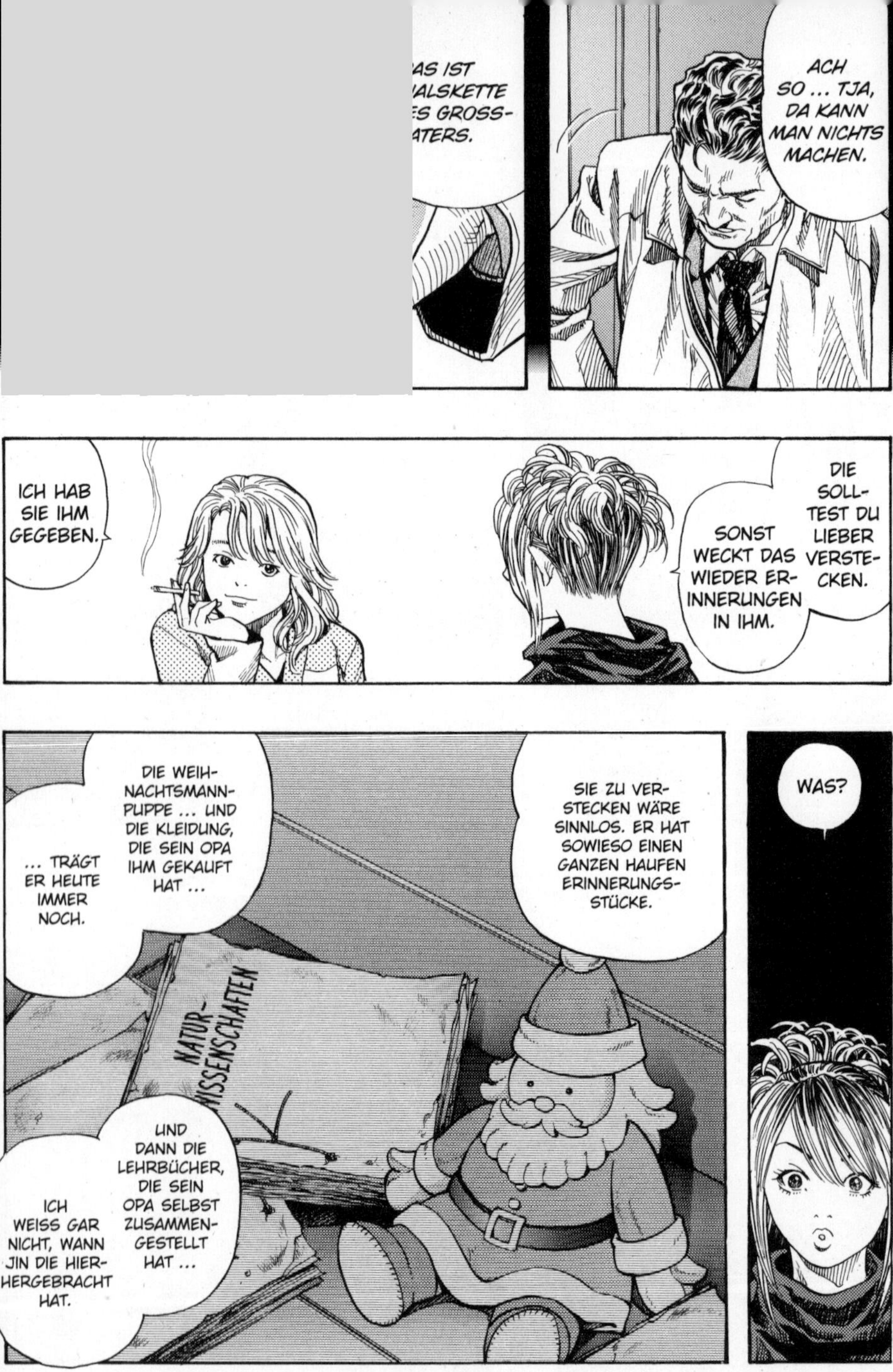

ACH SO ... TJA, DA KANN MAN NICHTS MACHEN.
AS IST ALSKETTE ES GROSS- ATERS.
DIE SOLLTEST DU LIEBER VERSTECKEN.
SONST WECKT DAS WIEDER ERINNERUNGEN IN IHM.
ICH HAB SIE IHM GEGEBEN.
WAS?
SIE ZU VERSTECKEN WÄRE SINNLOS. ER HAT SOWIESO EINEN GANZEN HAUFEN ERINNERUNGSSTÜCKE.
DIE WEIHNACHTSMANNPUPPE ... UND DIE KLEIDUNG, DIE SEIN OPA IHM GEKAUFT HAT ...
... TRÄGT ER HEUTE IMMER NOCH.
NATUR-WISSENSCHAFTEN
UND DANN DIE LEHRBÜCHER, DIE SEIN OPA SELBST ZUSAMMENGESTELLT HAT ...
ICH WEISS GAR NICHT, WANN JIN DIE HIERHERGEBRACHT HAT.

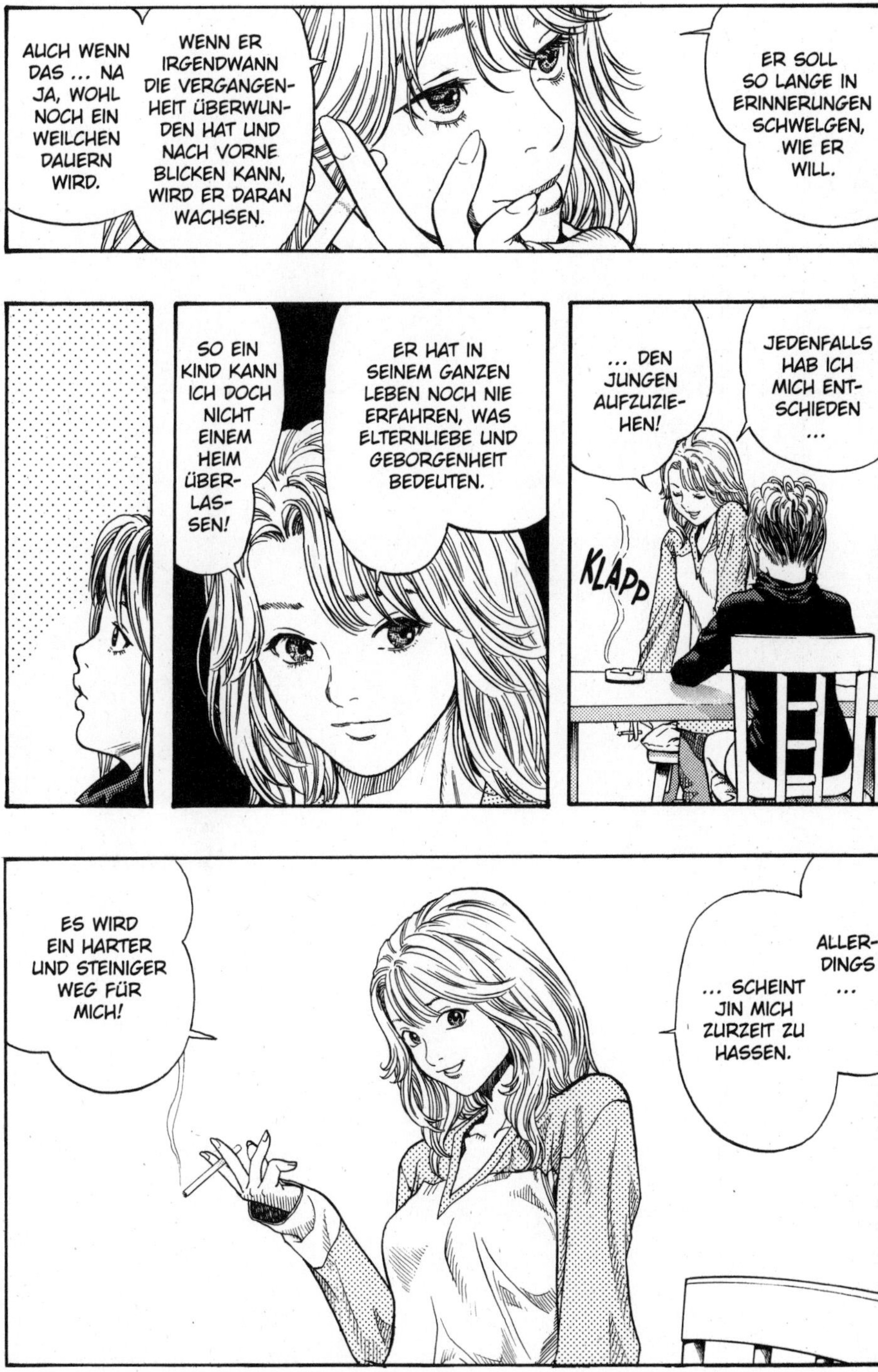
ER SOLL SO LANGE IN ERINNERUNGEN SCHWELGEN, WIE ER WILL.
WENN ER IRGENDWANN DIE VERGANGENHEIT ÜBERWUNDEN HAT UND NACH VORNE BLICKEN KANN, WIRD ER DARAN WACHSEN.
AUCH WENN DAS ... NA JA, WOHL NOCH EIN WEILCHEN DAUERN WIRD.
JEDENFALLS HAB ICH MICH ENTSCHIEDEN ...
... DEN JUNGEN AUFZUZIEHEN!
KLAPP
ER HAT IN SEINEM GANZEN LEBEN NOCH NIE ERFAHREN, WAS ELTERNLIEBE UND GEBORGENHEIT BEDEUTEN.
SO EIN KIND KANN ICH DOCH NICHT EINEM HEIM ÜBERLASSEN!
ALLERDINGS ...
... SCHEINT JIN MICH ZURZEIT ZU HASSEN.
ES WIRD EIN HARTER UND STEINIGER WEG FÜR MICH!

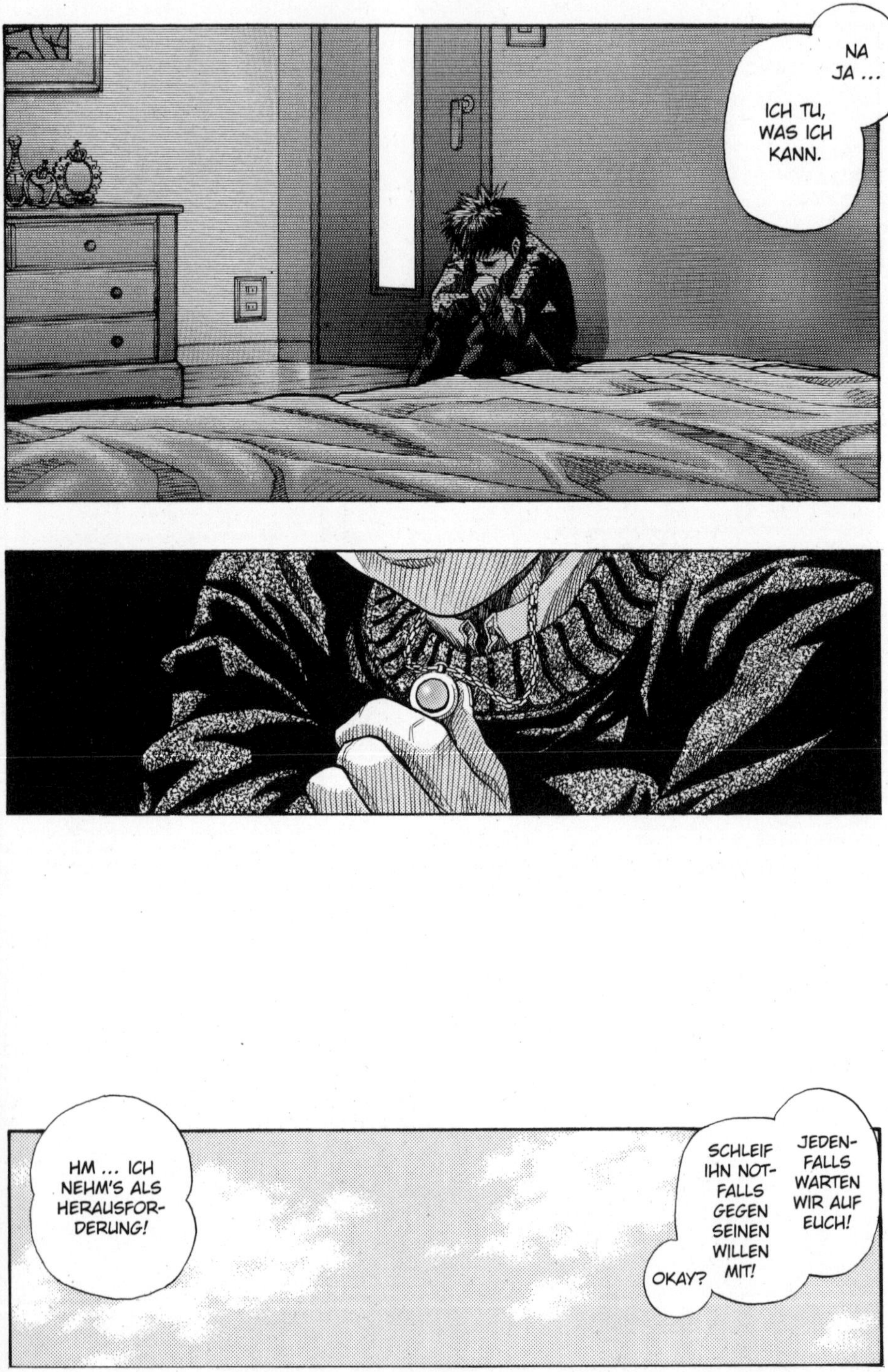
NA JA …
ICH TU, WAS ICH KANN.
JEDEN-FALLS WARTEN WIR AUF EUCH!
SCHLEIF IHN NOT-FALLS GEGEN SEINEN WILLEN MIT!
OKAY?
HM … ICH NEHM'S ALS HERAUSFOR-DERUNG!

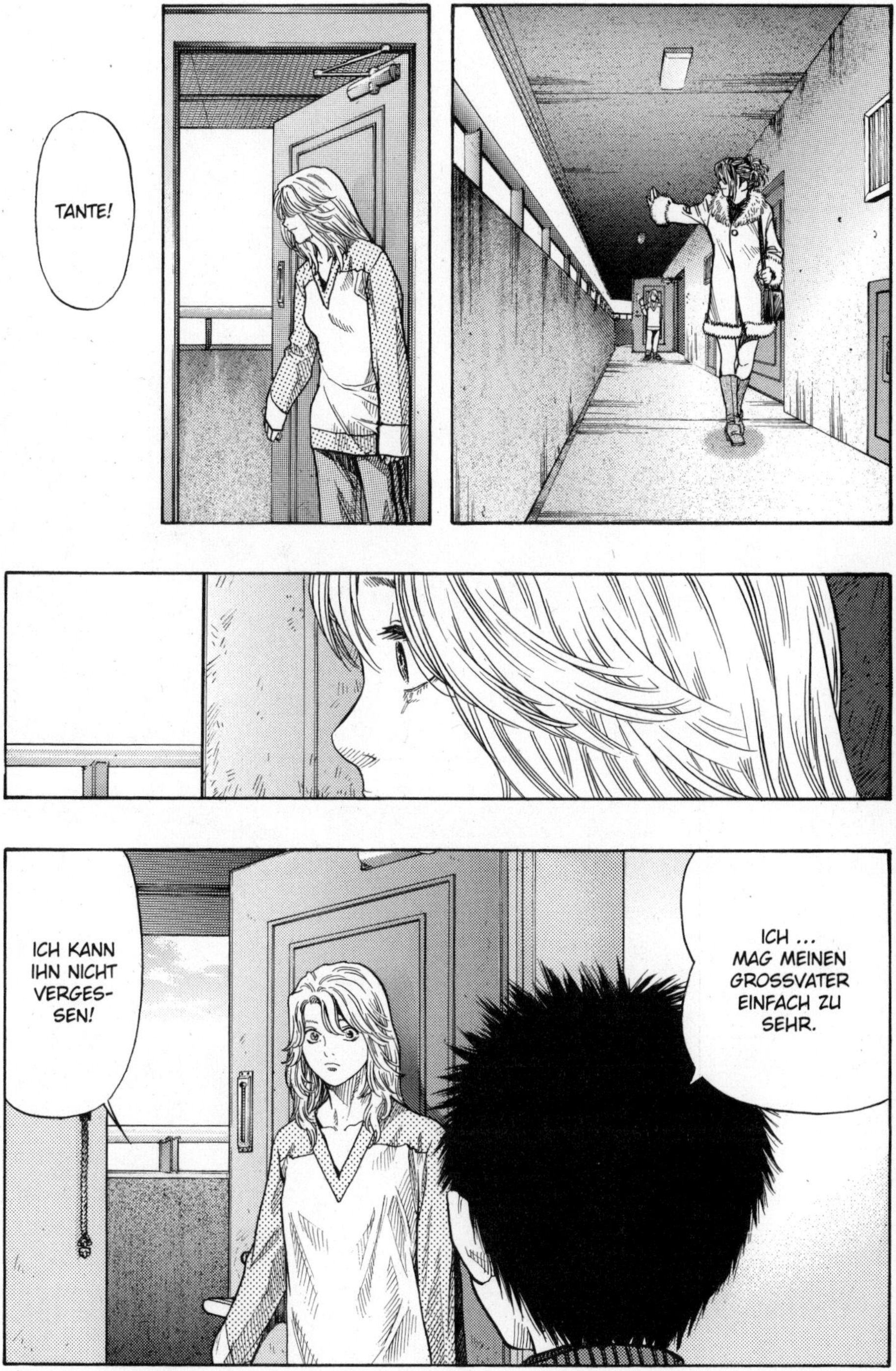
TANTE!
ICH ... MAG MEINEN GROSSVATER EINFACH ZU SEHR.
ICH KANN IHN NICHT VERGES-SEN!

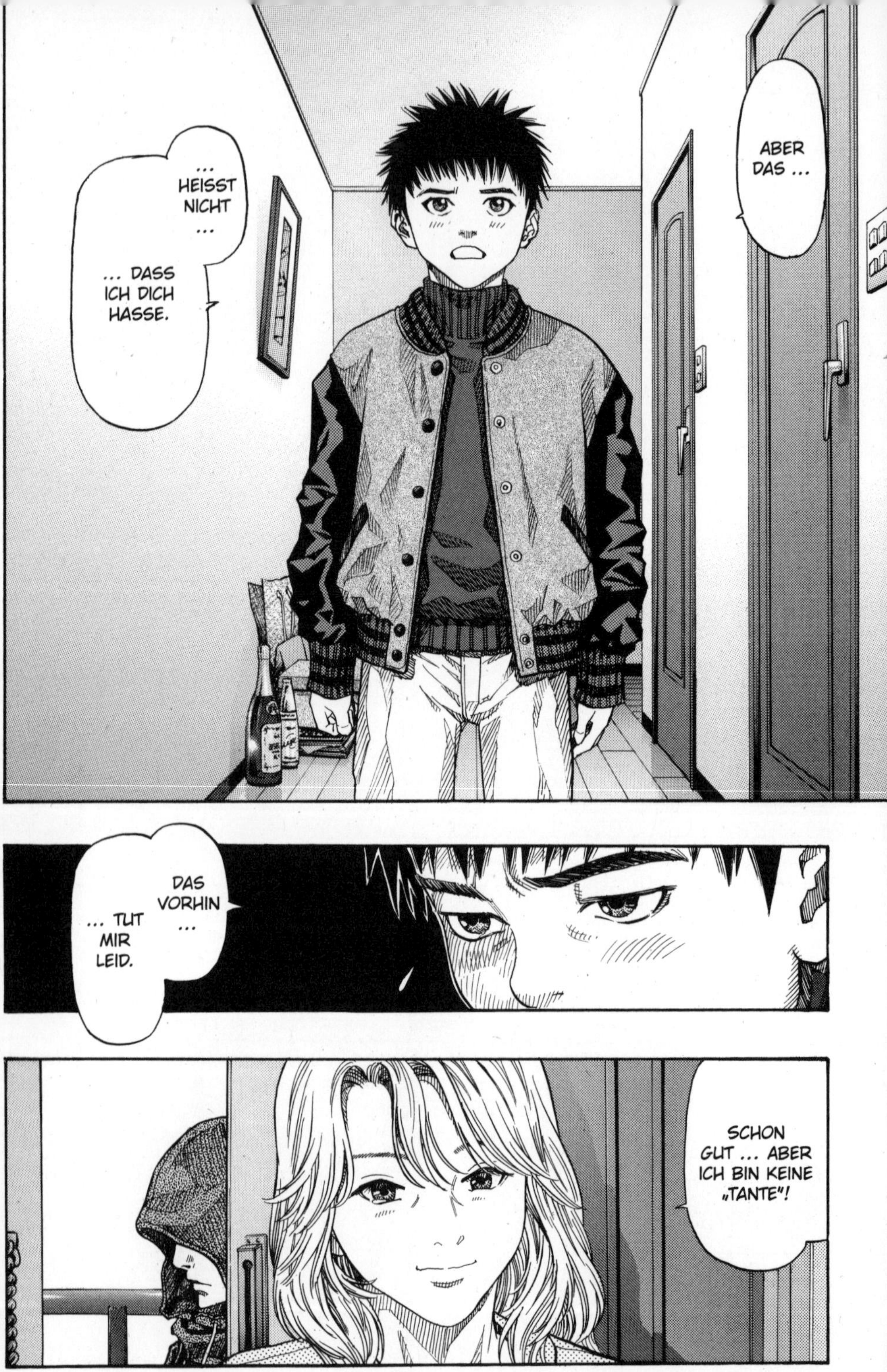
ABER DAS …
… HEISST NICHT … … DASS ICH DICH HASSE.
DAS VORHIN … … TUT MIR LEID.
SCHON GUT … ABER ICH BIN KEINE „TANTE“!

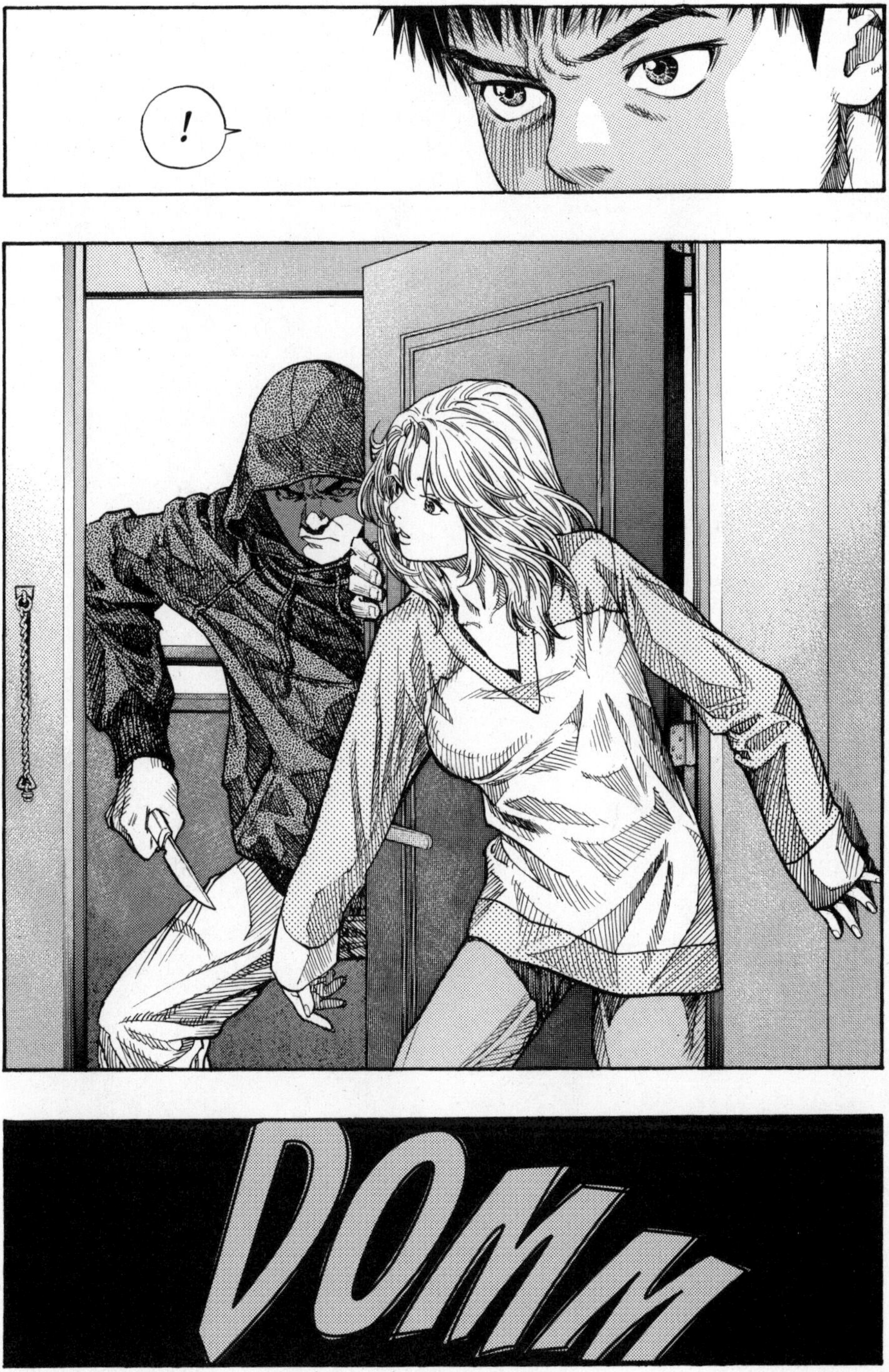
!
DOMM

ZETMAN

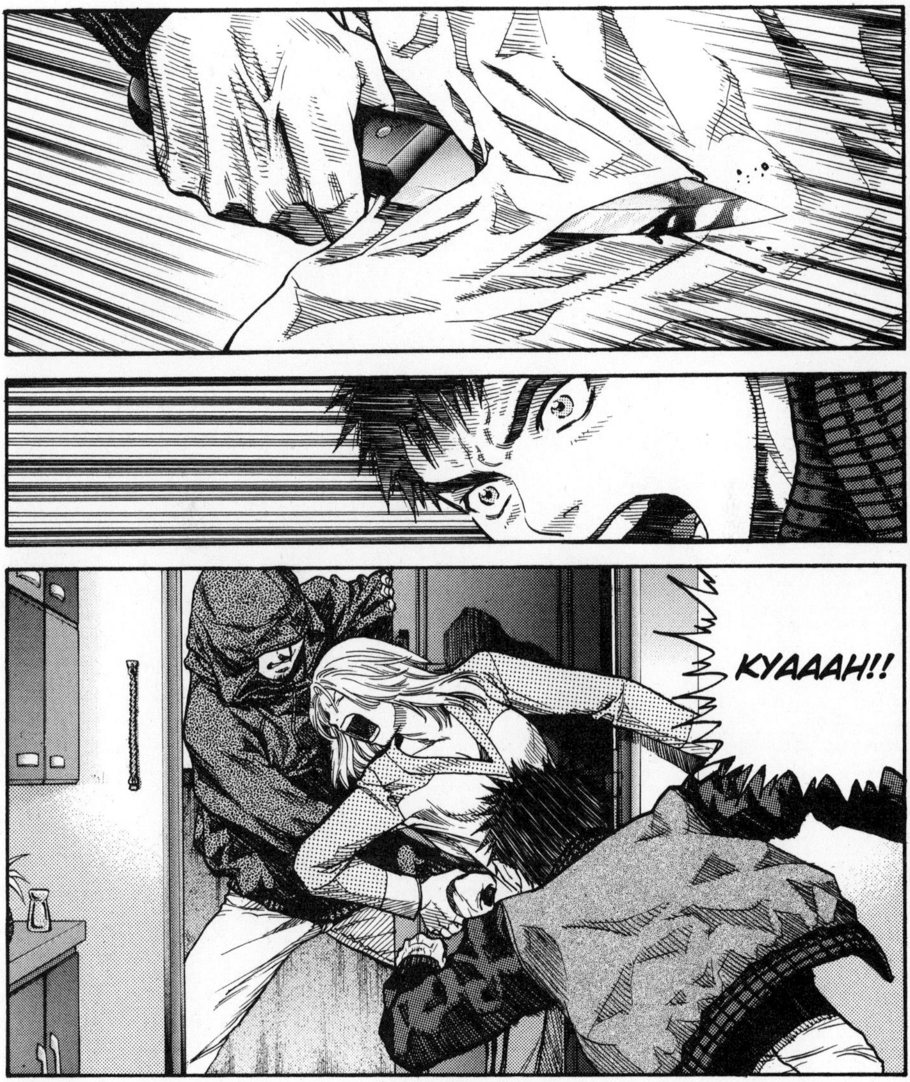

Episode 10:

Ein unheilvoller Zwischenfall

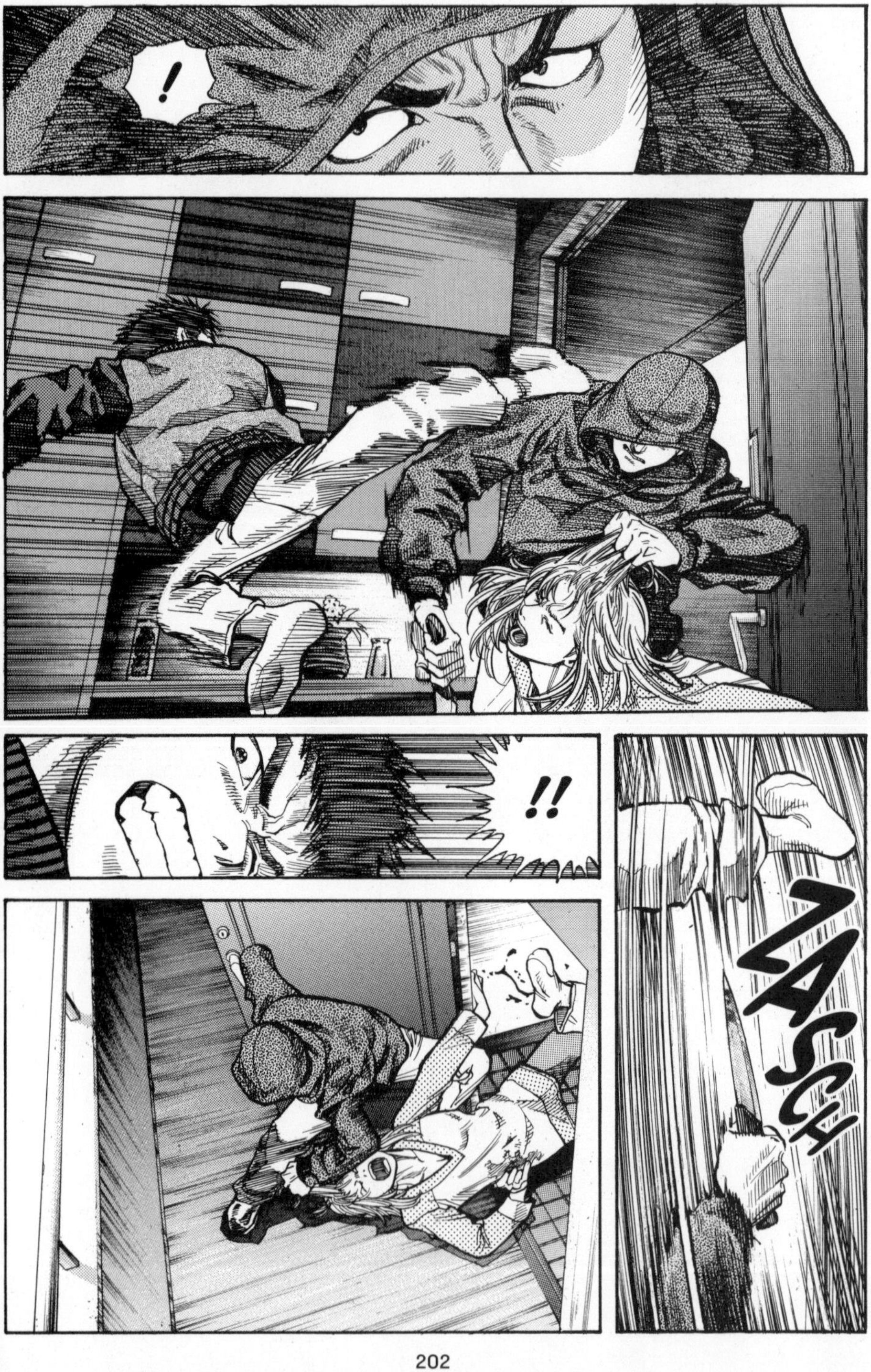
!
!!
ZASCH

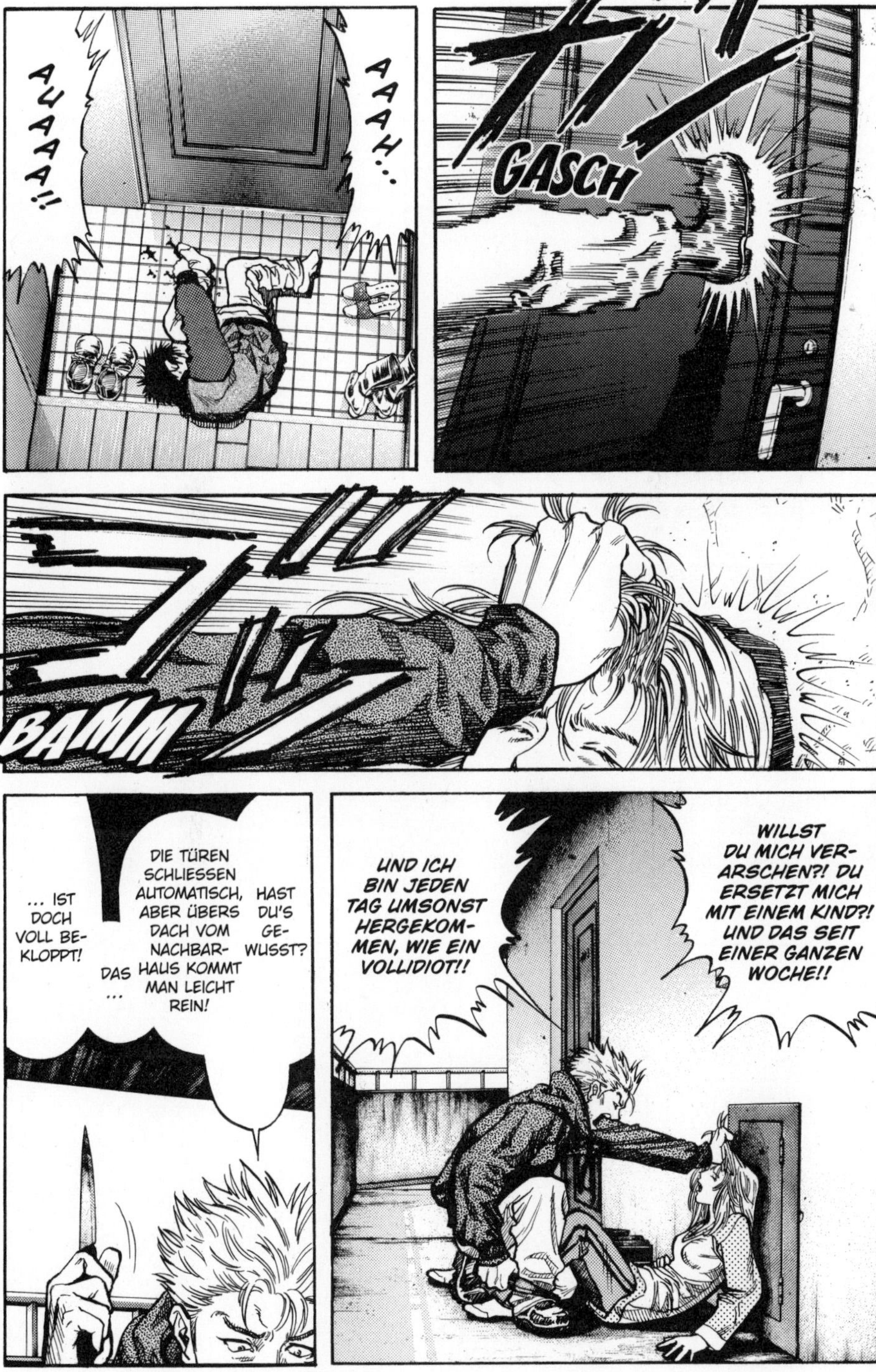
GASCH
AAAAH...
AUAAAA!!
BAMM
WILLST DU MICH VER-ARSCHEN?! DU ERSETZT MICH MIT EINEM KIND?! UND DAS SEIT EINER GANZEN WOCHE!!
UND ICH BIN JEDEN TAG UMSONST HERGEKOM-MEN, WIE EIN VOLLIDIOT!!
HAST DU'S GE-WUSST?
DIE TÜREN SCHLIESSEN AUTOMATISCH, ABER ÜBERS DACH VOM NACHBAR-HAUS KOMMT MAN LEICHT REIN!
DAS ...
... IST DOCH VOLL BE-KLOPPT!

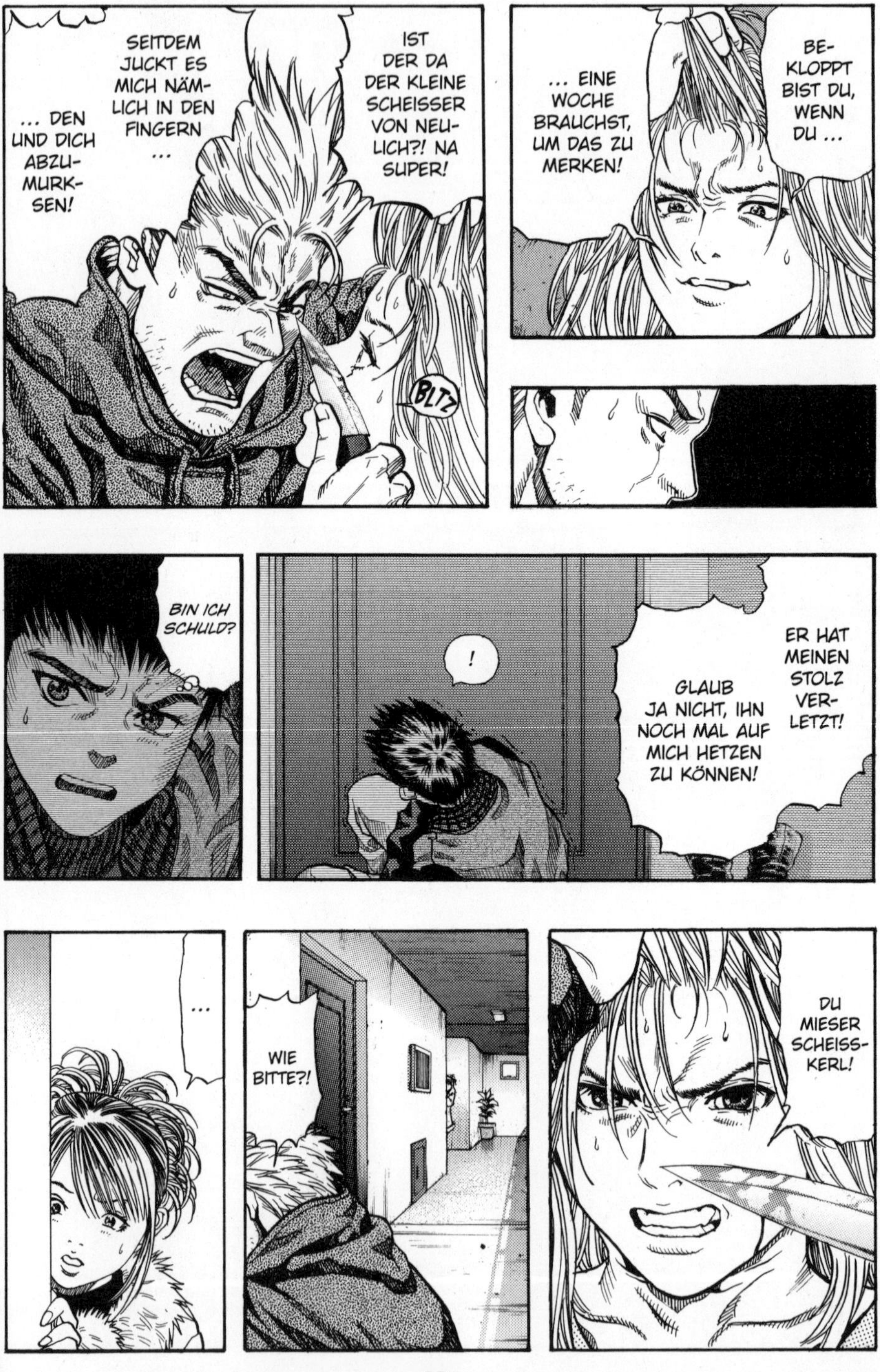
BE-KLOPPT BIST DU, WENN DU …
… EINE WOCHE BRAUCHST, UM DAS ZU MERKEN!
IST DER DA DER KLEINE SCHEISSER VON NEU-LICH?! NA SUPER!
SEITDEM JUCKT ES MICH NÄM-LICH IN DEN FINGERN …
… DEN UND DICH ABZU-MURK-SEN!
BLTZ
ER HAT MEINEN STOLZ VER-LETZT!
GLAUB JA NICHT, IHN NOCH MAL AUF MICH HETZEN ZU KÖNNEN!
!
BIN ICH SCHULD?
DU MIESER SCHEISS-KERL!
WIE BITTE?!
…

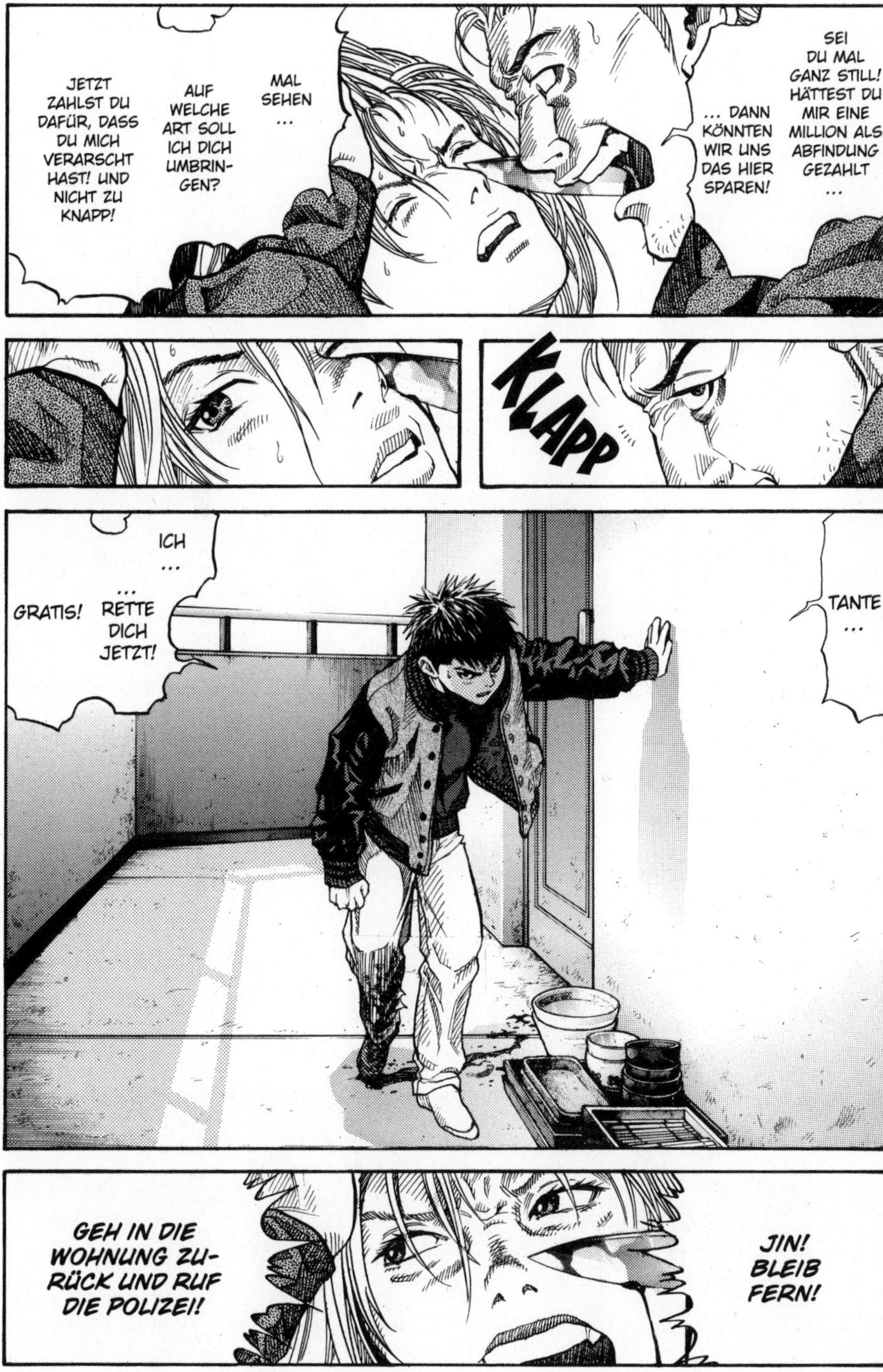
SEI DU MAL GANZ STILL! HÄTTEST DU MIR EINE MILLION ALS ABFINDUNG GEZAHLT …
… DANN KÖNNTEN WIR UNS DAS HIER SPAREN!
MAL SEHEN …
AUF WELCHE ART SOLL ICH DICH UMBRINGEN?
JETZT ZAHLST DU DAFÜR, DASS DU MICH VERARSCHT HAST! UND NICHT ZU KNAPP!
KLAPP
TANTE …
ICH …
… RETTE DICH JETZT!
GRATIS!
JIN! BLEIB FERN!
GEH IN DIE WOHNUNG ZURÜCK UND RUF DIE POLIZEI!

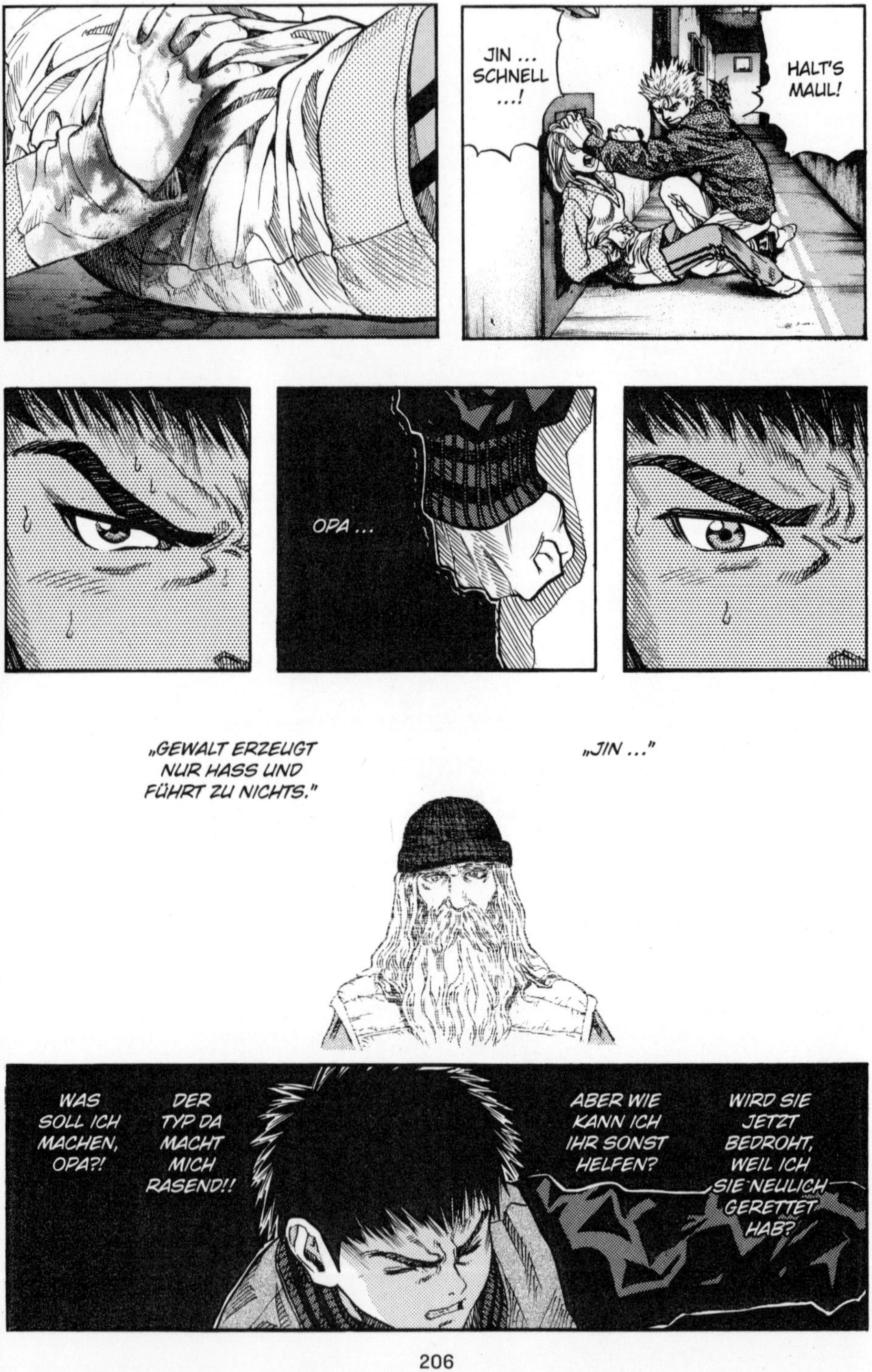
JIN ... SCHNELL ...!
HALT'S MAUL!
OPA ...
„GEWALT ERZEUGT NUR HASS UND FÜHRT ZU NICHTS."
„JIN ..."
WAS SOLL ICH MACHEN, OPA?!
DER TYP DA MACHT MICH RASEND!!
ABER WIE KANN ICH IHR SONST HELFEN?
WIRD SIE JETZT BEDROHT, WEIL ICH SIE NEULICH GERETTET HAB?

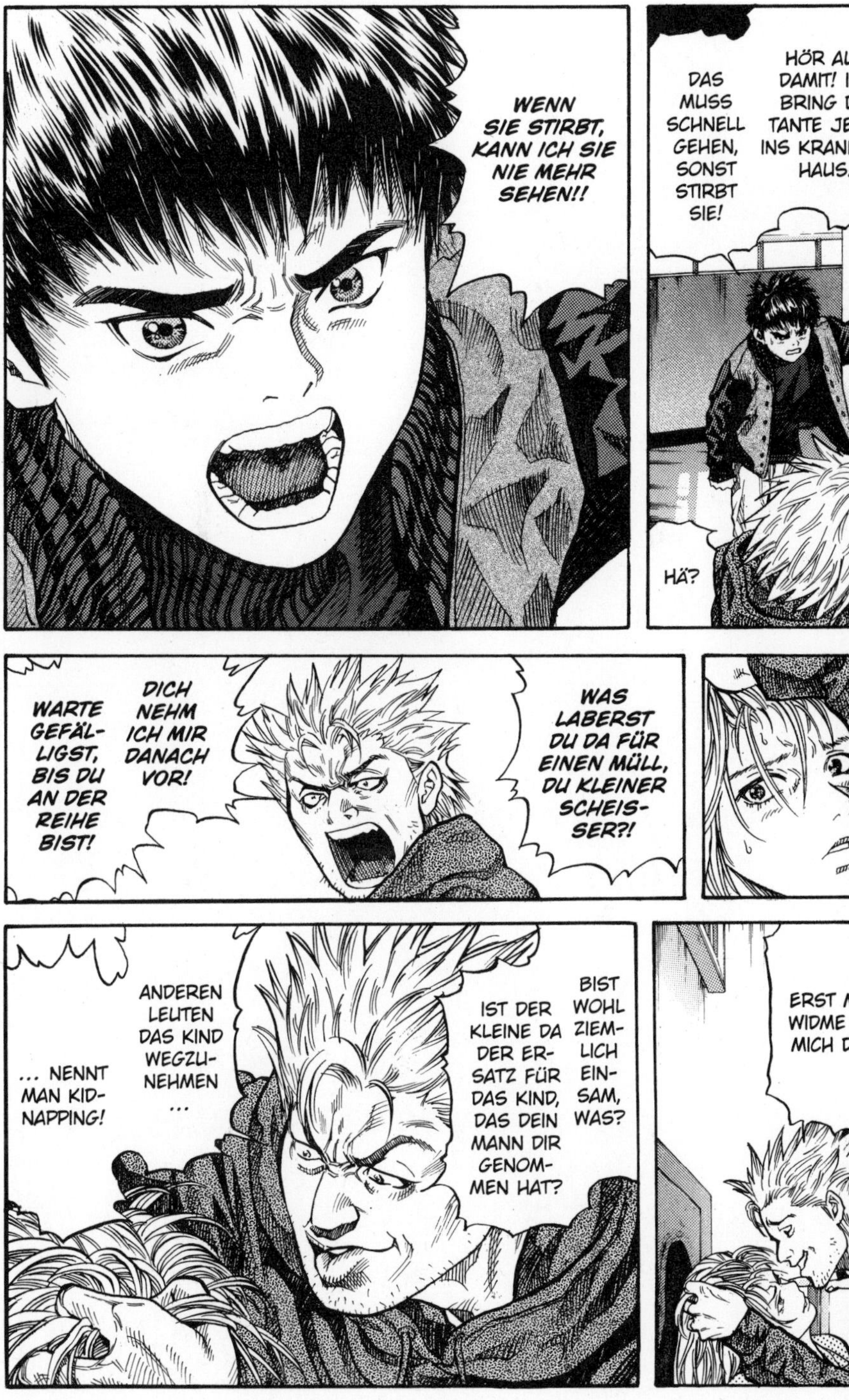
HÖR AUF DAMIT! ICH BRING DIE TANTE JETZT INS KRANKENHAUS!
DAS MUSS SCHNELL GEHEN, SONST STIRBT SIE!
HÄ?
WENN SIE STIRBT, KANN ICH SIE NIE MEHR SEHEN!!
WAS LABERST DU DA FÜR EINEN MÜLL, DU KLEINER SCHEIS-SER?!
DICH NEHM ICH MIR DANACH VOR!
WARTE GEFÄL-LIGST, BIS DU AN DER REIHE BIST!
ERST MAL WIDME ICH MICH DIR!
BIST WOHL ZIEM-LICH EIN-SAM, WAS?
IST DER KLEINE DA DER ER-SATZ FÜR DAS KIND, DAS DEIN MANN DIR GENOM-MEN HAT?
ANDEREN LEUTEN DAS KIND WEGZU-NEHMEN ...
... NENNT MAN KID-NAPPING!

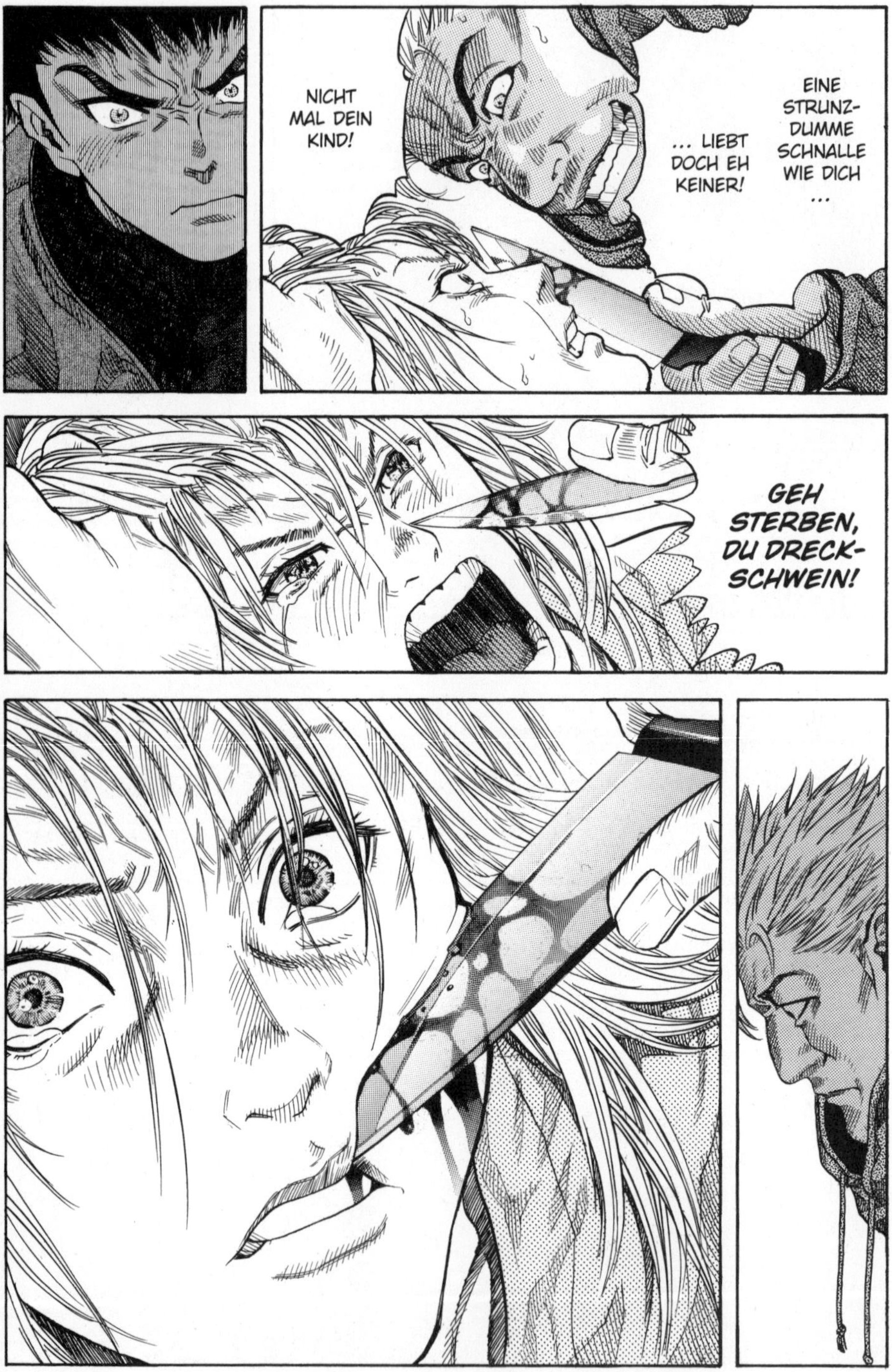
EINE STRUNZ-DUMME SCHNALLE WIE DICH ...
... LIEBT DOCH EH KEINER!
NICHT MAL DEIN KIND!
GEH STERBEN, DU DRECK-SCHWEIN!

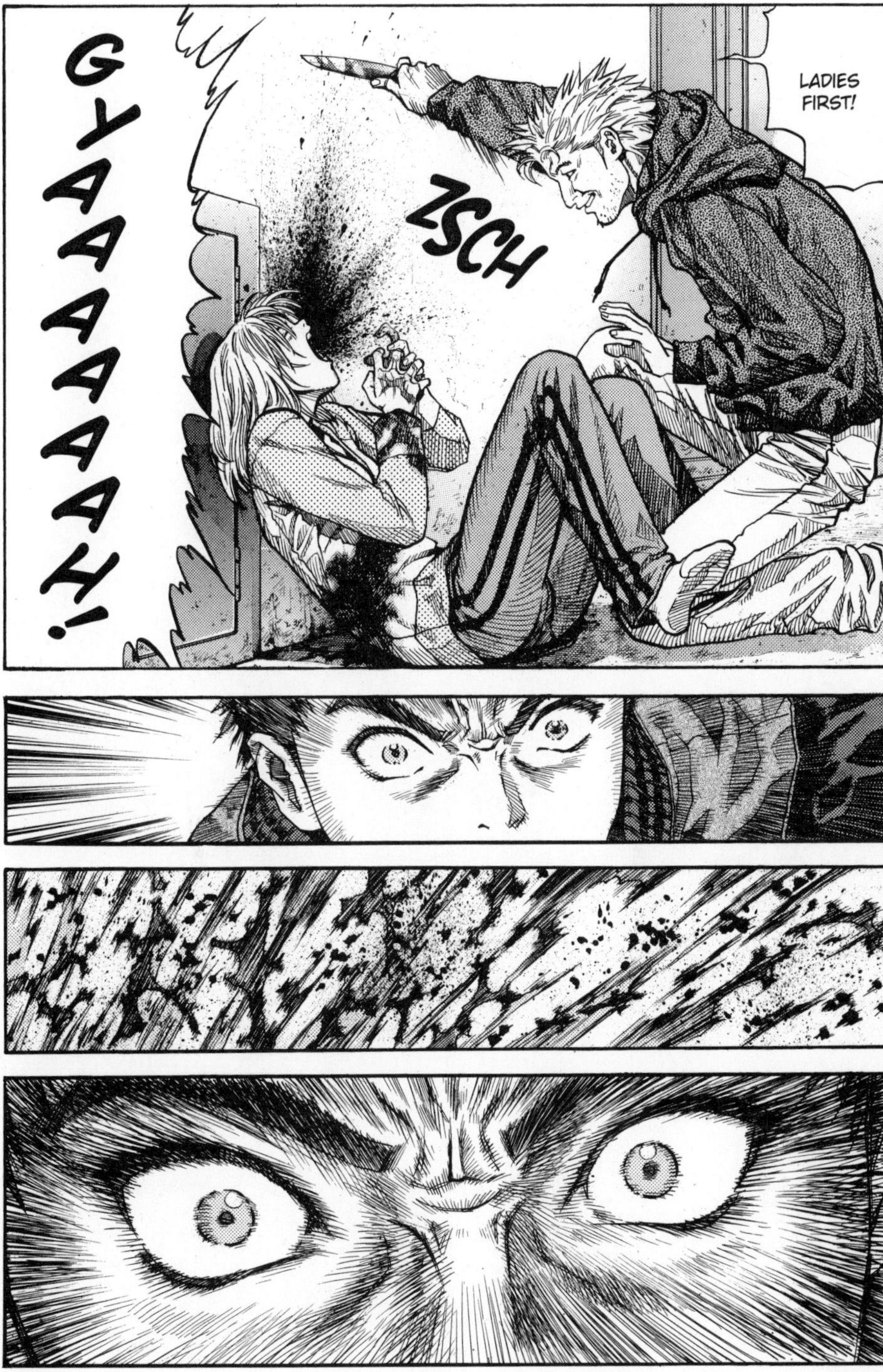
LADIES FIRST!
ZSCH
GYAAAAAAAH!

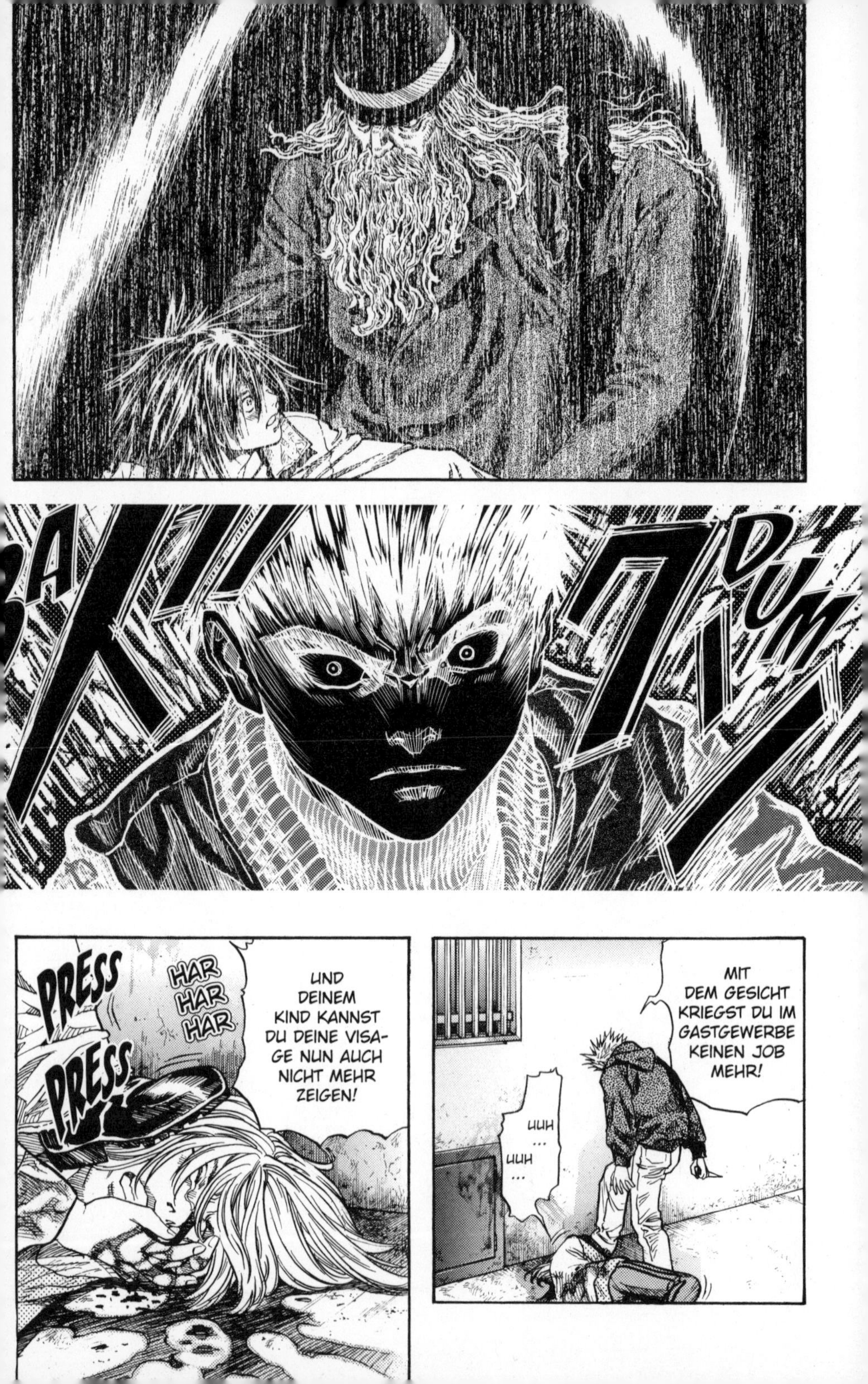
DUM
MIT DEM GESICHT KRIEGST DU IM GASTGEWERBE KEINEN JOB MEHR!
UUH ... UUH ...
UND DEINEM KIND KANNST DU DEINE VISAGE NUN AUCH NICHT MEHR ZEIGEN!
HAR HAR HAR
PRESS
PRESS

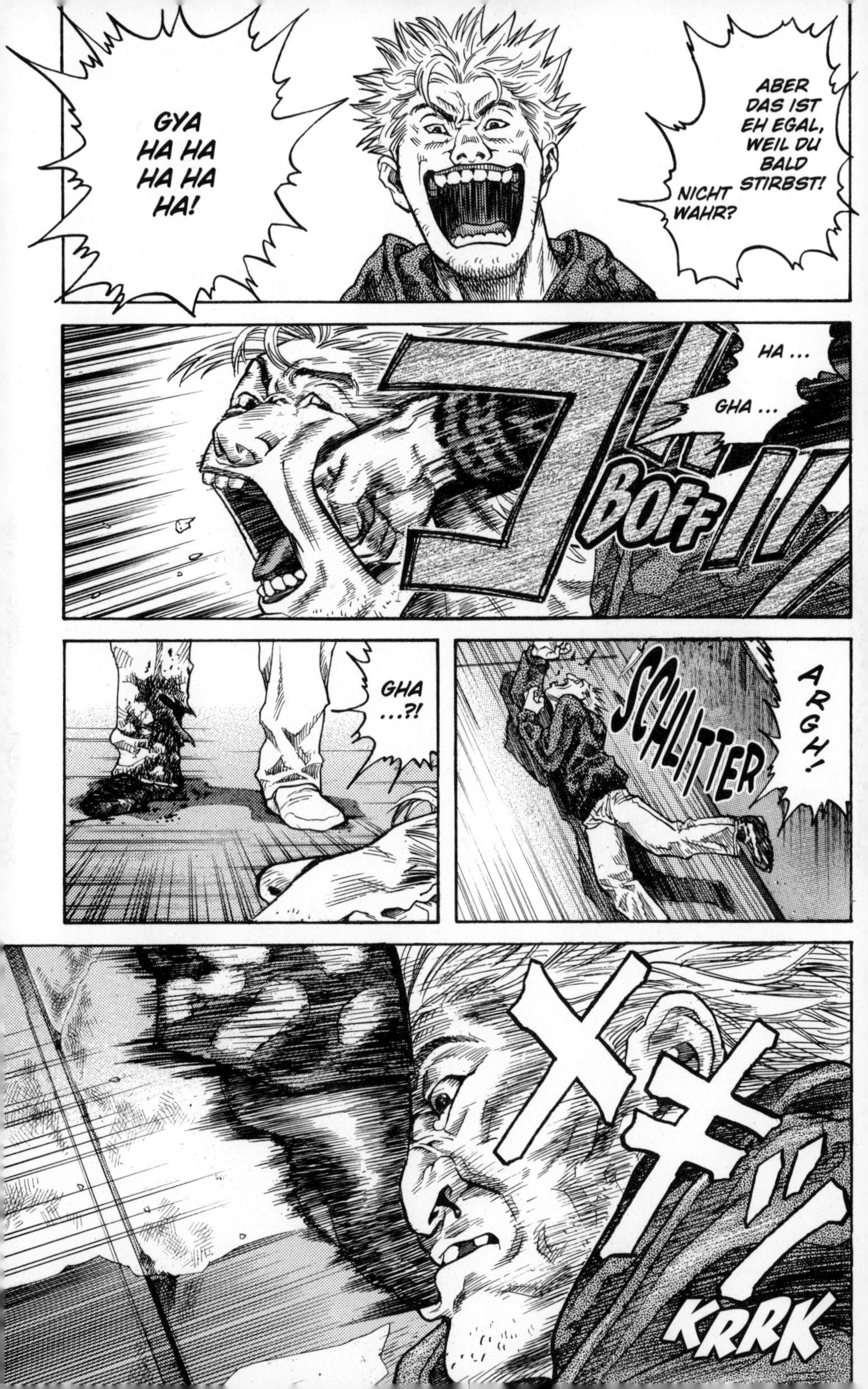
GYA HA HA HA HA HA!
ABER DAS IST EH EGAL, WEIL DU BALD STIRBST!
NICHT WAHR?
HA …
GHA …
BOFF
GHA …?!
SCHLITTER
ARGH!
KRRK

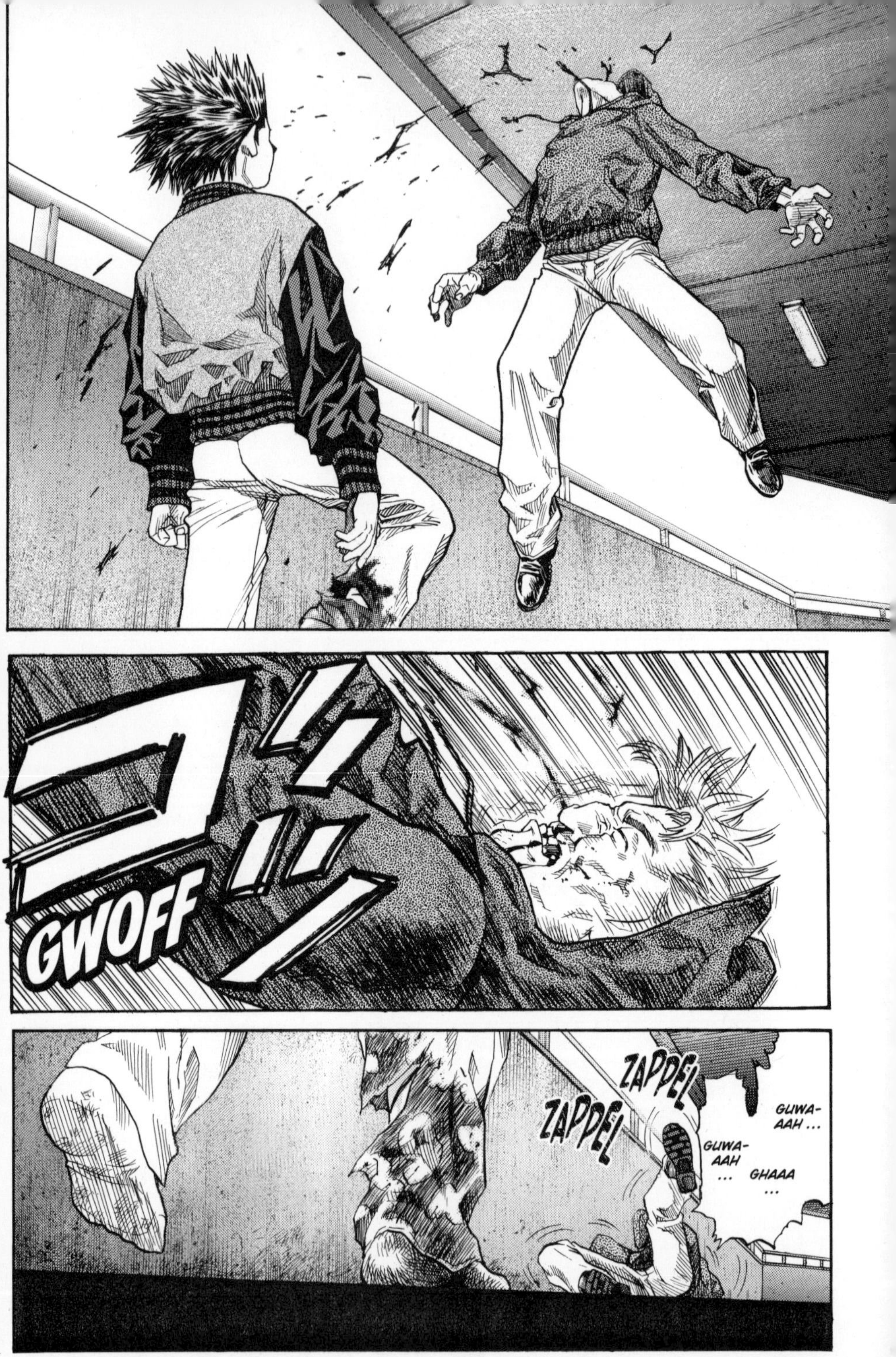
GWOFF
ZAPPEL
ZAPPEL
GUWA-AAH ...
GUWA-AAH ...
GHAAA ...

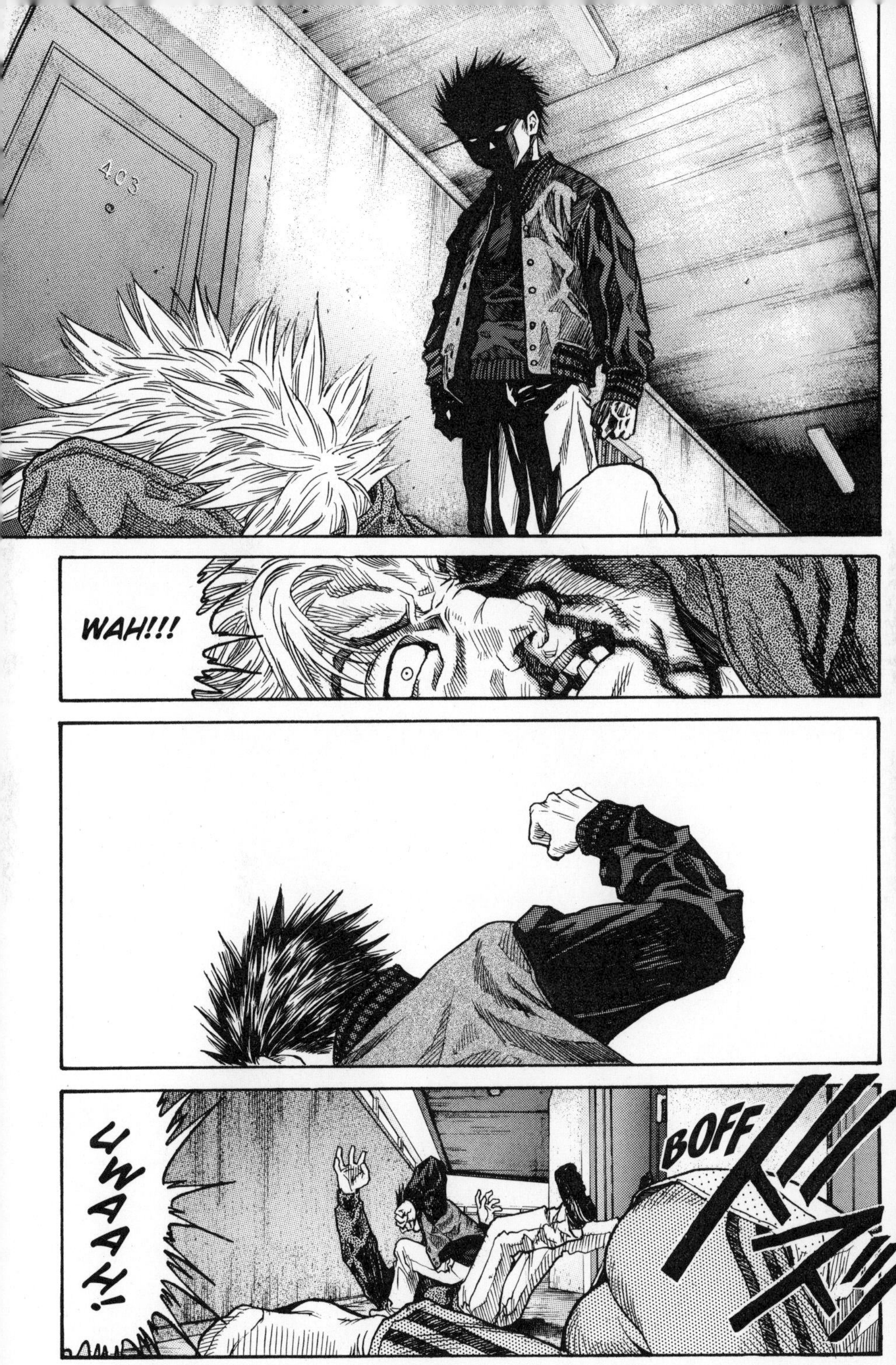
WAH!!!
BOFF
UWAAAH!

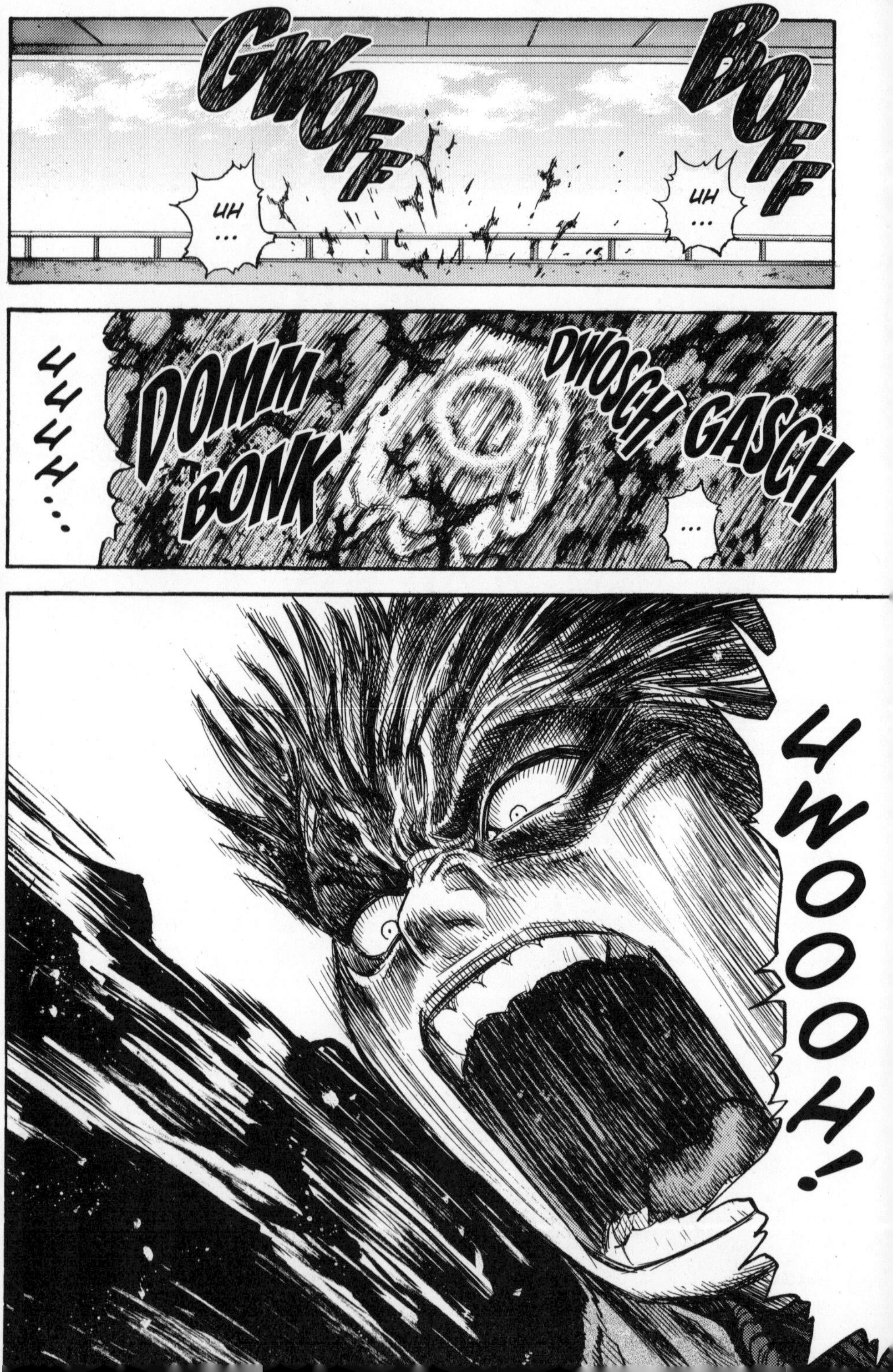
BOFF
UH ...
GWOFF
UH ...
GASCH
...
DWOSCH
DOMM
BONK
UUUH...
UWOOOOH!

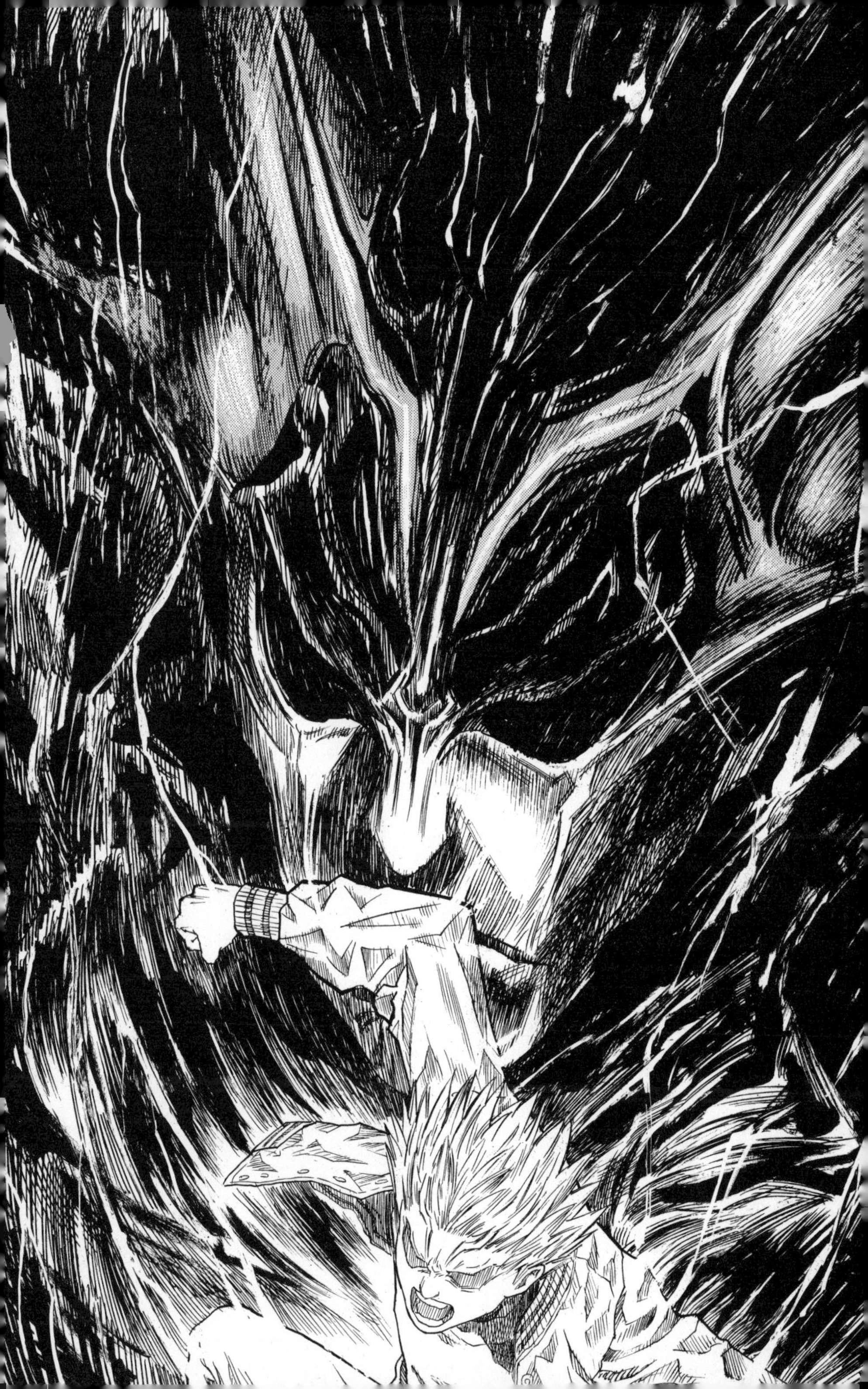

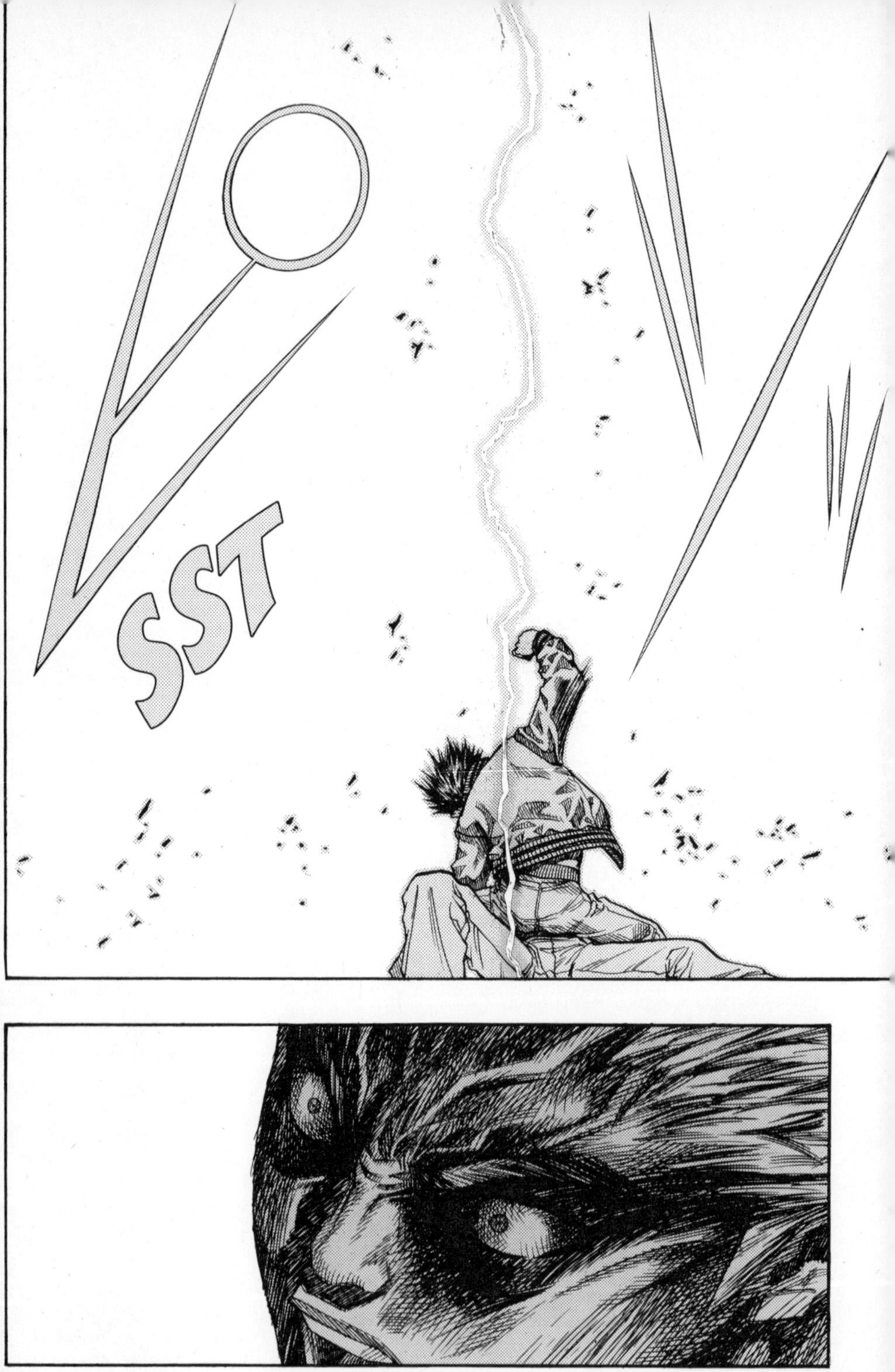
SST

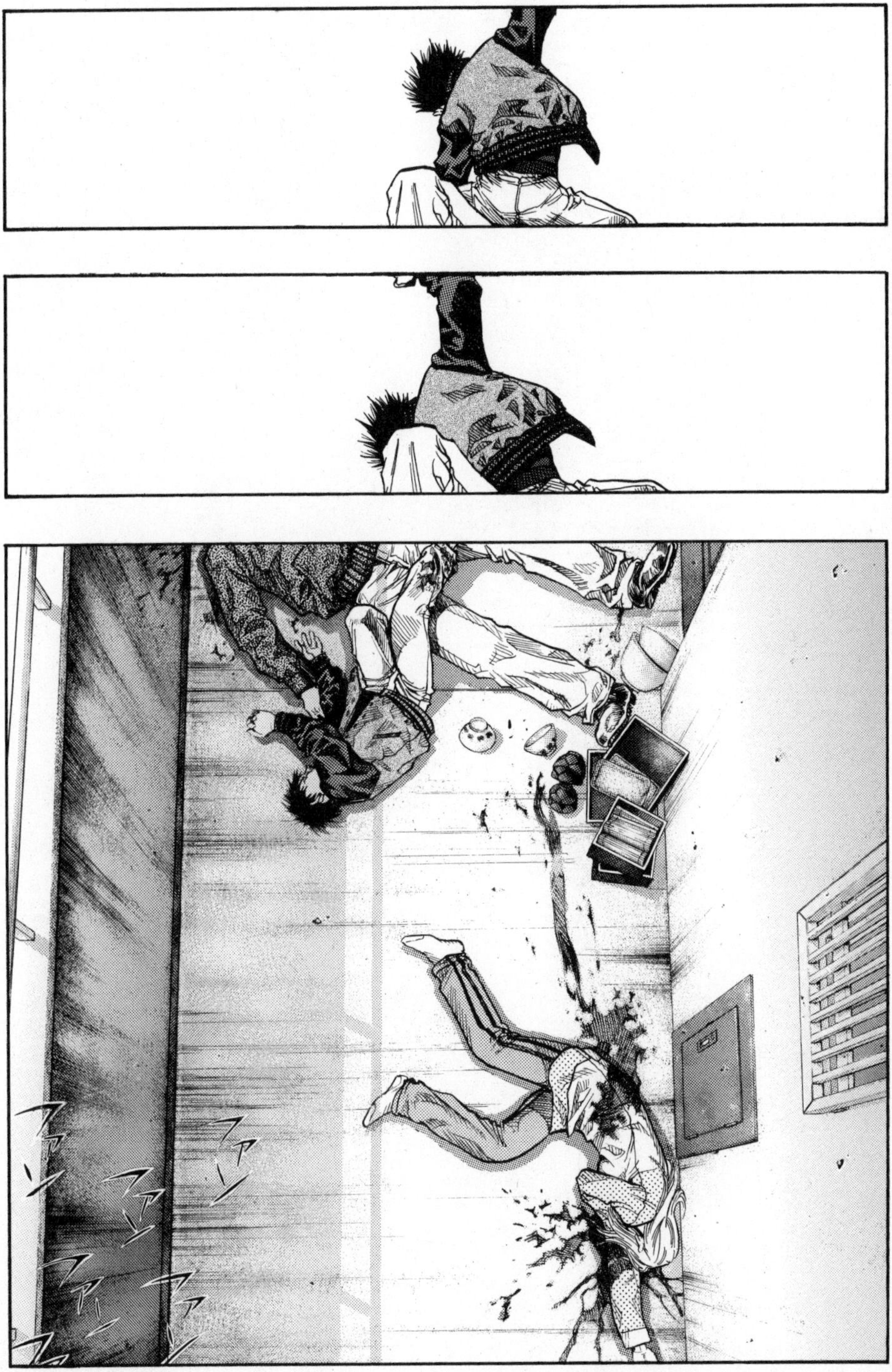
ファーン
ファーン
ファーン
ファーン
ファーン

ZETMAN

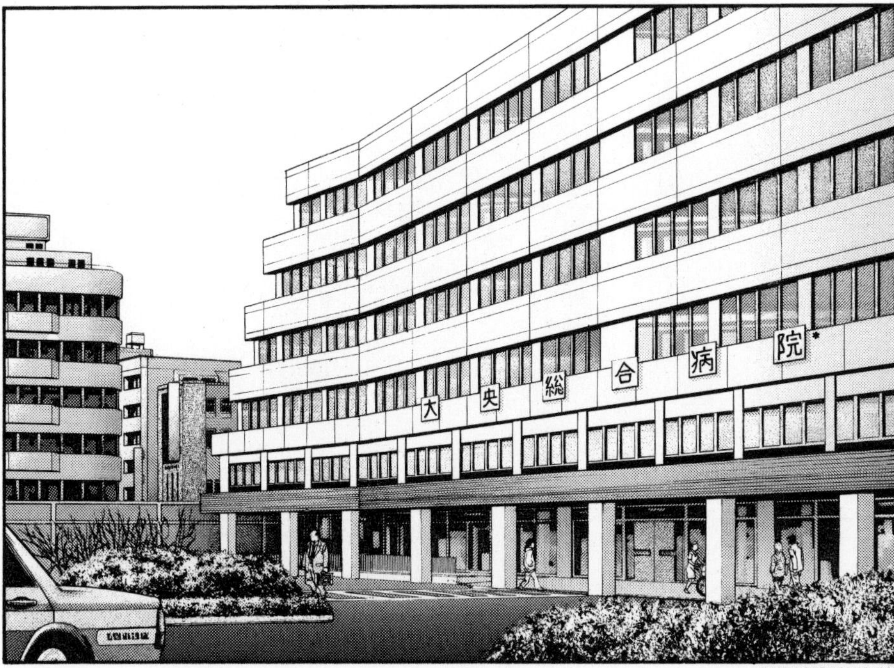

* KRANKENHAUS DAIO

Episode 11:
Ohnmacht

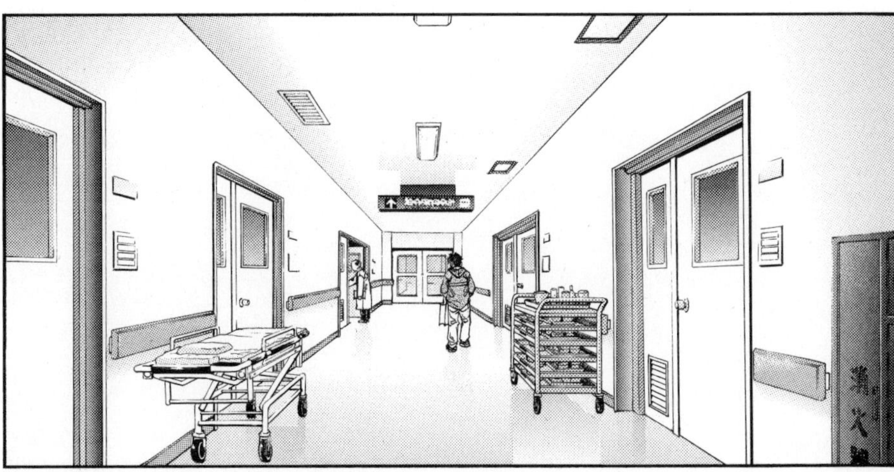

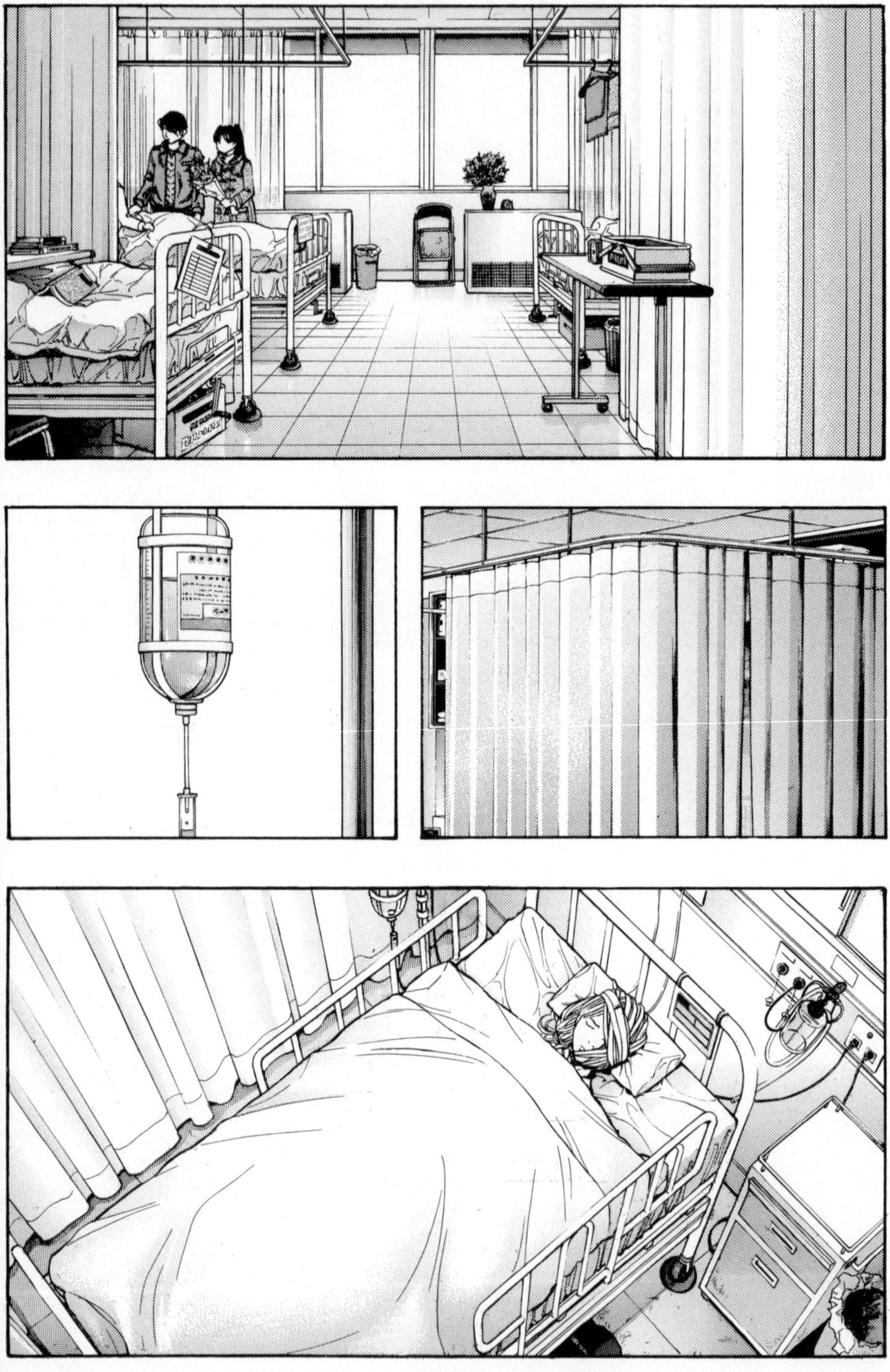

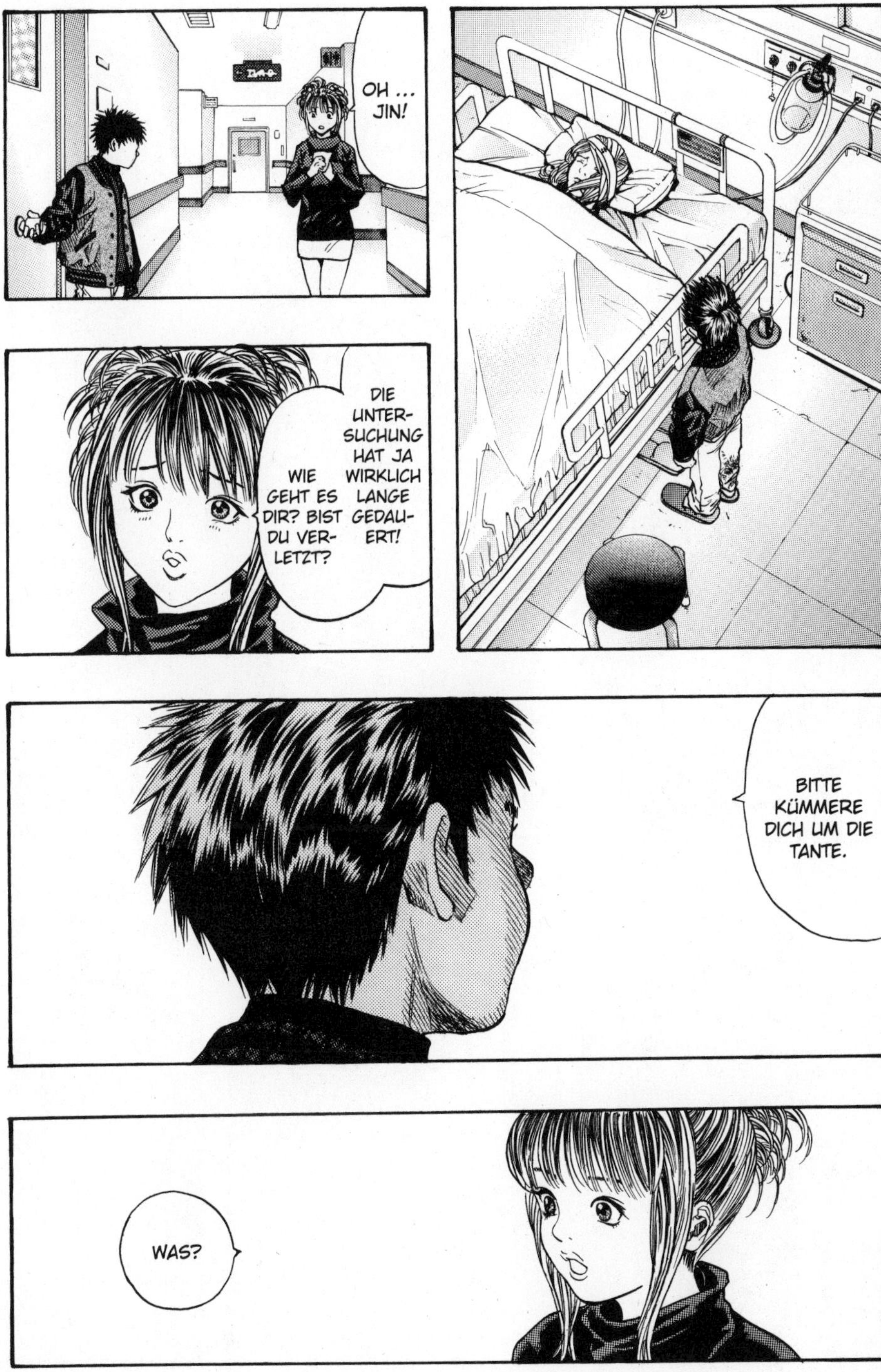

OH ... JIN!
DIE UNTERSUCHUNG HAT JA WIRKLICH LANGE GEDAUERT!
WIE GEHT ES DIR? BIST DU VERLETZT?
BITTE KÜMMERE DICH UM DIE TANTE.
WAS?

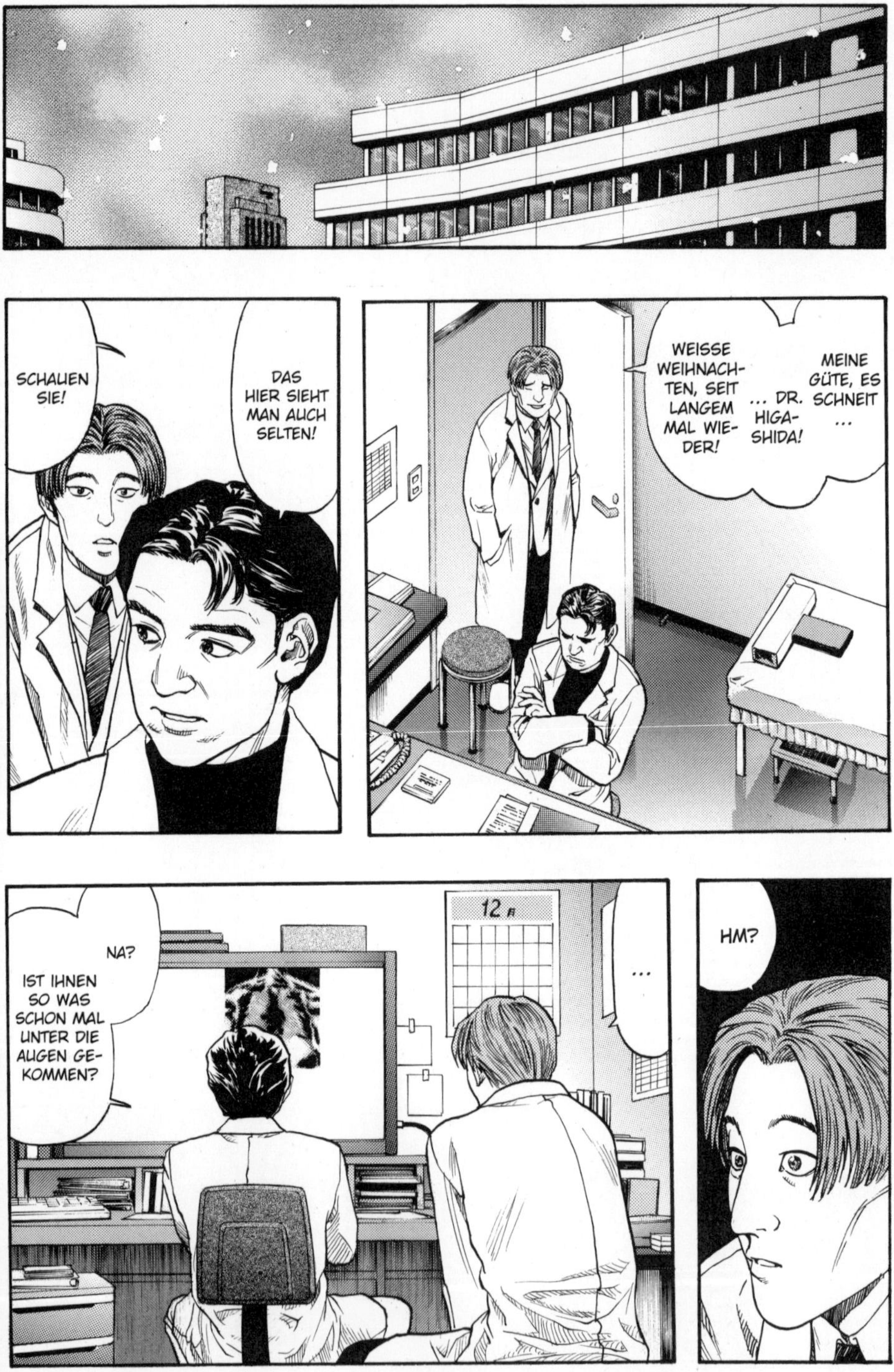
MEINE GÜTE, ES SCHNEIT ...
... DR. HIGASHIDA!
WEISSE WEIHNACHTEN, SEIT LANGEM MAL WIEDER!
DAS HIER SIEHT MAN AUCH SELTEN!
SCHAUEN SIE!
HM?
...
NA?
IST IHNEN SO WAS SCHON MAL UNTER DIE AUGEN GEKOMMEN?

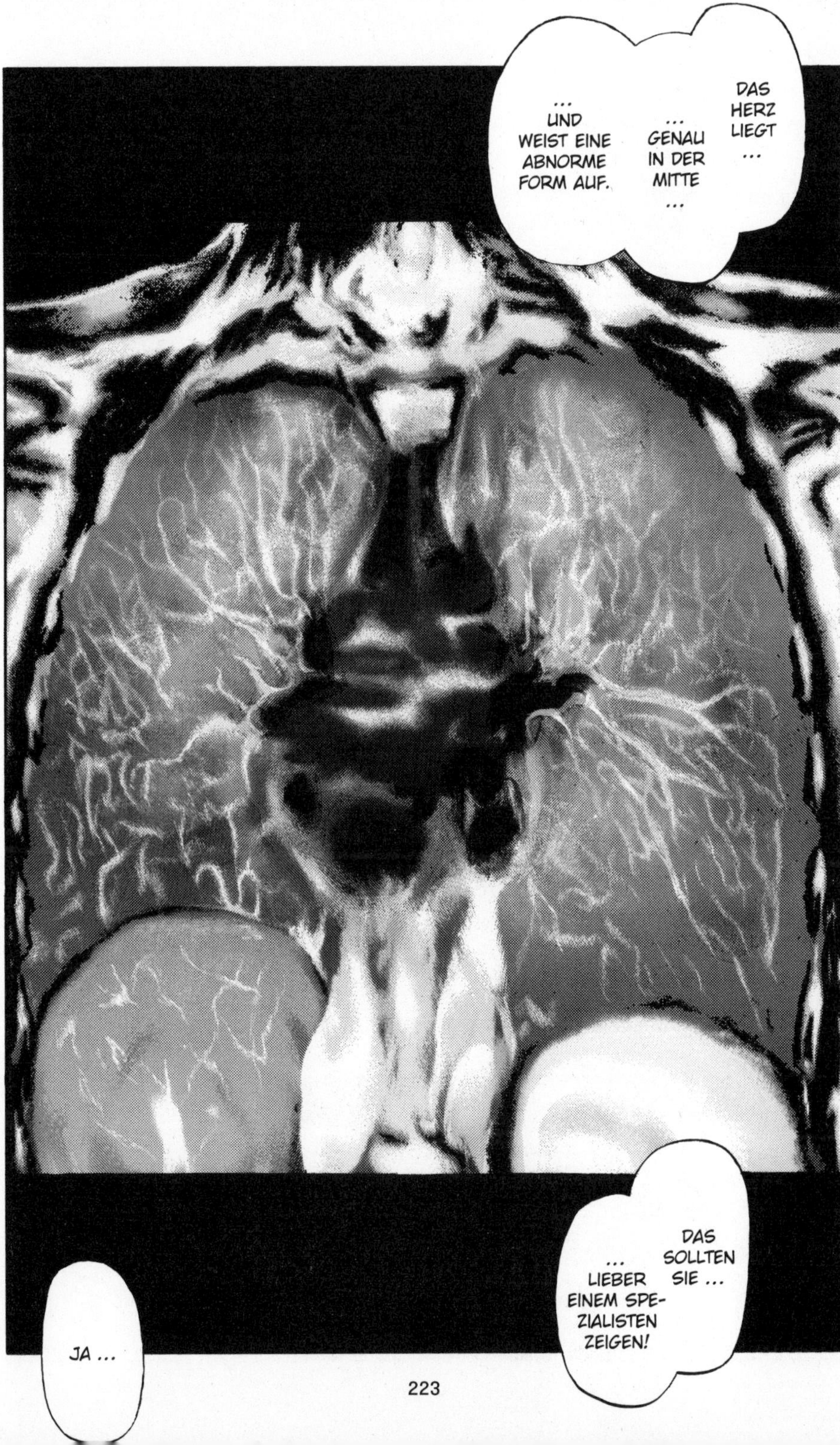
DAS HERZ LIEGT …
… GENAU IN DER MITTE …
… UND WEIST EINE ABNORME FORM AUF.
DAS SOLLTEN SIE …
… LIEBER EINEM SPE-ZIALISTEN ZEIGEN!
JA …

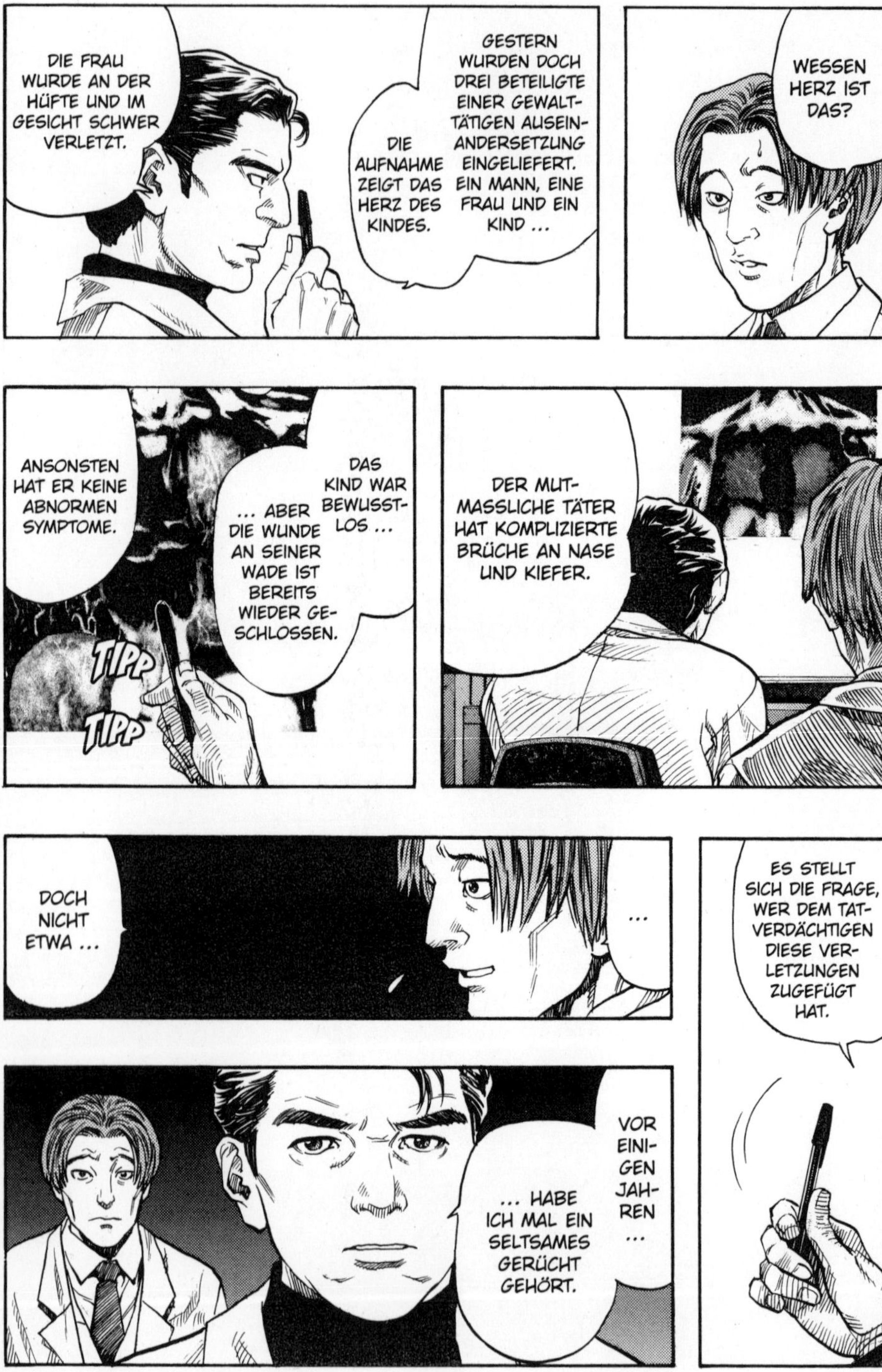
WESSEN HERZ IST DAS?
GESTERN WURDEN DOCH DREI BETEILIGTE EINER GEWALT-TÄTIGEN AUSEIN-ANDERSETZUNG EINGELIEFERT. EIN MANN, EINE FRAU UND EIN KIND …
DIE AUFNAHME ZEIGT DAS HERZ DES KINDES.
DIE FRAU WURDE AN DER HÜFTE UND IM GESICHT SCHWER VERLETZT.
DER MUT-MASSLICHE TÄTER HAT KOMPLIZIERTE BRÜCHE AN NASE UND KIEFER.
DAS KIND WAR BEWUSST-LOS …
… ABER DIE WUNDE AN SEINER WADE IST BEREITS WIEDER GE-SCHLOSSEN.
ANSONSTEN HAT ER KEINE ABNORMEN SYMPTOME.
TIPP
TIPP
ES STELLT SICH DIE FRAGE, WER DEM TAT-VERDÄCHTIGEN DIESE VER-LETZUNGEN ZUGEFÜGT HAT.
…
DOCH NICHT ETWA …
VOR EINI-GEN JAH-REN …
… HABE ICH MAL EIN SELTSAMES GERÜCHT GEHÖRT.

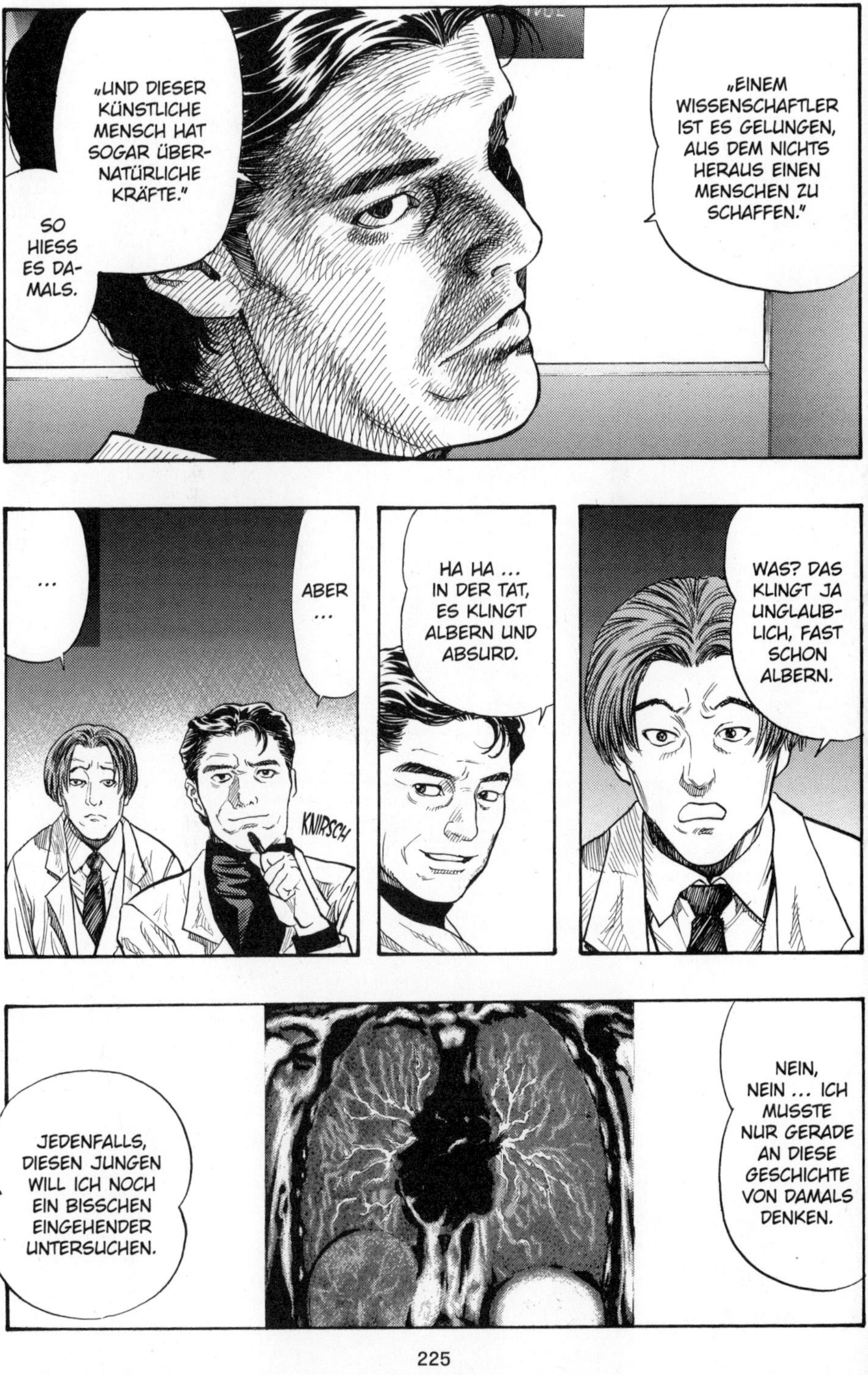
„EINEM WISSENSCHAFTLER IST ES GELUNGEN, AUS DEM NICHTS HERAUS EINEN MENSCHEN ZU SCHAFFEN.“
„UND DIESER KÜNSTLICHE MENSCH HAT SOGAR ÜBER-NATÜRLICHE KRÄFTE.“
SO HIESS ES DA-MALS.
WAS? DAS KLINGT JA UNGLAUB-LICH, FAST SCHON ALBERN.
HA HA … IN DER TAT, ES KLINGT ALBERN UND ABSURD.
ABER …
…
KNIRSCH
NEIN, NEIN … ICH MUSSTE NUR GERADE AN DIESE GESCHICHTE VON DAMALS DENKEN.
JEDENFALLS, DIESEN JUNGEN WILL ICH NOCH EIN BISSCHEN EINGEHENDER UNTERSUCHEN.

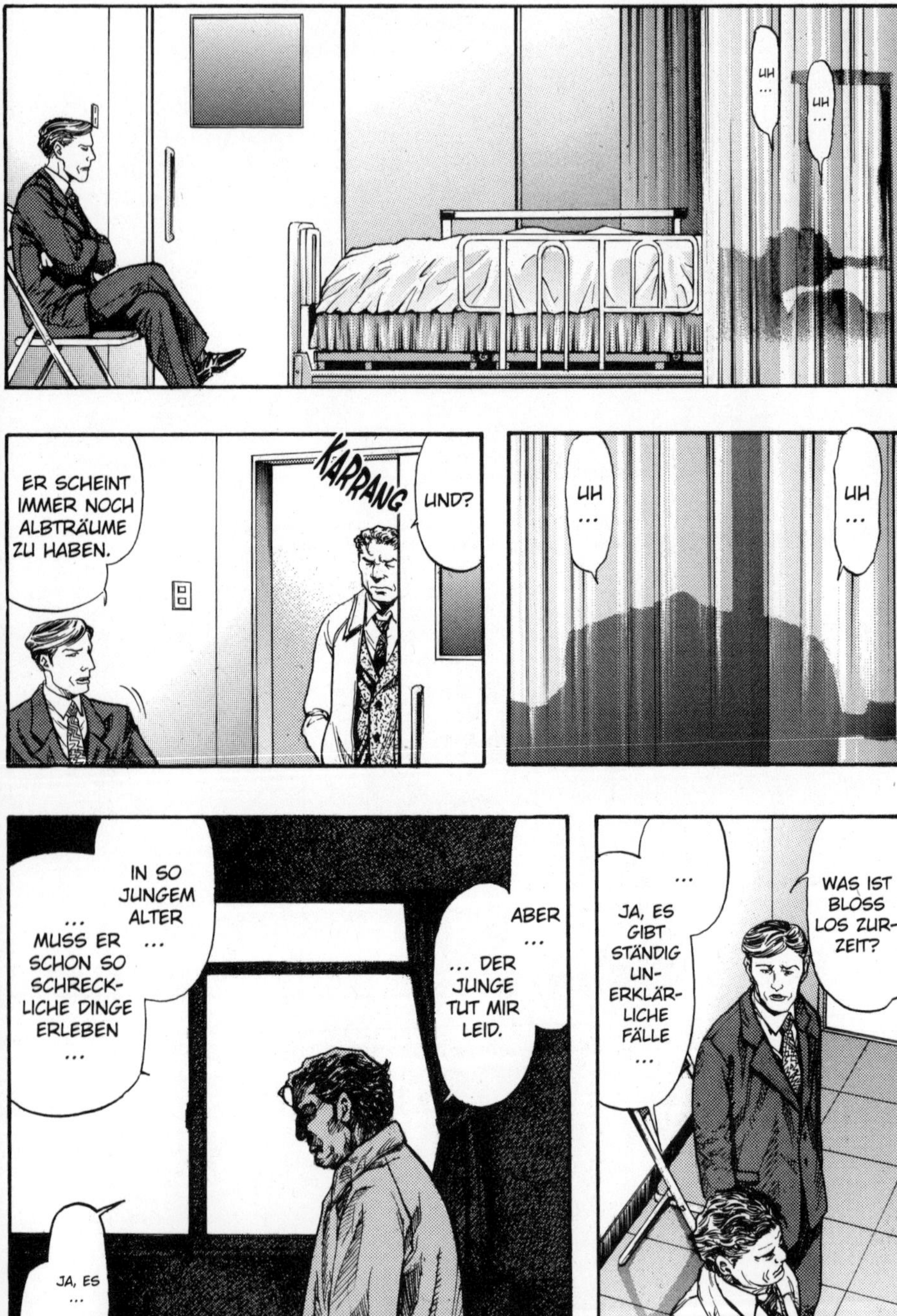
UH ...
UH ...
UH ...
UH ...
KARRANG
UND?
ER SCHEINT IMMER NOCH ALBTRÄUME ZU HABEN.
WAS IST BLOSS LOS ZURZEIT?
...
JA, ES GIBT STÄNDIG UNERKLÄRLICHE FÄLLE ...
ABER ...
... DER JUNGE TUT MIR LEID.
IN SO JUNGEM ALTER ...
... MUSS ER SCHON SO SCHRECKLICHE DINGE ERLEBEN ...
JA, ES ...
... IST SCHLIMM.

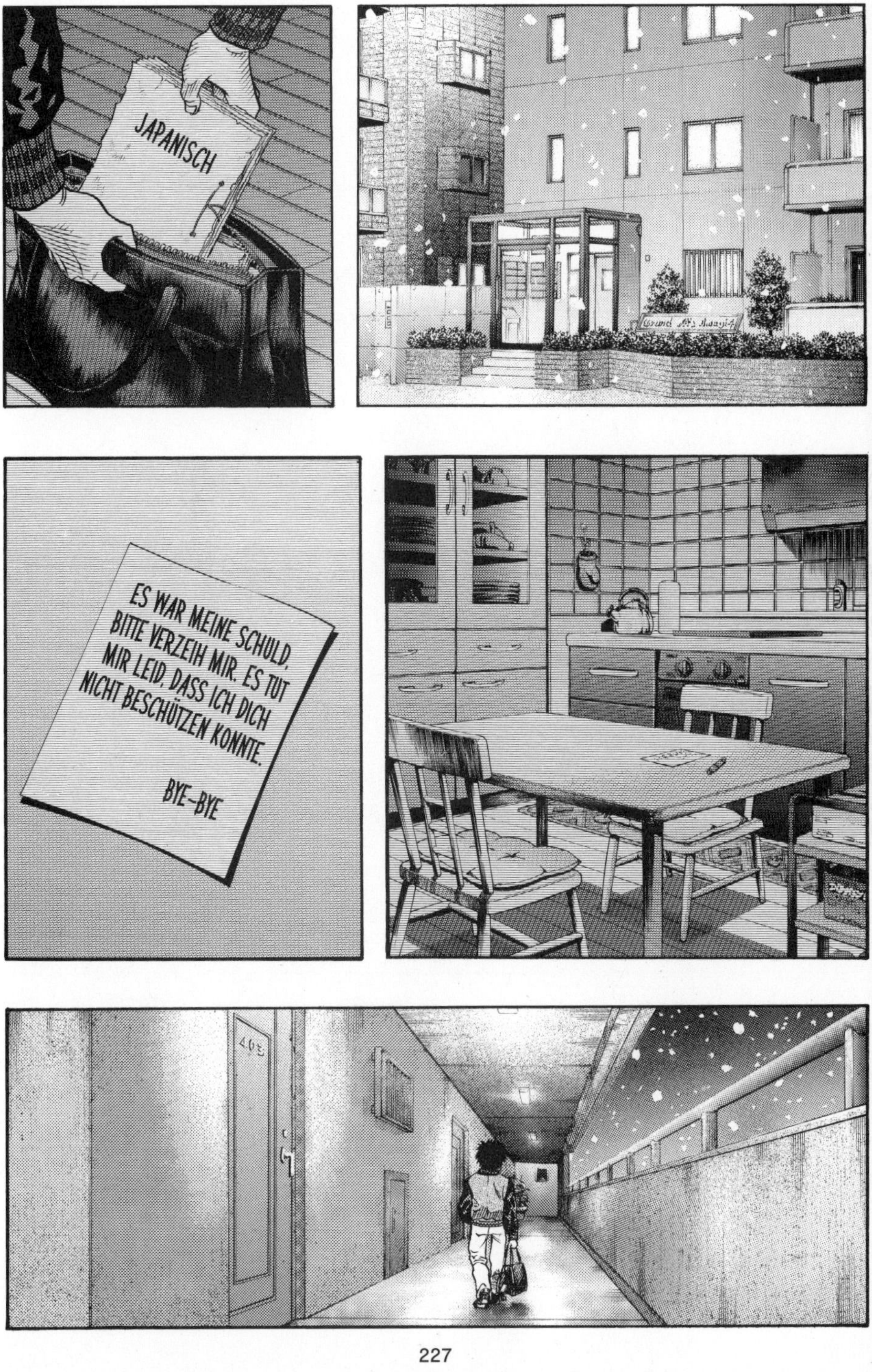
JAPANISCH
ES WAR MEINE SCHULD, BITTE VERZEIH MIR. ES TUT MIR LEID, DASS ICH DICH NICHT BESCHÜTZEN KONNTE.
BYE-BYE

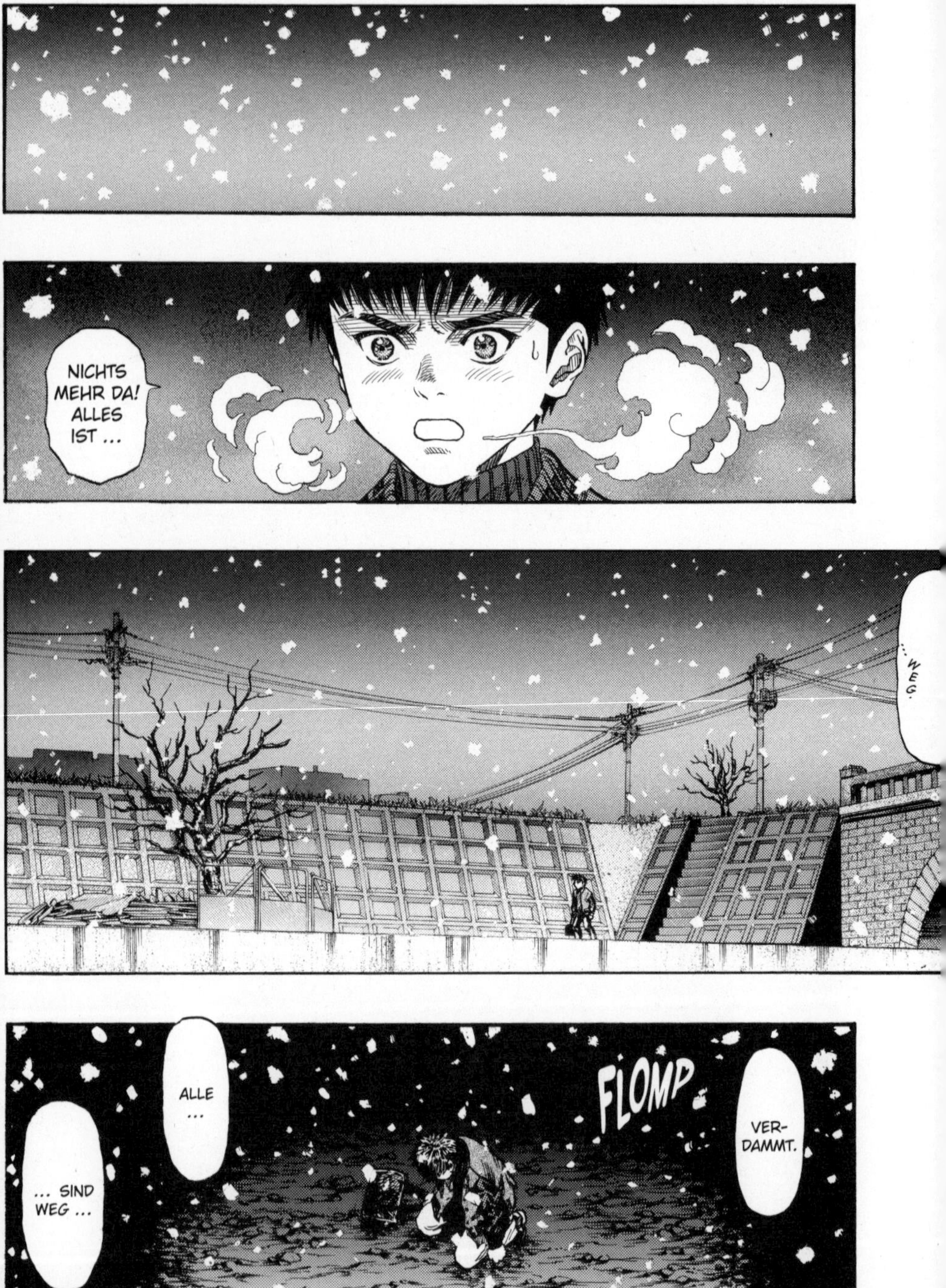
NICHTS MEHR DA! ALLES IST ...
... WEG.
VER-DAMMT.
FLOMP
ALLE ...
... SIND WEG ...

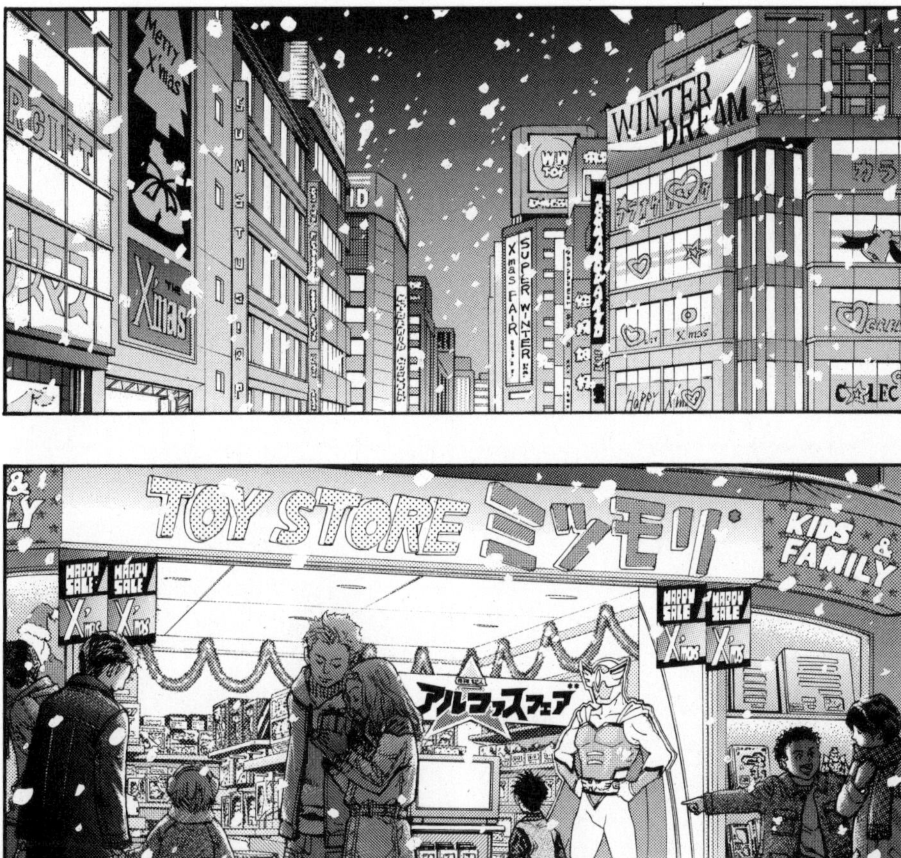

* MITSUMORI ** SUPERMANN ALPHAS AUS EINER FERNEN GALAXIE

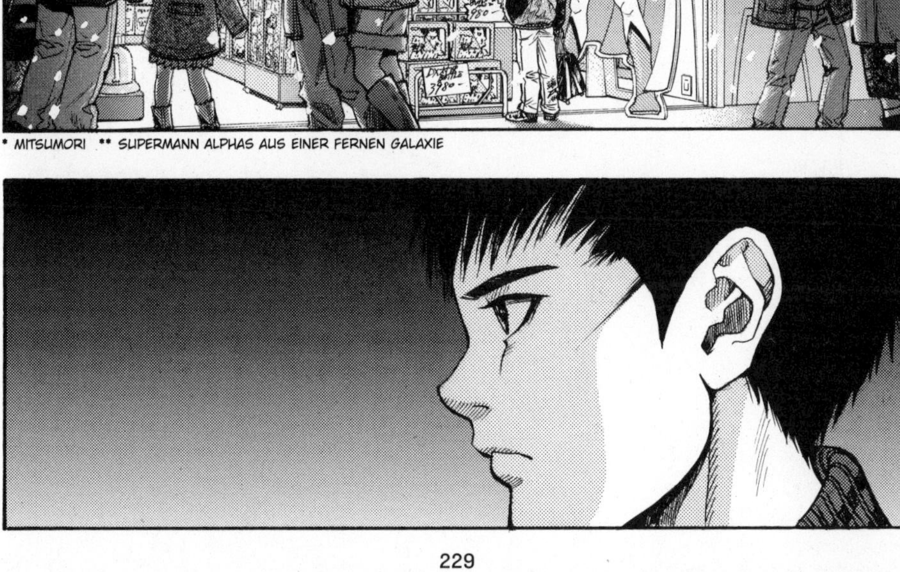

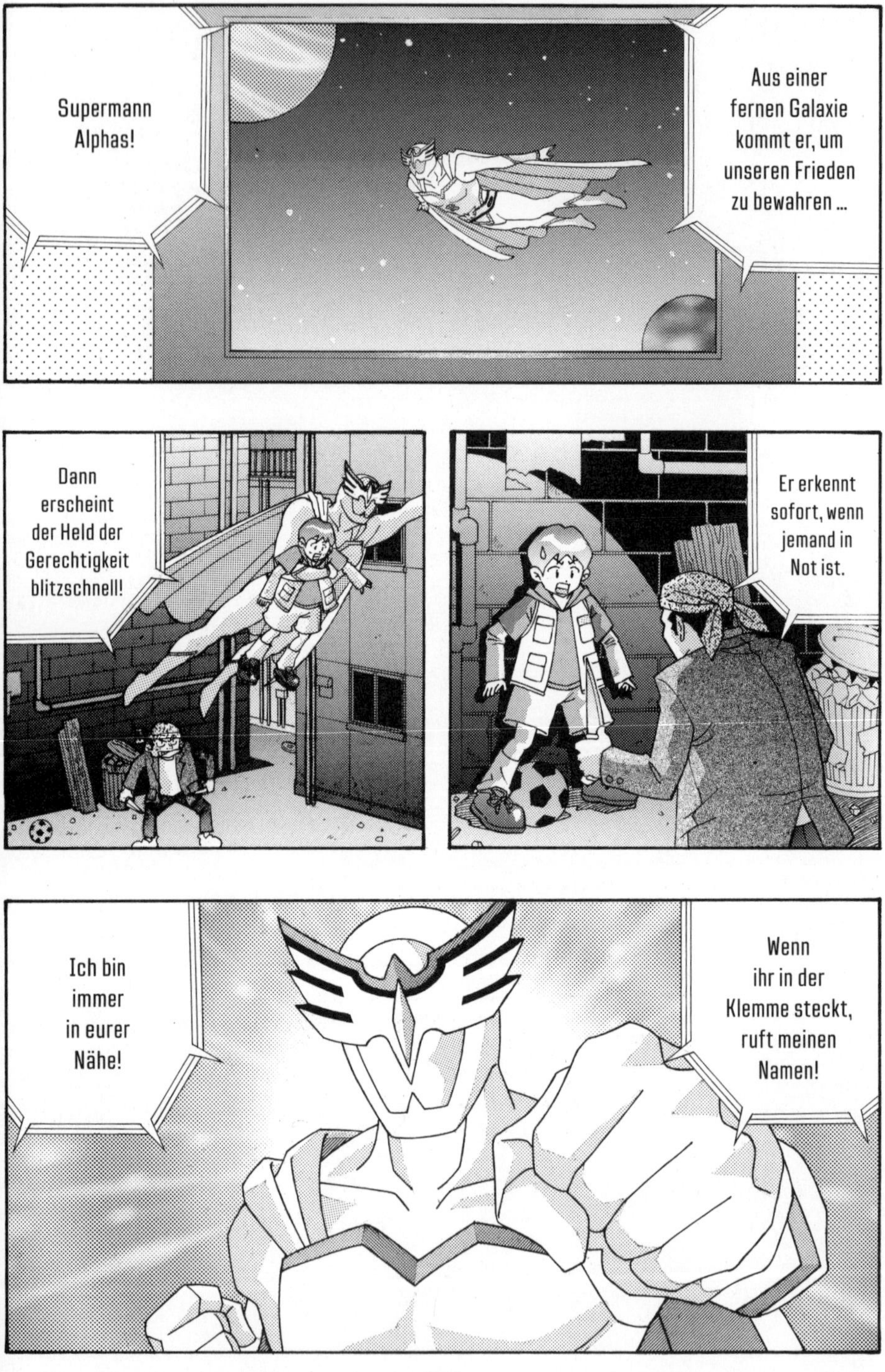

Supermann Alphas!
Aus einer fernen Galaxie kommt er, um unseren Frieden zu bewahren ...
Dann erscheint der Held der Gerechtigkeit blitzschnell!
Er erkennt sofort, wenn jemand in Not ist.
Ich bin immer in eurer Nähe!
Wenn ihr in der Klemme steckt, ruft meinen Namen!

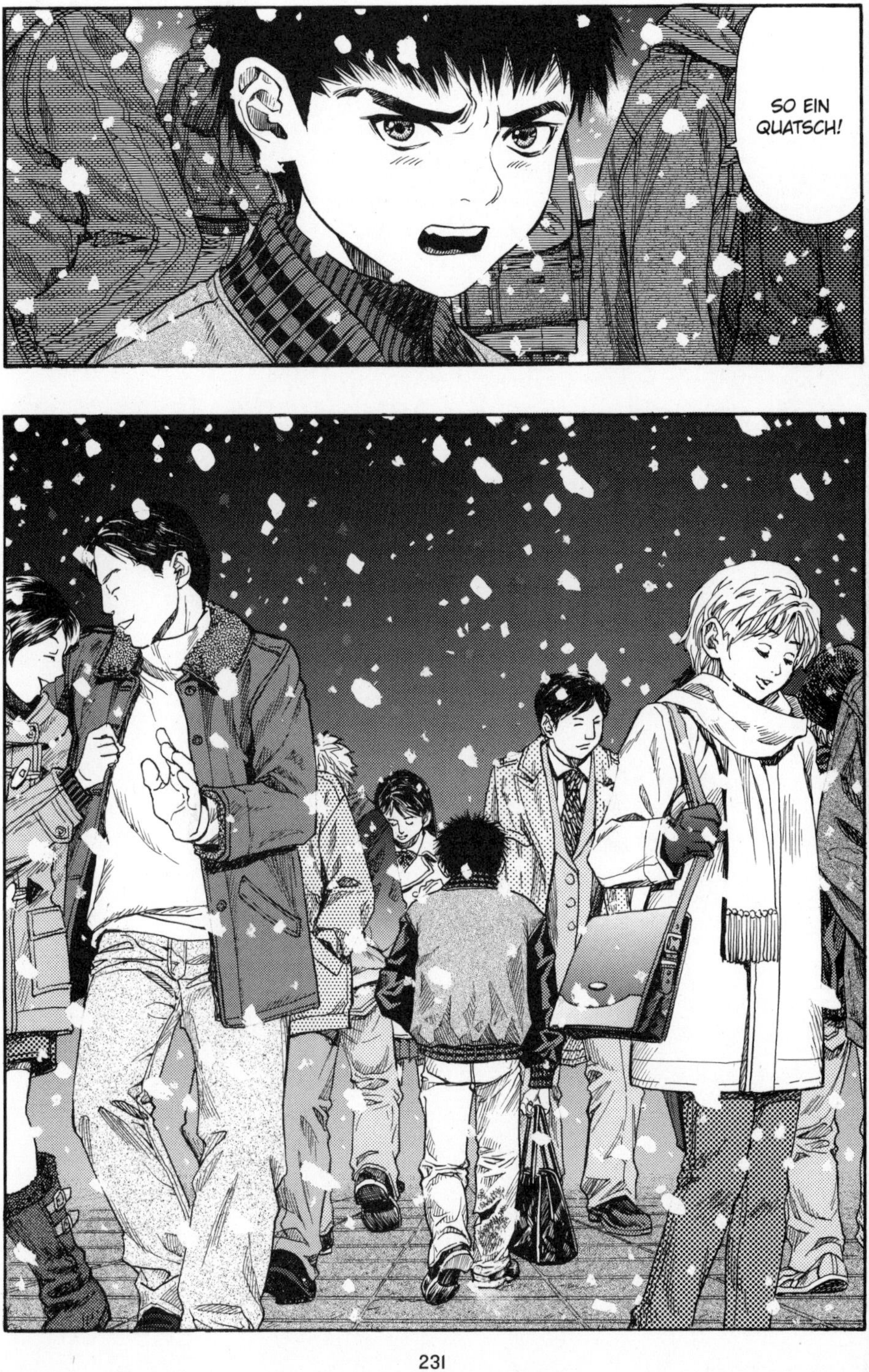
SO EIN
QUATSCH!

ZETMAN

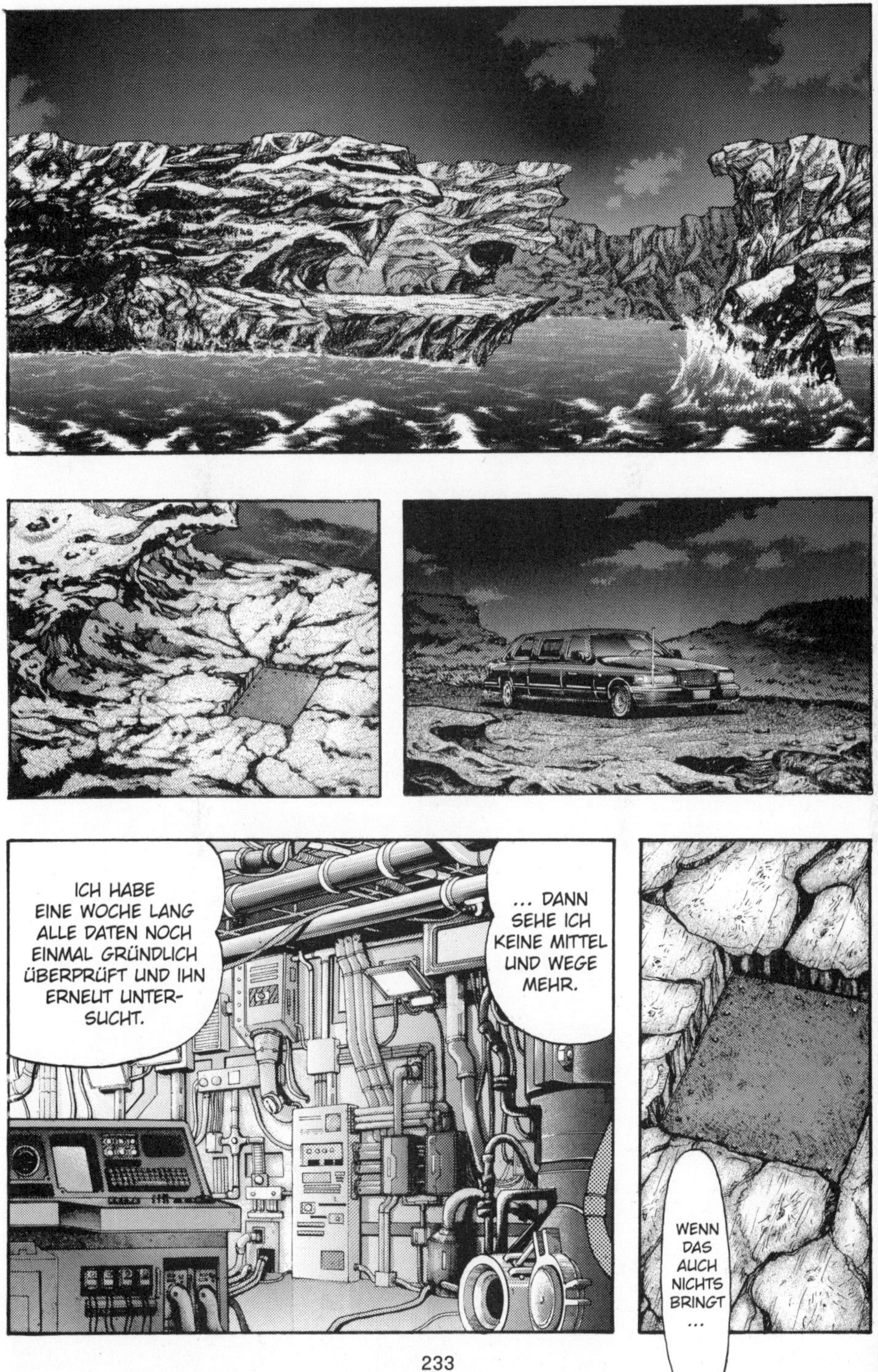
ICH HABE EINE WOCHE LANG ALLE DATEN NOCH EINMAL GRÜNDLICH ÜBERPRÜFT UND IHN ERNEUT UNTER-SUCHT.
... DANN SEHE ICH KEINE MITTEL UND WEGE MEHR.
WENN DAS AUCH NICHTS BRINGT ...

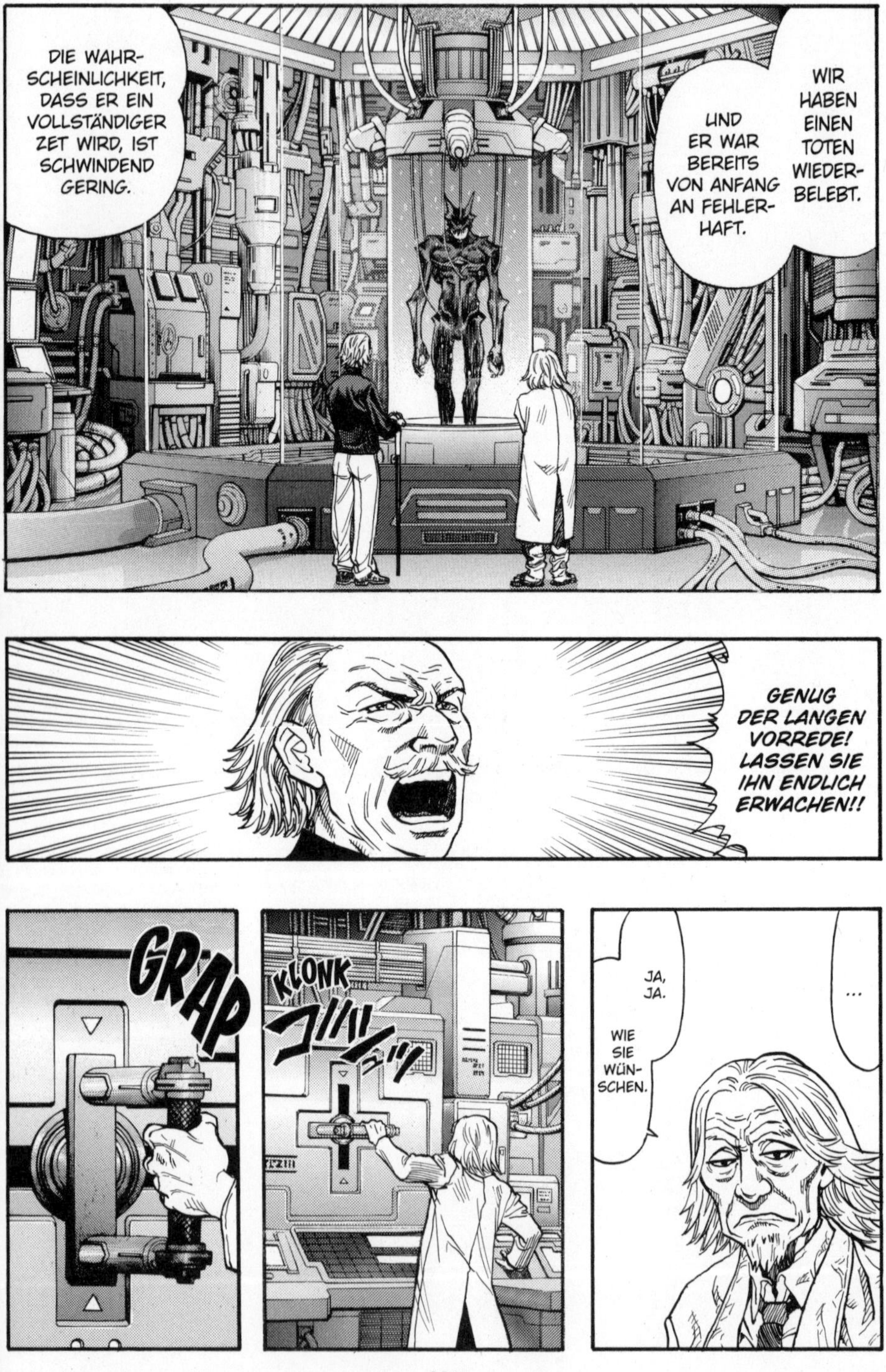
WIR HABEN EINEN TOTEN WIEDERBELEBT.
UND ER WAR BEREITS VON ANFANG AN FEHLERHAFT.
DIE WAHRSCHEINLICHKEIT, DASS ER EIN VOLLSTÄNDIGER ZET WIRD, IST SCHWINDEND GERING.
GENUG DER LANGEN VORREDE! LASSEN SIE IHN ENDLICH ERWACHEN!!
...
JA, JA.
WIE SIE WÜNSCHEN.
KLONK
GRAP

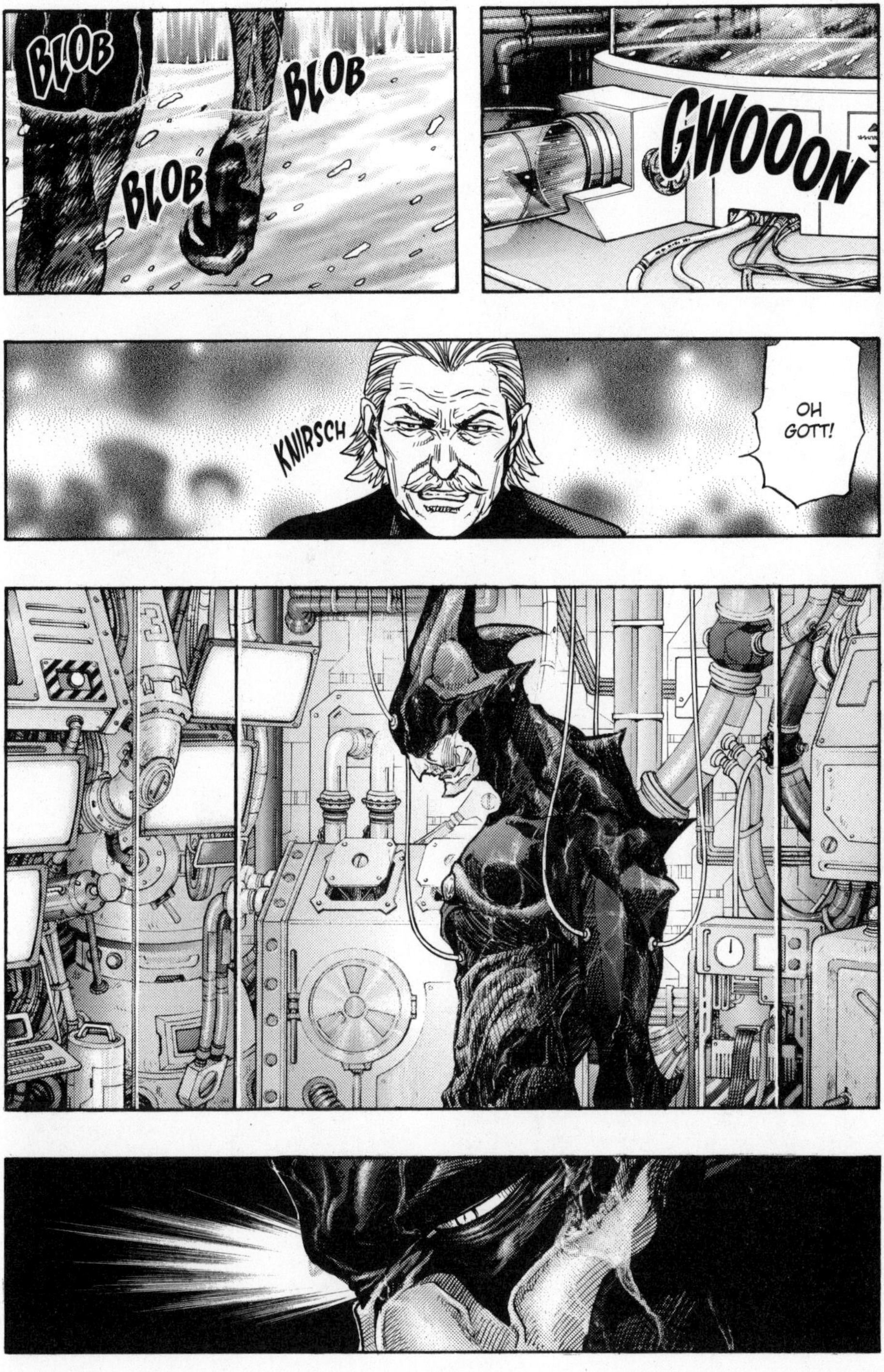
BLOB
BLOB
BLOB
GWOOON
OH GOTT!
KNIRSCH

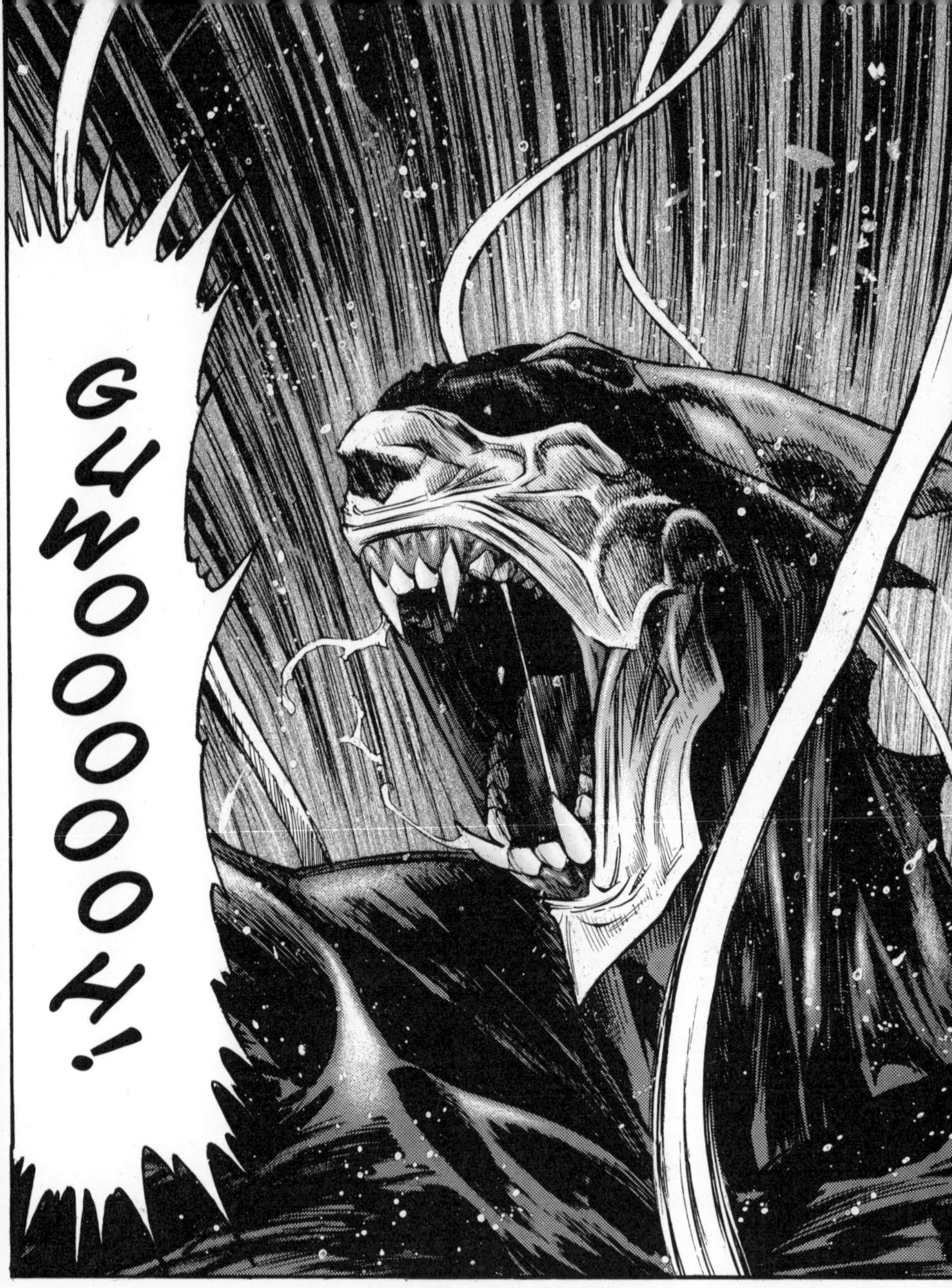

Episode 12:

Hoffnung

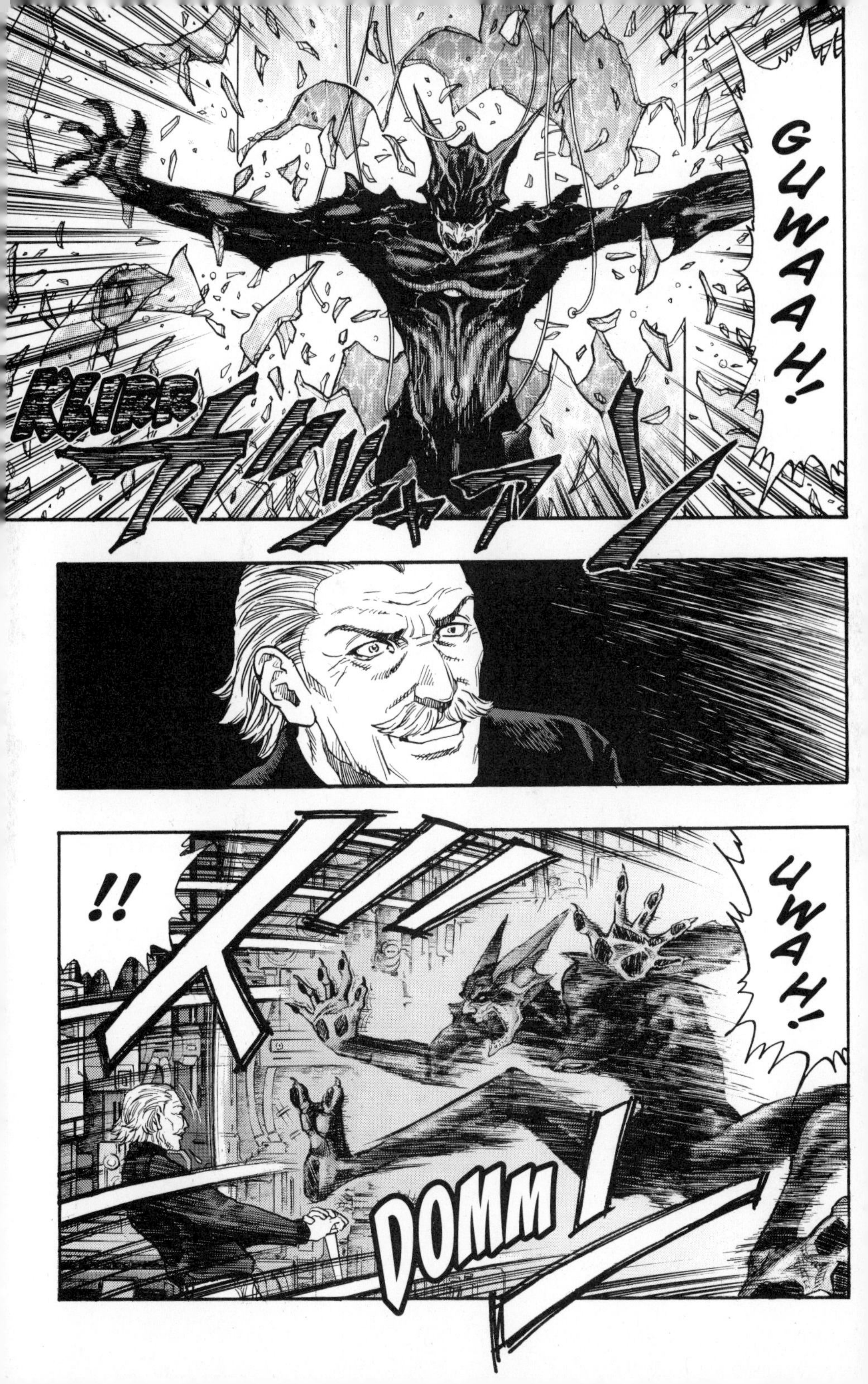
GUWAAAH!
KLIRR
!!
UWAAH!
DOMM

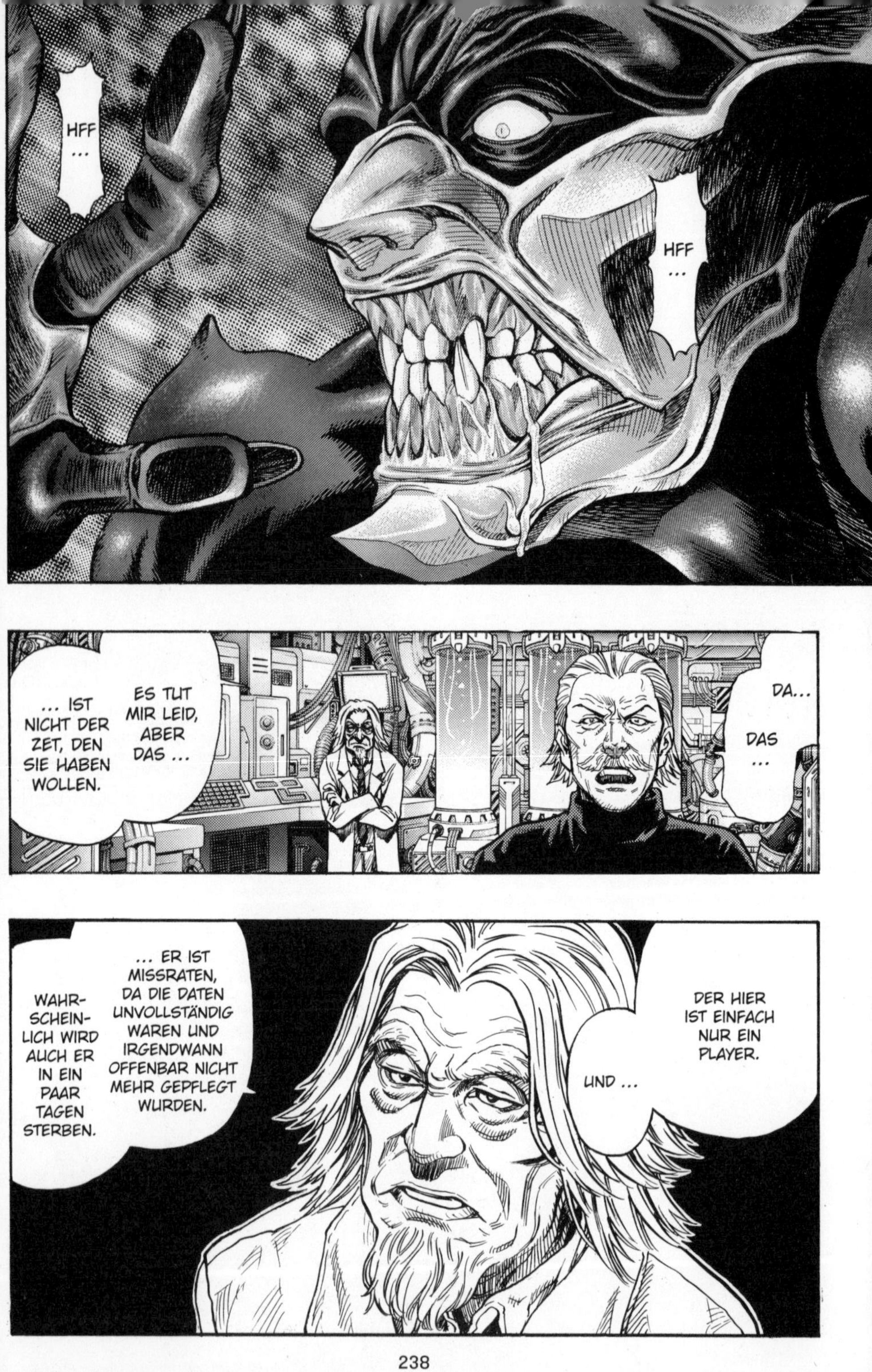
HFF ...
HFF ...
DA... DAS ...
ES TUT MIR LEID, ABER DAS ...
... IST NICHT DER ZET, DEN SIE HABEN WOLLEN.
DER HIER IST EINFACH NUR EIN PLAYER.
UND ...
... ER IST MISSRATEN, DA DIE DATEN UNVOLLSTÄNDIG WAREN UND IRGENDWANN OFFENBAR NICHT MEHR GEPFLEGT WURDEN.
WAHR-SCHEIN-LICH WIRD AUCH ER IN EIN PAAR TAGEN STERBEN.

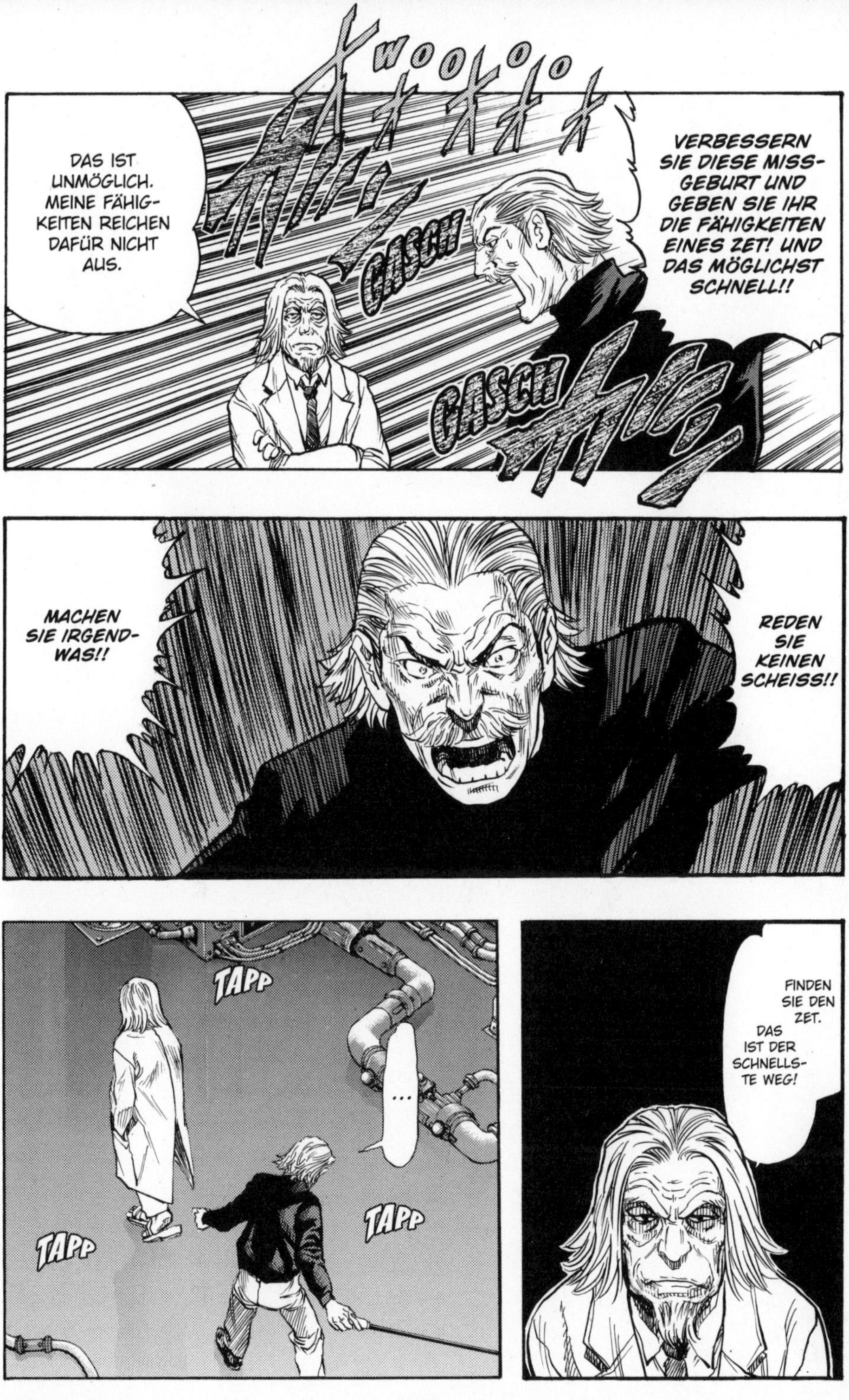
WOOOOO
GASCH
VERBESSERN SIE DIESE MISS-GEBURT UND GEBEN SIE IHR DIE FÄHIGKEITEN EINES ZET! UND DAS MÖGLICHST SCHNELL!!
DAS IST UNMÖGLICH. MEINE FÄHIG-KEITEN REICHEN DAFÜR NICHT AUS.
GASCH
REDEN SIE KEINEN SCHEISS!!
MACHEN SIE IRGEND-WAS!!
FINDEN SIE DEN ZET.
DAS IST DER SCHNELLS-TE WEG!
TAPP
...
TAPP
TAPP

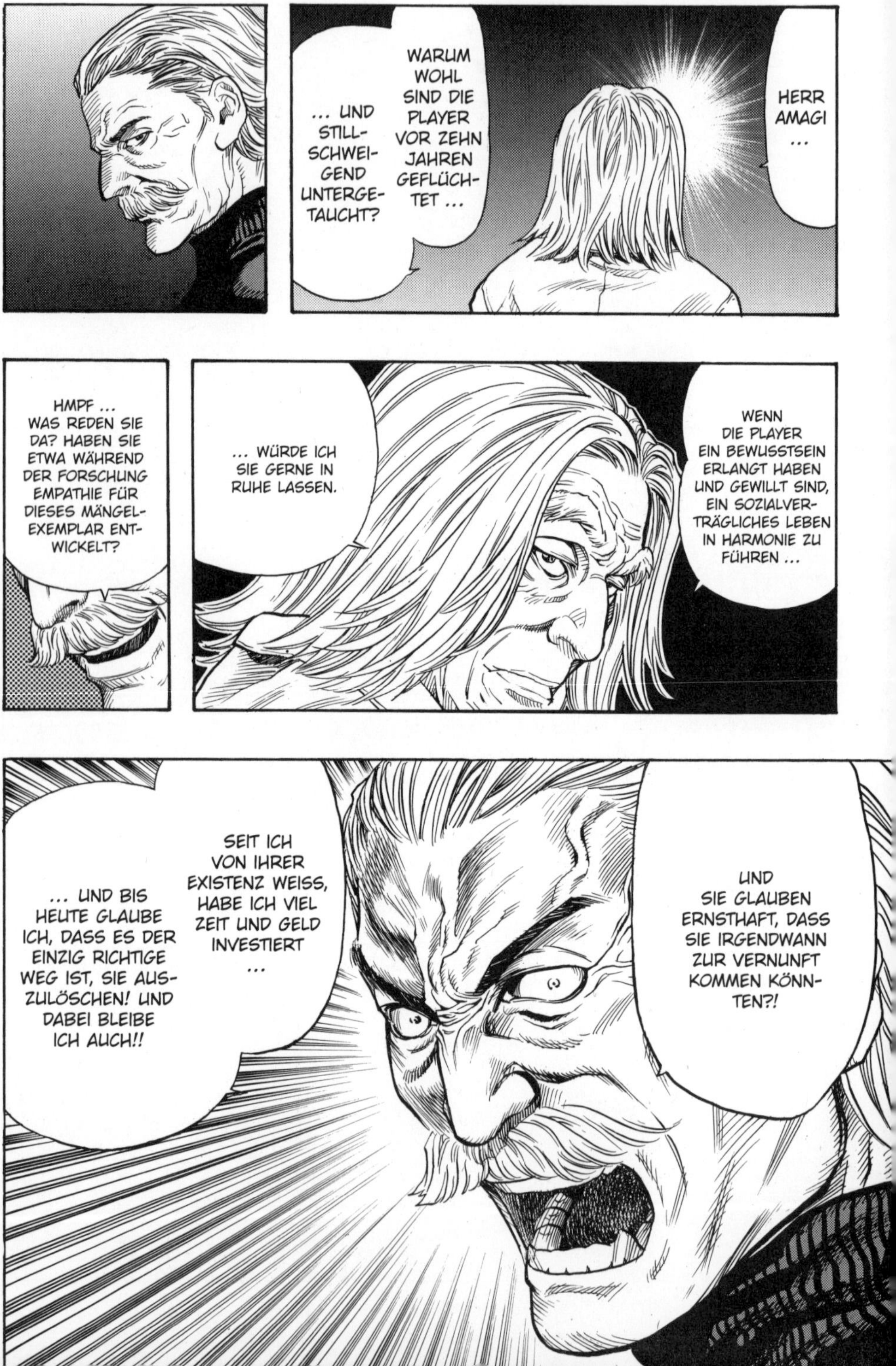
HERR AMAGI ...
WARUM WOHL SIND DIE PLAYER VOR ZEHN JAHREN GEFLÜCH-TET ...
... UND STILL-SCHWEI-GEND UNTERGE-TAUCHT?
WENN DIE PLAYER EIN BEWUSSTSEIN ERLANGT HABEN UND GEWILLT SIND, EIN SOZIALVER-TRÄGLICHES LEBEN IN HARMONIE ZU FÜHREN ...
... WÜRDE ICH SIE GERNE IN RUHE LASSEN.
HMPF ... WAS REDEN SIE DA? HABEN SIE ETWA WÄHREND DER FORSCHUNG EMPATHIE FÜR DIESES MÄNGEL-EXEMPLAR ENT-WICKELT?
UND SIE GLAUBEN ERNSTHAFT, DASS SIE IRGENDWANN ZUR VERNUNFT KOMMEN KÖNN-TEN?!
SEIT ICH VON IHRER EXISTENZ WEISS, HABE ICH VIEL ZEIT UND GELD INVESTIERT ...
... UND BIS HEUTE GLAUBE ICH, DASS ES DER EINZIG RICHTIGE WEG IST, SIE AUS-ZULÖSCHEN! UND DABEI BLEIBE ICH AUCH!!

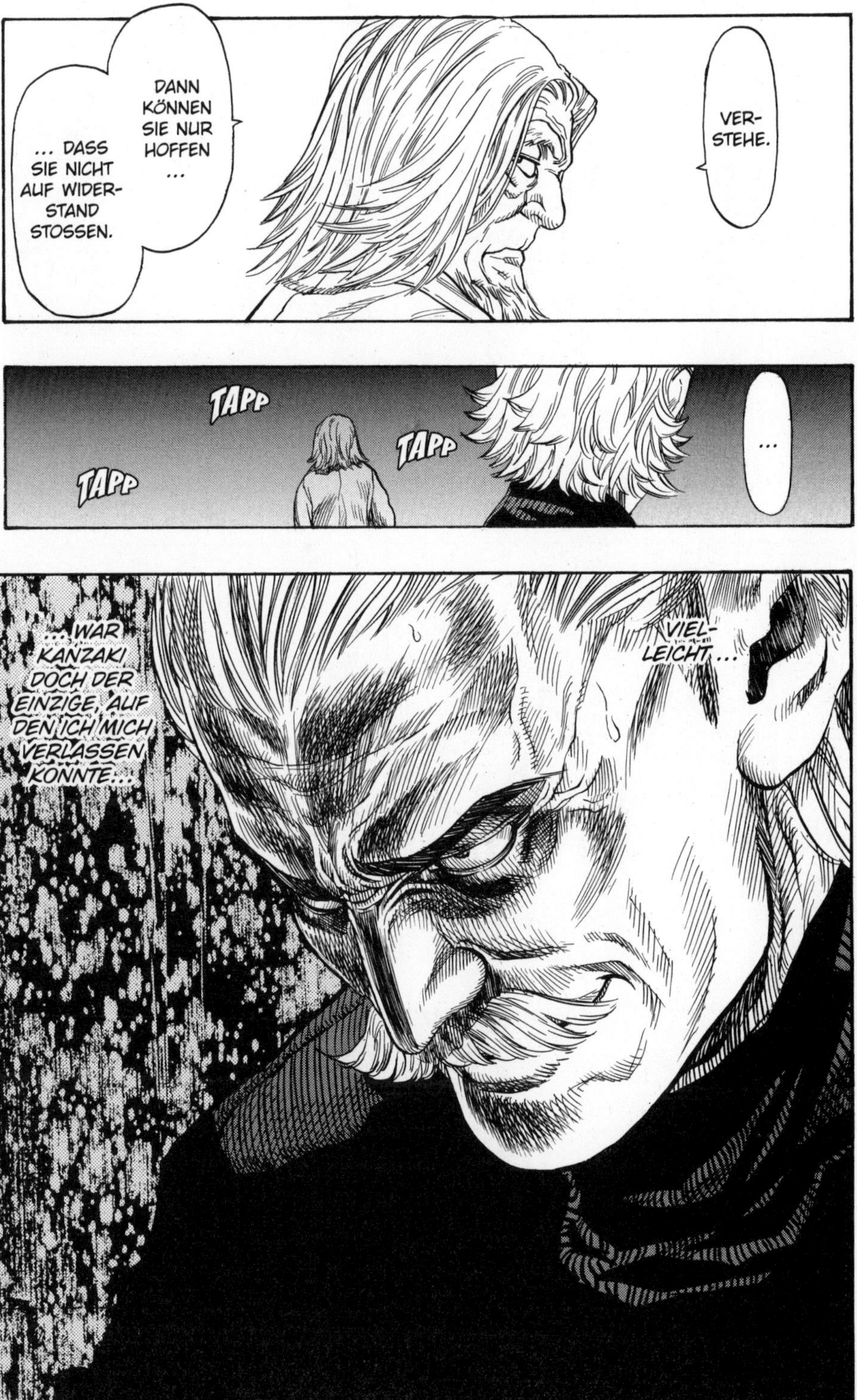
VER-STEHE.
DANN KÖNNEN SIE NUR HOFFEN …
… DASS SIE NICHT AUF WIDER-STAND STOSSEN.
…
TAPP
TAPP
TAPP
VIEL-LEICHT …
… WAR KANZAKI DOCH DER EINZIGE, AUF DEN ICH MICH VERLASSEN KONNTE …

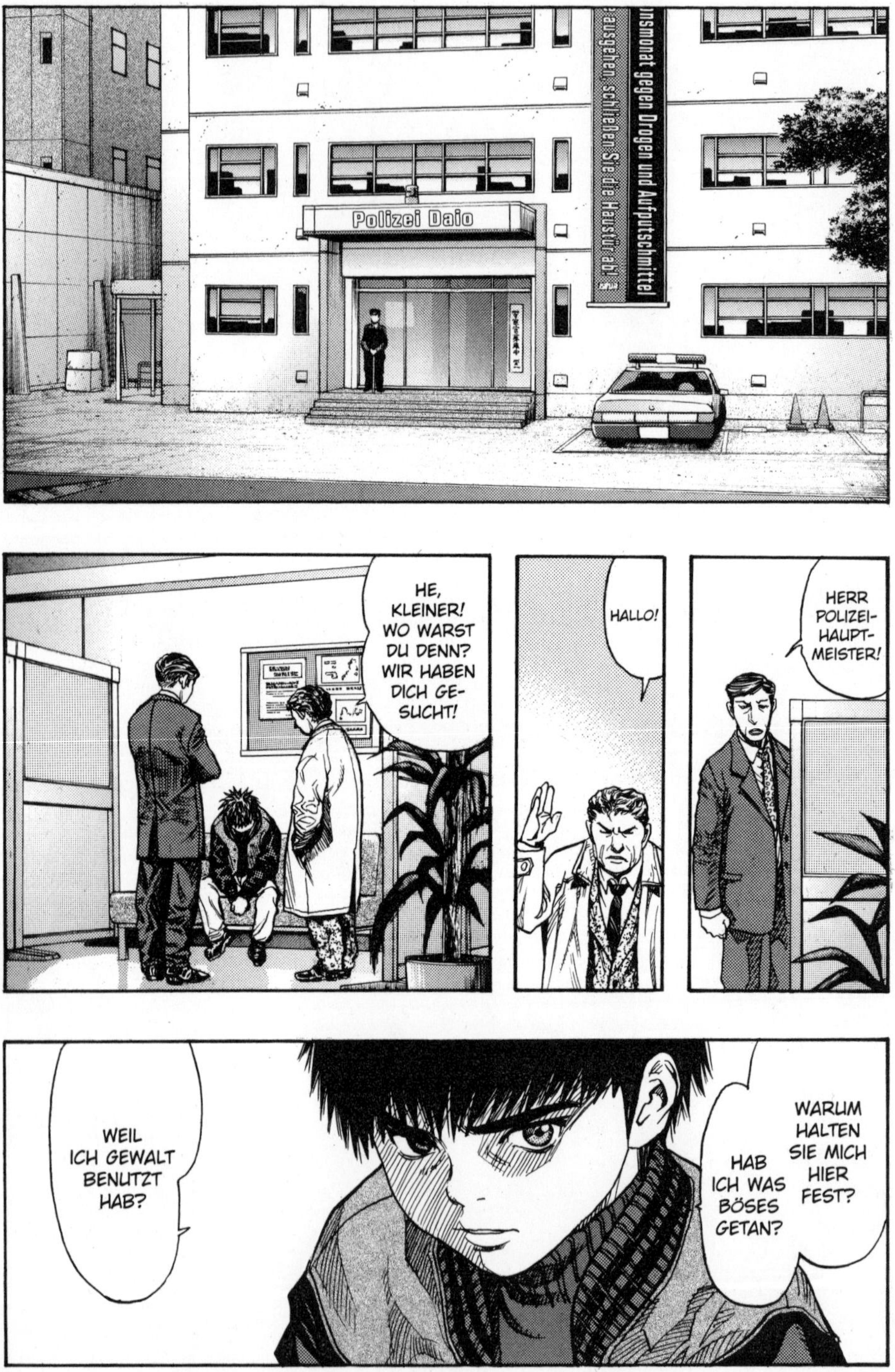
Polizei Daio
nsmonat gegen Drogen und Aufputschmittel
ausgehen, schließen Sie die Haustür ab!
HERR POLIZEI-HAUPTMEISTER!
HALLO!
HE, KLEINER! WO WARST DU DENN? WIR HABEN DICH GESUCHT!
WARUM HALTEN SIE MICH HIER FEST?
HAB ICH WAS BÖSES GETAN?
WEIL ICH GEWALT BENUTZT HAB?

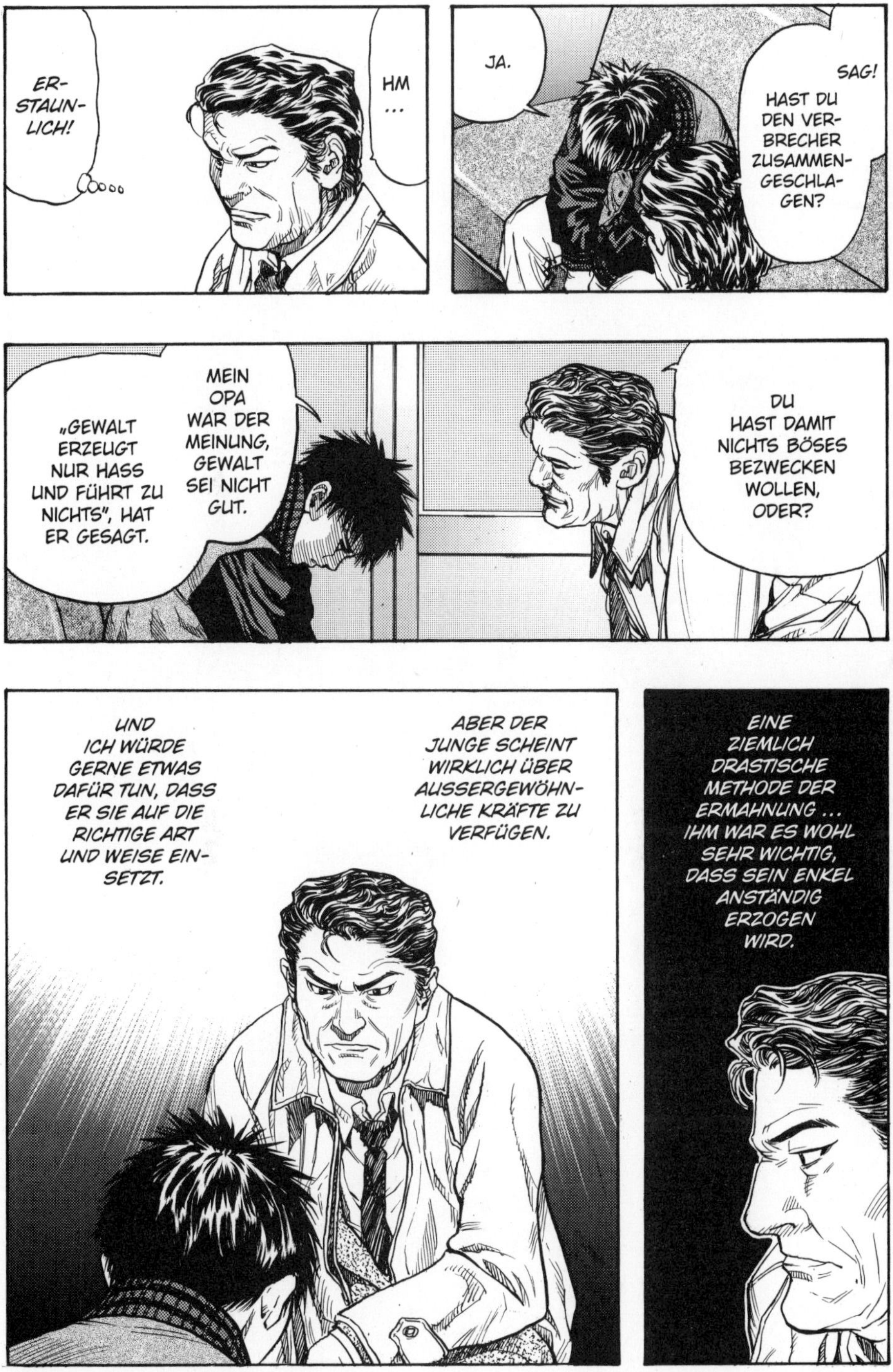
SAG! HAST DU DEN VERBRECHER ZUSAMMENGESCHLAGEN?
JA.
HM …
ERSTAUNLICH!
DU HAST DAMIT NICHTS BÖSES BEZWECKEN WOLLEN, ODER?
MEIN OPA WAR DER MEINUNG, GEWALT SEI NICHT GUT.
„GEWALT ERZEUGT NUR HASS UND FÜHRT ZU NICHTS“, HAT ER GESAGT.
EINE ZIEMLICH DRASTISCHE METHODE DER ERMAHNUNG … IHM WAR ES WOHL SEHR WICHTIG, DASS SEIN ENKEL ANSTÄNDIG ERZOGEN WIRD.
ABER DER JUNGE SCHEINT WIRKLICH ÜBER AUSSERGEWÖHNLICHE KRÄFTE ZU VERFÜGEN.
UND ICH WÜRDE GERNE ETWAS DAFÜR TUN, DASS ER SIE AUF DIE RICHTIGE ART UND WEISE EINSETZT.

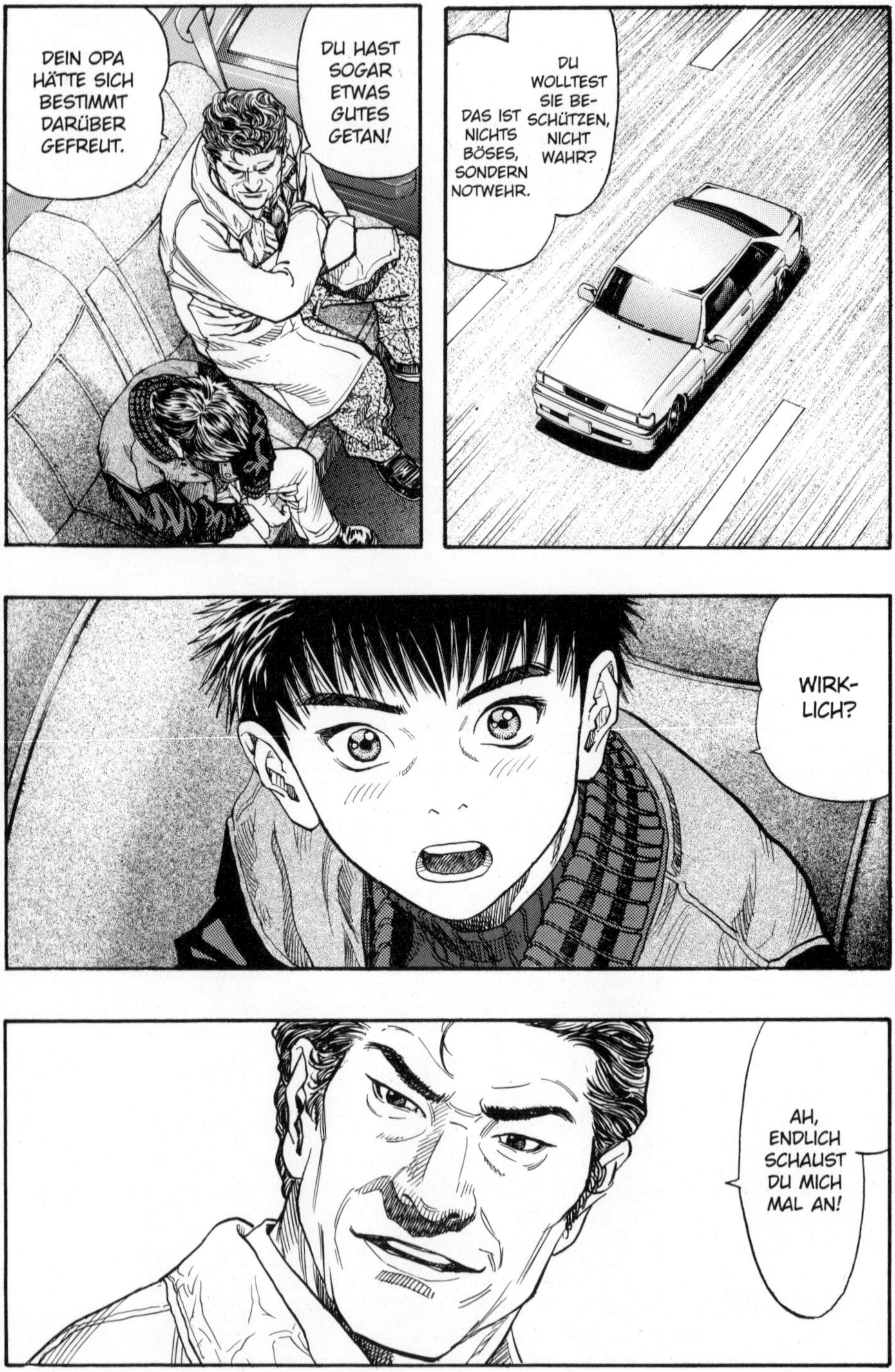
DU WOLLTEST SIE BE-SCHÜTZEN, NICHT WAHR?
DAS IST NICHTS BÖSES, SONDERN NOTWEHR.
DU HAST SOGAR ETWAS GUTES GETAN!
DEIN OPA HÄTTE SICH BESTIMMT DARÜBER GEFREUT.
WIRK-LICH?
AH, ENDLICH SCHAUST DU MICH MAL AN!

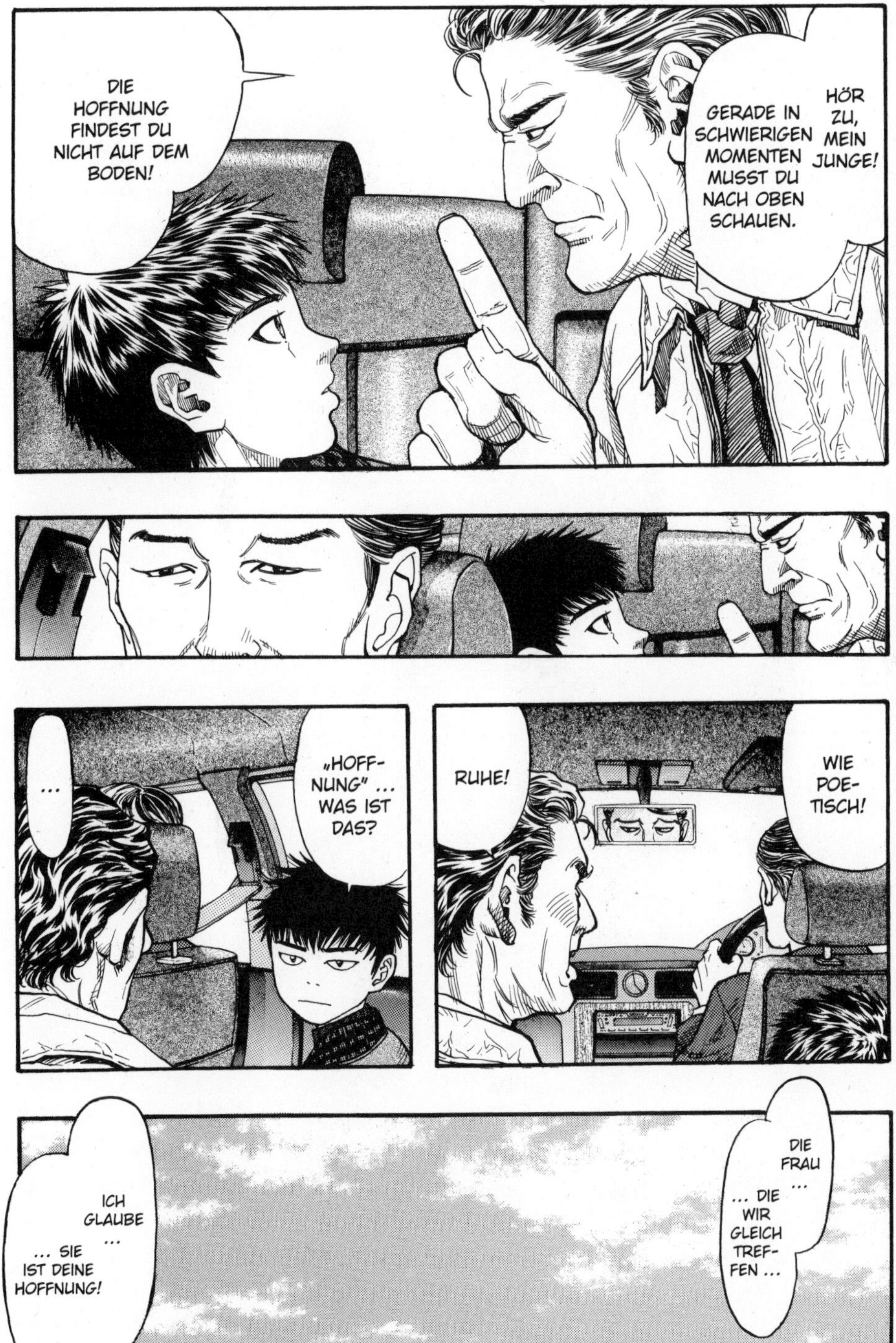
HÖR ZU, MEIN JUNGE!
GERADE IN SCHWIERIGEN MOMENTEN MUSST DU NACH OBEN SCHAUEN.
DIE HOFFNUNG FINDEST DU NICHT AUF DEM BODEN!
WIE POETISCH!
RUHE!
„HOFFNUNG" … WAS IST DAS?
…
DIE FRAU …
… DIE WIR GLEICH TREFFEN …
ICH GLAUBE …
… SIE IST DEINE HOFFNUNG!

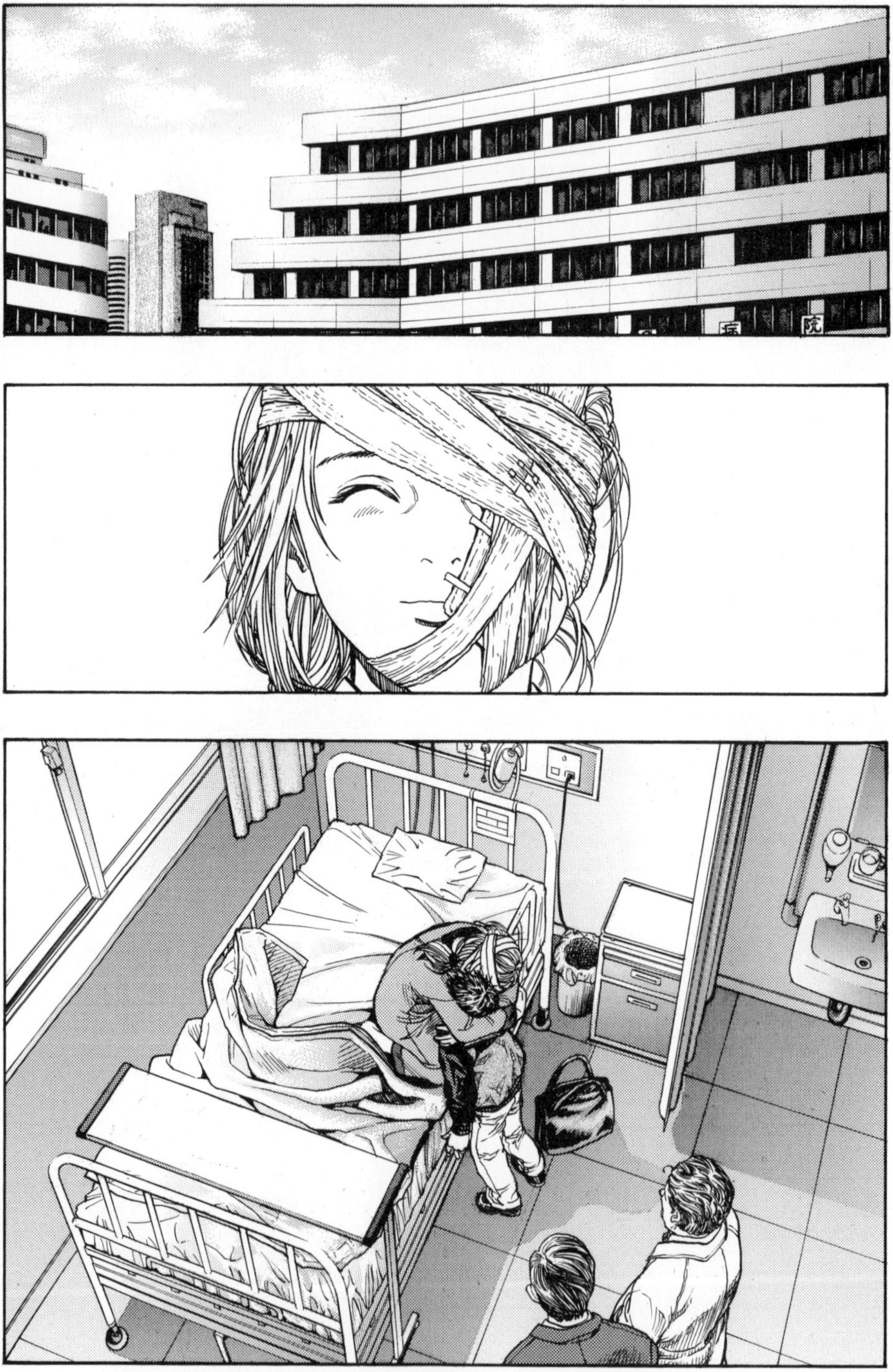

ZETMAN

Kapitel 01:
Koga und Jin

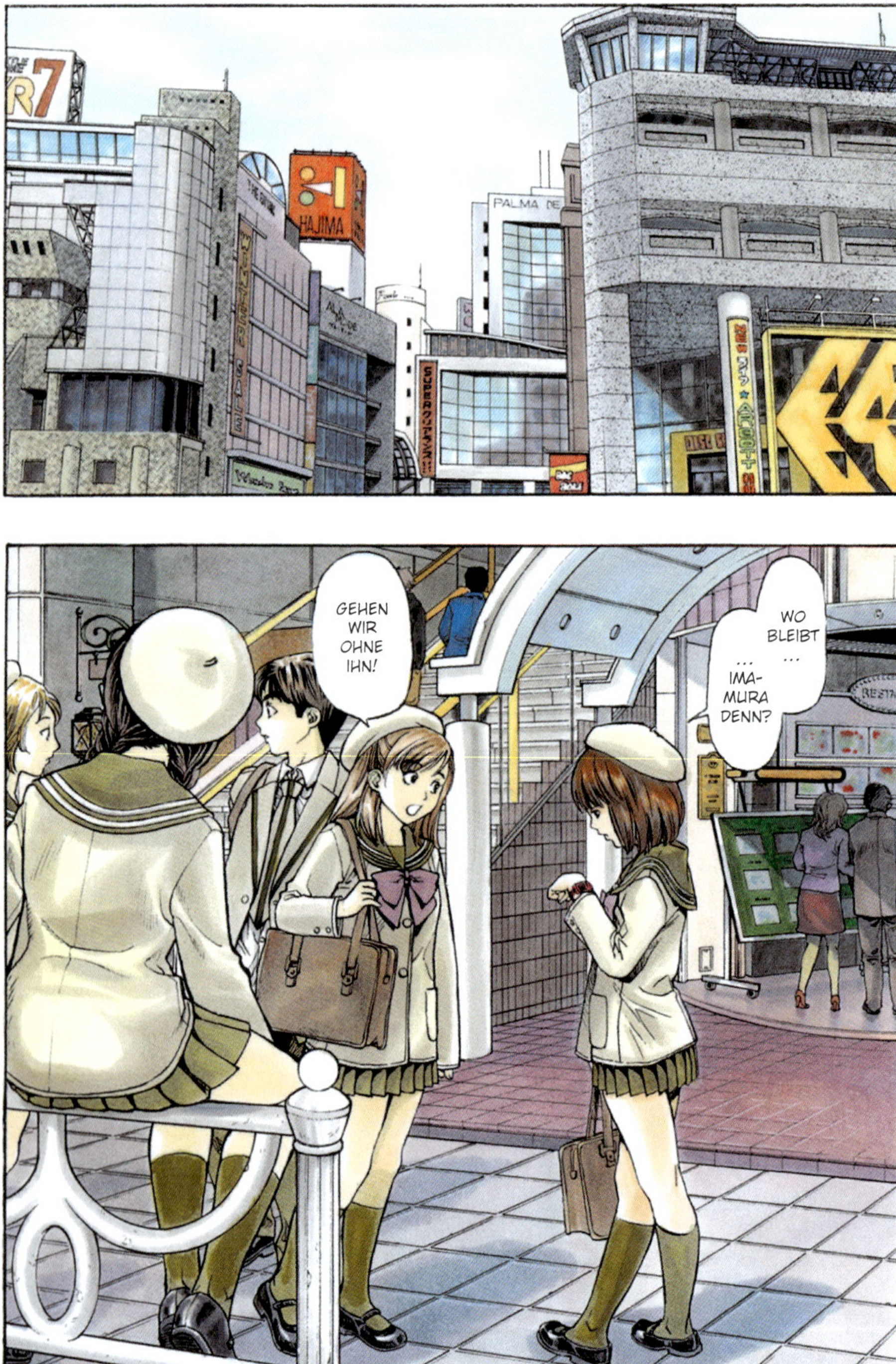
R7
HAJIMA
PALMA DE
WINTER SALE
WO BLEIBT … … IMAMURA DENN?
GEHEN WIR OHNE IHN!

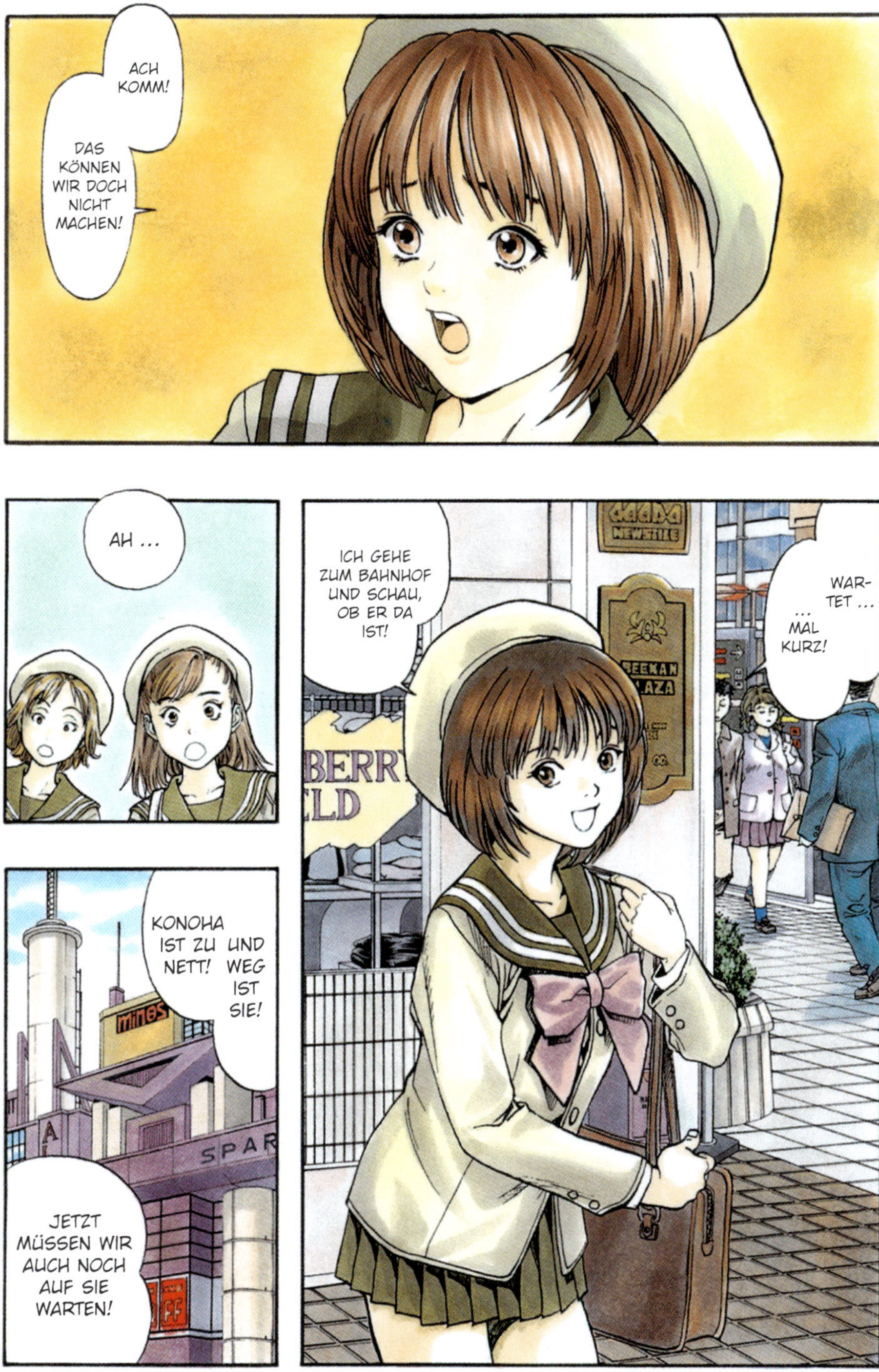
ACH KOMM!
DAS KÖNNEN WIR DOCH NICHT MACHEN!
AH …
ICH GEHE ZUM BAHNHOF UND SCHAU, OB ER DA IST!
WAR-TET …
… MAL KURZ!
KONOHA IST ZU NETT!
UND WEG IST SIE!
JETZT MÜSSEN WIR AUCH NOCH AUF SIE WARTEN!

ZETMAN

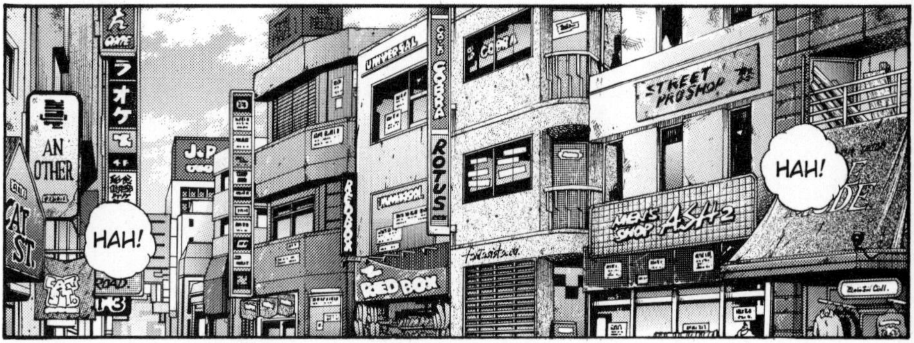

Episode 13:
Konoha

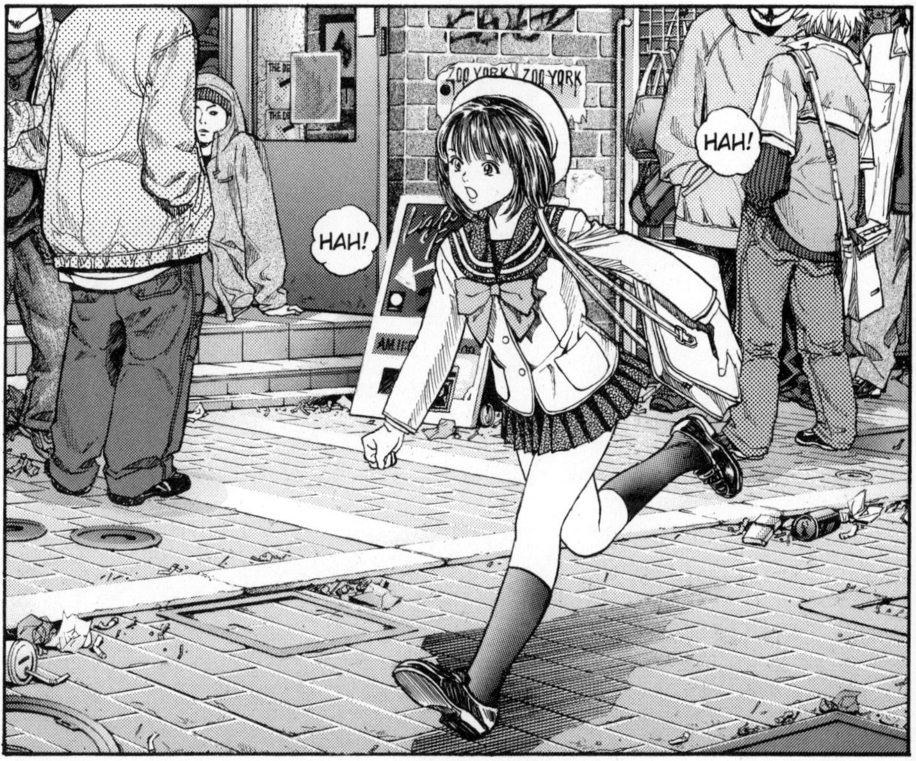

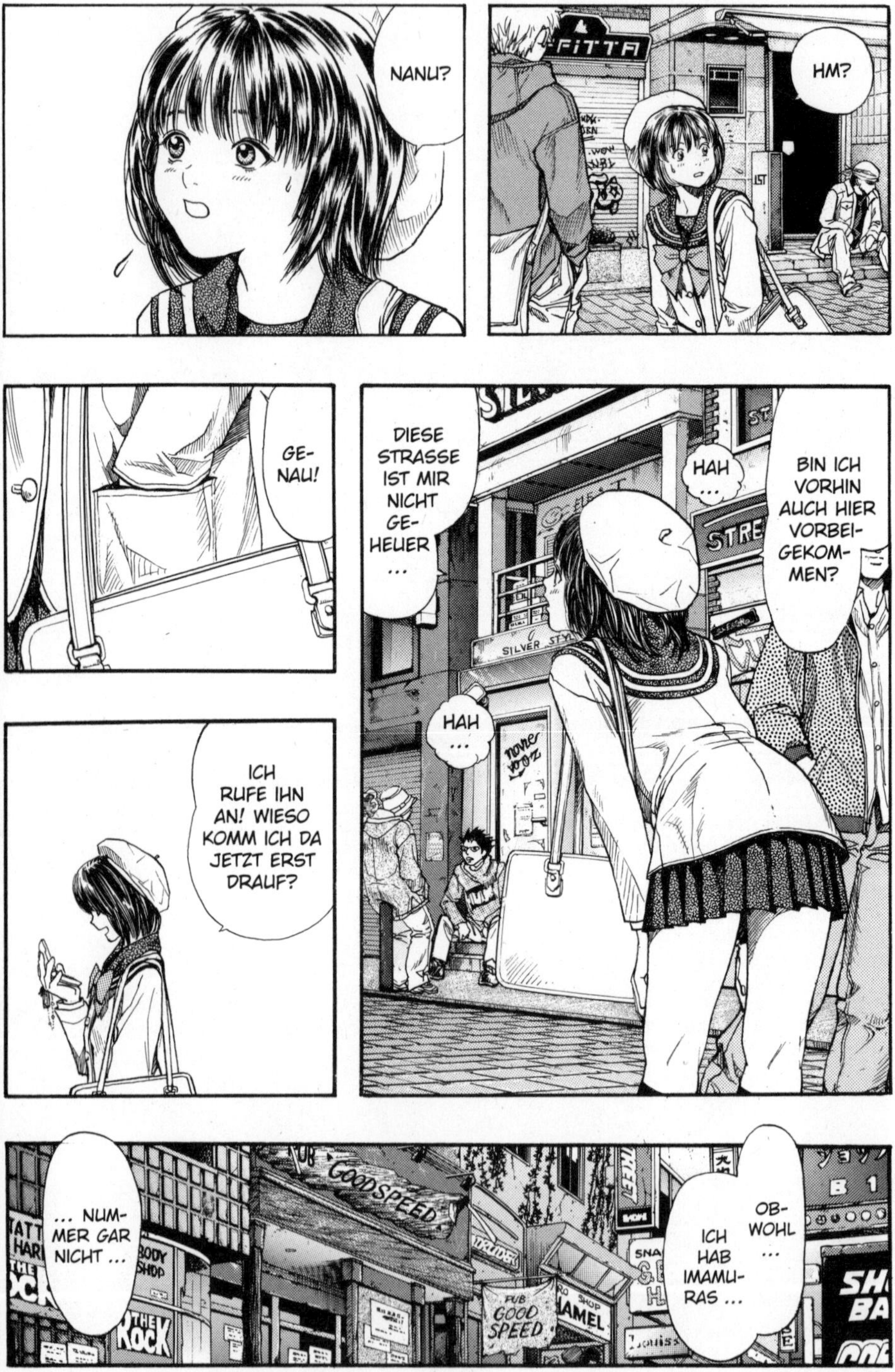
HM?
NANU?
BIN ICH VORHIN AUCH HIER VORBEI-GEKOM-MEN?
HAH ...
DIESE STRASSE IST MIR NICHT GE-HEUER ...
HAH ...
GE-NAU!
ICH RUFE IHN AN! WIESO KOMM ICH DA JETZT ERST DRAUF?
OB-WOHL ...
ICH HAB IMAMU-RAS ...
... NUM-MER GAR NICHT ...

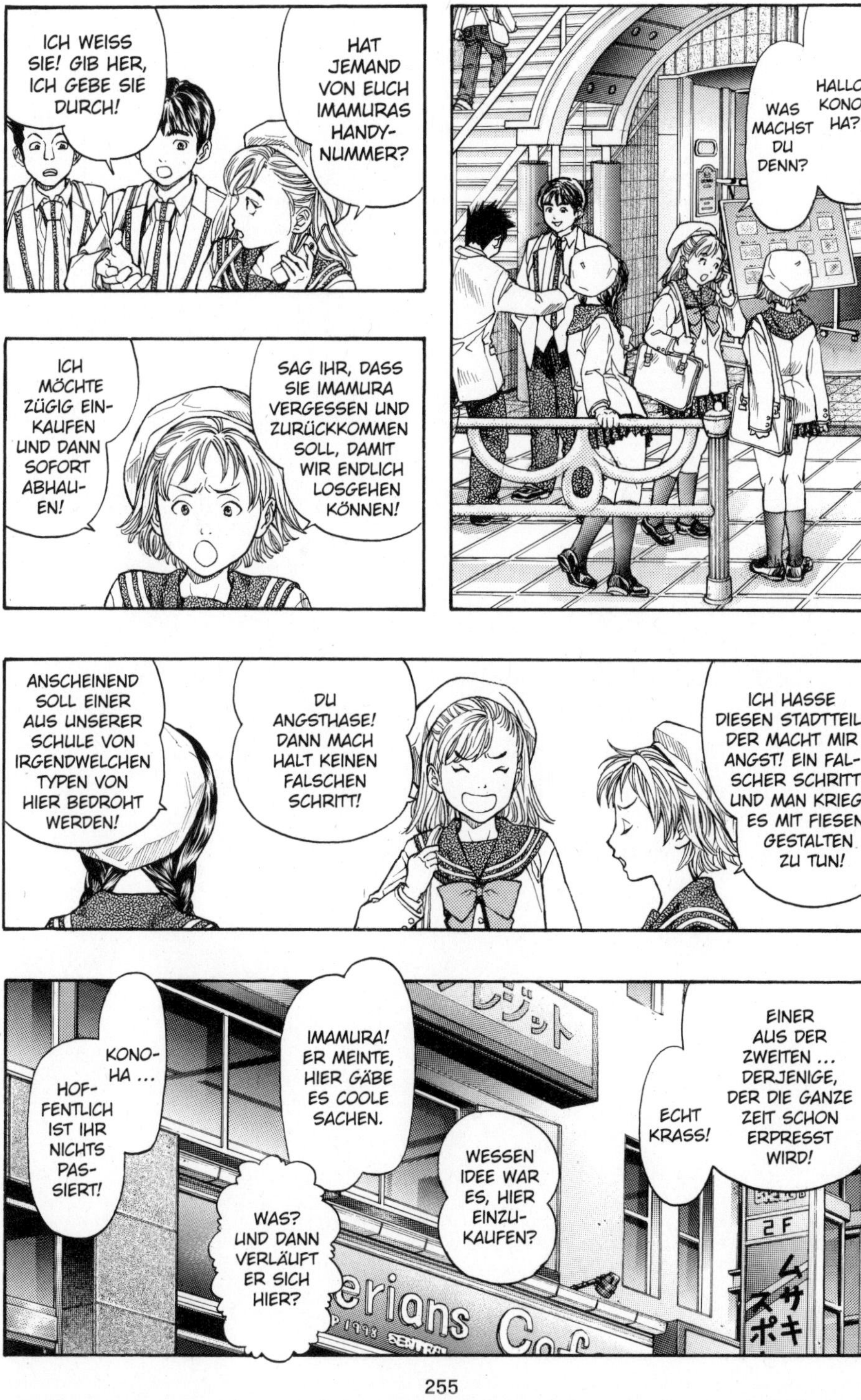
HALLO? KONOHA?
WAS MACHST DU DENN?
HAT JEMAND VON EUCH IMAMURAS HANDYNUMMER?
ICH WEISS SIE! GIB HER, ICH GEBE SIE DURCH!
SAG IHR, DASS SIE IMAMURA VERGESSEN UND ZURÜCKKOMMEN SOLL, DAMIT WIR ENDLICH LOSGEHEN KÖNNEN!
ICH MÖCHTE ZÜGIG EINKAUFEN UND DANN SOFORT ABHAUEN!
ICH HASSE DIESEN STADTTEIL! DER MACHT MIR ANGST! EIN FALSCHER SCHRITT UND MAN KRIEGT ES MIT FIESEN GESTALTEN ZU TUN!
DU ANGSTHASE! DANN MACH HALT KEINEN FALSCHEN SCHRITT!
ANSCHEINEND SOLL EINER AUS UNSERER SCHULE VON IRGENDWELCHEN TYPEN VON HIER BEDROHT WERDEN!
EINER AUS DER ZWEITEN … DERJENIGE, DER DIE GANZE ZEIT SCHON ERPRESST WIRD!
ECHT KRASS!
WESSEN IDEE WAR ES, HIER EINZUKAUFEN?
IMAMURA! ER MEINTE, HIER GÄBE ES COOLE SACHEN.
WAS? UND DANN VERLÄUFT ER SICH HIER?
KONOHA …
HOFFENTLICH IST IHR NICHTS PASSIERT!
2F

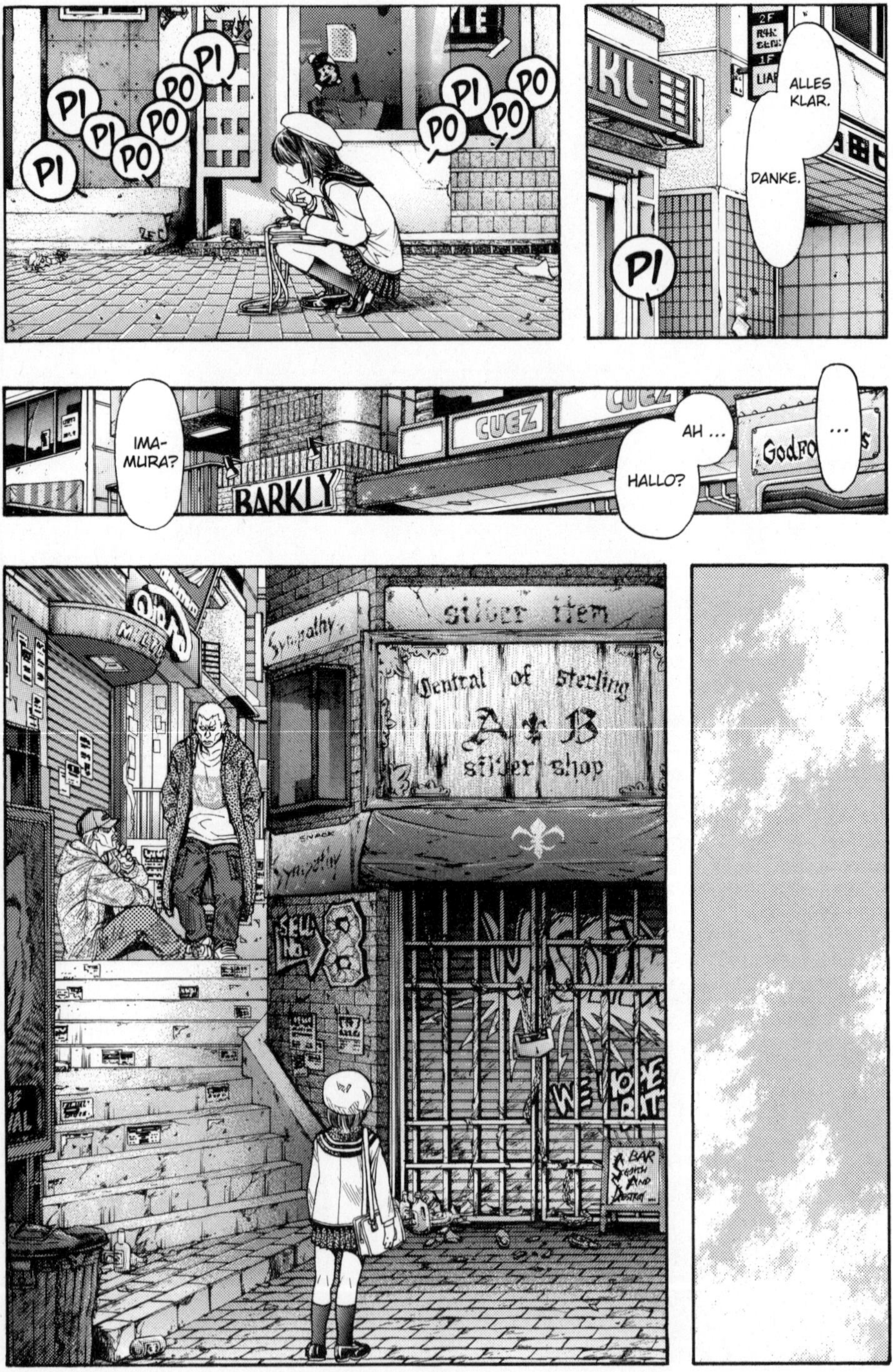
PI
PI
PO
PO
PO
PI
PO
PI
PO
PO
PI
ALLES KLAR.
DANKE.
PI
...
AH ...
HALLO?
IMA-MURA?

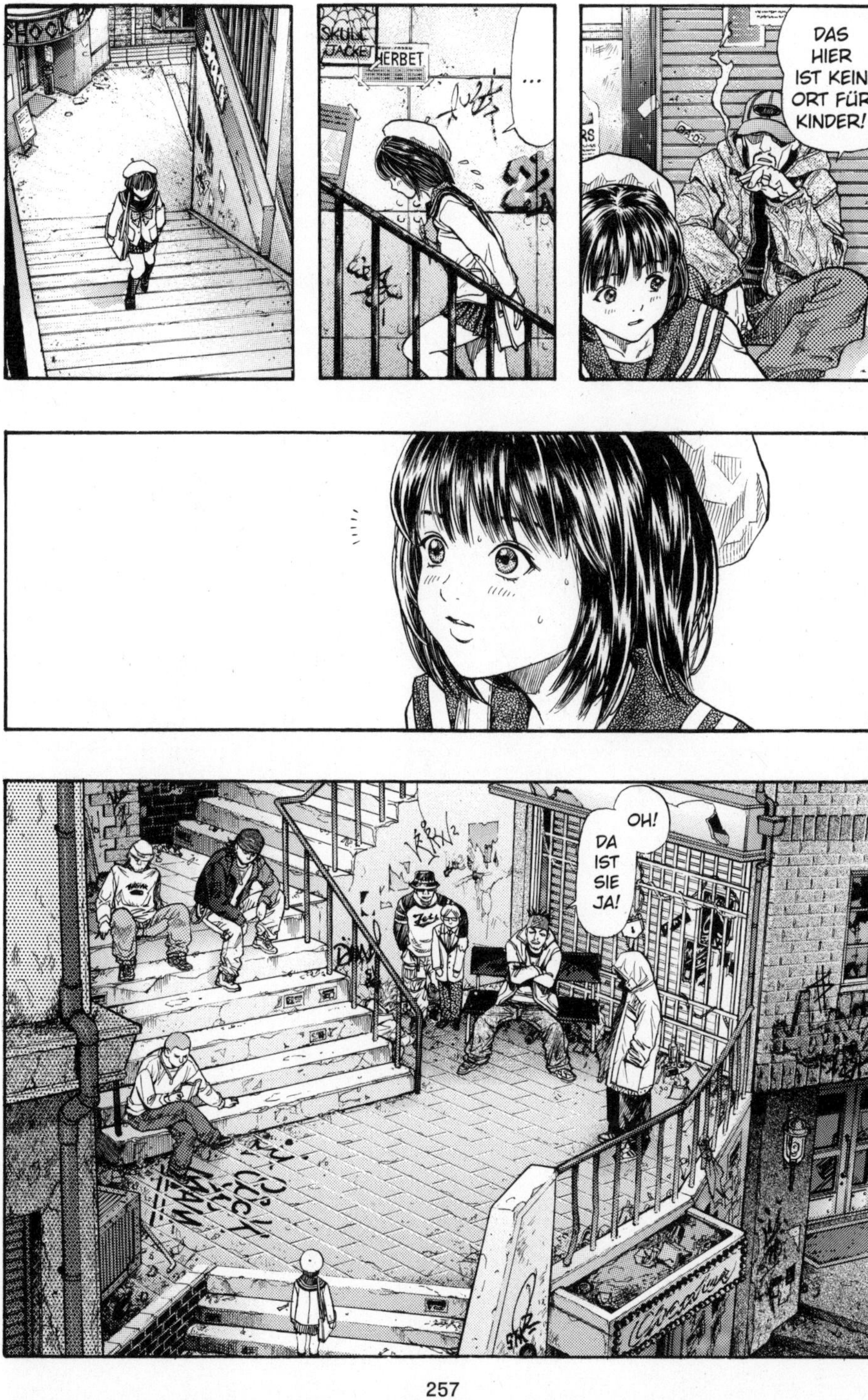
SHOCK
SKULL JACKET
HERBET
...
DAS HIER IST KEIN ORT FÜR KINDER!
OH!
DA IST SIE JA!

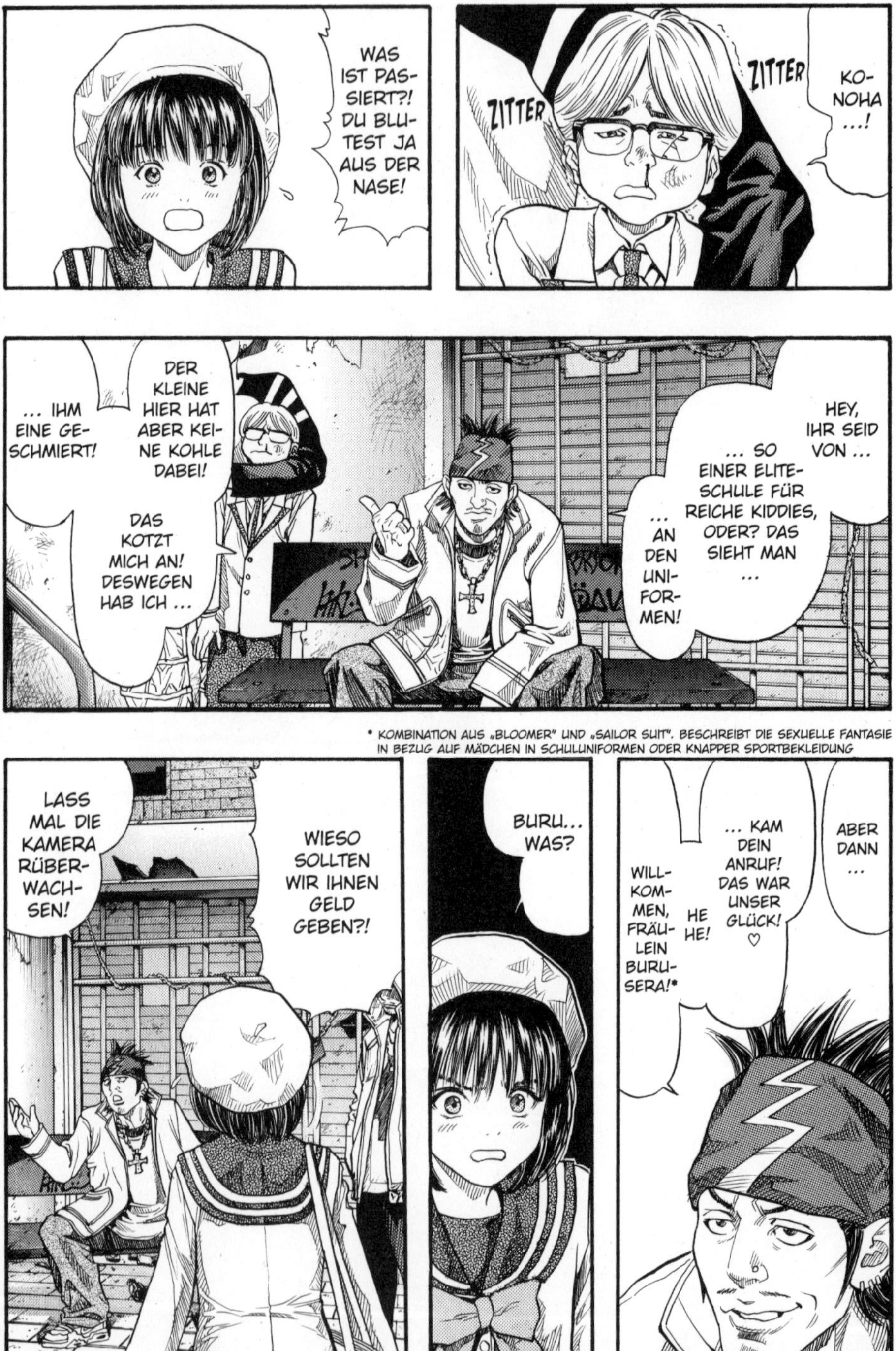

* KOMBINATION AUS „BLOOMER" UND „SAILOR SUIT". BESCHREIBT DIE SEXUELLE FANTASIE IN BEZUG AUF MÄDCHEN IN SCHULUNIFORMEN ODER KNAPPER SPORTBEKLEIDUNG

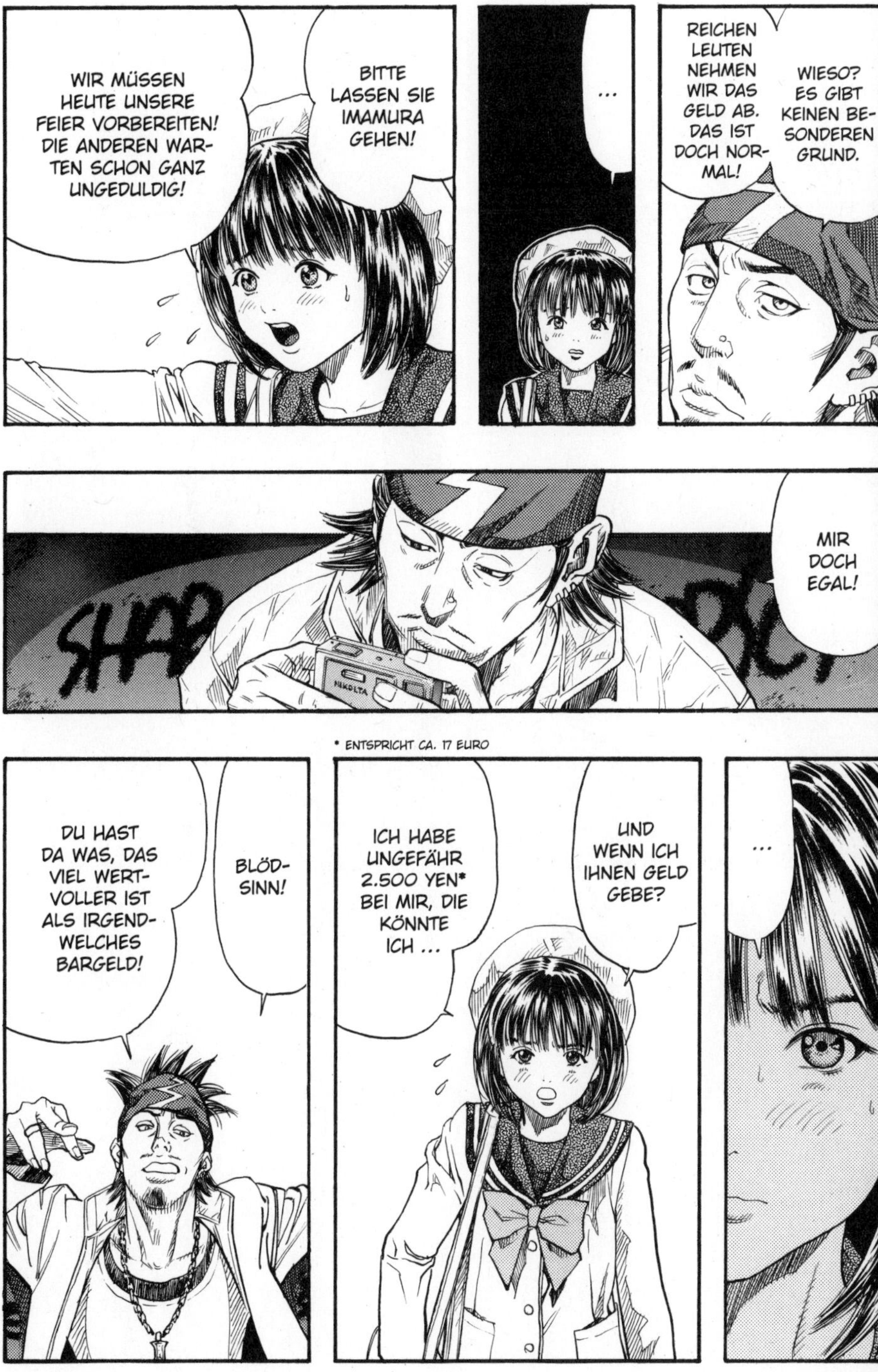

* ENTSPRICHT CA. 17 EURO

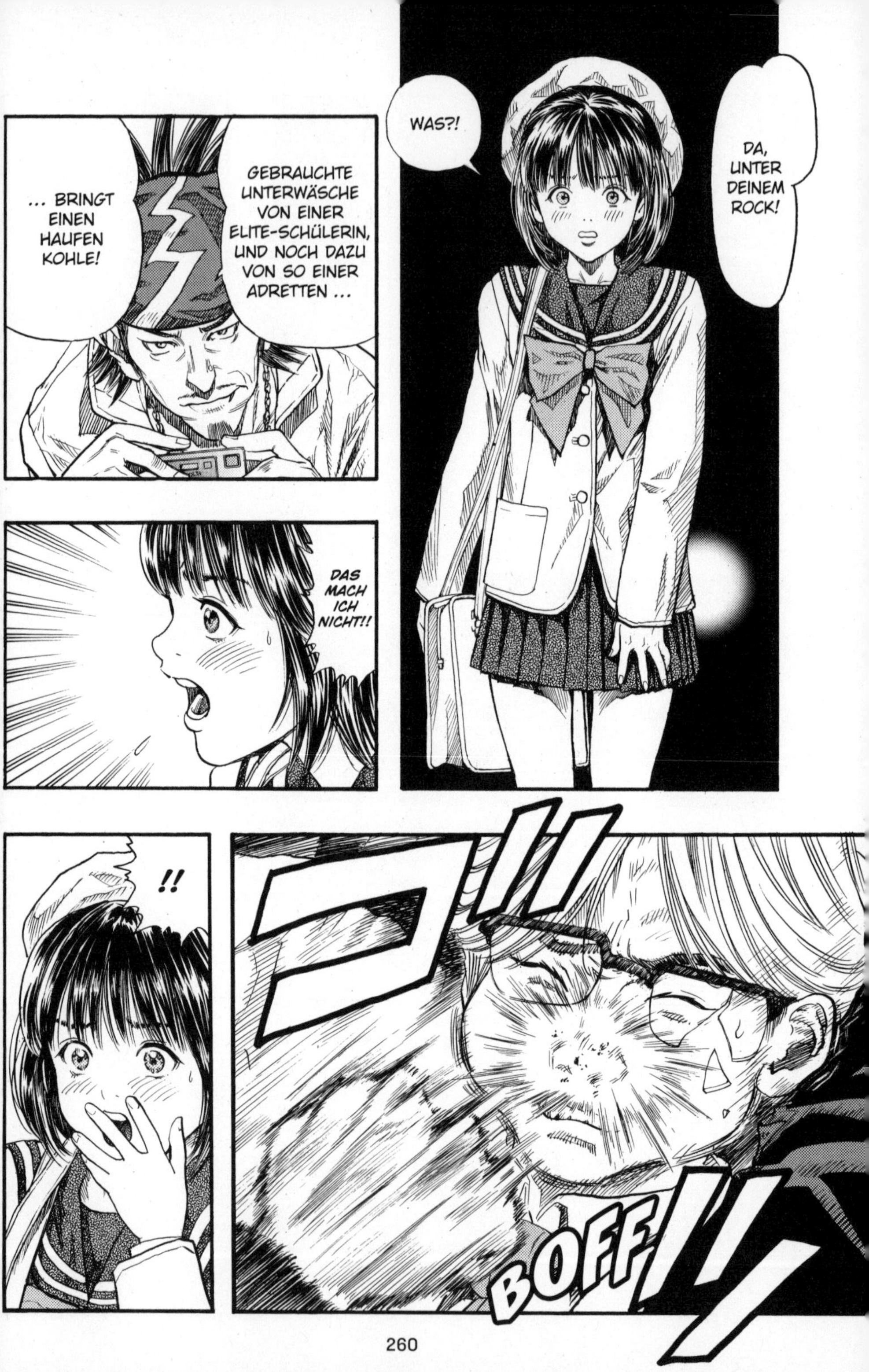
DA, UNTER DEINEM ROCK!
WAS?!
GEBRAUCHTE UNTERWÄSCHE VON EINER ELITE-SCHÜLERIN, UND NOCH DAZU VON SO EINER ADRETTEN …
… BRINGT EINEN HAUFEN KOHLE!
DAS MACH ICH NICHT!!
BOFF!!
!!

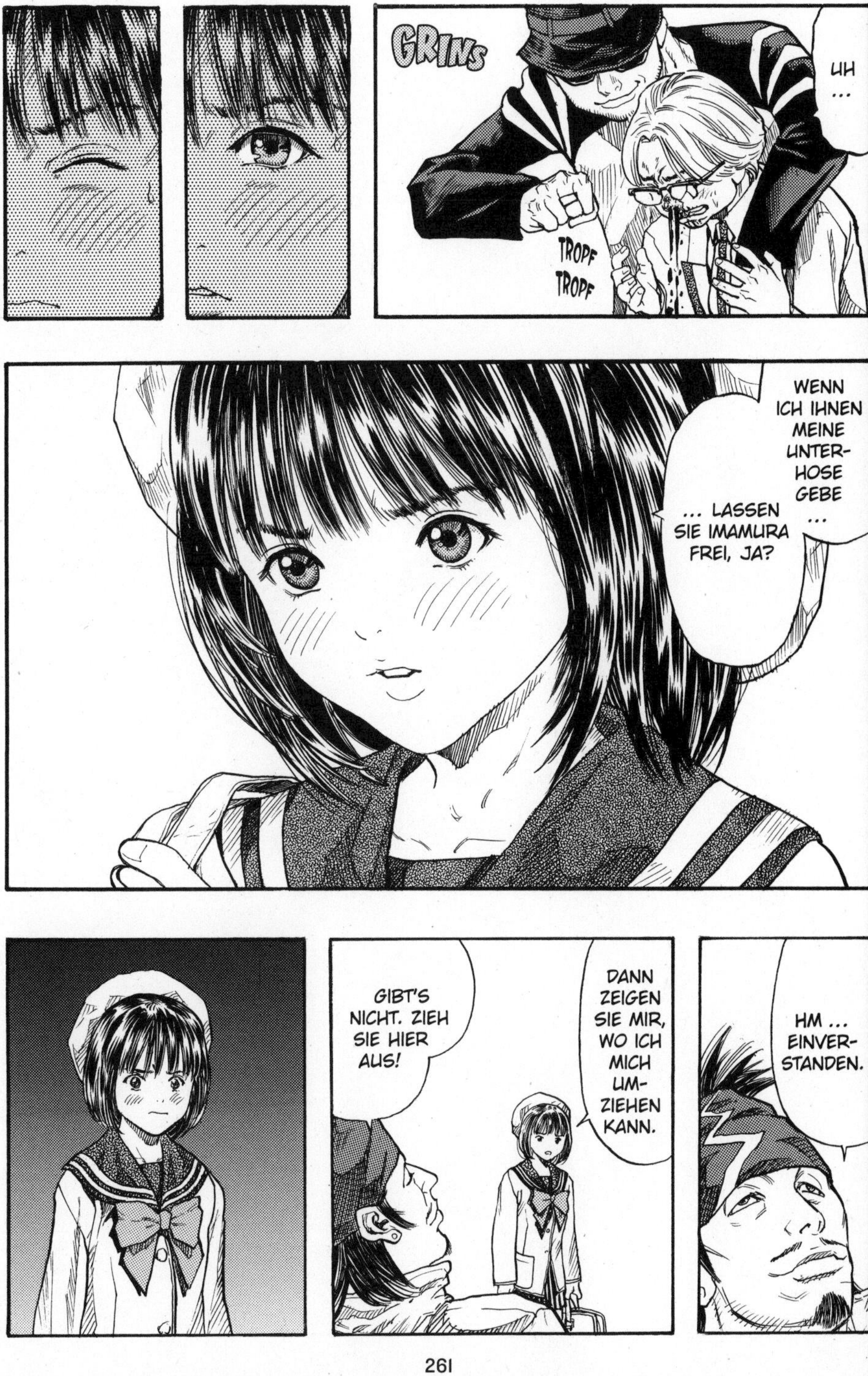
GRINS
UH ...
TROPF TROPF
WENN ICH IHNEN MEINE UNTER-HOSE GEBE ...
... LASSEN SIE IMAMURA FREI, JA?
HM ... EINVER-STANDEN.
DANN ZEIGEN SIE MIR, WO ICH MICH UM-ZIEHEN KANN.
GIBT'S NICHT. ZIEH SIE HIER AUS!

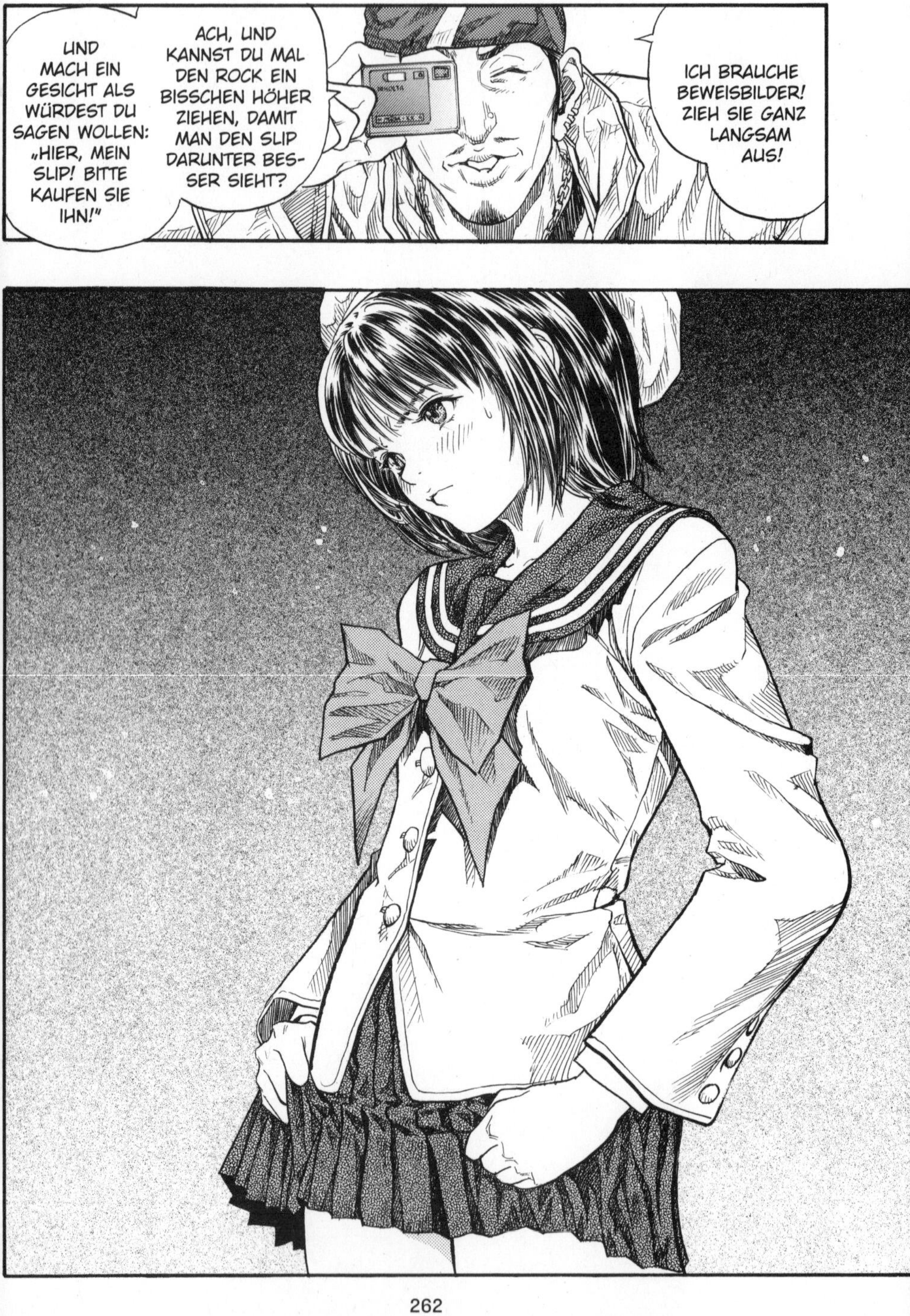
ICH BRAUCHE BEWEISBILDER! ZIEH SIE GANZ LANGSAM AUS!
ACH, UND KANNST DU MAL DEN ROCK EIN BISSCHEN HÖHER ZIEHEN, DAMIT MAN DEN SLIP DARUNTER BESSER SIEHT?
UND MACH EIN GESICHT ALS WÜRDEST DU SAGEN WOLLEN: „HIER, MEIN SLIP! BITTE KAUFEN SIE IHN!"

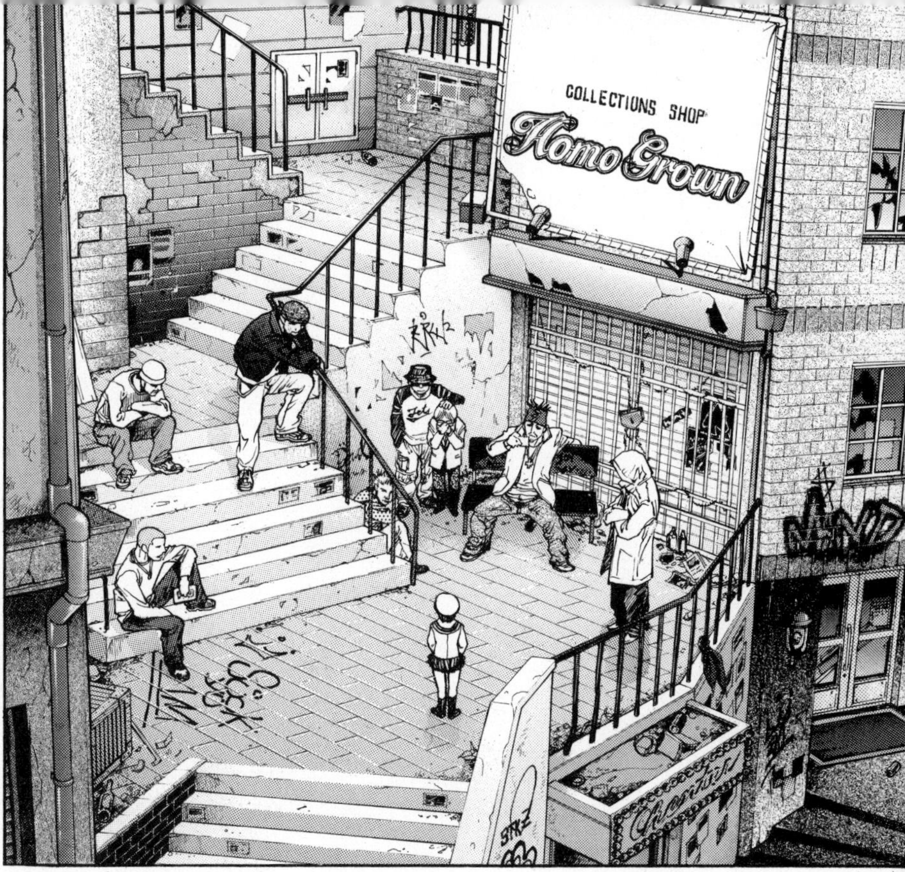

Episode 14:

Vom Himmel herab

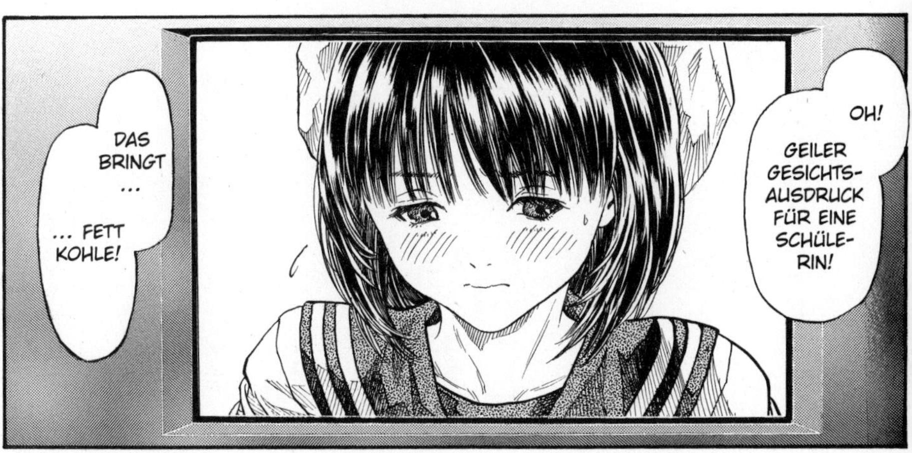

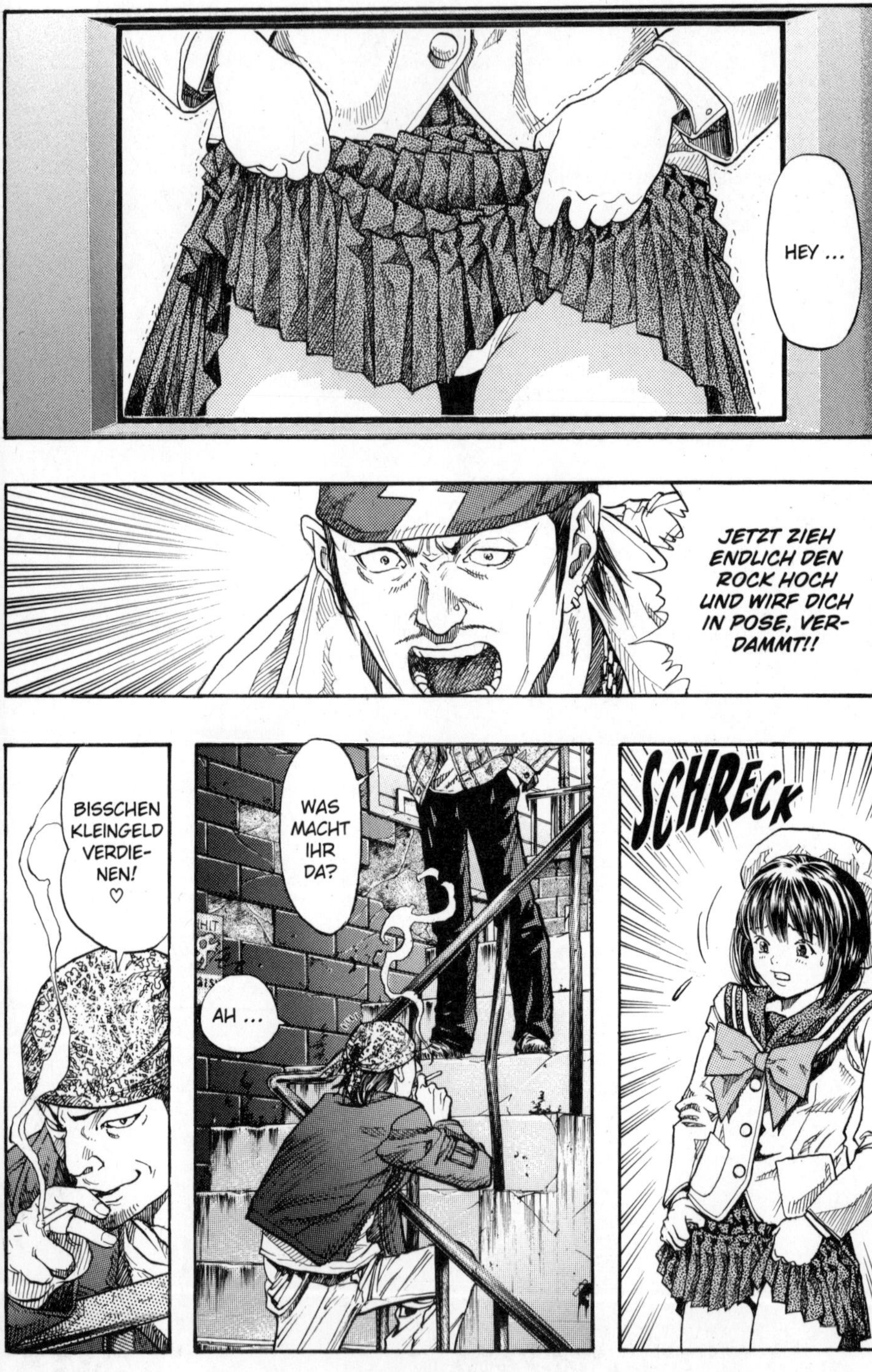
HEY ...
JETZT ZIEH ENDLICH DEN ROCK HOCH UND WIRF DICH IN POSE, VERDAMMT!!
SCHRECK
WAS MACHT IHR DA?
AH ...
BISSCHEN KLEINGELD VERDIENEN! ♡

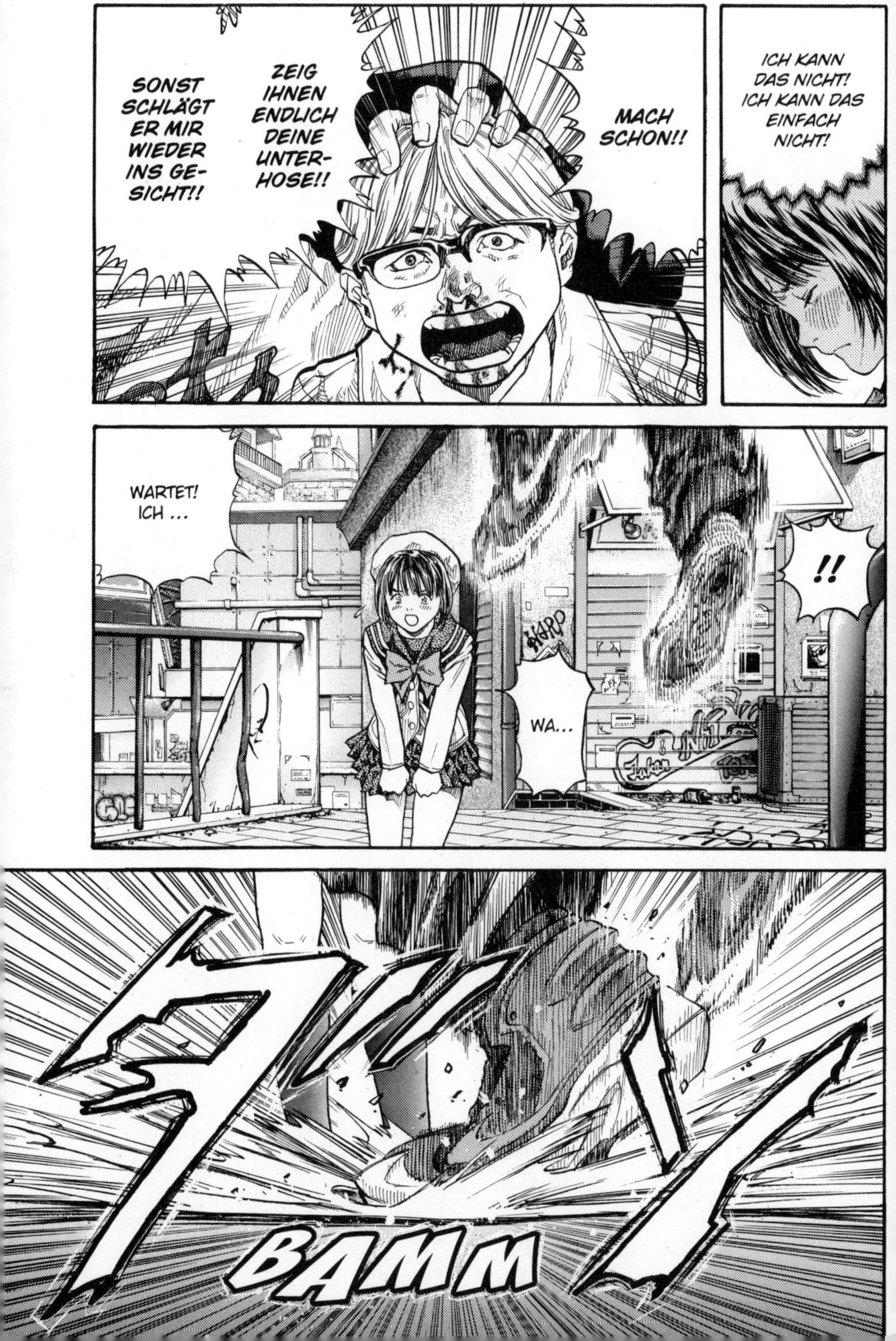
ICH KANN DAS NICHT! ICH KANN DAS EINFACH NICHT!
MACH SCHON!!
ZEIG IHNEN ENDLICH DEINE UNTER-HOSE!!
SONST SCHLÄGT ER MIR WIEDER INS GE-SICHT!!
!!
WA...
WARTET! ICH ...
BAMM

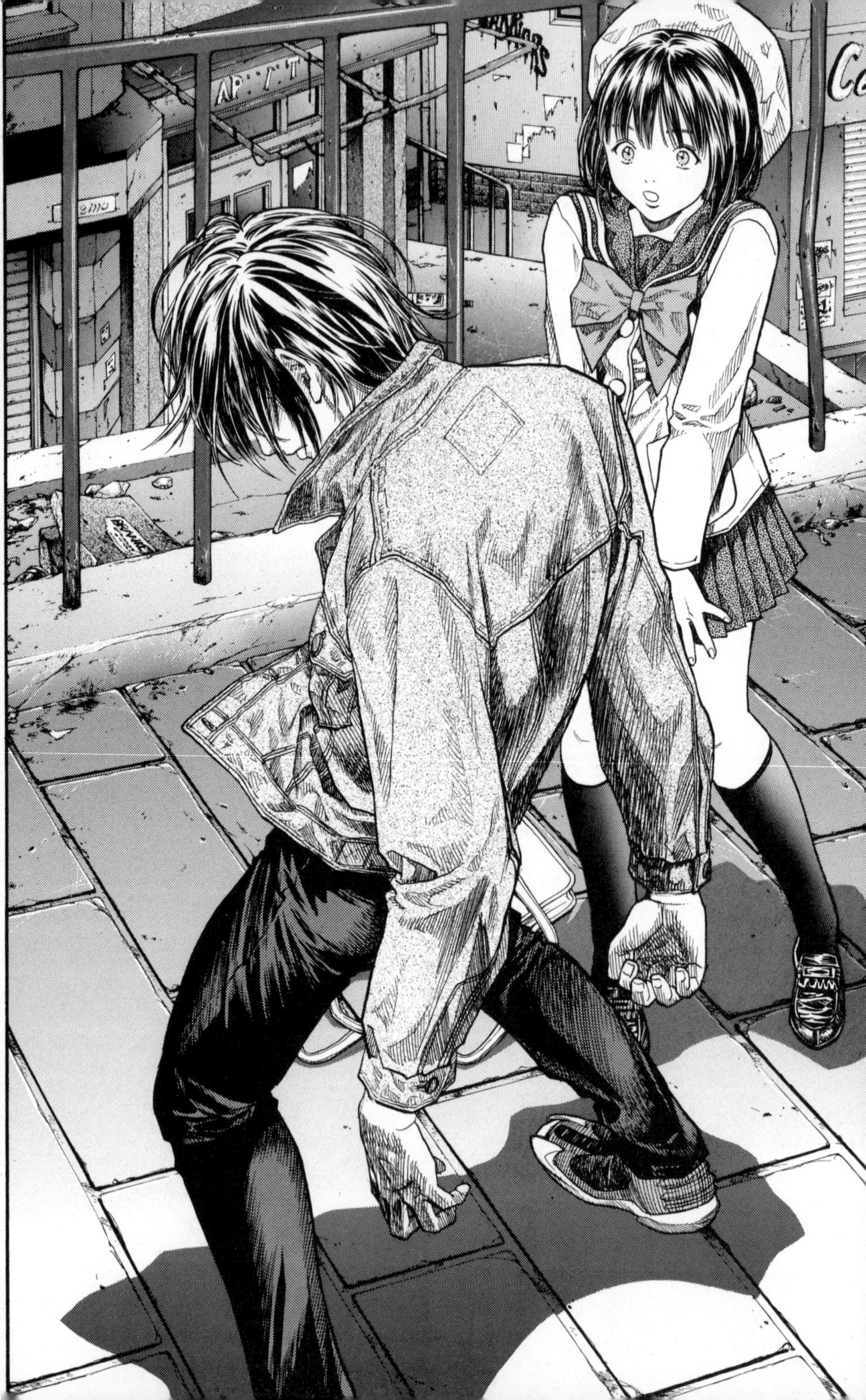

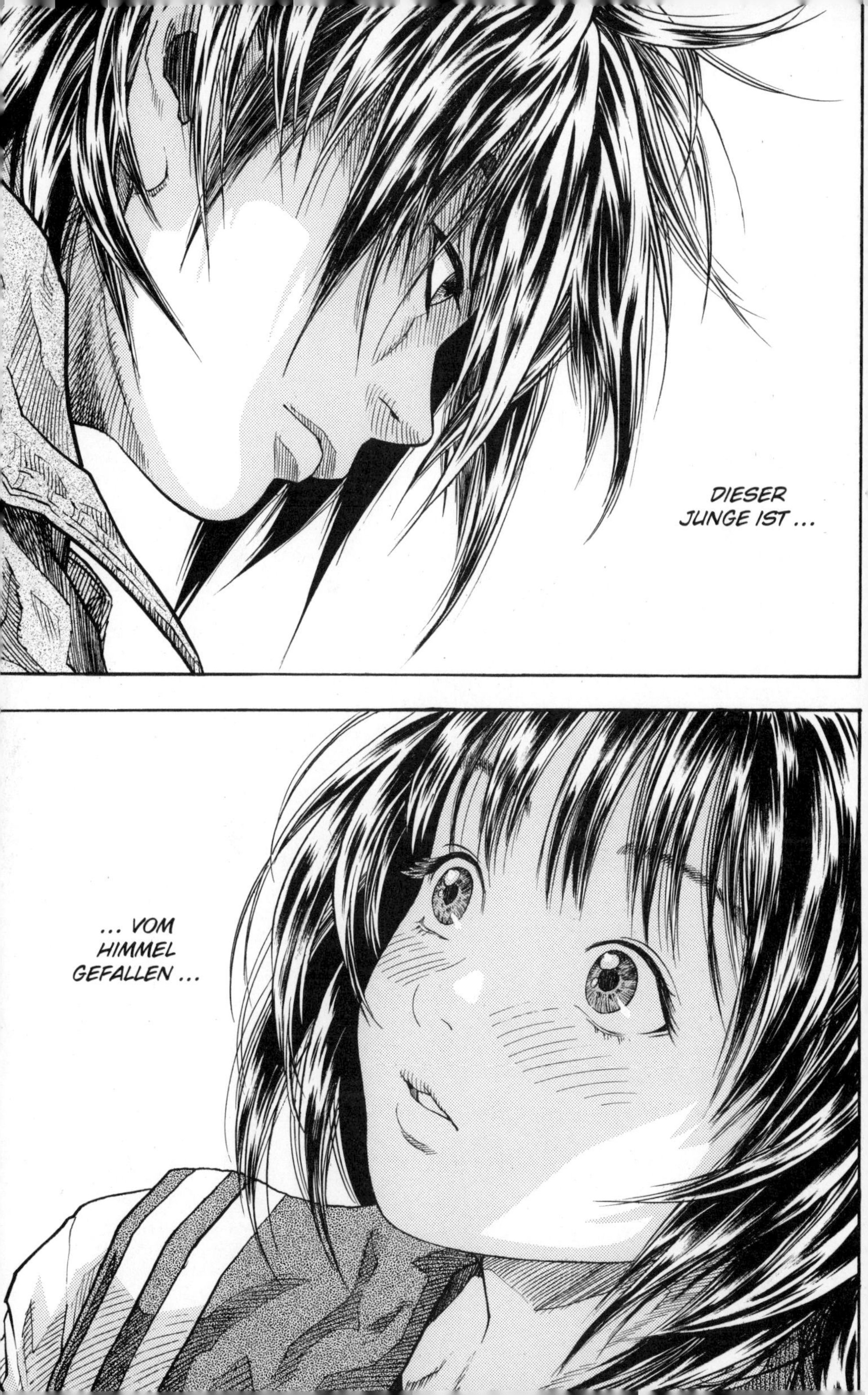
DIESER JUNGE IST ...
... VOM HIMMEL GEFALLEN ...

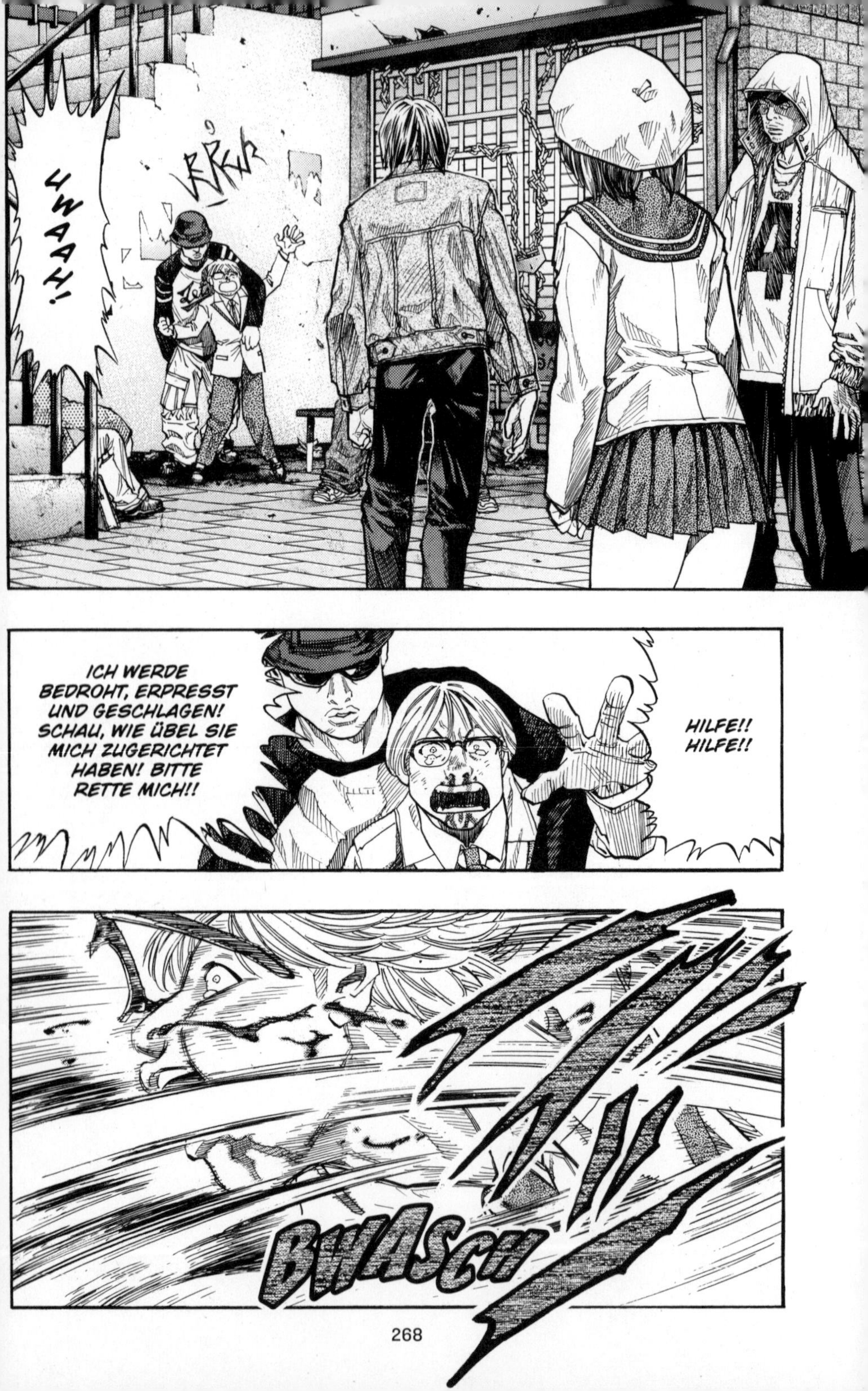
UWAAAH!
BRRR
ICH WERDE BEDROHT, ERPRESST UND GESCHLAGEN! SCHAU, WIE ÜBEL SIE MICH ZUGERICHTET HABEN! BITTE RETTE MICH!!
HILFE!! HILFE!!
BWASCH

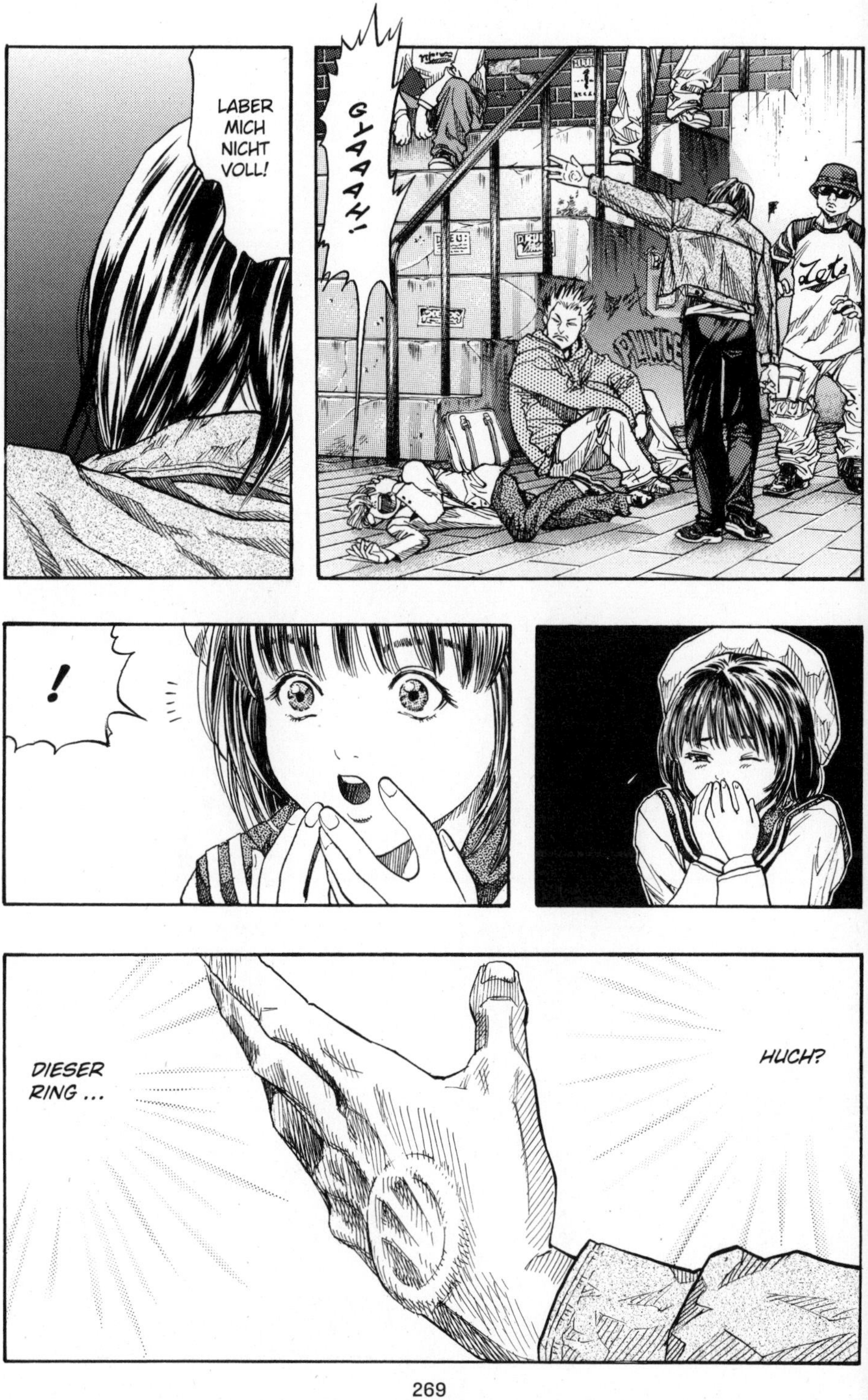
GYAAAAH!
LABER MICH NICHT VOLL!
!
HUCH?
DIESER RING ...

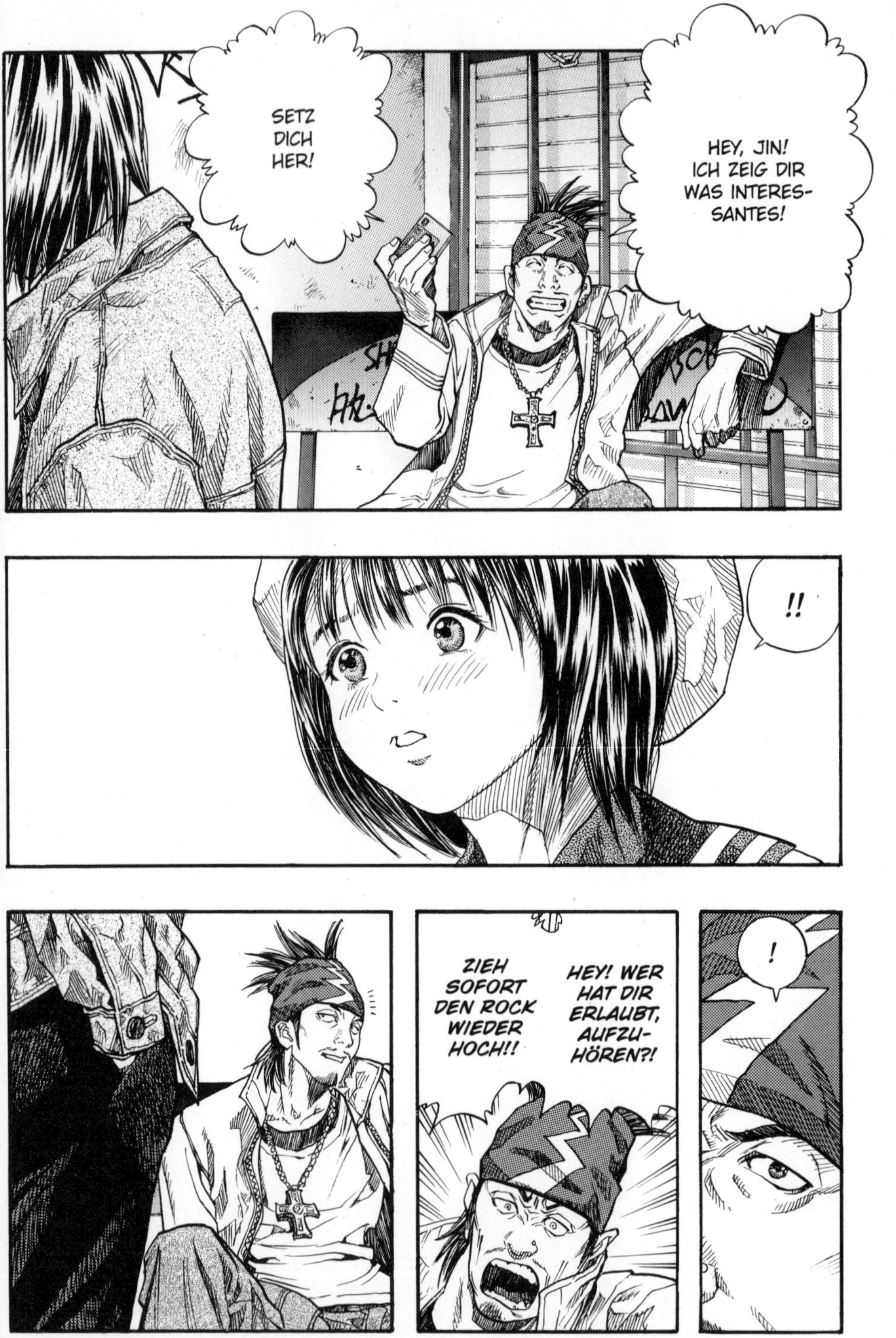
HEY, JIN! ICH ZEIG DIR WAS INTERES-SANTES!
SETZ DICH HER!
!!
!
HEY! WER HAT DIR ERLAUBT, AUFZU-HÖREN?!
ZIEH SOFORT DEN ROCK WIEDER HOCH!!

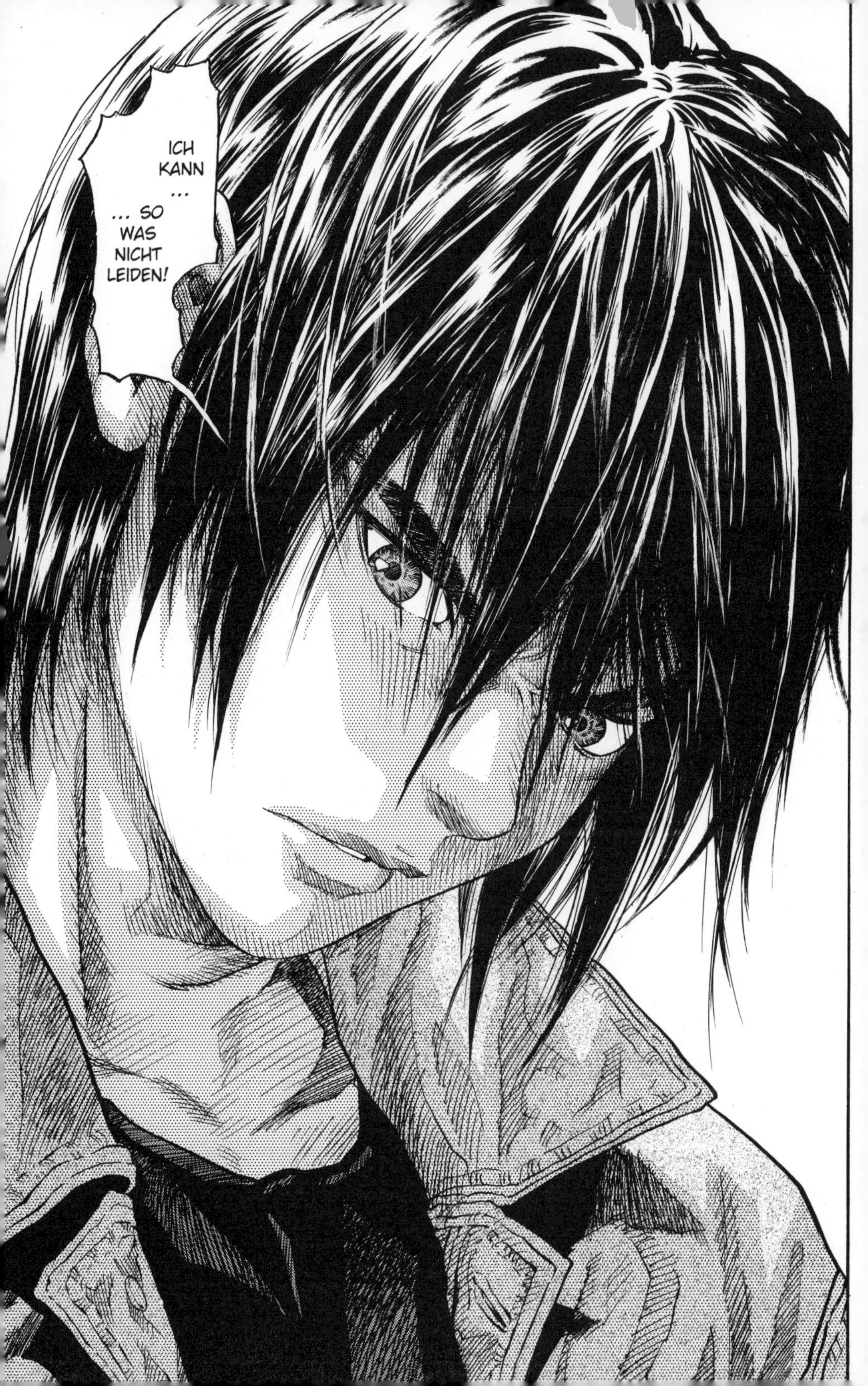
ICH KANN ...
... SO WAS NICHT LEIDEN!

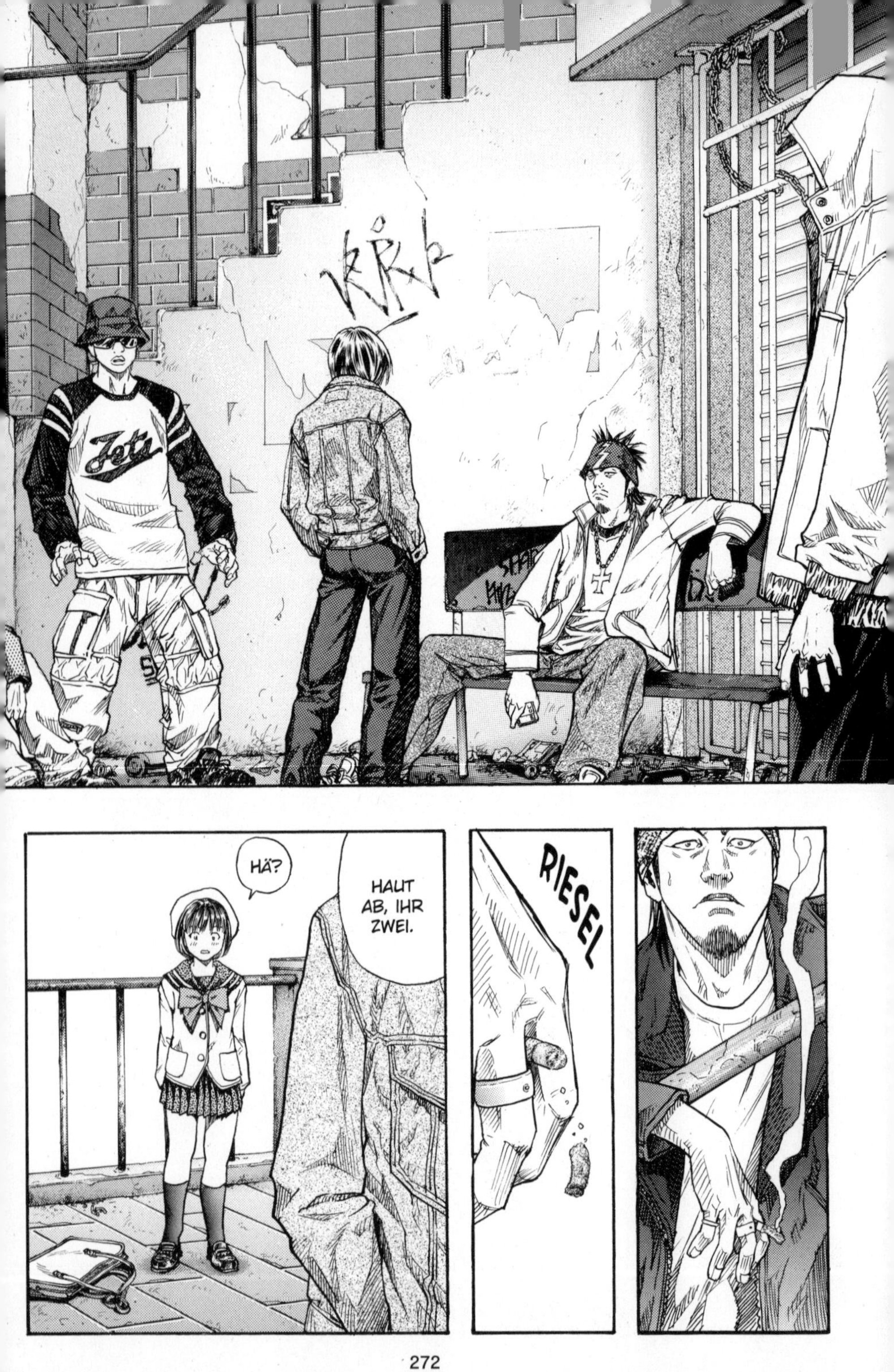
HAUT AB, IHR ZWEI.
HÄ?
RIESEL

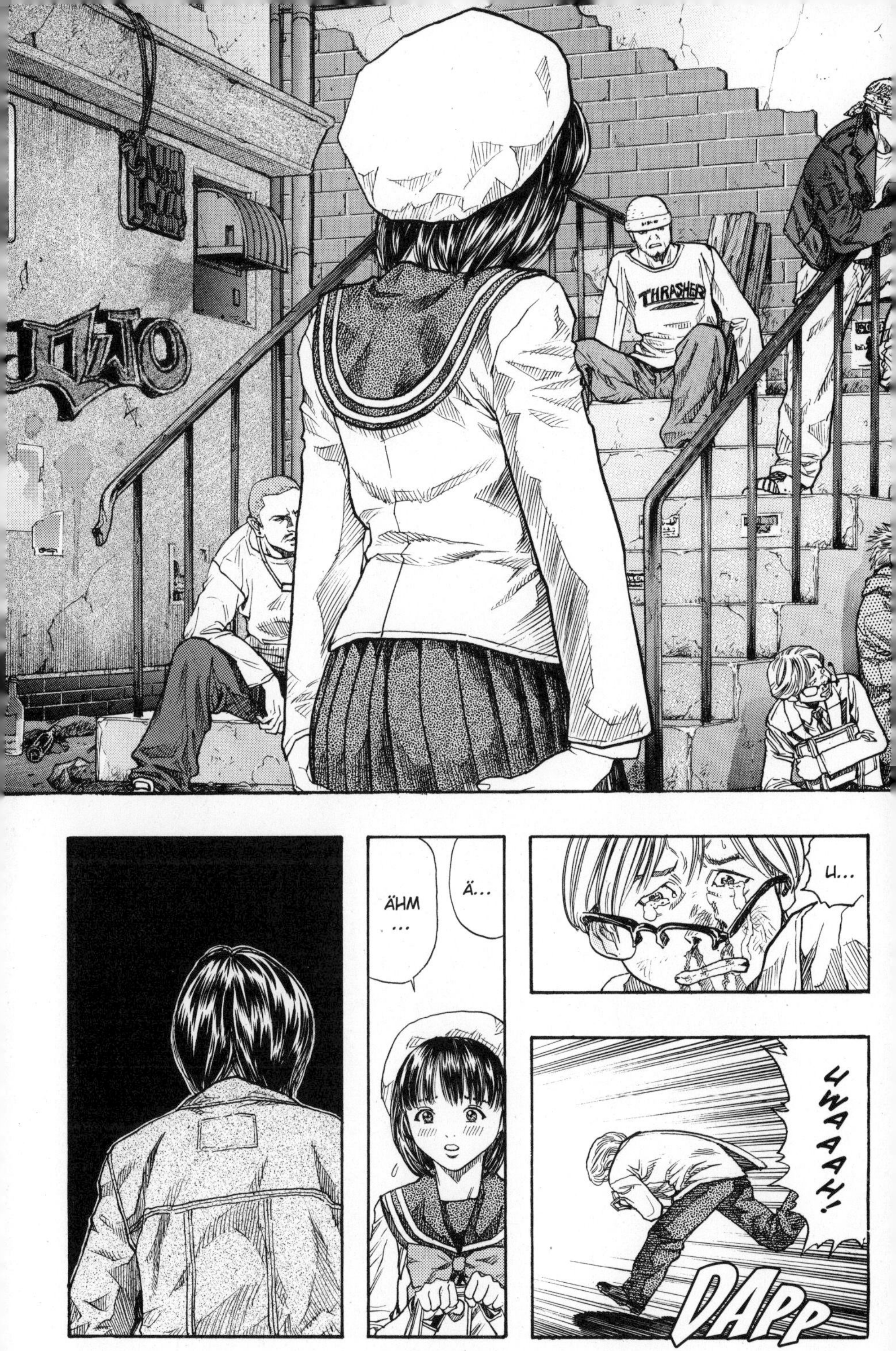
Ä...
ÄHM ...
U...
UWAAAAH!
DAPP

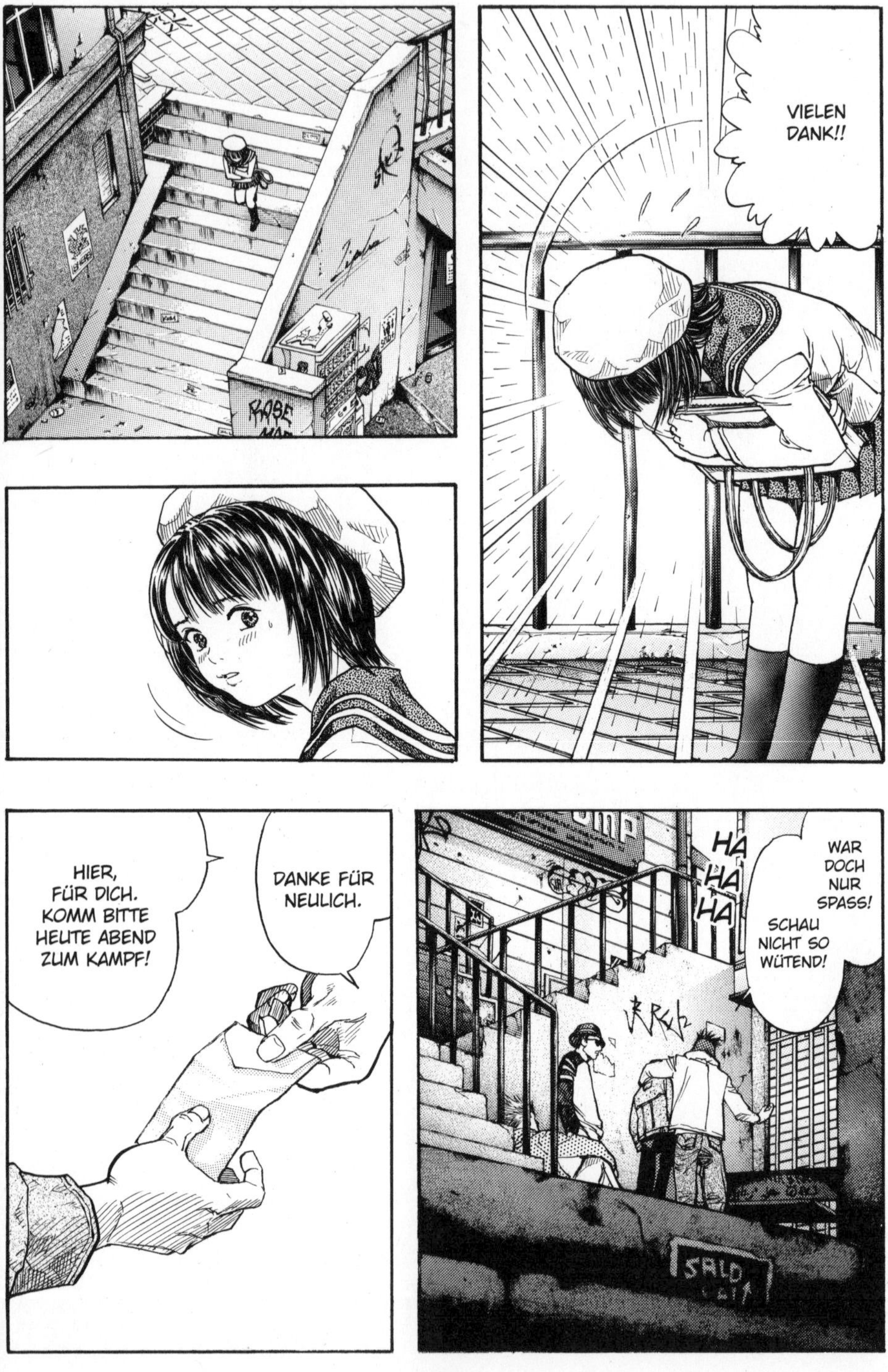
VIELEN DANK!!
HA HA HA
WAR DOCH NUR SPASS!
SCHAU NICHT SO WÜTEND!
DANKE FÜR NEULICH.
HIER, FÜR DICH. KOMM BITTE HEUTE ABEND ZUM KAMPF!

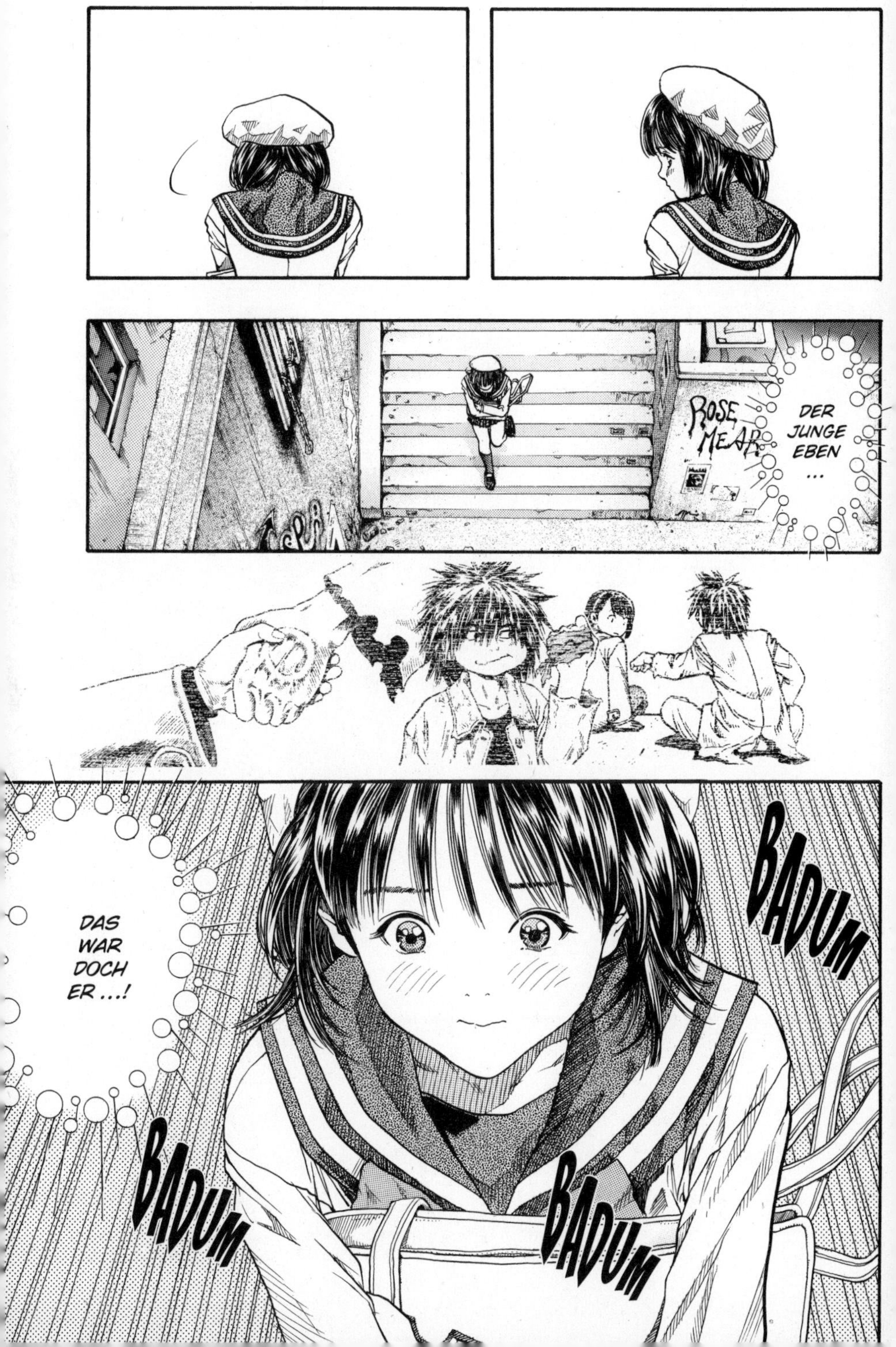
ROSE MEAR
DER JUNGE EBEN ...
DAS WAR DOCH ER ...!
BADUM
BADUM
BADUM

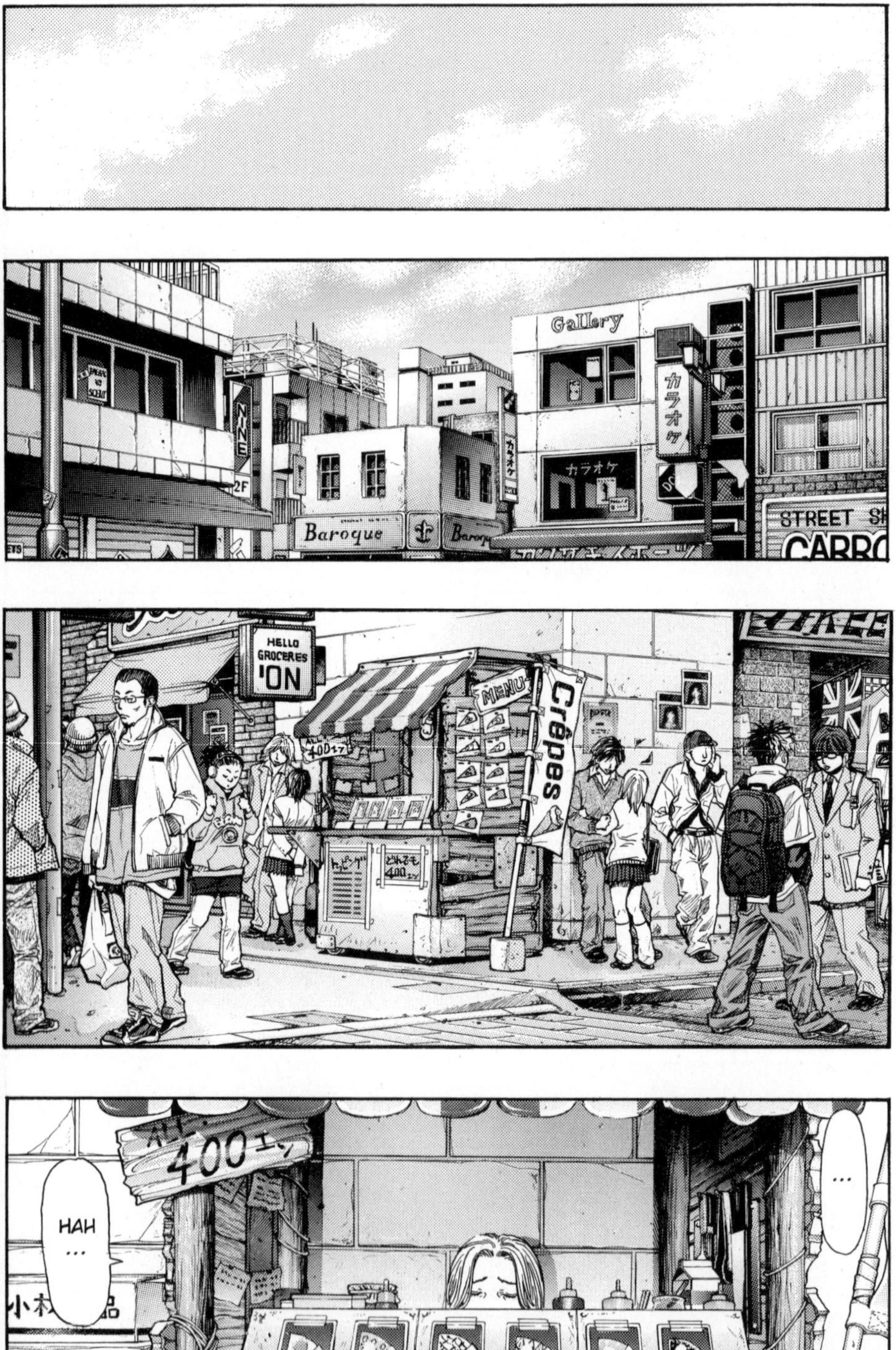
Gallery
カラオケ
NINE
2F
カラオケ
Baroque
STREET
HELLO
GROCERES
'ON
MENU
Crêpes
400エン
…
HAH …

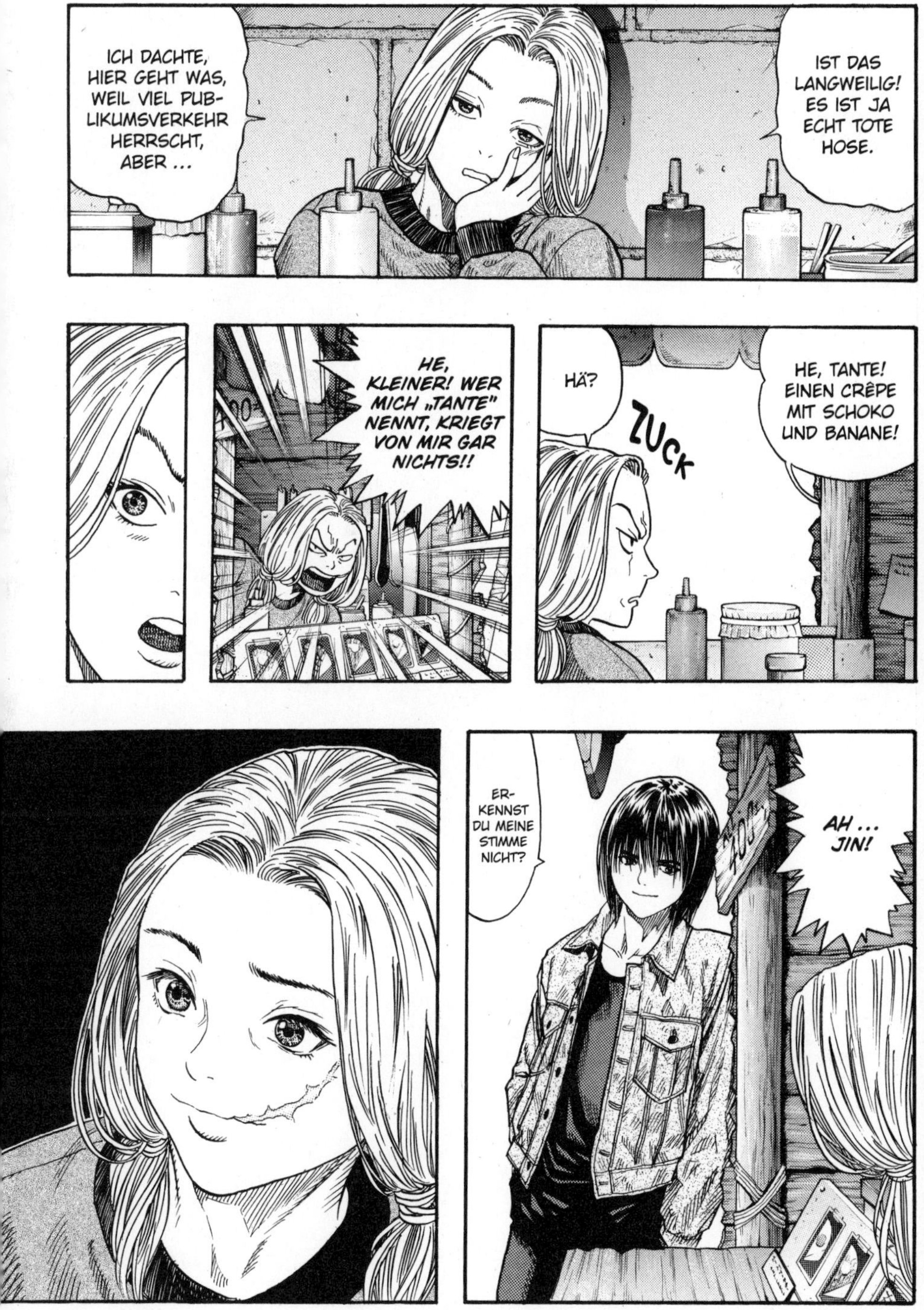
IST DAS LANGWEILIG! ES IST JA ECHT TOTE HOSE.
ICH DACHTE, HIER GEHT WAS, WEIL VIEL PUB-LIKUMSVERKEHR HERRSCHT, ABER …
HE, TANTE! EINEN CRÊPE MIT SCHOKO UND BANANE!
HÄ?
ZUCK
HE, KLEINER! WER MICH „TANTE" NENNT, KRIEGT VON MIR GAR NICHTS!!
AH … JIN!
ER-KENNST DU MEINE STIMME NICHT?

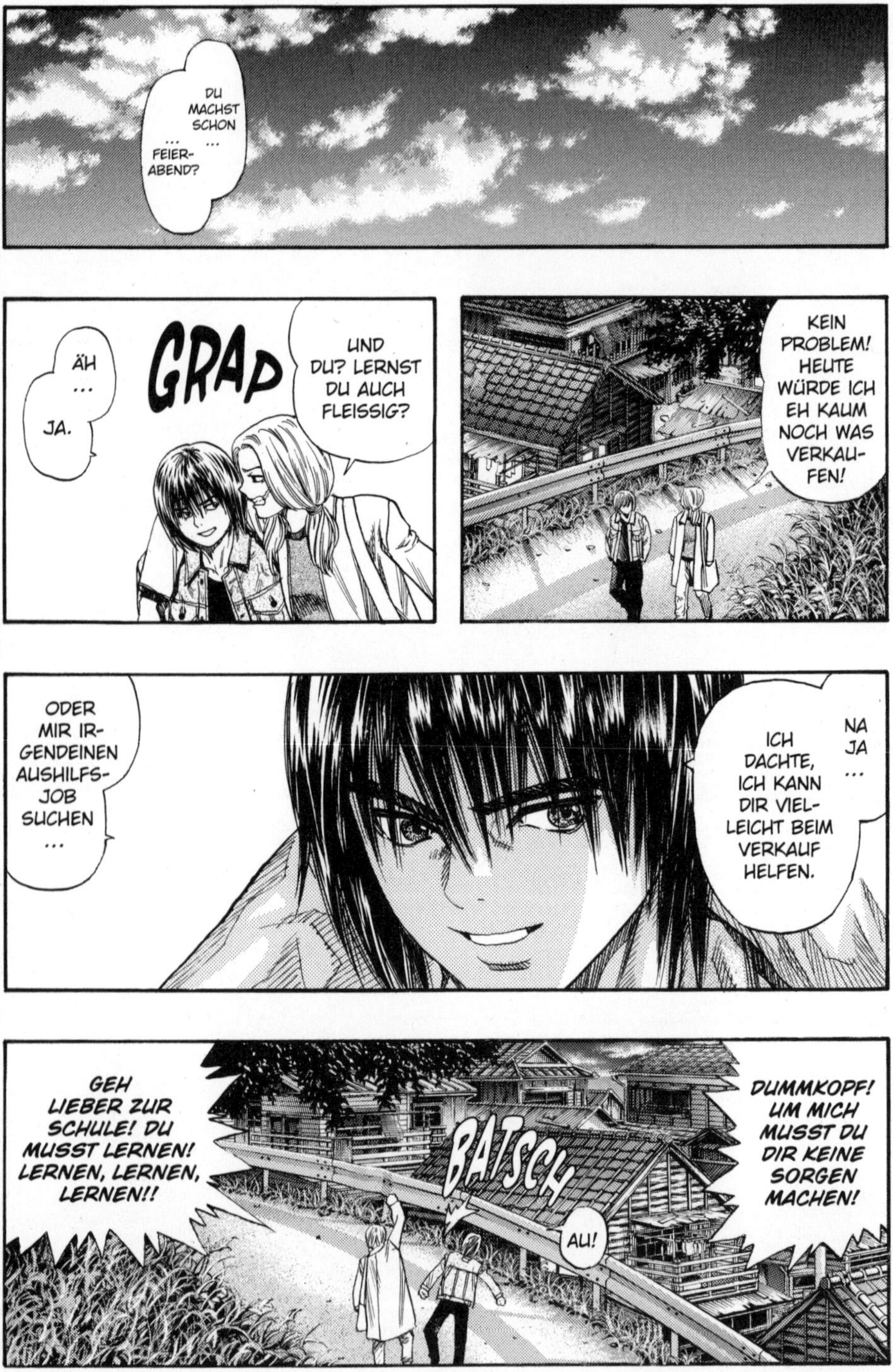
DU MACHST SCHON ... ... FEIER-ABEND?
KEIN PROBLEM! HEUTE WÜRDE ICH EH KAUM NOCH WAS VERKAU-FEN!
UND DU? LERNST DU AUCH FLEISSIG?
GRAP
ÄH ... JA.
NA JA ...
ICH DACHTE, ICH KANN DIR VIEL-LEICHT BEIM VERKAUF HELFEN.
ODER MIR IR-GENDEINEN AUSHILFS-JOB SUCHEN ...
DUMMKOPF! UM MICH MUSST DU DIR KEINE SORGEN MACHEN!
BATSCH
AU!
GEH LIEBER ZUR SCHULE! DU MUSST LERNEN! LERNEN, LERNEN, LERNEN!!

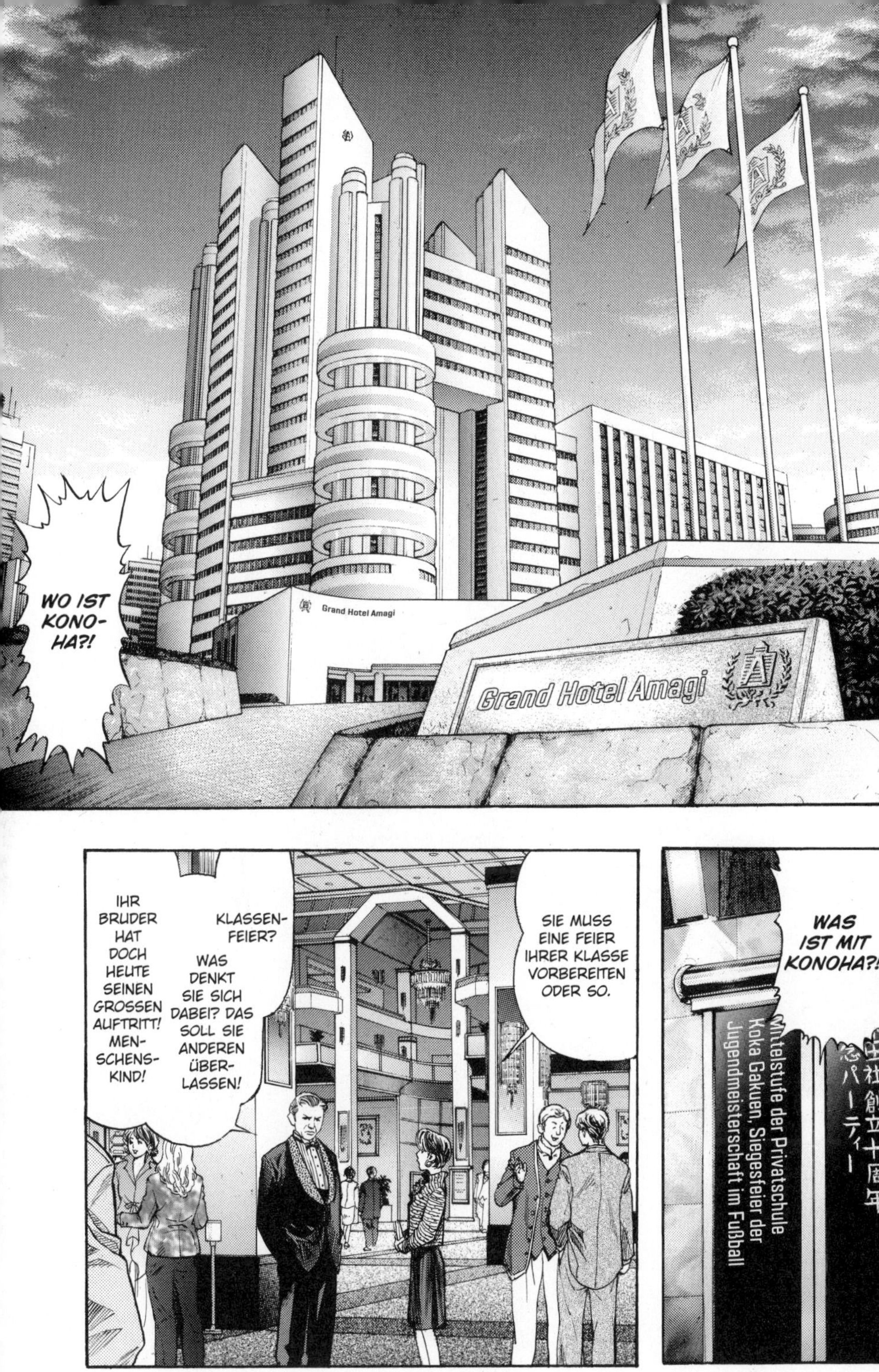
Grand Hotel Amagi
Grand Hotel Amagi
WO IST KONOHA?!
WAS IST MIT KONOHA?!
社創立十周年
パーティー
Mittelstufe der Privatschule Koka Gakuen, Siegesfeier der Jugendmeisterschaft im Fußball
SIE MUSS EINE FEIER IHRER KLASSE VORBEREITEN ODER SO.
KLASSENFEIER?
WAS DENKT SIE SICH DABEI? DAS SOLL SIE ANDEREN ÜBERLASSEN!
IHR BRUDER HAT DOCH HEUTE SEINEN GROSSEN AUFTRITT! MENSCHENSKIND!

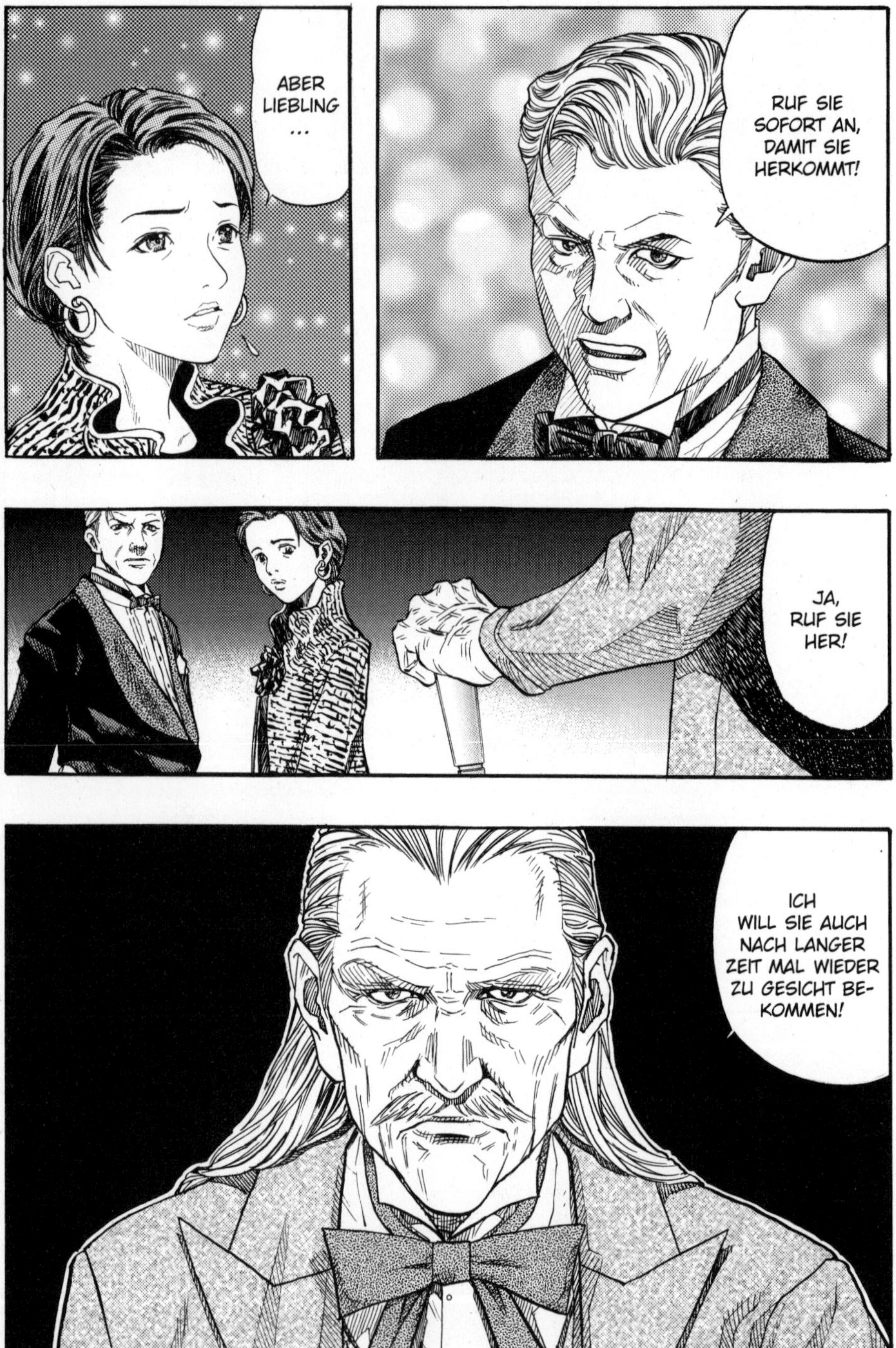
RUF SIE SOFORT AN, DAMIT SIE HERKOMMT!
ABER LIEBLING ...
JA, RUF SIE HER!
ICH WILL SIE AUCH NACH LANGER ZEIT MAL WIEDER ZU GESICHT BE-KOMMEN!

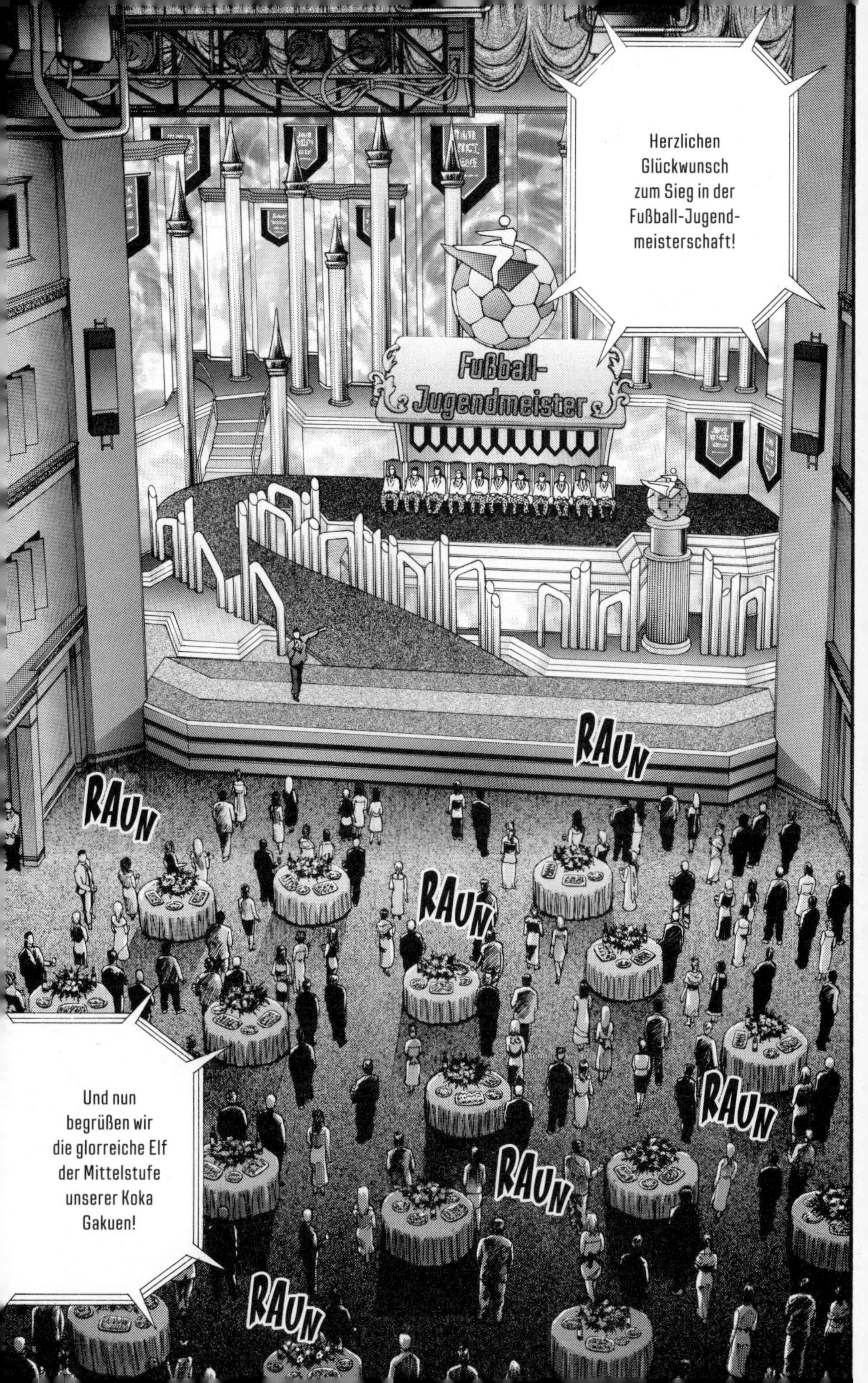
Herzlichen Glückwunsch zum Sieg in der Fußball-Jugendmeisterschaft!
Fußball-Jugendmeister
RAUN
RAUN
RAUN
Und nun begrüßen wir die glorreiche Elf der Mittelstufe unserer Koka Gakuen!
RAUN
RAUN
RAUN

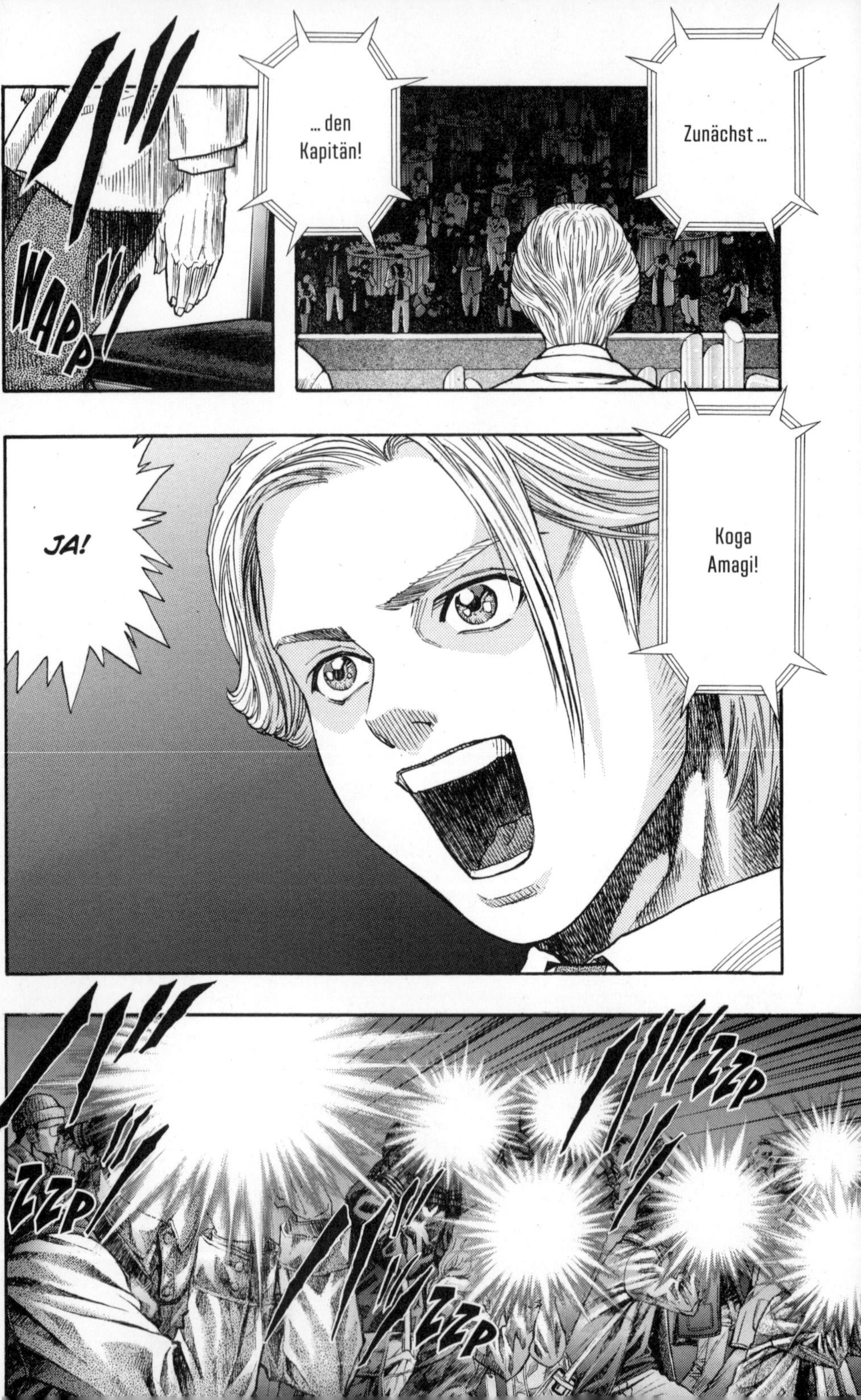
Zunächst …
… den Kapitän!
WAPP
Koga Amagi!
JA!
ZZP
ZZP
ZZP

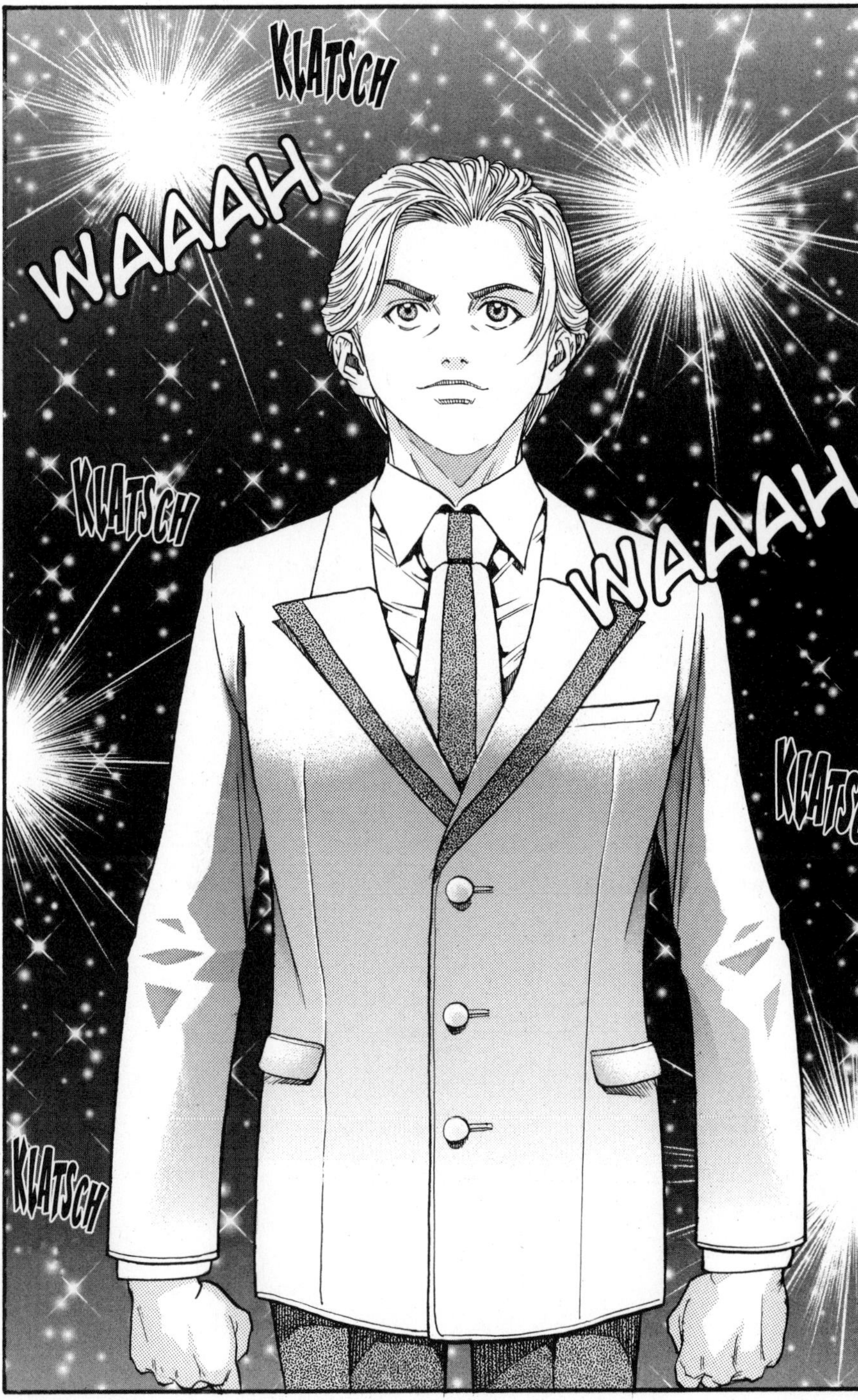
KLATSCH
WAAAH
KLATSCH
WAAAH
KLATSCH
KLATSCH

ZETMAN

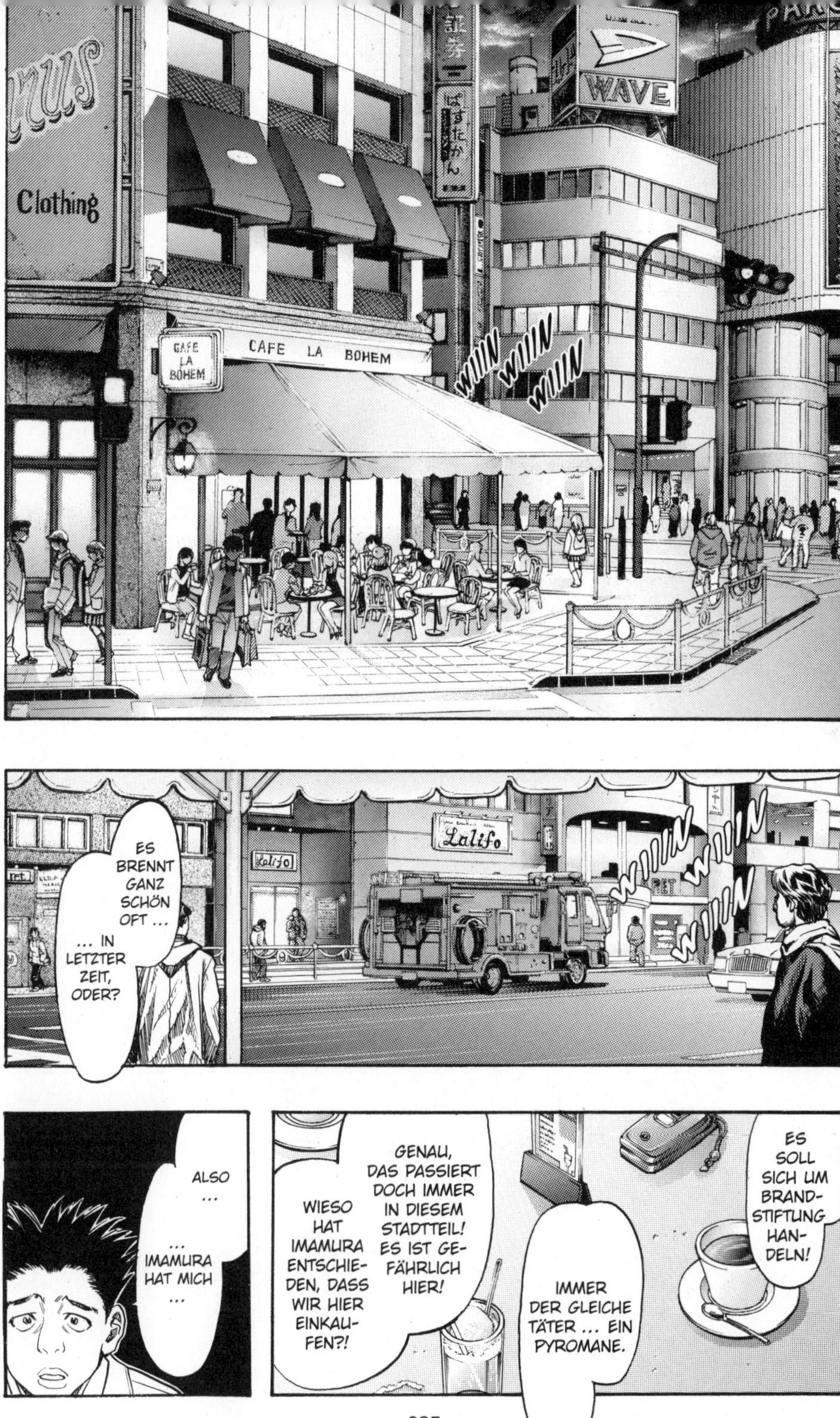

Clothing
CAFE LA BOHEM
CAFE LA BOHEM
WAVE
WIIIN WIIIN WIIIN
WIIIN WIIIN WIIIN
Lalifo
ES BRENNT GANZ SCHÖN OFT … … IN LETZTER ZEIT, ODER?
ES SOLL SICH UM BRAND-STIFTUNG HAN-DELN!
IMMER DER GLEICHE TÄTER … EIN PYROMANE.
GENAU, DAS PASSIERT DOCH IMMER IN DIESEM STADTTEIL! ES IST GE-FÄHRLICH HIER!
WIESO HAT IMAMURA ENTSCHIE-DEN, DASS WIR HIER EINKAU-FEN?!
ALSO …
… IMAMURA HAT MICH …

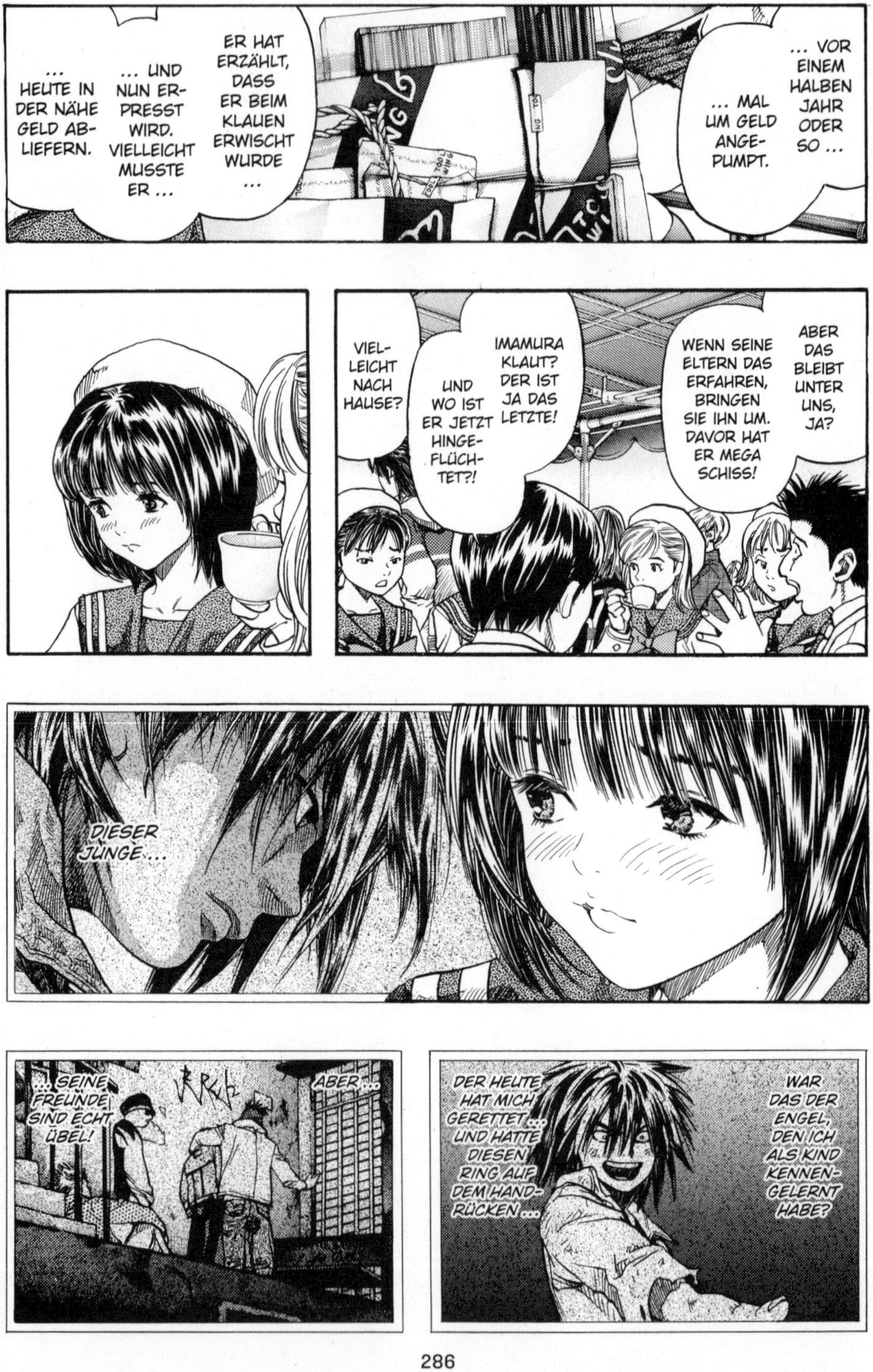
... VOR EINEM HALBEN JAHR ODER SO ...
... MAL UM GELD ANGEPUMPT.
ER HAT ERZÄHLT, DASS ER BEIM KLAUEN ERWISCHT WURDE ...
... UND NUN ERPRESST WIRD. VIELLEICHT MUSSTE ER ...
... HEUTE IN DER NÄHE GELD ABLIEFERN.
ABER DAS BLEIBT UNTER UNS, JA?
WENN SEINE ELTERN DAS ERFAHREN, BRINGEN SIE IHN UM. DAVOR HAT ER MEGA SCHISS!
IMAMURA KLAUT? DER IST JA DAS LETZTE!
UND WO IST ER JETZT HINGEFLÜCHTET?!
VIELLEICHT NACH HAUSE?
DIESER JUNGE ...
WAR DAS DER ENGEL, DEN ICH ALS KIND KENNENGELERNT HABE?
DER HEUTE HAT MICH GERETTET ... UND HATTE DIESEN RING AUF DEM HANDRÜCKEN ...
ABER ...
... SEINE FREUNDE SIND ECHT ÜBEL!

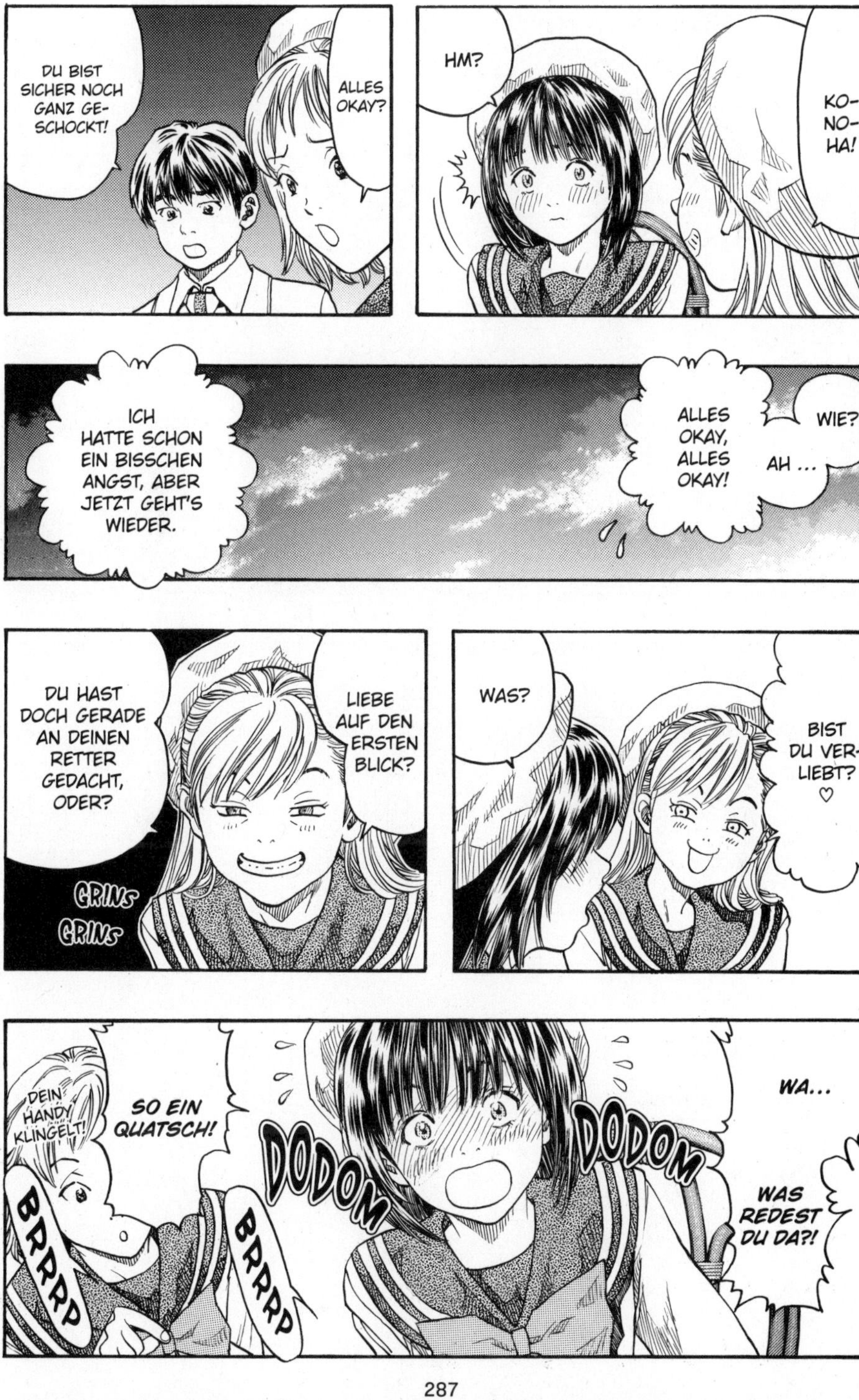
KO-
NO-
HA!
HM?
ALLES OKAY?
DU BIST SICHER NOCH GANZ GE-
SCHOCKT!
WIE?
AH …
ALLES OKAY, ALLES OKAY!
ICH HATTE SCHON EIN BISSCHEN ANGST, ABER JETZT GEHT'S WIEDER.
BIST DU VER-
LIEBT? ♡
WAS?
LIEBE AUF DEN ERSTEN BLICK?
DU HAST DOCH GERADE AN DEINEN RETTER GEDACHT, ODER?
GRINS GRINS
WA…
WAS REDEST DU DA?!
DODOM
DODOM
SO EIN QUATSCH!
BRRRP
DEIN HANDY KLINGELT!
BRRRP

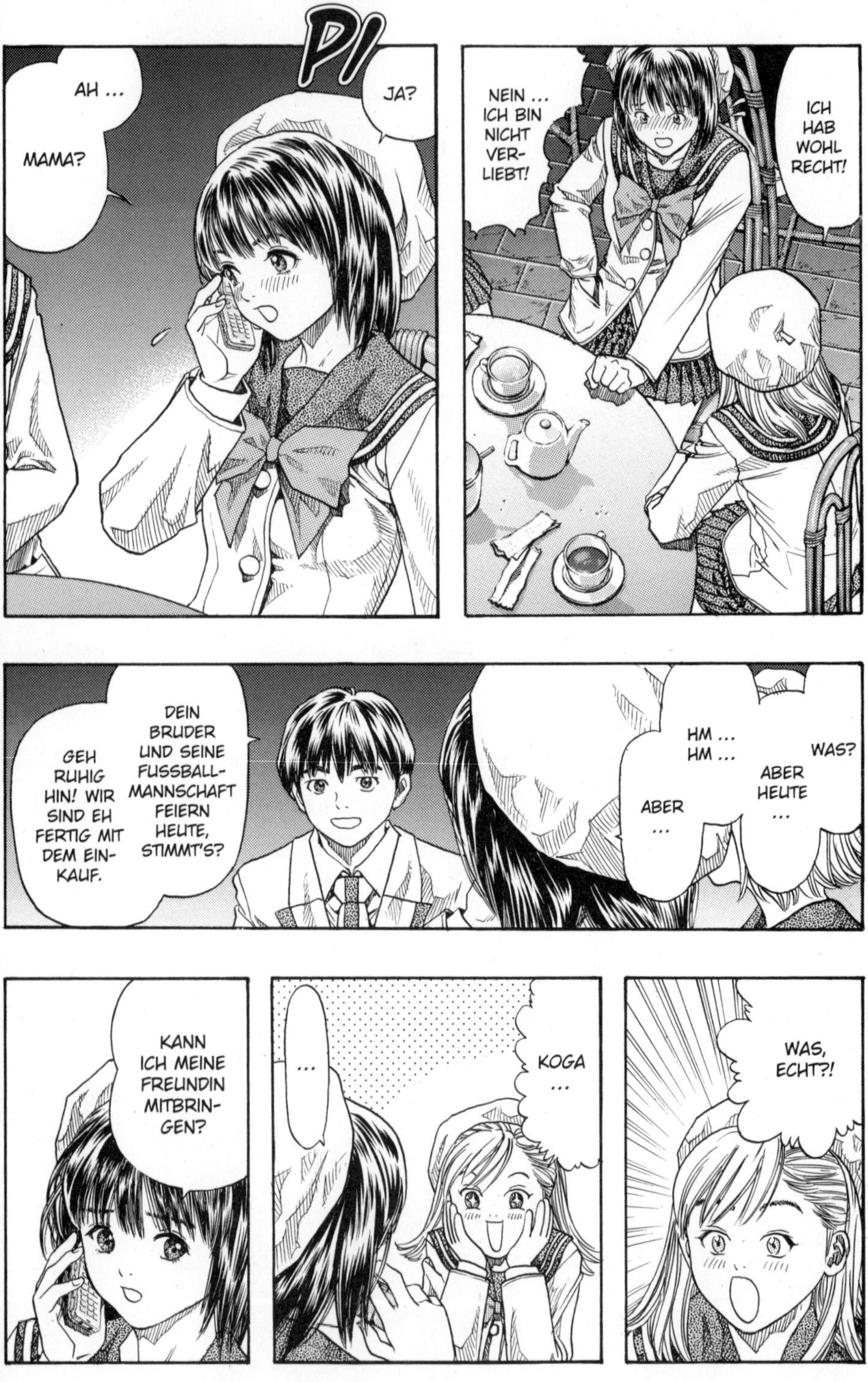
ICH HAB WOHL RECHT!
NEIN … ICH BIN NICHT VER-LIEBT!
PI
JA?
AH …
MAMA?
WAS?
ABER HEUTE …
HM … HM …
ABER …
DEIN BRUDER UND SEINE FUSSBALL-MANNSCHAFT FEIERN HEUTE, STIMMT'S?
GEH RUHIG HIN! WIR SIND EH FERTIG MIT DEM EIN-KAUF.
WAS, ECHT?!
KOGA …
…
KANN ICH MEINE FREUNDIN MITBRIN-GEN?

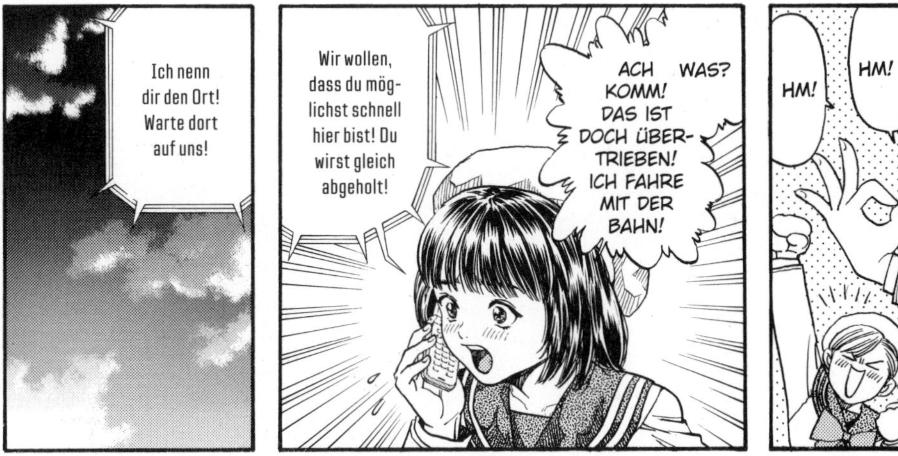

Episode 15:

Wunschtraum für die Zukunft

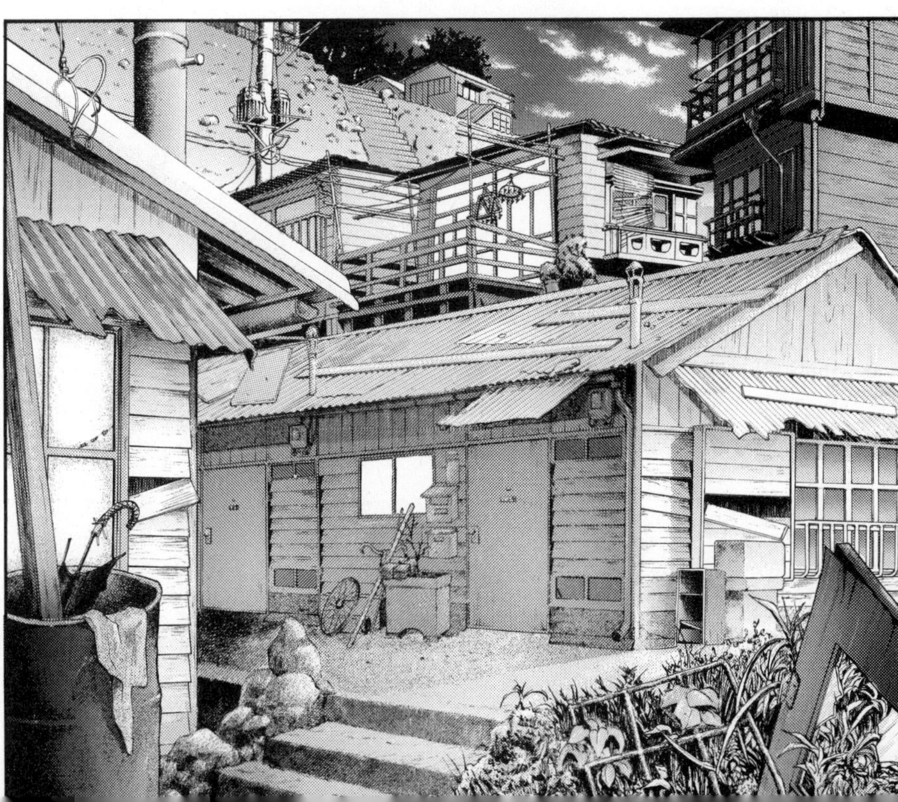

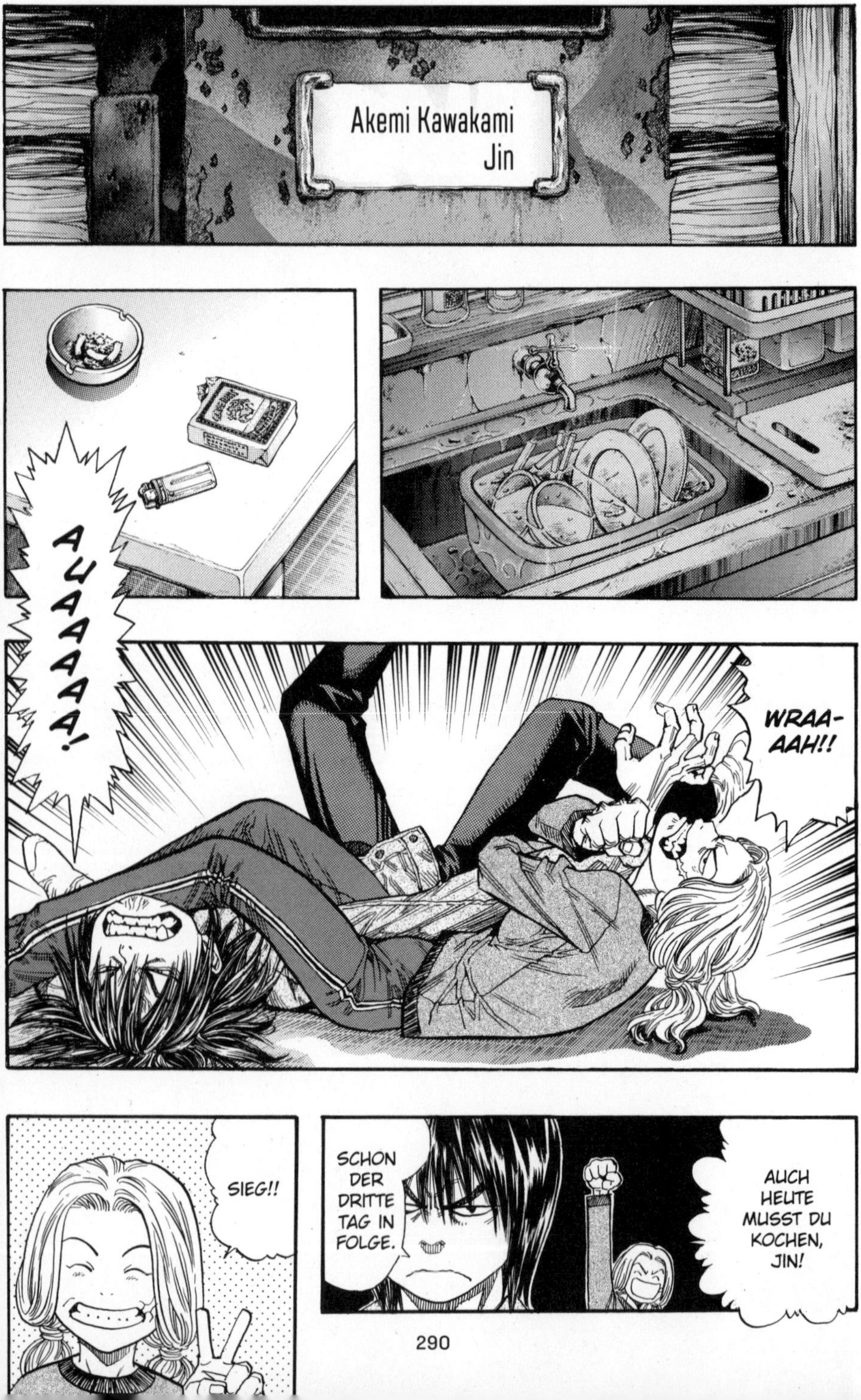
Akemi Kawakami
Jin
WRAA-AAH!!
AUAAAAAA!
AUCH HEUTE MUSST DU KOCHEN, JIN!
SCHON DER DRITTE TAG IN FOLGE.
SIEG!!

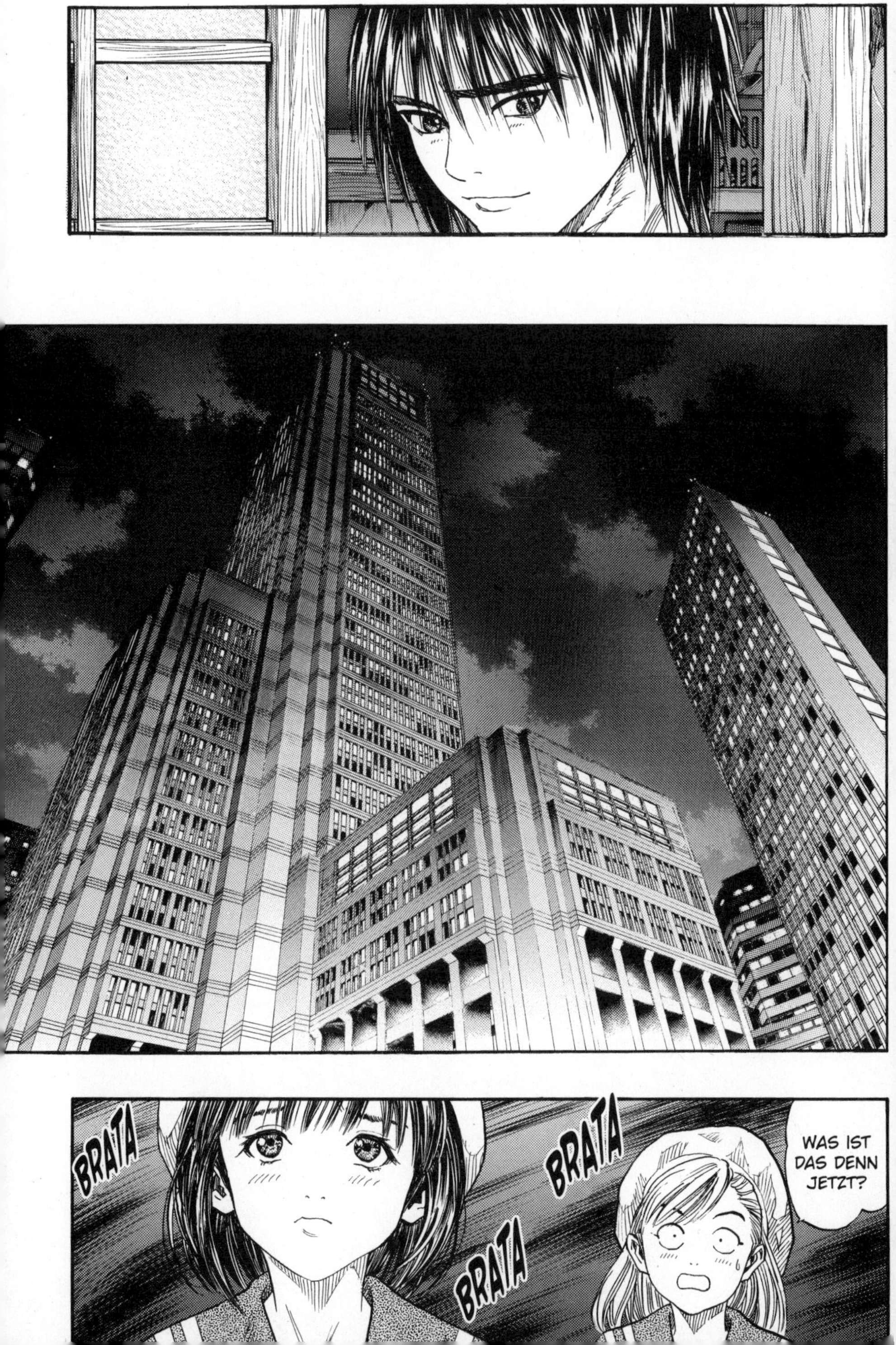
WAS IST DAS DENN JETZT?
BRATA
BRATA
BRATA

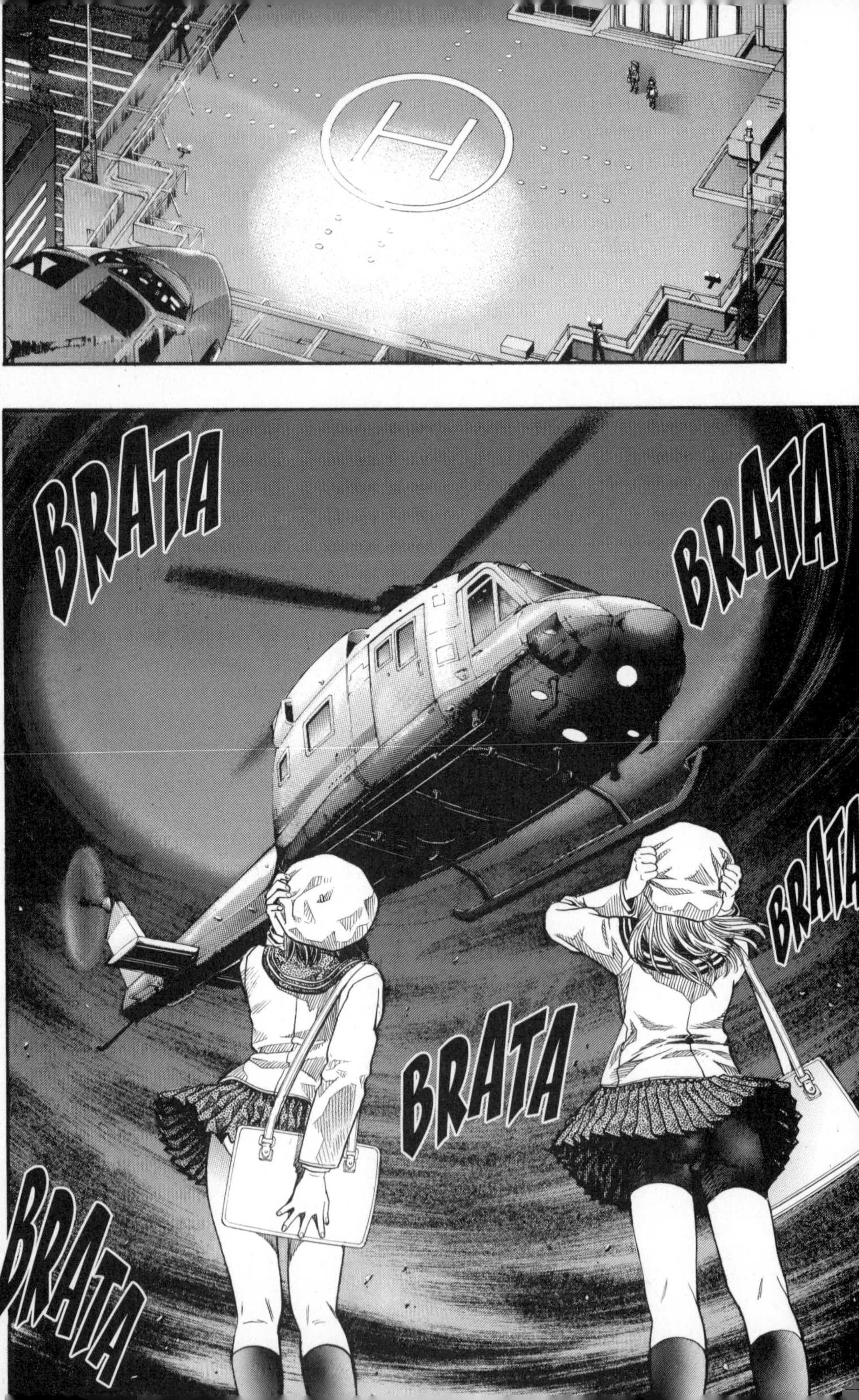
BRATA
BRATA
BRATA
BRATA
BRATA
BRATA

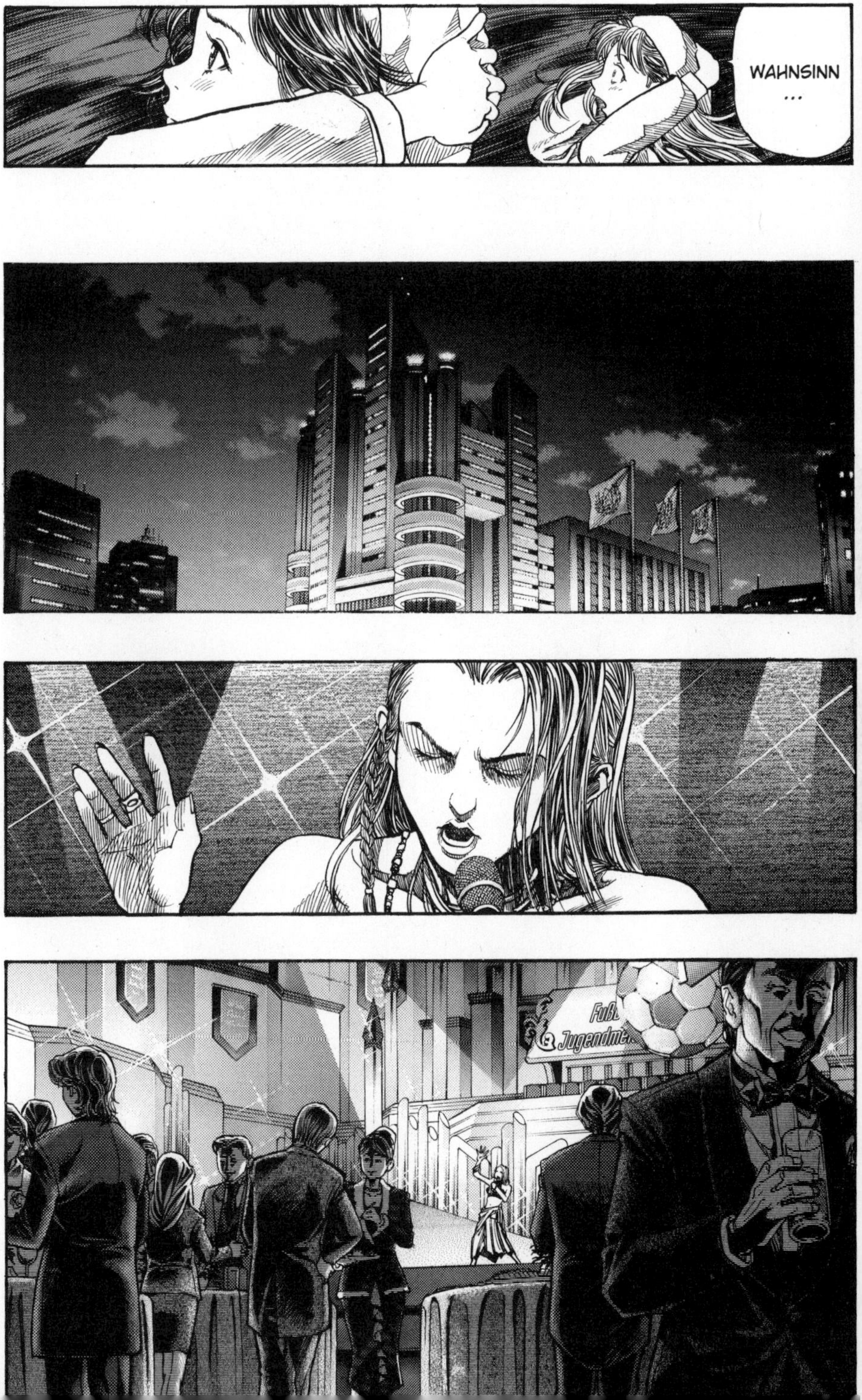
WAHNSINN
...

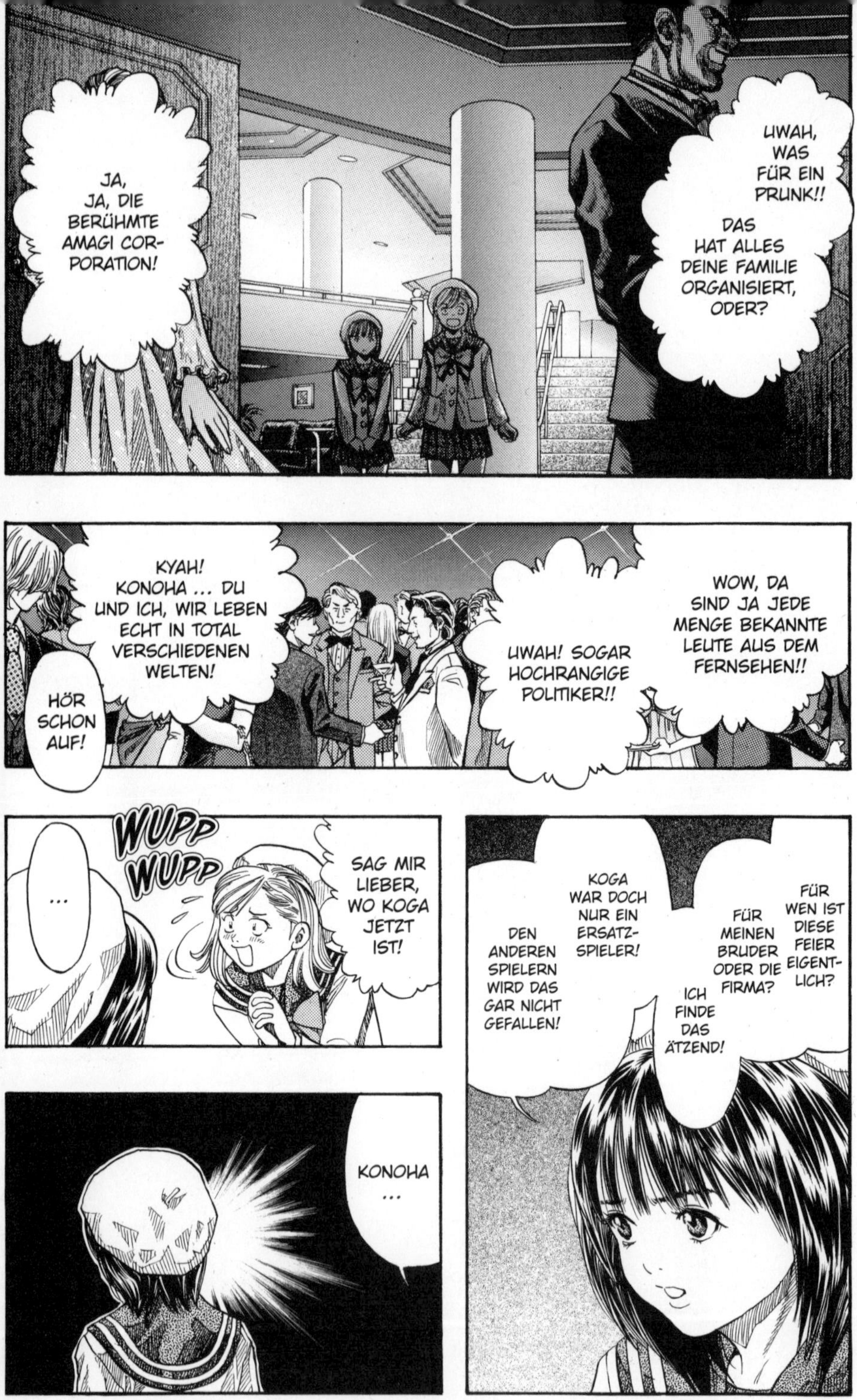
UWAH, WAS FÜR EIN PRUNK!!
DAS HAT ALLES DEINE FAMILIE ORGANISIERT, ODER?
JA, JA, DIE BERÜHMTE AMAGI CORPORATION!
WOW, DA SIND JA JEDE MENGE BEKANNTE LEUTE AUS DEM FERNSEHEN!!
UWAH! SOGAR HOCHRANGIGE POLITIKER!!
KYAH! KONOHA ... DU UND ICH, WIR LEBEN ECHT IN TOTAL VERSCHIEDENEN WELTEN!
HÖR SCHON AUF!
FÜR WEN IST DIESE FEIER EIGENTLICH?
FÜR MEINEN BRUDER ODER DIE FIRMA?
ICH FINDE DAS ÄTZEND!
KOGA WAR DOCH NUR EIN ERSATZSPIELER!
DEN ANDEREN SPIELERN WIRD DAS GAR NICHT GEFALLEN!
SAG MIR LIEBER, WO KOGA JETZT IST!
WUPP WUPP
...
KONOHA ...

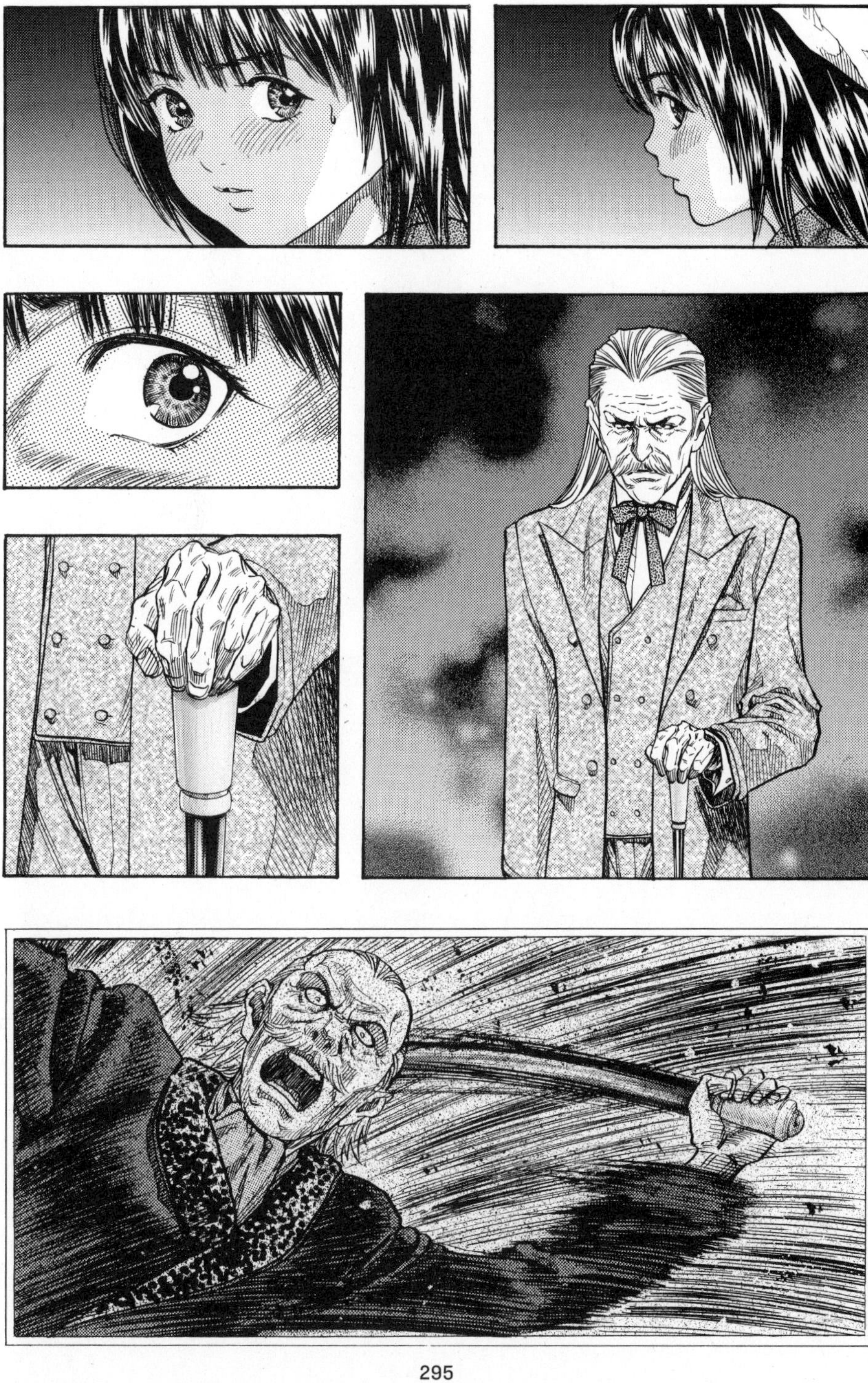

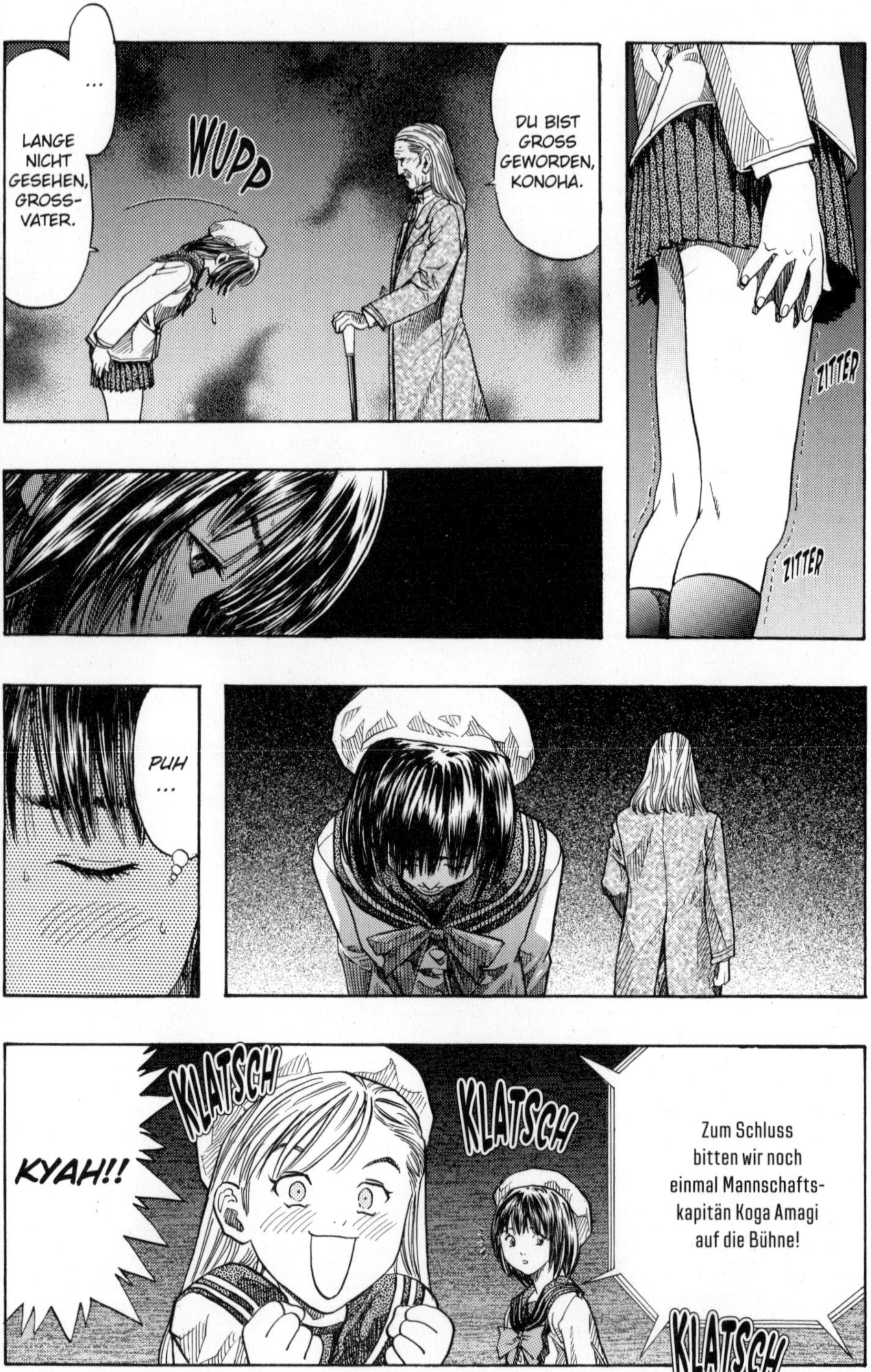
DU BIST GROSS GEWORDEN, KONOHA.
WUPP
...
LANGE NICHT GESEHEN, GROSS-VATER.
ZITTER
ZITTER
PUH ...
Zum Schluss bitten wir noch einmal Mannschafts-kapitän Koga Amagi auf die Bühne!
KLATSCH
KLATSCH
KLATSCH
KYAH!!

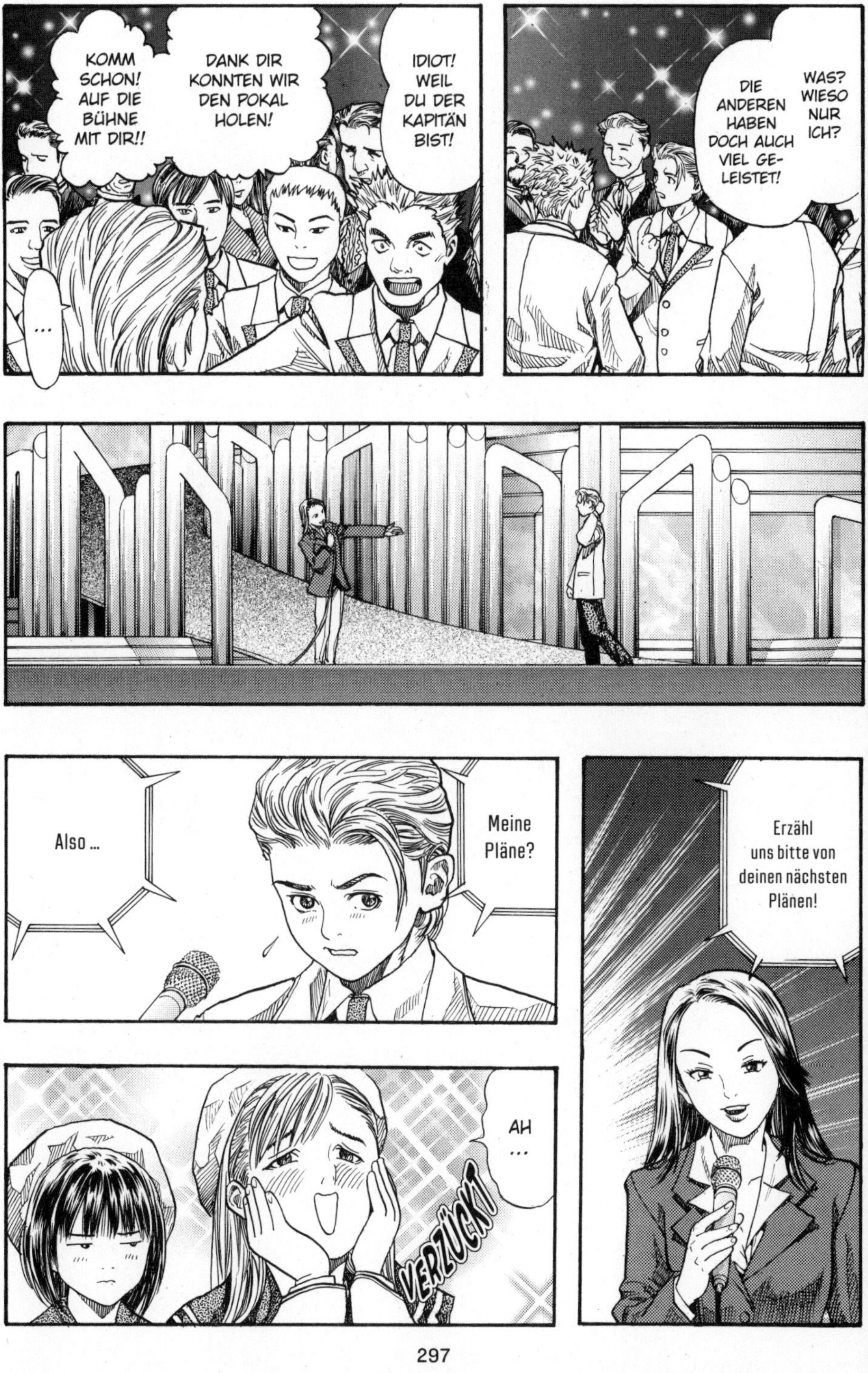
KOMM SCHON! AUF DIE BÜHNE MIT DIR!!
DANK DIR KONNTEN WIR DEN POKAL HOLEN!
IDIOT! WEIL DU DER KAPITÄN BIST!
...
WAS? WIESO NUR ICH?
DIE ANDEREN HABEN DOCH AUCH VIEL GE-LEISTET!
Erzähl uns bitte von deinen nächsten Plänen!
Meine Pläne?
Also ...
AH ...
VERZÜCKT

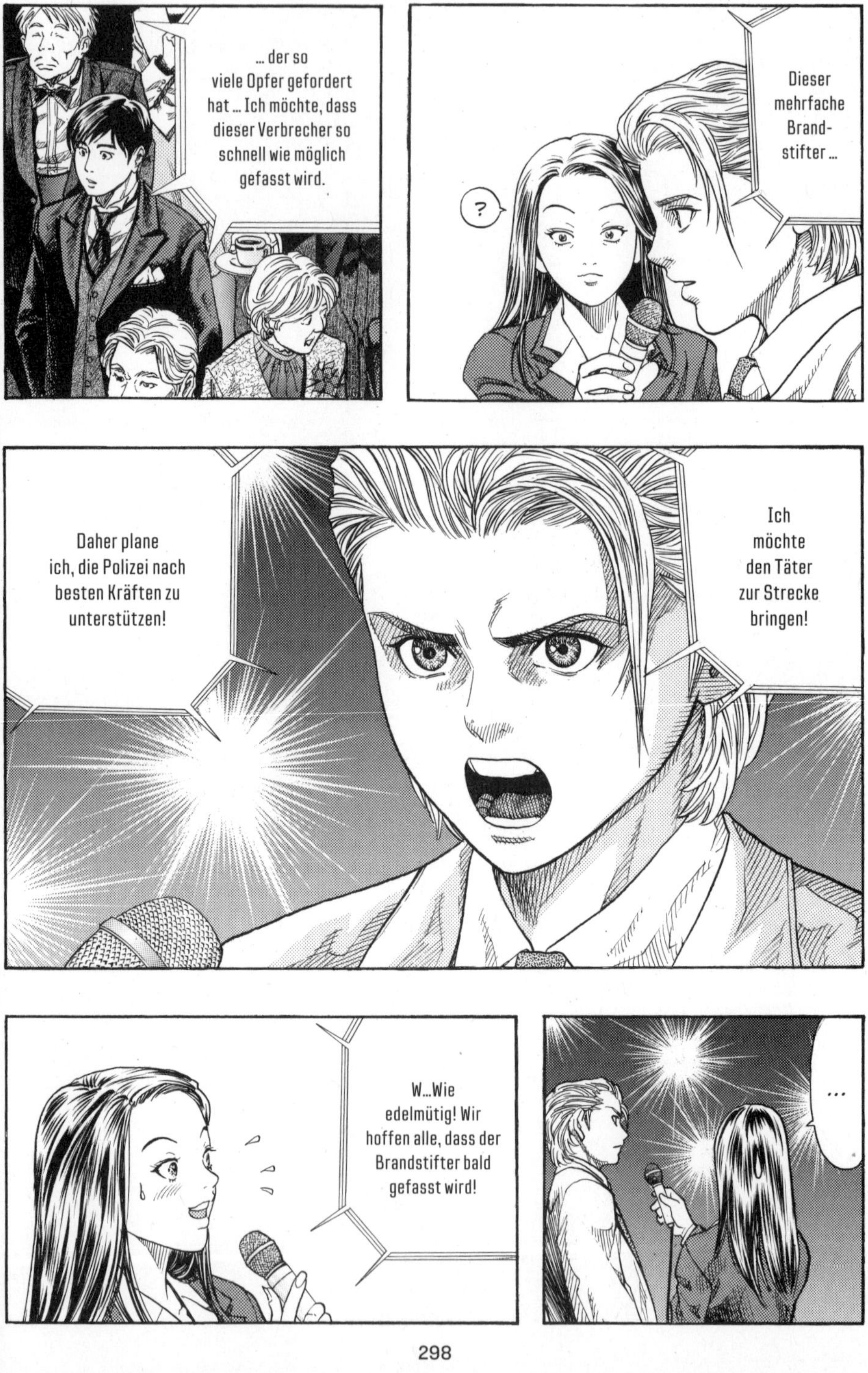

Dieser mehrfache Brand-stifter ...
?
... der so viele Opfer gefordert hat ... Ich möchte, dass dieser Verbrecher so schnell wie möglich gefasst wird.
Ich möchte den Täter zur Strecke bringen!
Daher plane ich, die Polizei nach besten Kräften zu unterstützen!
...
W...Wie edelmütig! Wir hoffen alle, dass der Brandstifter bald gefasst wird!

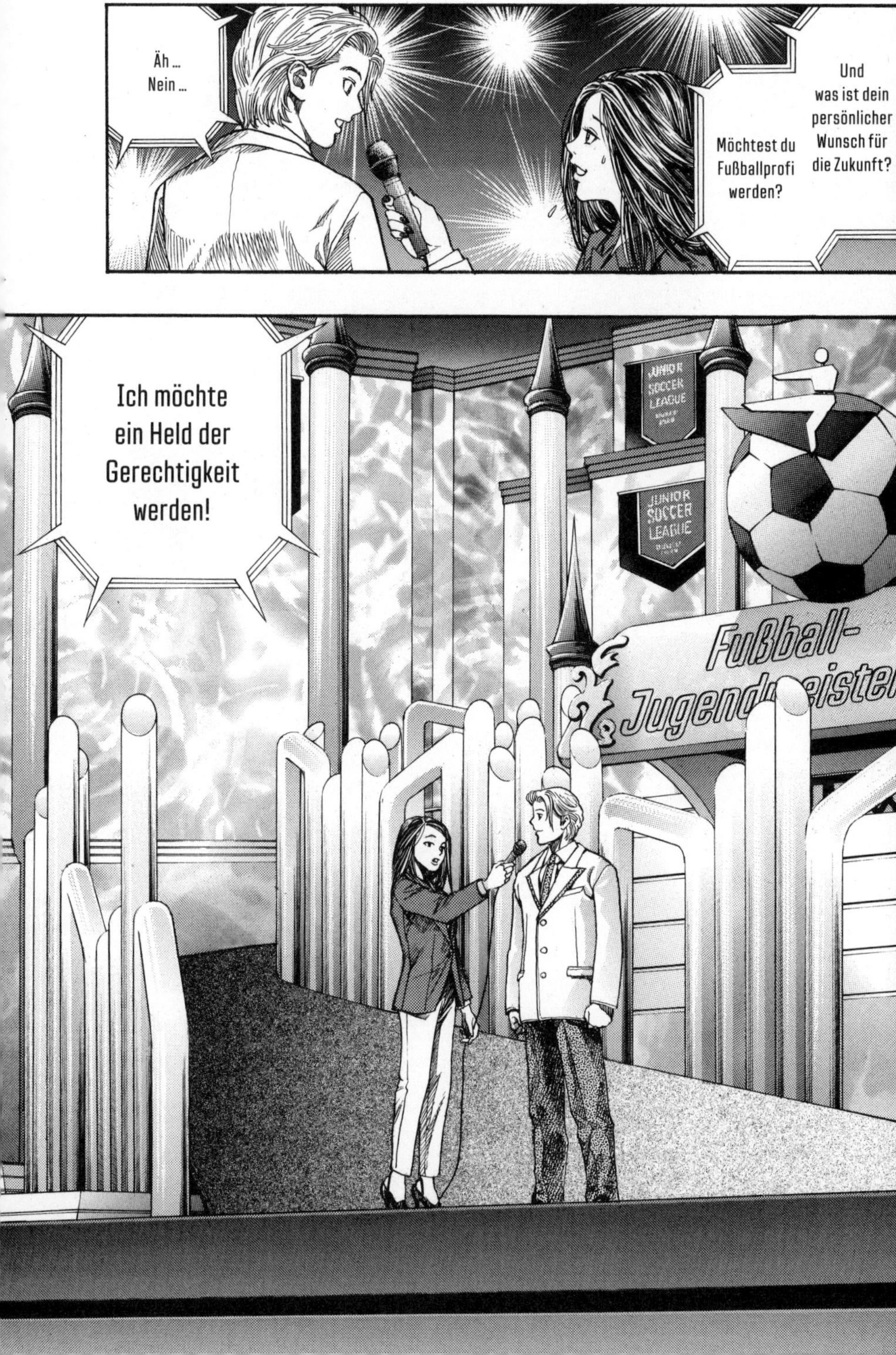
Und was ist dein persönlicher Wunsch für die Zukunft?
Möchtest du Fußballprofi werden?
Äh … Nein …
Ich möchte ein Held der Gerechtigkeit werden!
JUNIOR SOCCER LEAGUE

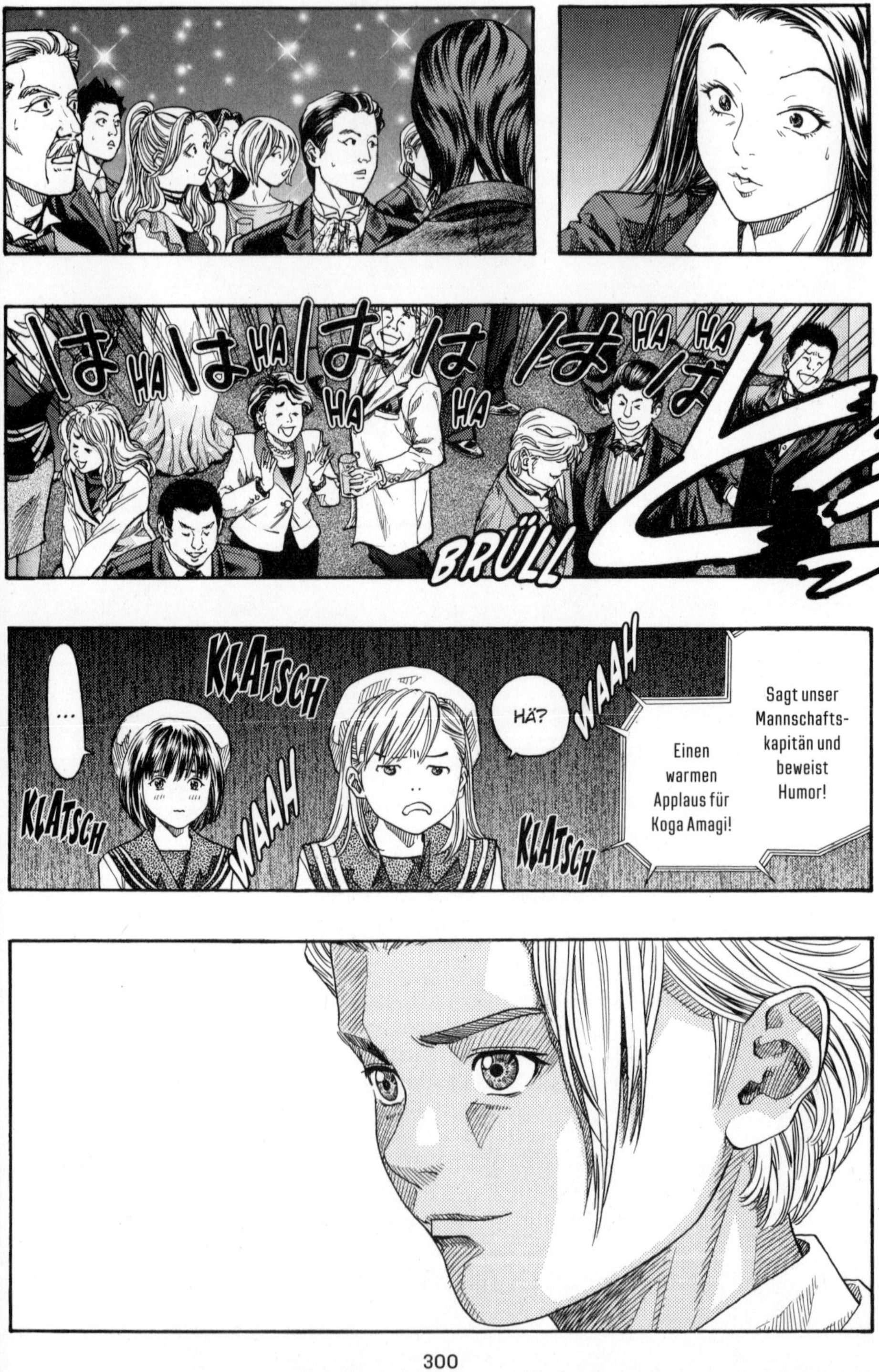
はははははは
HA HA HA HA HA HA
BRÜLL
…
KLATSCH
KLATSCH
WAAH
HÄ?
WAAH
KLATSCH
Sagt unser Mannschafts-kapitän und beweist Humor!
Einen warmen Applaus für Koga Amagi!

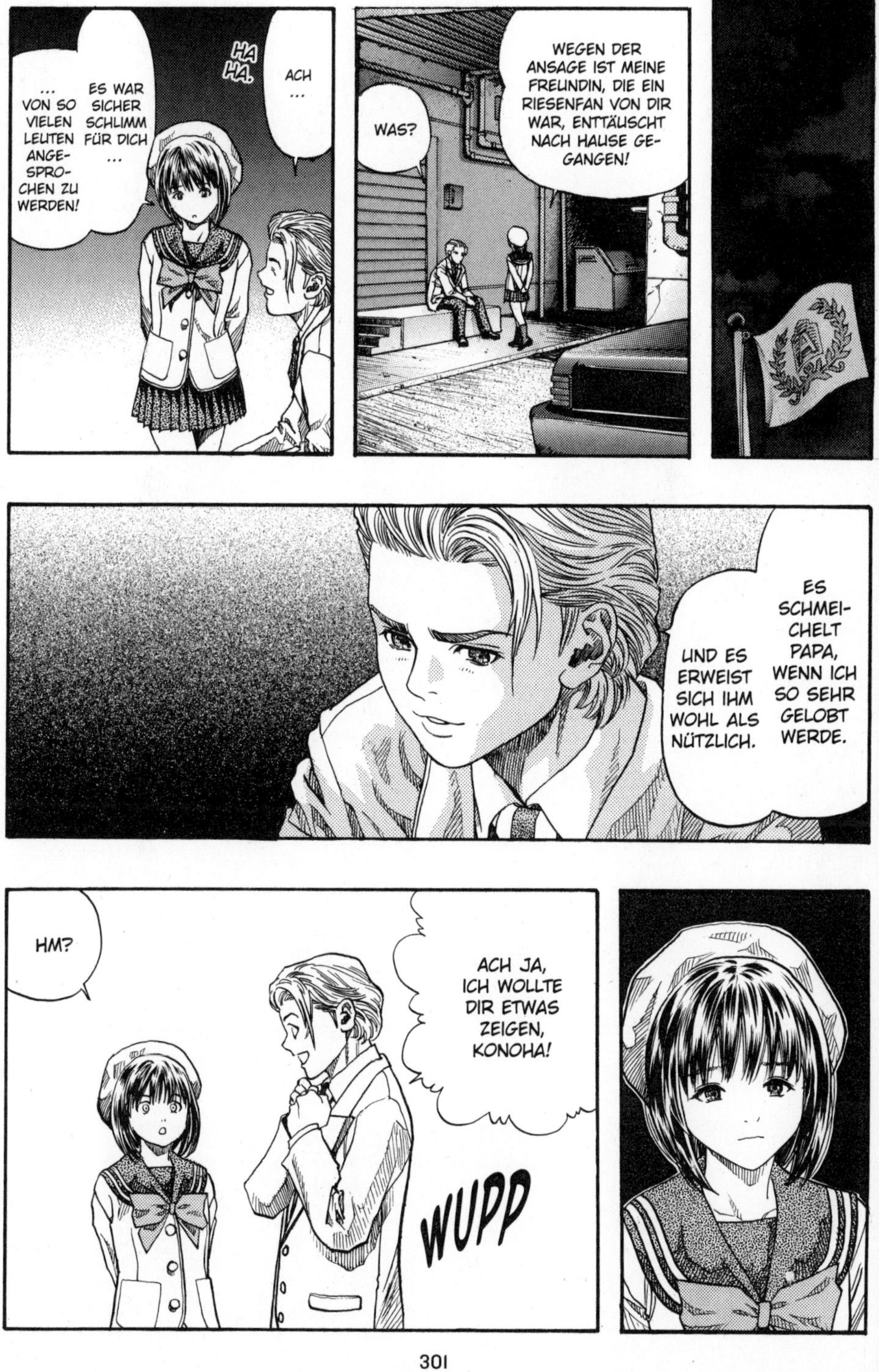
WEGEN DER ANSAGE IST MEINE FREUNDIN, DIE EIN RIESENFAN VON DIR WAR, ENTTÄUSCHT NACH HAUSE GEGANGEN!
WAS?
ACH …
HA HA.
ES WAR SICHER SCHLIMM FÜR DICH …
… VON SO VIELEN LEUTEN ANGESPROCHEN ZU WERDEN!
ES SCHMEICHELT PAPA, WENN ICH SO SEHR GELOBT WERDE.
UND ES ERWEIST SICH IHM WOHL ALS NÜTZLICH.
ACH JA, ICH WOLLTE DIR ETWAS ZEIGEN, KONOHA!
WUPP
HM?

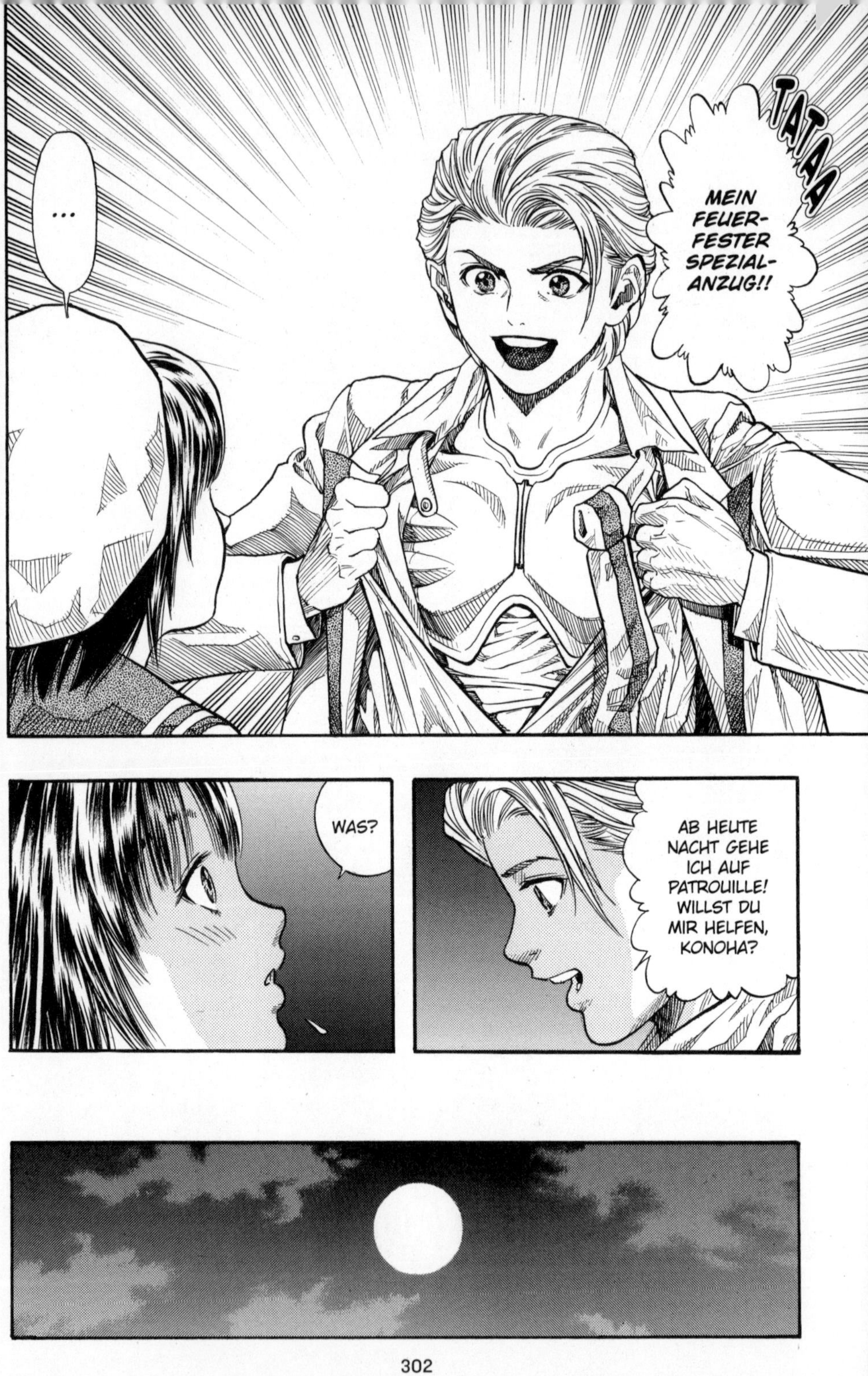
TATAA
MEIN FEUER-
FESTER
SPEZIAL-
ANZUG!!
...
AB HEUTE
NACHT GEHE
ICH AUF
PATROUILLE!
WILLST DU
MIR HELFEN,
KONOHA?
WAS?

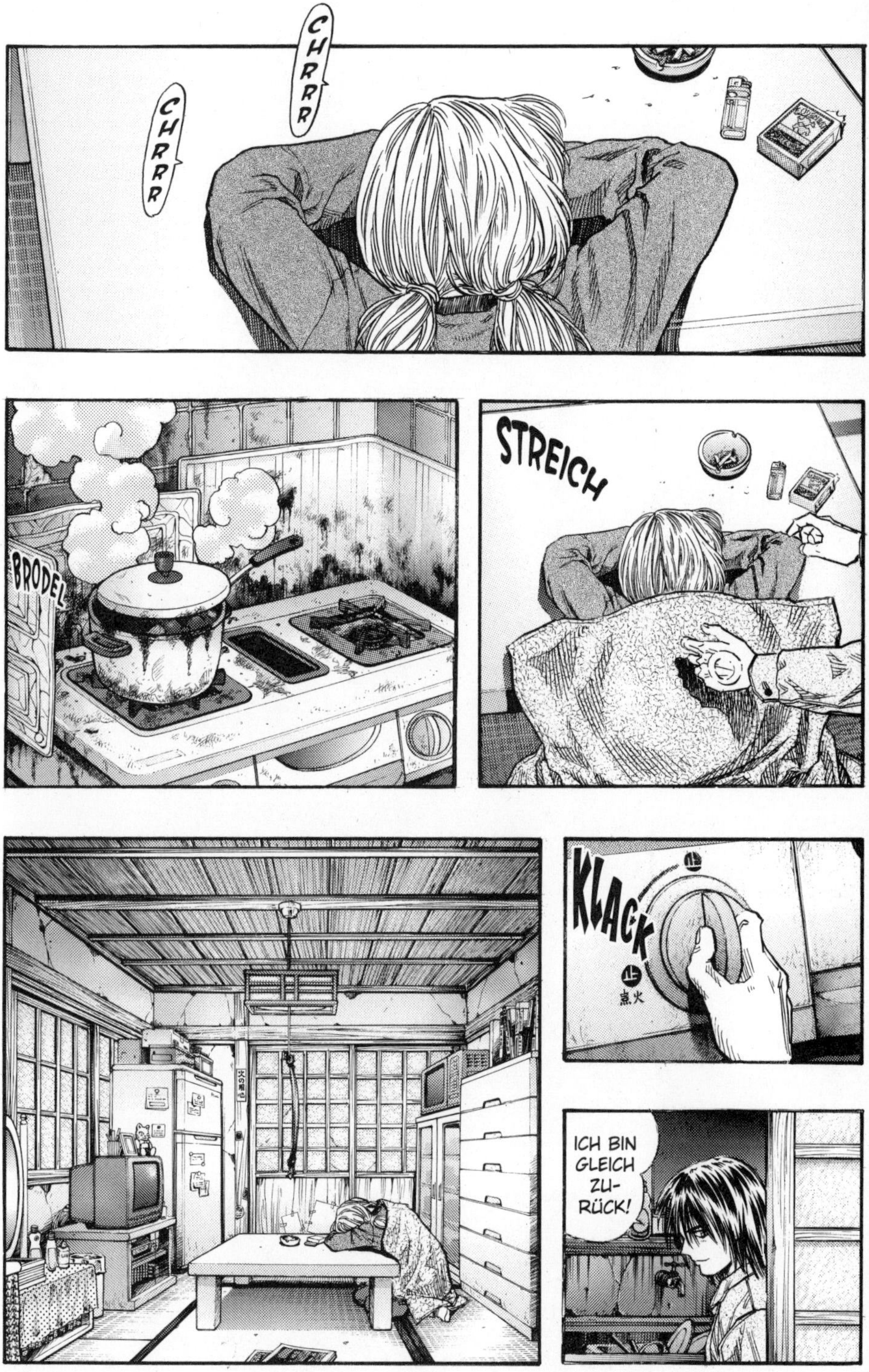
CHRRR
CHRRR
STREICH
BRODEL
KLACK
ICH BIN GLEICH ZURÜCK!

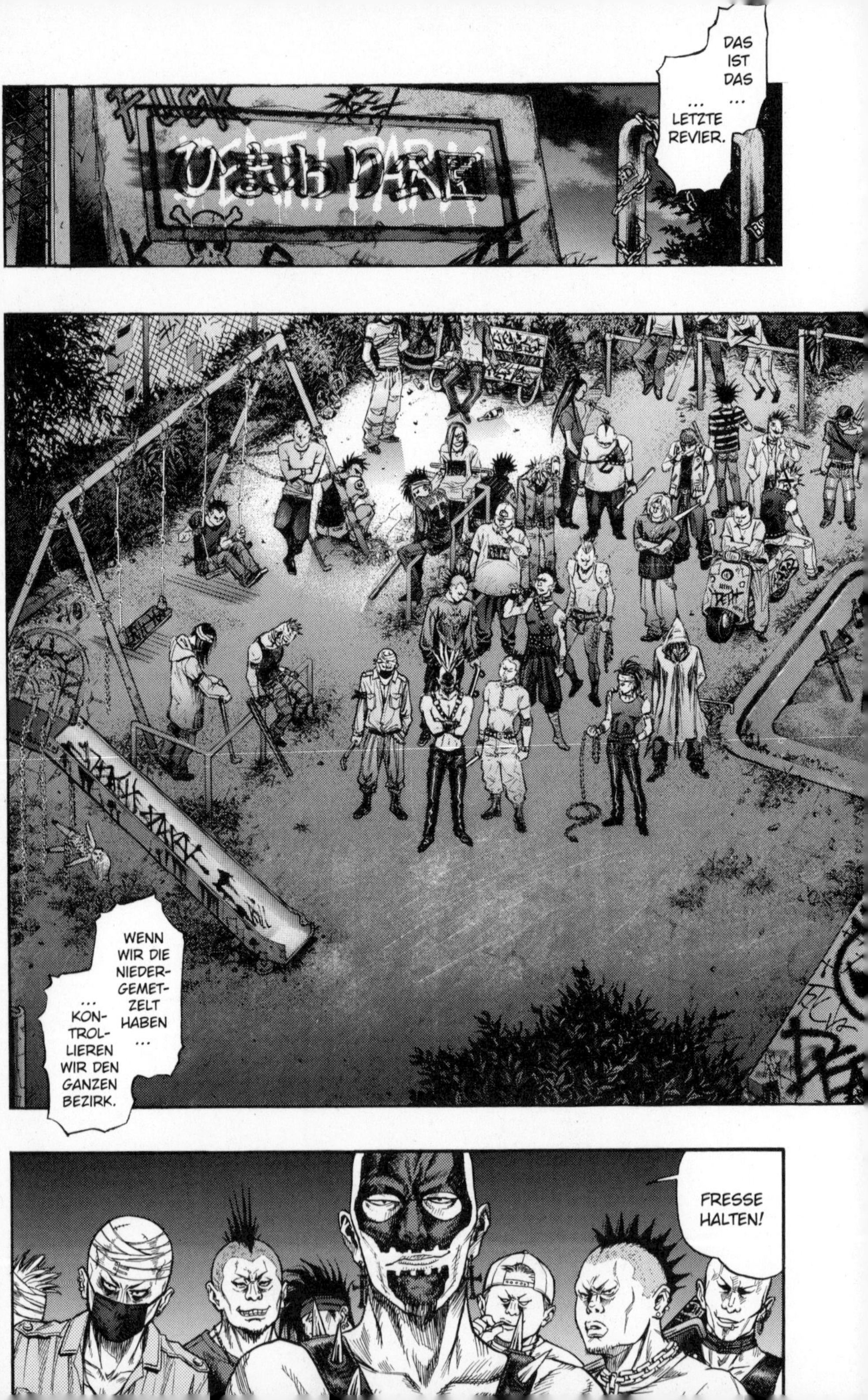
DAS IST DAS … LETZTE REVIER.
WENN WIR DIE NIEDER-GEMET-ZELT HABEN …
… KON-TROL-LIEREN WIR DEN GANZEN BEZIRK.
FRESSE HALTEN!

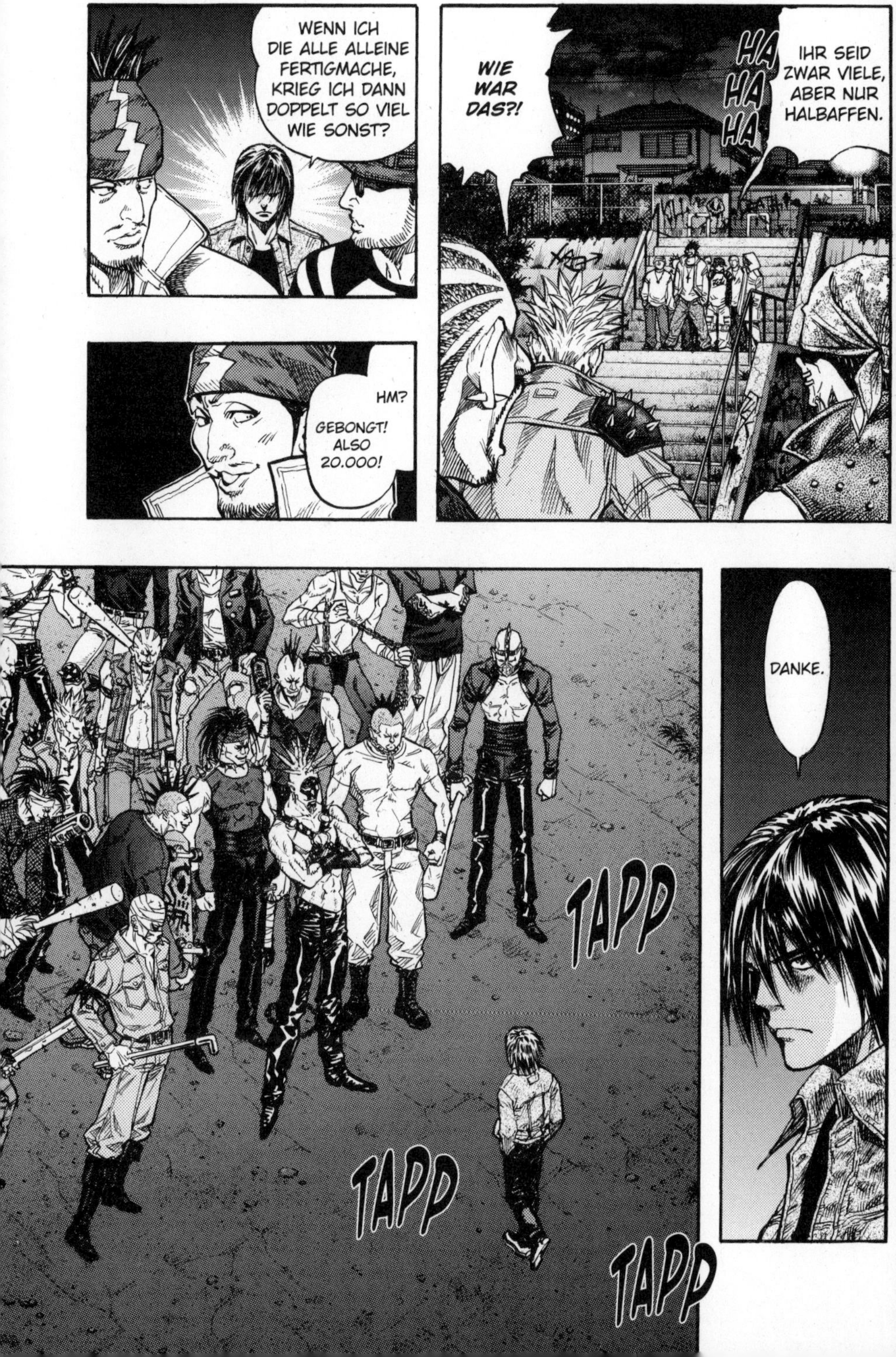
IHR SEID ZWAR VIELE, ABER NUR HALBAFFEN.
HA HA HA
WIE WAR DAS?!
WENN ICH DIE ALLE ALLEINE FERTIGMACHE, KRIEG ICH DANN DOPPELT SO VIEL WIE SONST?
HM?
GEBONGT! ALSO 20.000!
DANKE.
TAPP
TAPP
TAPP

ZETMAN

Episode 16:
Geheimaktion

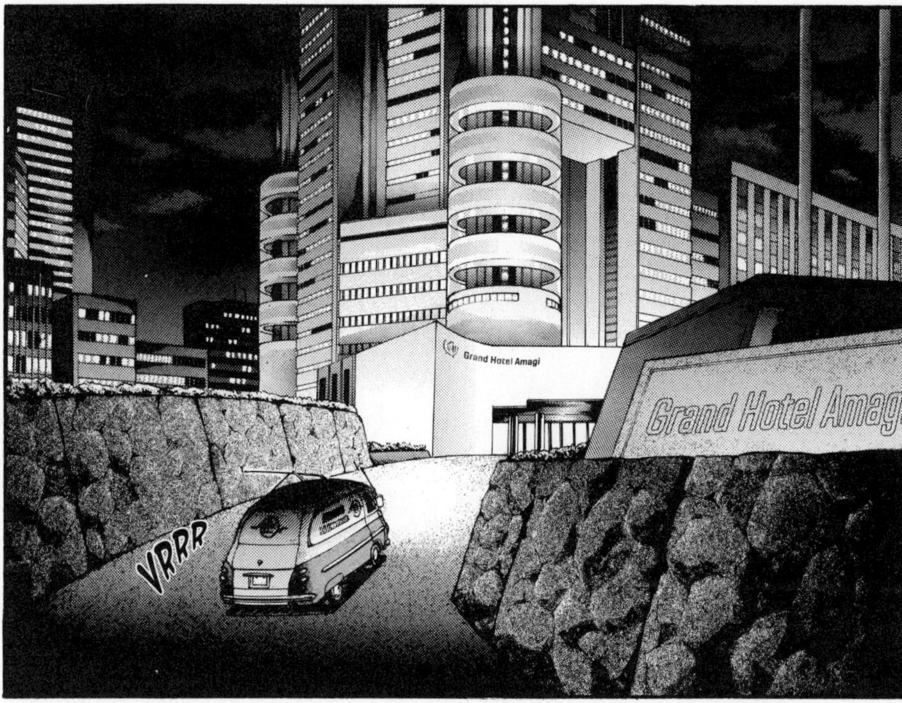

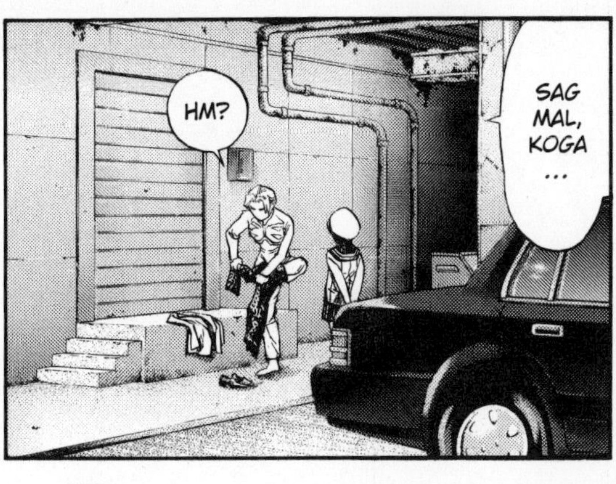

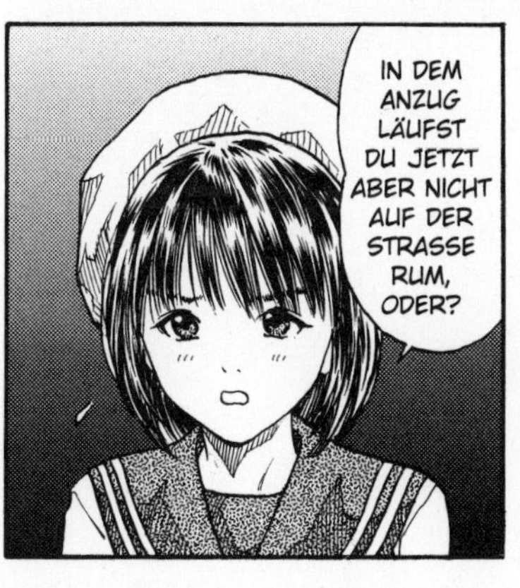

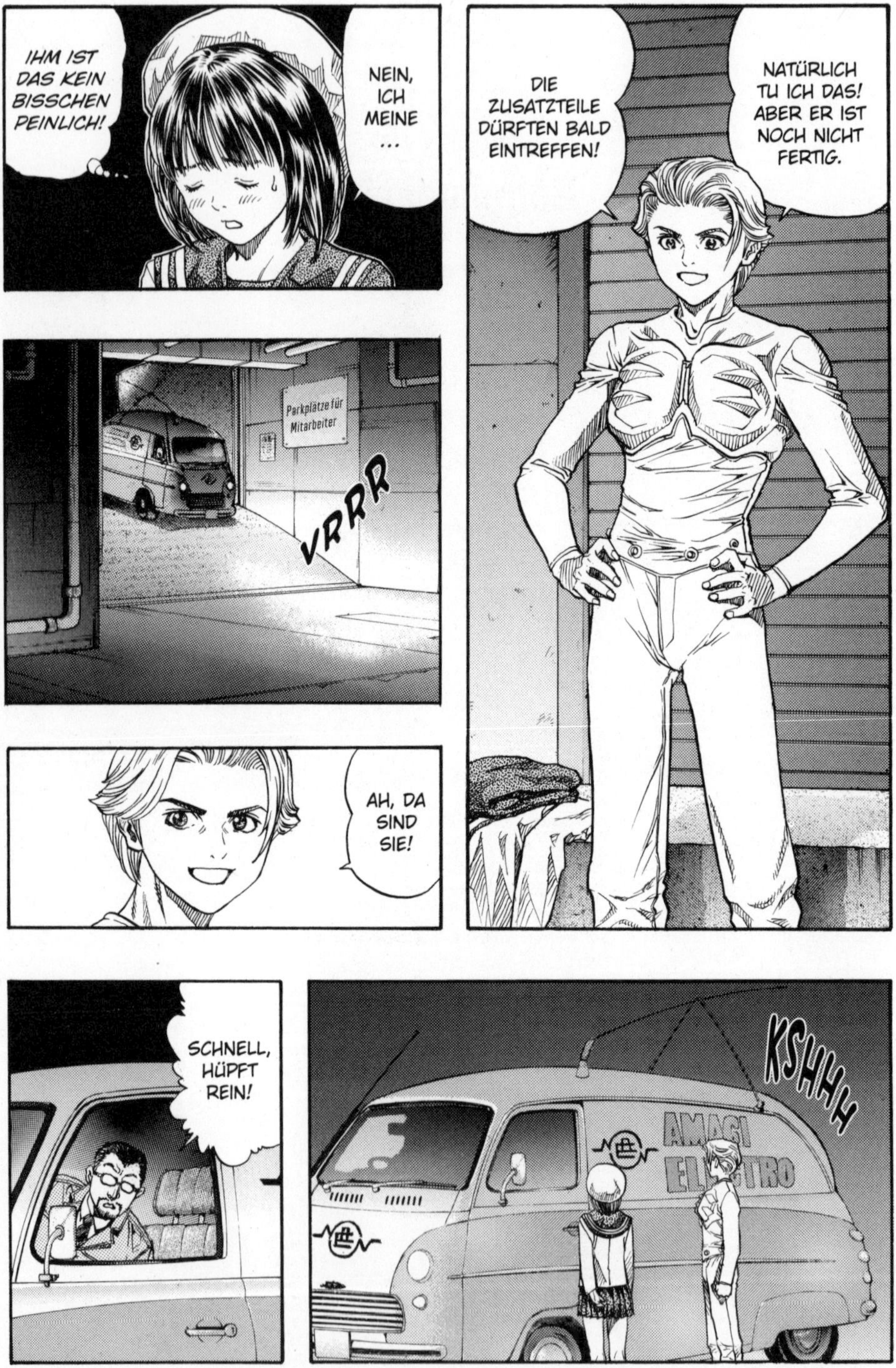
NATÜRLICH TU ICH DAS! ABER ER IST NOCH NICHT FERTIG.
DIE ZUSATZTEILE DÜRFTEN BALD EINTREFFEN!
NEIN, ICH MEINE …
IHM IST DAS KEIN BISSCHEN PEINLICH!
Parkplätze für Mitarbeiter
VRRR
AH, DA SIND SIE!
KSHHH
SCHNELL, HÜPFT REIN!

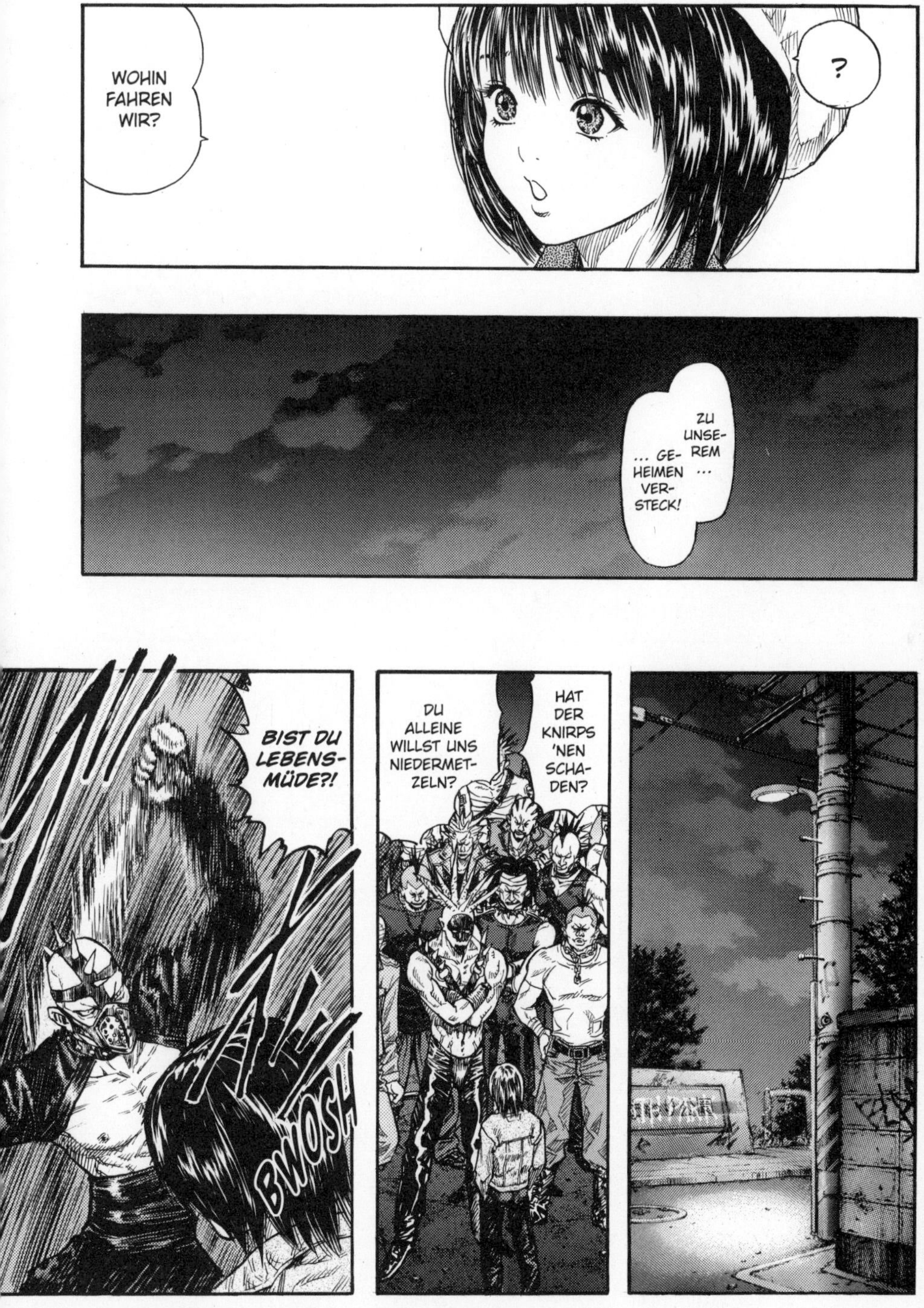
?
WOHIN FAHREN WIR?
ZU UNSEREM … … GEHEIMEN VERSTECK!
HAT DER KNIRPS 'NEN SCHADEN?
DU ALLEINE WILLST UNS NIEDERMETZELN?
BIST DU LEBENSMÜDE?!
BWOSH

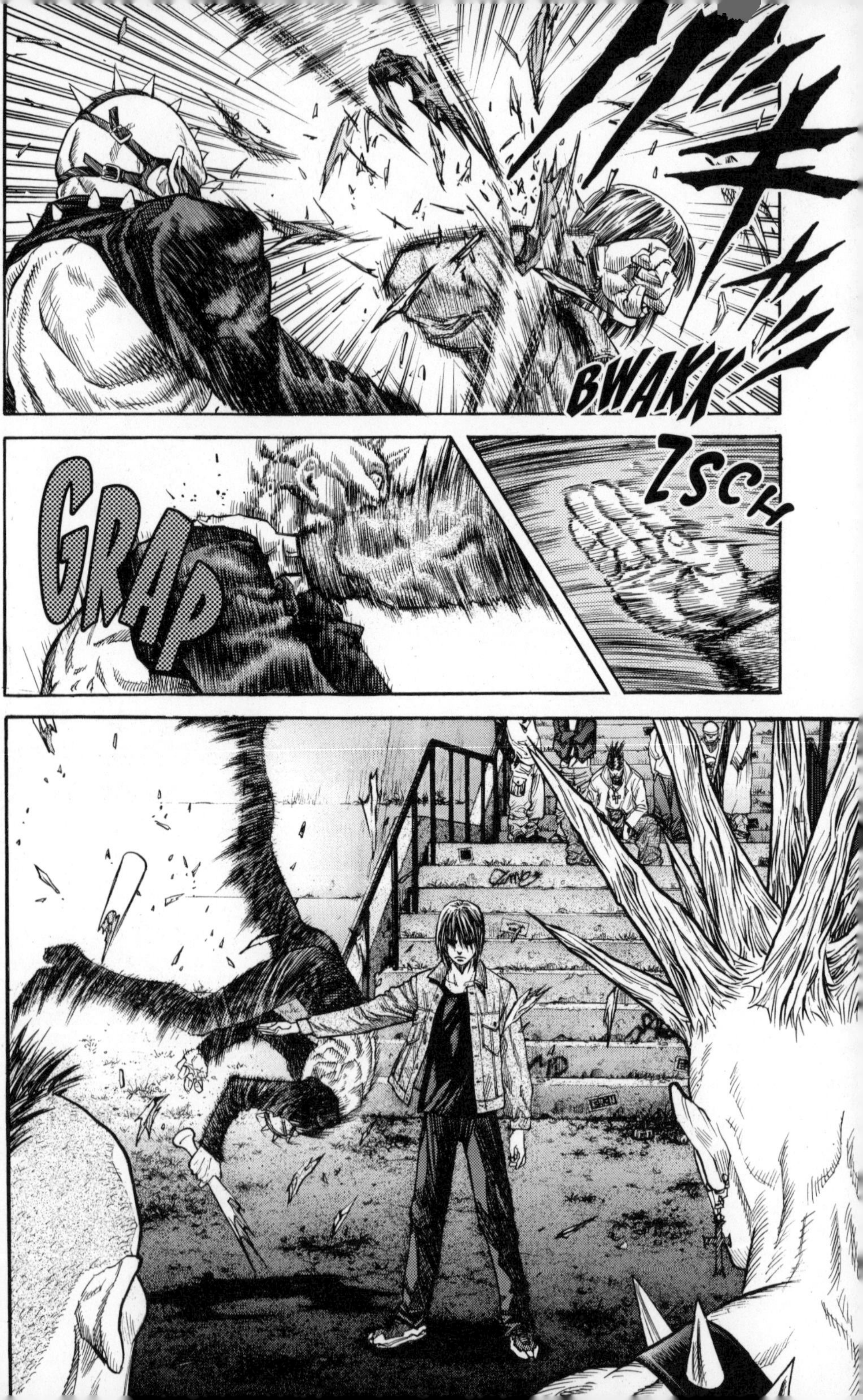
BWAKK
ZSCH
GRAP

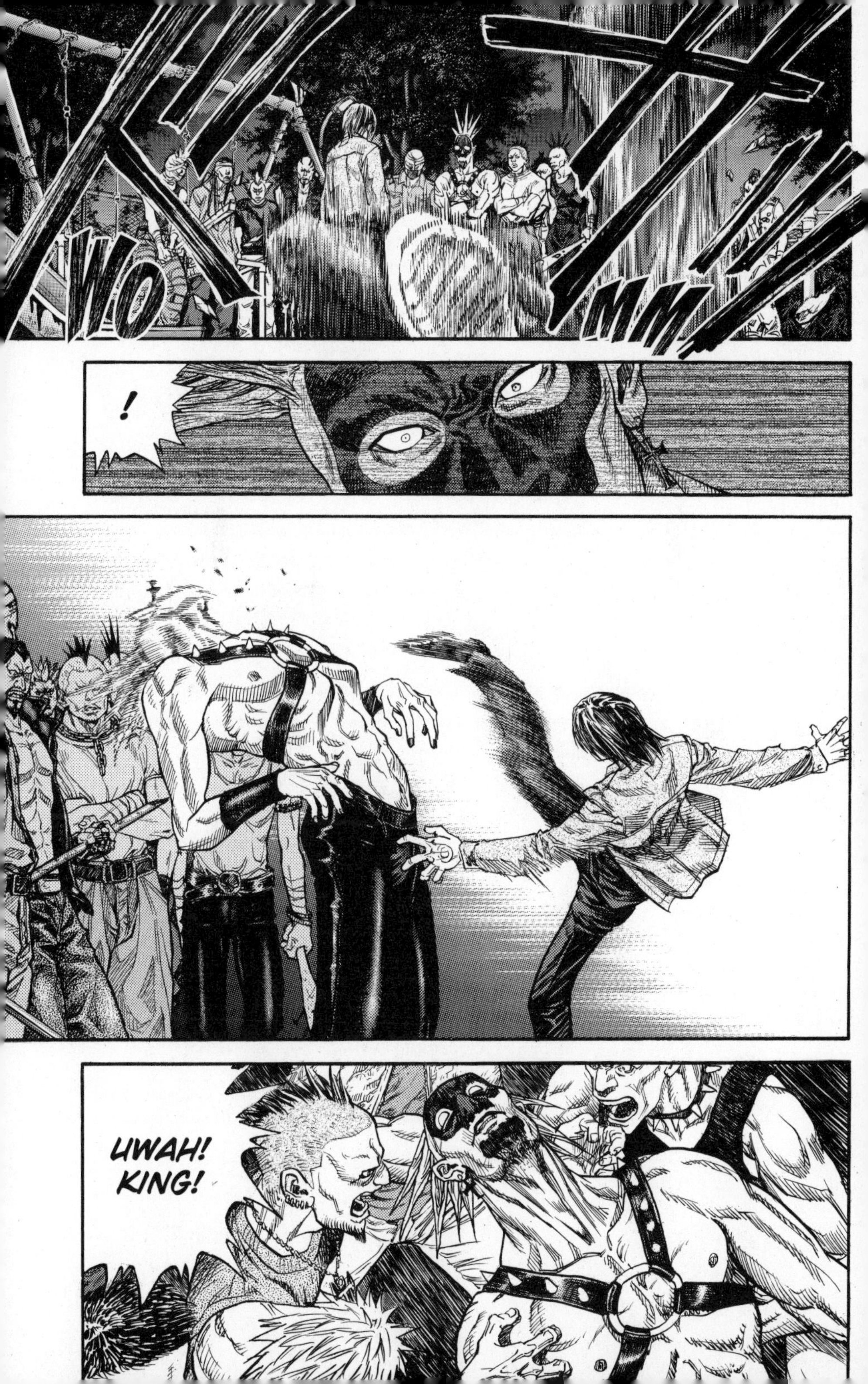
WO
MM
!
UWAH! KING!

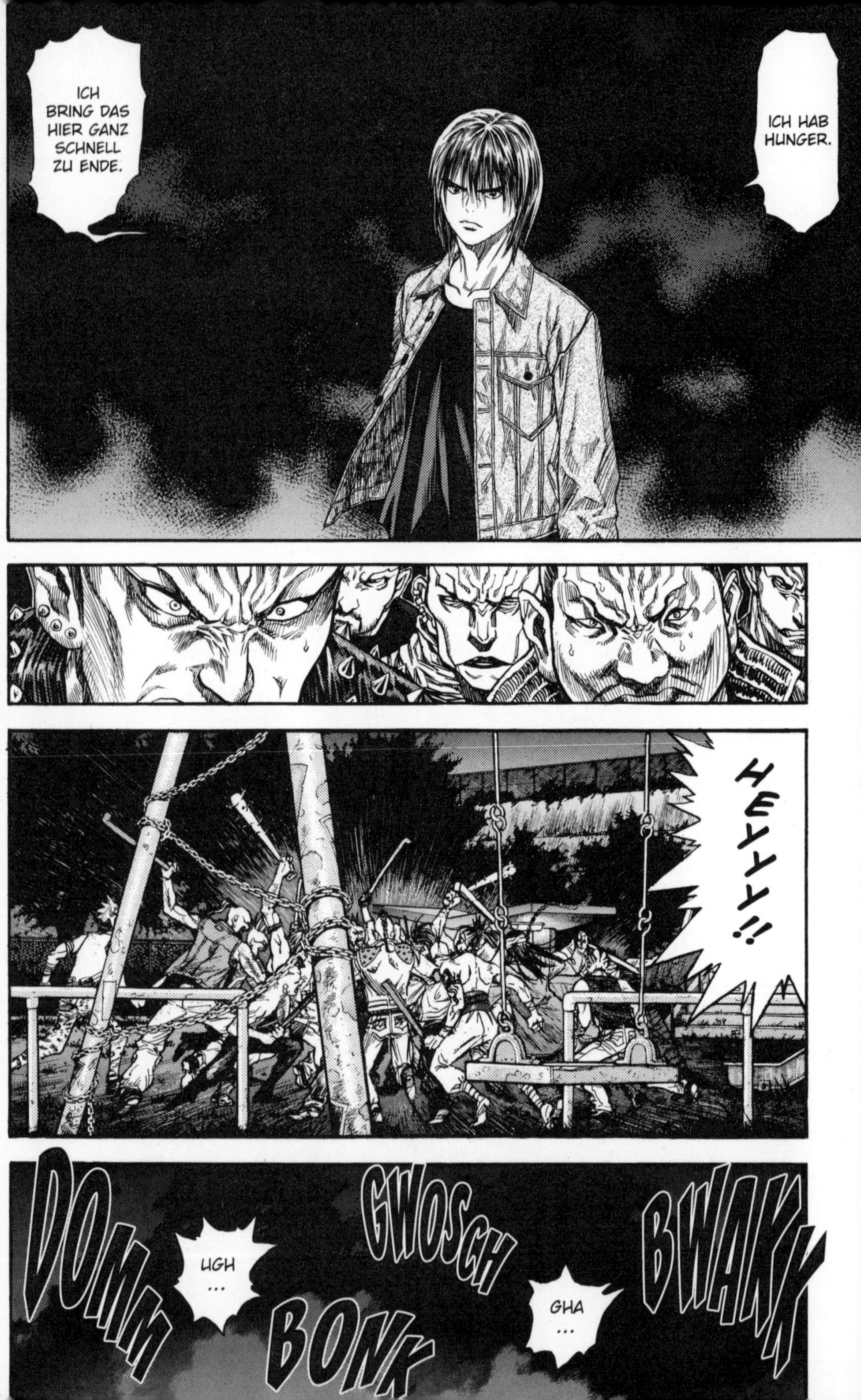
ICH HAB HUNGER.
ICH BRING DAS HIER GANZ SCHNELL ZU ENDE.
HEYYYY!!
BWAKK
GWOSCH
GHA ...
BONK
UGH ...
DOMM

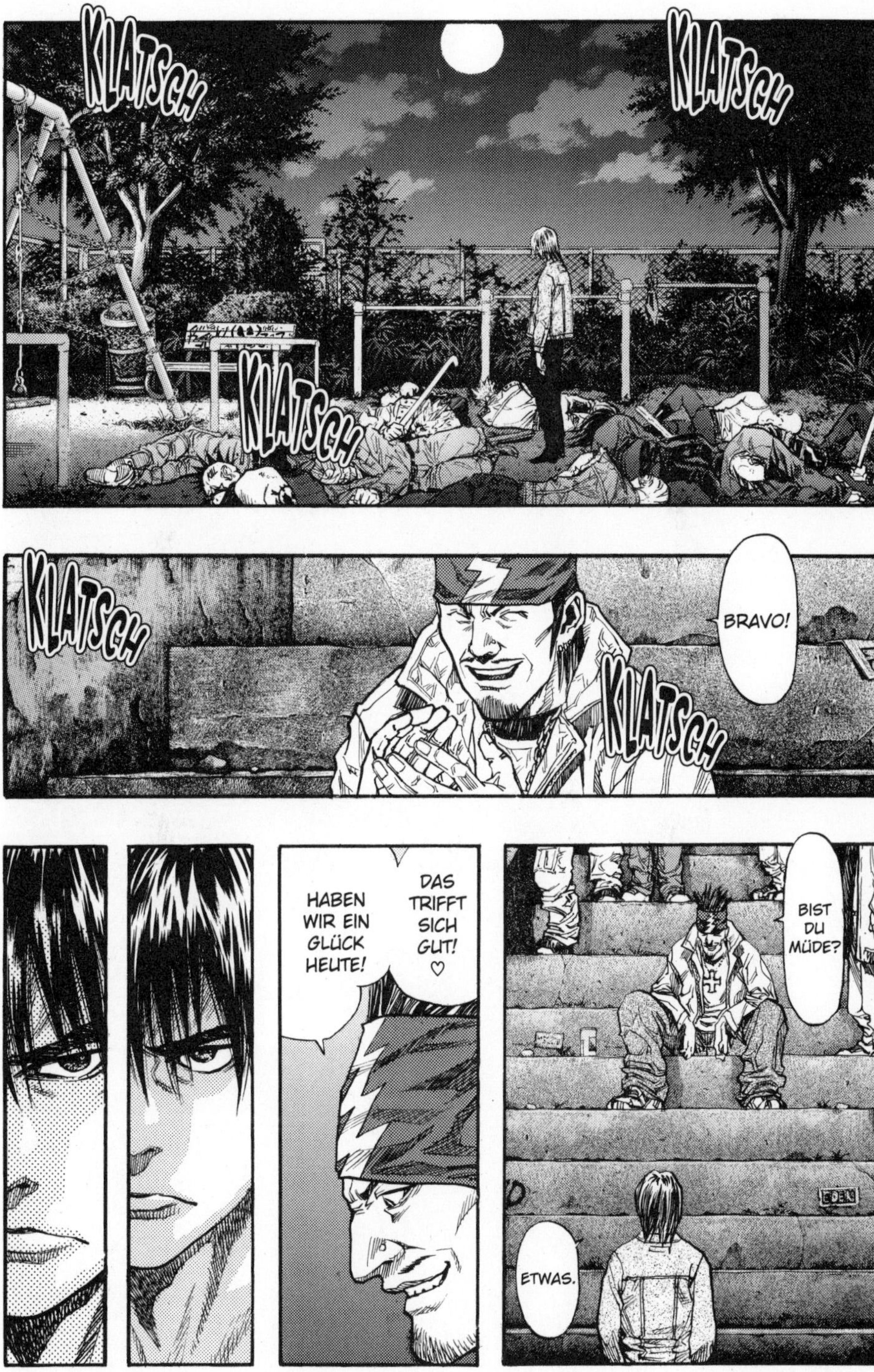
KLATSCH
KLATSCH
KLATSCH
BRAVO!
KLATSCH
KLATSCH
BIST DU MÜDE?
ETWAS.
DAS TRIFFT SICH GUT! ♡
HABEN WIR EIN GLÜCK HEUTE!

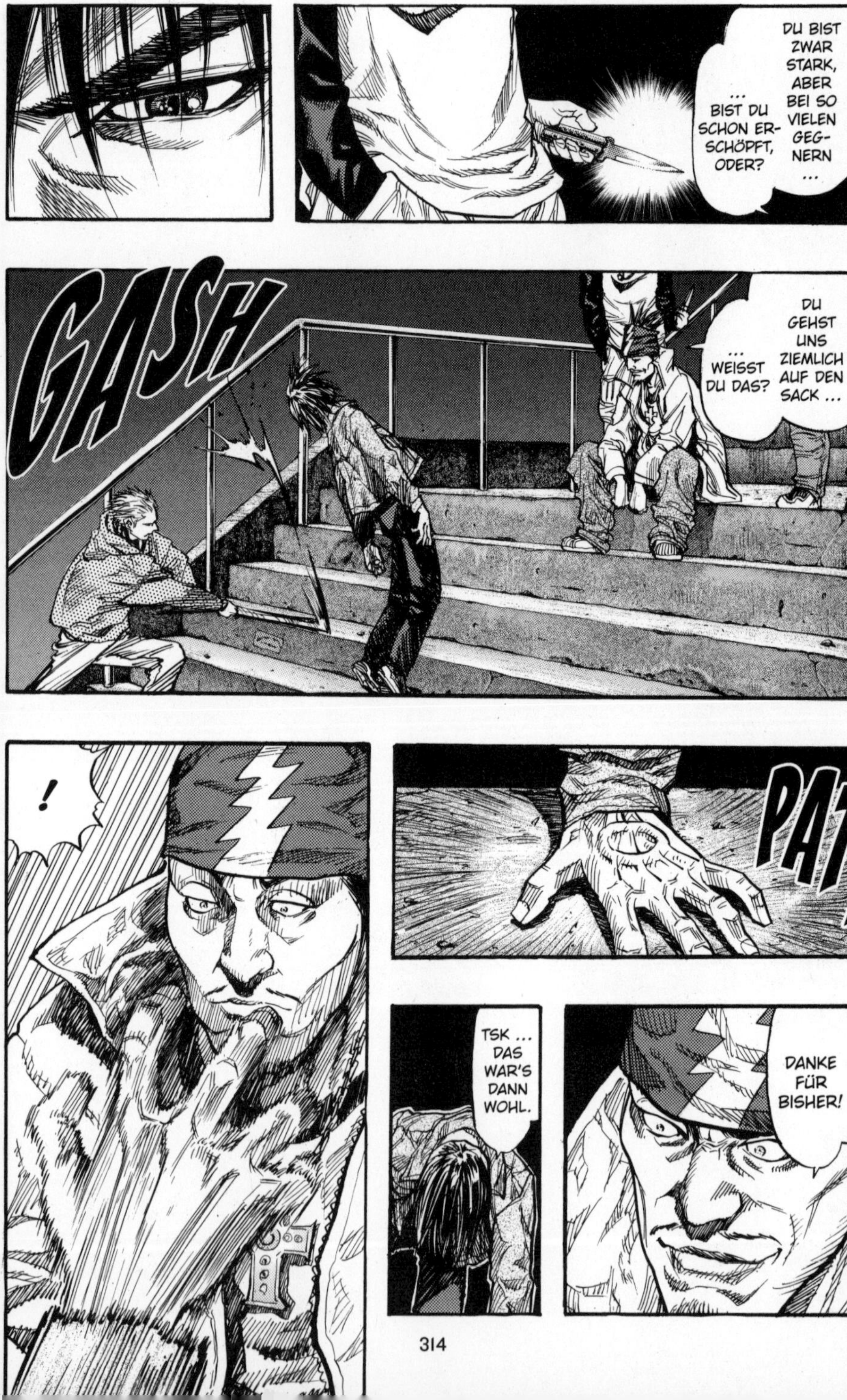
DU BIST ZWAR STARK, ABER BEI SO VIELEN GEG-NERN ...
... BIST DU SCHON ER-SCHÖPFT, ODER?
GASH
DU GEHST UNS ZIEMLICH AUF DEN SACK ...
... WEISST DU DAS?
!
PATT
TSK ... DAS WAR'S DANN WOHL.
DANKE FÜR BISHER!

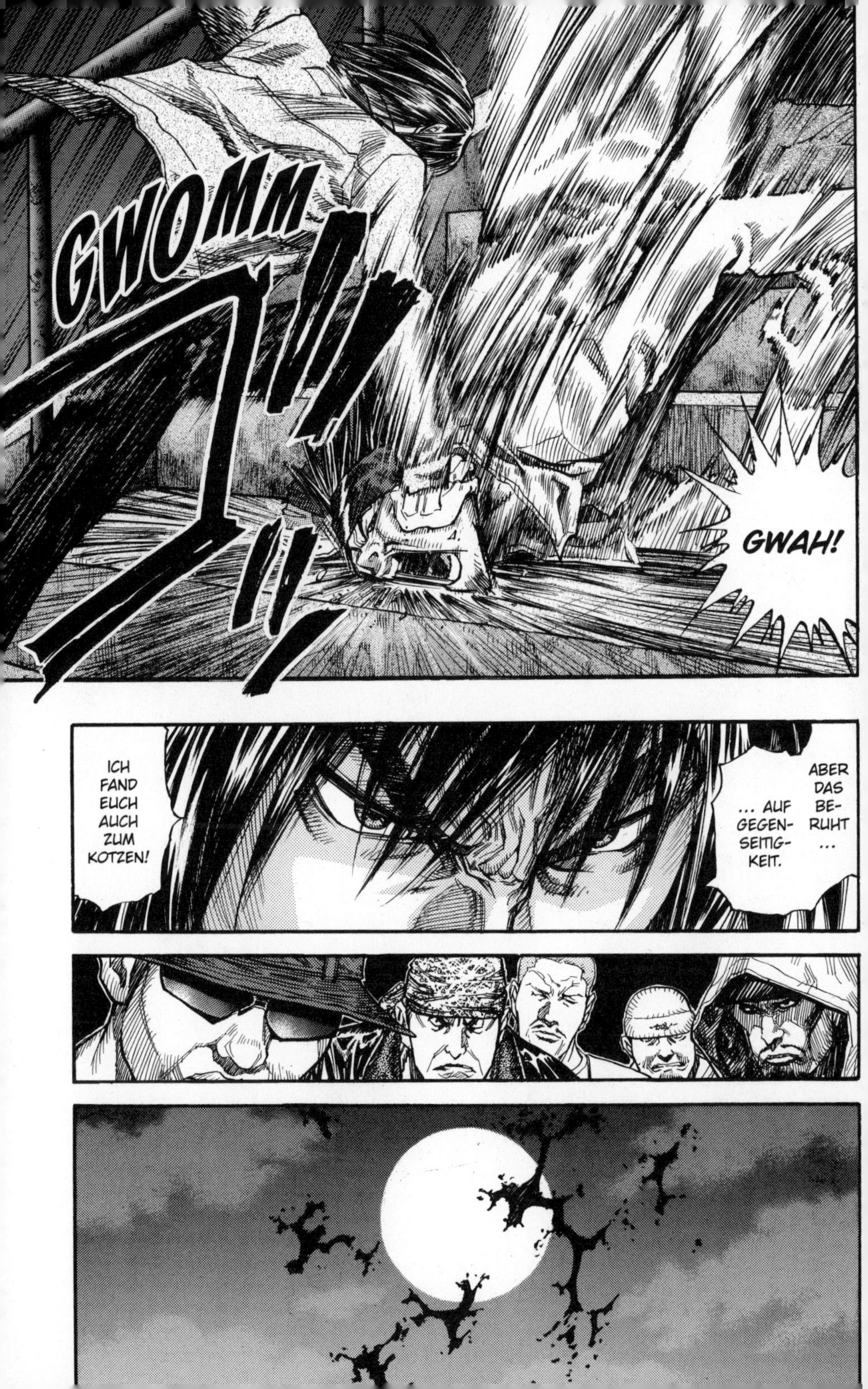
GWOMM
GWAH!
ABER DAS BERUHT …
… AUF GEGENSEITIGKEIT.
ICH FAND EUCH AUCH ZUM KOTZEN!

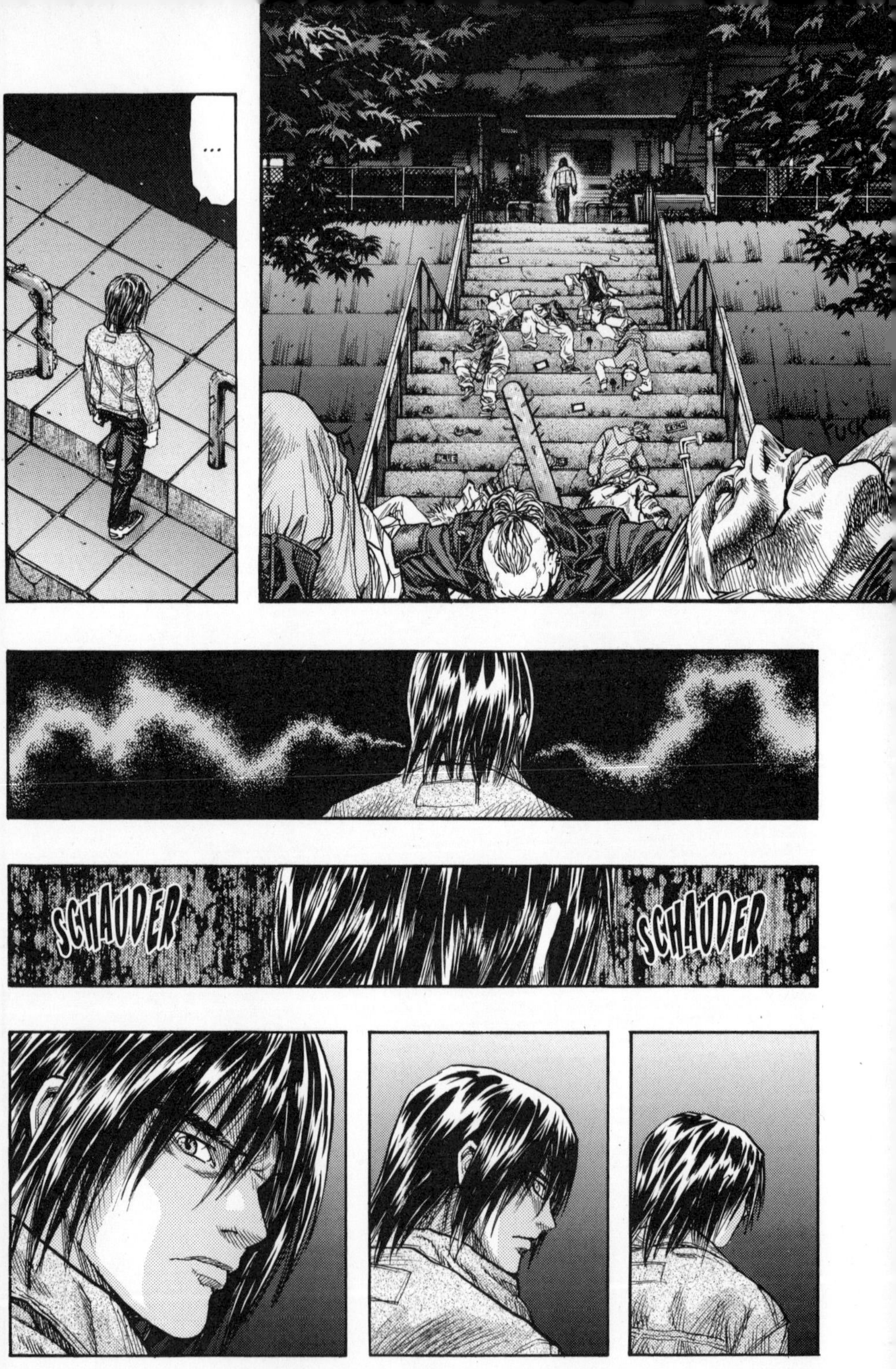
...
FUCK
SCHAUDER
SCHAUDER

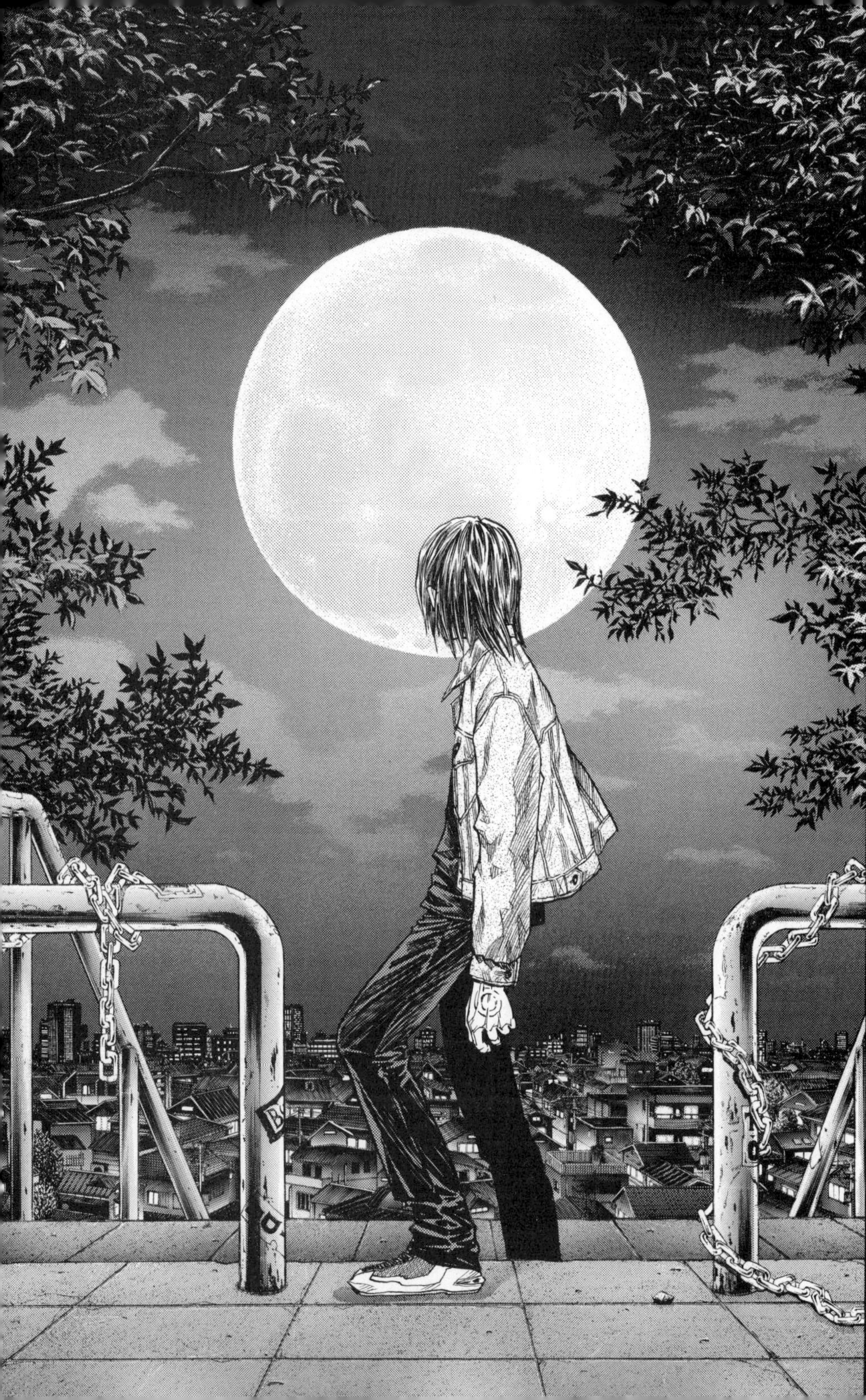

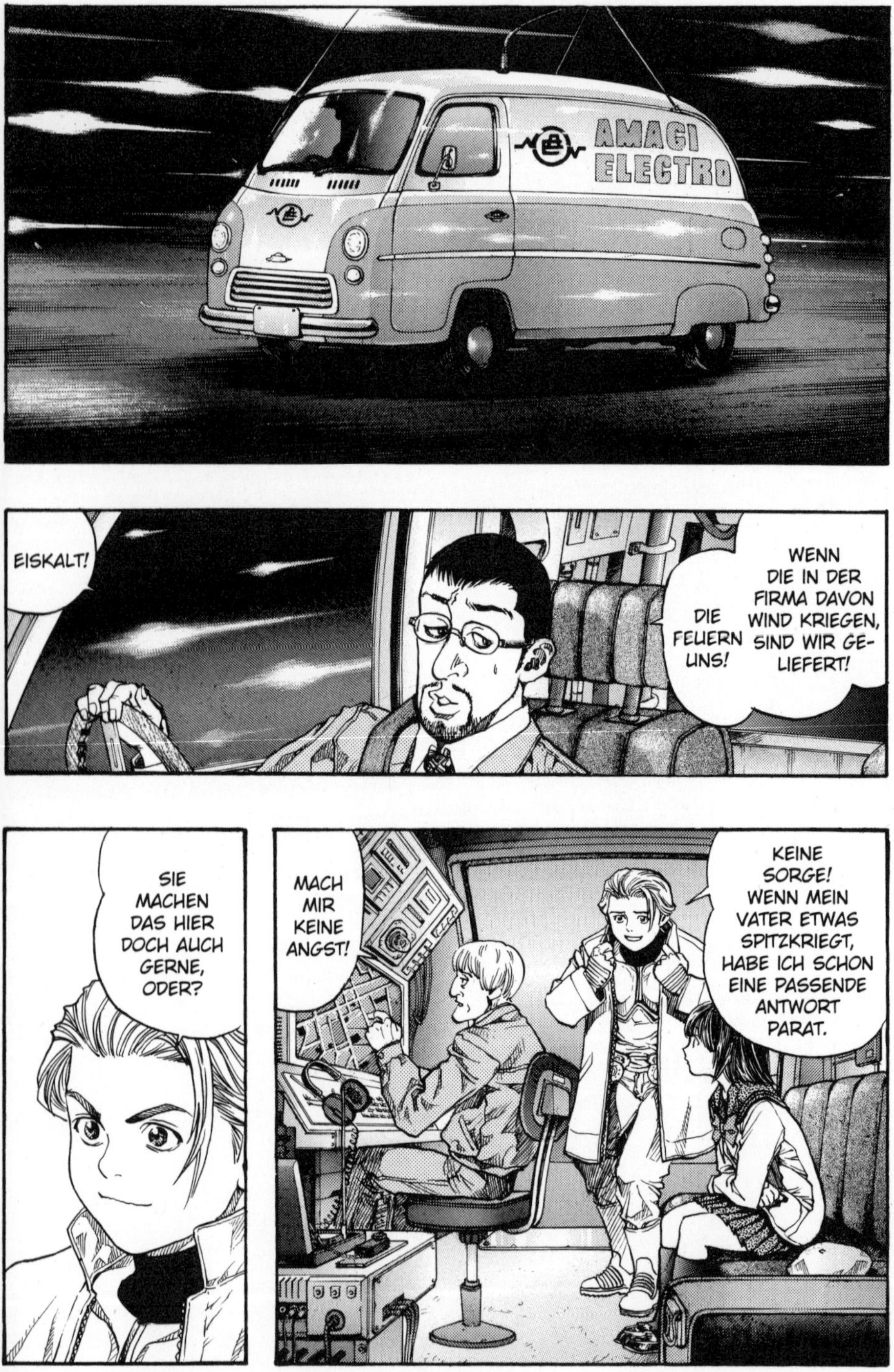
AMAGI ELECTRO
WENN DIE IN DER FIRMA DAVON WIND KRIEGEN, SIND WIR GELIEFERT!
DIE FEUERN UNS!
EISKALT!
KEINE SORGE! WENN MEIN VATER ETWAS SPITZKRIEGT, HABE ICH SCHON EINE PASSENDE ANTWORT PARAT.
MACH MIR KEINE ANGST!
SIE MACHEN DAS HIER DOCH AUCH GERNE, ODER?

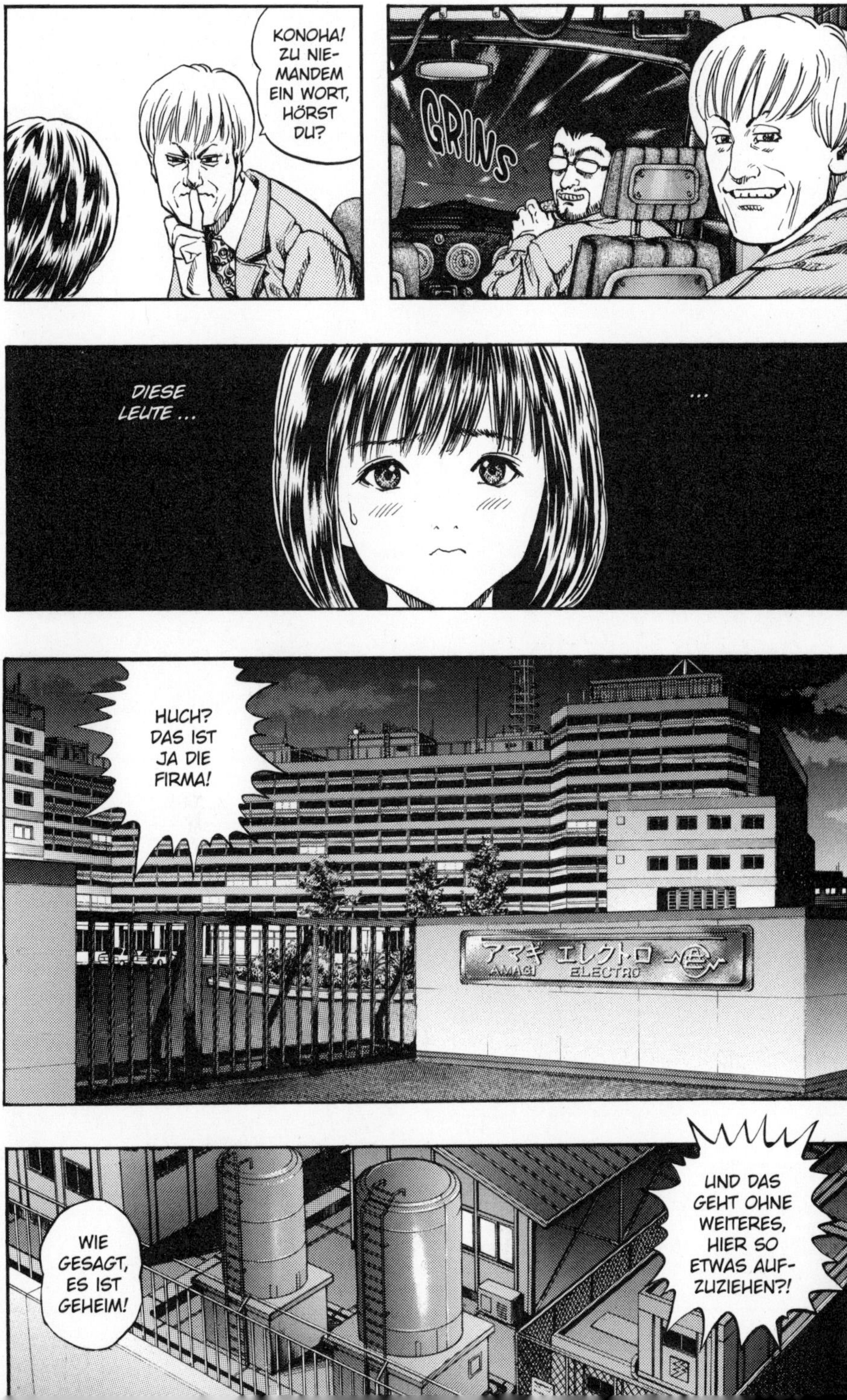
GRINS
KONOHA! ZU NIEMANDEM EIN WORT, HÖRST DU?
...
DIESE LEUTE ...
HUCH? DAS IST JA DIE FIRMA!
アマギ エレクトロ
AMAGI ELECTRO
UND DAS GEHT OHNE WEITERES, HIER SO ETWAS AUFZUZIEHEN?!
WIE GESAGT, ES IST GEHEIM!

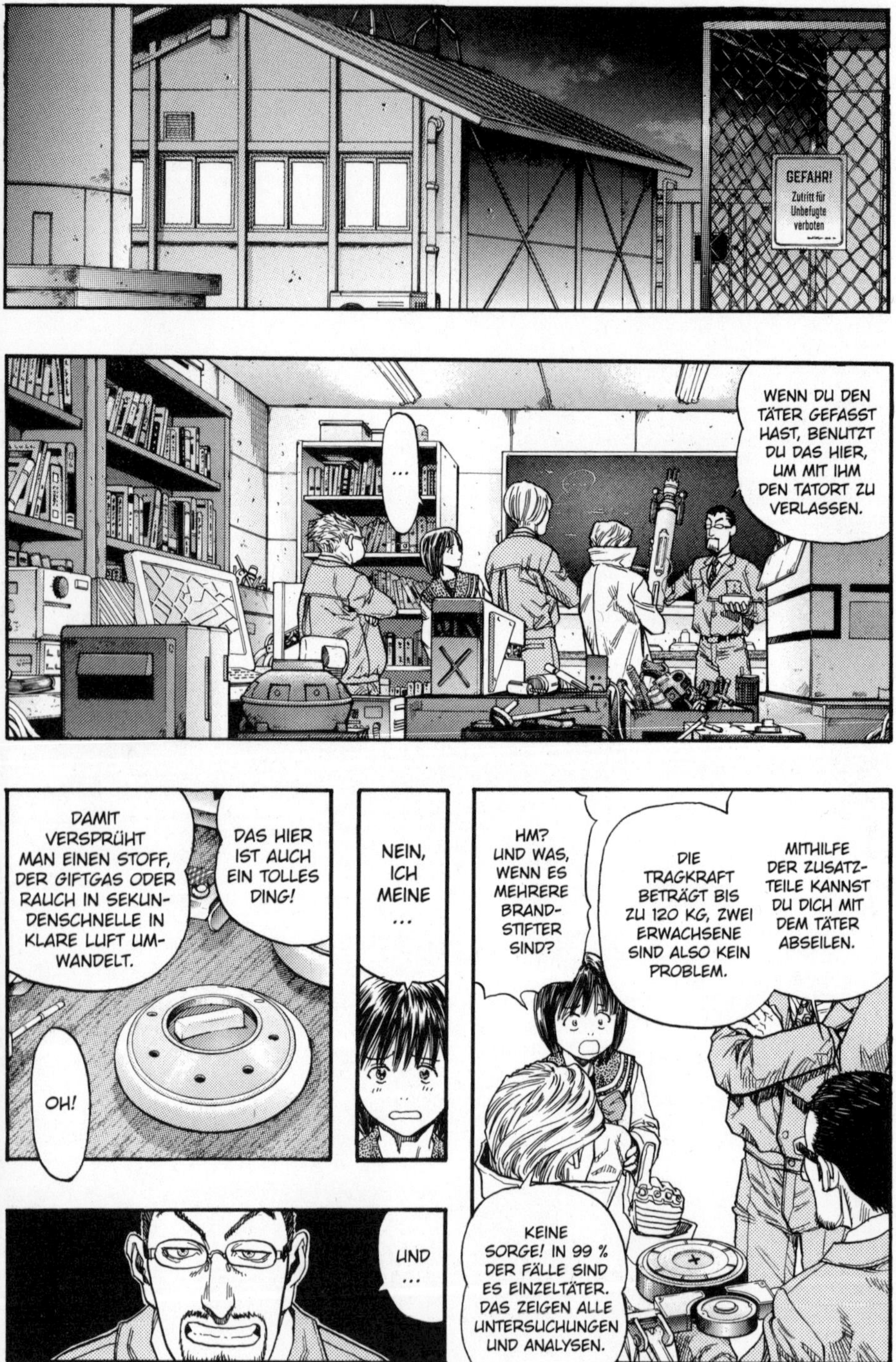
GEFAHR!
Zutritt für Unbefugte verboten
WENN DU DEN TÄTER GEFASST HAST, BENUTZT DU DAS HIER, UM MIT IHM DEN TATORT ZU VERLASSEN.
...
MITHILFE DER ZUSATZTEILE KANNST DU DICH MIT DEM TÄTER ABSEILEN.
DIE TRAGKRAFT BETRÄGT BIS ZU 120 KG, ZWEI ERWACHSENE SIND ALSO KEIN PROBLEM.
HM? UND WAS, WENN ES MEHRERE BRANDSTIFTER SIND?
KEINE SORGE! IN 99 % DER FÄLLE SIND ES EINZELTÄTER. DAS ZEIGEN ALLE UNTERSUCHUNGEN UND ANALYSEN.
NEIN, ICH MEINE ...
DAS HIER IST AUCH EIN TOLLES DING!
DAMIT VERSPRÜHT MAN EINEN STOFF, DER GIFTGAS ODER RAUCH IN SEKUNDENSCHNELLE IN KLARE LUFT UMWANDELT.
OH!
UND ...

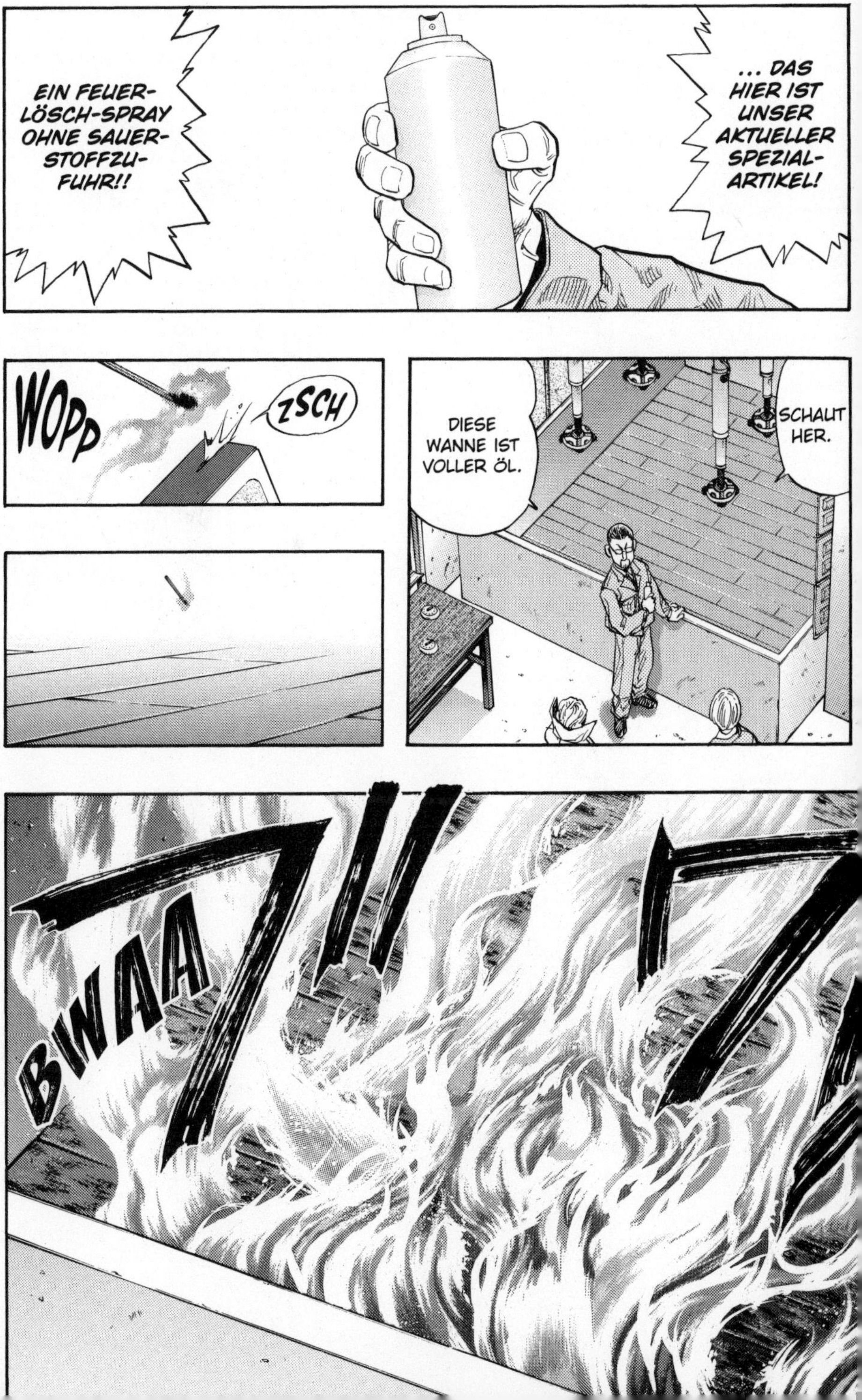
... DAS HIER IST UNSER AKTUELLER SPEZIAL-ARTIKEL!
EIN FEUER-LÖSCH-SPRAY OHNE SAUER-STOFFZU-FUHR!!
SCHAUT HER.
DIESE WANNE IST VOLLER ÖL.
ZSCH
WOPP
BWAA

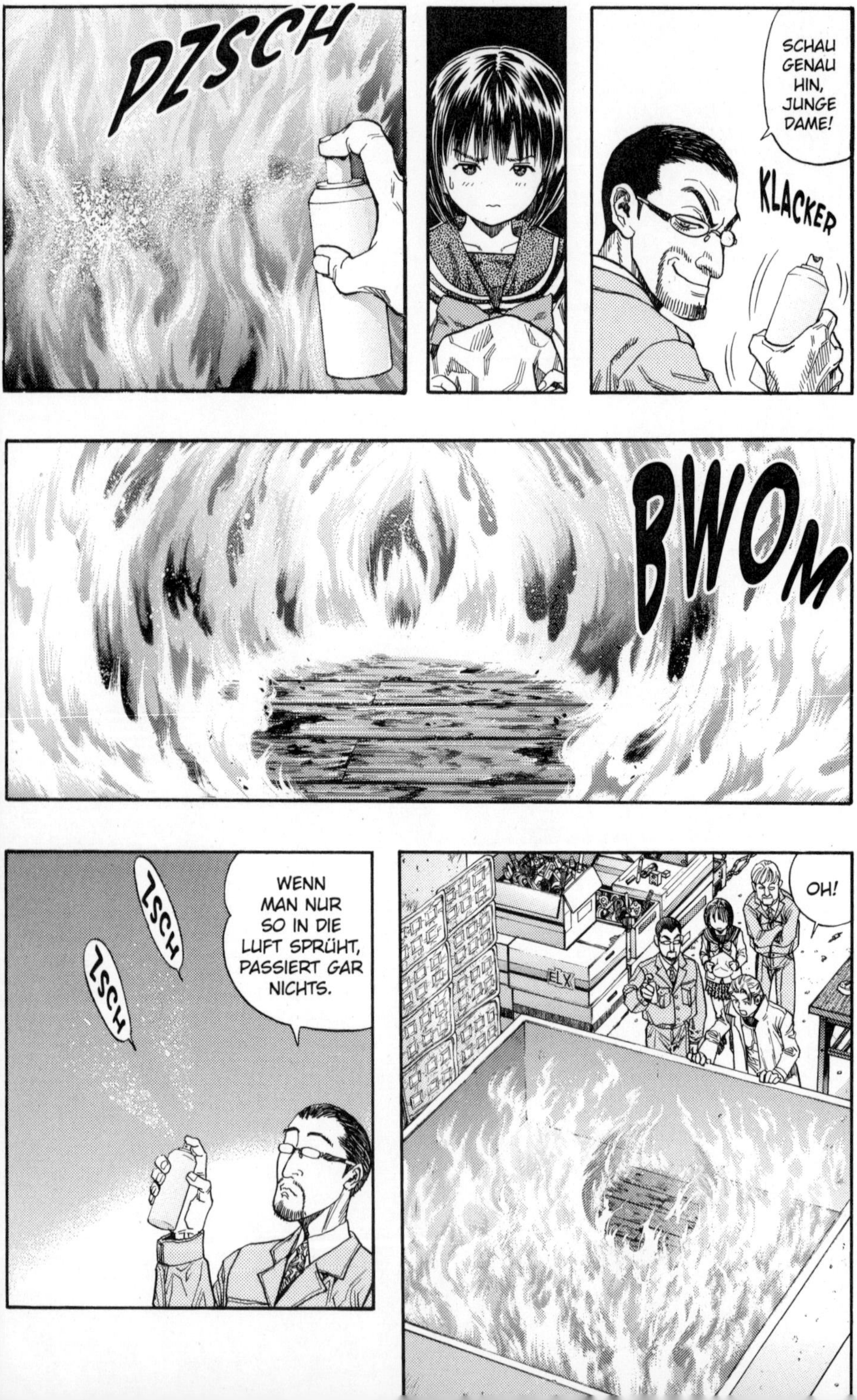
SCHAU GENAU HIN, JUNGE DAME!
KLACKER
PZSCH
BWOM
OH!
ZSCH
ZSCH
WENN MAN NUR SO IN DIE LUFT SPRÜHT, PASSIERT GAR NICHTS.

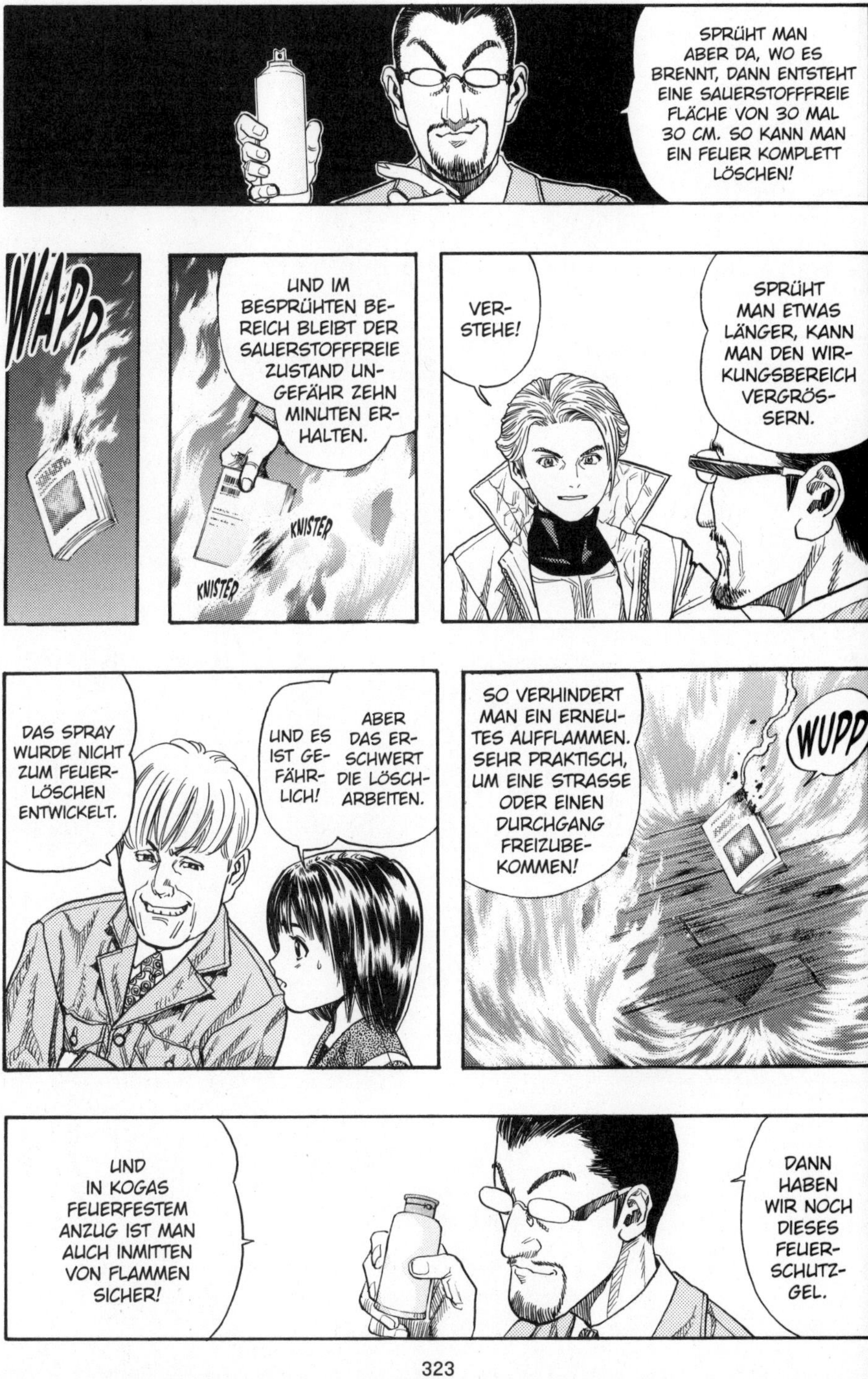
SPRÜHT MAN ABER DA, WO ES BRENNT, DANN ENTSTEHT EINE SAUERSTOFFFREIE FLÄCHE VON 30 MAL 30 CM. SO KANN MAN EIN FEUER KOMPLETT LÖSCHEN!
SPRÜHT MAN ETWAS LÄNGER, KANN MAN DEN WIRKUNGSBEREICH VERGRÖSSERN.
VERSTEHE!
UND IM BESPRÜHTEN BEREICH BLEIBT DER SAUERSTOFFFREIE ZUSTAND UNGEFÄHR ZEHN MINUTEN ERHALTEN.
KNISTER
KNISTER
WAPP
WUPP
SO VERHINDERT MAN EIN ERNEUTES AUFFLAMMEN. SEHR PRAKTISCH, UM EINE STRASSE ODER EINEN DURCHGANG FREIZUBEKOMMEN!
ABER DAS ERSCHWERT DIE LÖSCHARBEITEN.
UND ES IST GEFÄHRLICH!
DAS SPRAY WURDE NICHT ZUM FEUERLÖSCHEN ENTWICKELT.
DANN HABEN WIR NOCH DIESES FEUERSCHUTZGEL.
UND IN KOGAS FEUERFESTEM ANZUG IST MAN AUCH INMITTEN VON FLAMMEN SICHER!

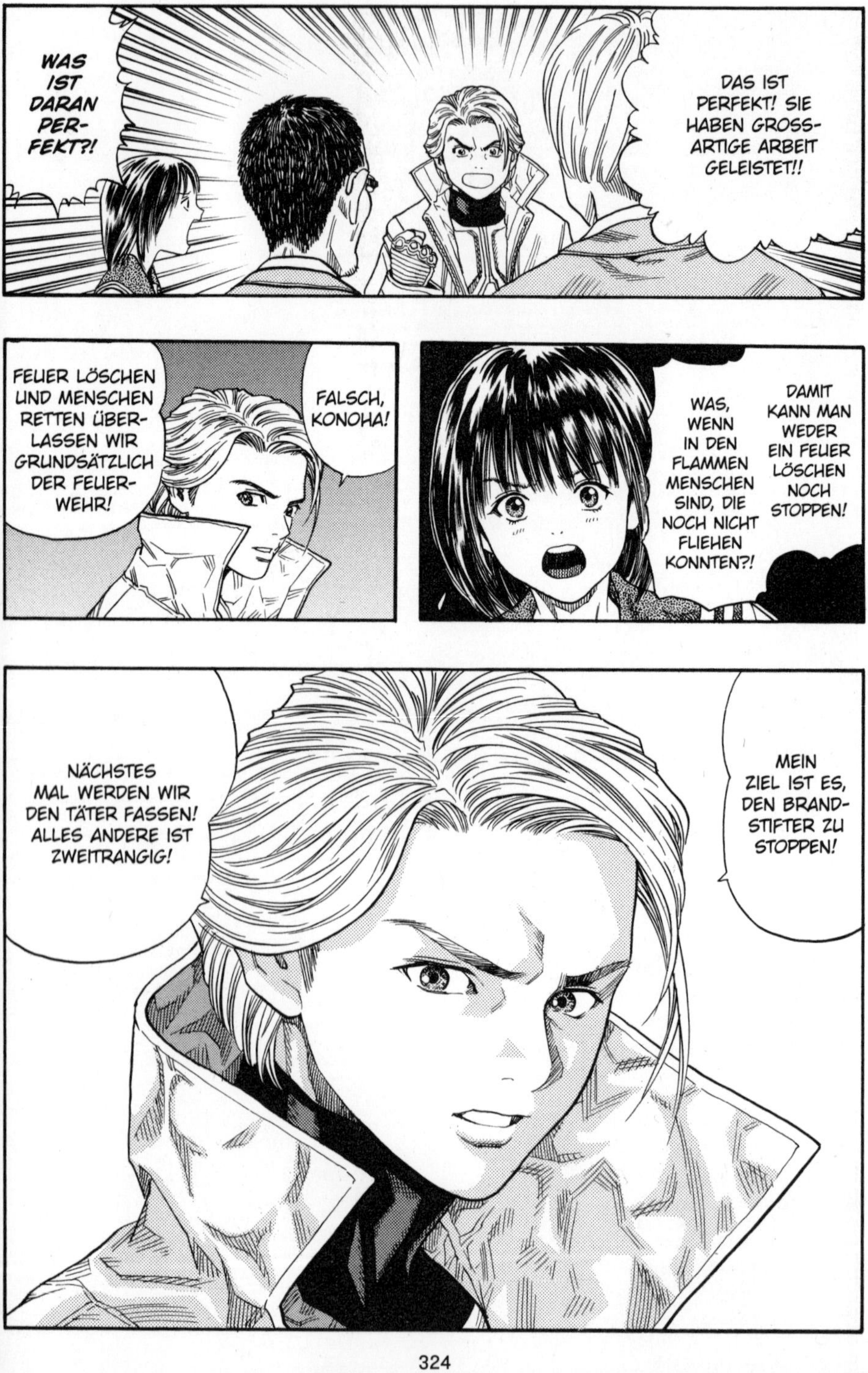
DAS IST PERFEKT! SIE HABEN GROSS-ARTIGE ARBEIT GELEISTET!!
WAS IST DARAN PER-FEKT?!
DAMIT KANN MAN WEDER EIN FEUER LÖSCHEN NOCH STOPPEN!
WAS, WENN IN DEN FLAMMEN MENSCHEN SIND, DIE NOCH NICHT FLIEHEN KONNTEN?!
FALSCH, KONOHA!
FEUER LÖSCHEN UND MENSCHEN RETTEN ÜBER-LASSEN WIR GRUNDSÄTZLICH DER FEUER-WEHR!
MEIN ZIEL IST ES, DEN BRAND-STIFTER ZU STOPPEN!
NÄCHSTES MAL WERDEN WIR DEN TÄTER FASSEN! ALLES ANDERE IST ZWEITRANGIG!

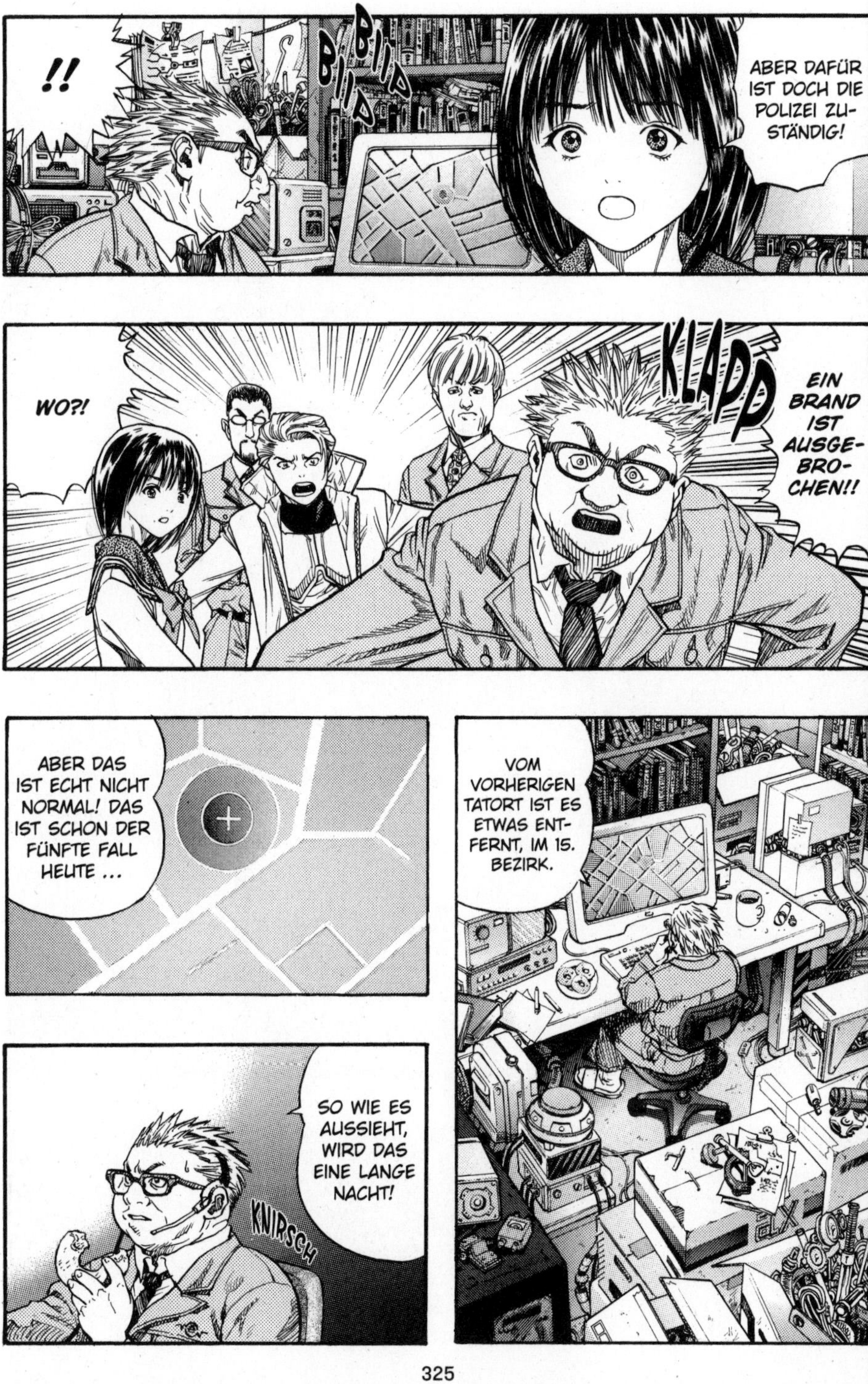
ABER DAFÜR IST DOCH DIE POLIZEI ZUSTÄNDIG!
BIIP BIIP
!!
KLAPP
EIN BRAND IST AUSGEBROCHEN!!
WO?!
VOM VORHERIGEN TATORT IST ES ETWAS ENTFERNT, IM 15. BEZIRK.
ABER DAS IST ECHT NICHT NORMAL! DAS IST SCHON DER FÜNFTE FALL HEUTE ...
SO WIE ES AUSSIEHT, WIRD DAS EINE LANGE NACHT!
KNIRSCH

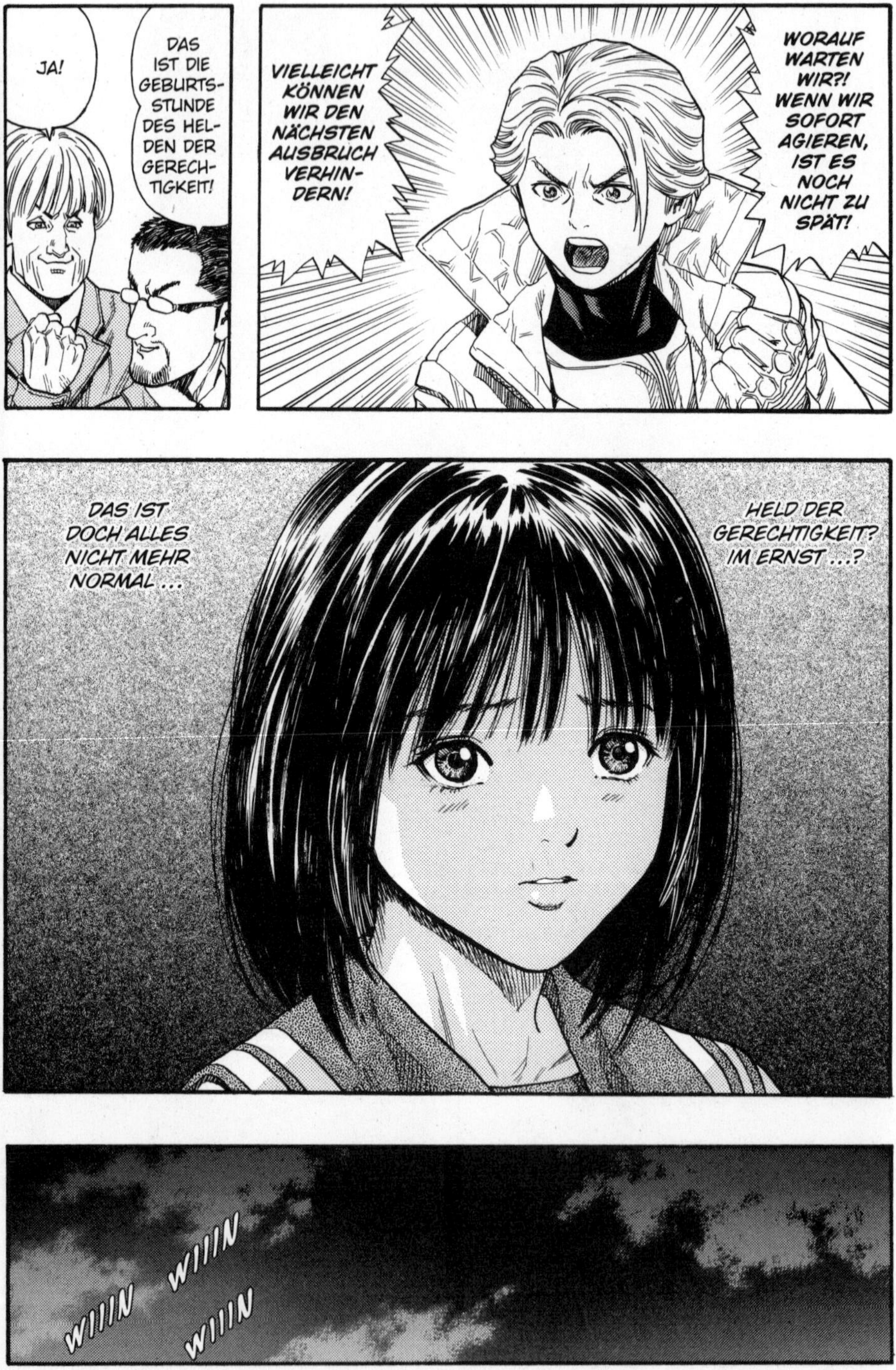
WORAUF WARTEN WIR?! WENN WIR SOFORT AGIEREN, IST ES NOCH NICHT ZU SPÄT!
VIELLEICHT KÖNNEN WIR DEN NÄCHSTEN AUSBRUCH VERHINDERN!
DAS IST DIE GEBURTSSTUNDE DES HELDEN DER GERECHTIGKEIT!
JA!
HELD DER GERECHTIGKEIT? IM ERNST ...?
DAS IST DOCH ALLES NICHT MEHR NORMAL ...
WIIIN WIIIN
WIIIN WIIIN

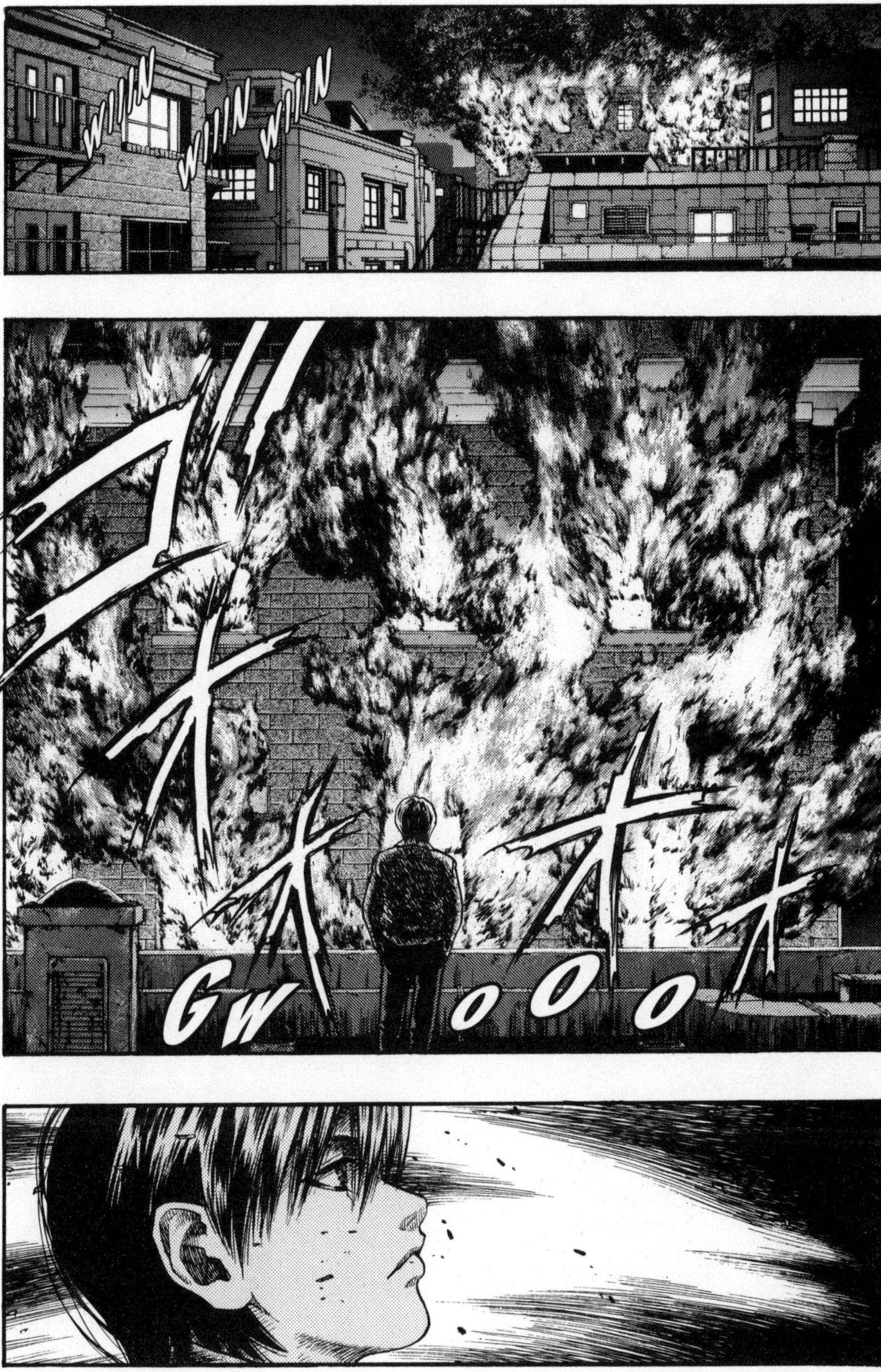
WIIIN
WIIIN
WIIIN
ゴォォォ
Gw oOoo

ZETMAN

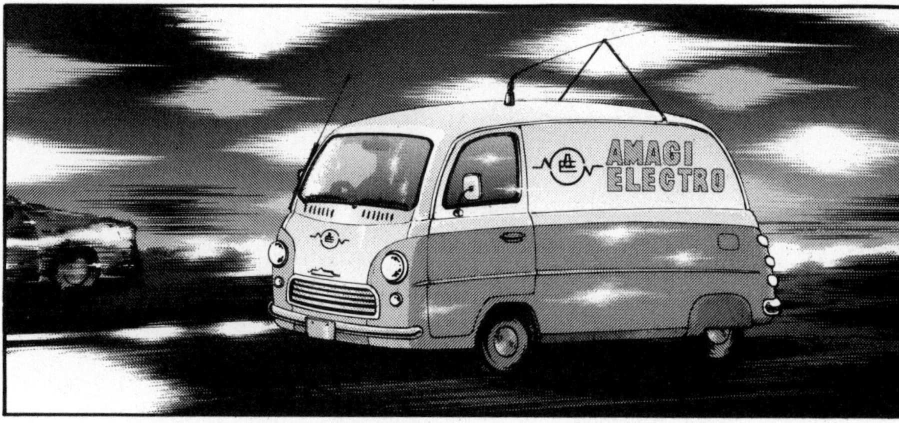

Episode 17:
In roten Flammen

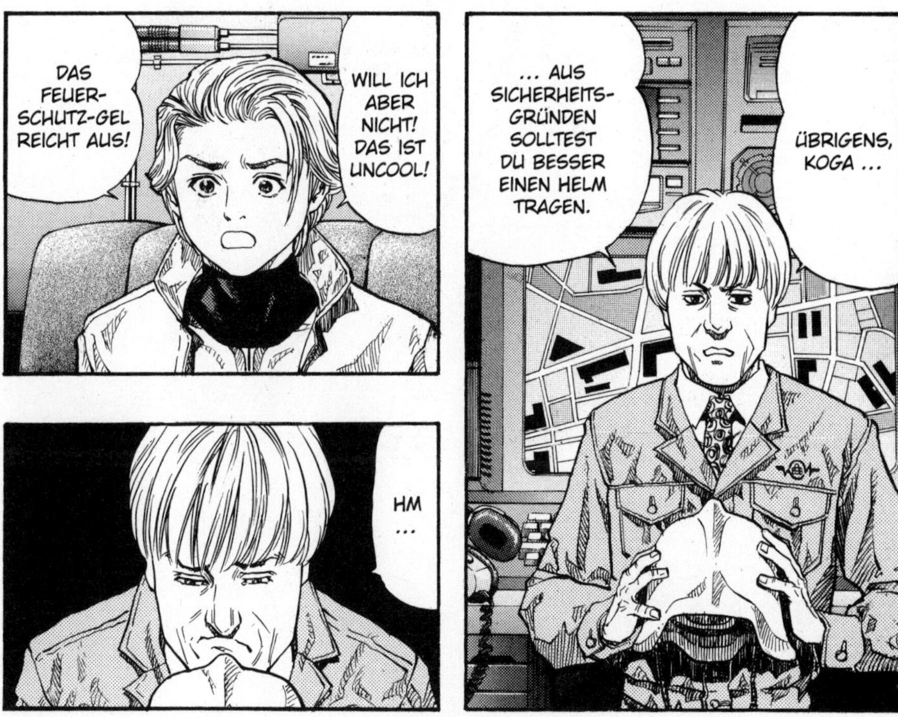

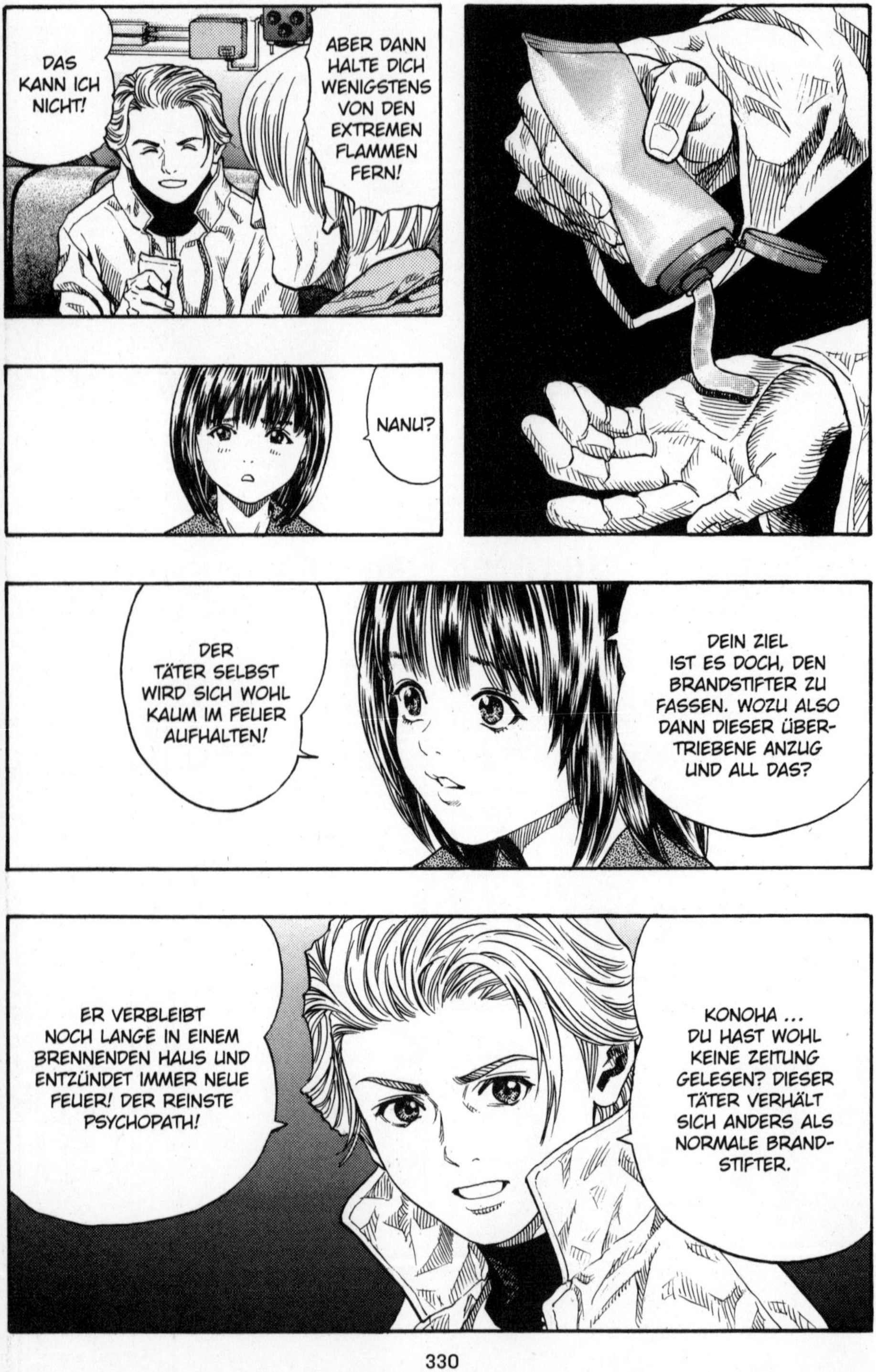
ABER DANN HALTE DICH WENIGSTENS VON DEN EXTREMEN FLAMMEN FERN!
DAS KANN ICH NICHT!
NANU?
DEIN ZIEL IST ES DOCH, DEN BRANDSTIFTER ZU FASSEN. WOZU ALSO DANN DIESER ÜBERTRIEBENE ANZUG UND ALL DAS?
DER TÄTER SELBST WIRD SICH WOHL KAUM IM FEUER AUFHALTEN!
KONOHA … DU HAST WOHL KEINE ZEITUNG GELESEN? DIESER TÄTER VERHÄLT SICH ANDERS ALS NORMALE BRANDSTIFTER.
ER VERBLEIBT NOCH LANGE IN EINEM BRENNENDEN HAUS UND ENTZÜNDET IMMER NEUE FEUER! DER REINSTE PSYCHOPATH!

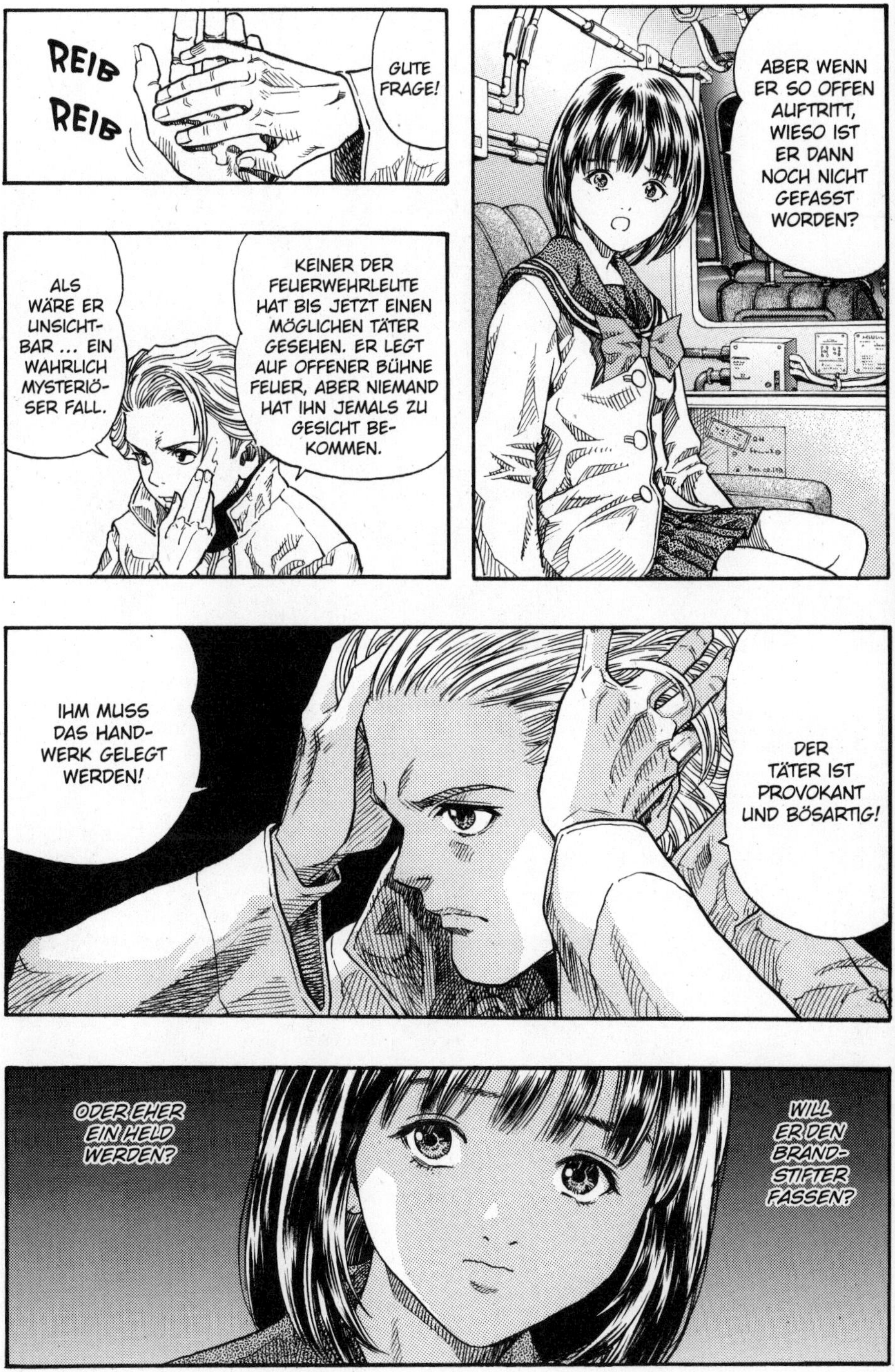
ABER WENN ER SO OFFEN AUFTRITT, WIESO IST ER DANN NOCH NICHT GEFASST WORDEN?
REIB
REIB
GUTE FRAGE!
KEINER DER FEUERWEHRLEUTE HAT BIS JETZT EINEN MÖGLICHEN TÄTER GESEHEN. ER LEGT AUF OFFENER BÜHNE FEUER, ABER NIEMAND HAT IHN JEMALS ZU GESICHT BEKOMMEN.
ALS WÄRE ER UNSICHTBAR ... EIN WAHRLICH MYSTERIÖSER FALL.
DER TÄTER IST PROVOKANT UND BÖSARTIG!
IHM MUSS DAS HANDWERK GELEGT WERDEN!
WILL ER DEN BRANDSTIFTER FASSEN?
ODER EHER EIN HELD WERDEN?

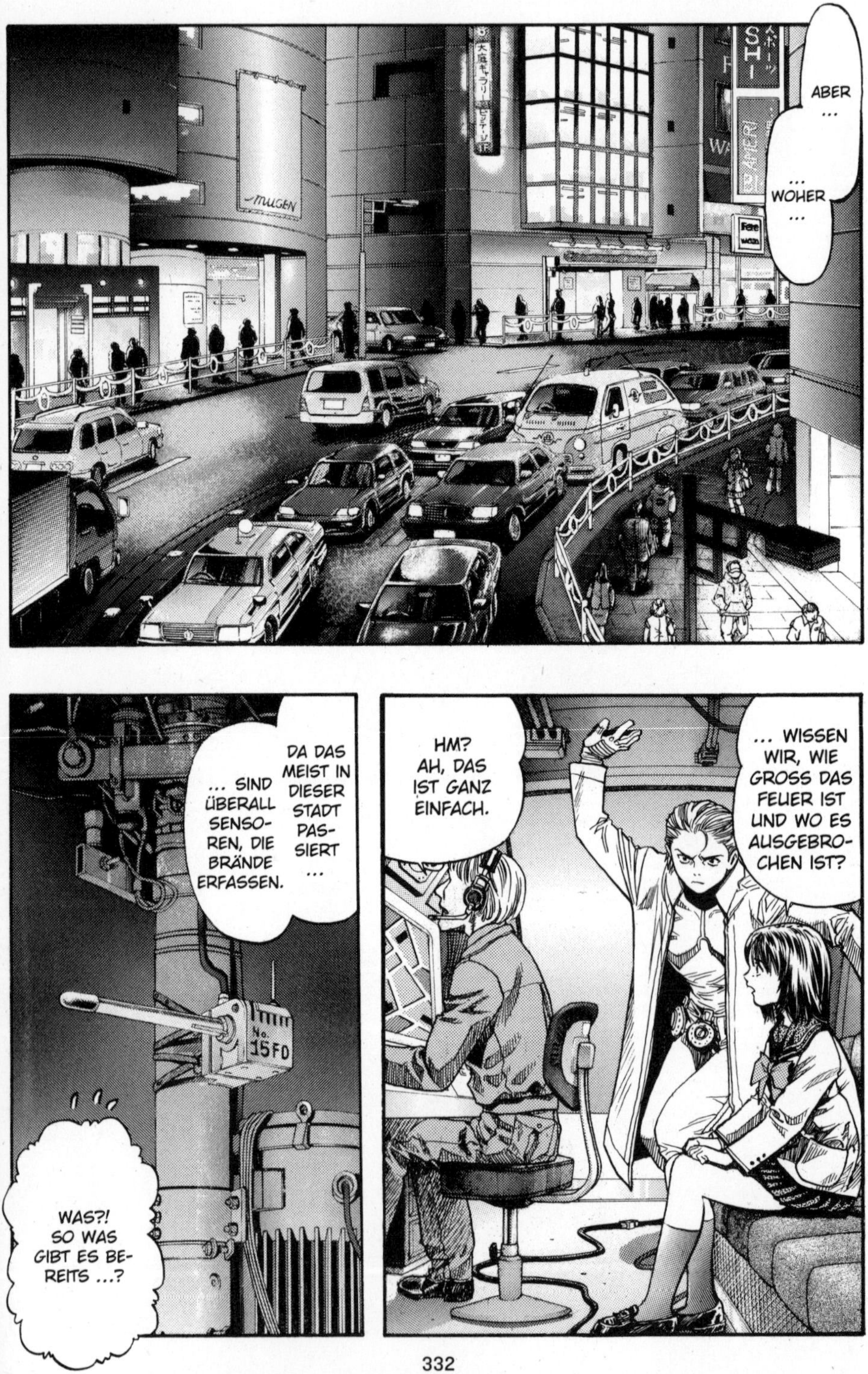
ABER …
… WOHER …
… WISSEN WIR, WIE GROSS DAS FEUER IST UND WO ES AUSGEBROCHEN IST?
HM? AH, DAS IST GANZ EINFACH.
DA DAS MEIST IN DIESER STADT PASSIERT …
… SIND ÜBERALL SENSOREN, DIE BRÄNDE ERFASSEN.
WAS?! SO WAS GIBT ES BEREITS …?
No. 15FD
MUGEN

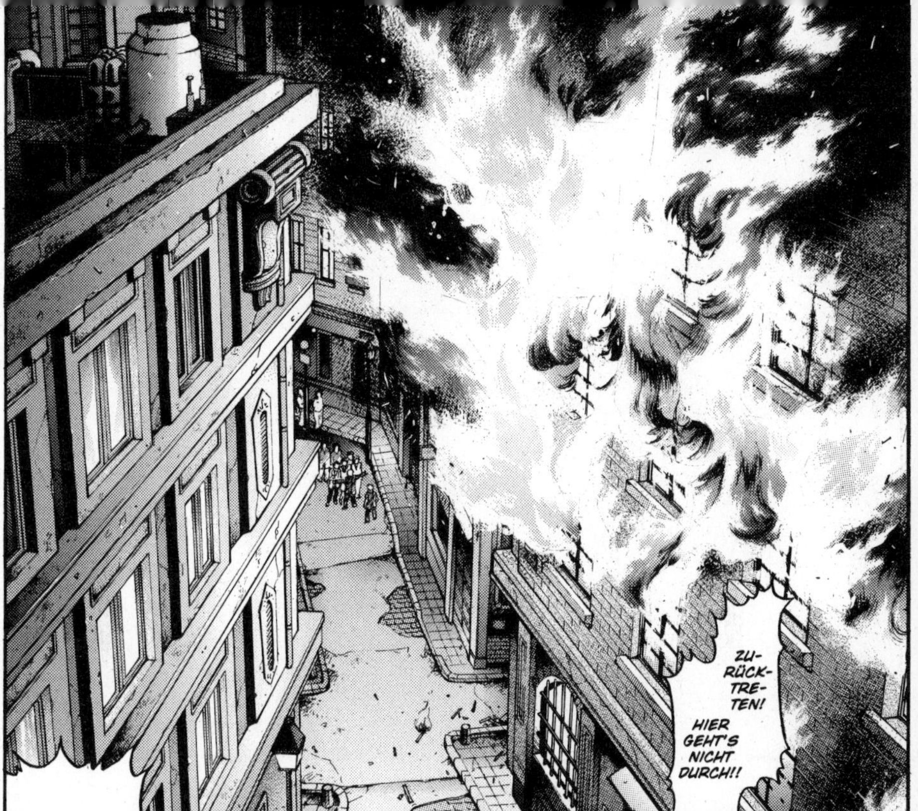
ZU-RÜCK-TRE-TEN!
HIER GEHT'S NICHT DURCH!!
IST NOCH JEMAND IM HAUS?!

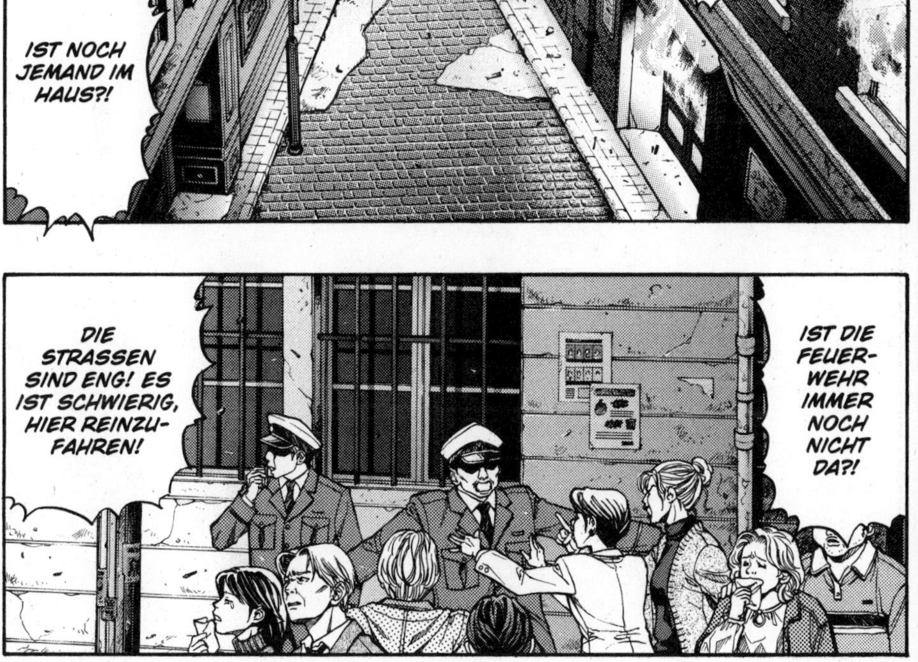
IST DIE FEUER-WEHR IMMER NOCH NICHT DA?!
DIE STRASSEN SIND ENG! ES IST SCHWIERIG, HIER REINZU-FAHREN!

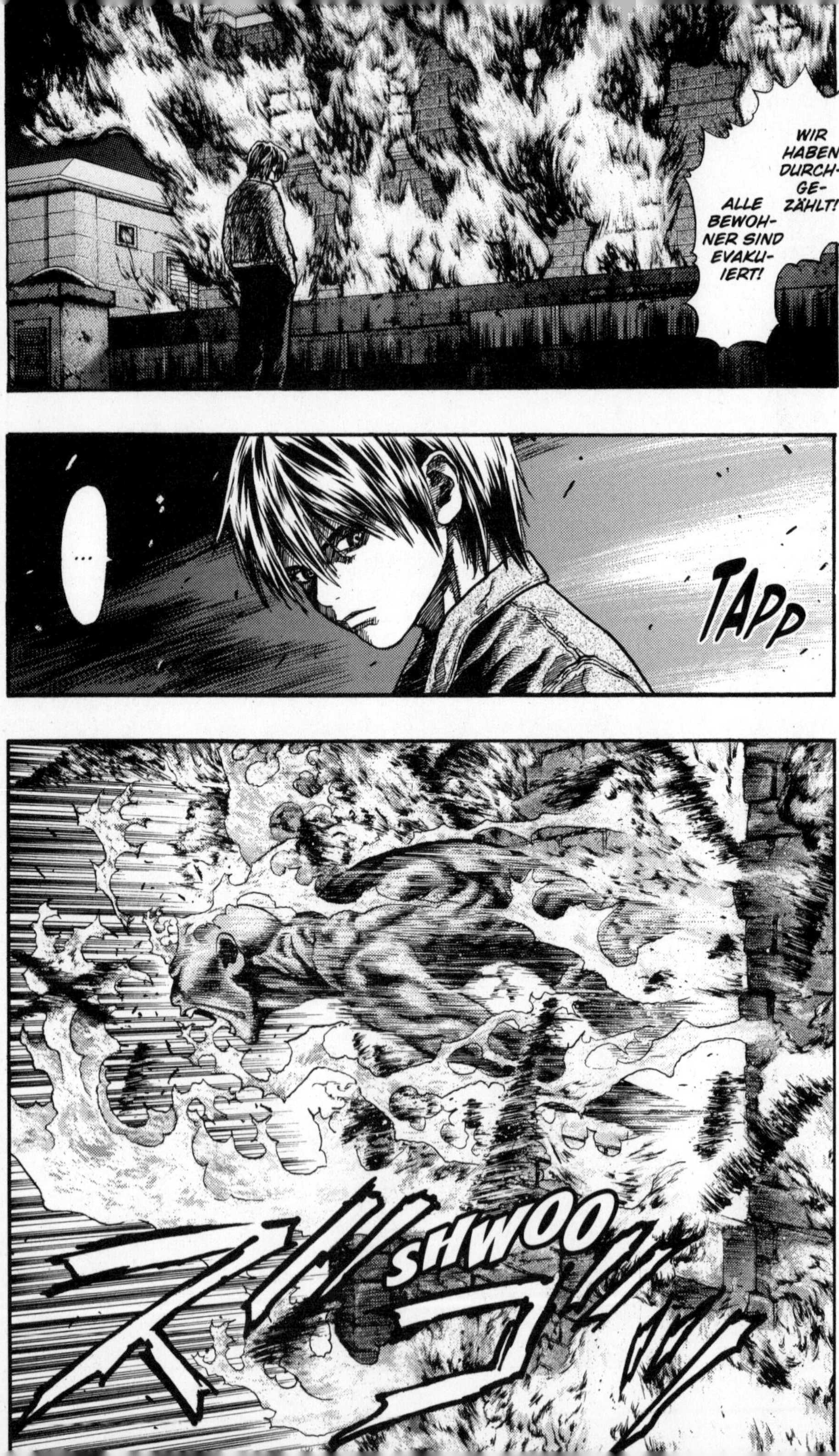

WIR HABEN DURCH-GE-ZÄHLT!
ALLE BEWOH-NER SIND EVAKU-IERT!
...
TAPP
SHWOO

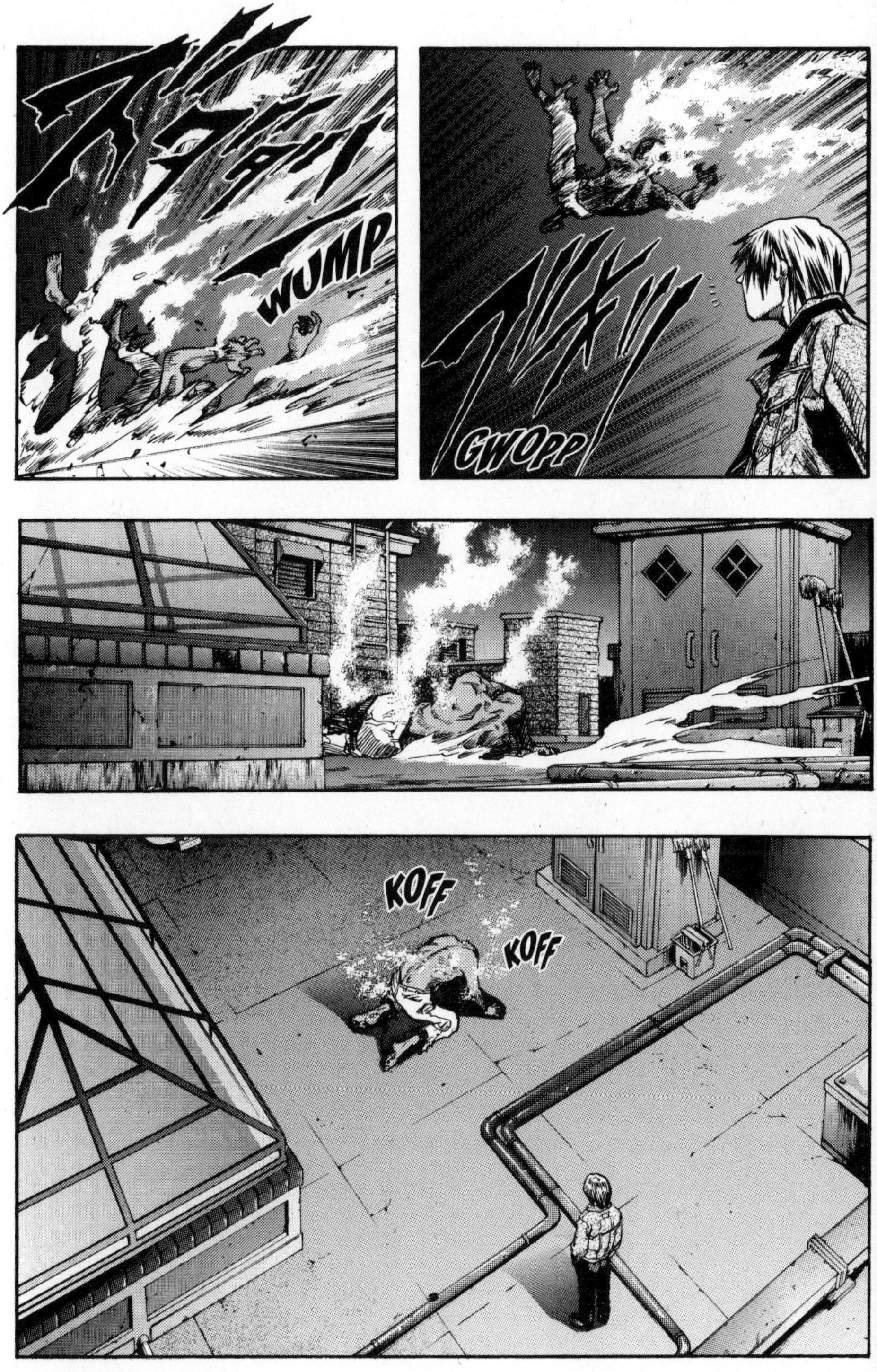
WUMP
GWOPP
KOFF
KOFF

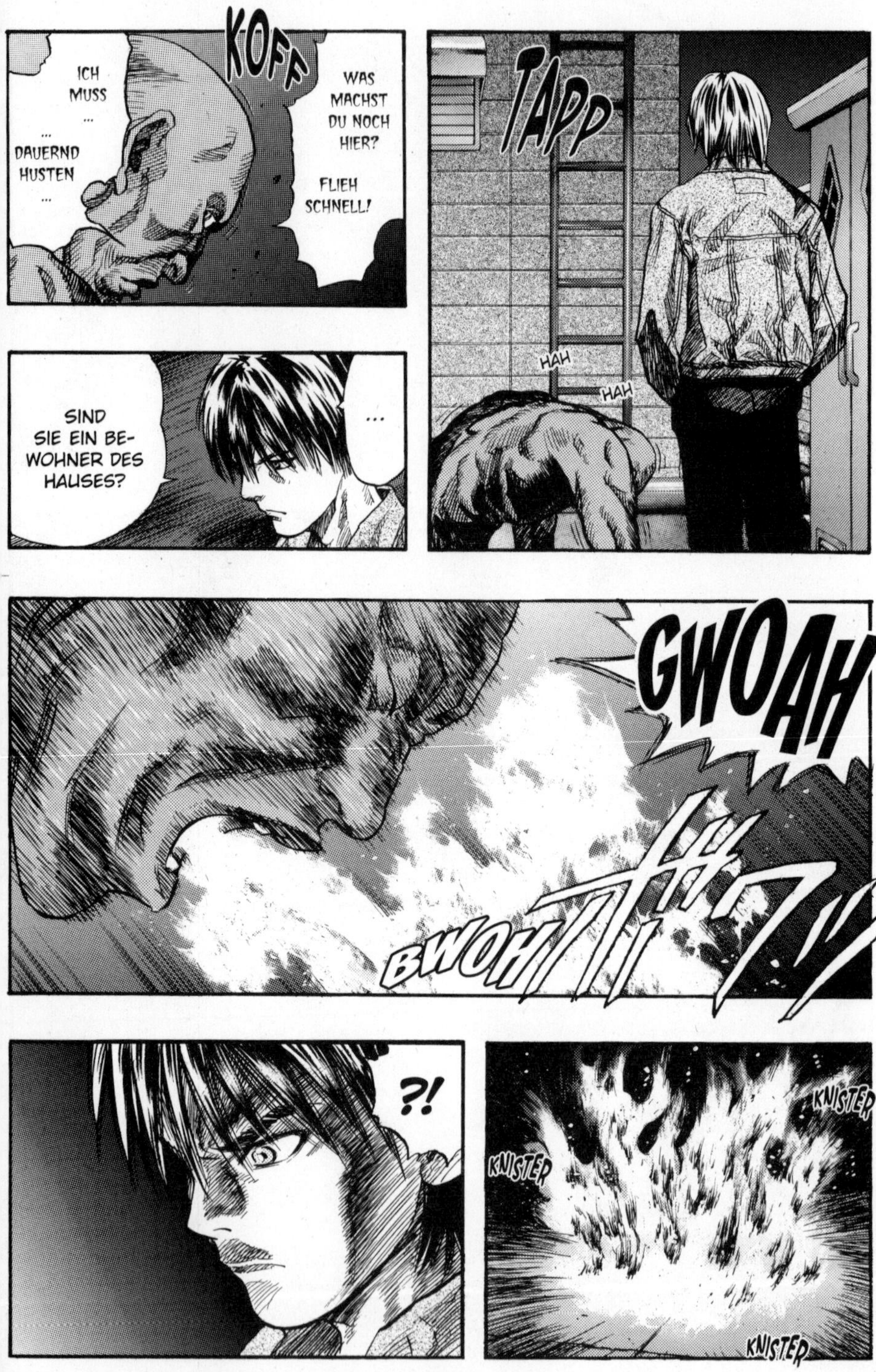
TAPP
HAH
HAH
KOFF
WAS MACHST DU NOCH HIER?
FLIEH SCHNELL!
ICH MUSS ... ... DAUERND HUSTEN ...
...
SIND SIE EIN BE-WOHNER DES HAUSES?
GWOAH
BWOH
KNISTER
KNISTER
KNISTER
?!

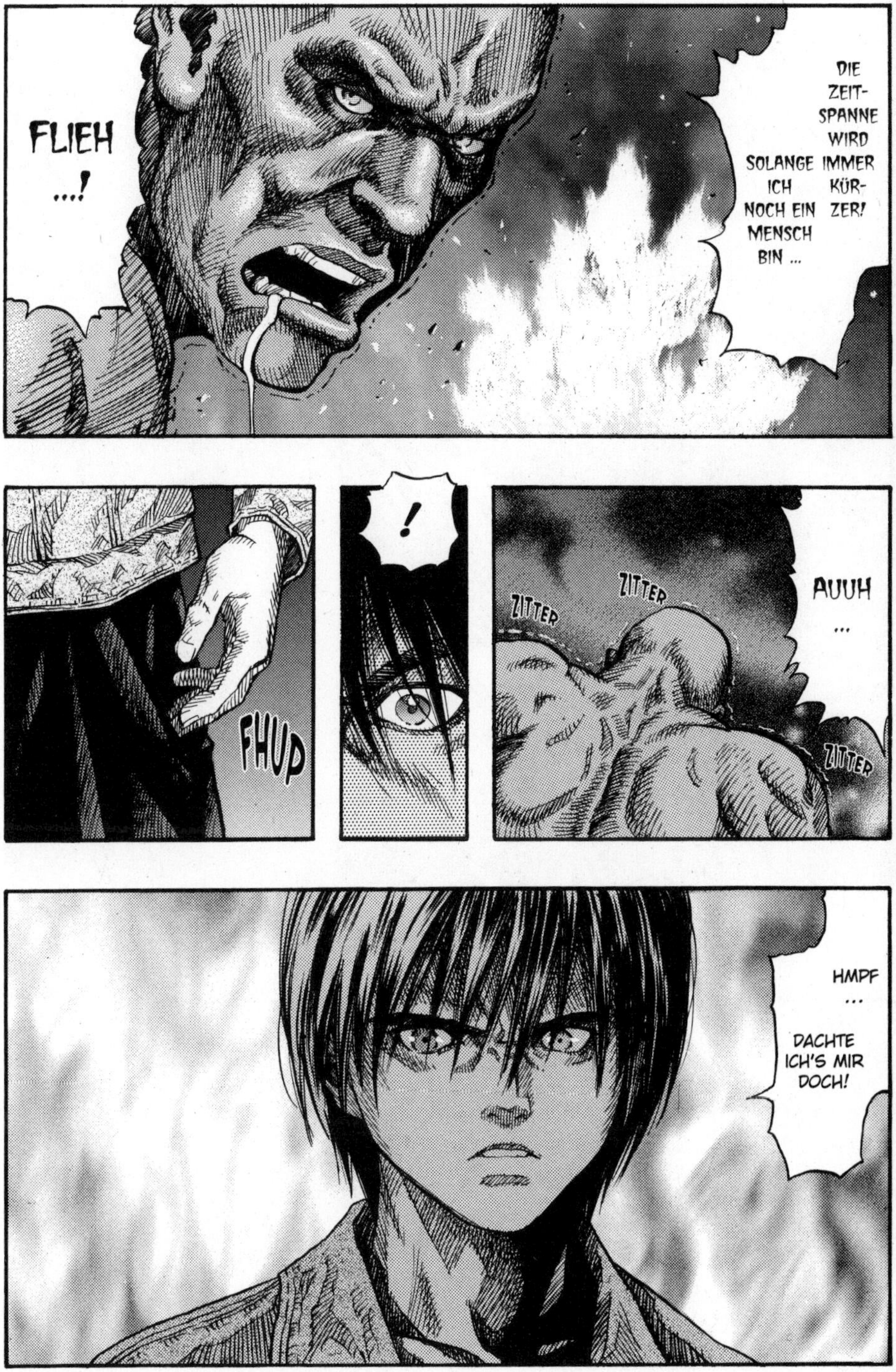
DIE ZEIT-SPANNE WIRD IMMER KÜR-ZER!
SOLANGE ICH NOCH EIN MENSCH BIN ...
FLIEH ...!
AUUH ...
ZITTER
ZITTER
ZITTER
!
FHUP
HMPF ...
DACHTE ICH'S MIR DOCH!

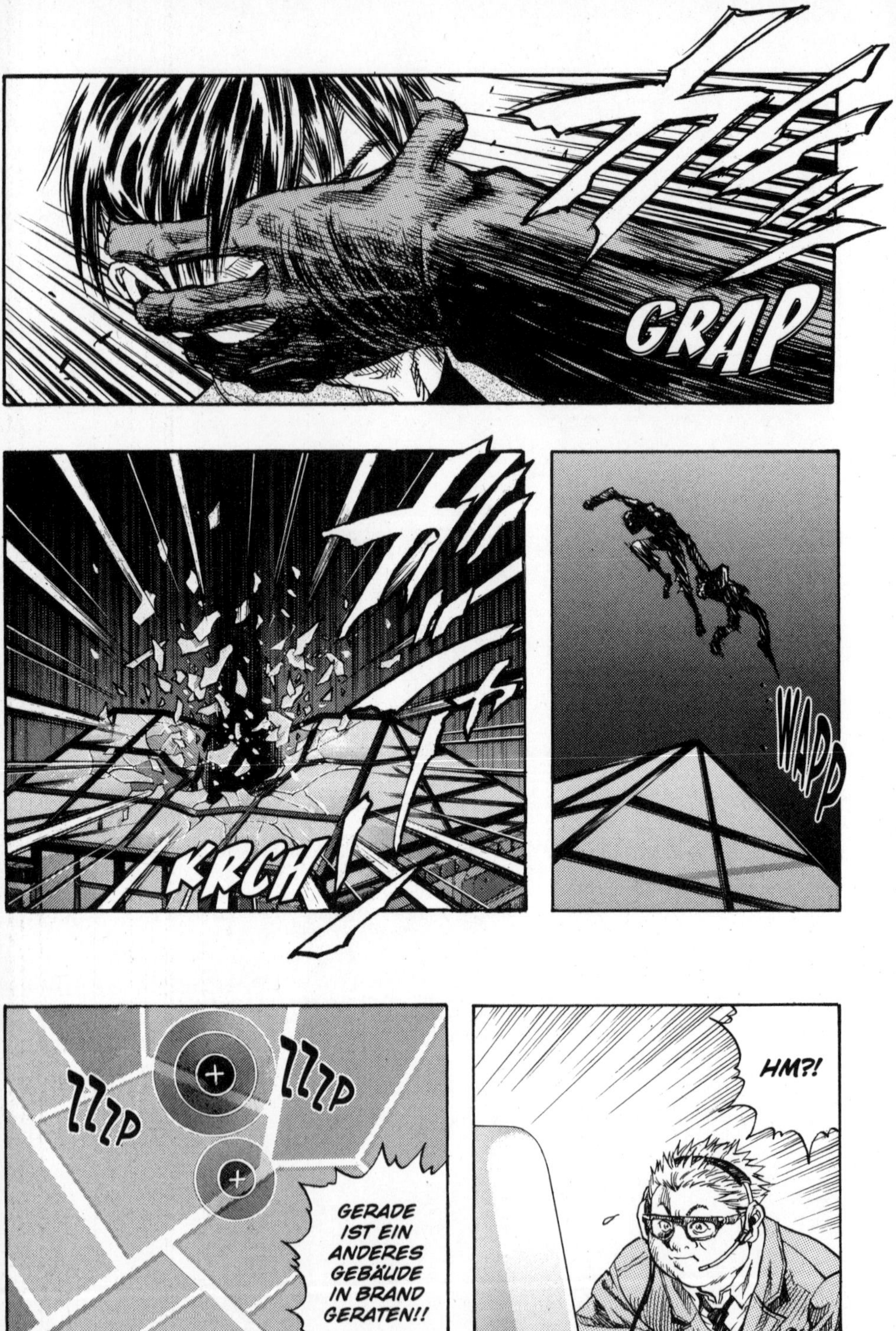
GRAP
WAPP
KRCH
HM?!
ZZZP
ZZZP
GERADE IST EIN ANDERES GEBÄUDE IN BRAND GERATEN!!

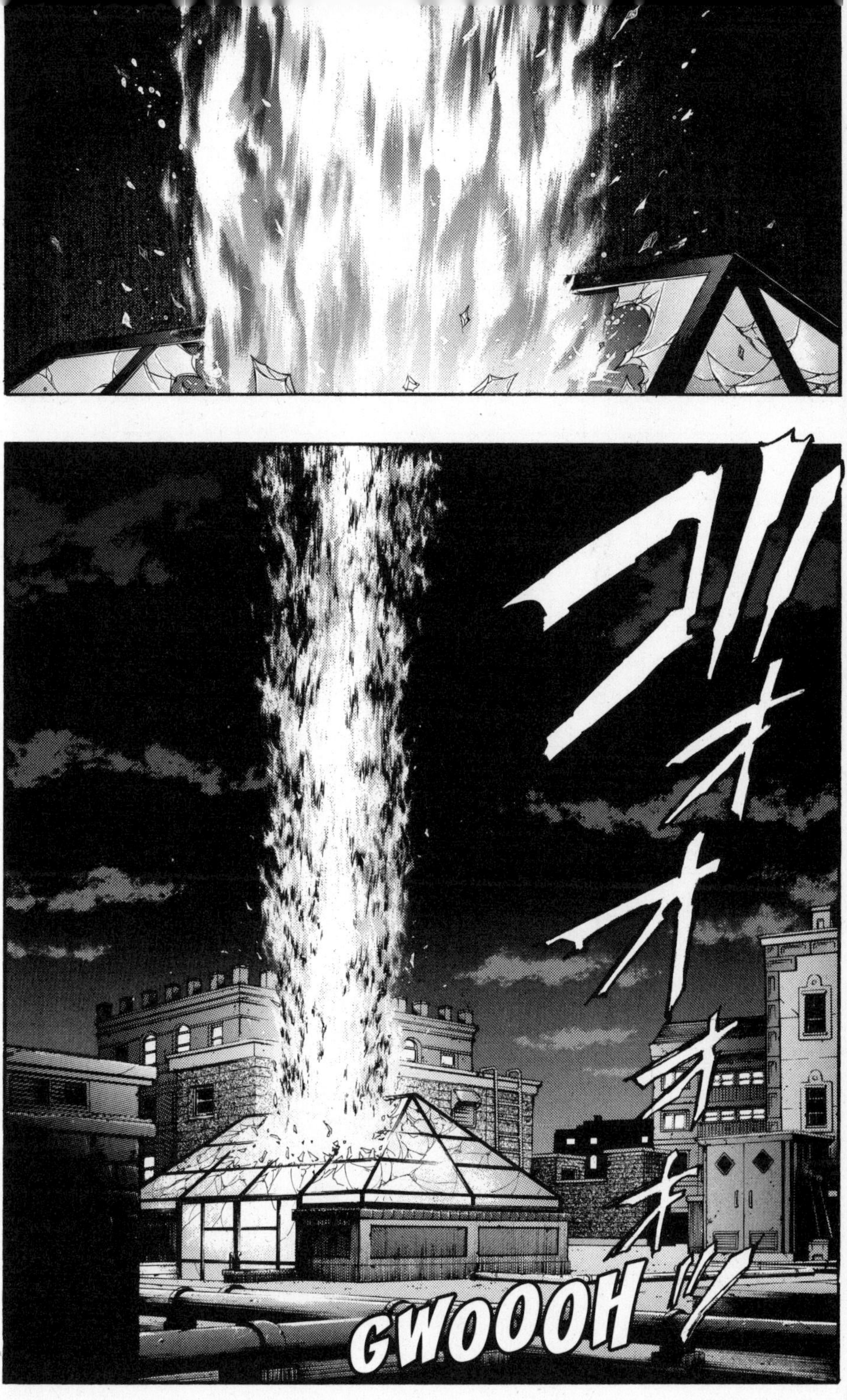
ゴオオオオオッ
GWOOOH

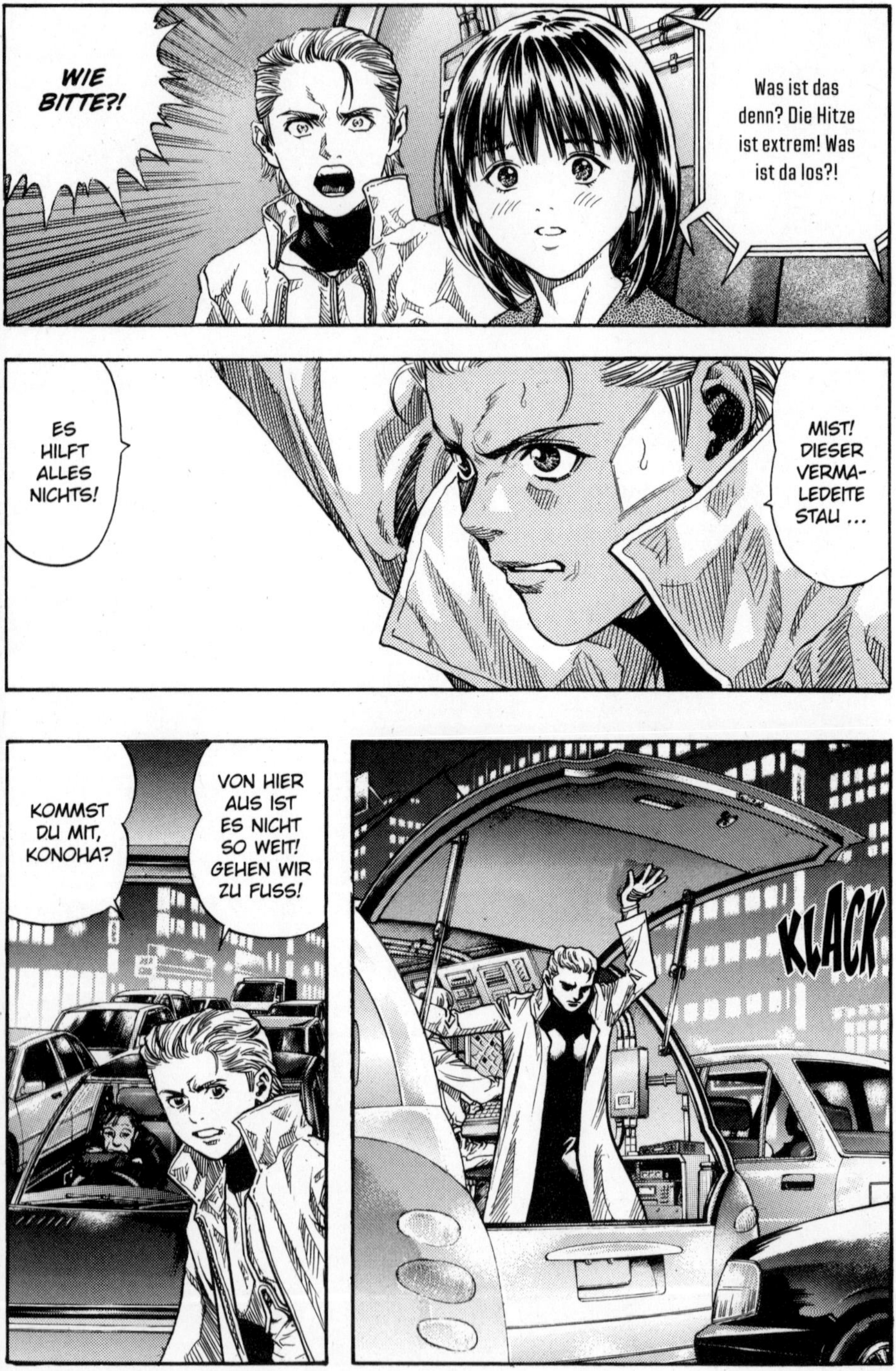
Was ist das denn? Die Hitze ist extrem! Was ist da los?!
WIE BITTE?!
MIST! DIESER VERMALEDEITE STAU …
ES HILFT ALLES NICHTS!
KLACK
VON HIER AUS IST ES NICHT SO WEIT! GEHEN WIR ZU FUSS!
KOMMST DU MIT, KONOHA?

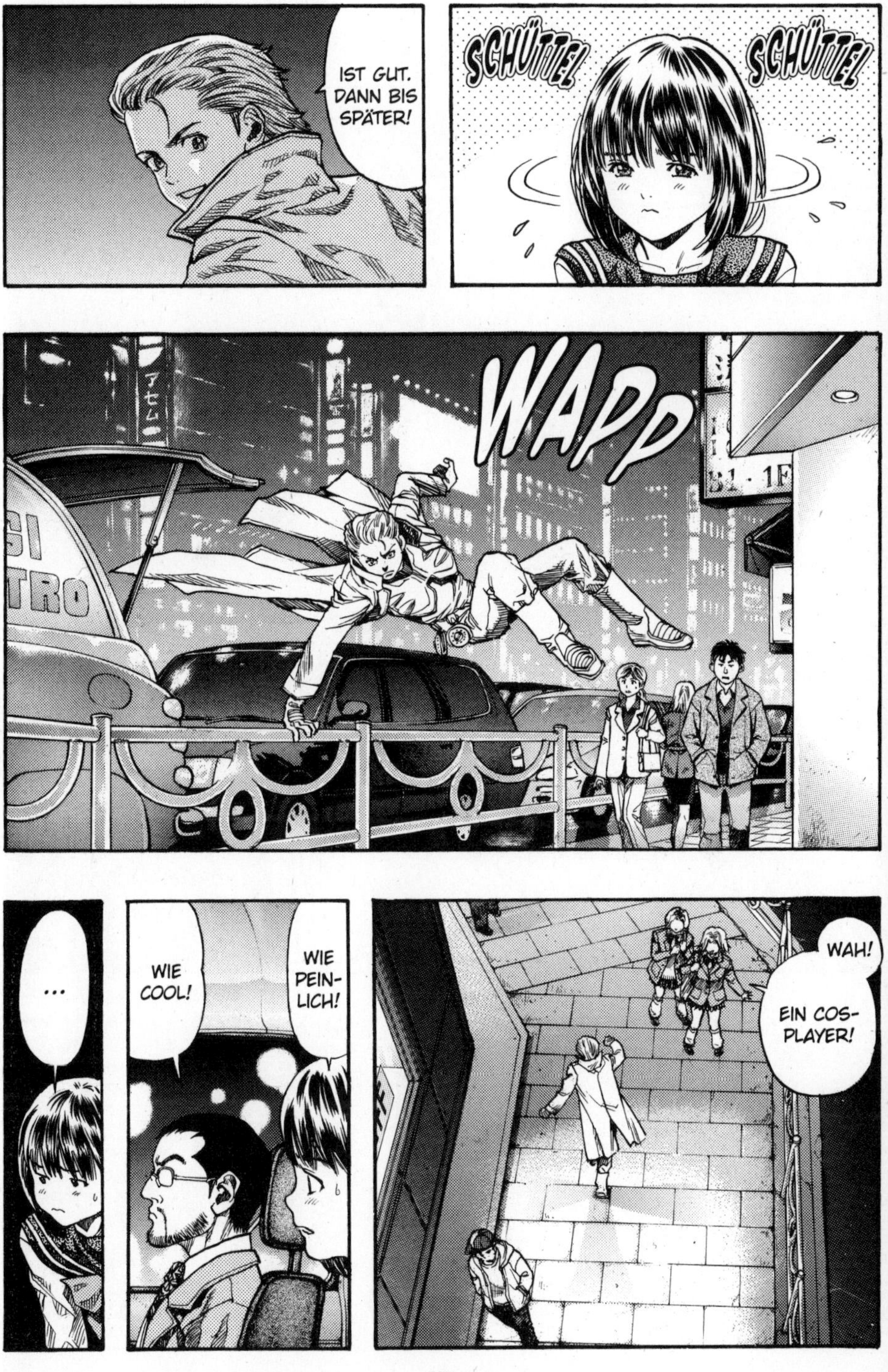
SCHÜTTEL
SCHÜTTEL
IST GUT. DANN BIS SPÄTER!
WAPP
WAH!
EIN COS-PLAYER!
WIE PEIN-LICH!
WIE COOL!
...

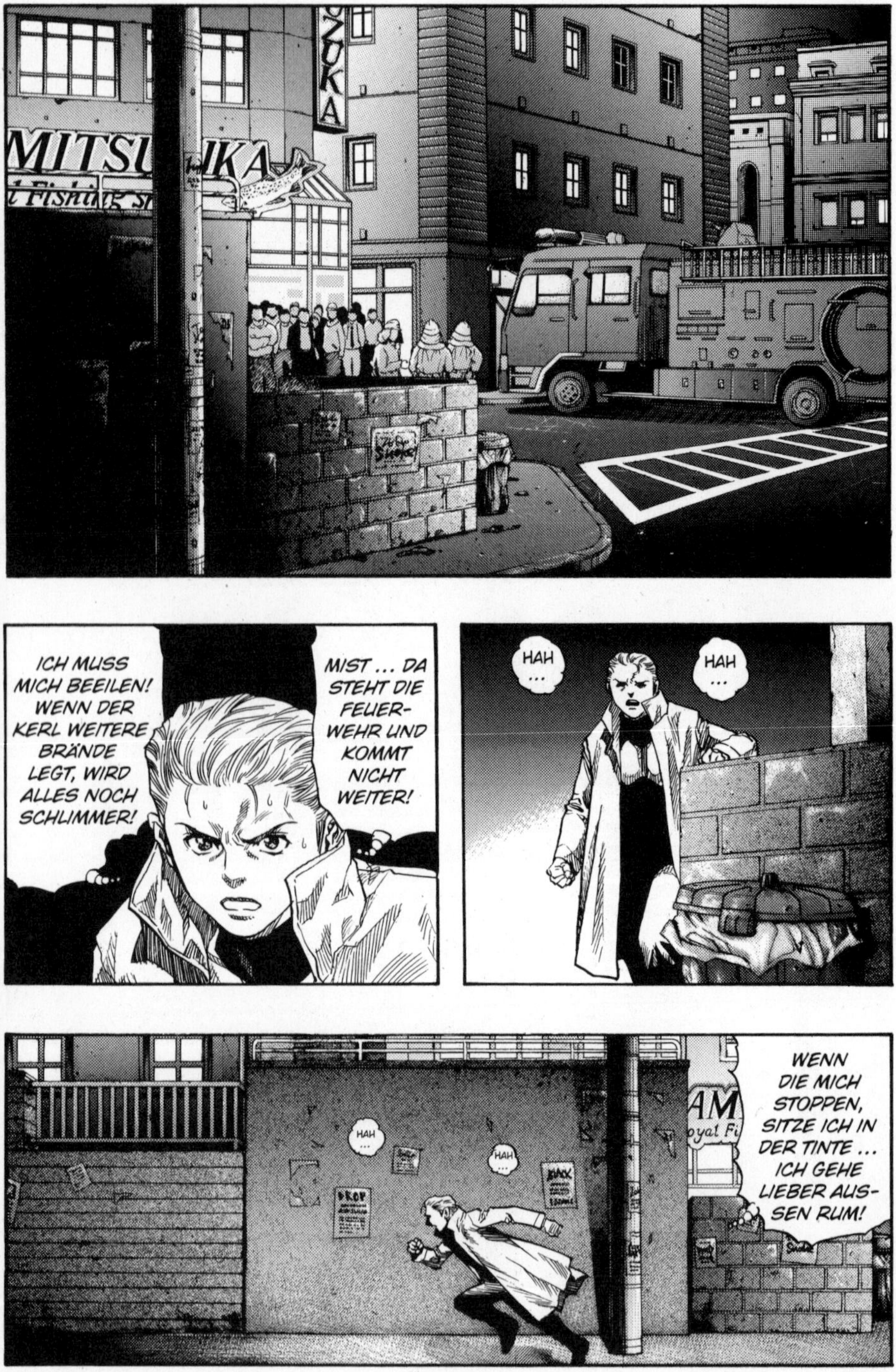
MITSU KA
Fishing
ICH MUSS MICH BEEILEN! WENN DER KERL WEITERE BRÄNDE LEGT, WIRD ALLES NOCH SCHLIMMER!
MIST ... DA STEHT DIE FEUERWEHR UND KOMMT NICHT WEITER!
HAH ...
HAH ...
HAH ...
HAH ...
WENN DIE MICH STOPPEN, SITZE ICH IN DER TINTE ... ICH GEHE LIEBER AUSSEN RUM!

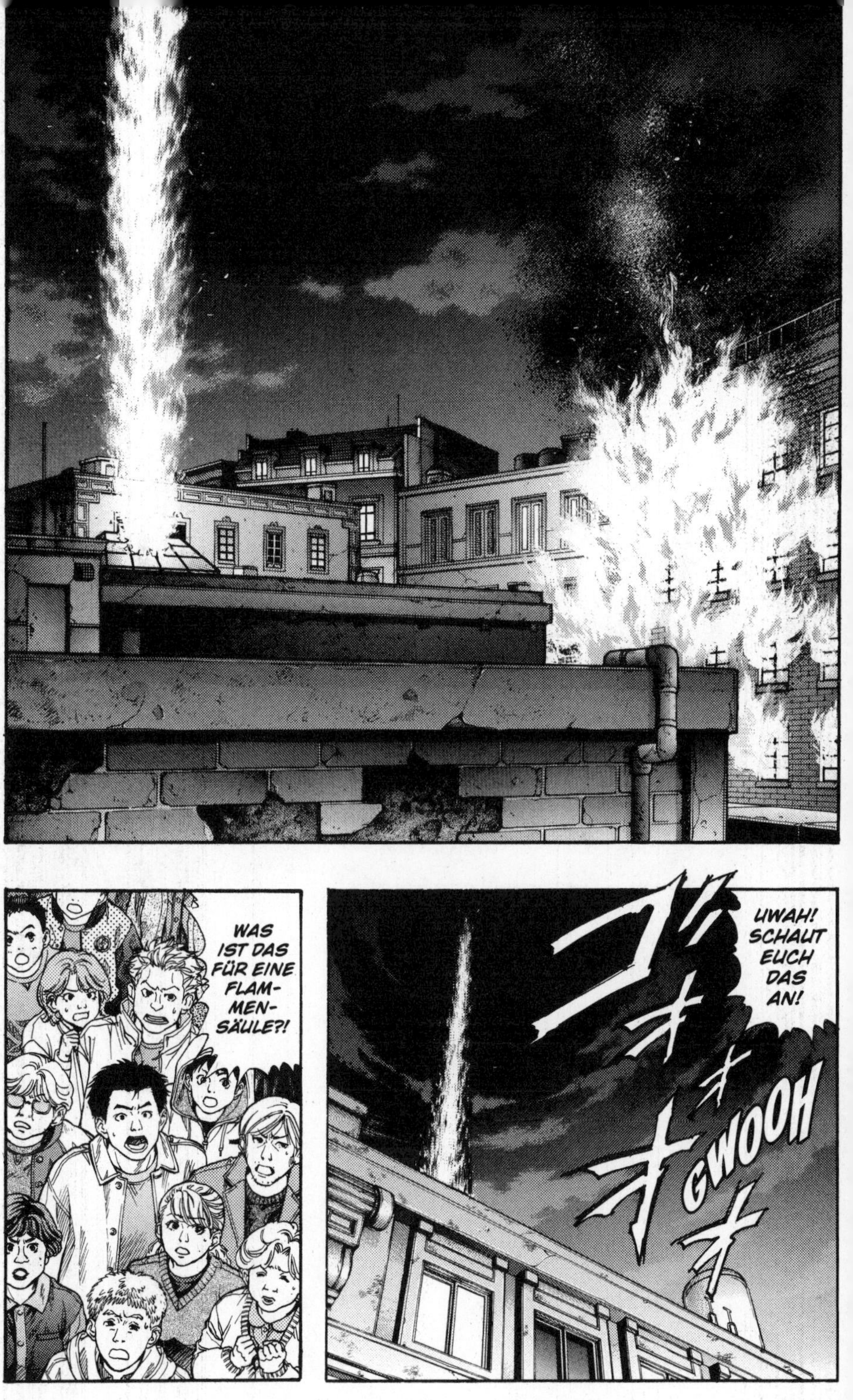
UWAH! SCHAUT EUCH DAS AN!
GWOOH
WAS IST DAS FÜR EINE FLAMMEN-SÄULE?!

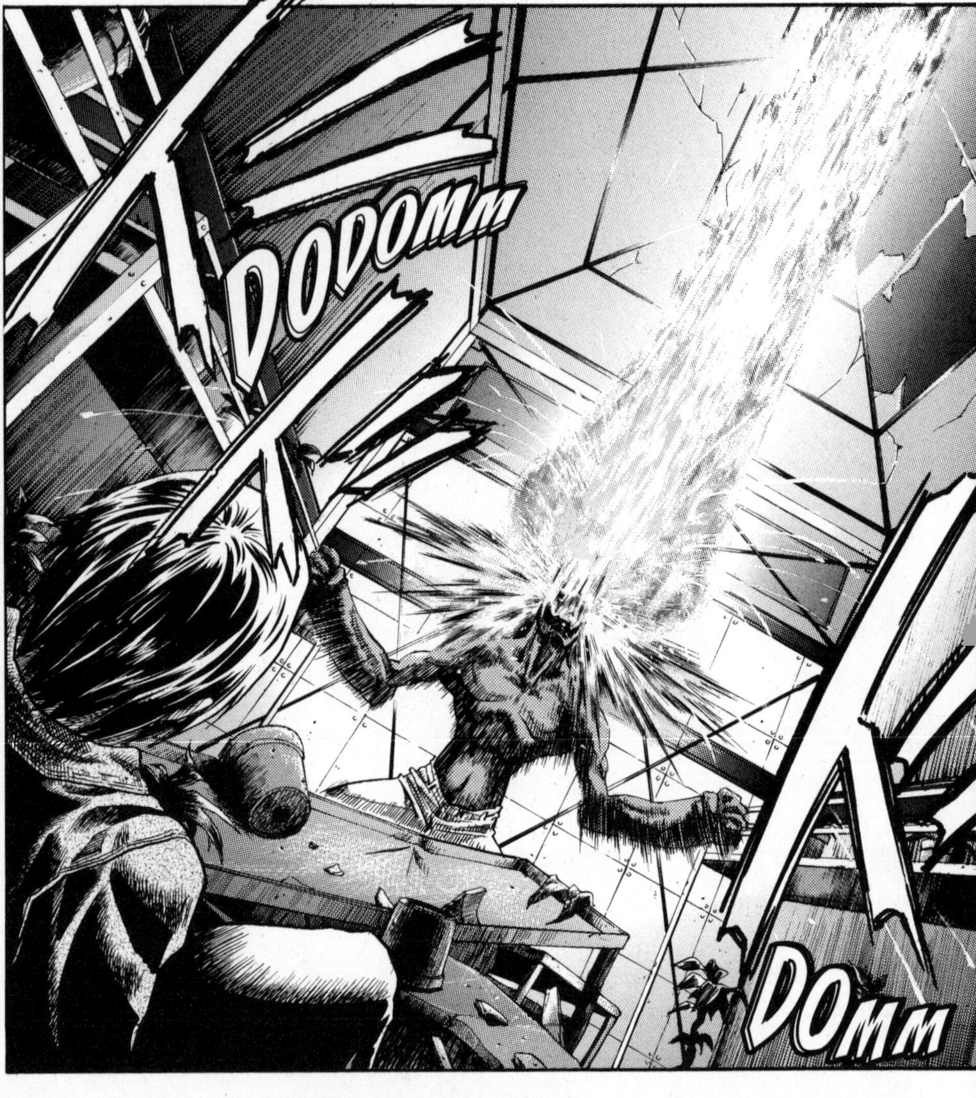
DODOMM
DOMM

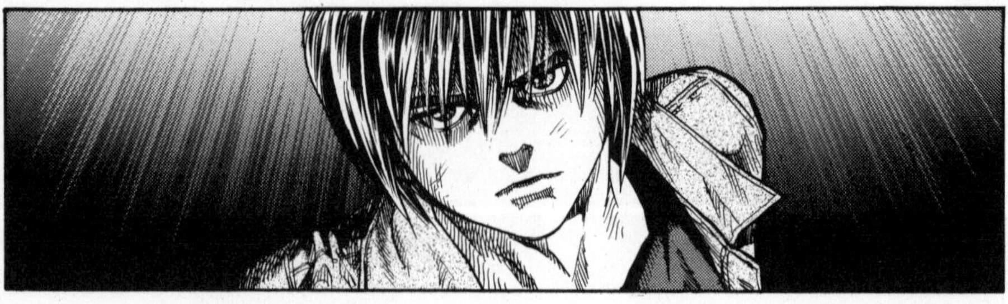

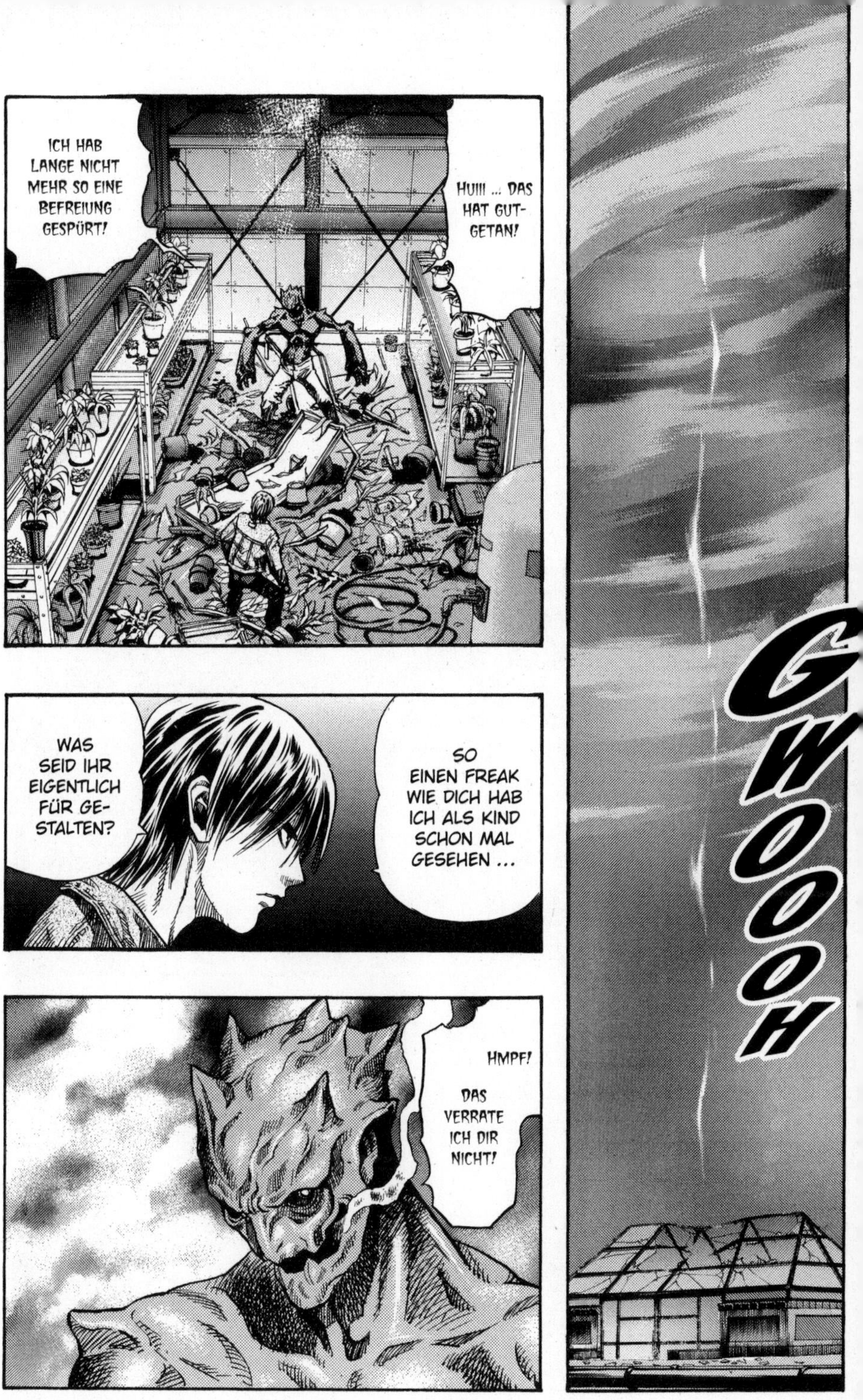
GWOOOH
HUIII ... DAS HAT GUT-GETAN!
ICH HAB LANGE NICHT MEHR SO EINE BEFREIUNG GESPÜRT!
SO EINEN FREAK WIE DICH HAB ICH ALS KIND SCHON MAL GESEHEN ...
WAS SEID IHR EIGENTLICH FÜR GE-STALTEN?
HMPF!
DAS VERRATE ICH DIR NICHT!

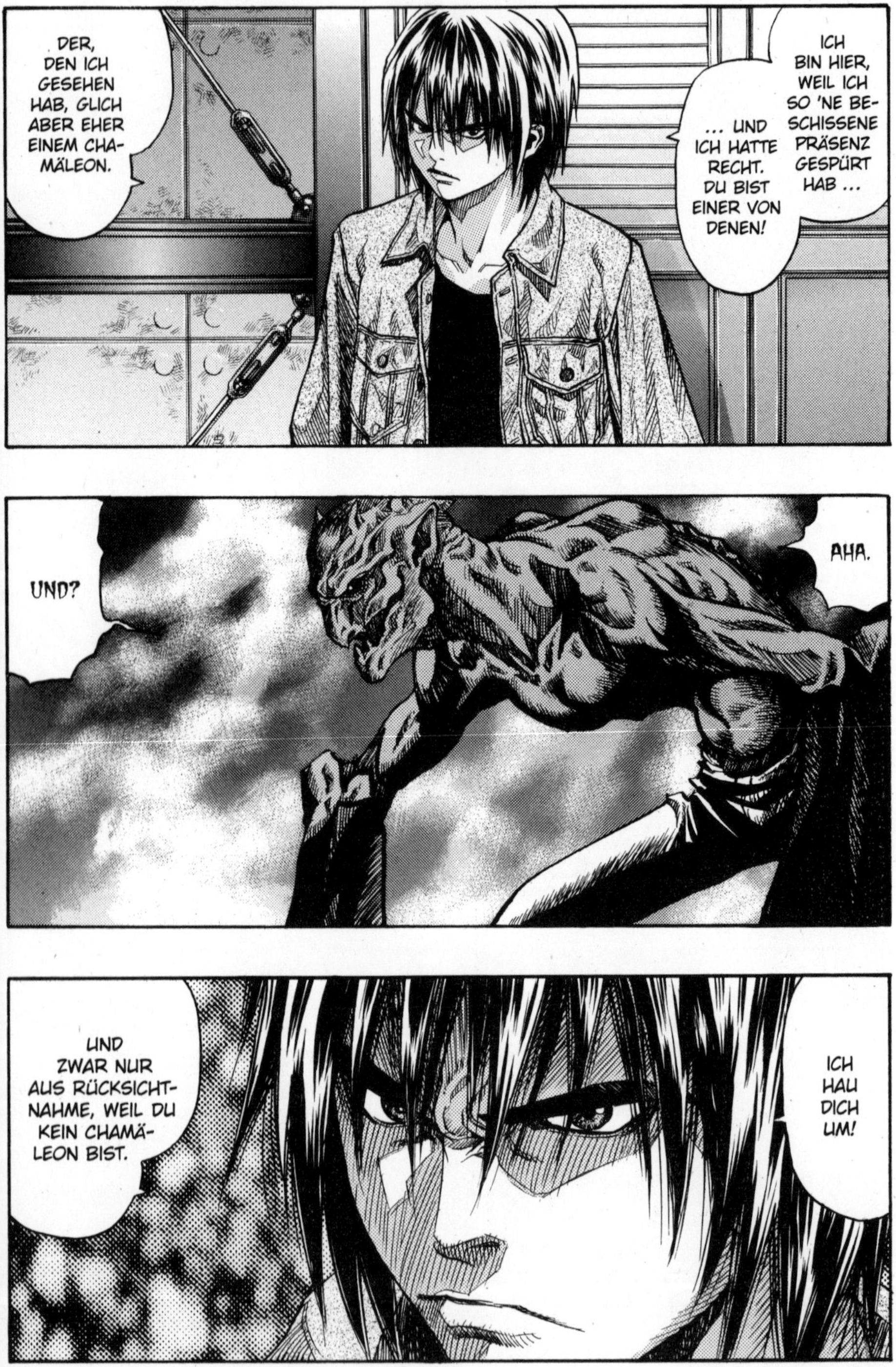

ICH BIN HIER, WEIL ICH SO 'NE BESCHISSENE PRÄSENZ GESPÜRT HAB …
… UND ICH HATTE RECHT. DU BIST EINER VON DENEN!
DER, DEN ICH GESEHEN HAB, GLICH ABER EHER EINEM CHAMÄLEON.
AHA.
UND?
ICH HAU DICH UM!
UND ZWAR NUR AUS RÜCKSICHTNAHME, WEIL DU KEIN CHAMÄLEON BIST.

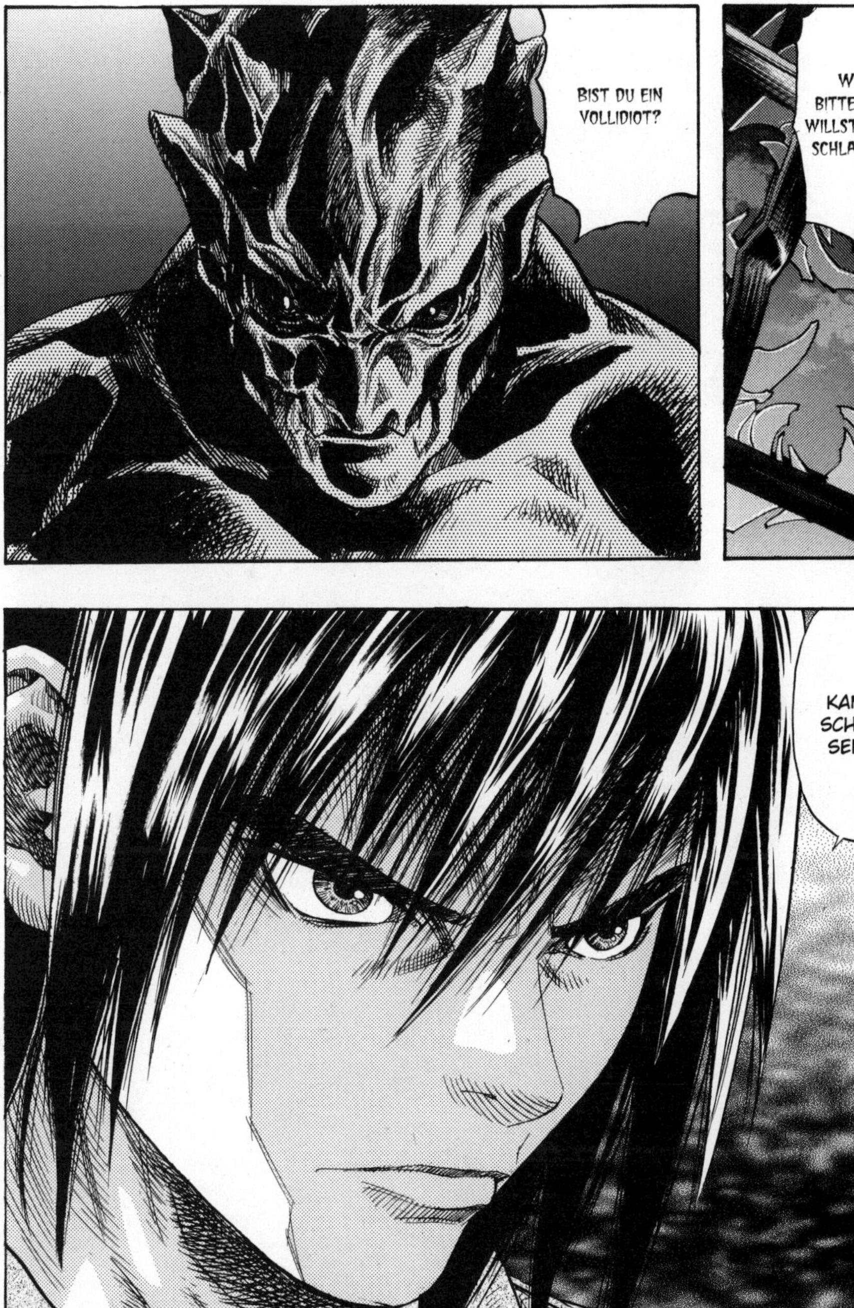
WIE BITTE? DU WILLST MICH SCHLAGEN?
BIST DU EIN VOLLIDIOT?
KANN SCHON SEIN.

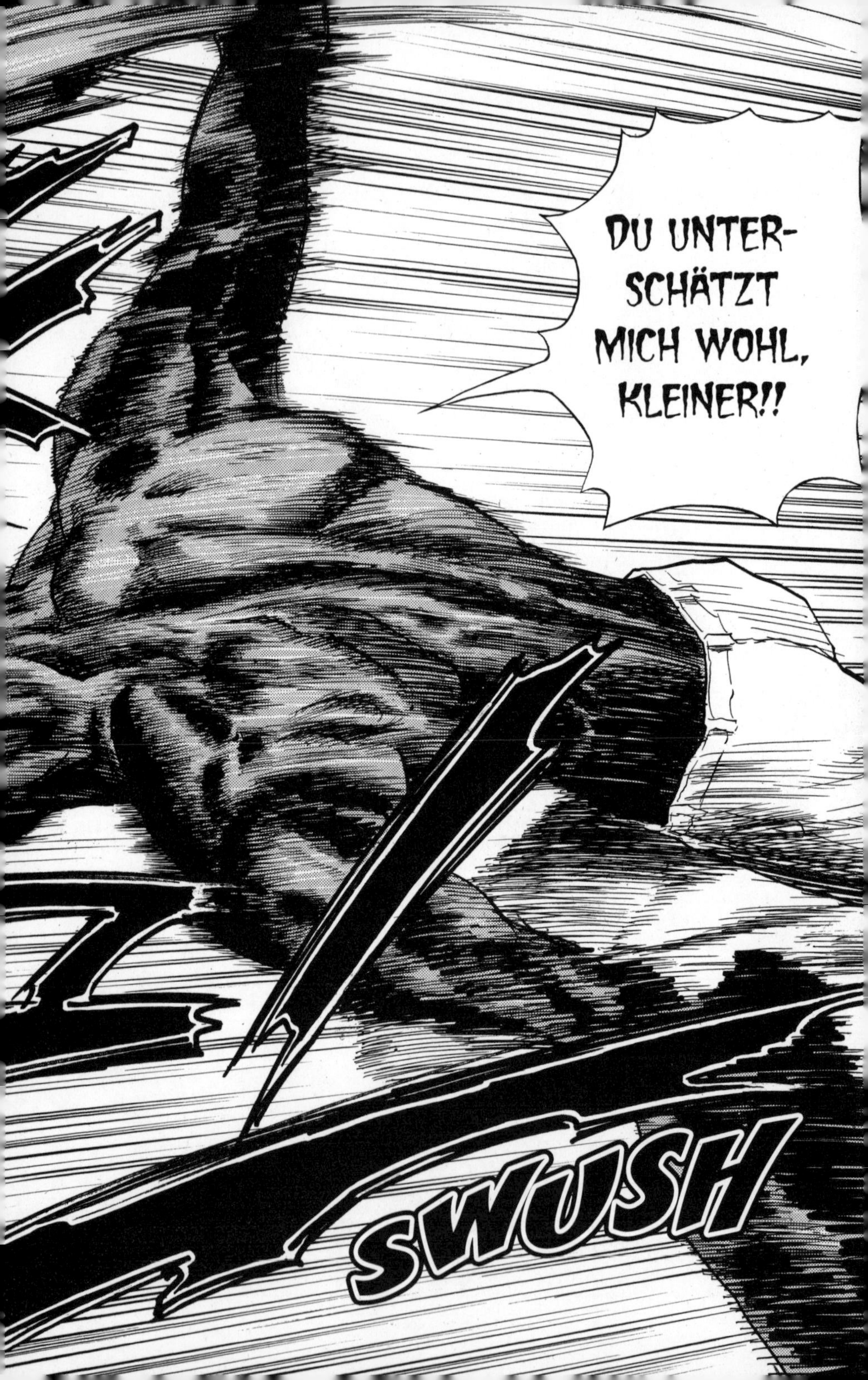
DU UNTER-
SCHÄTZT
MICH WOHL,
KLEINER!!
SWUSH

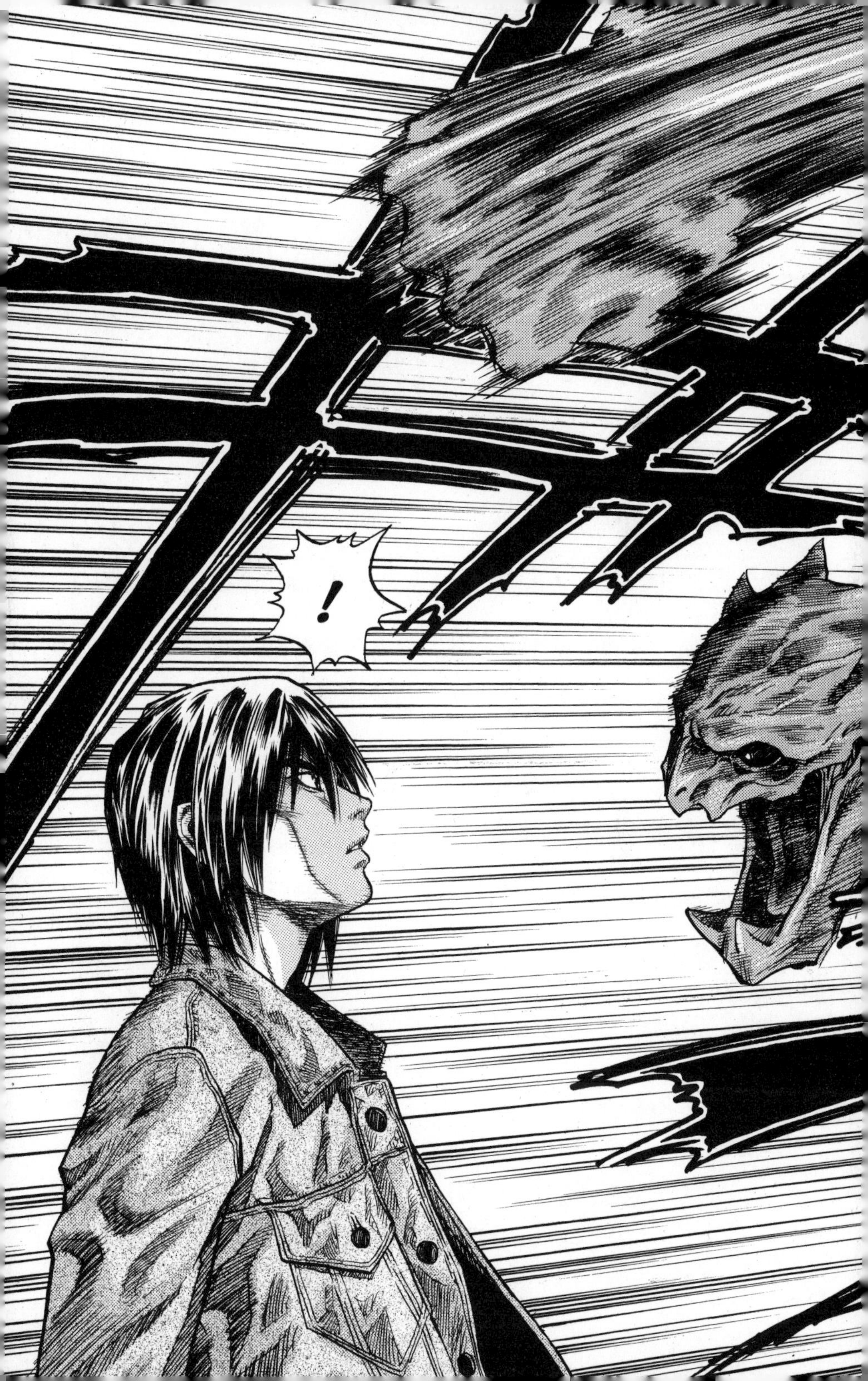

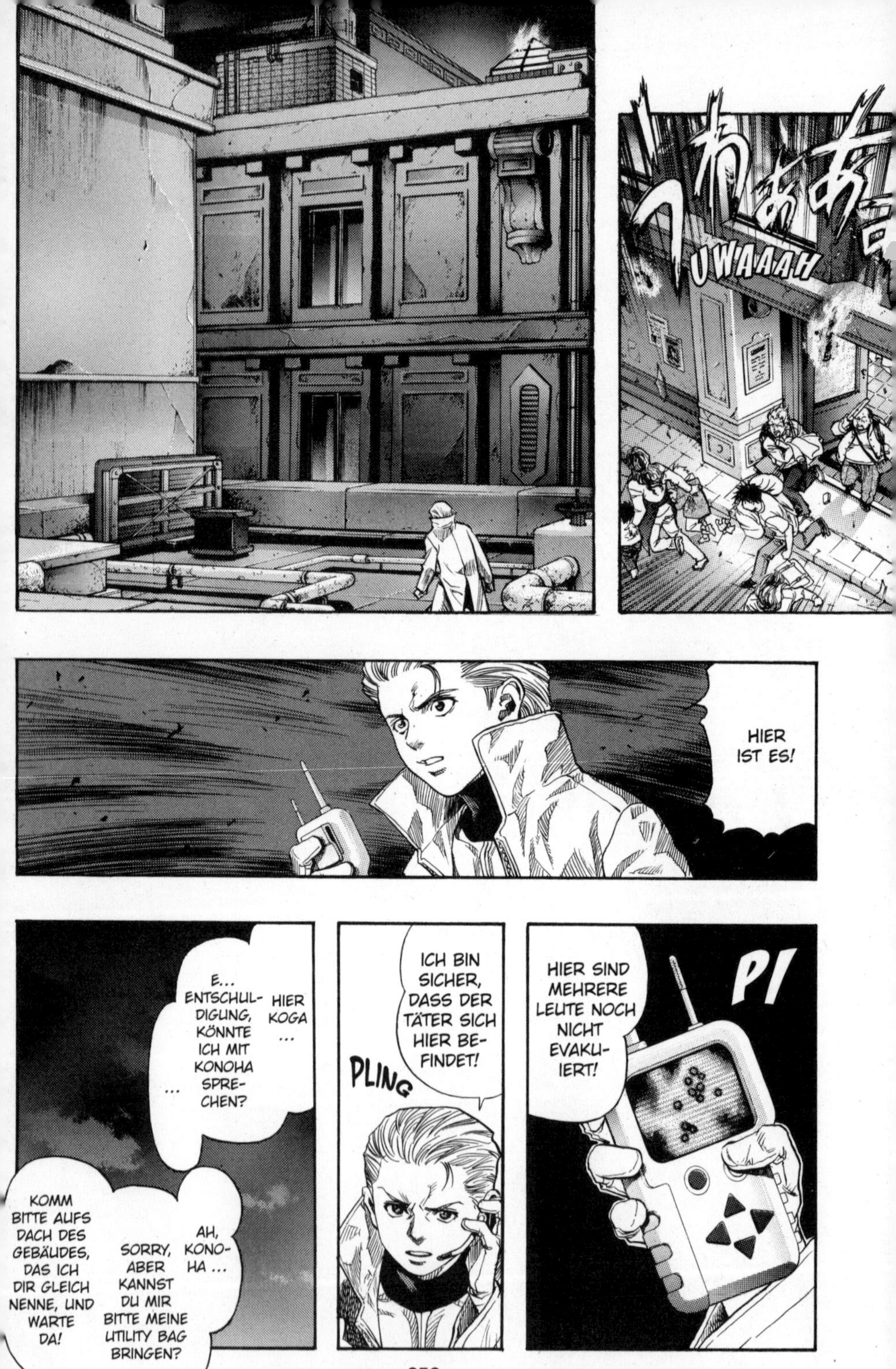
UWAAAH
HIER IST ES!
PI
HIER SIND MEHRERE LEUTE NOCH NICHT EVAKUIERT!
ICH BIN SICHER, DASS DER TÄTER SICH HIER BEFINDET!
PLING
HIER KOGA …
E… ENTSCHULDIGUNG, KÖNNTE ICH MIT KONOHA SPRECHEN? …
AH, KONOHA …
SORRY, ABER KANNST DU MIR BITTE MEINE UTILITY BAG BRINGEN?
KOMM BITTE AUFS DACH DES GEBÄUDES, DAS ICH DIR GLEICH NENNE, UND WARTE DA!

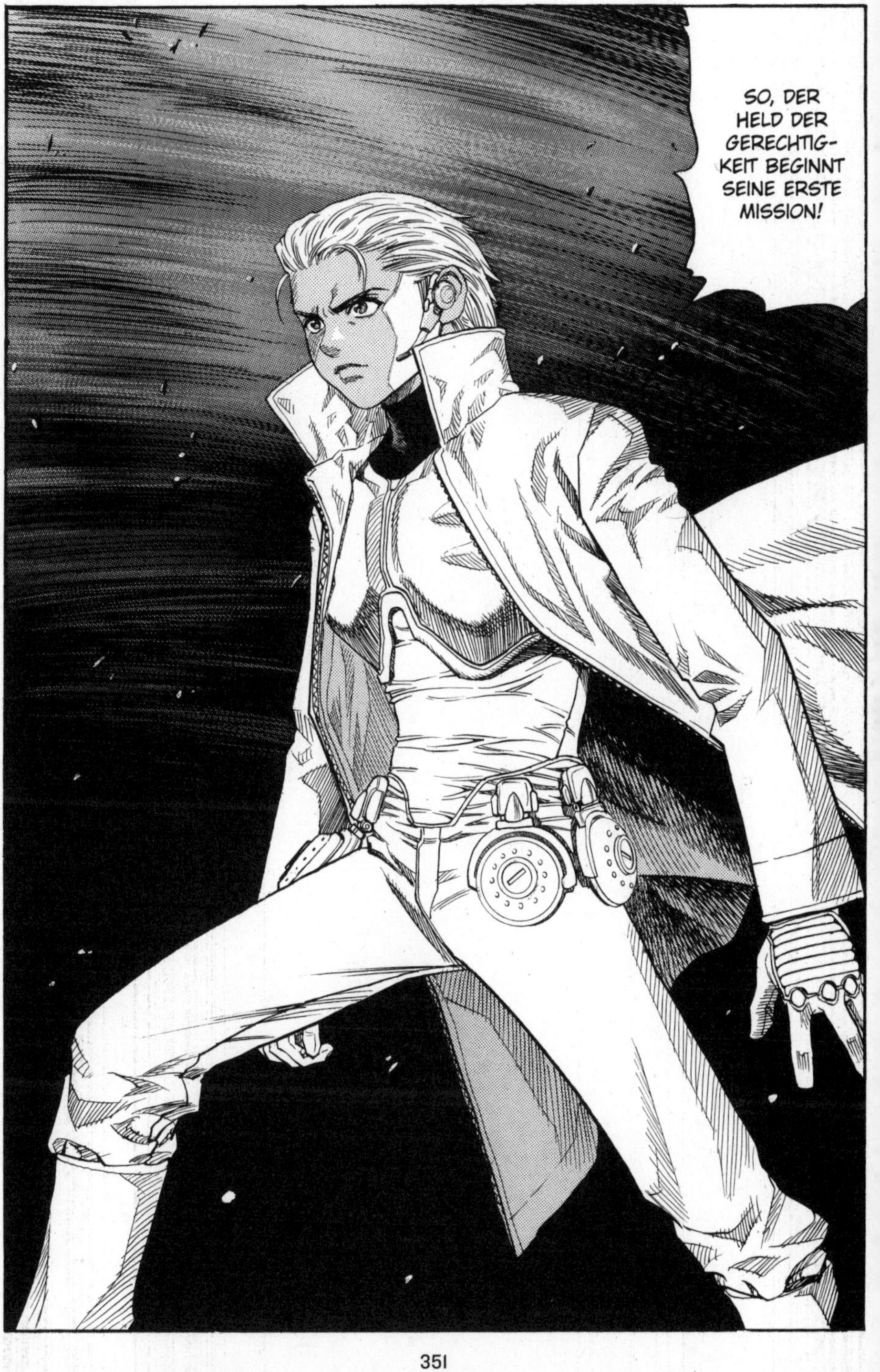
SO, DER HELD DER GERECHTIG-KEIT BEGINNT SEINE ERSTE MISSION!

ZETMAN

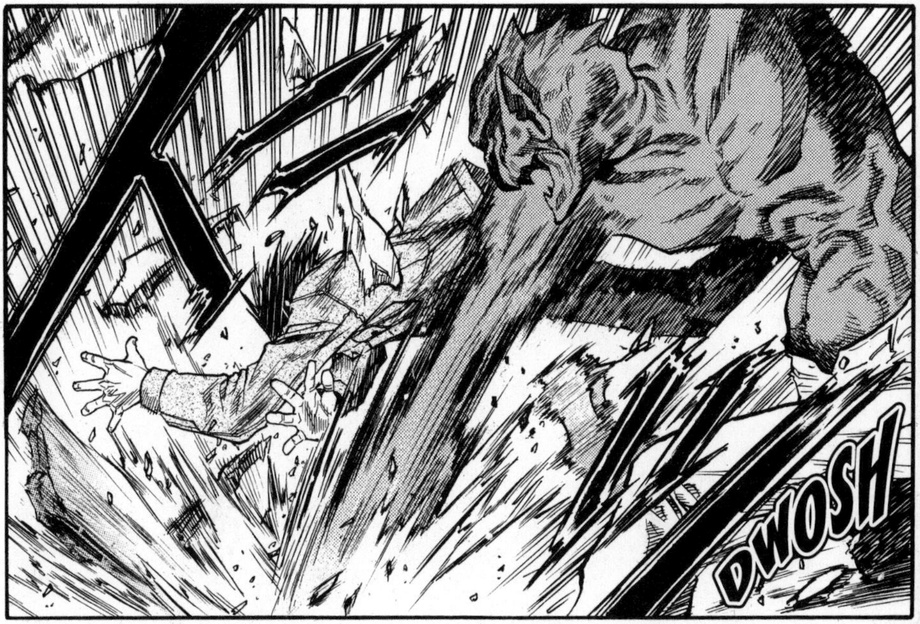

Episode 18:

Aus der Hölle

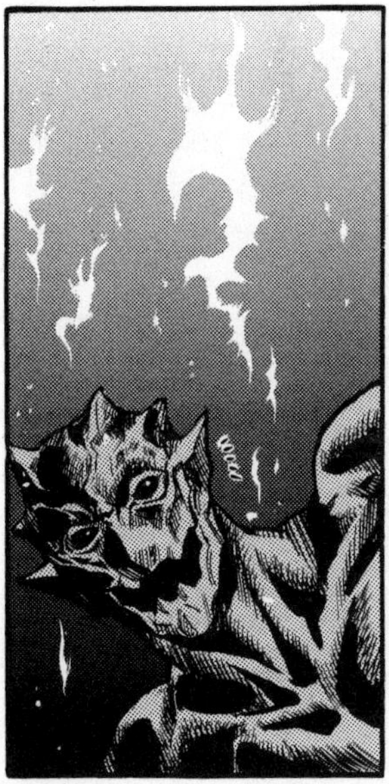

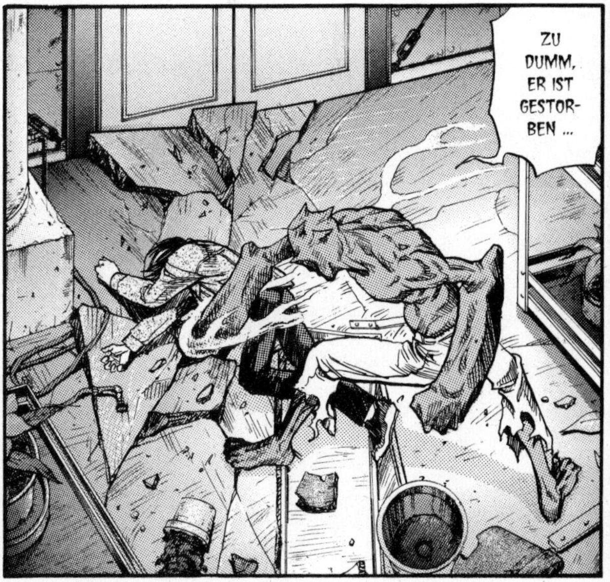

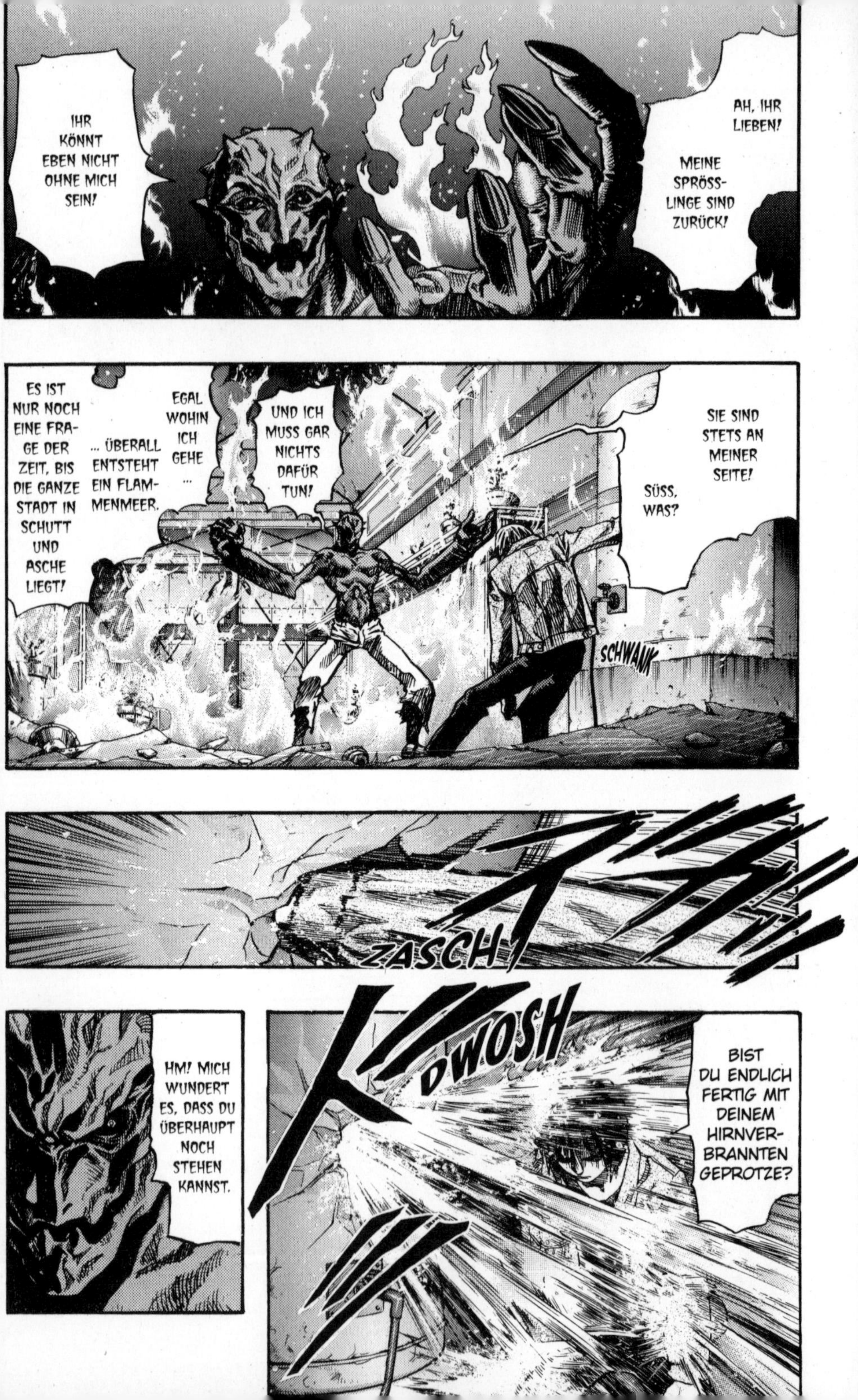

AH, IHR LIEBEN!
MEINE SPRÖSS-LINGE SIND ZURÜCK!
IHR KÖNNT EBEN NICHT OHNE MICH SEIN!
SIE SIND STETS AN MEINER SEITE!
SÜSS, WAS?
SCHWANK
UND ICH MUSS GAR NICHTS DAFÜR TUN!
EGAL WOHIN ICH GEHE ...
... ÜBERALL ENTSTEHT EIN FLAM-MENMEER.
ES IST NUR NOCH EINE FRA-GE DER ZEIT, BIS DIE GANZE STADT IN SCHUTT UND ASCHE LIEGT!
ZASCH
KDWOSH
BIST DU ENDLICH FERTIG MIT DEINEM HIRNVER-BRANNTEN GEPROTZE?
HM! MICH WUNDERT ES, DASS DU ÜBERHAUPT NOCH STEHEN KANNST.

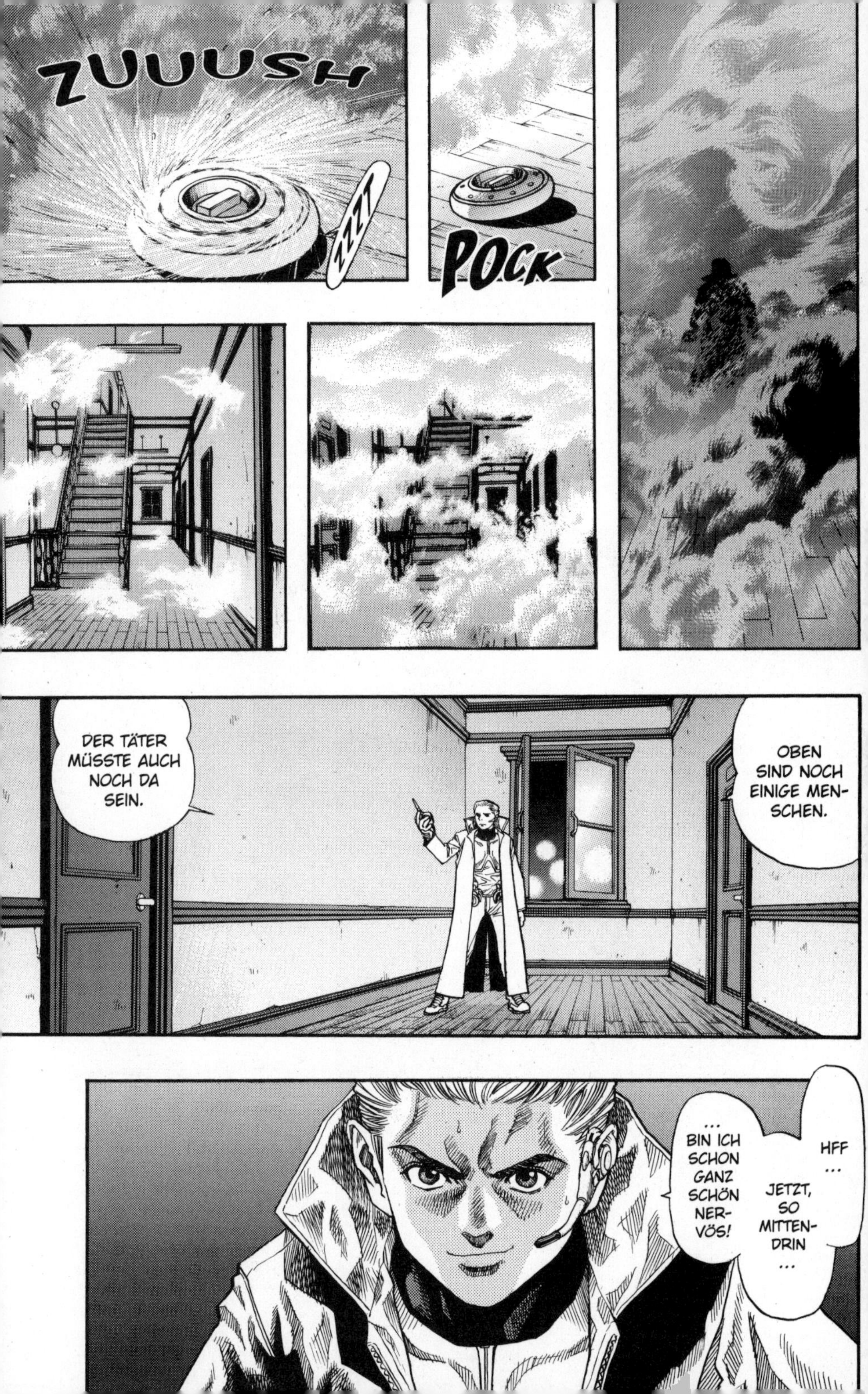
ZUUUSH
ZZZT
POCK
OBEN SIND NOCH EINIGE MEN-SCHEN.
DER TÄTER MÜSSTE AUCH NOCH DA SEIN.
HFF ... JETZT, SO MITTEN-DRIN ...
... BIN ICH SCHON GANZ SCHÖN NER-VÖS!

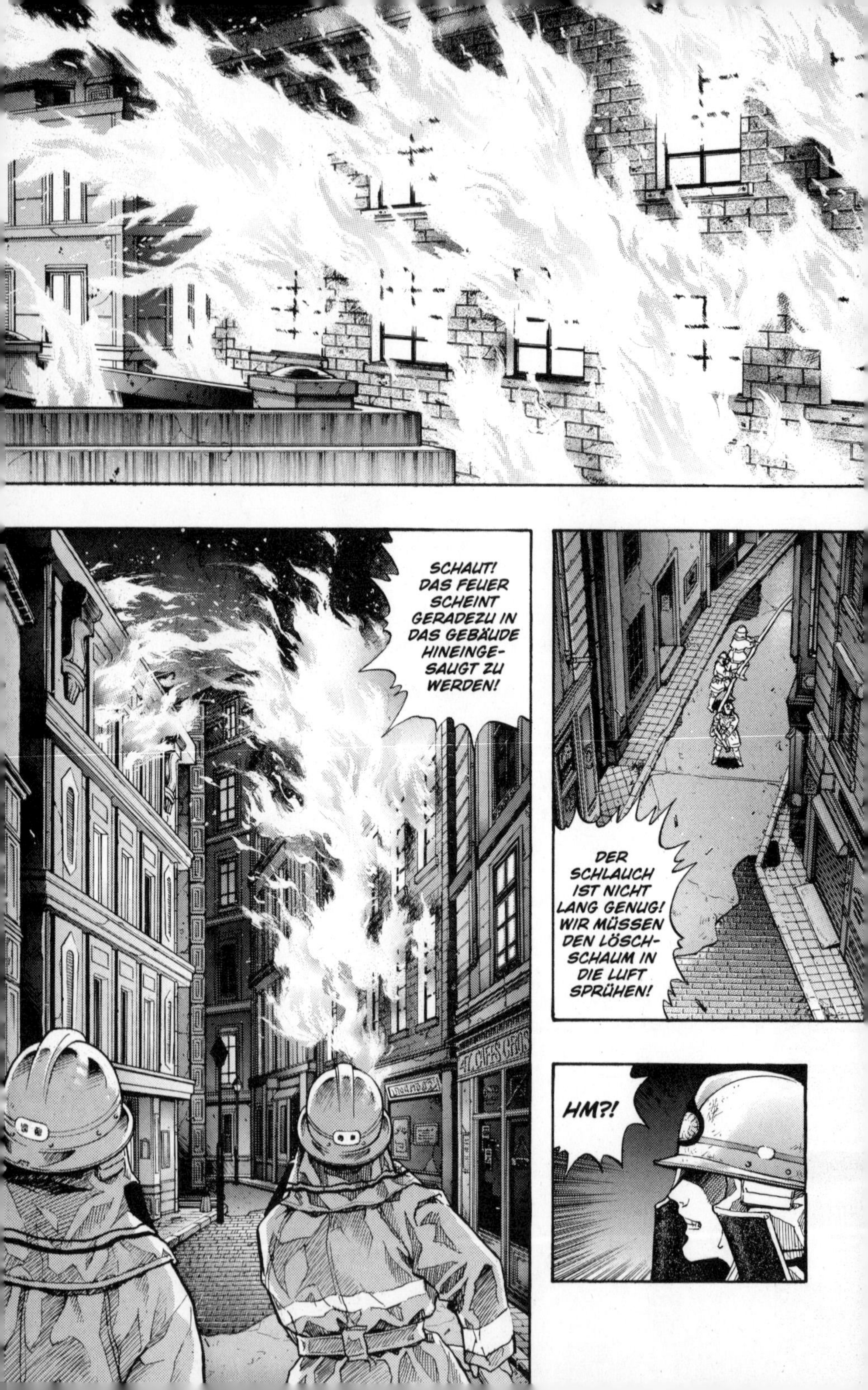

SCHAUT! DAS FEUER SCHEINT GERADEZU IN DAS GEBÄUDE HINEINGE-SAUGT ZU WERDEN!
DER SCHLAUCH IST NICHT LANG GENUG! WIR MÜSSEN DEN LÖSCH-SCHAUM IN DIE LUFT SPRÜHEN!
HM?!

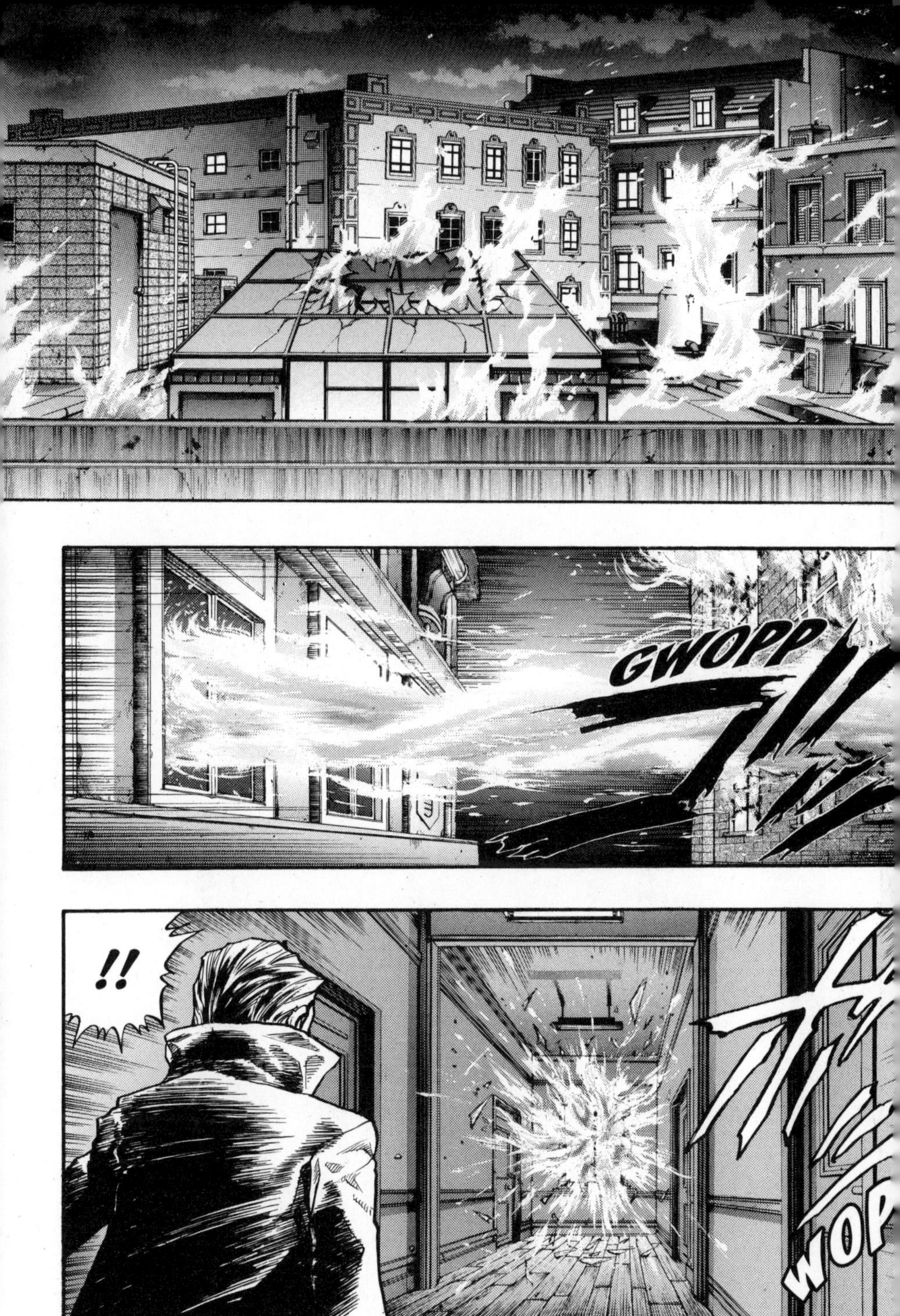
GWOPP
!!
WOP

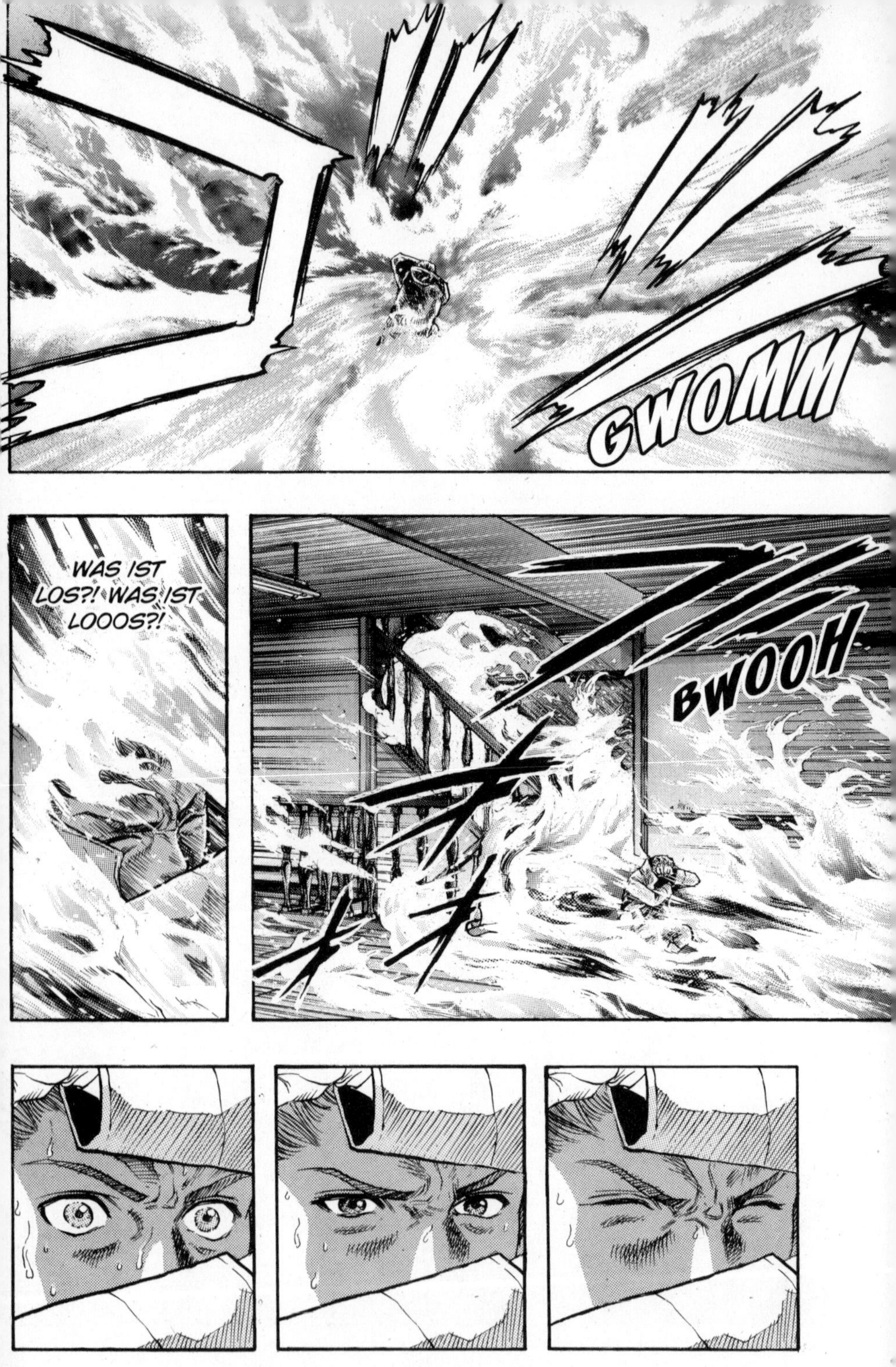
GWOMM
WAS IST LOS?! WAS IST LOOOS?!
BWOOH

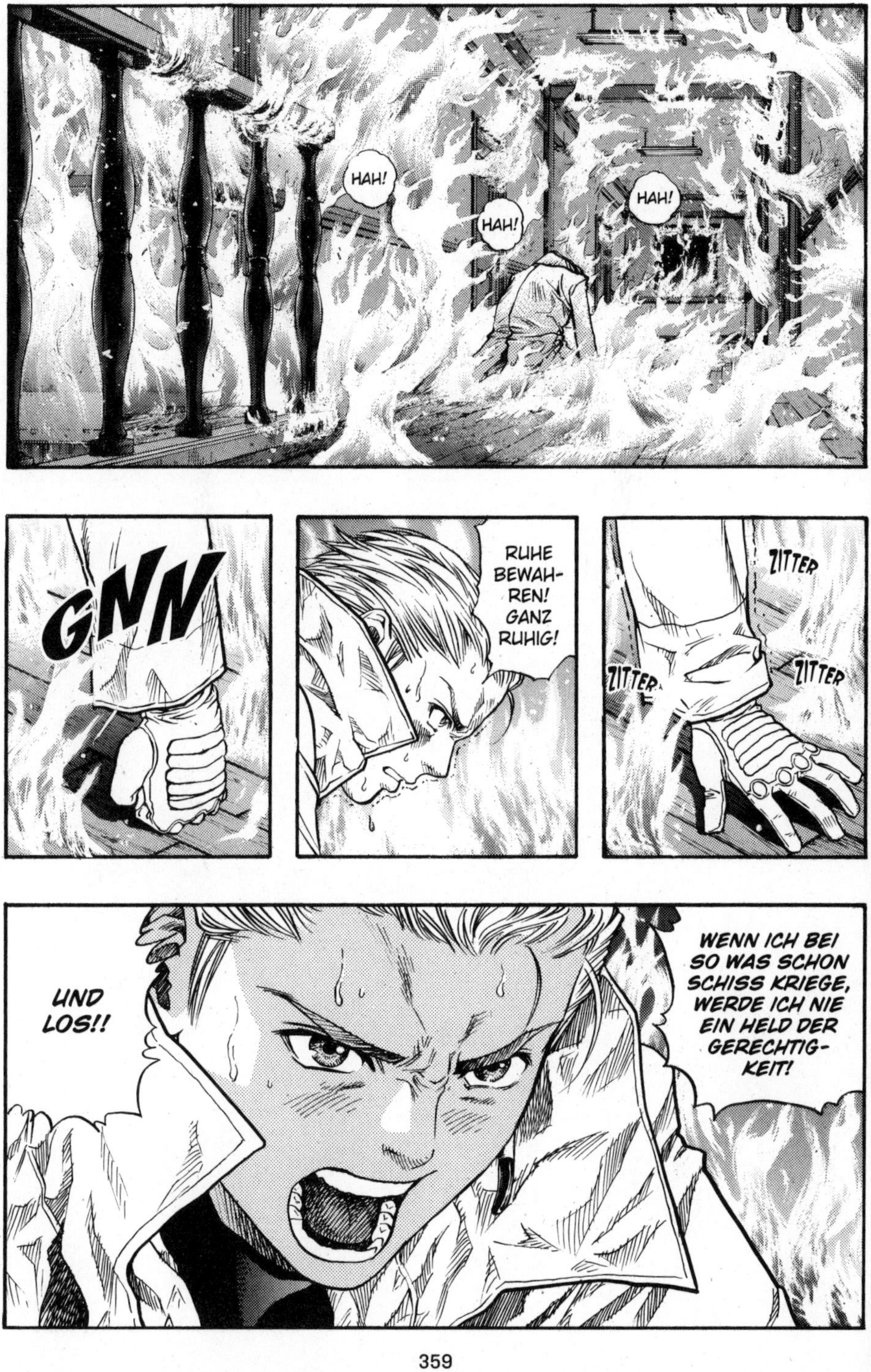
HAH!
HAH!
HAH!
ZITTER
ZITTER
ZITTER
RUHE BEWAHREN! GANZ RUHIG!
GNN
WENN ICH BEI SO WAS SCHON SCHISS KRIEGE, WERDE ICH NIE EIN HELD DER GERECHTIGKEIT!
UND LOS!!

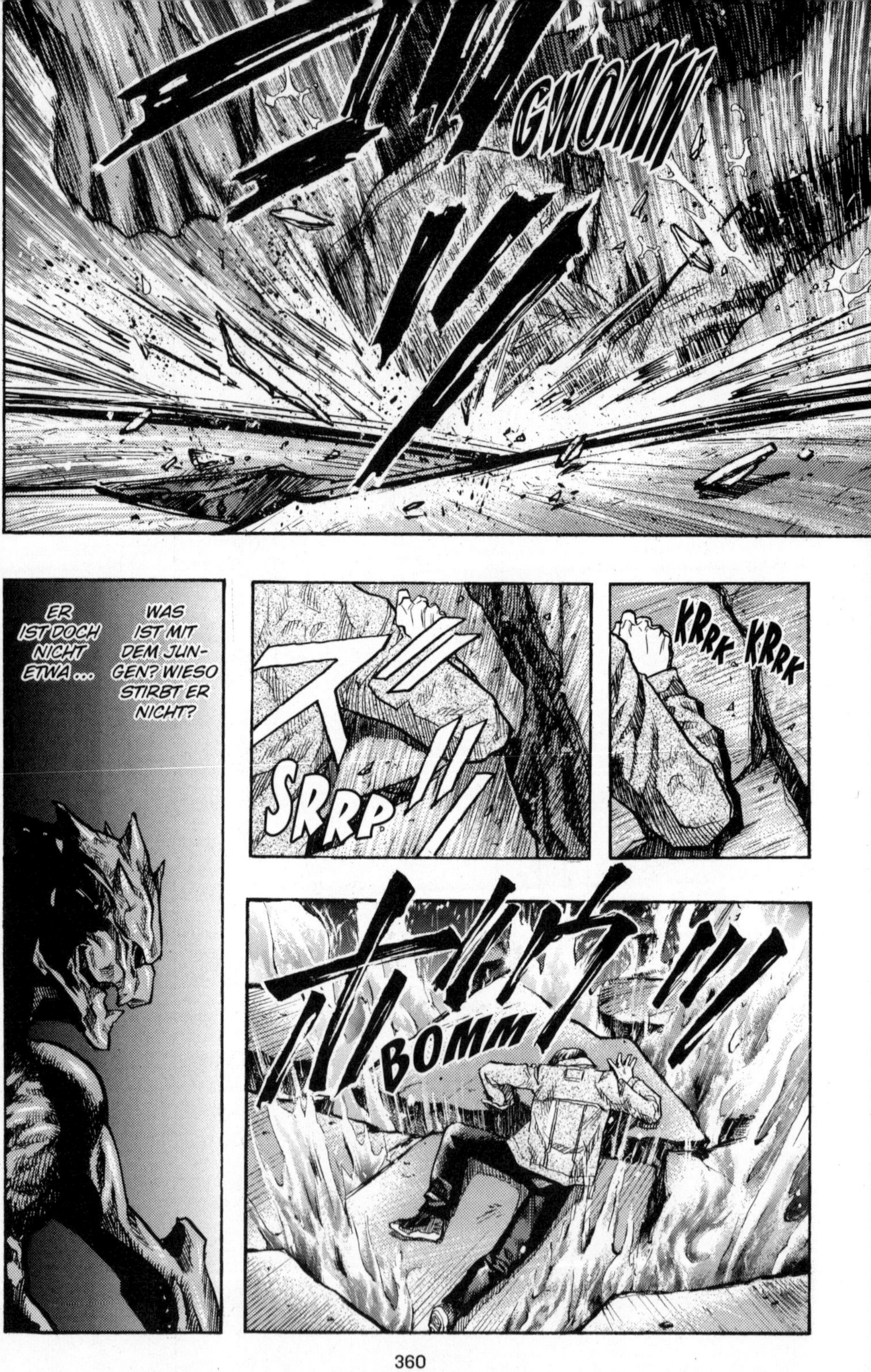
GWOMM
KRRK KRRK
SRRP
BOMM
WAS IST MIT DEM JUNGEN? WIESO STIRBT ER NICHT?
ER IST DOCH NICHT ETWA ...

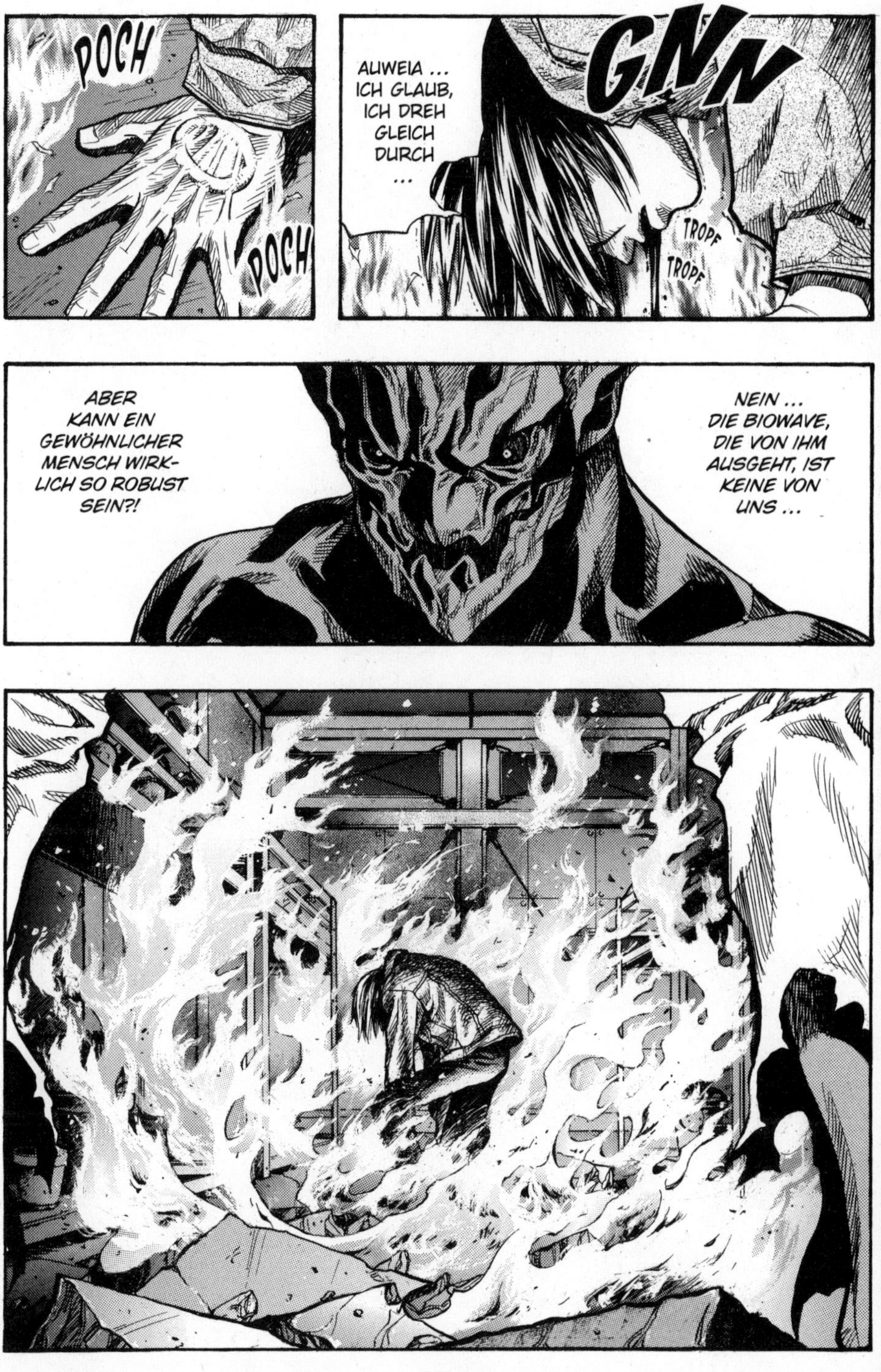
POCH
POCH
GNN
AUWEIA … ICH GLAUB, ICH DREH GLEICH DURCH …
TROPF
TROPF
NEIN … DIE BIOWAVE, DIE VON IHM AUSGEHT, IST KEINE VON UNS …
ABER KANN EIN GEWÖHNLICHER MENSCH WIRKLICH SO ROBUST SEIN?!

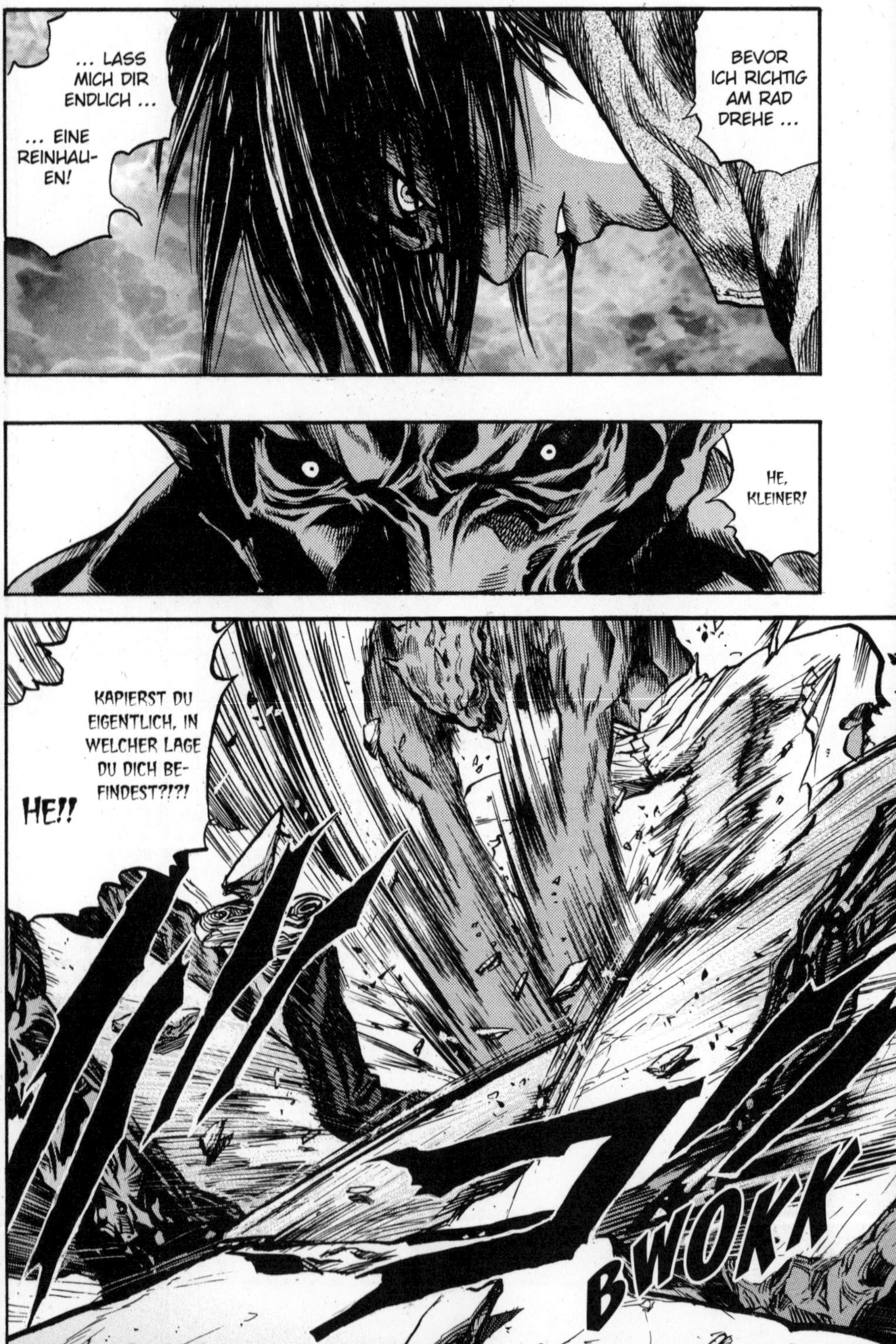
BEVOR ICH RICHTIG AM RAD DREHE …
… LASS MICH DIR ENDLICH …
… EINE REINHAUEN!
HE, KLEINER!
KAPIERST DU EIGENTLICH, IN WELCHER LAGE DU DICH BEFINDEST?!?!
HE!!
BWOKK

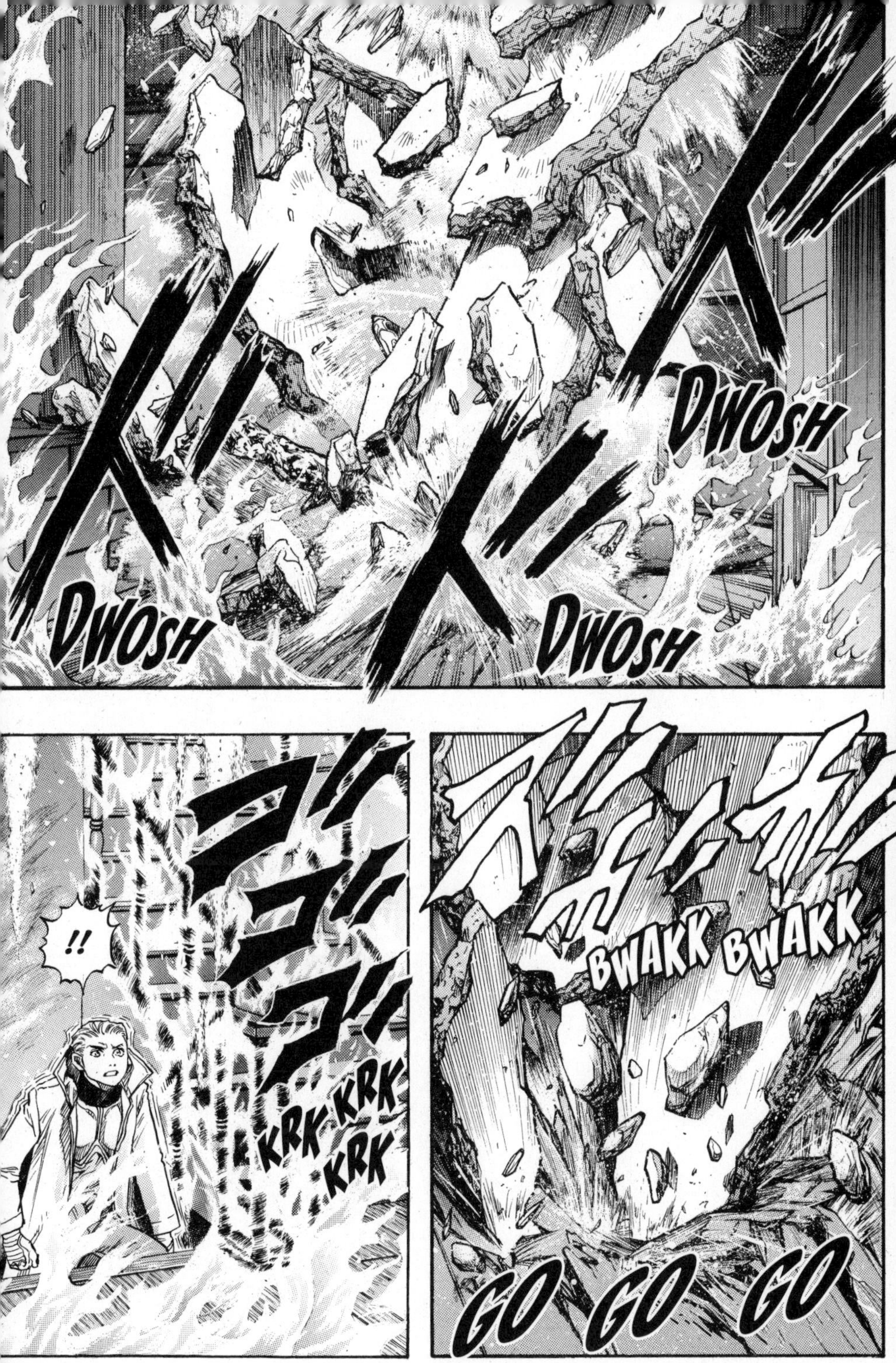
DWOSH
DWOSH
DWOSH
BWAKK BWAKK
GO GO GO
!!
KRK KRK
KRK

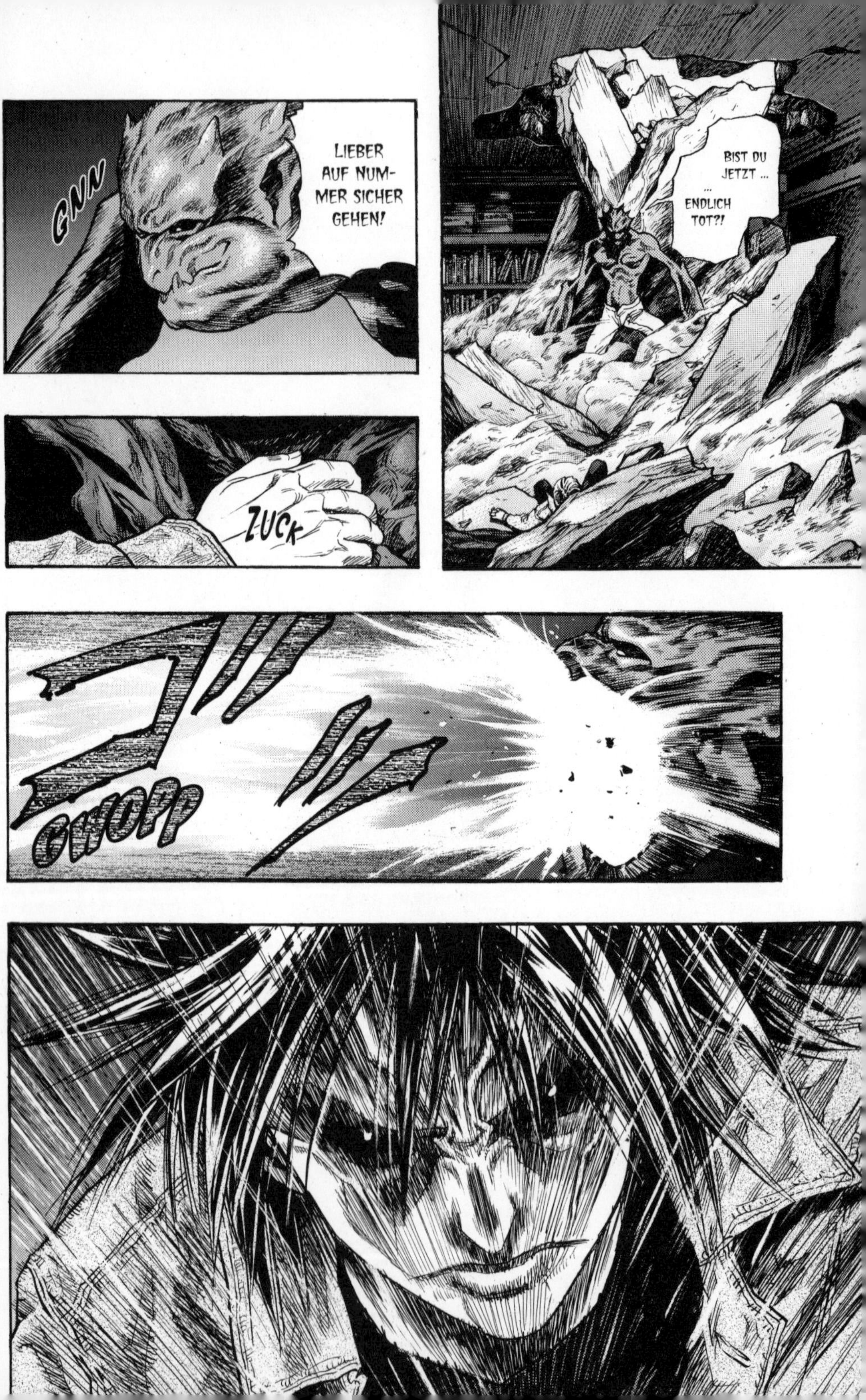

BIST DU JETZT ...
... ENDLICH TOT?!
LIEBER AUF NUM-MER SICHER GEHEN!
GNN
ZUCK
GWOPP

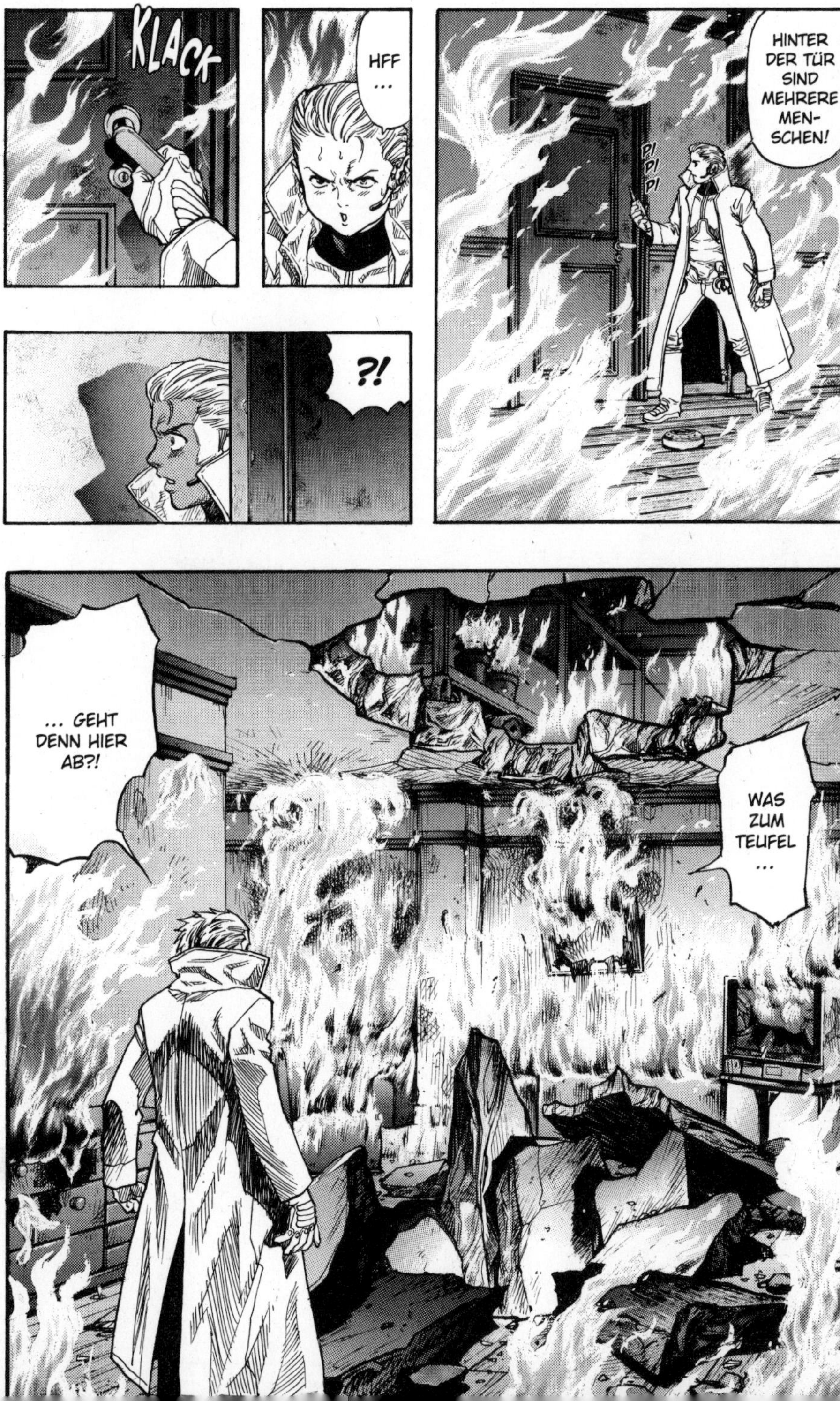
HINTER DER TÜR SIND MEHRERE MEN-SCHEN!
P! P! P!
HFF ...
KLACK
?!
WAS ZUM TEUFEL ...
... GEHT DENN HIER AB?!

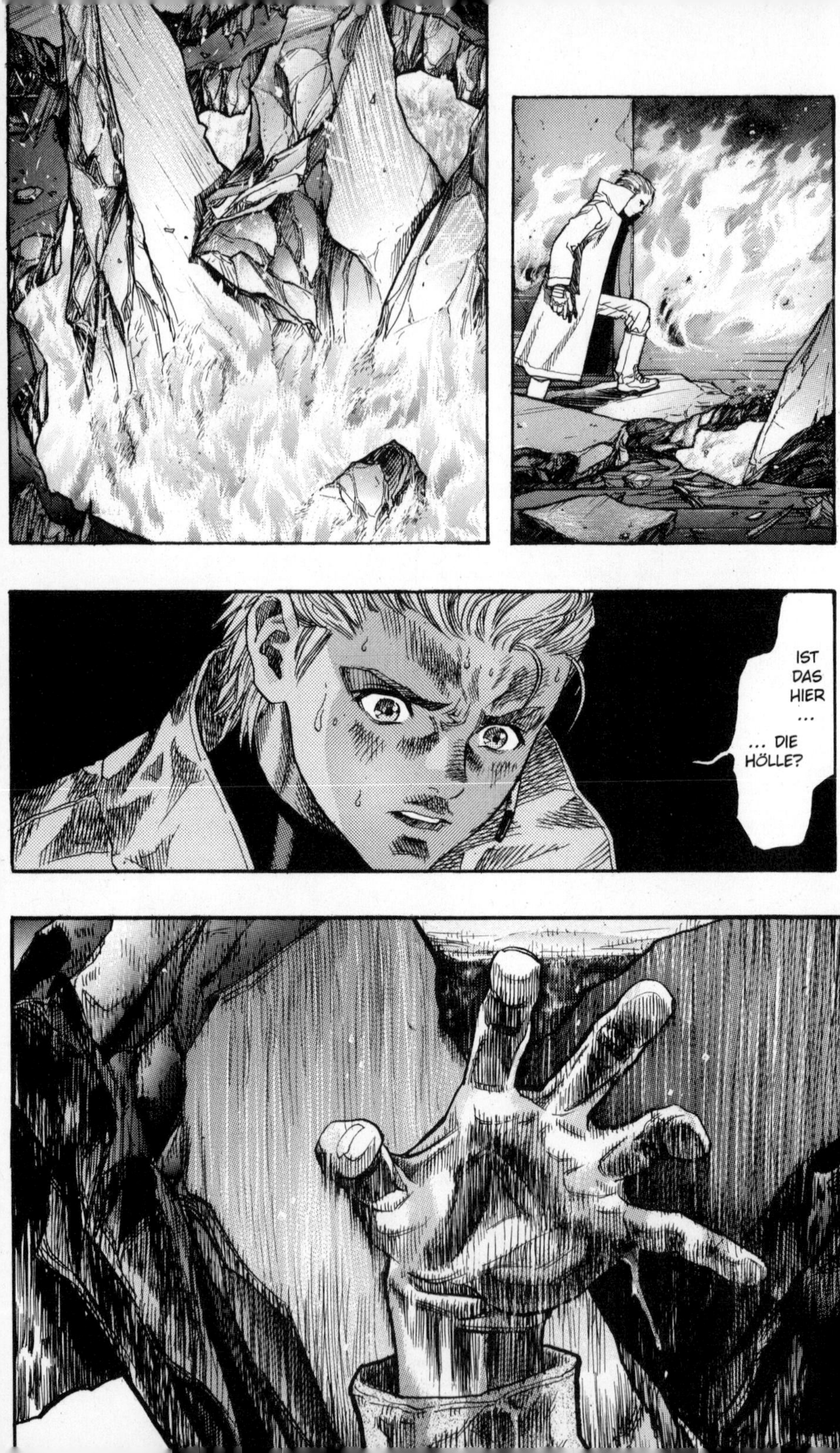
IST DAS HIER ...
... DIE HÖLLE?

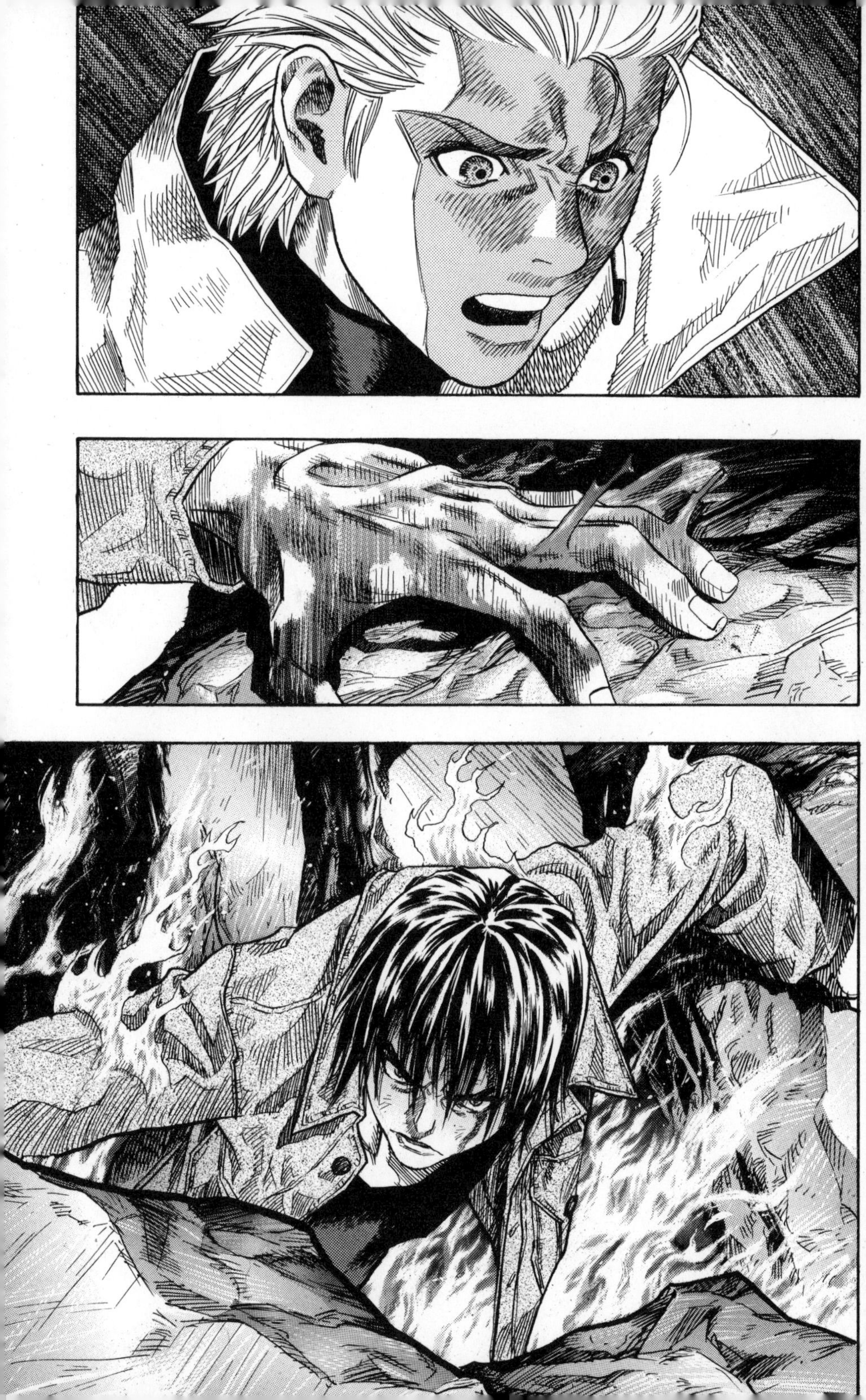

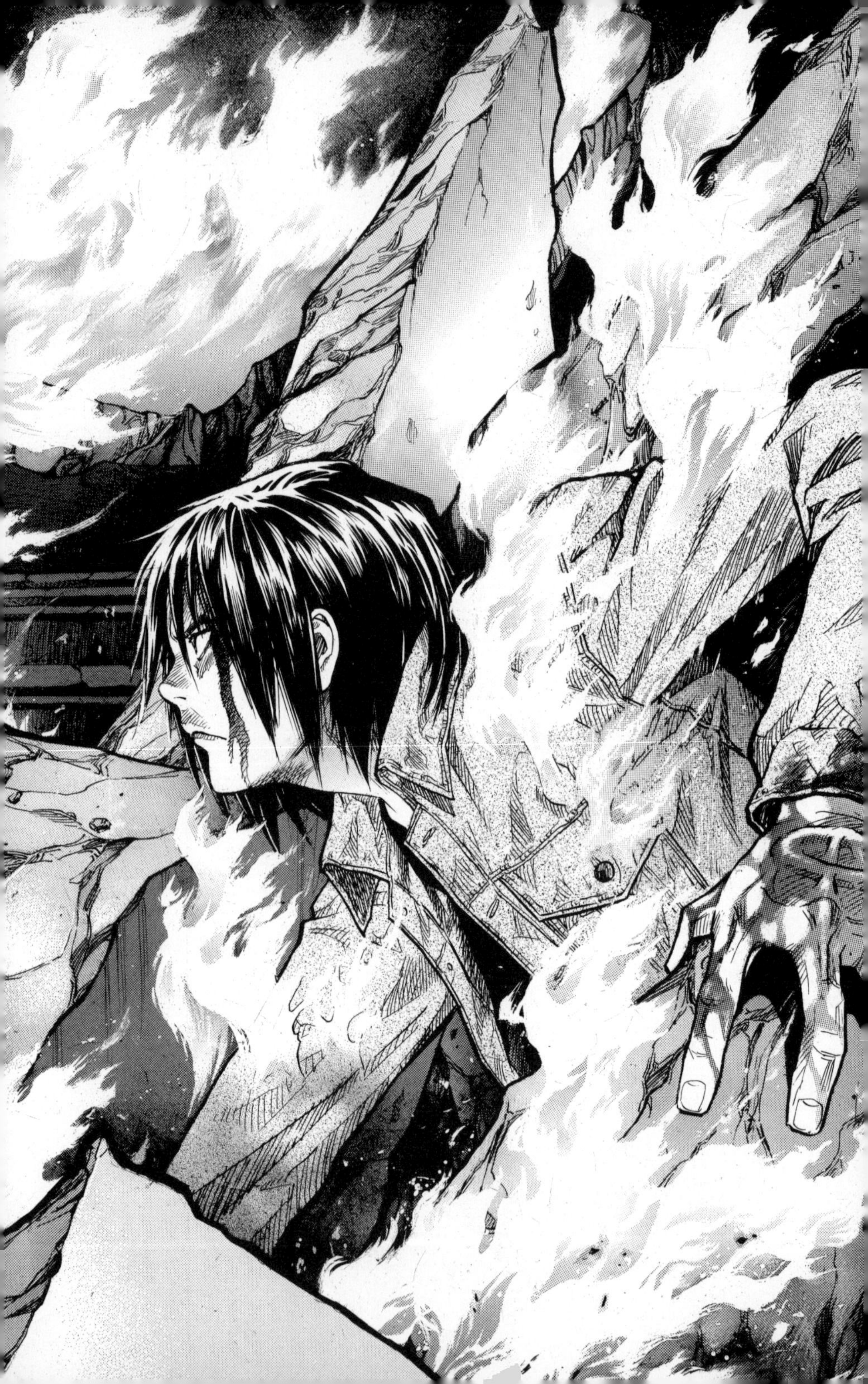

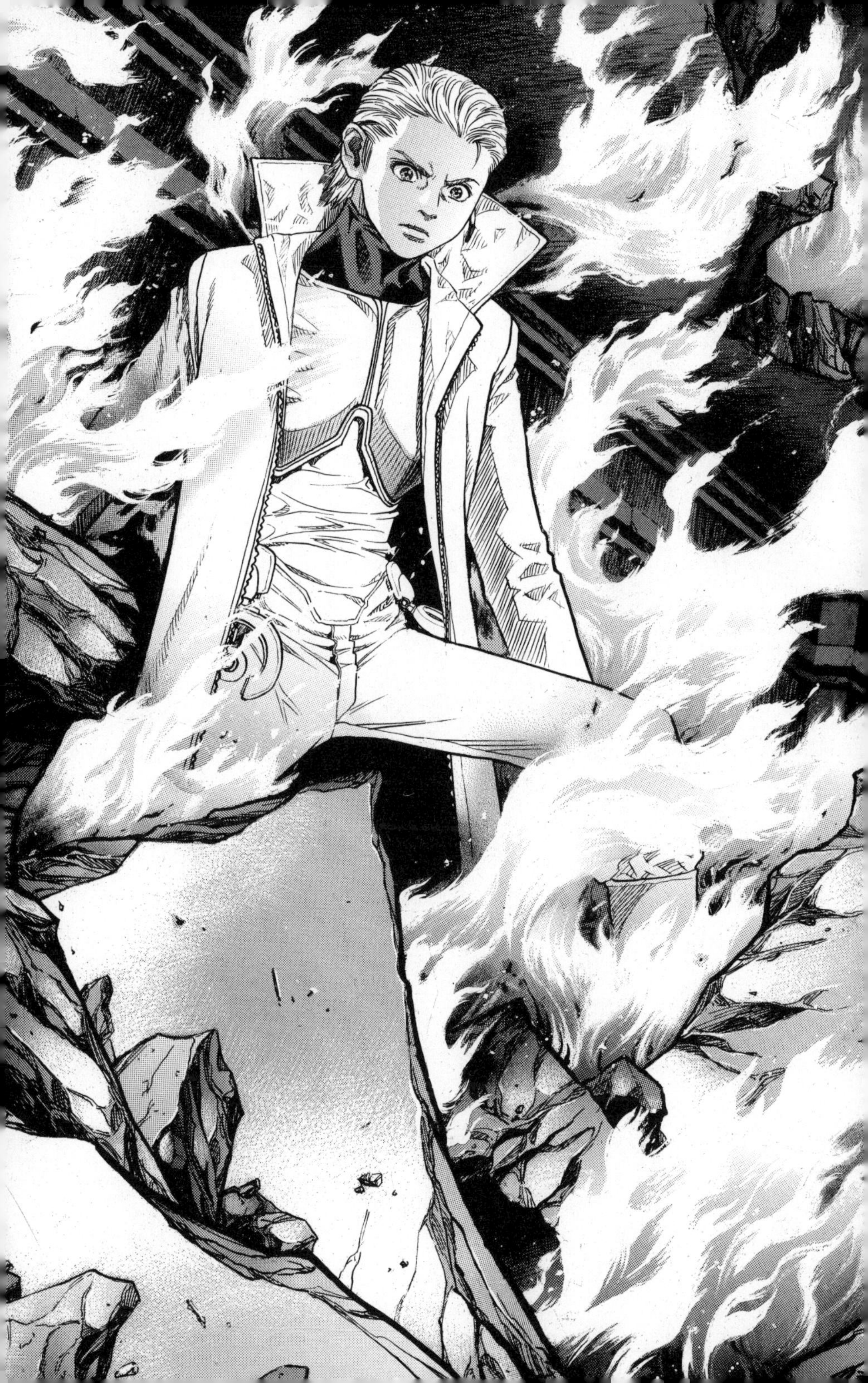

ZETMAN

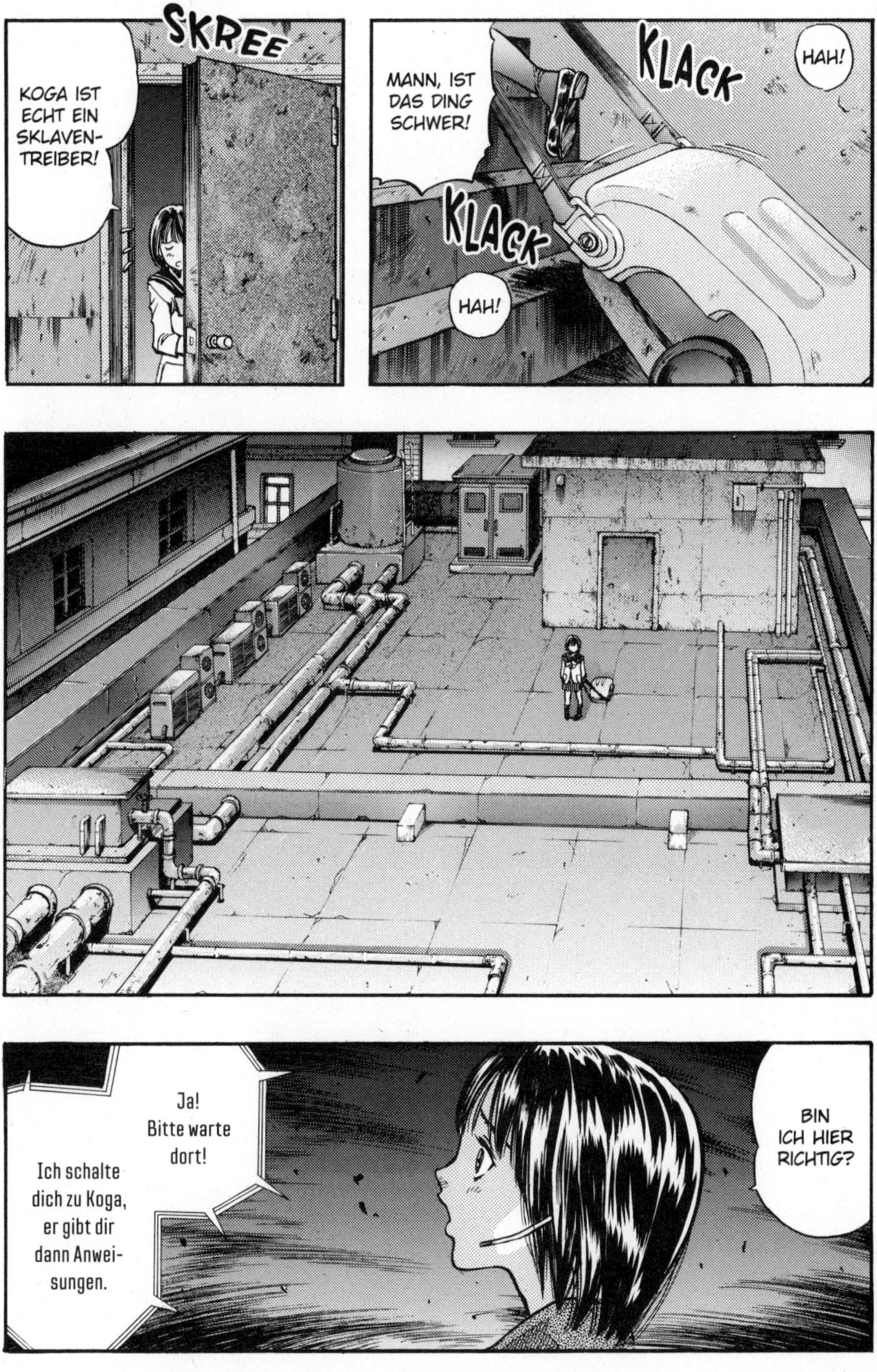
HAH!
KLACK
MANN, IST DAS DING SCHWER!
KLACK
HAH!
SKREE
KOGA IST ECHT EIN SKLAVEN-TREIBER!
BIN ICH HIER RICHTIG?
Ja! Bitte warte dort!
Ich schalte dich zu Koga, er gibt dir dann Anwei-sungen.

Episode 19:
Opposition

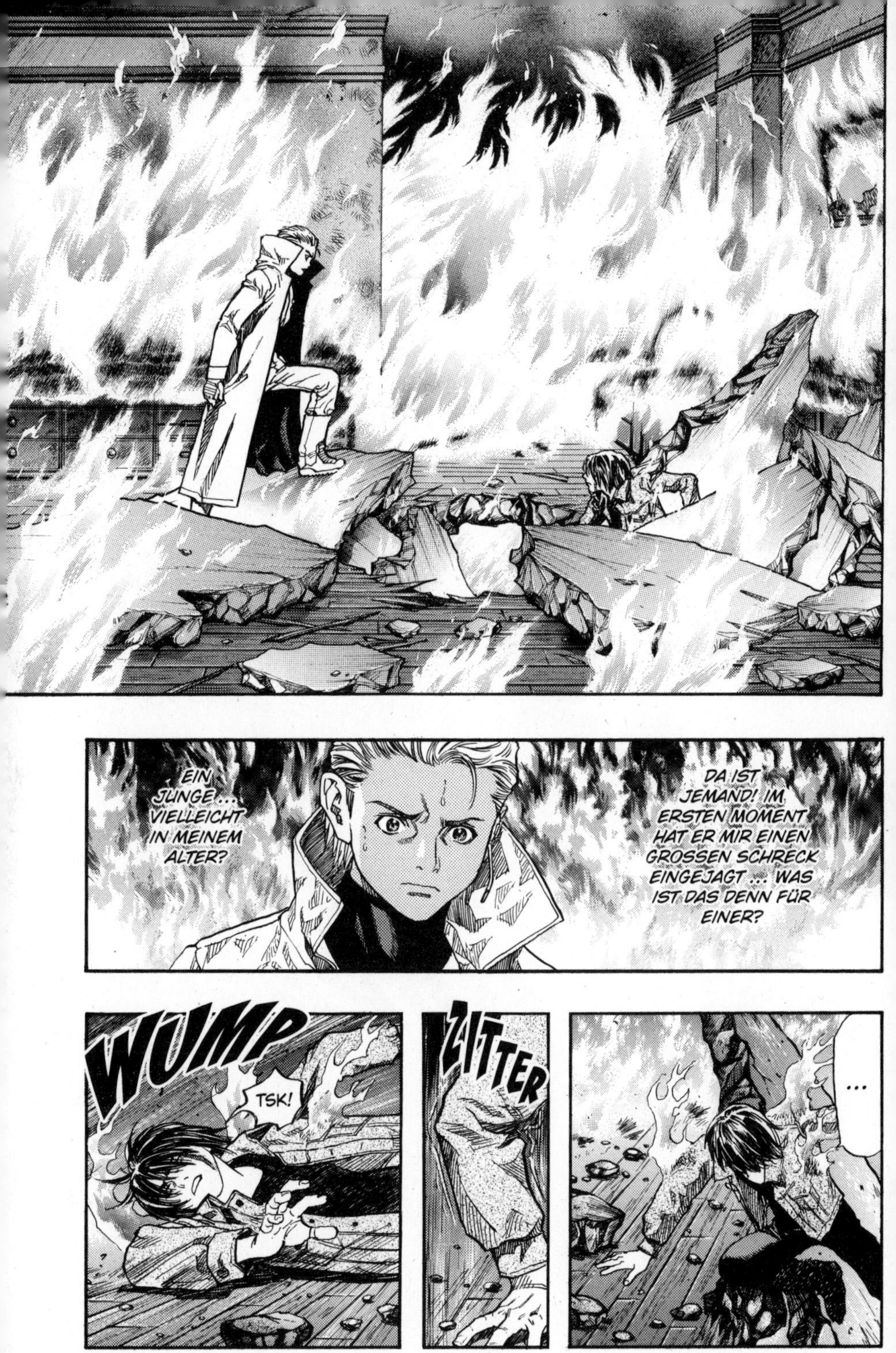
DA IST JEMAND! IM ERSTEN MOMENT HAT ER MIR EINEN GROSSEN SCHRECK EINGEJAGT ... WAS IST DAS DENN FÜR EINER?
EIN JUNGE ... VIELLEICHT IN MEINEM ALTER?
WUMP
TSK!
ZITTER
...

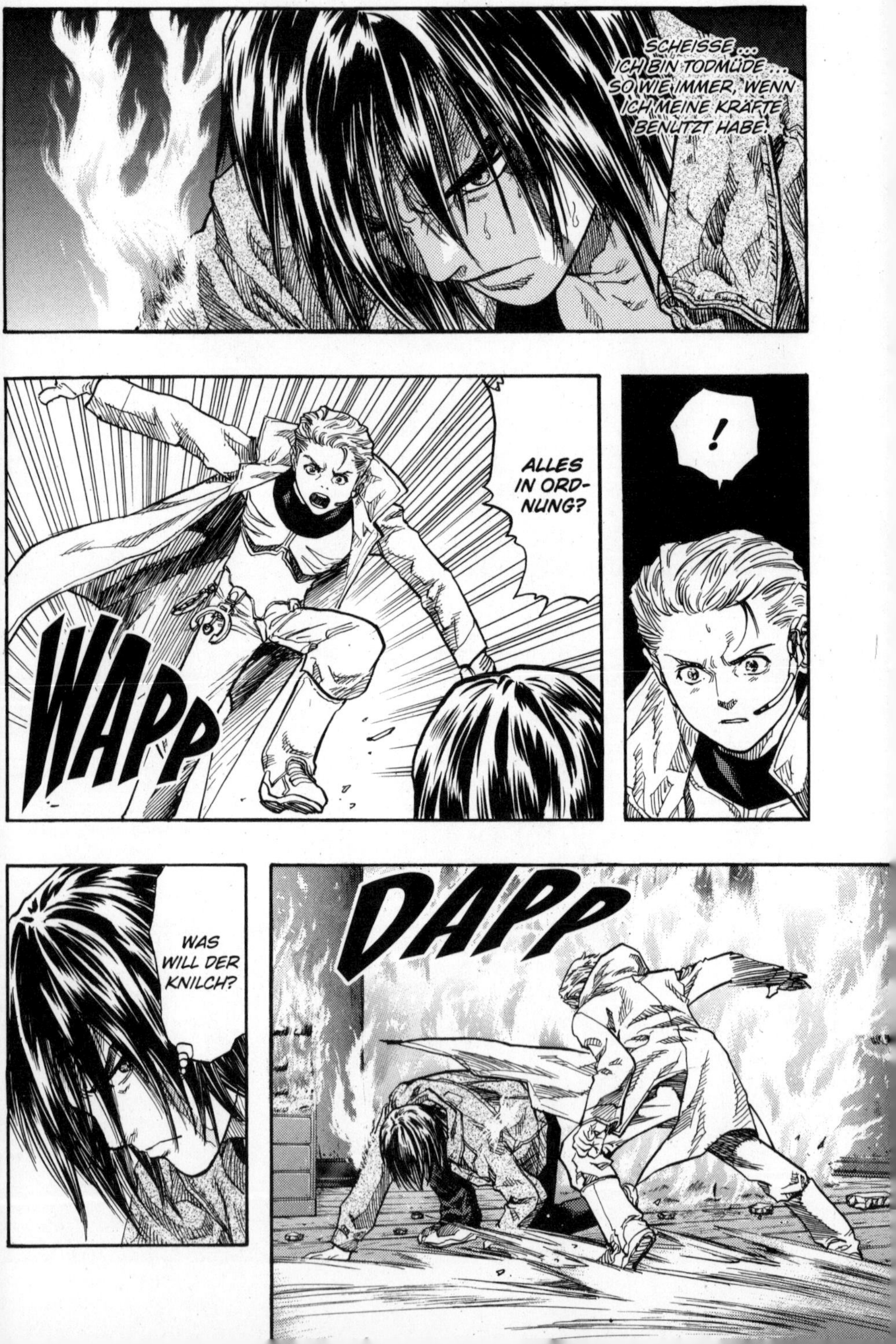
SCHEISSE ... ICH BIN TODMÜDE ... SO WIE IMMER, WENN ICH MEINE KRÄFTE BENUTZT HABE.
!
ALLES IN ORD-NUNG?
WAPP
DAPP
WAS WILL DER KNILCH?

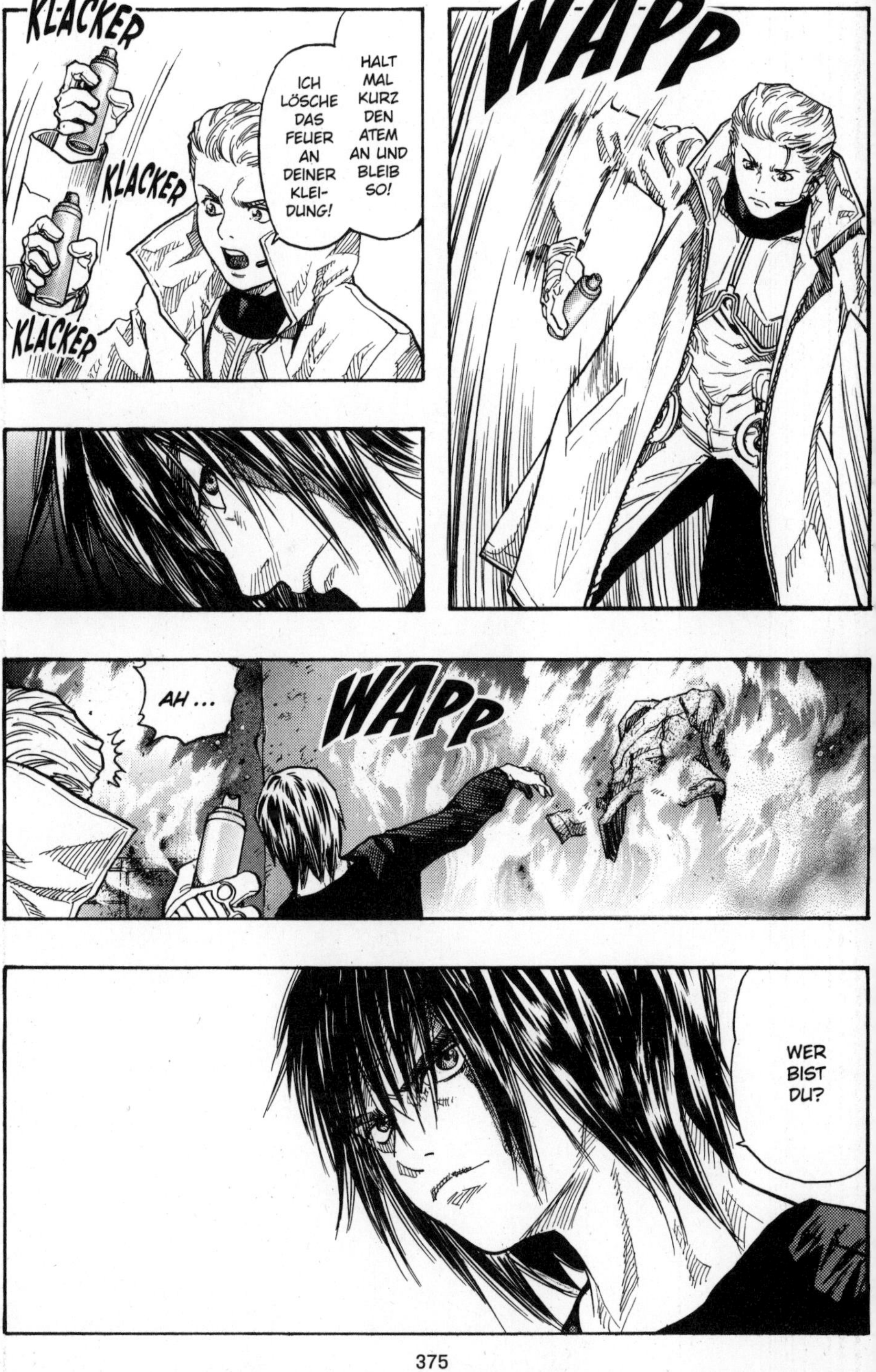
WAPP
KL-ACKER
KLACKER
KLACKER
HALT MAL KURZ DEN ATEM AN UND BLEIB SO!
ICH LÖSCHE DAS FEUER AN DEINER KLEI-DUNG!
WAPP
AH …
WER BIST DU?

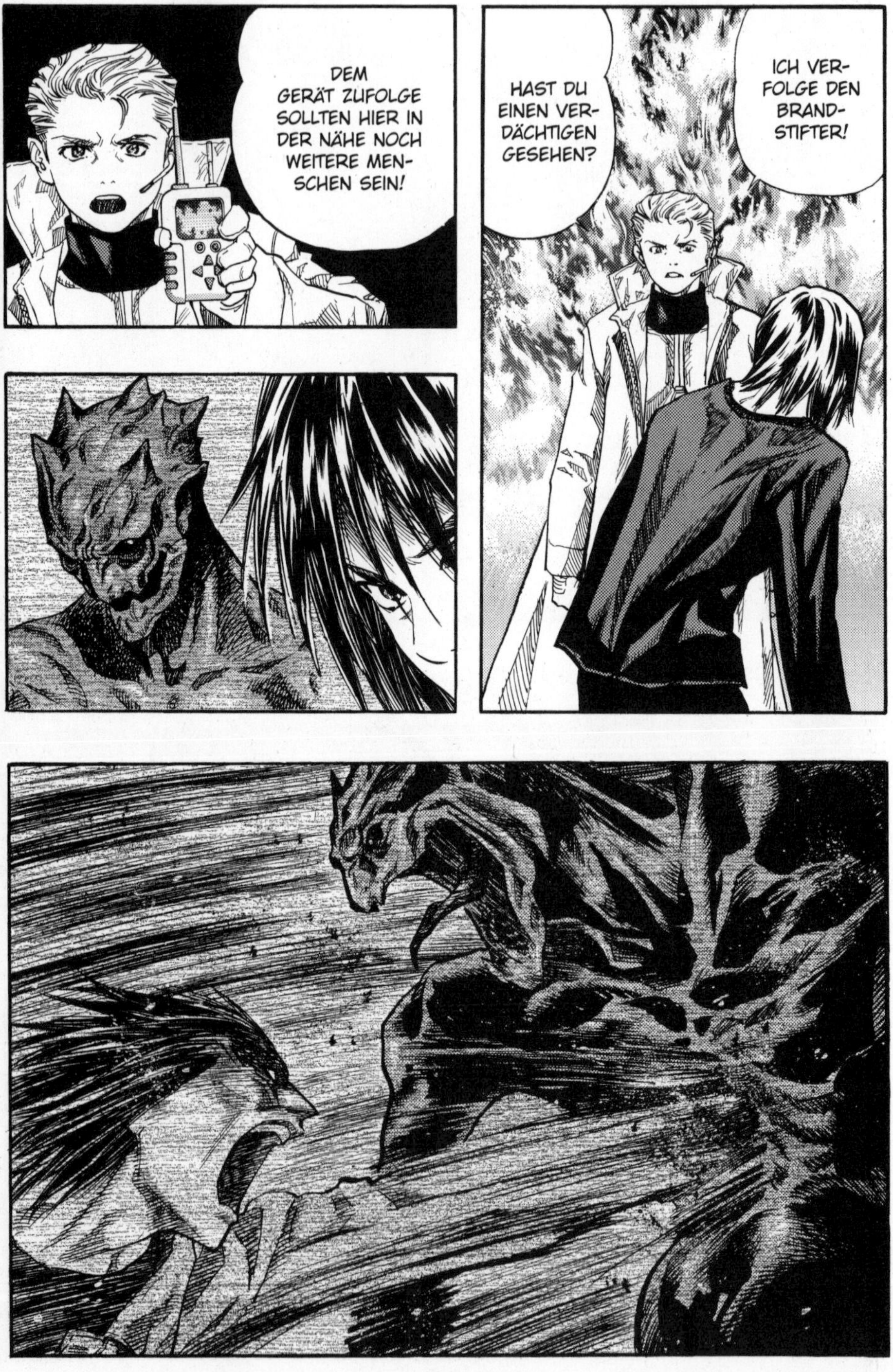
ICH VERFOLGE DEN BRANDSTIFTER!
HAST DU EINEN VERDÄCHTIGEN GESEHEN?
DEM GERÄT ZUFOLGE SOLLTEN HIER IN DER NÄHE NOCH WEITERE MENSCHEN SEIN!

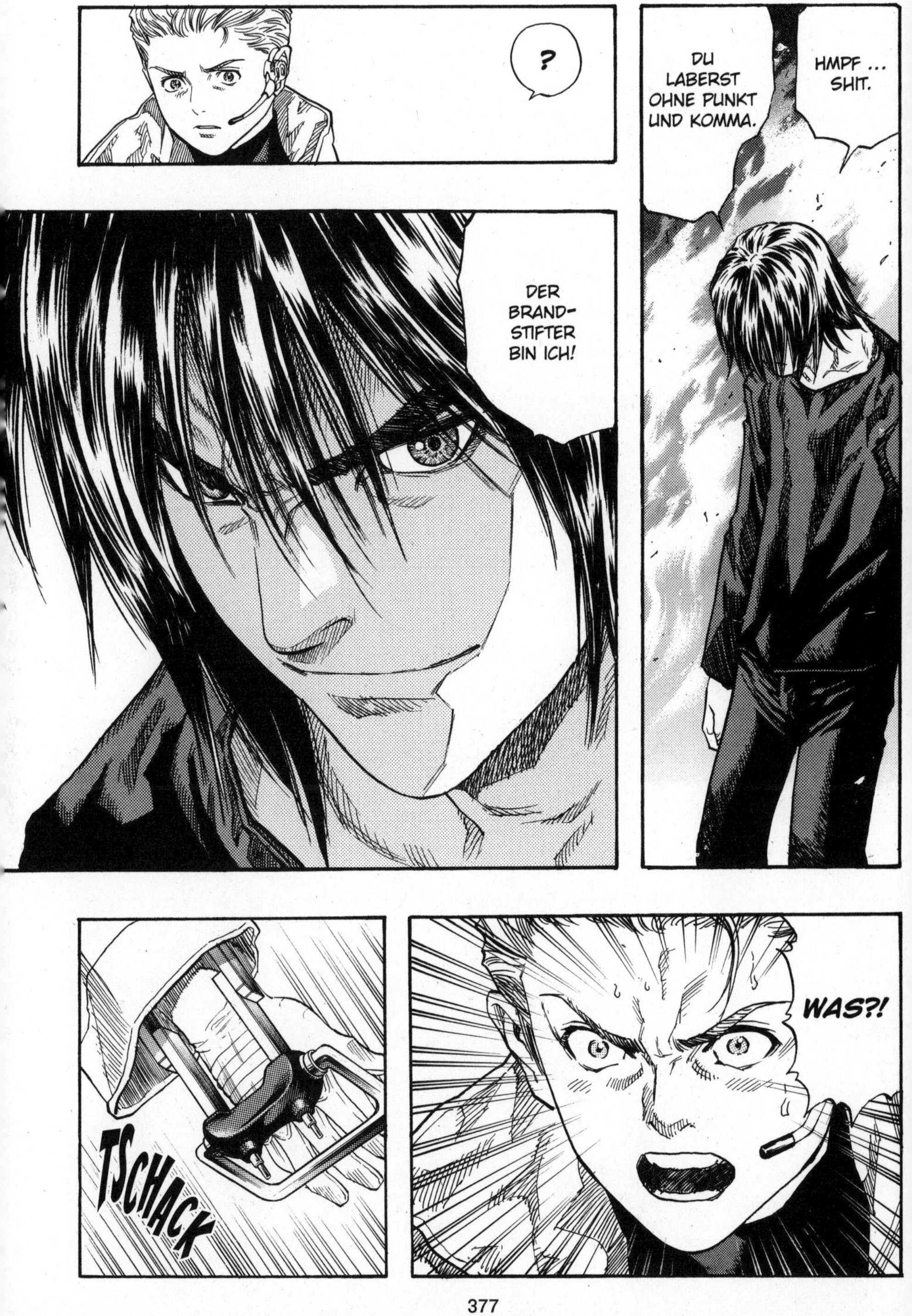
HMPF ... SHIT.
DU LABERST OHNE PUNKT UND KOMMA.
?
DER BRAND-STIFTER BIN ICH!
WAS?!
TSCHACK

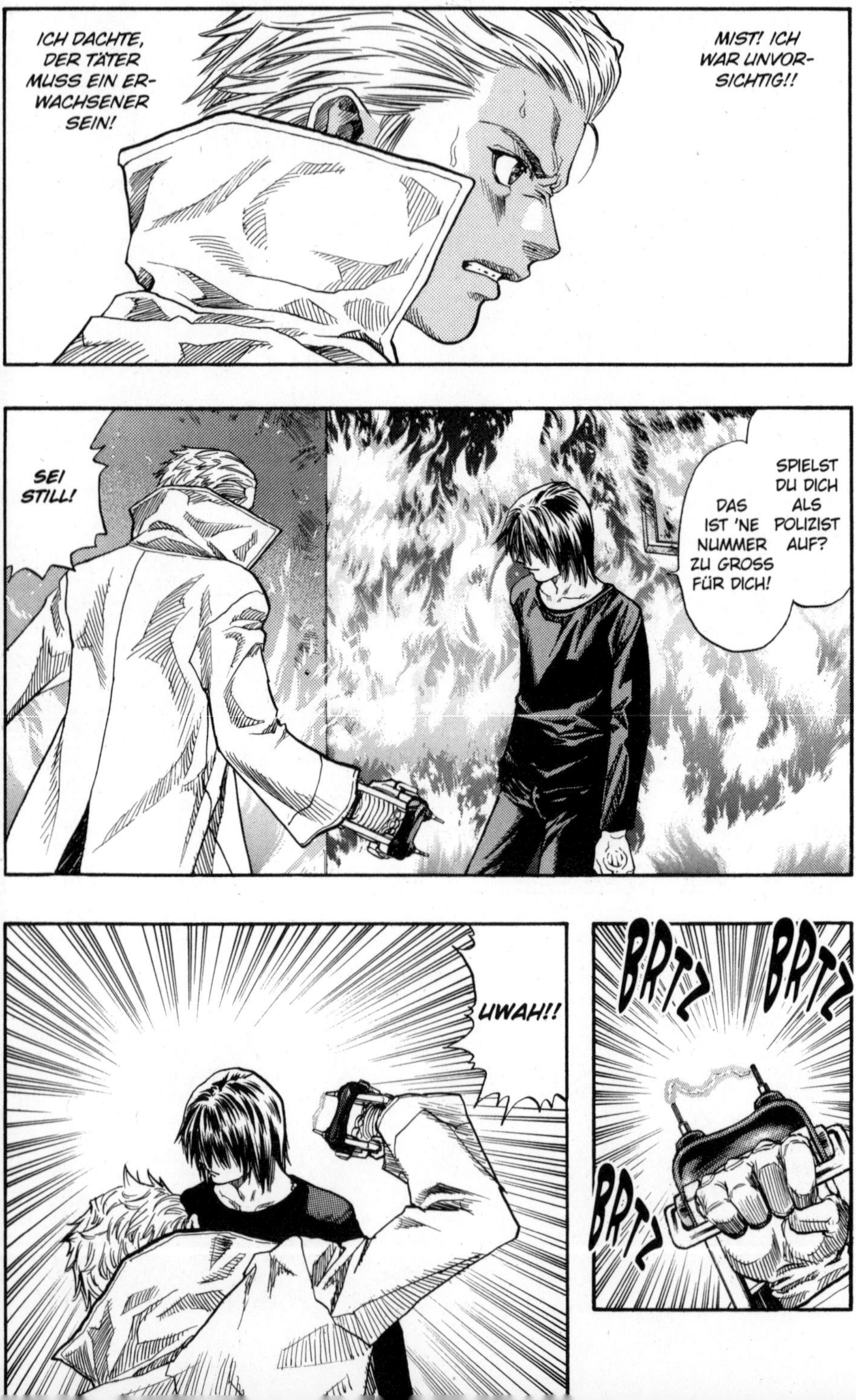
MIST! ICH WAR UNVOR-SICHTIG!!
ICH DACHTE, DER TÄTER MUSS EIN ER-WACHSENER SEIN!
SPIELST DU DICH ALS POLIZIST AUF?
DAS IST 'NE NUMMER ZU GROSS FÜR DICH!
SEI STILL!
BRTZ BRTZ
BRTZ
UWAH!!

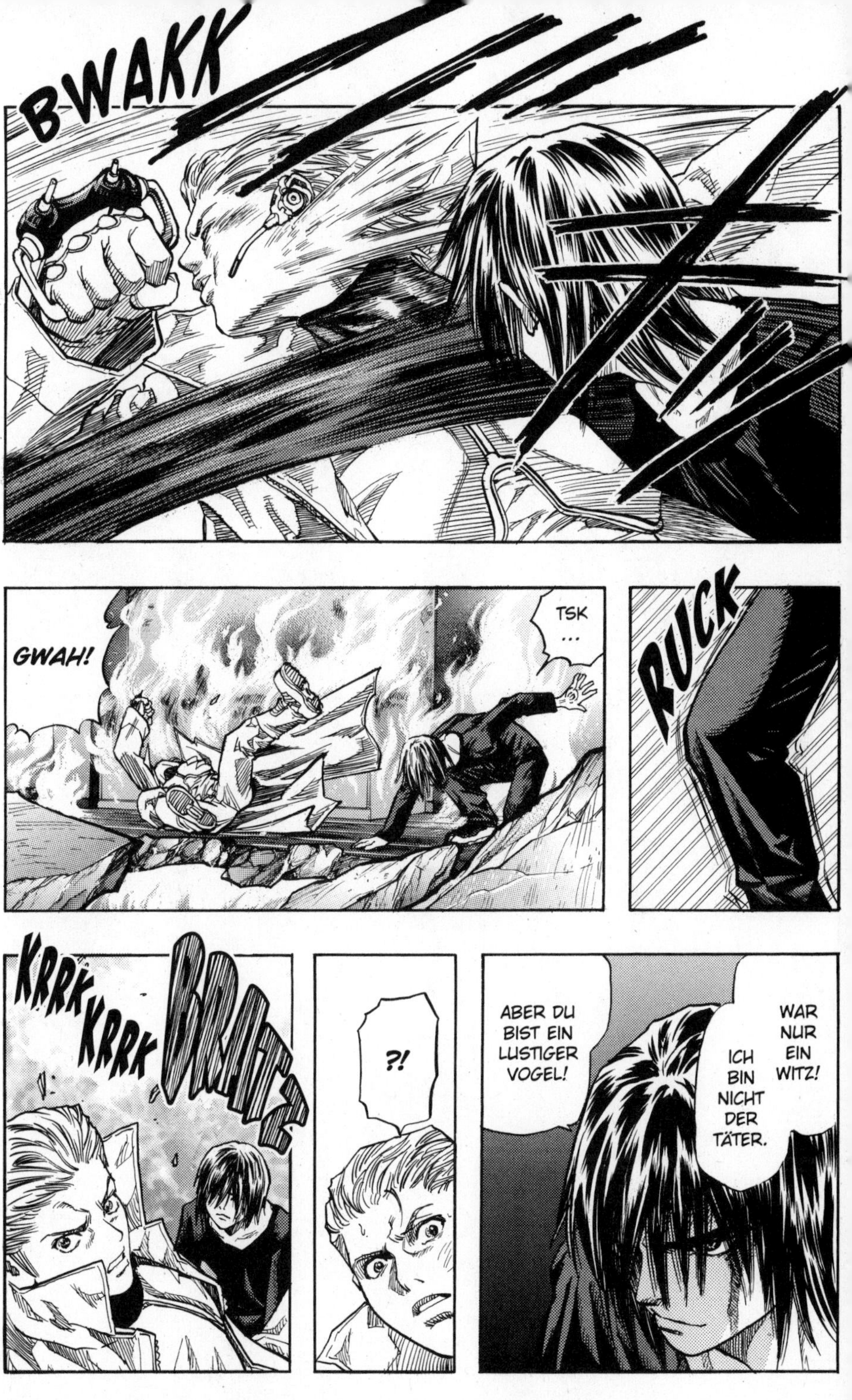
BWAKK
RUCK
TSK …
GWAH!
WAR NUR EIN WITZ!
ICH BIN NICHT DER TÄTER.
ABER DU BIST EIN LUSTIGER VOGEL!
?!
KRRK
KRRK

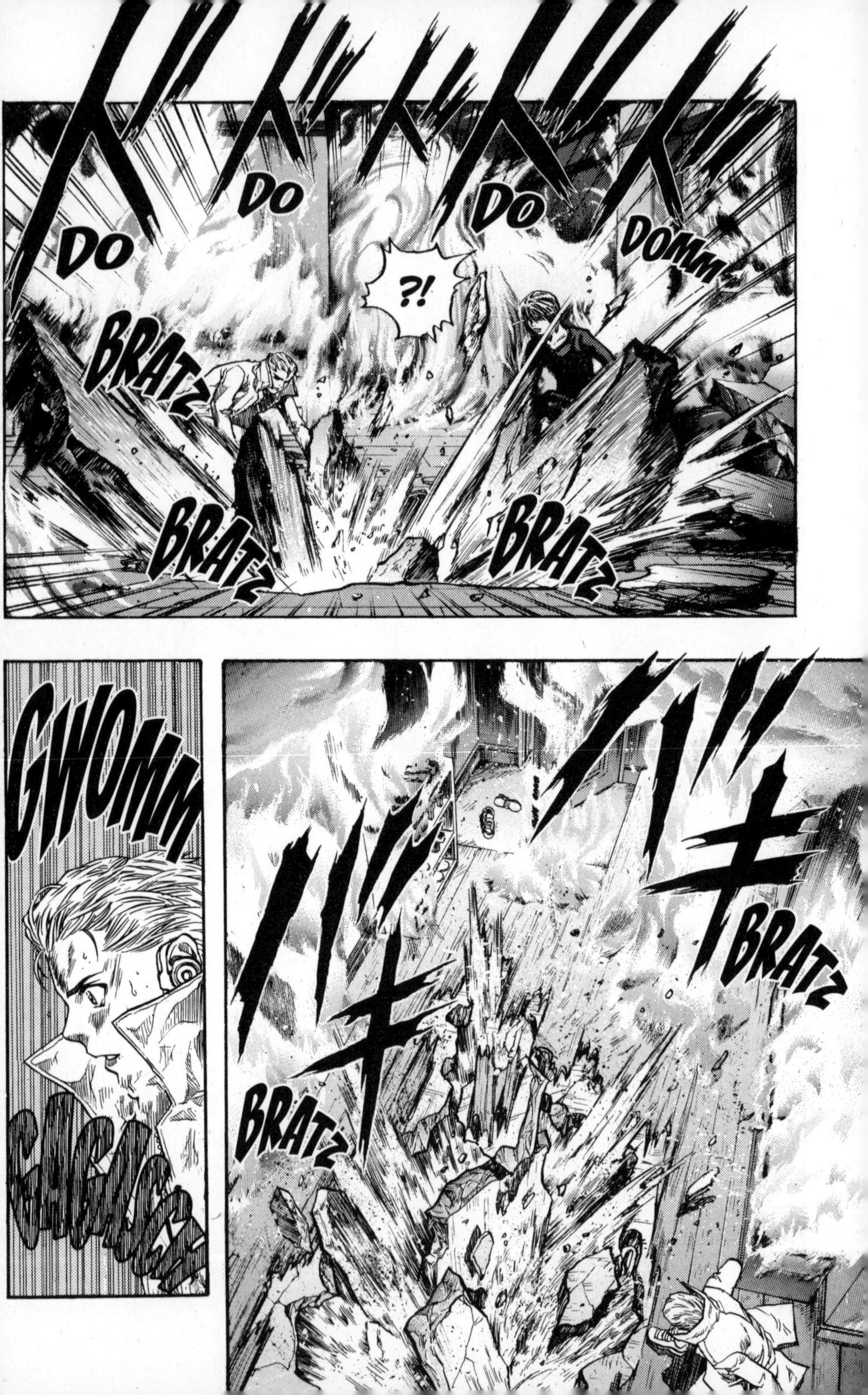
DOMM
DO
?!
DO
DO
BRATZ
BRATZ
BRATZ
BRATZ
BRATZ
GWOMM

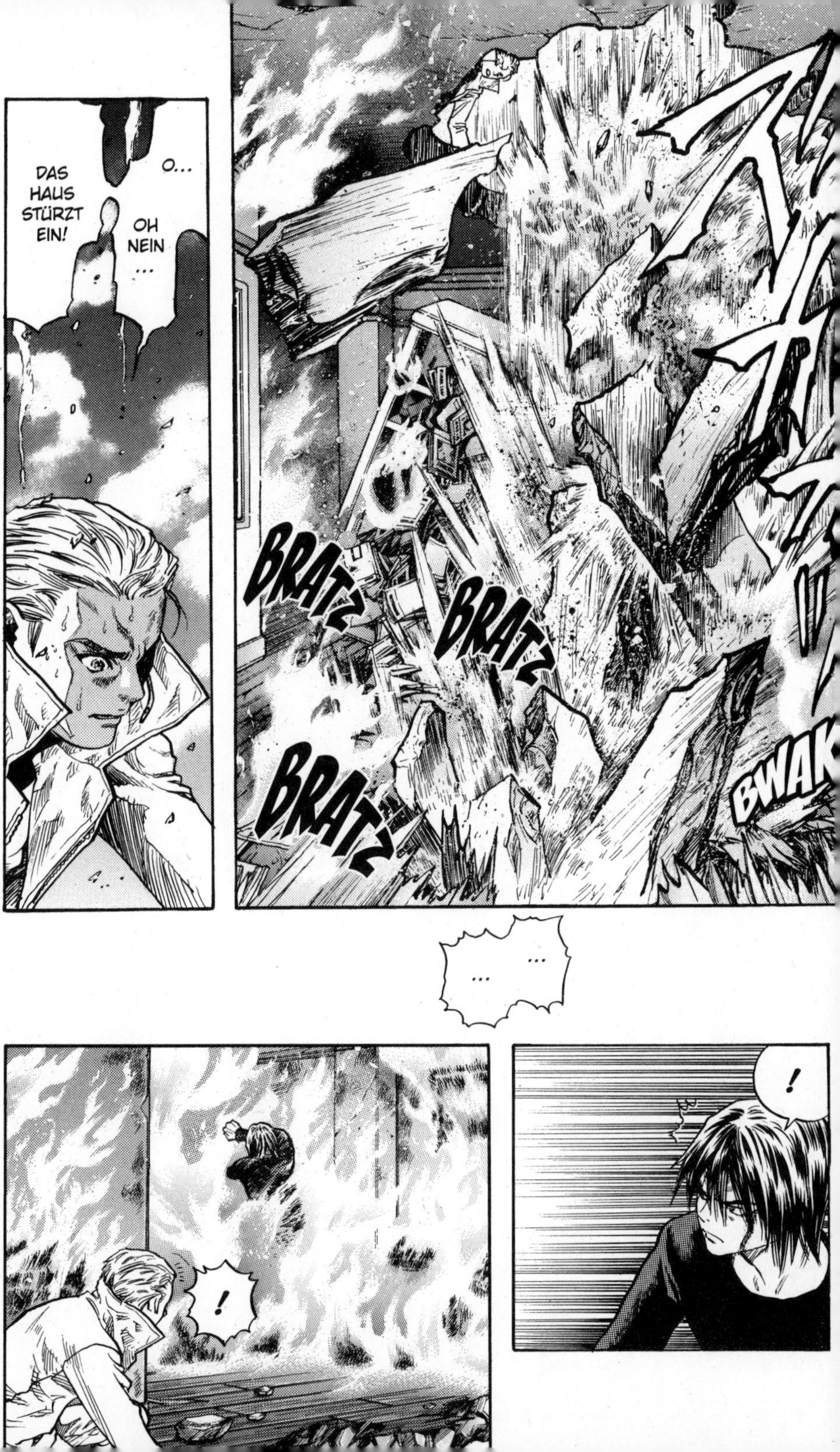

O…
OH NEIN …
DAS HAUS STÜRZT EIN!
BWAK
BRATZ
BRATZ
BRATZ
… …
!
!

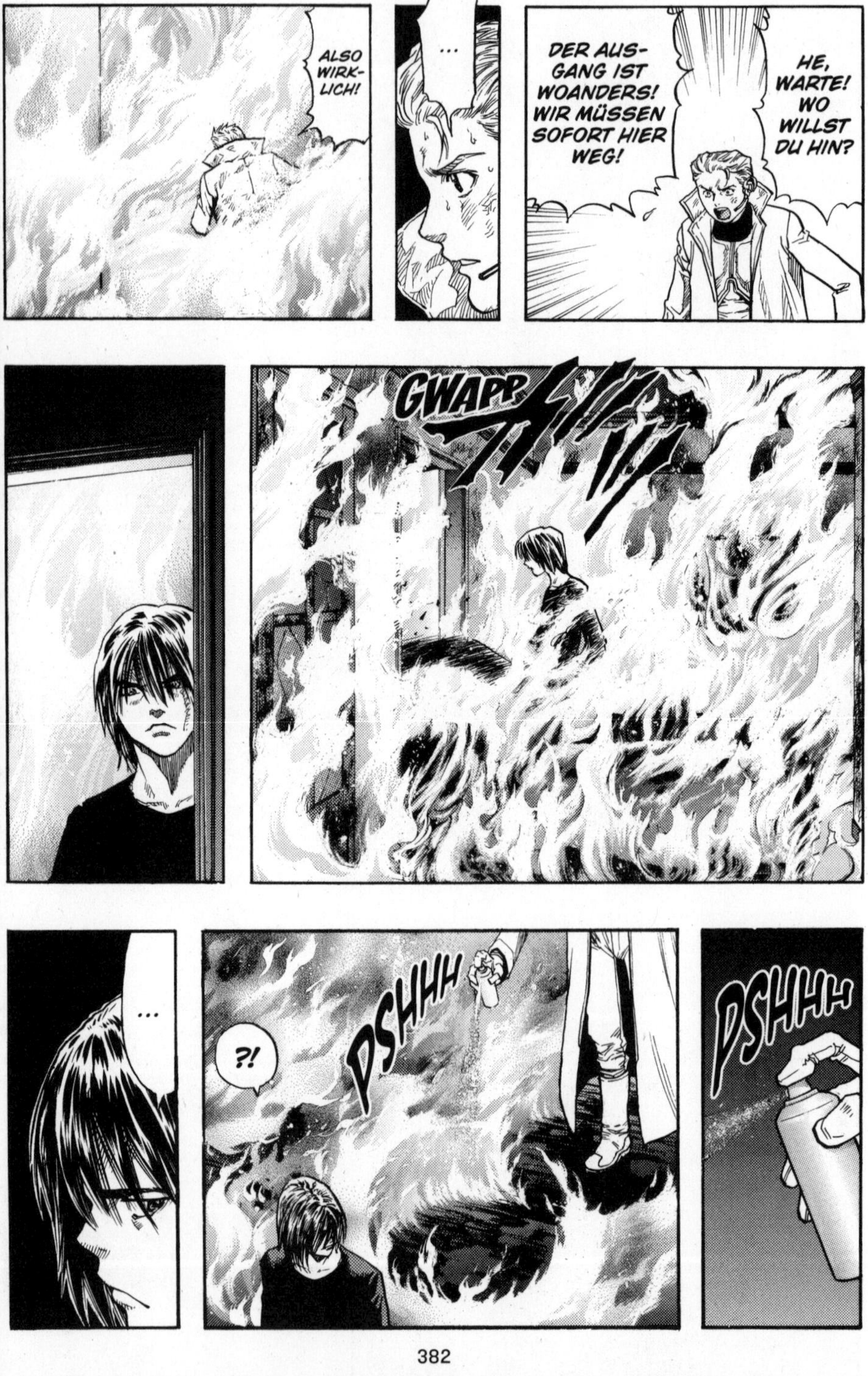
HE, WARTE! WO WILLST DU HIN?
DER AUS-GANG IST WOANDERS! WIR MÜSSEN SOFORT HIER WEG!
...
ALSO WIRK-LICH!
GWAPP
PSHHH
PSHHH
?!
...

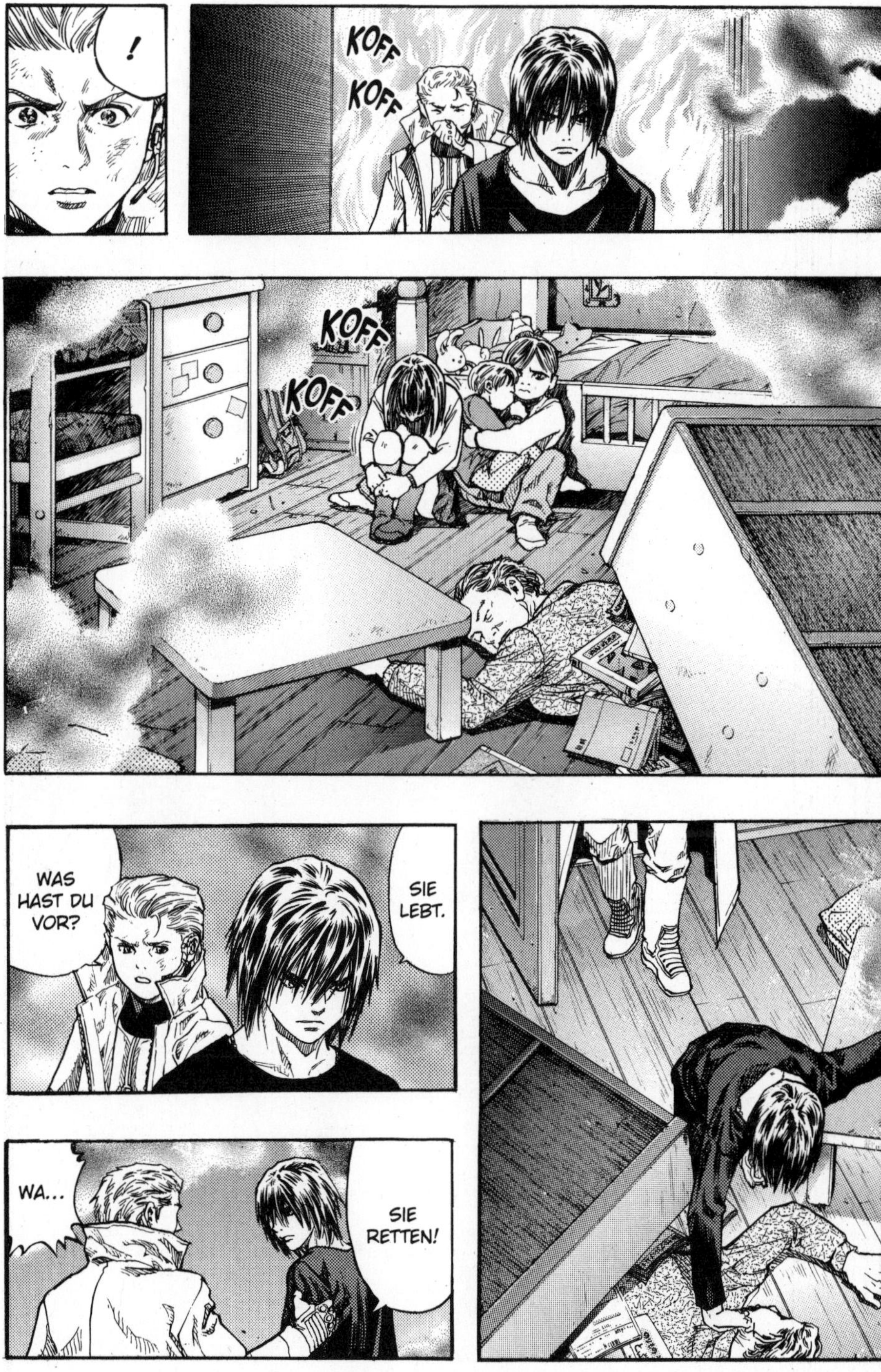
KOFF
KOFF
!
KOFF
KOFF
SIE LEBT.
WAS HAST DU VOR?
SIE RETTEN!
WA...

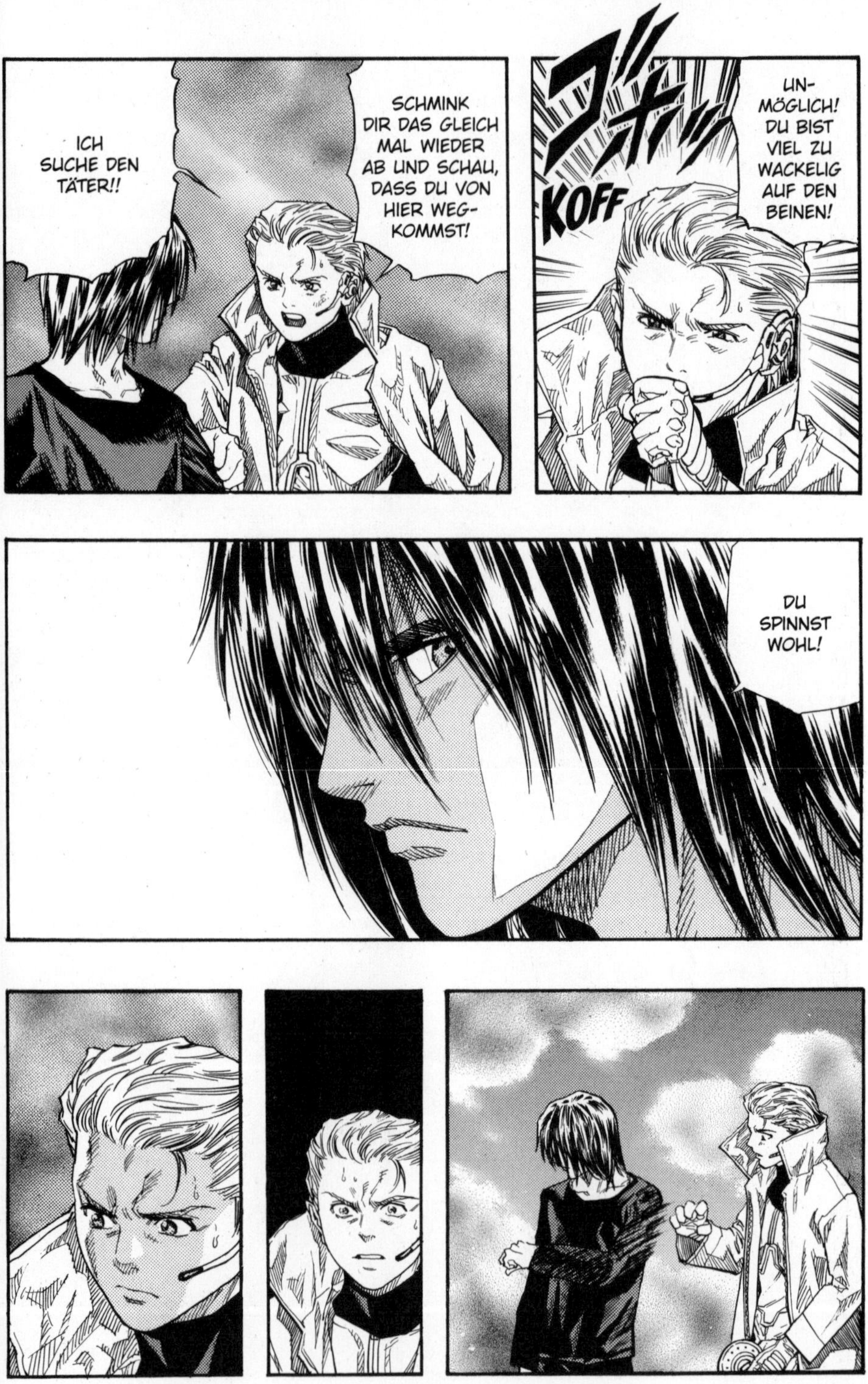
KOFF
UN-MÖGLICH! DU BIST VIEL ZU WACKELIG AUF DEN BEINEN!
SCHMINK DIR DAS GLEICH MAL WIEDER AB UND SCHAU, DASS DU VON HIER WEG-KOMMST!
ICH SUCHE DEN TÄTER!!
DU SPINNST WOHL!

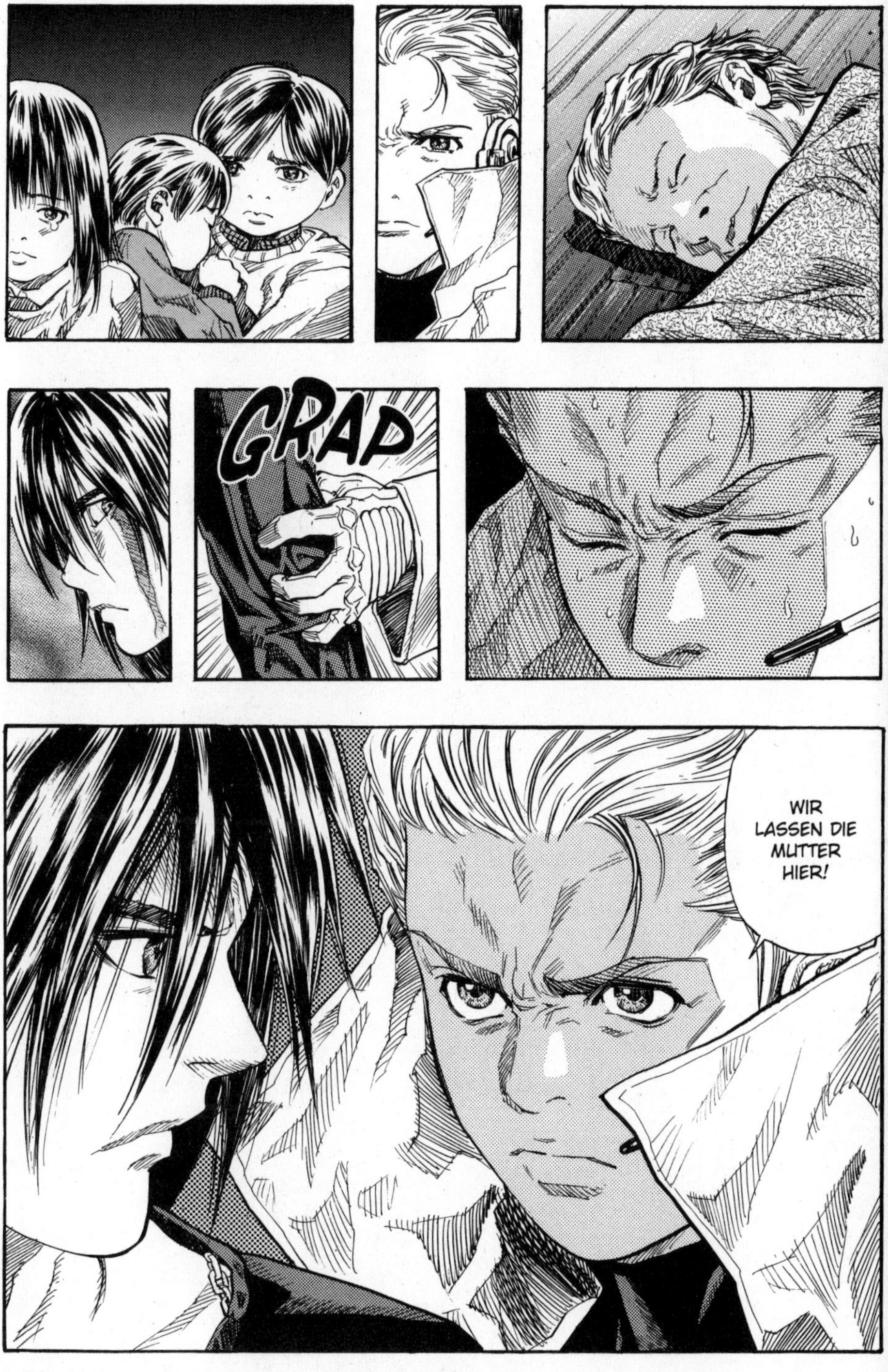
GRAP
WIR LASSEN DIE MUTTER HIER!

ZETMAN

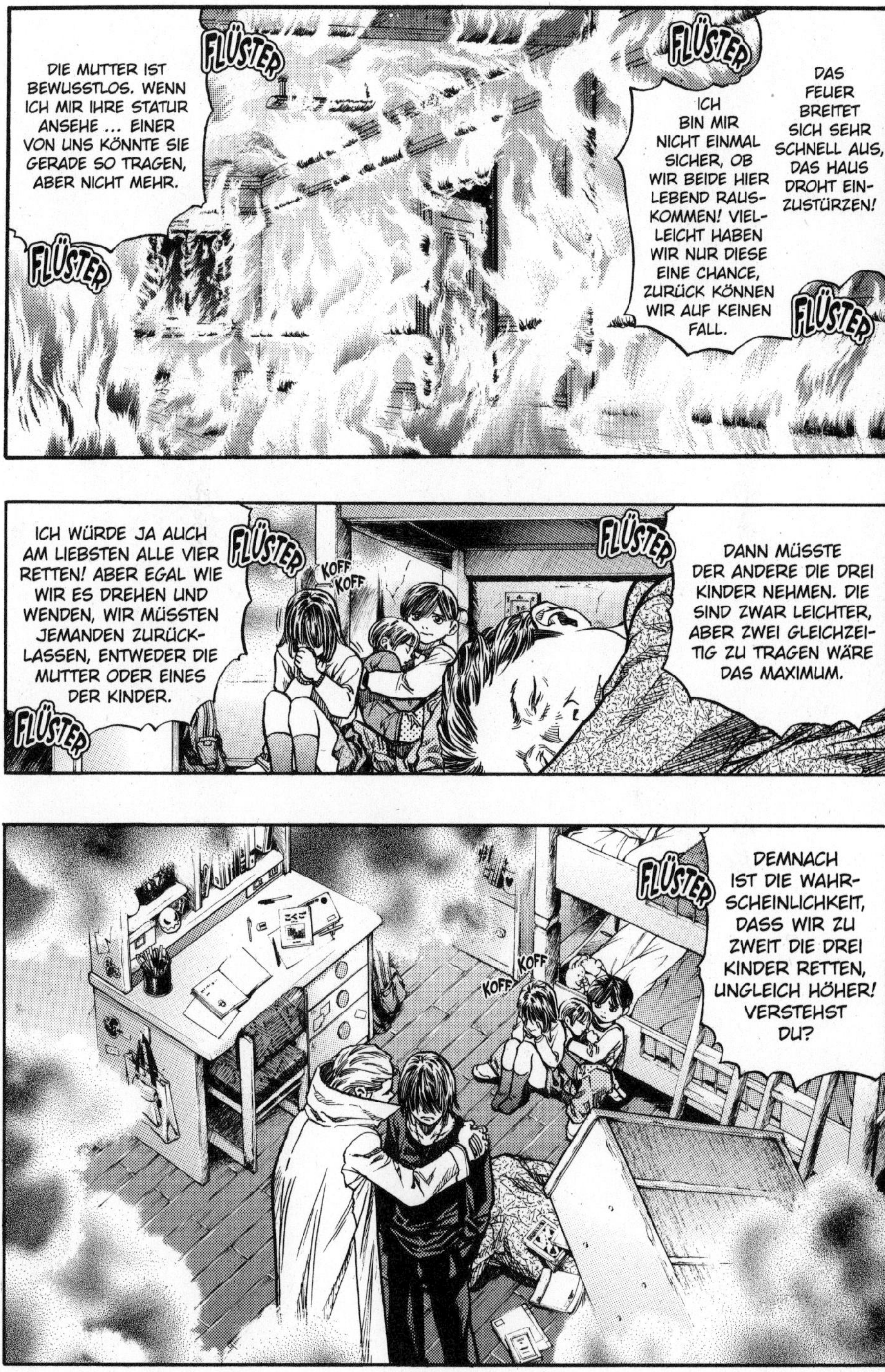
FLÜSTER
FLÜSTER
DAS FEUER BREITET SICH SEHR SCHNELL AUS, DAS HAUS DROHT EINZUSTÜRZEN!
ICH BIN MIR NICHT EINMAL SICHER, OB WIR BEIDE HIER LEBEND RAUSKOMMEN! VIELLEICHT HABEN WIR NUR DIESE EINE CHANCE, ZURÜCK KÖNNEN WIR AUF KEINEN FALL.
FLÜSTER
DIE MUTTER IST BEWUSSTLOS. WENN ICH MIR IHRE STATUR ANSEHE … EINER VON UNS KÖNNTE SIE GERADE SO TRAGEN, ABER NICHT MEHR.
FLÜSTER
FLÜSTER
DANN MÜSSTE DER ANDERE DIE DREI KINDER NEHMEN. DIE SIND ZWAR LEICHTER, ABER ZWEI GLEICHZEITIG ZU TRAGEN WÄRE DAS MAXIMUM.
KOFF KOFF
FLÜSTER
ICH WÜRDE JA AUCH AM LIEBSTEN ALLE VIER RETTEN! ABER EGAL WIE WIR ES DREHEN UND WENDEN, WIR MÜSSTEN JEMANDEN ZURÜCKLASSEN, ENTWEDER DIE MUTTER ODER EINES DER KINDER.
FLÜSTER
FLÜSTER
DEMNACH IST DIE WAHRSCHEINLICHKEIT, DASS WIR ZU ZWEIT DIE DREI KINDER RETTEN, UNGLEICH HÖHER! VERSTEHST DU?
KOFF KOFF

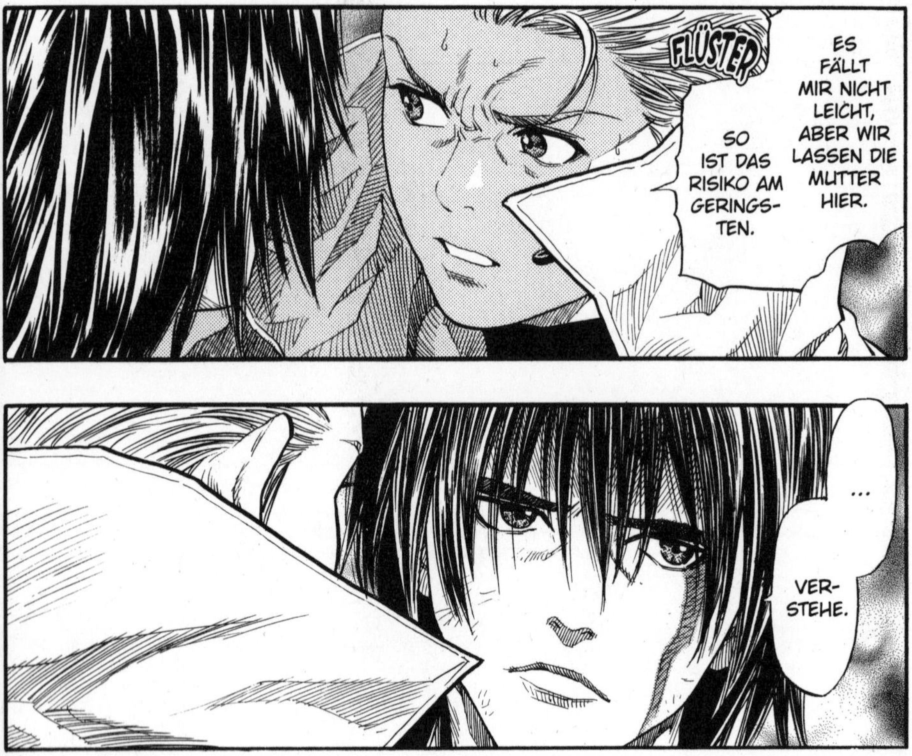

Episode 20:
Differenz

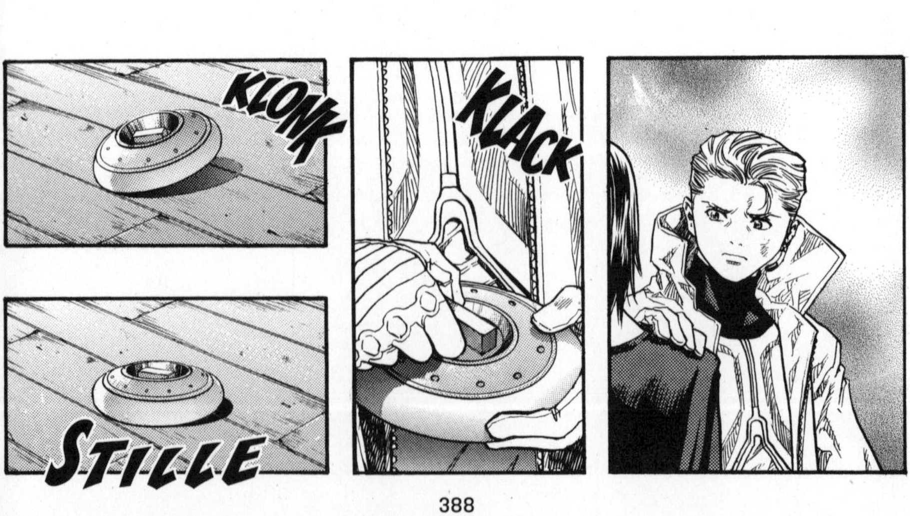

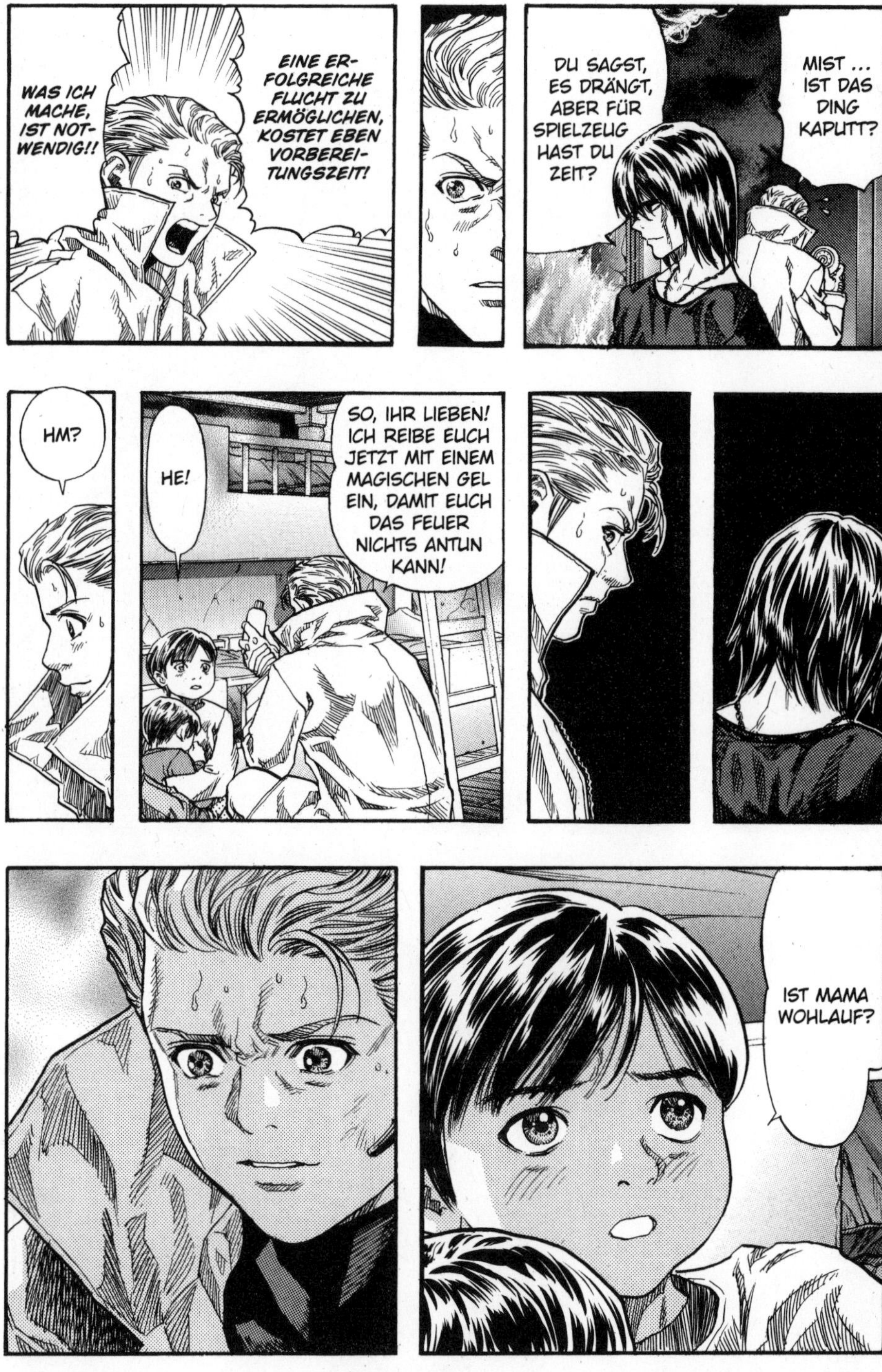
WAS ICH MACHE, IST NOTWENDIG!!
EINE ERFOLGREICHE FLUCHT ZU ERMÖGLICHEN, KOSTET EBEN VORBEREITUNGSZEIT!
DU SAGST, ES DRÄNGT, ABER FÜR SPIELZEUG HAST DU ZEIT?
MIST ... IST DAS DING KAPUTT?
HM?
HE!
SO, IHR LIEBEN! ICH REIBE EUCH JETZT MIT EINEM MAGISCHEN GEL EIN, DAMIT EUCH DAS FEUER NICHTS ANTUN KANN!
IST MAMA WOHLAUF?

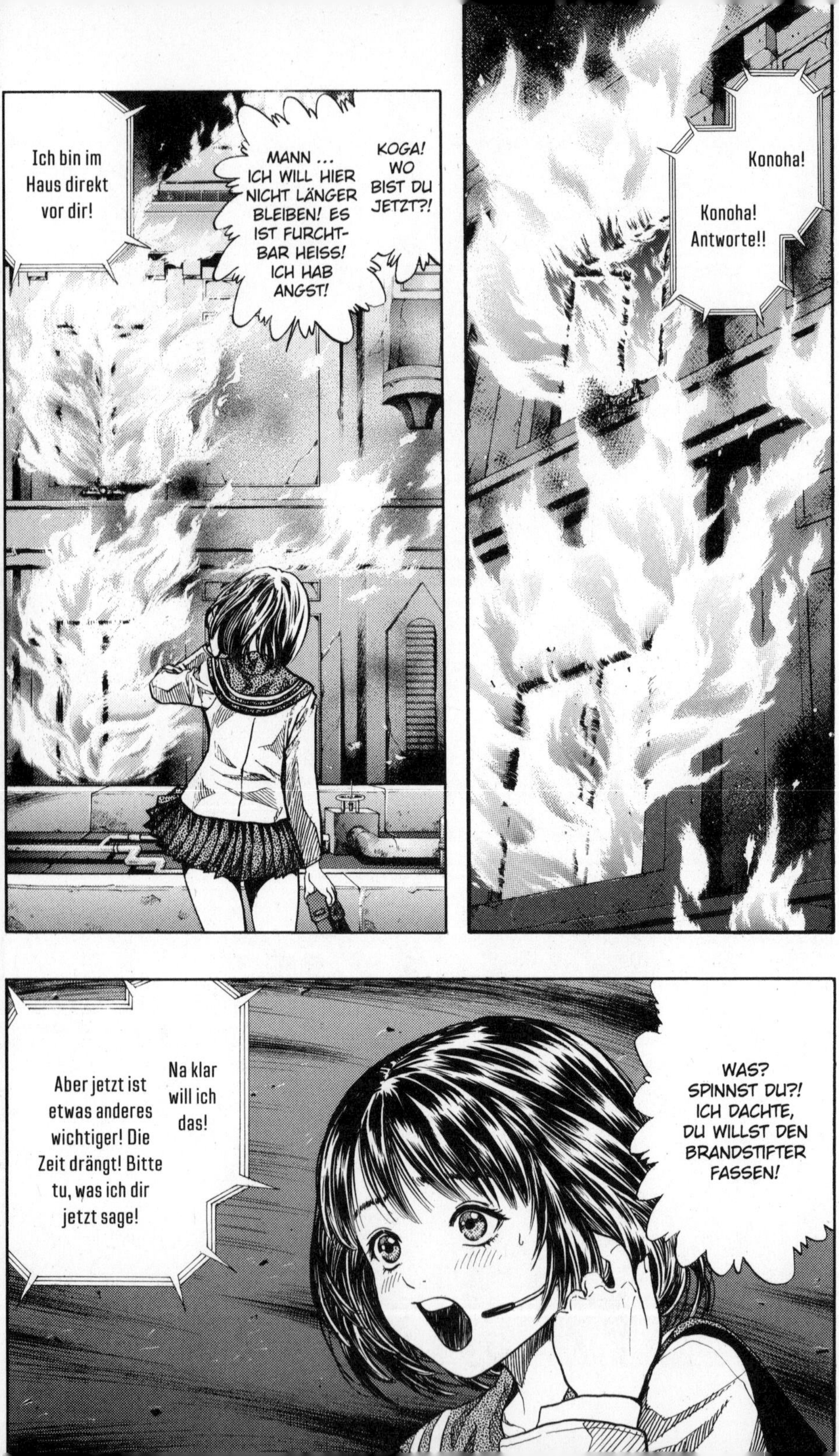
Konoha!
Konoha! Antworte!!
KOGA! WO BIST DU JETZT?!
MANN ... ICH WILL HIER NICHT LÄNGER BLEIBEN! ES IST FURCHTBAR HEISS! ICH HAB ANGST!
Ich bin im Haus direkt vor dir!
WAS? SPINNST DU?! ICH DACHTE, DU WILLST DEN BRANDSTIFTER FASSEN!
Na klar will ich das!
Aber jetzt ist etwas anderes wichtiger! Die Zeit drängt! Bitte tu, was ich dir jetzt sage!

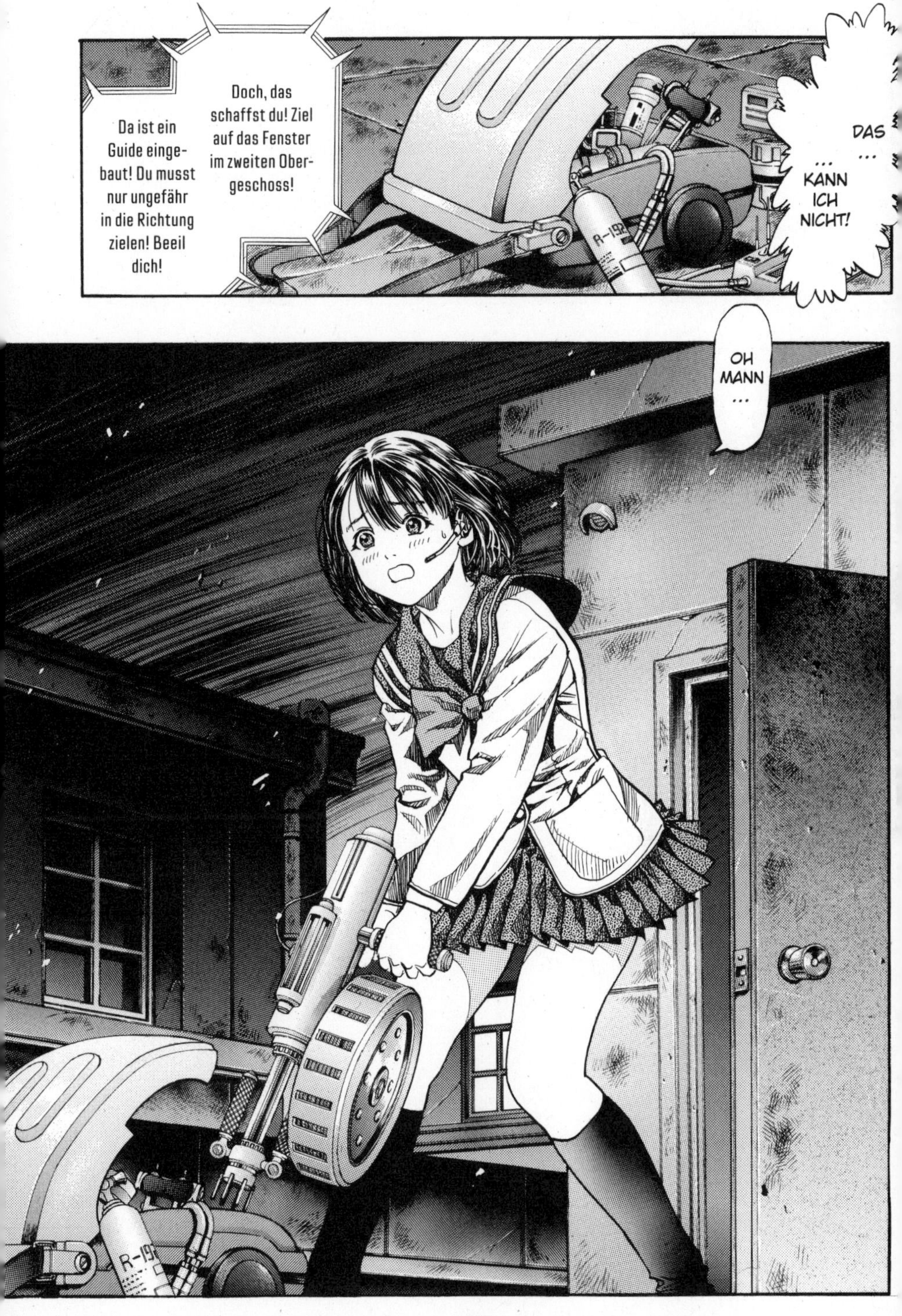
DAS … KANN ICH NICHT!
Doch, das schaffst du! Ziel auf das Fenster im zweiten Obergeschoss!
Da ist ein Guide eingebaut! Du musst nur ungefähr in die Richtung zielen! Beeil dich!
OH MANN …

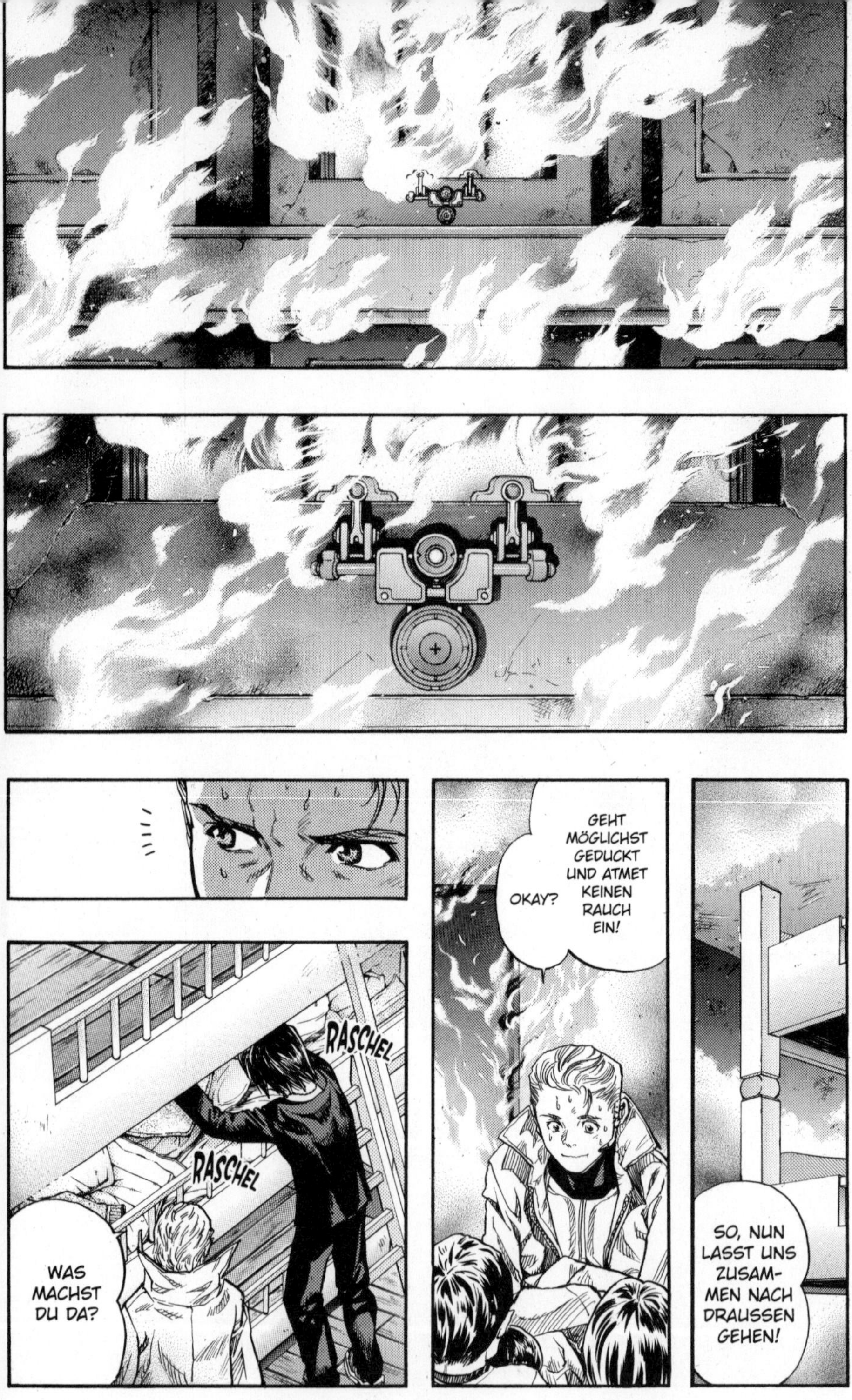

SO, NUN LASST UNS ZUSAMMEN NACH DRAUSSEN GEHEN!
GEHT MÖGLICHST GEDUCKT UND ATMET KEINEN RAUCH EIN!
OKAY?
RASCHEL
RASCHEL
WAS MACHST DU DA?

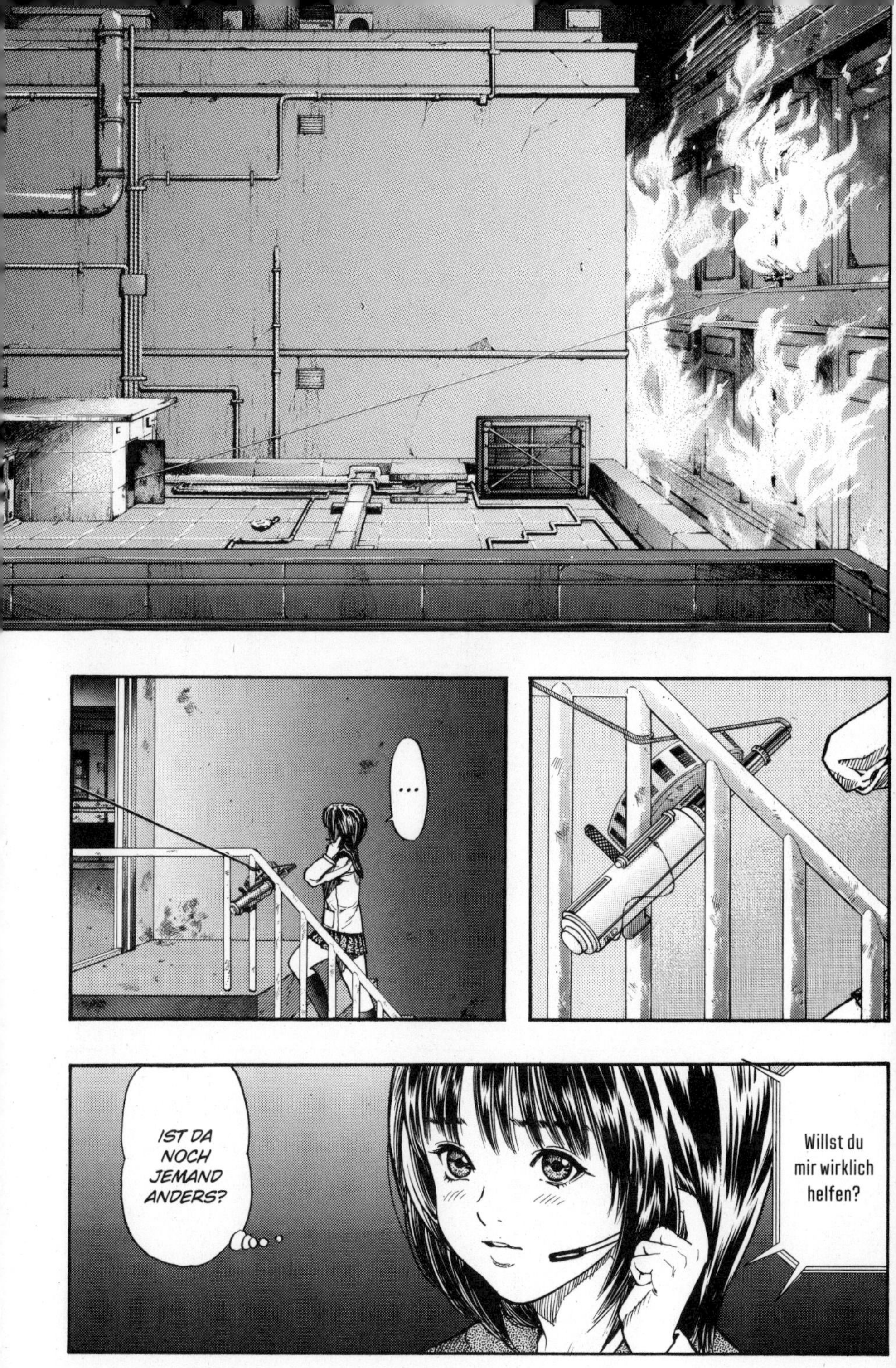
...
Willst du mir wirklich helfen?
IST DA NOCH JEMAND ANDERS?

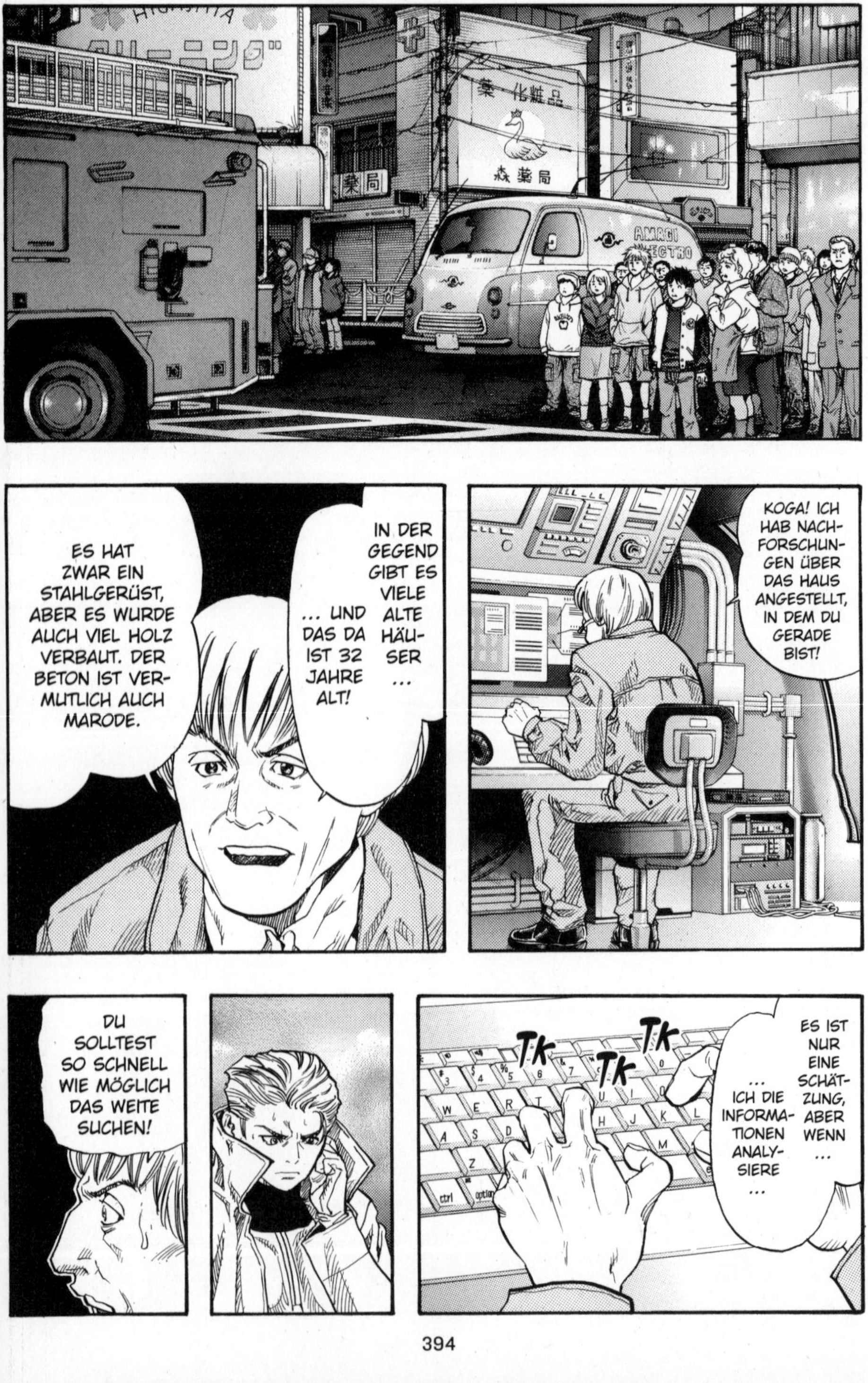
KOGA! ICH HAB NACHFORSCHUNGEN ÜBER DAS HAUS ANGESTELLT, IN DEM DU GERADE BIST!
IN DER GEGEND GIBT ES VIELE ALTE HÄUSER …
… UND DAS DA IST 32 JAHRE ALT!
ES HAT ZWAR EIN STAHLGERÜST, ABER ES WURDE AUCH VIEL HOLZ VERBAUT. DER BETON IST VERMUTLICH AUCH MARODE.
ES IST NUR EINE SCHÄTZUNG, ABER WENN …
… ICH DIE INFORMATIONEN ANALYSIERE …
TK
TK
TK
DU SOLLTEST SO SCHNELL WIE MÖGLICH DAS WEITE SUCHEN!

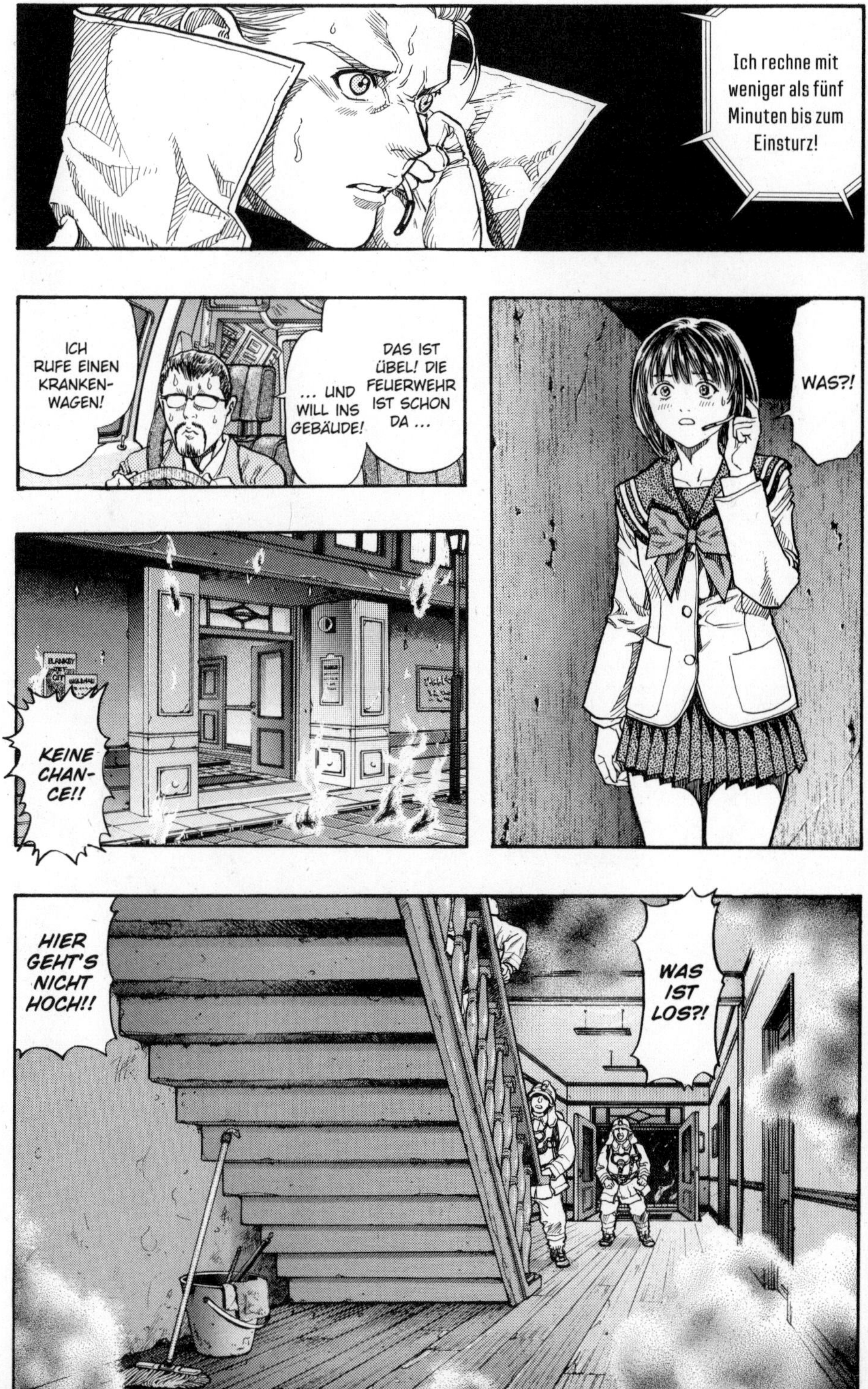
Ich rechne mit weniger als fünf Minuten bis zum Einsturz!
WAS?!
DAS IST ÜBEL! DIE FEUERWEHR IST SCHON DA …
… UND WILL INS GEBÄUDE!
ICH RUFE EINEN KRANKEN-WAGEN!
KEINE CHAN-CE!!
WAS IST LOS?!
HIER GEHT'S NICHT HOCH!!

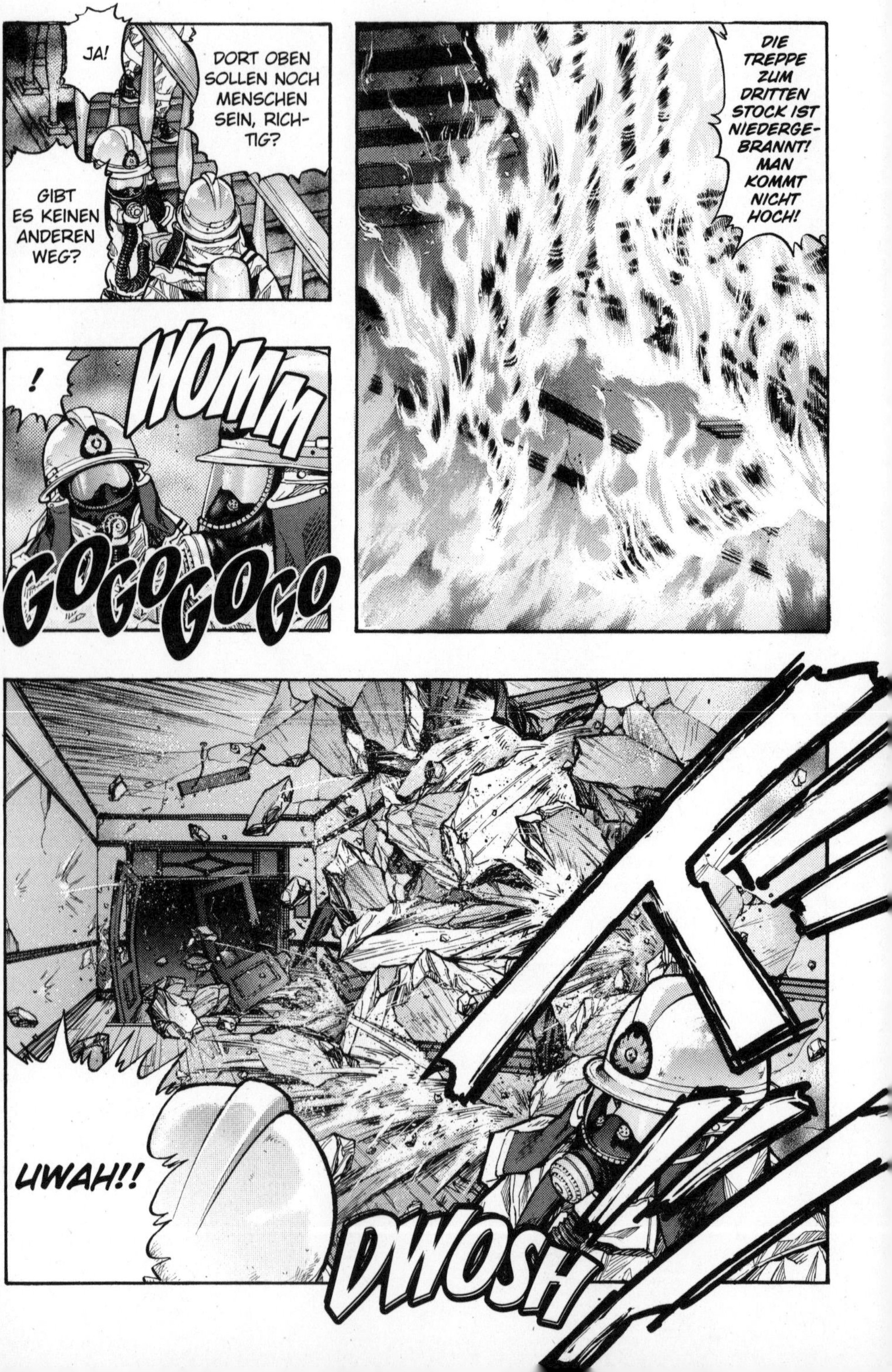
DIE TREPPE ZUM DRITTEN STOCK IST NIEDERGE-BRANNT! MAN KOMMT NICHT HOCH!
DORT OBEN SOLLEN NOCH MENSCHEN SEIN, RICH-TIG?
JA!
GIBT ES KEINEN ANDEREN WEG?
!
WOMM
GOGOGOGOGO
UWAH!!
DWOSH

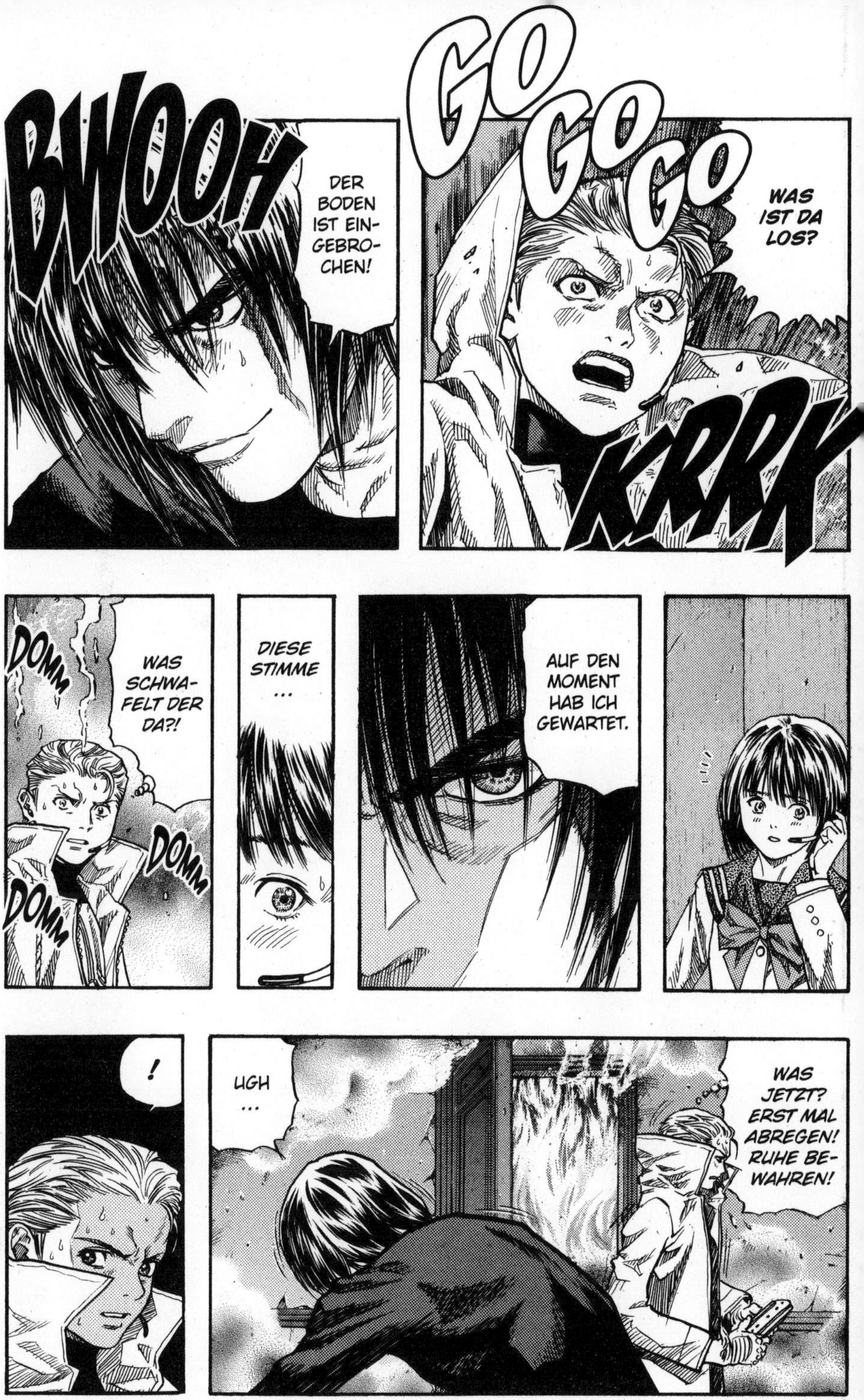
GO GO GO
WAS IST DA LOS?
KRRK
BWOOH
DER BODEN IST EINGEBROCHEN!
AUF DEN MOMENT HAB ICH GEWARTET.
DIESE STIMME …
WAS SCHWAFELT DER DA?!
DOMM
DOMM
DOMM
WAS JETZT? ERST MAL ABREGEN! RUHE BEWAHREN!
UGH …
!

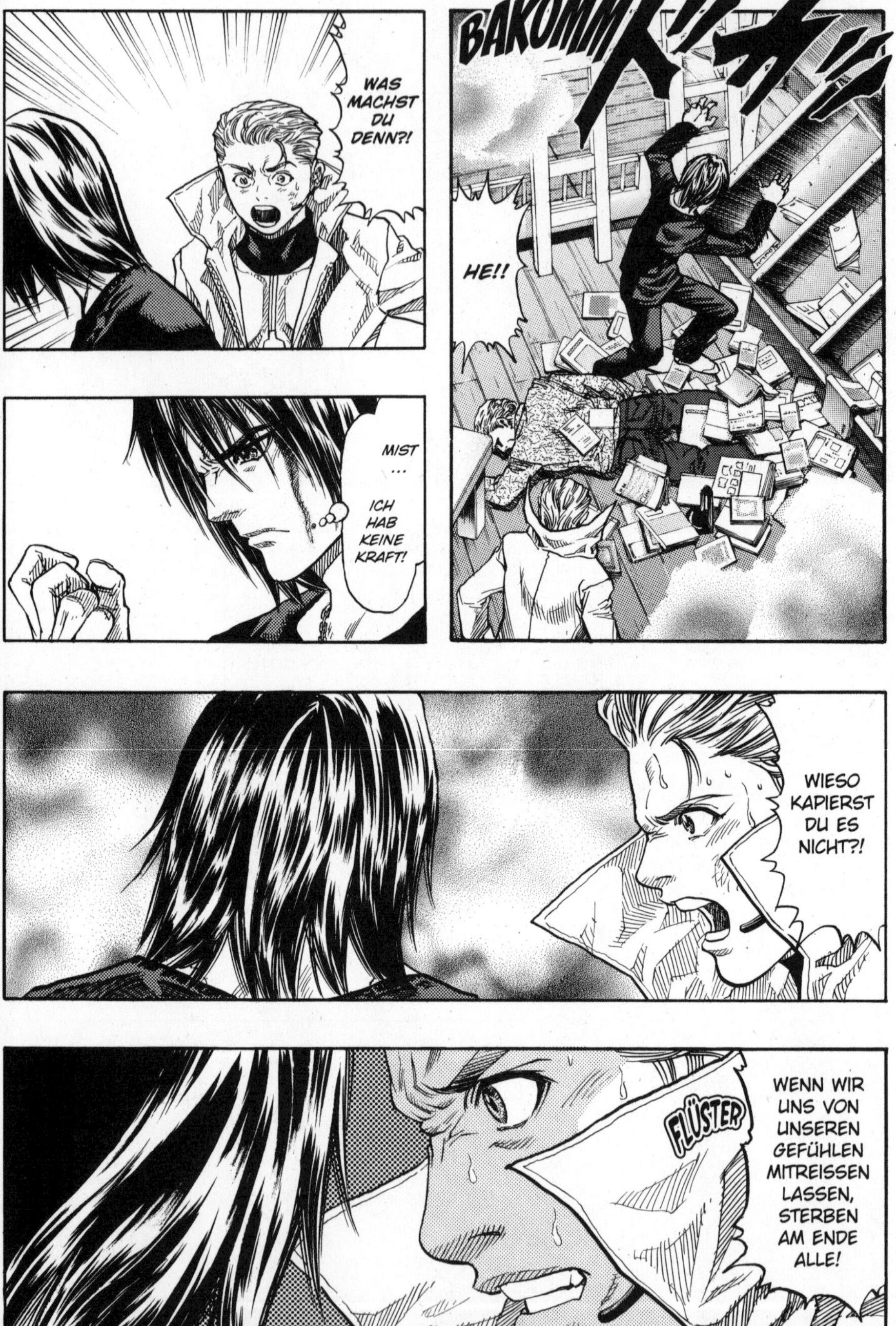

BAKOMM
HE!!
WAS MACHST DU DENN?!
MIST …
ICH HAB KEINE KRAFT!
WIESO KAPIERST DU ES NICHT?!
FLÜSTER
WENN WIR UNS VON UNSEREN GEFÜHLEN MITREISSEN LASSEN, STERBEN AM ENDE ALLE!

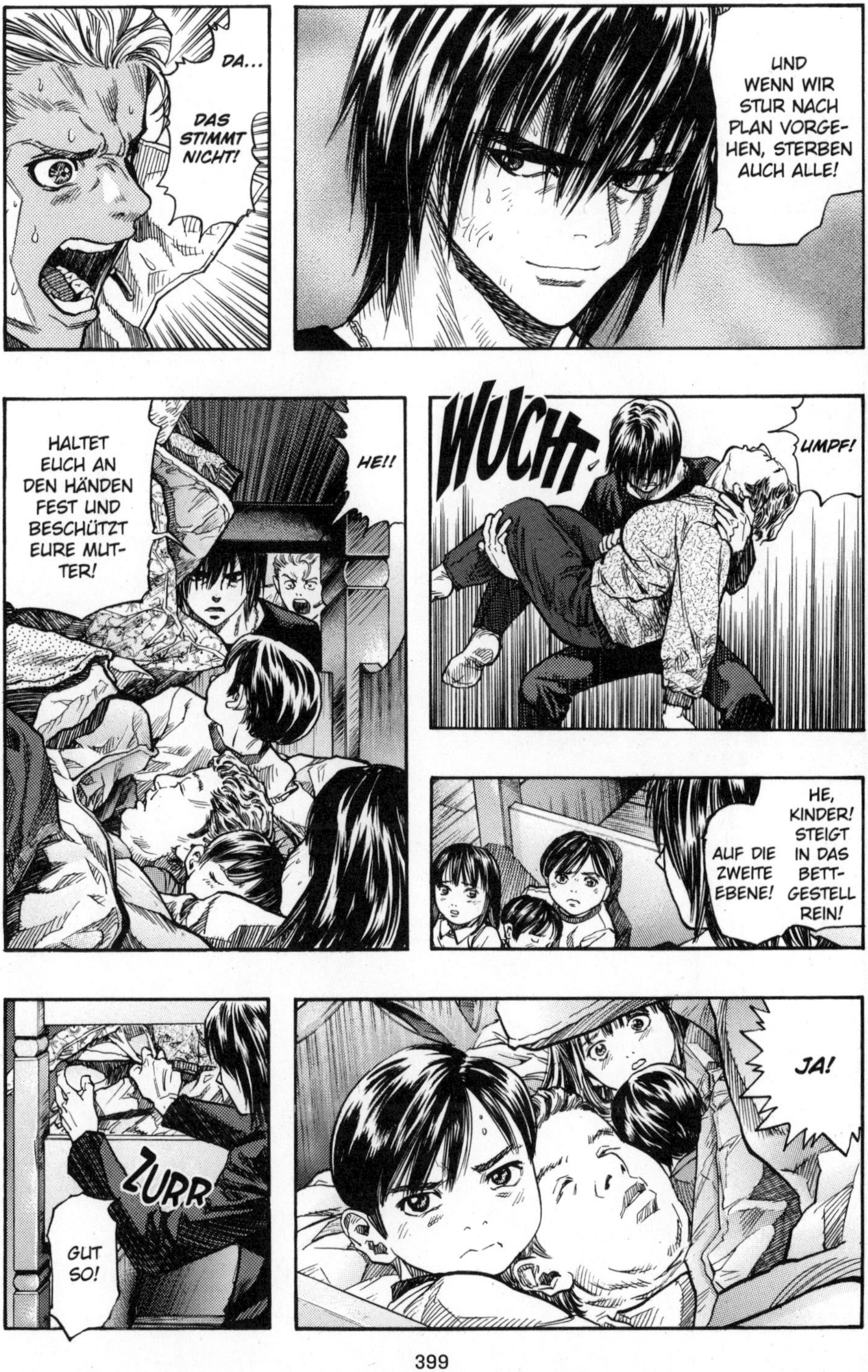
UND WENN WIR STUR NACH PLAN VORGEHEN, STERBEN AUCH ALLE!
DA...
DAS STIMMT NICHT!
WUCHT
UMPF!
HE, KINDER! STEIGT IN DAS BETT-GESTELL REIN!
AUF DIE ZWEITE EBENE!
HE!!
HALTET EUCH AN DEN HÄNDEN FEST UND BESCHÜTZT EURE MUTTER!
JA!
ZURR
GUT SO!

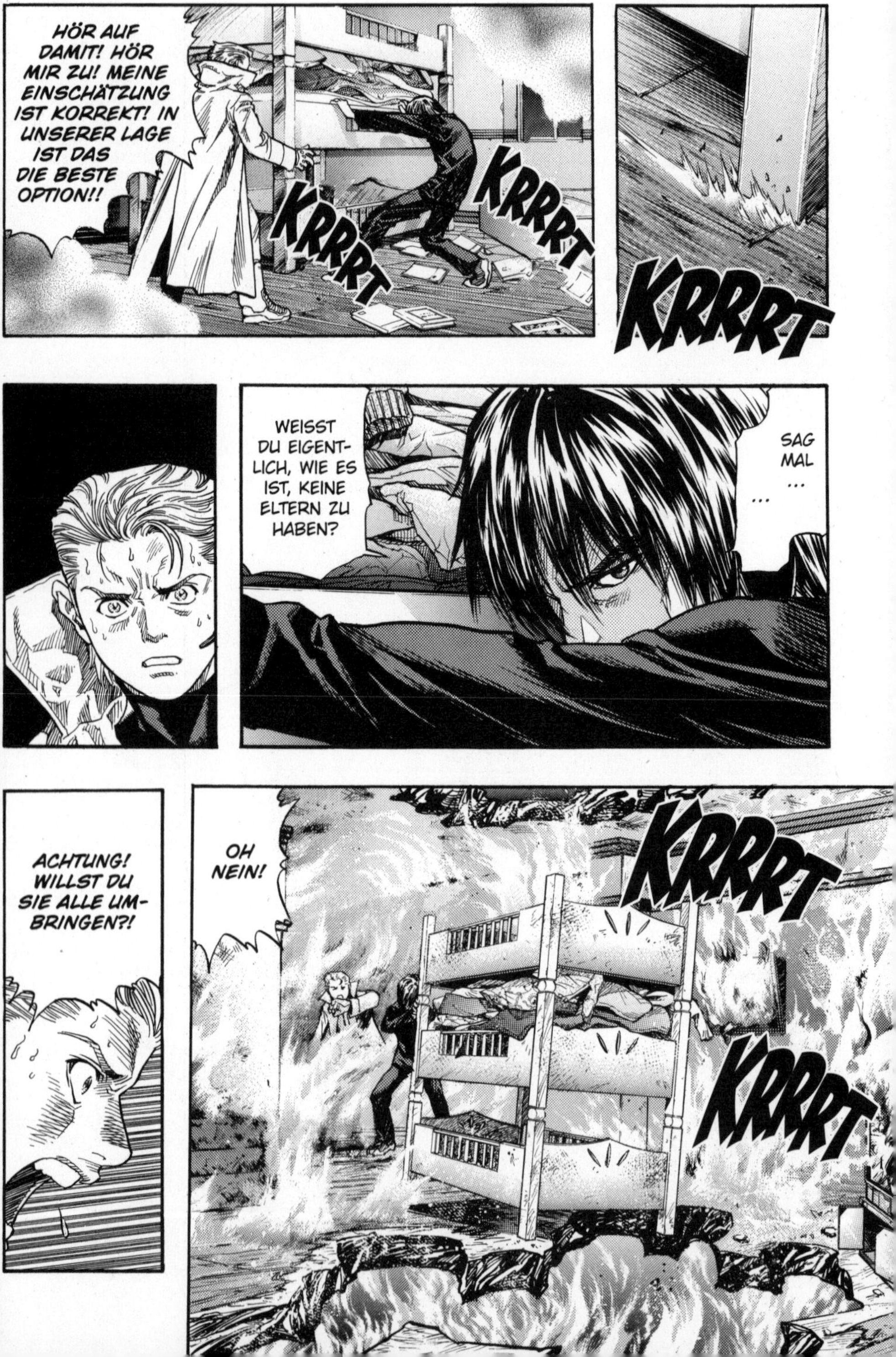

KRRRT
KRRRT
KRRRT
HÖR AUF DAMIT! HÖR MIR ZU! MEINE EINSCHÄTZUNG IST KORREKT! IN UNSERER LAGE IST DAS DIE BESTE OPTION!!
SAG MAL ...
...
WEISST DU EIGENT-LICH, WIE ES IST, KEINE ELTERN ZU HABEN?
KRRRT
KRRRT
OH NEIN!
ACHTUNG! WILLST DU SIE ALLE UM-BRINGEN?!

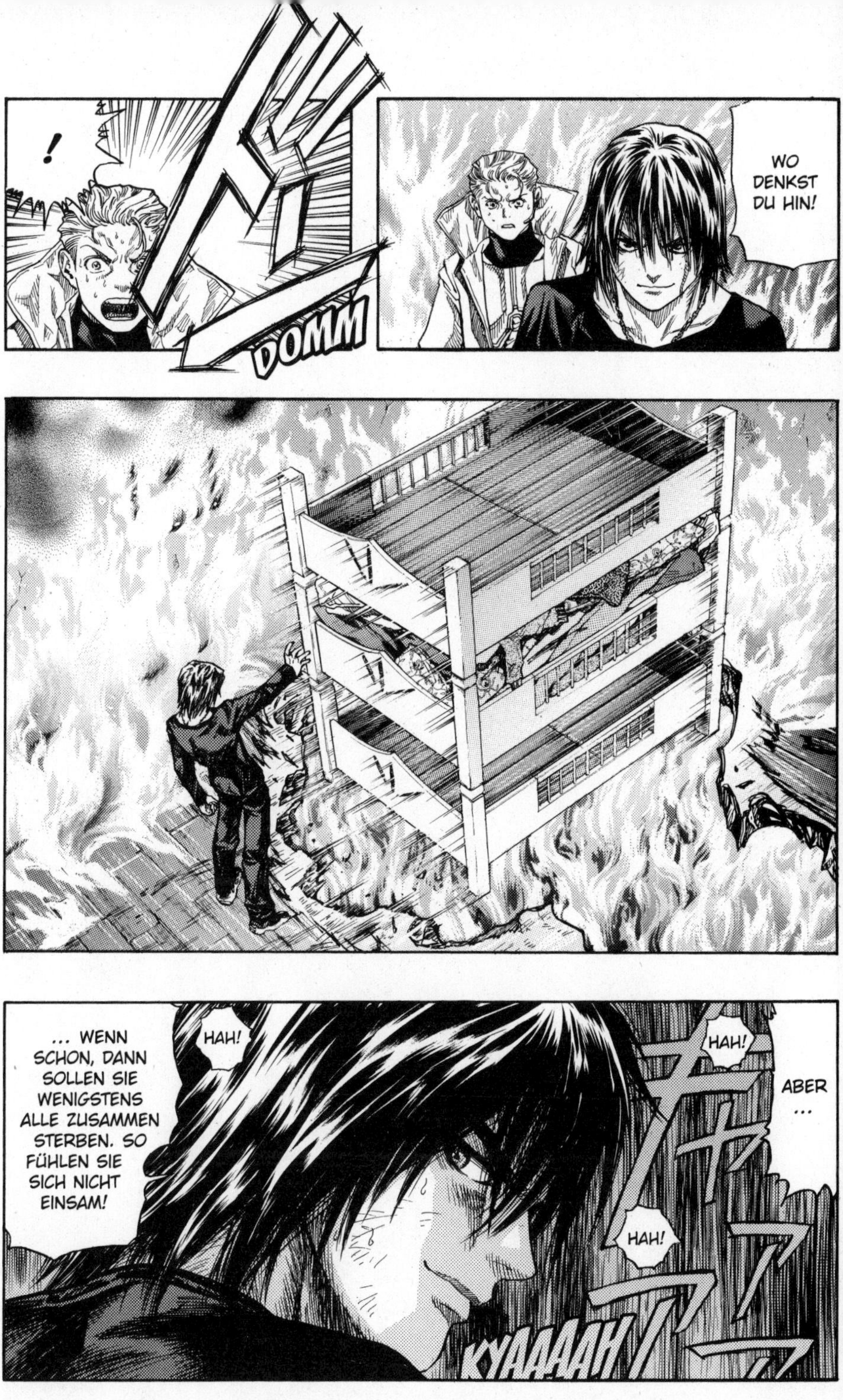
WO DENKST DU HIN!
!
DOMM
... WENN SCHON, DANN SOLLEN SIE WENIGSTENS ALLE ZUSAMMEN STERBEN. SO FÜHLEN SIE SICH NICHT EINSAM!
HAH!
HAH!
ABER ...
HAH!
KYAAAAH

ZETMAN

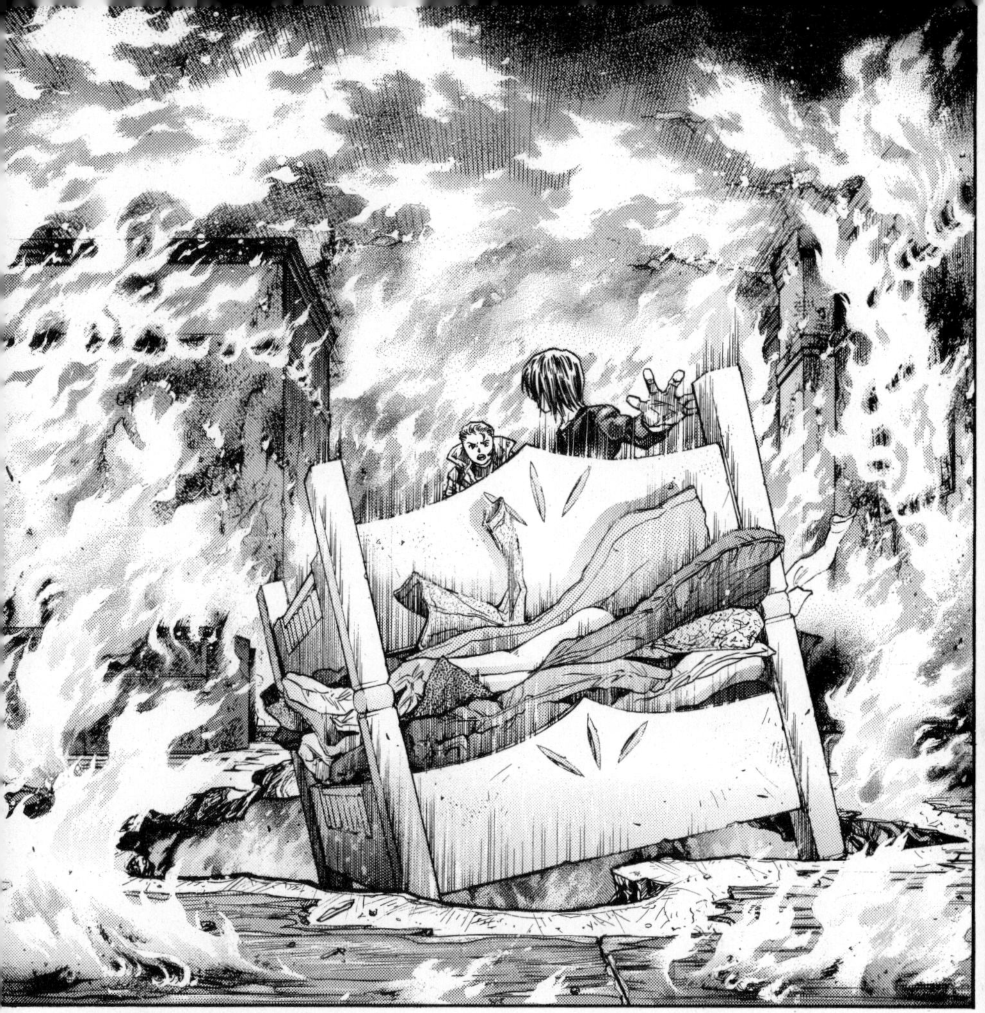

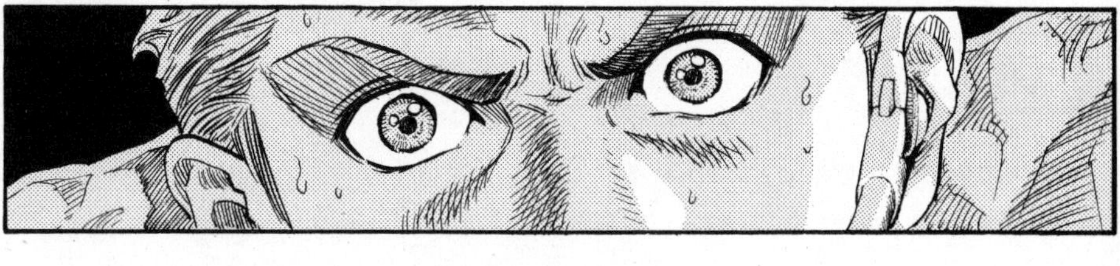

Episode 21:

Der Held

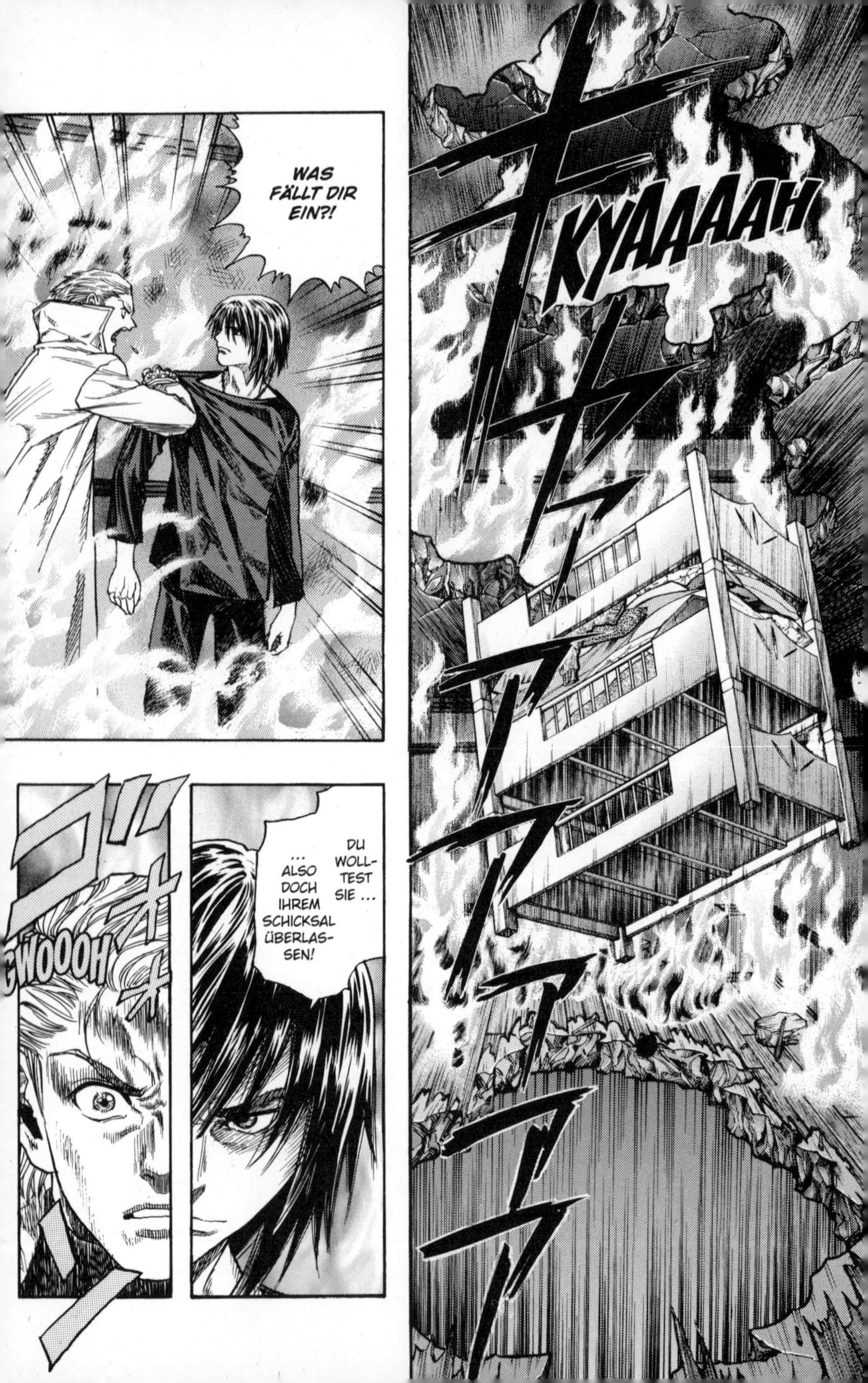
KYAAAAH
WAS FÄLLT DIR EIN?!
DU WOLL-TEST SIE …
… ALSO DOCH IHREM SCHICKSAL ÜBERLAS-SEN!
GWOOOH

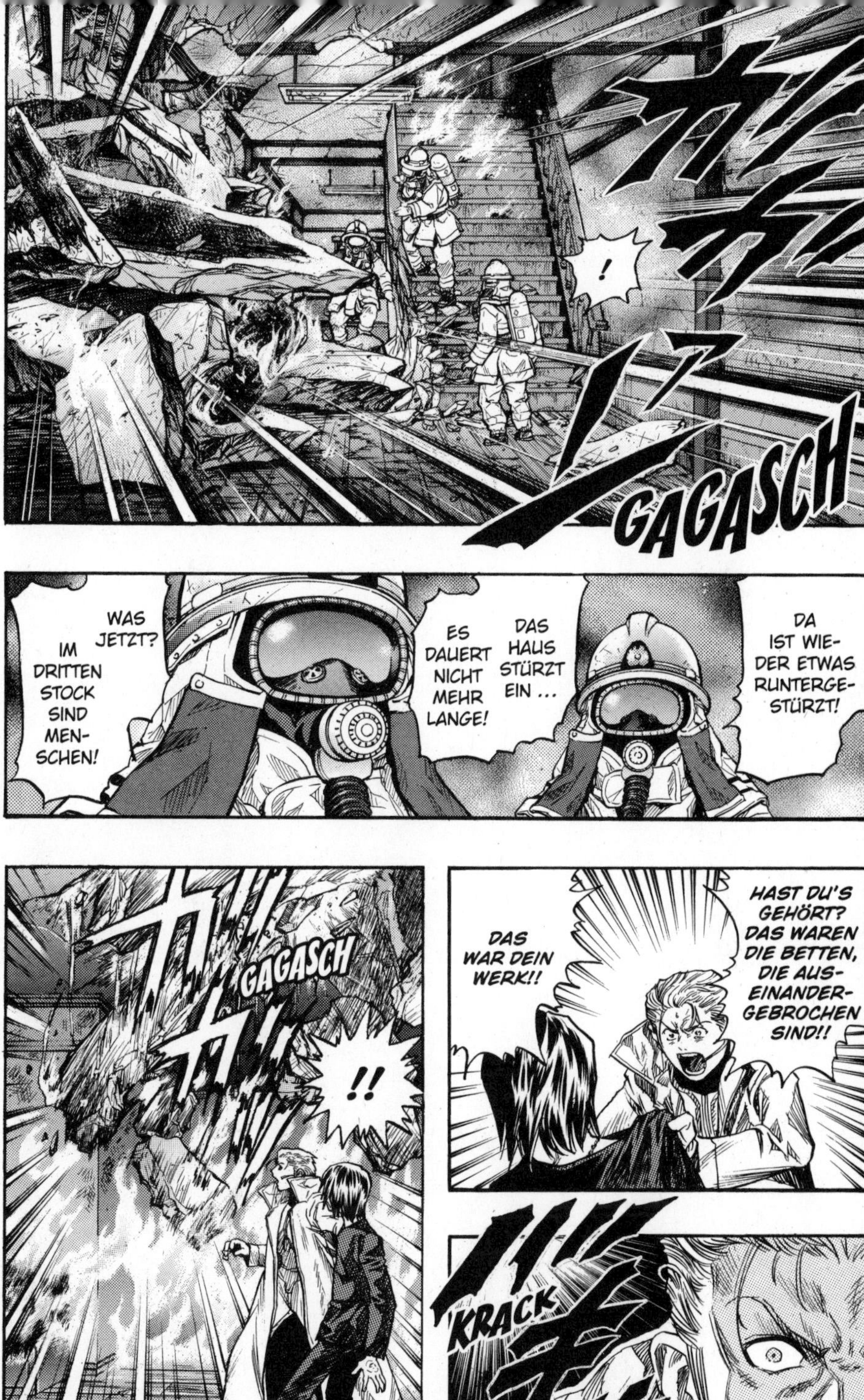
!
GAGASCH
DA IST WIEDER ETWAS RUNTERGESTÜRZT!
DAS HAUS STÜRZT EIN ...
ES DAUERT NICHT MEHR LANGE!
WAS JETZT?
IM DRITTEN STOCK SIND MENSCHEN!
HAST DU'S GEHÖRT? DAS WAREN DIE BETTEN, DIE AUSEINANDERGEBROCHEN SIND!!
DAS WAR DEIN WERK!!
GAGASCH
!!
KRACK

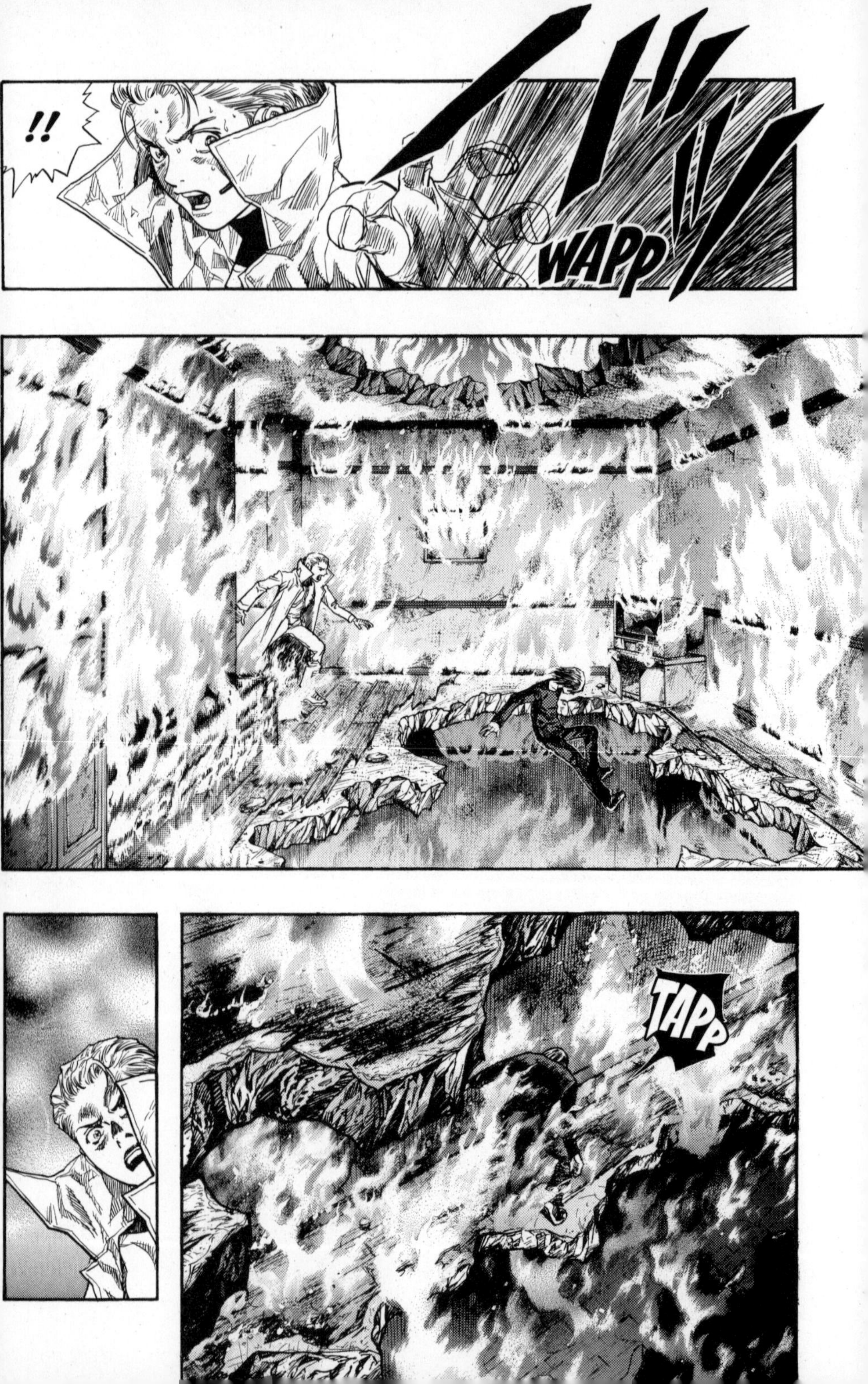
!!
WAPP
TAPP

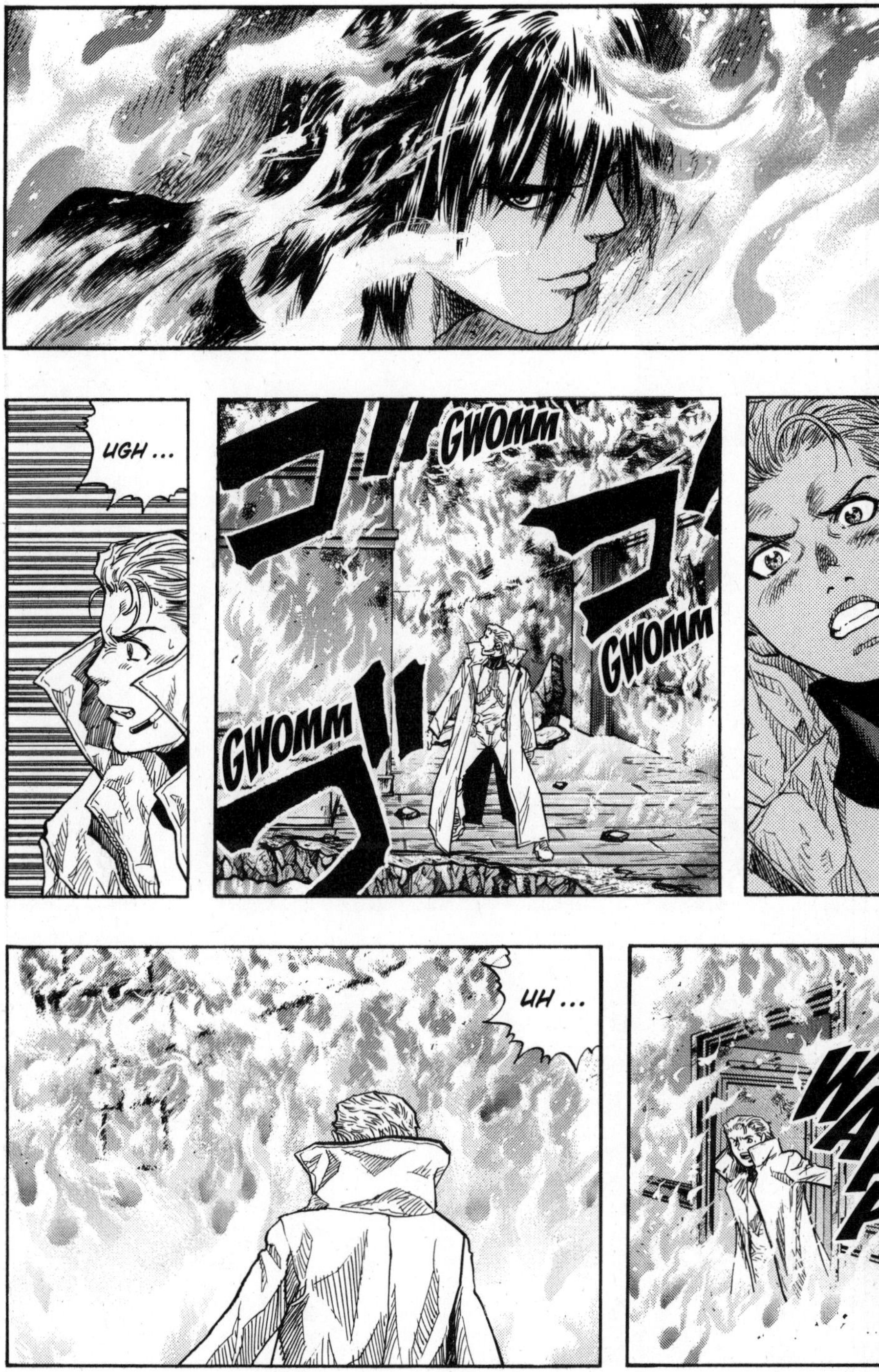
UGH ...
GWOMM
GWOMM
GWOMM
UH ...
WAP

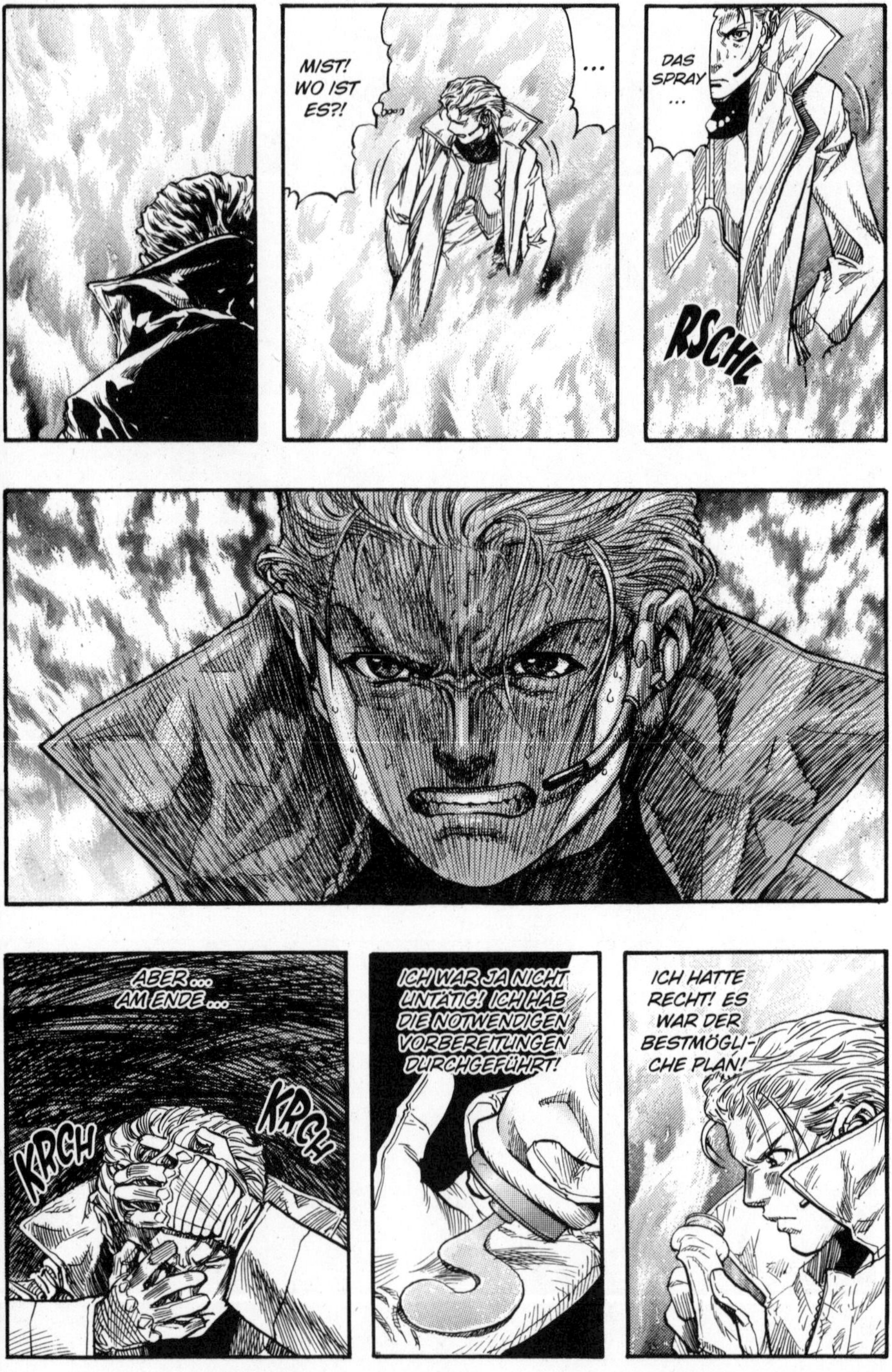

MIST! WO IST ES?!
...
DAS SPRAY ...
RSCHL
ABER ... AM ENDE ...
KRCH
KRCH
ICH WAR JA NICHT UNTÄTIG! ICH HAB DIE NOTWENDIGEN VORBEREITUNGEN DURCHGEFÜHRT!
ICH HATTE RECHT! ES WAR DER BESTMÖGLICHE PLAN!

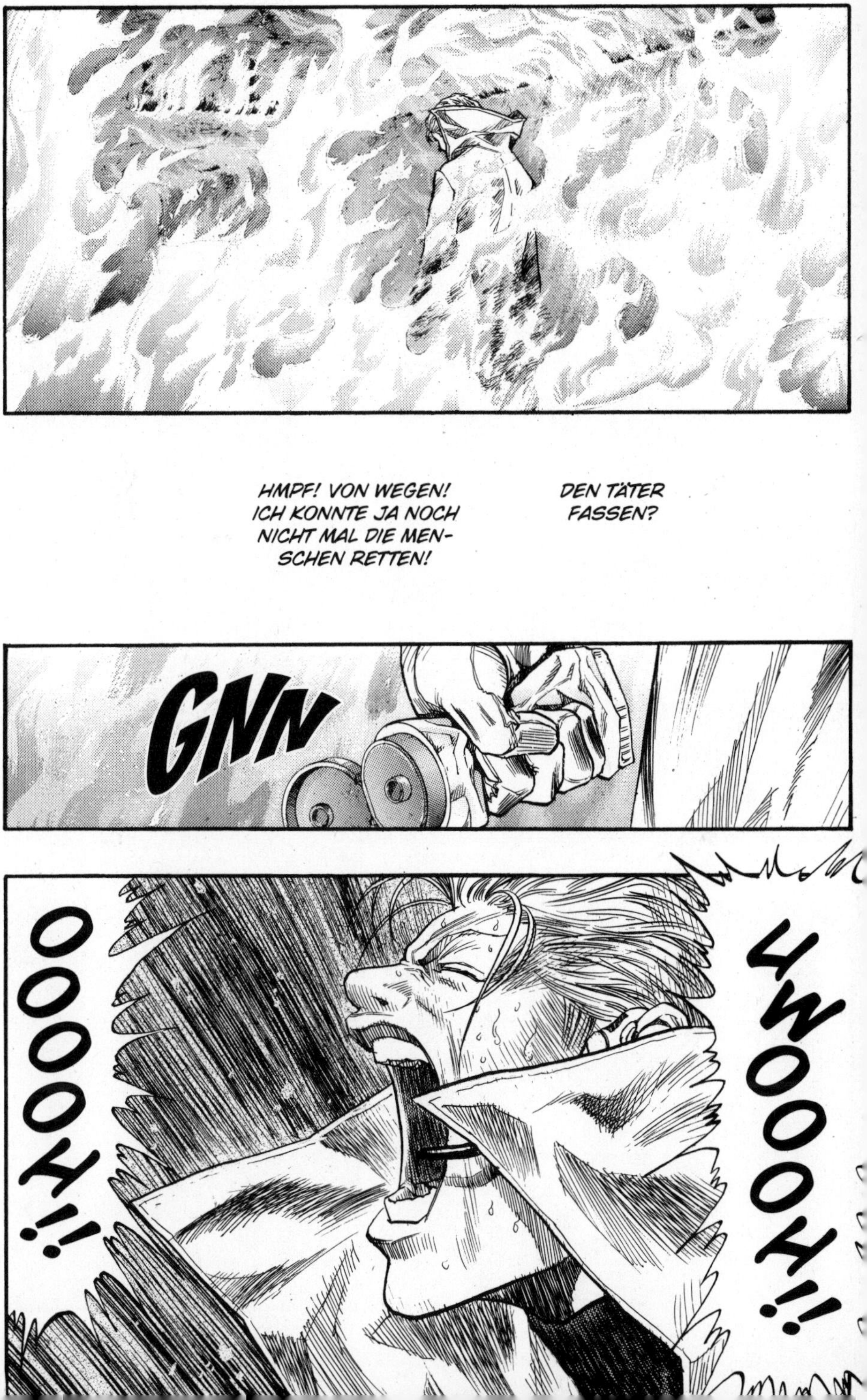
DEN TÄTER FASSEN?
HMPF! VON WEGEN! ICH KONNTE JA NOCH NICHT MAL DIE MEN-SCHEN RETTEN!
GNN
WOOOOH!!
OOOOH!!

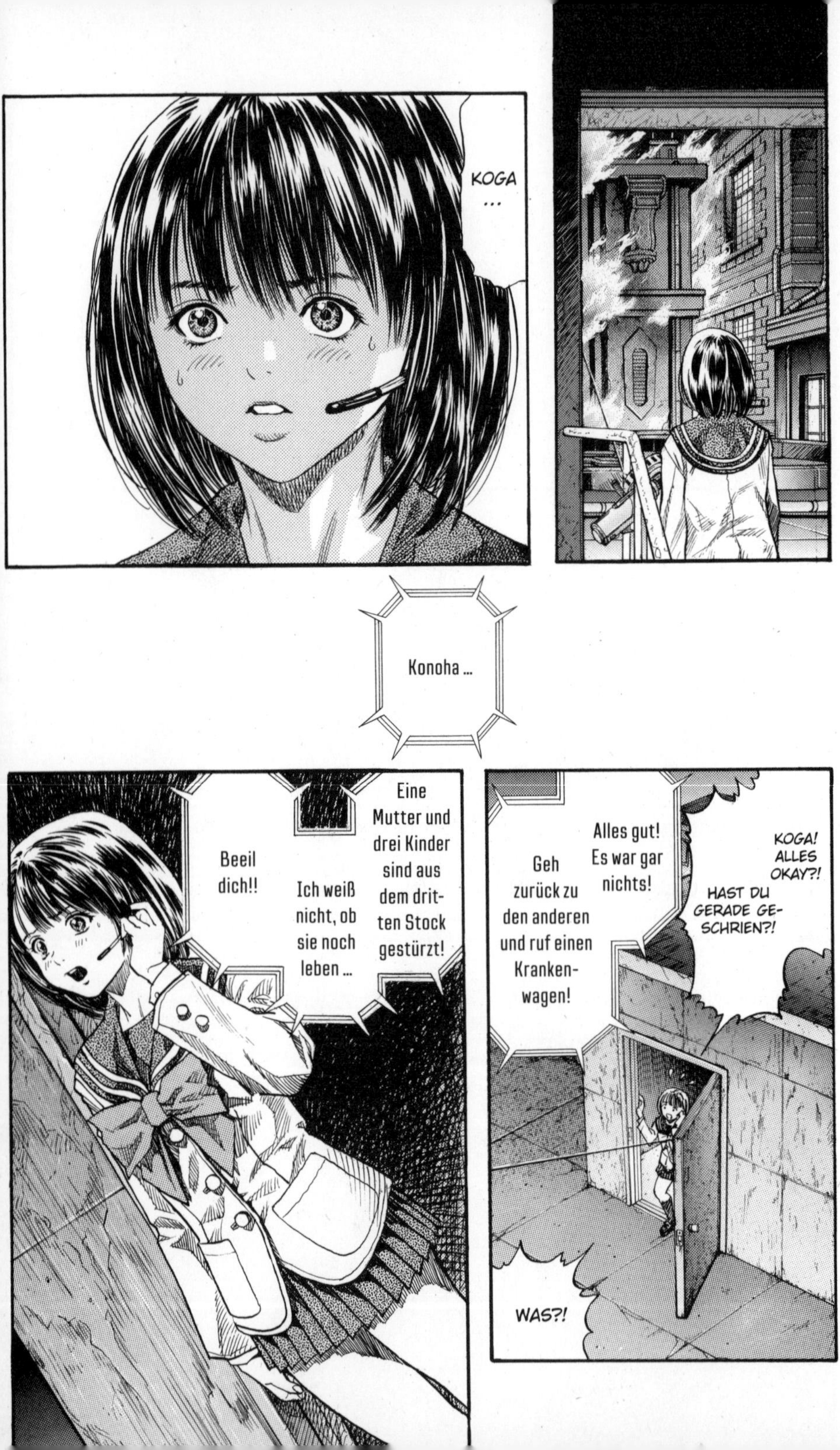
KOGA …
Konoha …
KOGA! ALLES OKAY?!
HAST DU GERADE GE-SCHRIEN?!
Alles gut! Es war gar nichts!
Geh zurück zu den anderen und ruf einen Kranken-wagen!
WAS?!
Eine Mutter und drei Kinder sind aus dem drit-ten Stock gestürzt!
Ich weiß nicht, ob sie noch leben …
Beeil dich!!

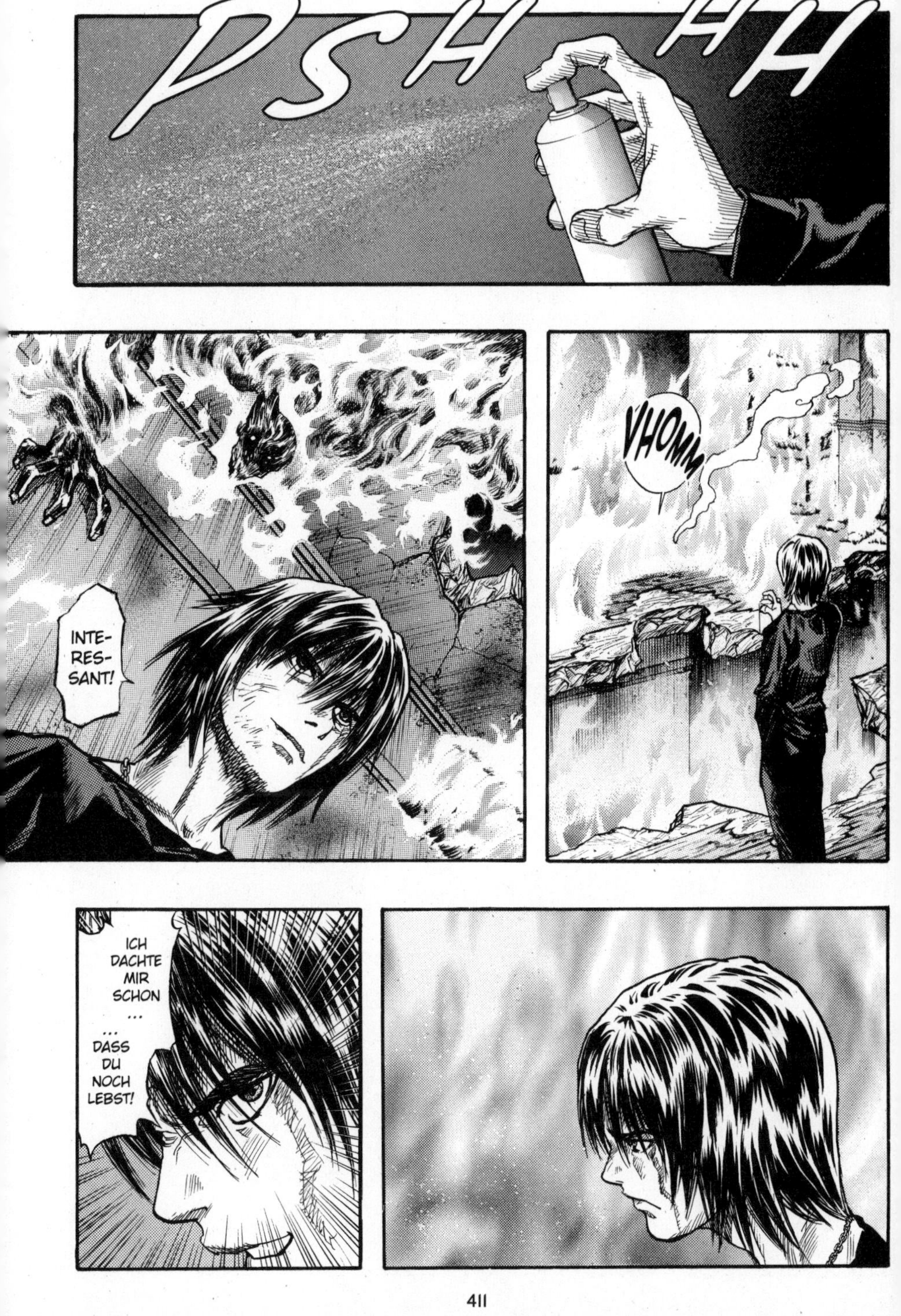
PSHHH
INTE-
RES-
SANT!
VHOMM
ICH DACHTE MIR SCHON …
… DASS DU NOCH LEBST!

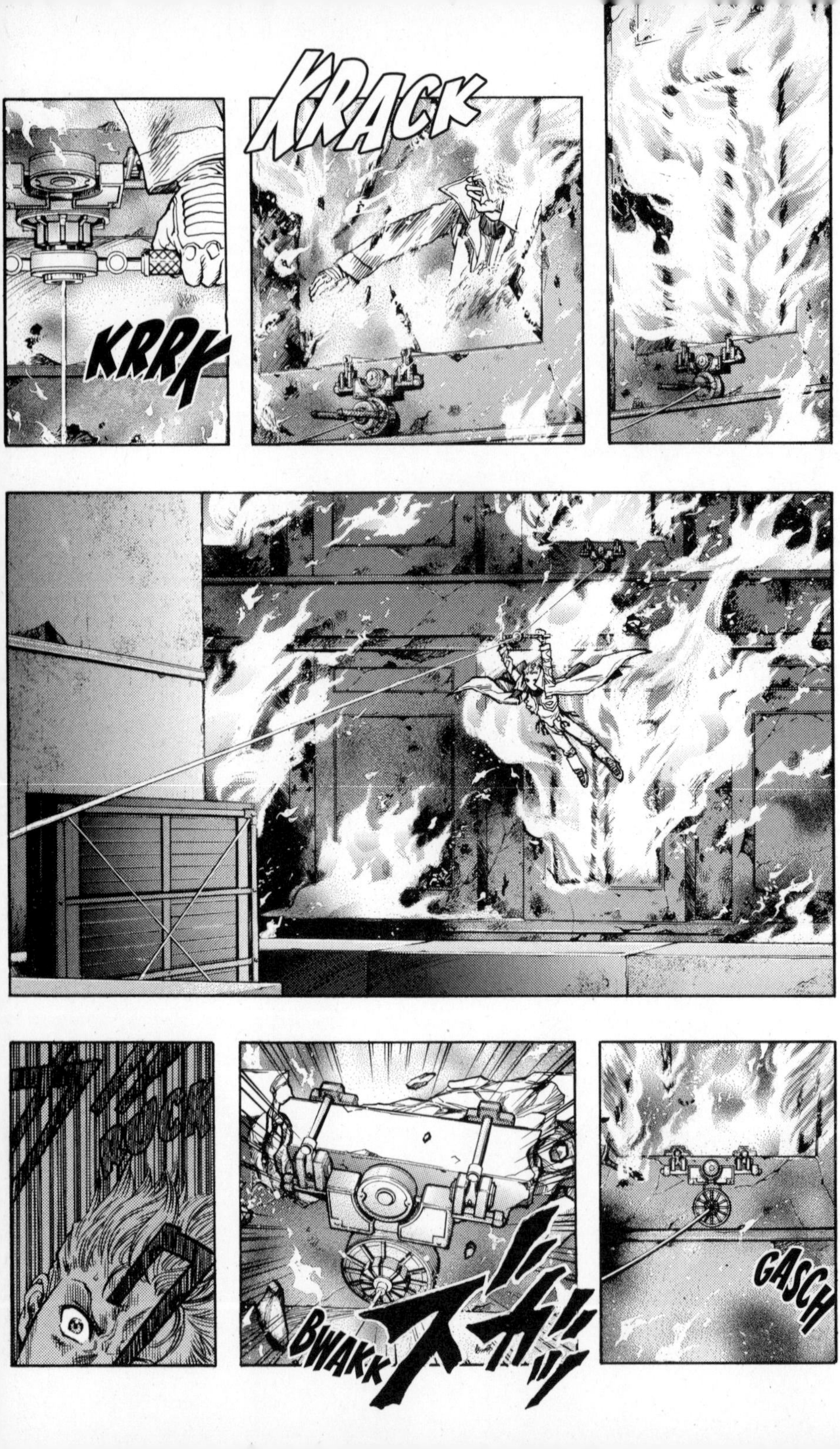
KRRK
KRACK
BWAKK
GASCH

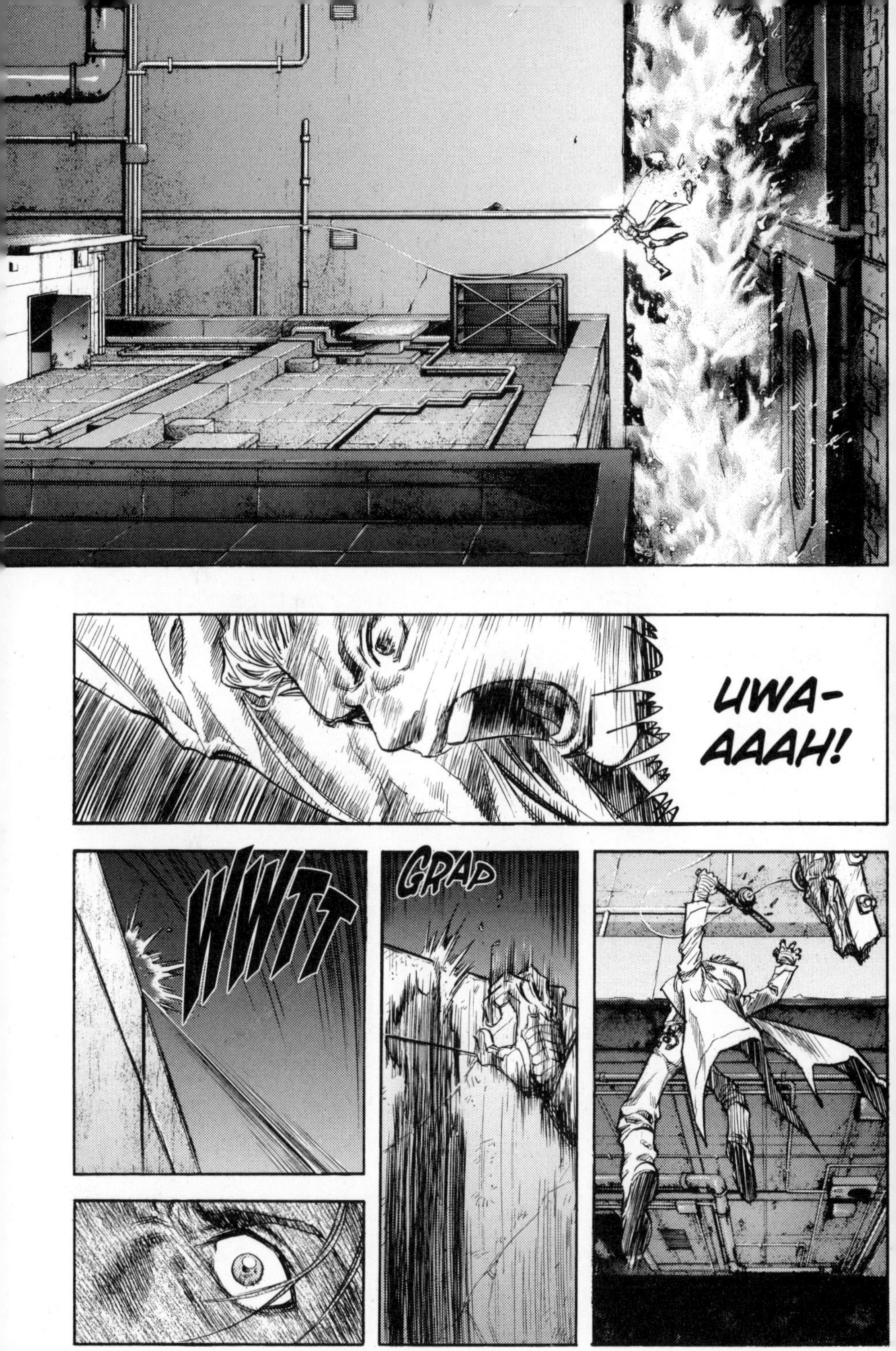
UWA-
AAAH!
WWTT
GRAP

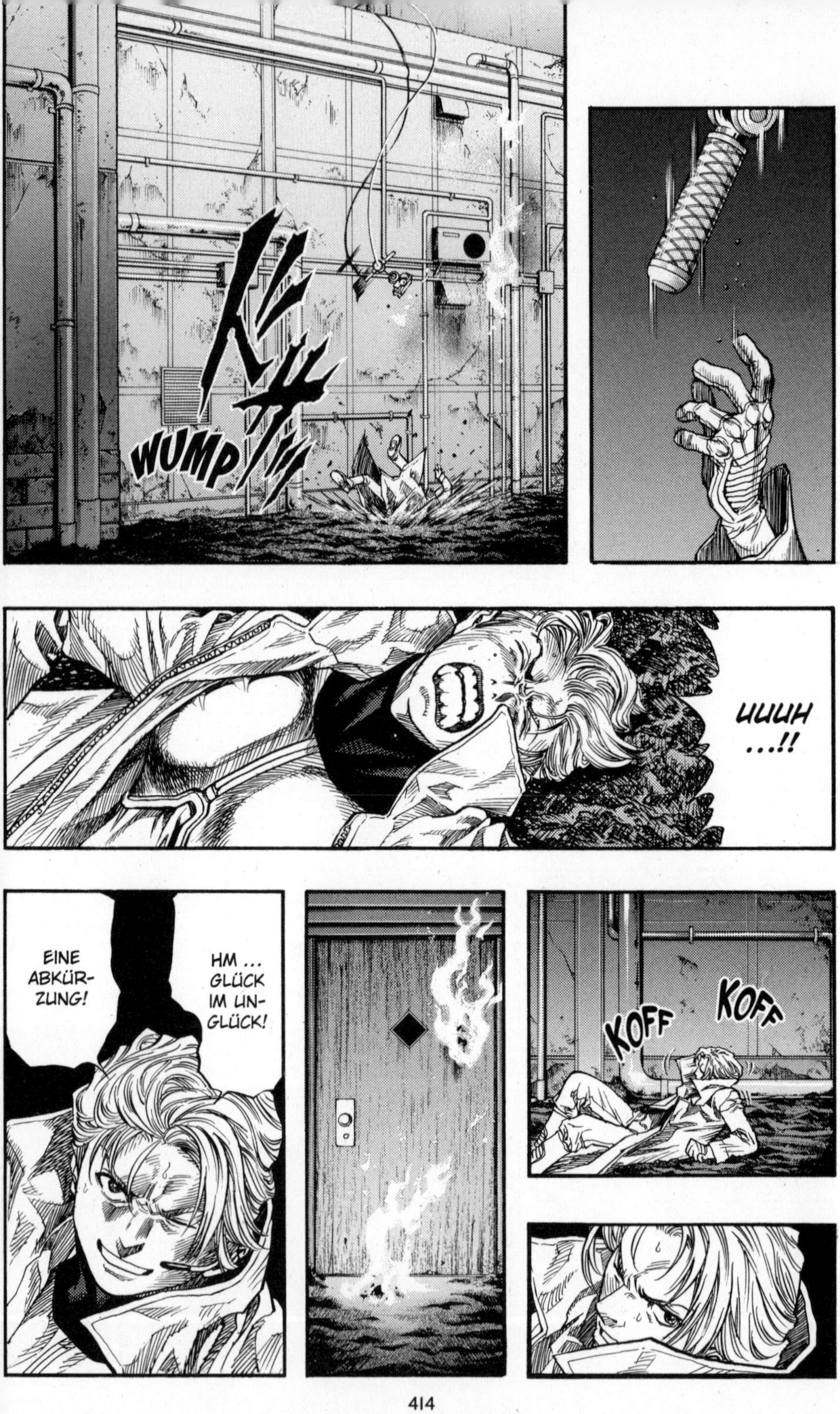
WUMP
UUUH ...!!
KOFF KOFF
HM ... GLÜCK IM UN-GLÜCK!
EINE ABKÜR-ZUNG!

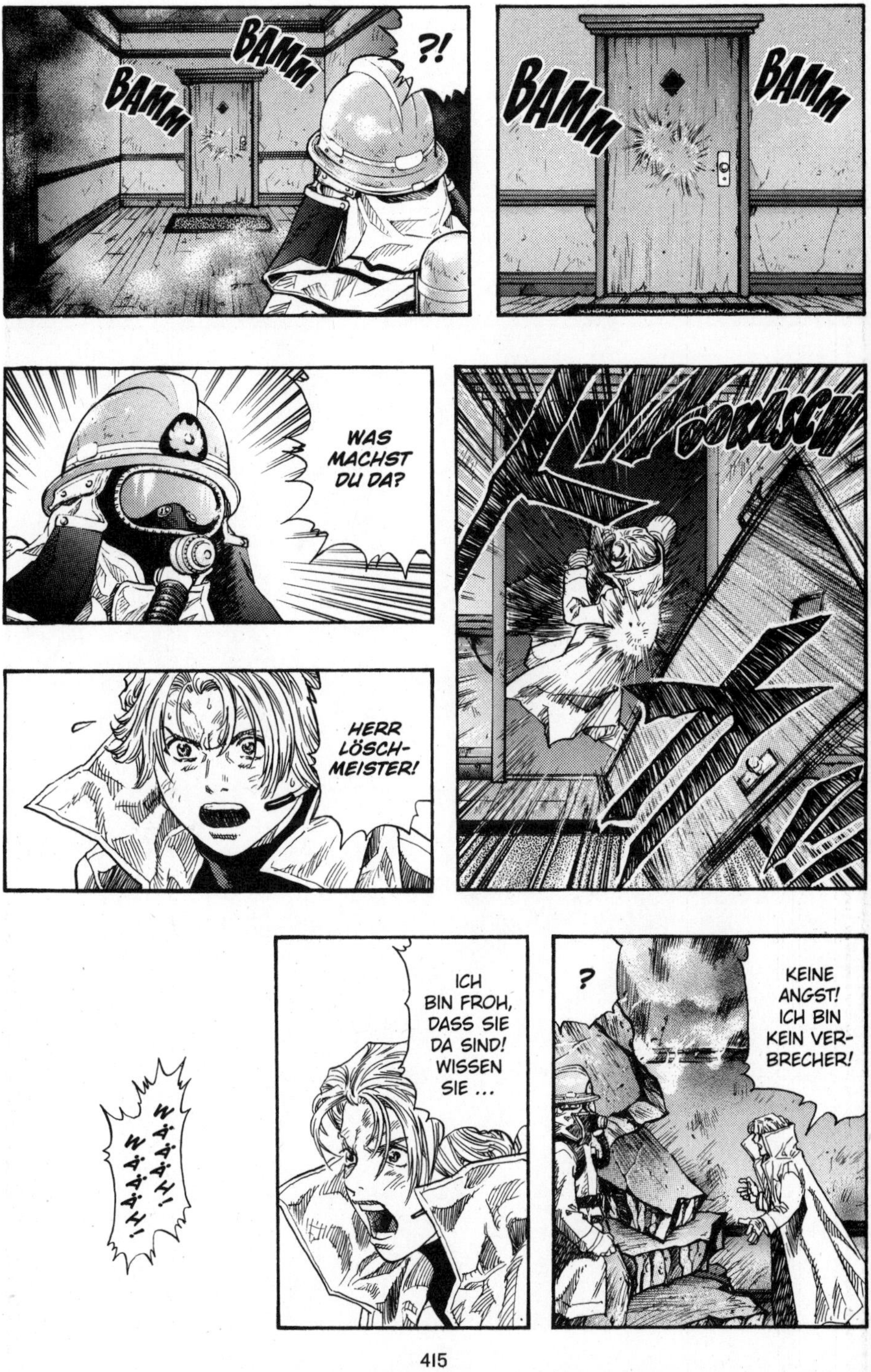
BAMM
BAMM
BAMM
BAMM
?!
WAS MACHST DU DA?
HERR LÖSCH-MEISTER!
KEINE ANGST! ICH BIN KEIN VER-BRECHER!
?
ICH BIN FROH, DASS SIE DA SIND! WISSEN SIE …
WÄÄH! WÄÄH!

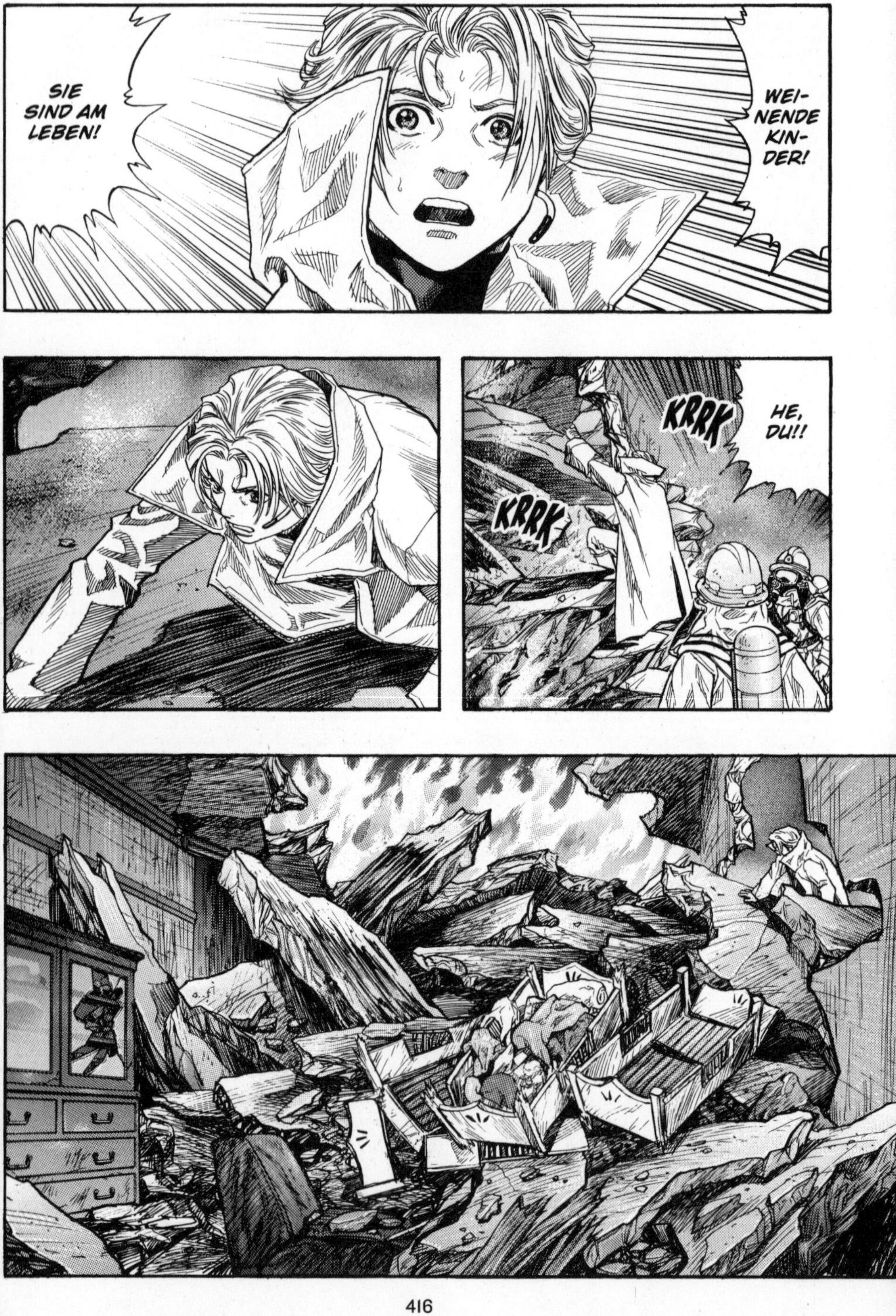
WEI-
NENDE
KIN-
DER!
SIE
SIND AM
LEBEN!
HE,
DU!!
KRRK
KRRK

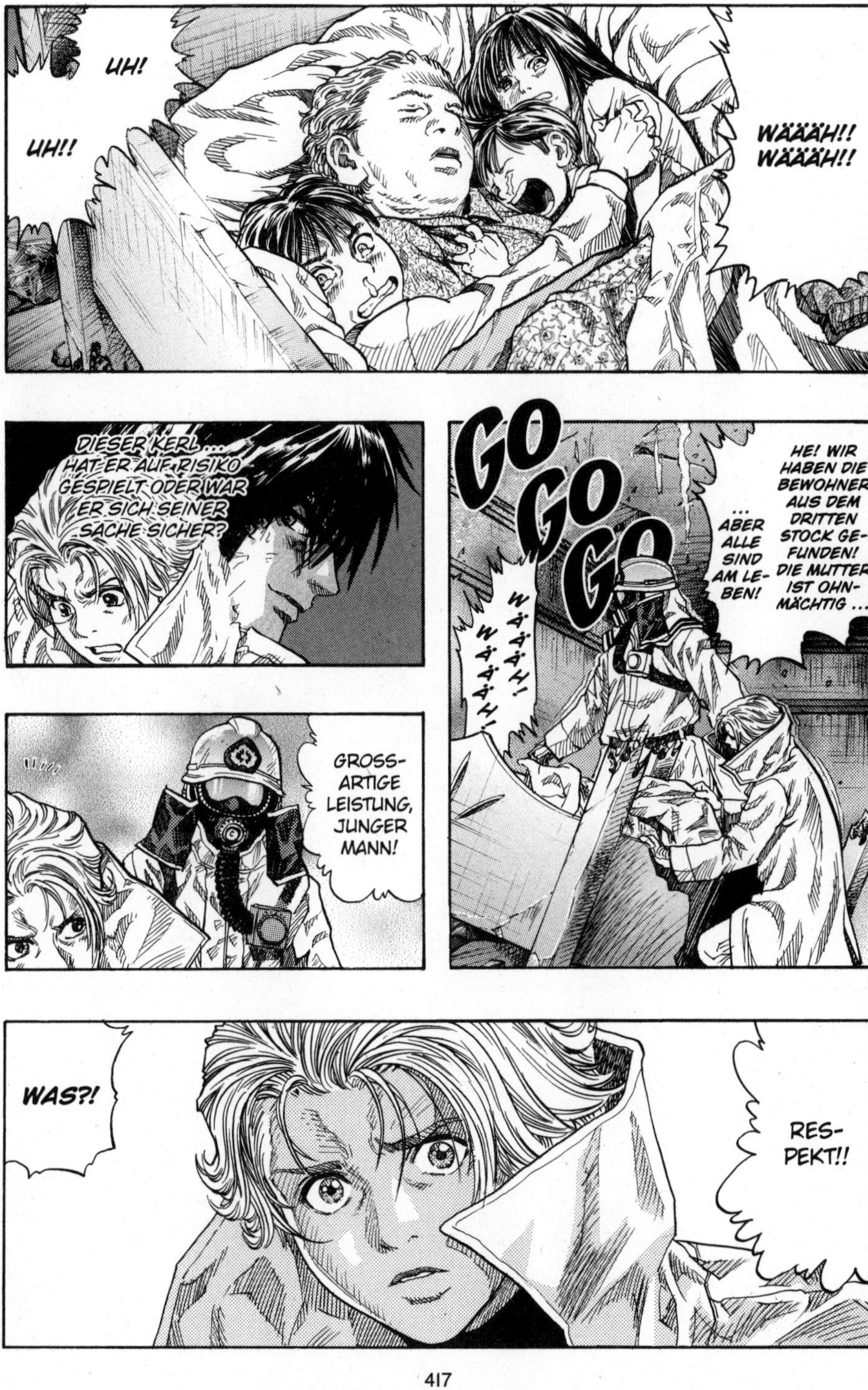
WÄÄÄH!! WÄÄÄH!!
UH!
UH!!
GO GO GO
HE! WIR HABEN DIE BEWOHNER AUS DEM DRITTEN STOCK GEFUNDEN! DIE MUTTER IST OHNMÄCHTIG …
… ABER ALLE SIND AM LEBEN!
WÄÄÄH! WÄÄÄH!
DIESER KERL … HAT ER AUF RISIKO GESPIELT ODER WAR ER SICH SEINER SACHE SICHER?
GROSSARTIGE LEISTUNG, JUNGER MANN!
RESPEKT!!
WAS?!

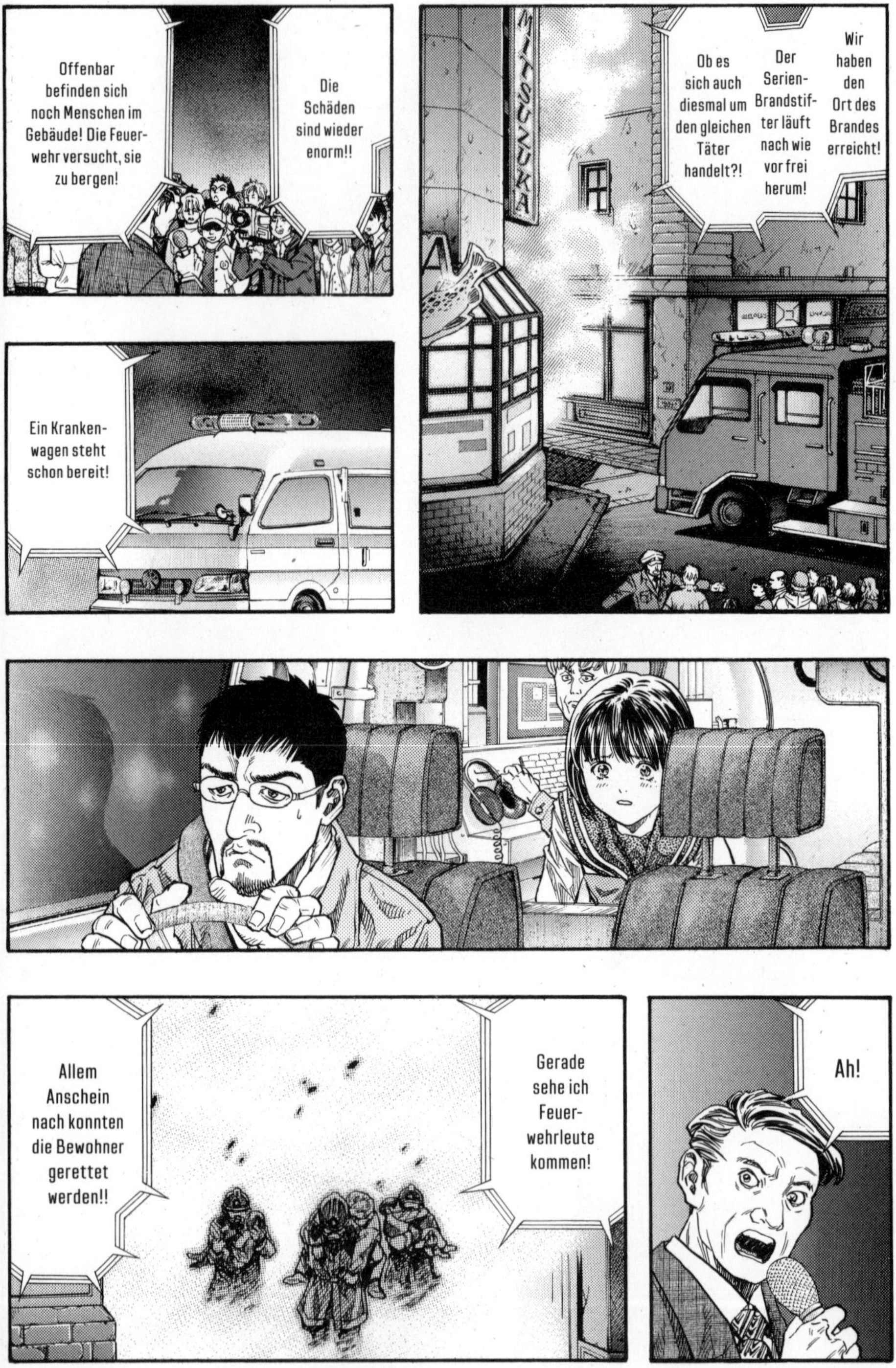
Wir haben den Ort des Brandes erreicht!
Der Serien-Brandstifter läuft nach wie vor frei herum!
Ob es sich auch diesmal um den gleichen Täter handelt?!
MITSUZUKA
Die Schäden sind wieder enorm!!
Offenbar befinden sich noch Menschen im Gebäude! Die Feuerwehr versucht, sie zu bergen!
Ein Krankenwagen steht schon bereit!
Ah!
Gerade sehe ich Feuerwehrleute kommen!
Allem Anschein nach konnten die Bewohner gerettet werden!!

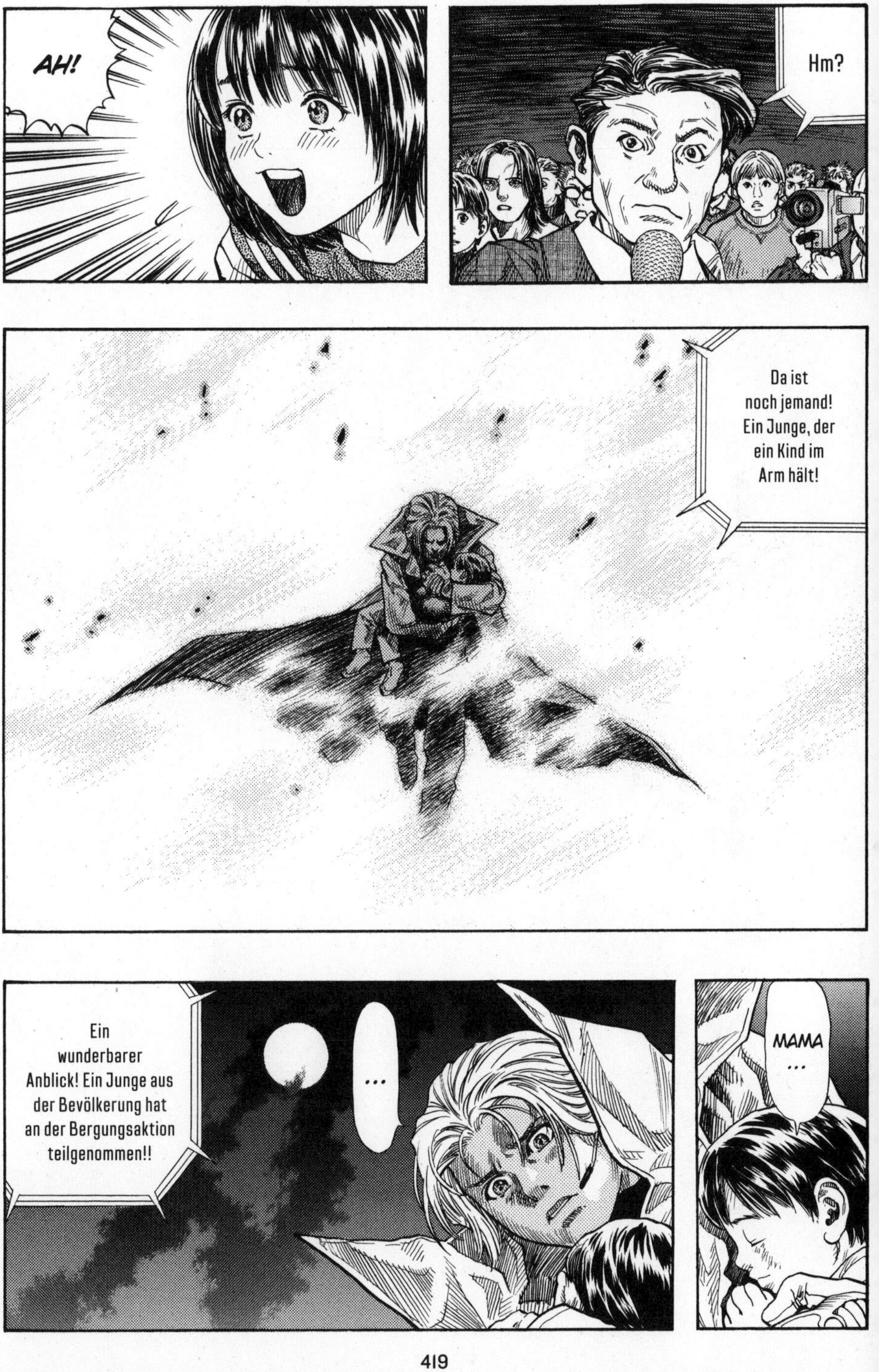
Hm?
AH!
Da ist noch jemand! Ein Junge, der ein Kind im Arm hält!
...
Ein wunderbarer Anblick! Ein Junge aus der Bevölkerung hat an der Bergungsaktion teilgenommen!!
MAMA ...

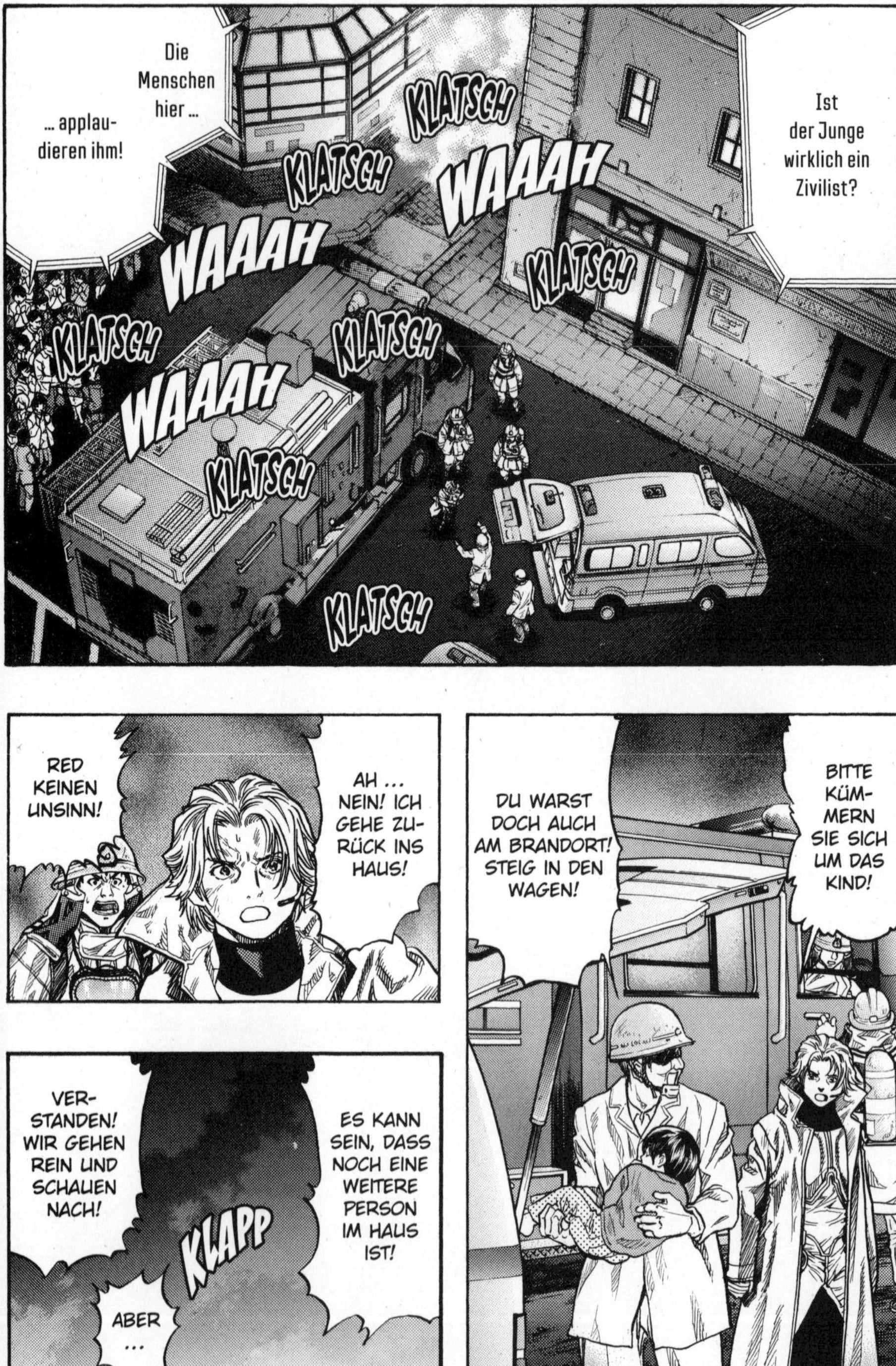
Ist der Junge wirklich ein Zivilist?
KLATSCH
WAAAH
KLATSCH
Die Menschen hier ...
... applaudieren ihm!
KLATSCH
WAAAH
KLATSCH
KLATSCH
WAAAH
KLATSCH
KLATSCH
BITTE KÜMMERN SIE SICH UM DAS KIND!
DU WARST DOCH AUCH AM BRANDORT! STEIG IN DEN WAGEN!
AH ... NEIN! ICH GEHE ZURÜCK INS HAUS!
RED KEINEN UNSINN!
ES KANN SEIN, DASS NOCH EINE WEITERE PERSON IM HAUS IST!
VERSTANDEN! WIR GEHEN REIN UND SCHAUEN NACH!
KLAPP
ABER ...

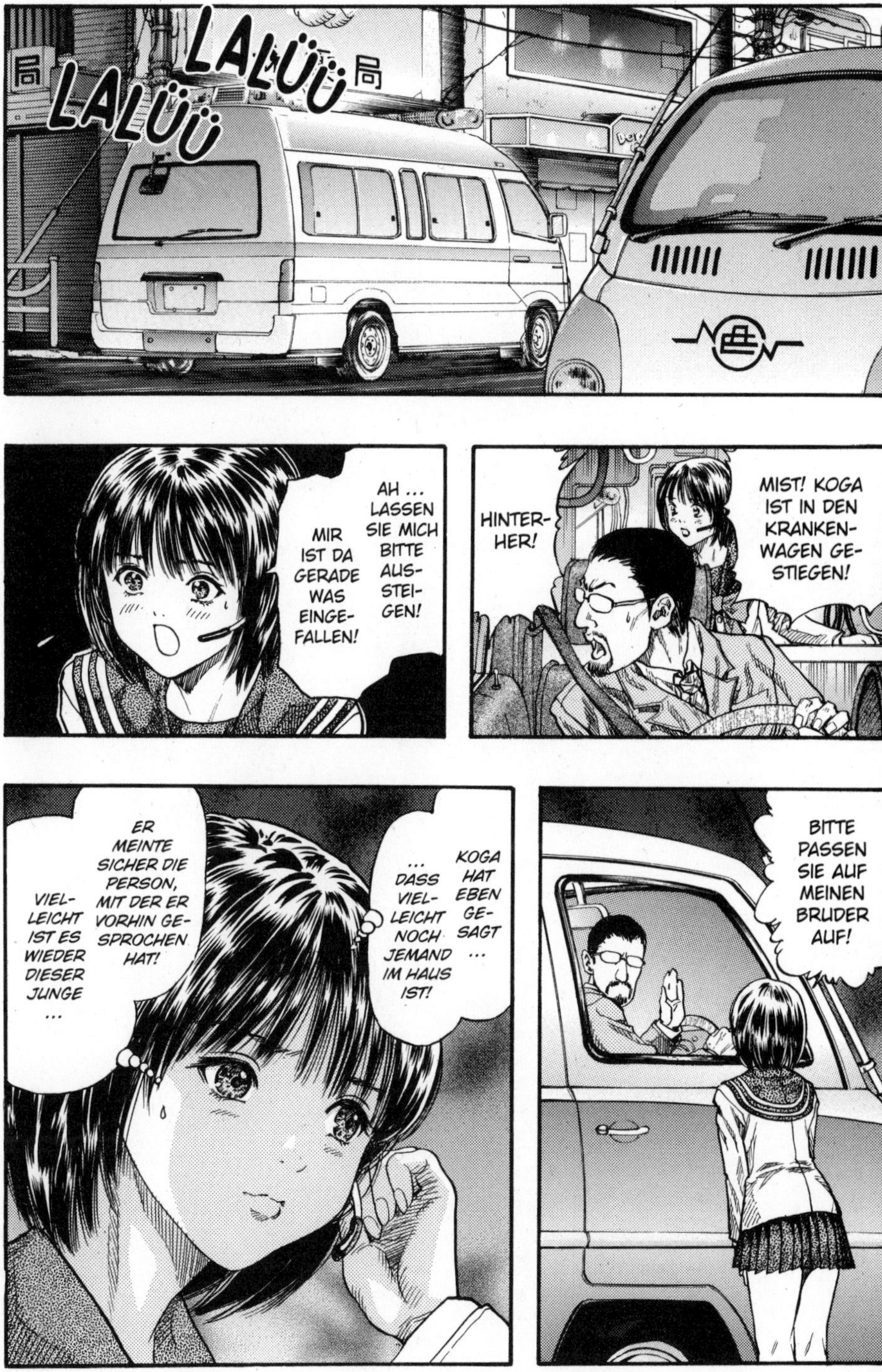
LALÜÜ
LALÜÜ
MIST! KOGA IST IN DEN KRANKENWAGEN GESTIEGEN!
HINTERHER!
AH … LASSEN SIE MICH BITTE AUSSTEIGEN!
MIR IST DA GERADE WAS EINGEFALLEN!
BITTE PASSEN SIE AUF MEINEN BRUDER AUF!
KOGA HAT EBEN GESAGT …
… DASS VIELLEICHT NOCH JEMAND IM HAUS IST!
ER MEINTE SICHER DIE PERSON, MIT DER ER VORHIN GESPROCHEN HAT!
VIELLEICHT IST ES WIEDER DIESER JUNGE …

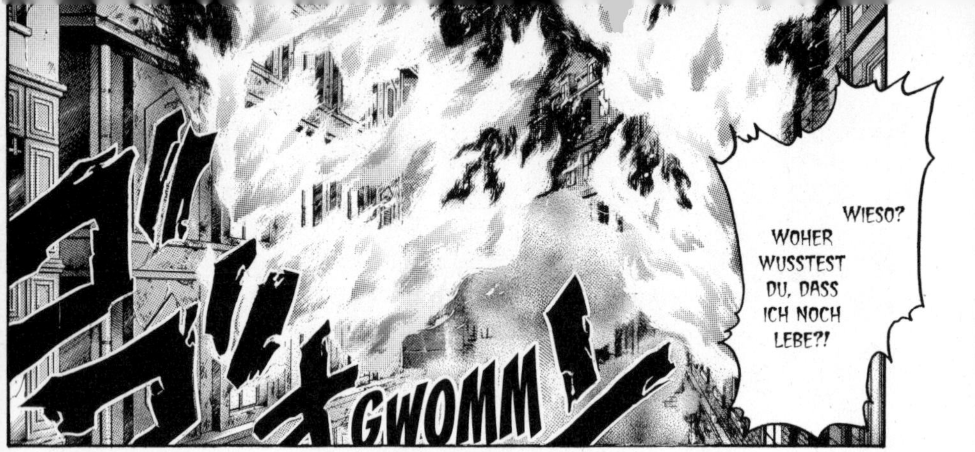

Episode 22:

Licht und Schatten

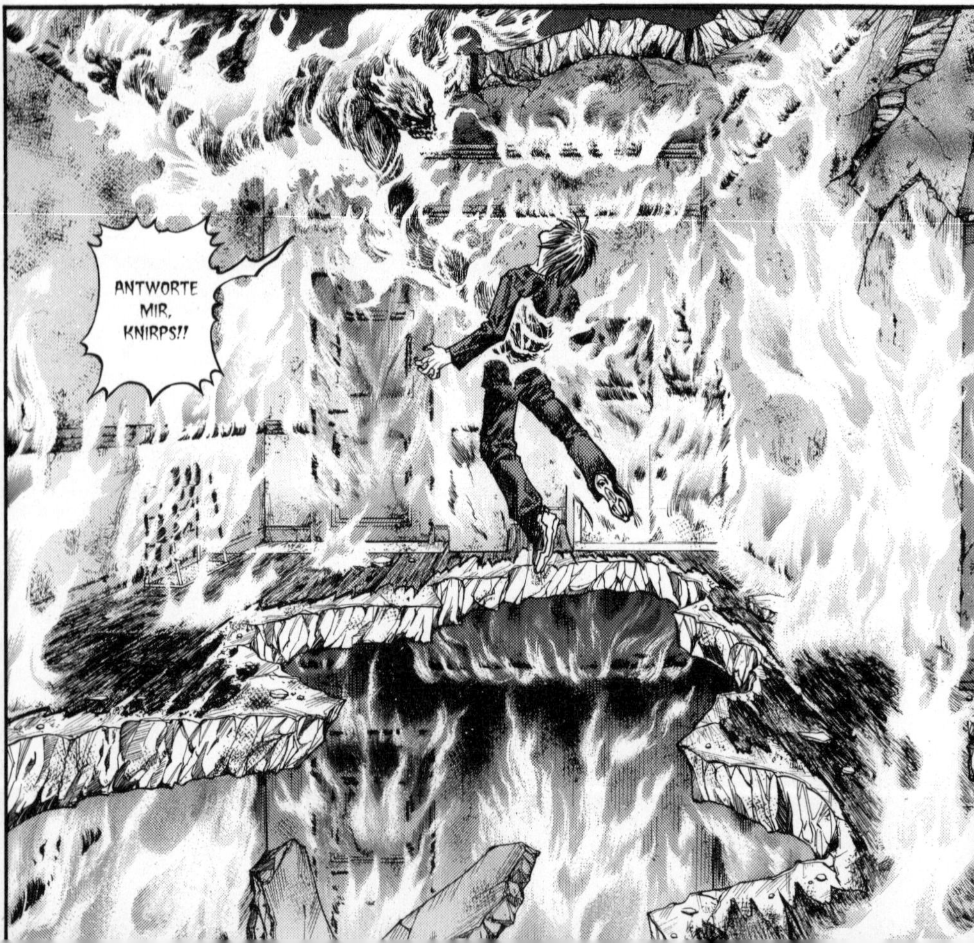

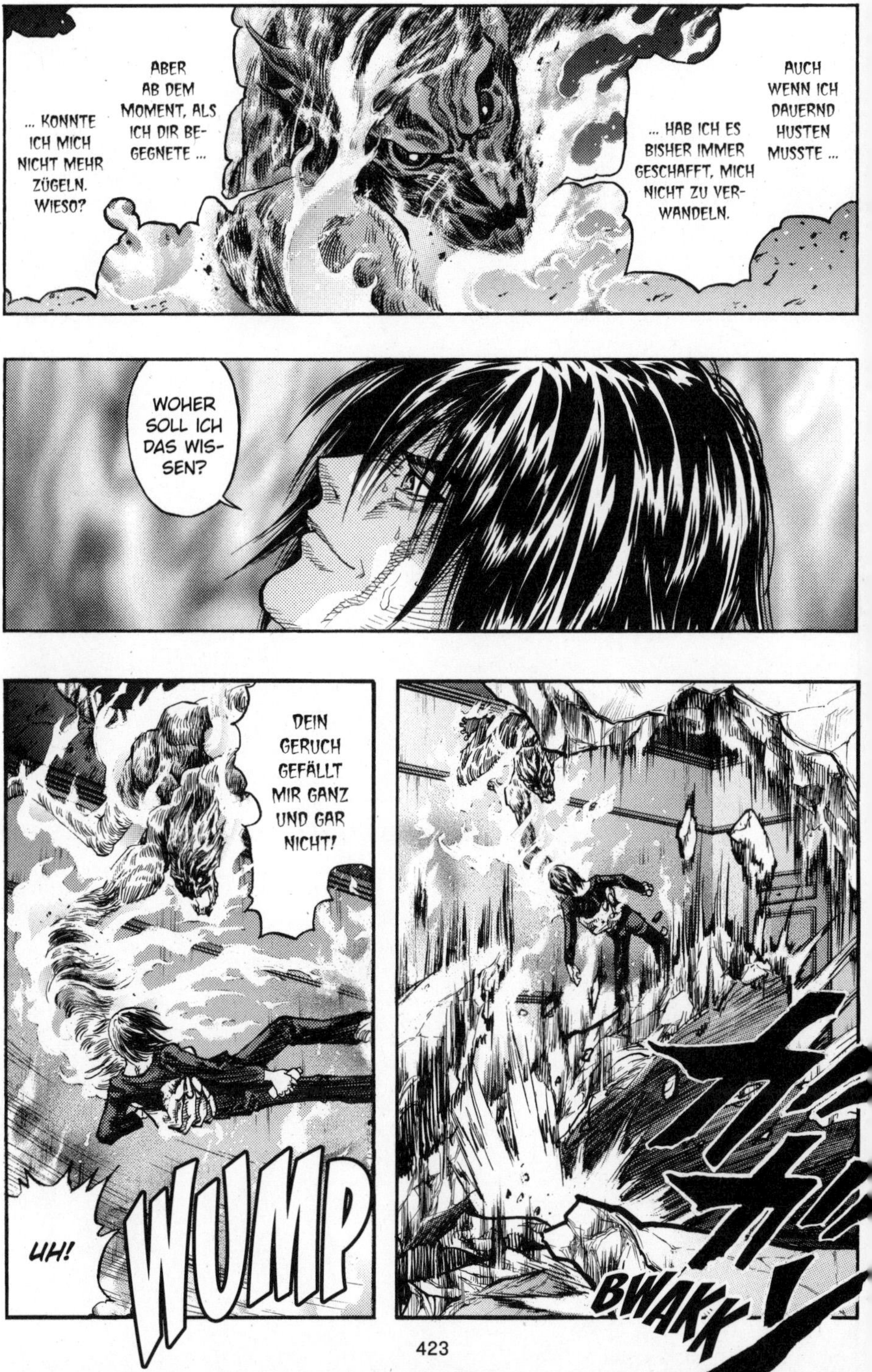
AUCH WENN ICH DAUERND HUSTEN MUSSTE ...
... HAB ICH ES BISHER IMMER GESCHAFFT, MICH NICHT ZU VERWANDELN.
ABER AB DEM MOMENT, ALS ICH DIR BEGEGNETE ...
... KONNTE ICH MICH NICHT MEHR ZÜGELN. WIESO?
WOHER SOLL ICH DAS WISSEN?
BWAKK
DEIN GERUCH GEFÄLLT MIR GANZ UND GAR NICHT!
WUMP
UH!

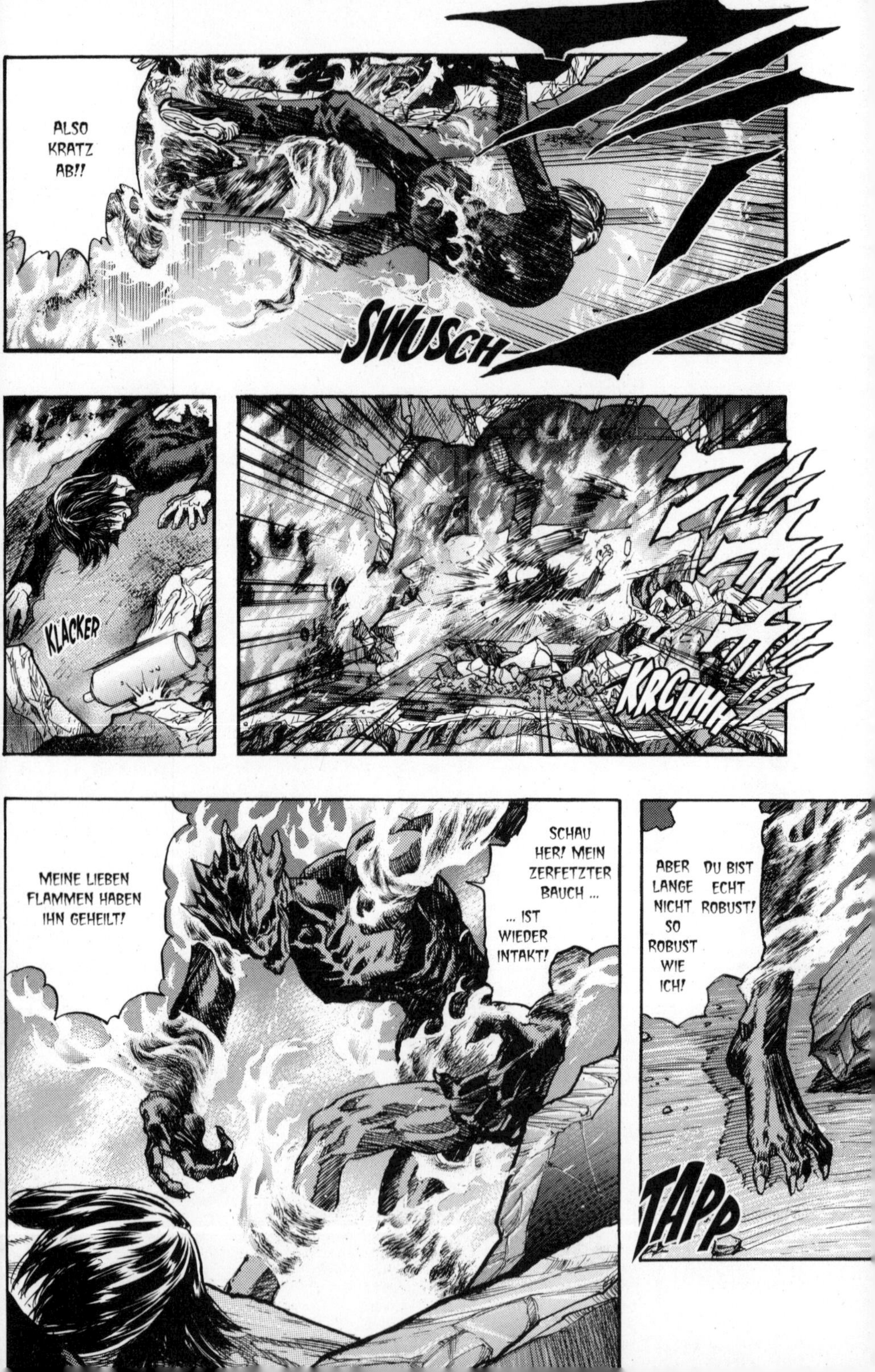
ALSO KRATZ AB!!
SWUSCH
KLACKER
KRCHHH
SCHAU HER! MEIN ZERFETZTER BAUCH ...
... IST WIEDER INTAKT!
MEINE LIEBEN FLAMMEN HABEN IHN GEHEILT!
DU BIST ECHT ROBUST!
ABER LANGE NICHT SO ROBUST WIE ICH!
TAPP

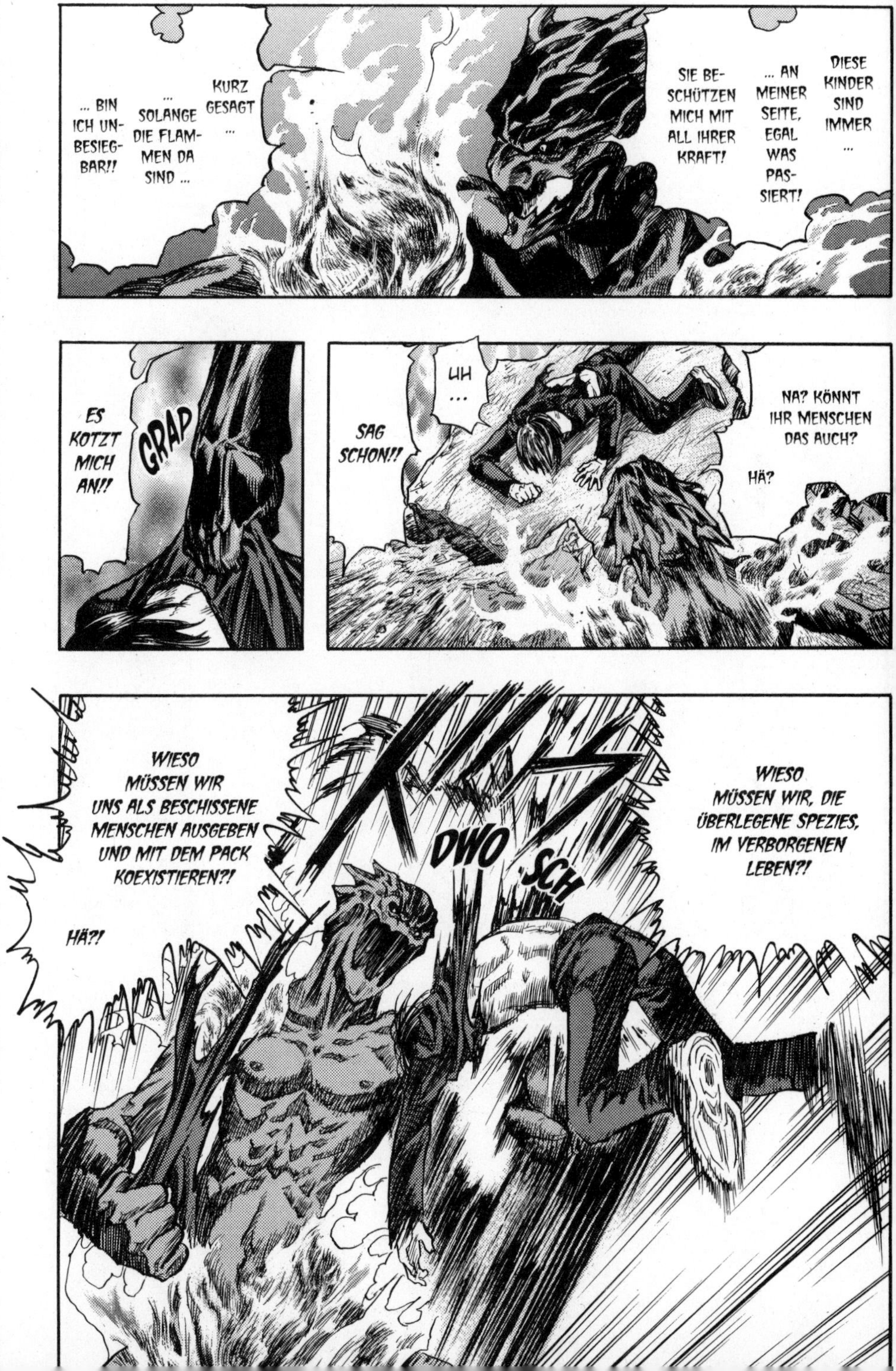

DIESE KINDER SIND IMMER ...
... AN MEINER SEITE, EGAL WAS PASSIERT!
SIE BESCHÜTZEN MICH MIT ALL IHRER KRAFT!
KURZ GESAGT ...
... SOLANGE DIE FLAMMEN DA SIND ...
... BIN ICH UNBESIEGBAR!!
NA? KÖNNT IHR MENSCHEN DAS AUCH?
HÄ?
UH ...
SAG SCHON!!
GRAP
ES KOTZT MICH AN!!
WIESO MÜSSEN WIR, DIE ÜBERLEGENE SPEZIES, IM VERBORGENEN LEBEN?!
DWO
SCH
WIESO MÜSSEN WIR UNS ALS BESCHISSENE MENSCHEN AUSGEBEN UND MIT DEM PACK KOEXISTIEREN?!
HÄ?!

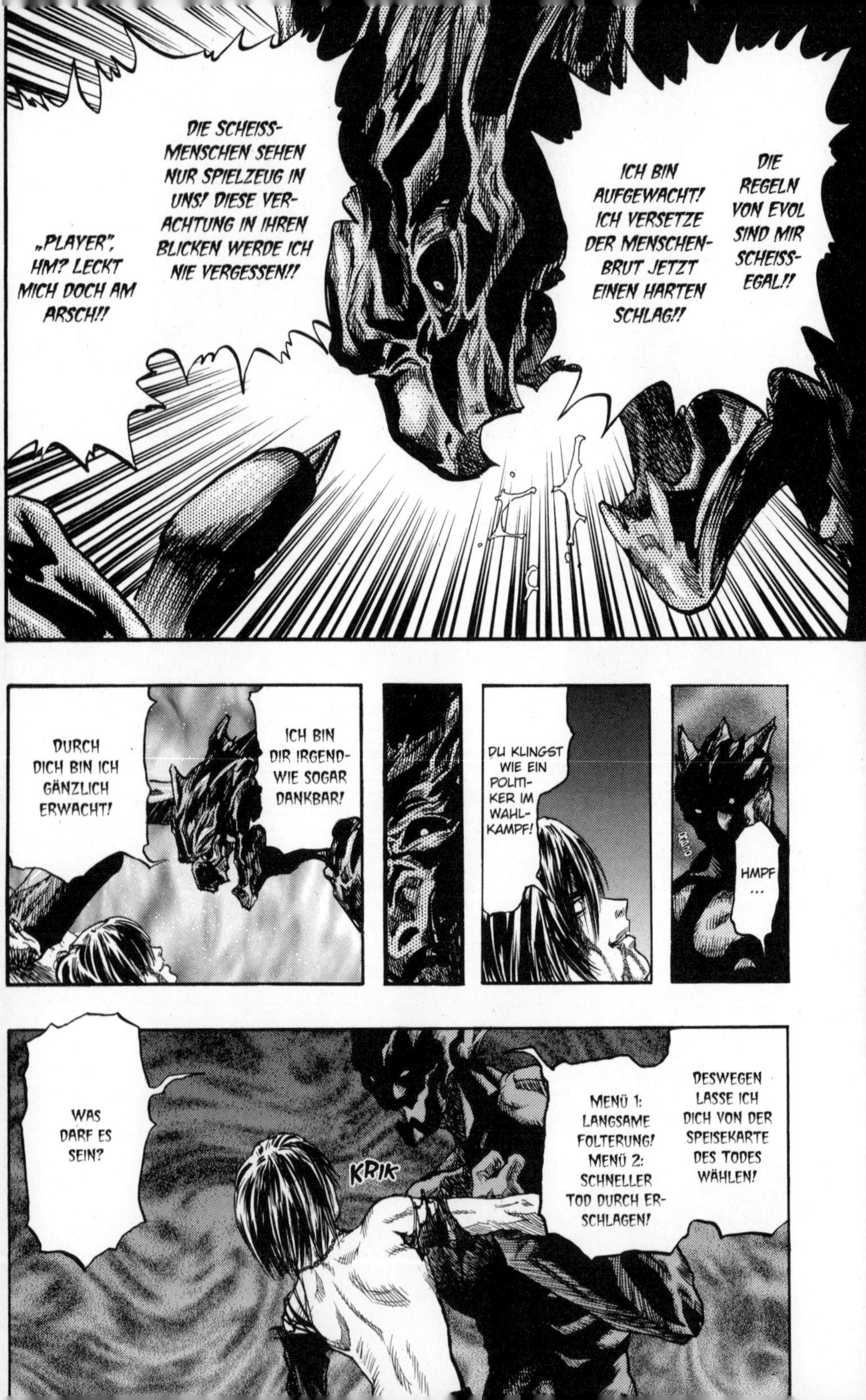
DIE REGELN VON EVOL SIND MIR SCHEISS-EGAL!!
ICH BIN AUFGEWACHT! ICH VERSETZE DER MENSCHEN-BRUT JETZT EINEN HARTEN SCHLAG!!
DIE SCHEISS-MENSCHEN SEHEN NUR SPIELZEUG IN UNS! DIESE VER-ACHTUNG IN IHREN BLICKEN WERDE ICH NIE VERGESSEN!!
„PLAYER", HM? LECKT MICH DOCH AM ARSCH!!
HMPF …
DU KLINGST WIE EIN POLITI-KER IM WAHL-KAMPF!
ICH BIN DIR IRGEND-WIE SOGAR DANKBAR!
DURCH DICH BIN ICH GÄNZLICH ERWACHT!
DESWEGEN LASSE ICH DICH VON DER SPEISEKARTE DES TODES WÄHLEN!
MENÜ 1: LANGSAME FOLTERUNG! MENÜ 2: SCHNELLER TOD DURCH ER-SCHLAGEN!
KRIK
WAS DARF ES SEIN?

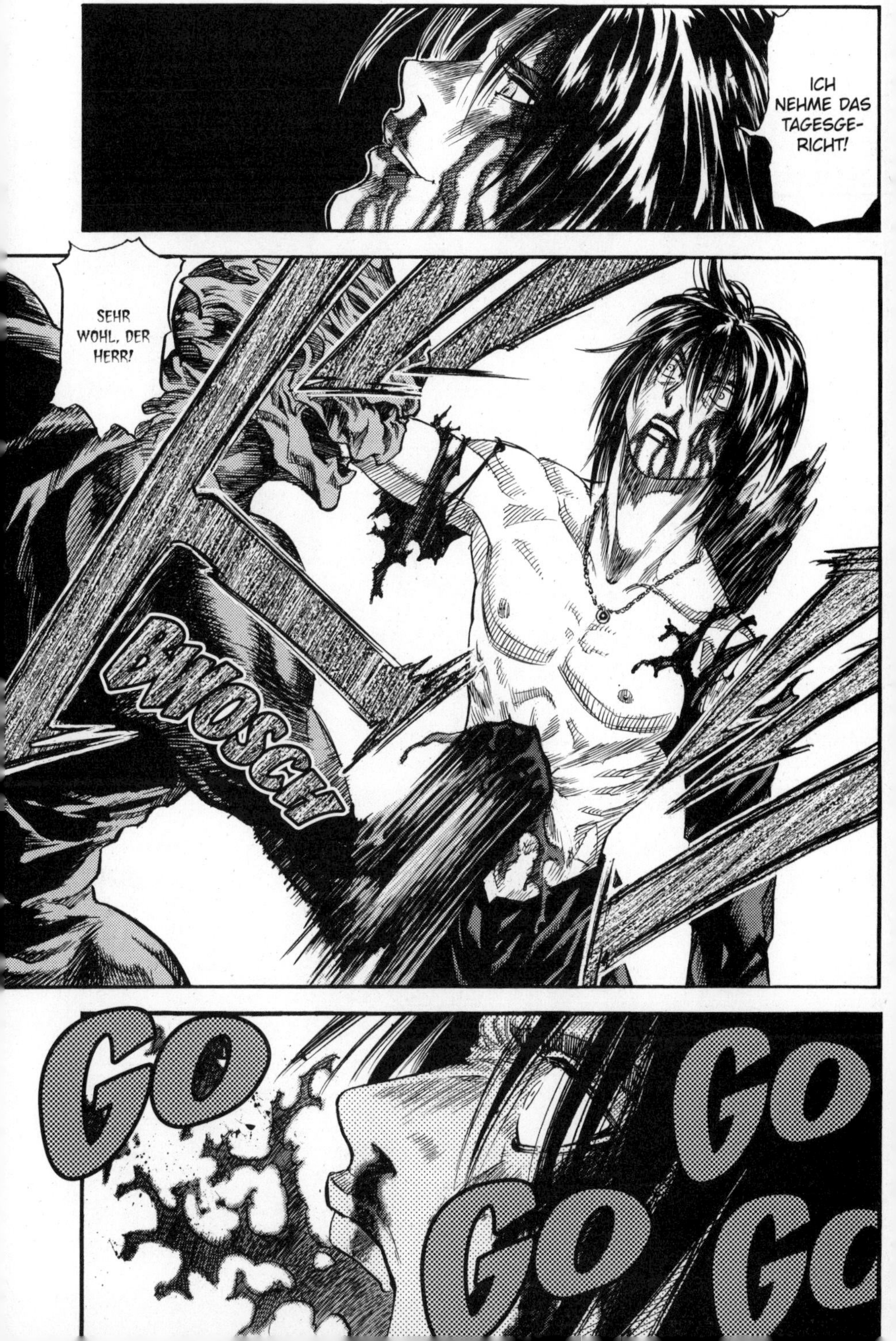
ICH NEHME DAS TAGESGE-RICHT!
SEHR WOHL, DER HERR!
BWOSCH!
GO
GO
GO

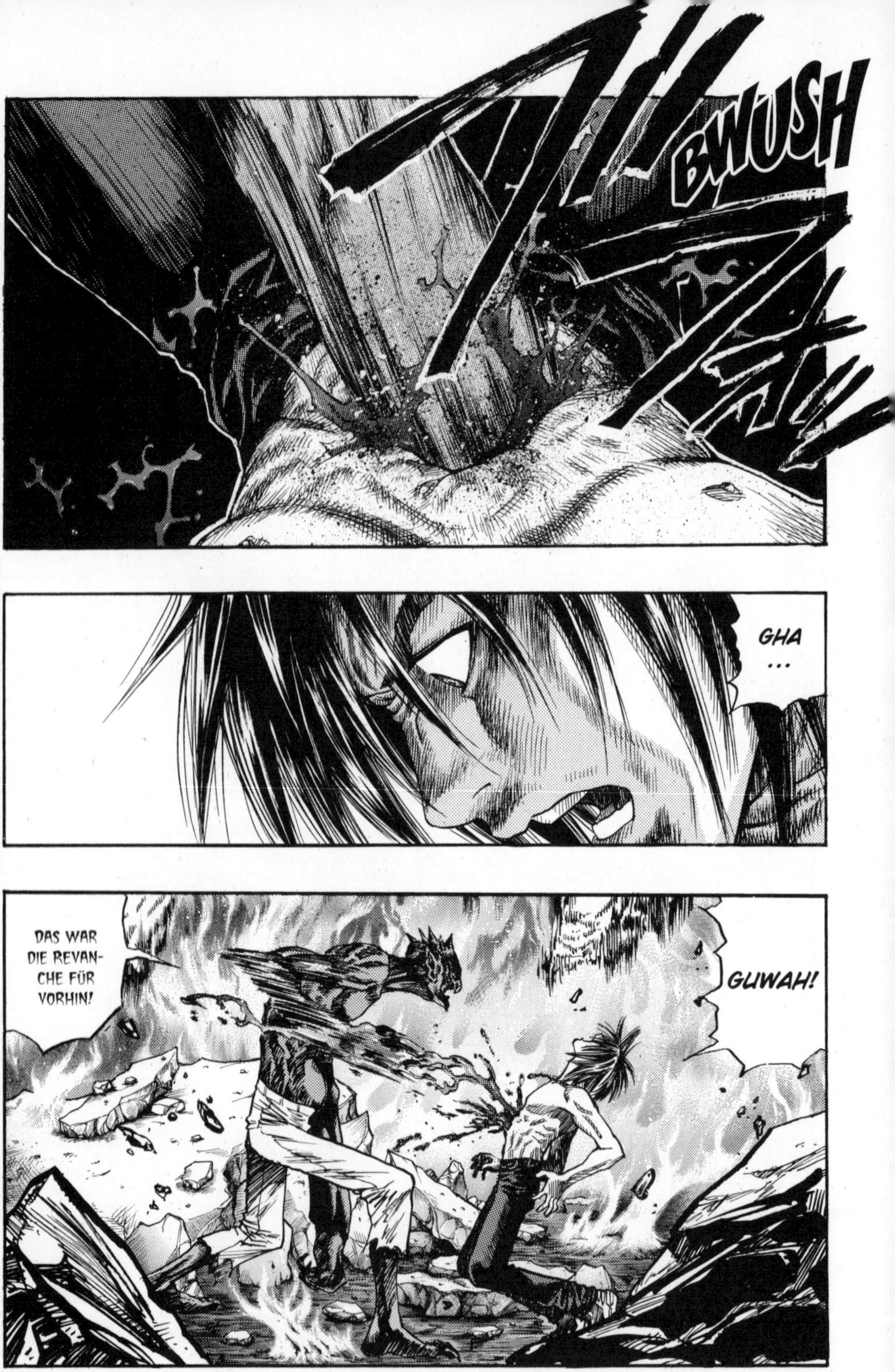
BWUSH
GHA ...
DAS WAR DIE REVANCHE FÜR VORHIN!
GUWAH!

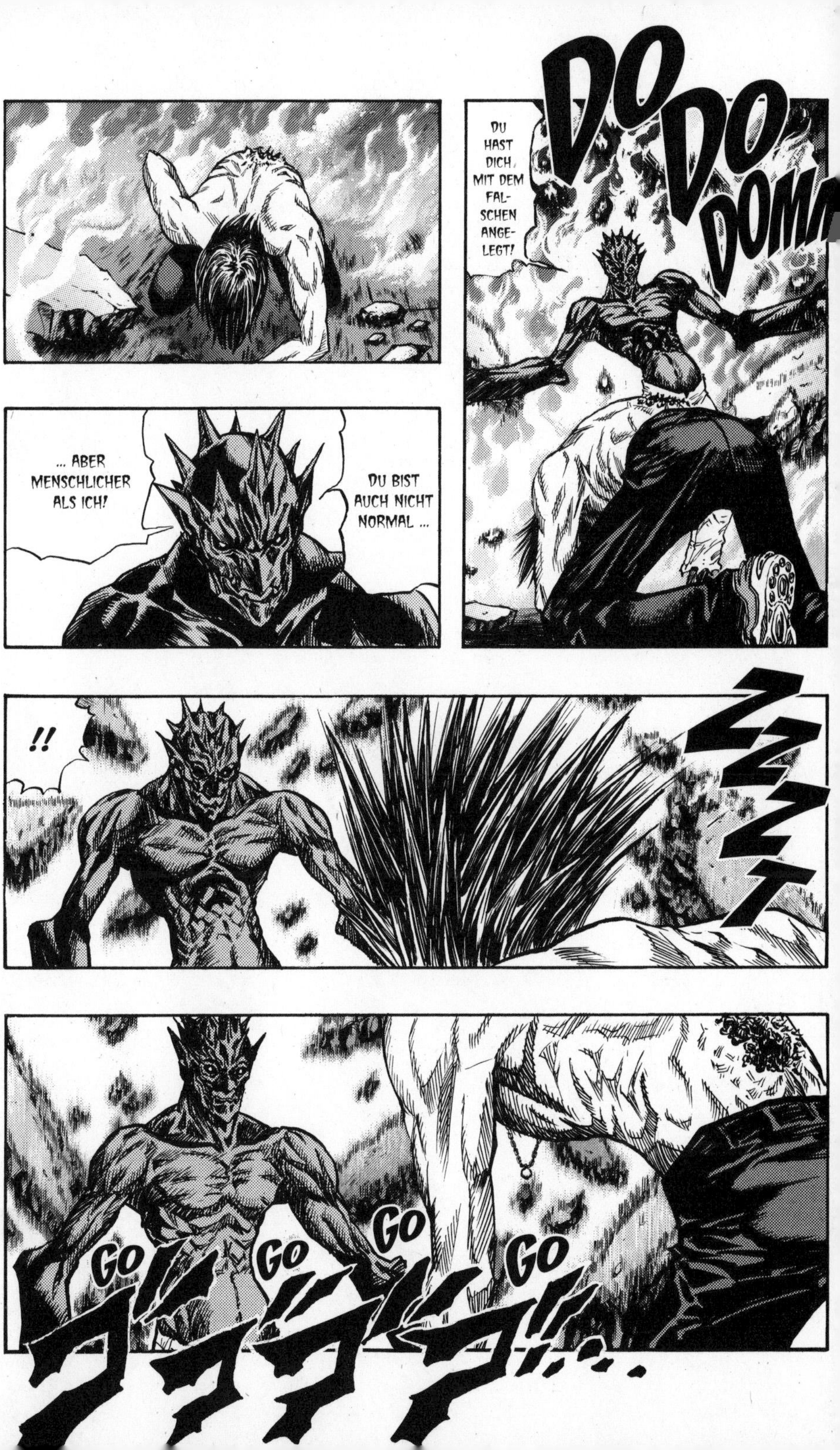
DODODOMM
DU HAST DICH MIT DEM FAL-SCHEN ANGE-LEGT!
DU BIST AUCH NICHT NORMAL ...
... ABER MENSCHLICHER ALS ICH!
ZZZZT
!!
GO GO GO GO

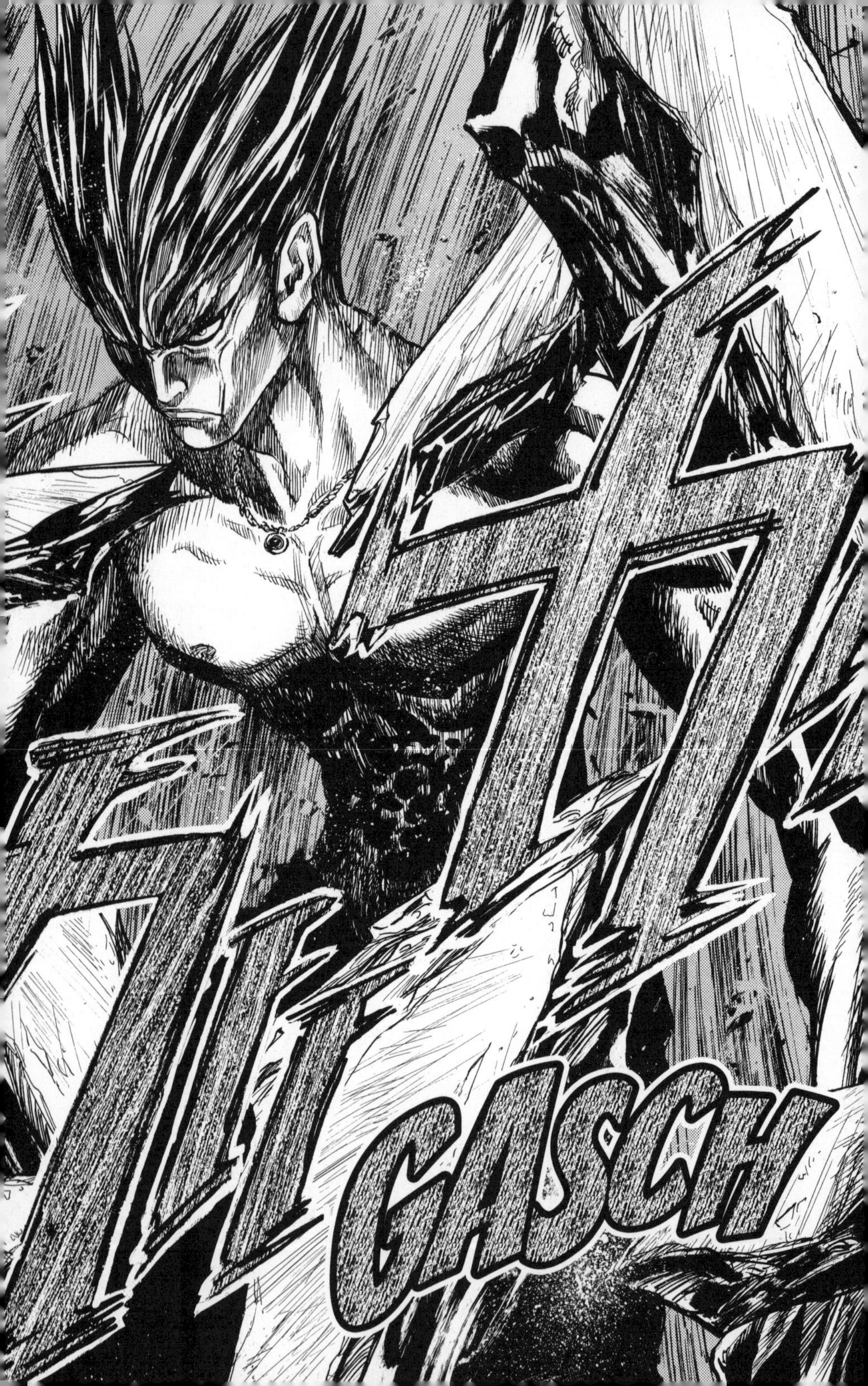
GASCH

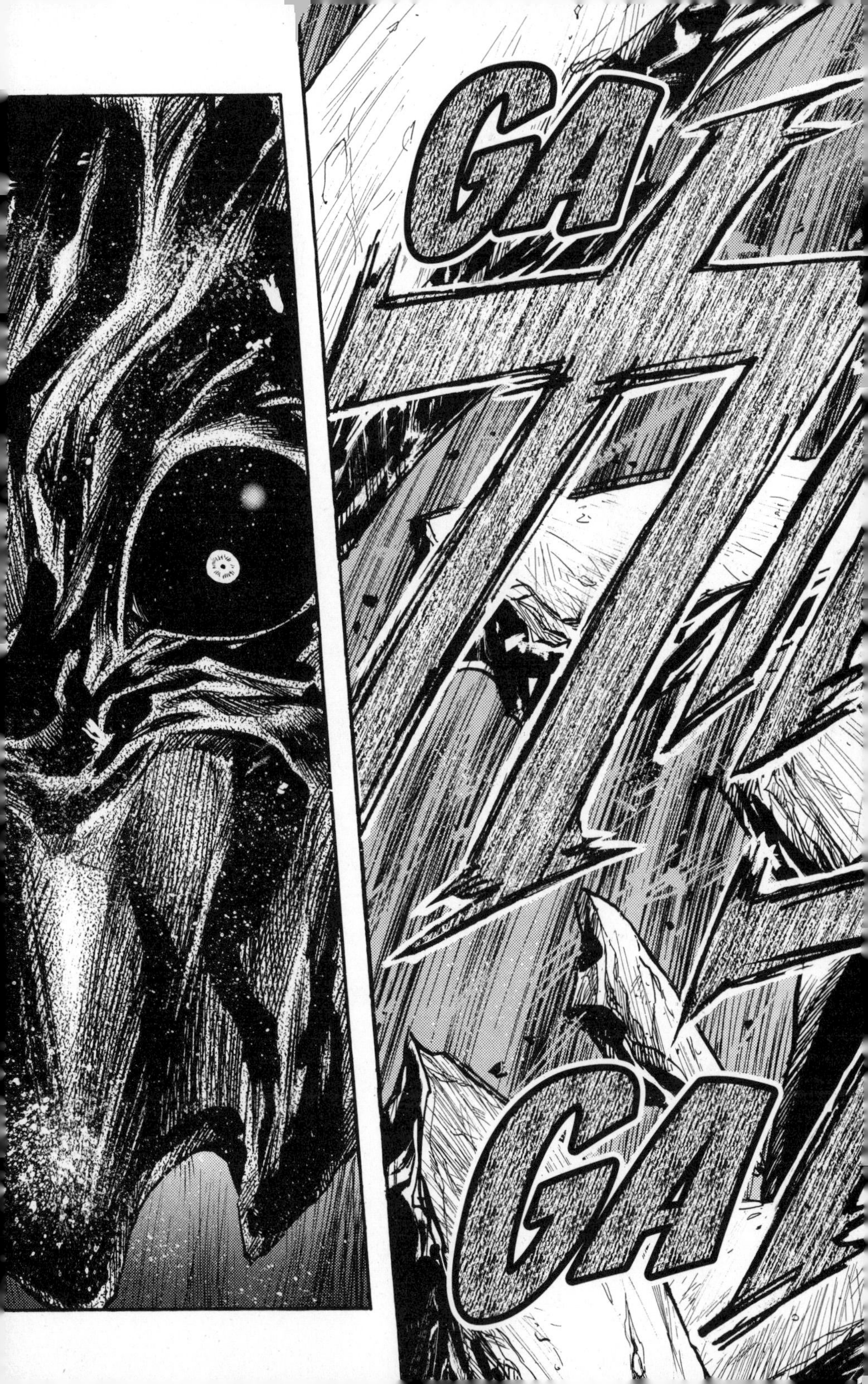
GA
GA

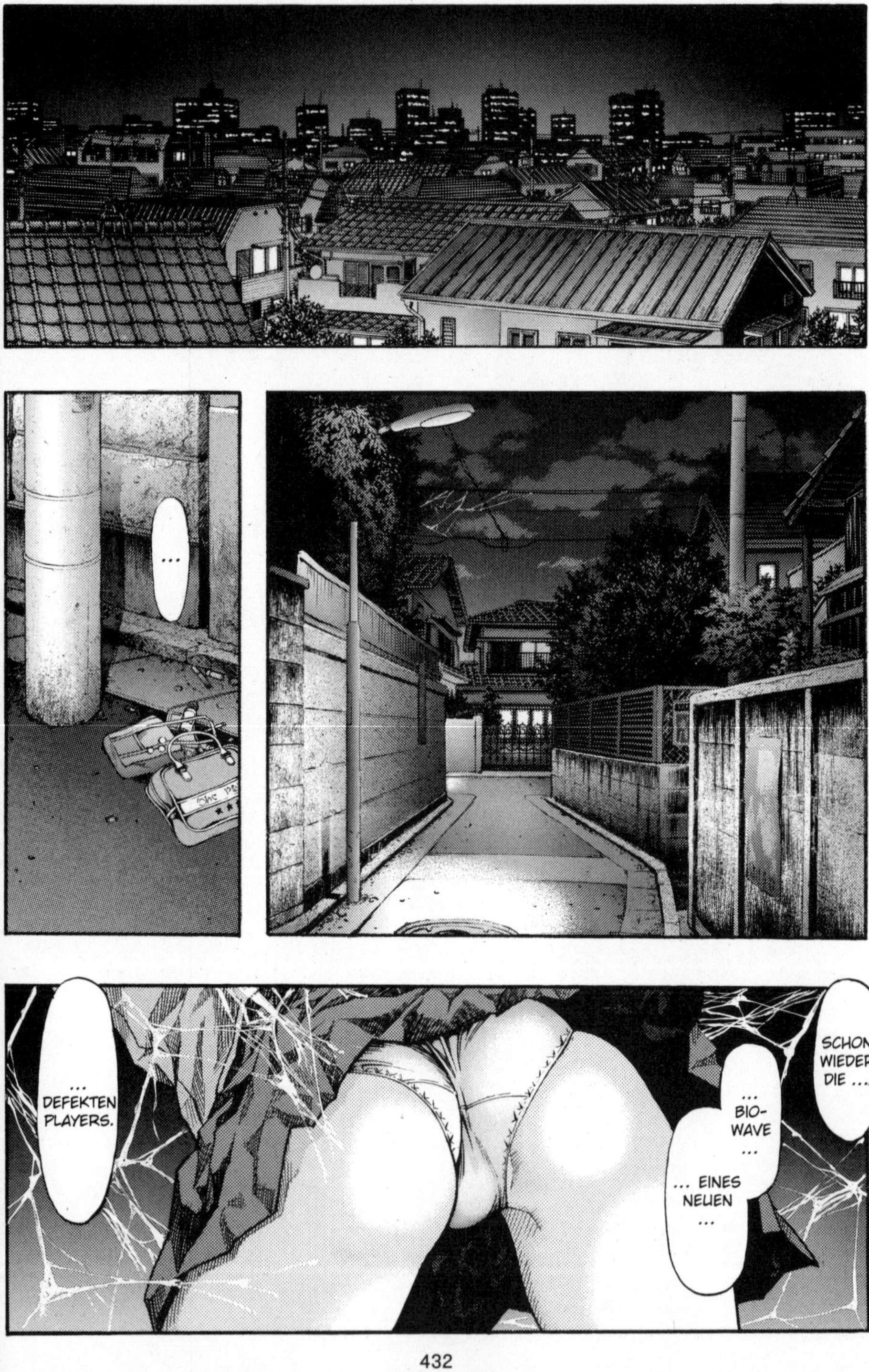
...
SCHON WIEDER DIE ...
... BIO-WAVE ...
... EINES NEUEN ...
... DEFEKTEN PLAYERS.

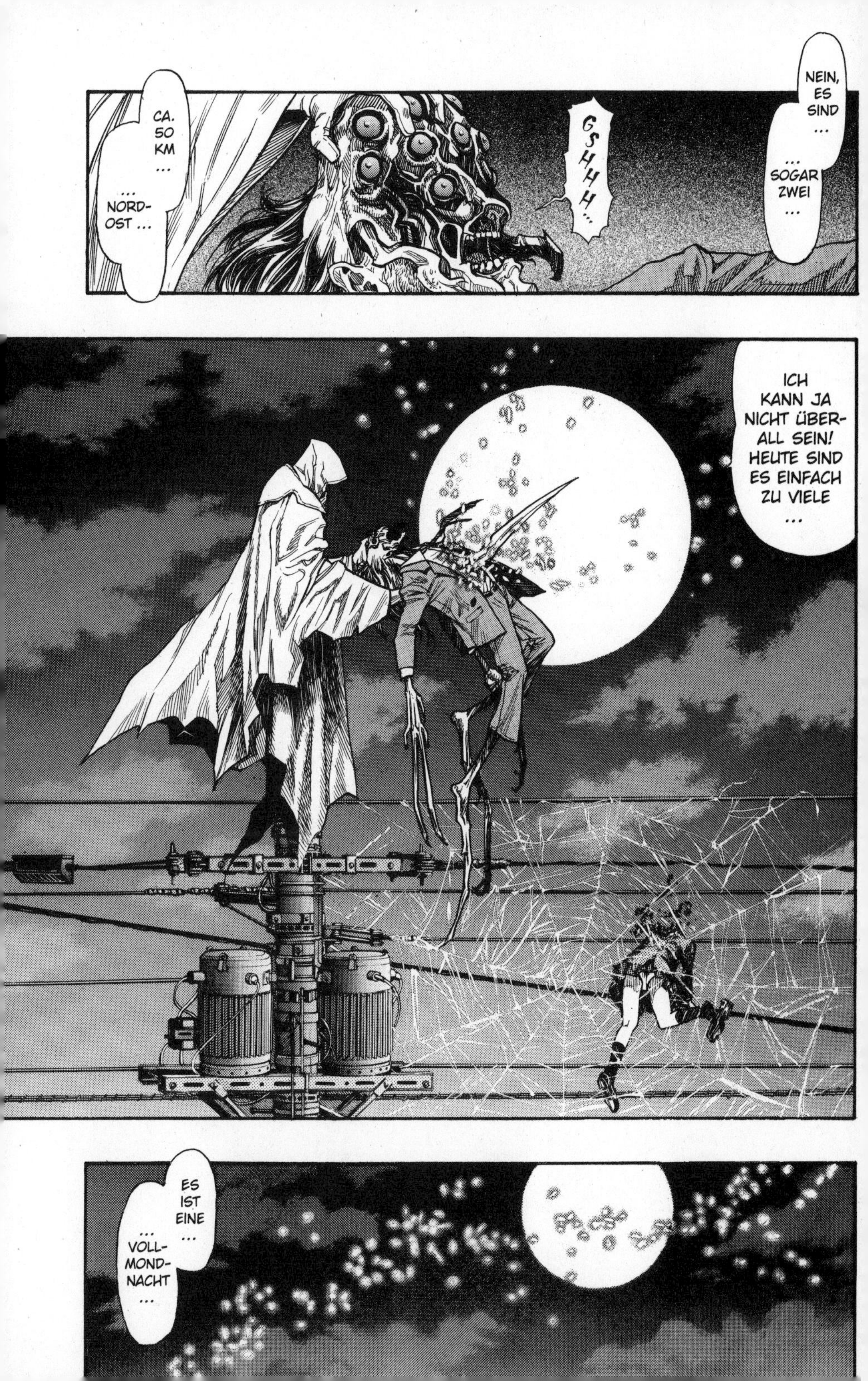
NEIN, ES SIND …
… SOGAR ZWEI …
GSHHH…
CA. 50 KM …
… NORD-OST …
ICH KANN JA NICHT ÜBER-ALL SEIN! HEUTE SIND ES EINFACH ZU VIELE …
ES IST EINE …
… VOLL-MOND-NACHT …

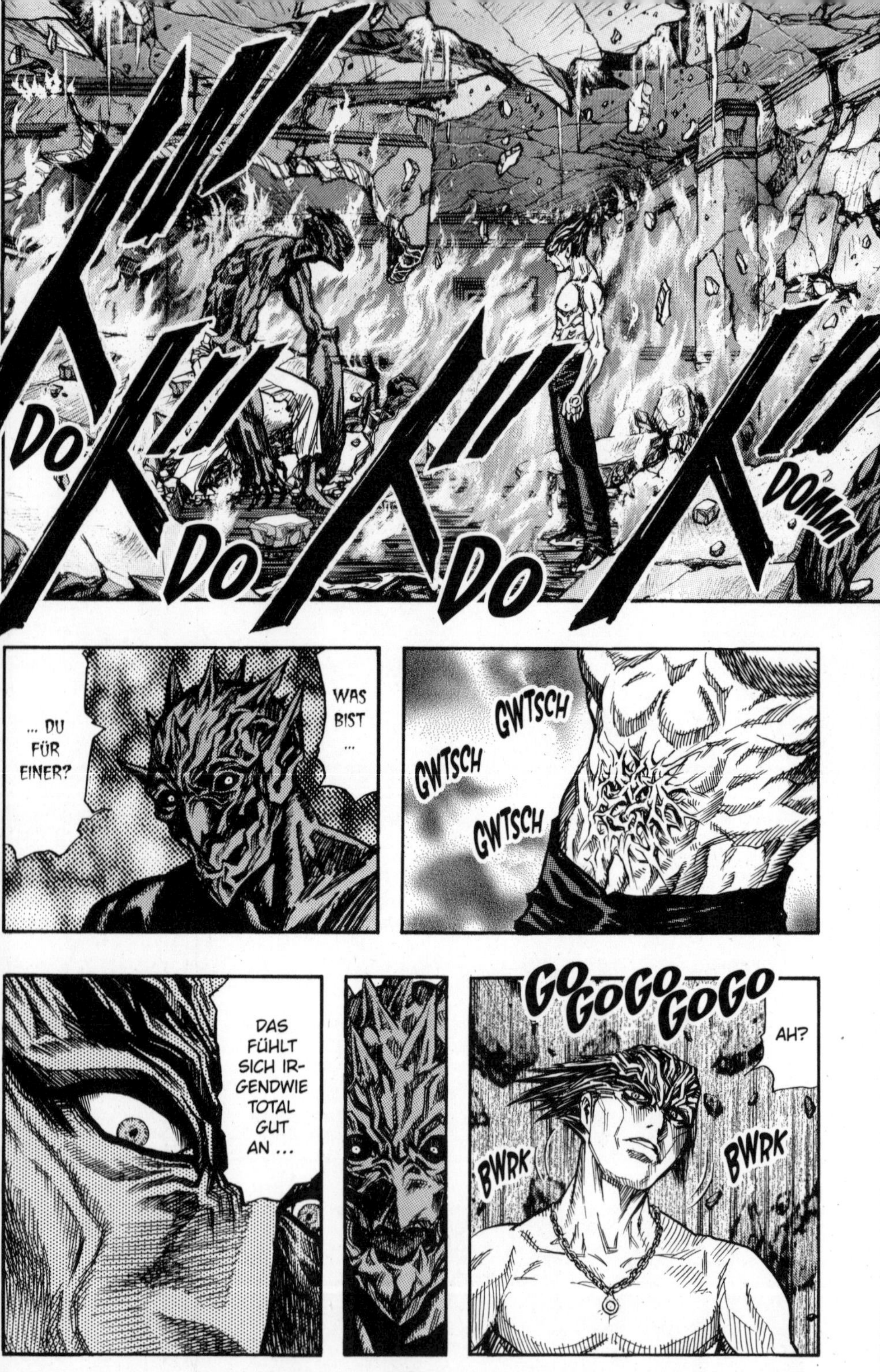
DO
DO
DO
DOMM
WAS BIST ...
... DU FÜR EINER?
GWTSCH
GWTSCH
GWTSCH
GO GOGO GOGO
AH?
BWRK
BWRK
DAS FÜHLT SICH IR-GENDWIE TOTAL GUT AN ...

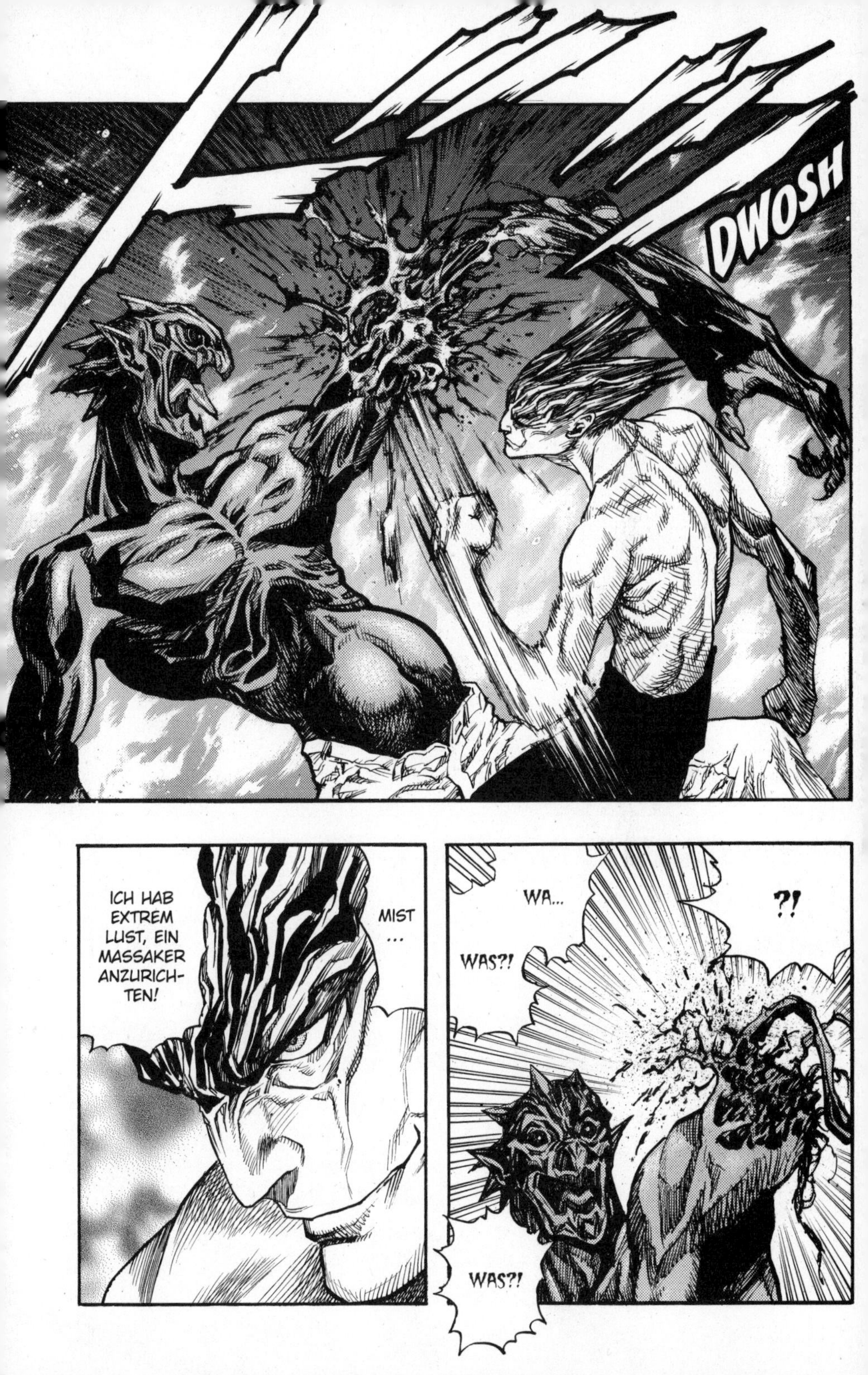
DWOSH
?!
WA...
WAS?!
WAS?!
MIST ...
ICH HAB EXTREM LUST, EIN MASSAKER ANZURICH-TEN!

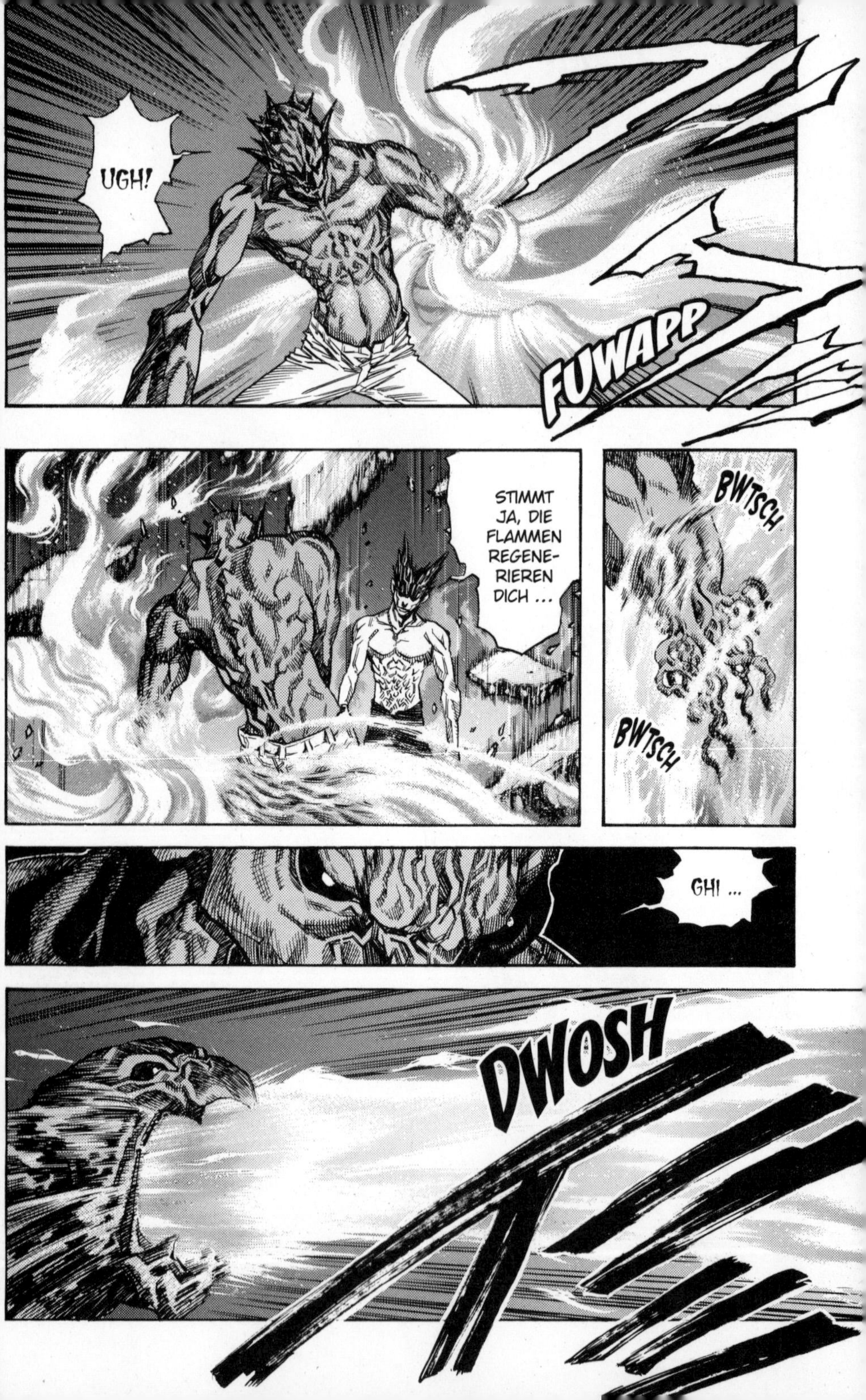
UGH!
FUWAPP
STIMMT JA, DIE FLAMMEN REGENE-RIEREN DICH ...
BWTSCH
BWTSCH
GHI ...
DWOSH

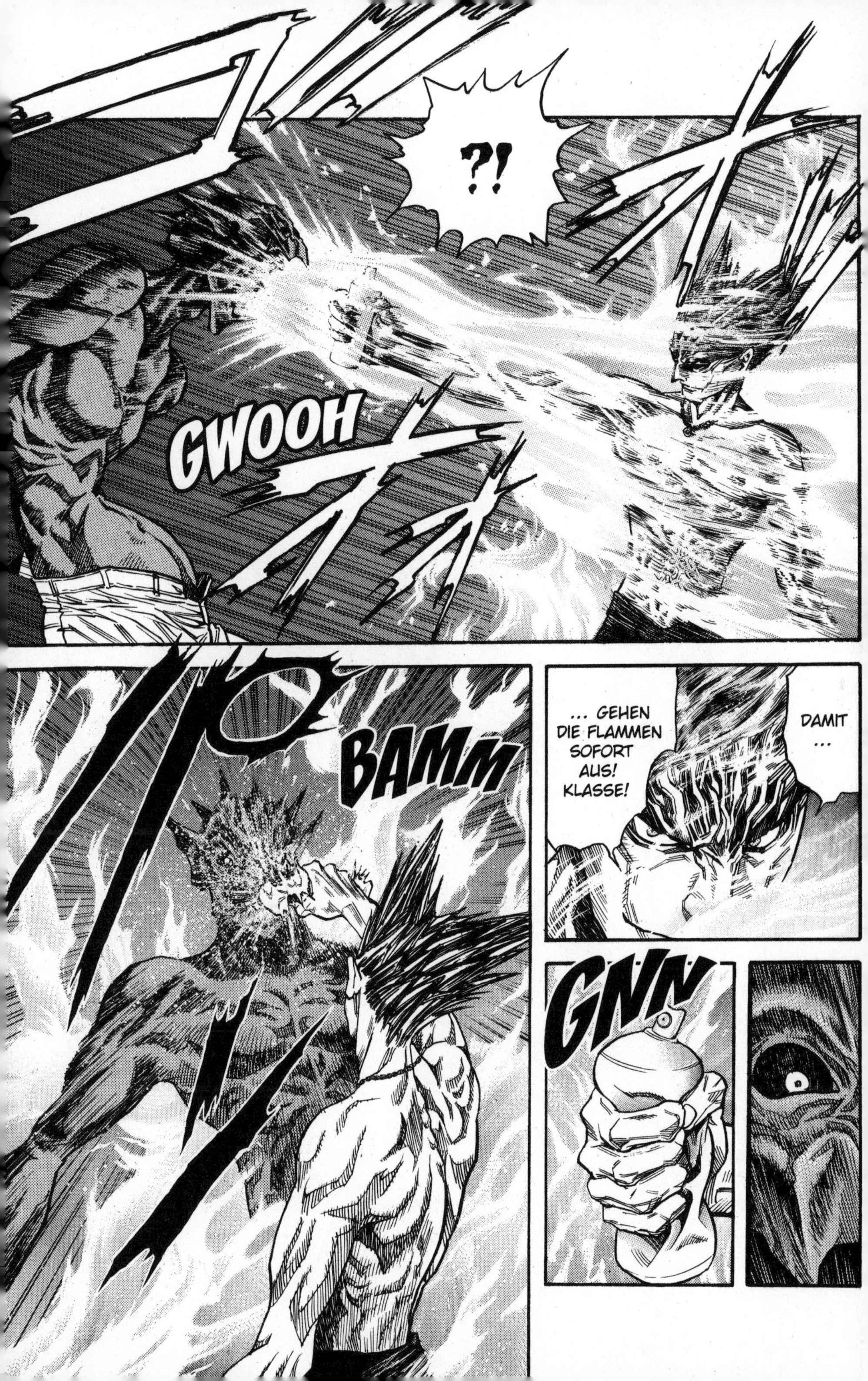
?!
GWOOH
DAMIT …
… GEHEN DIE FLAMMEN SOFORT AUS! KLASSE!
BAMM
GNN

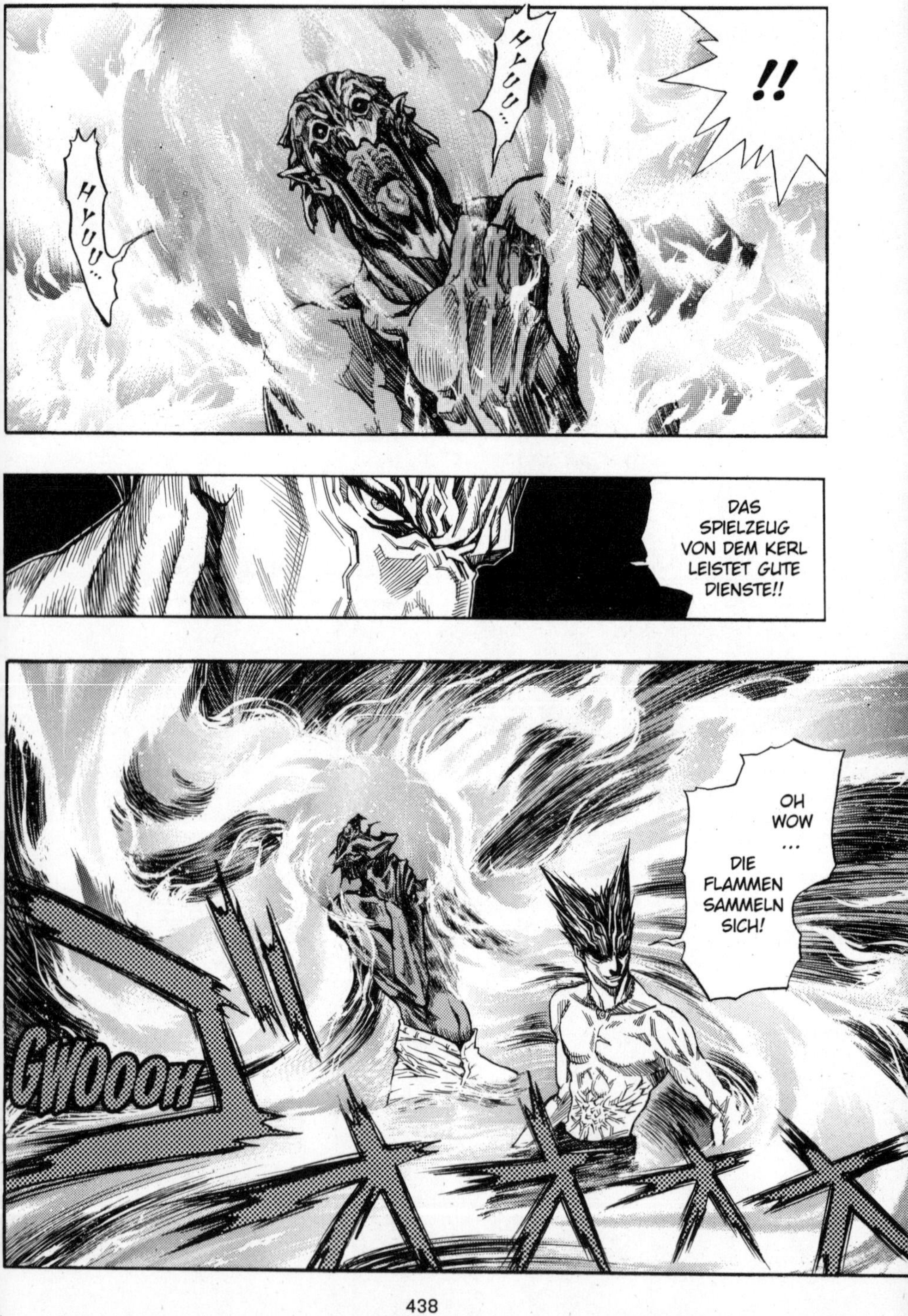
HYUU...
HYUU...
!!
DAS SPIELZEUG VON DEM KERL LEISTET GUTE DIENSTE!!
OH WOW ... DIE FLAMMEN SAMMELN SICH!
GHOOOH

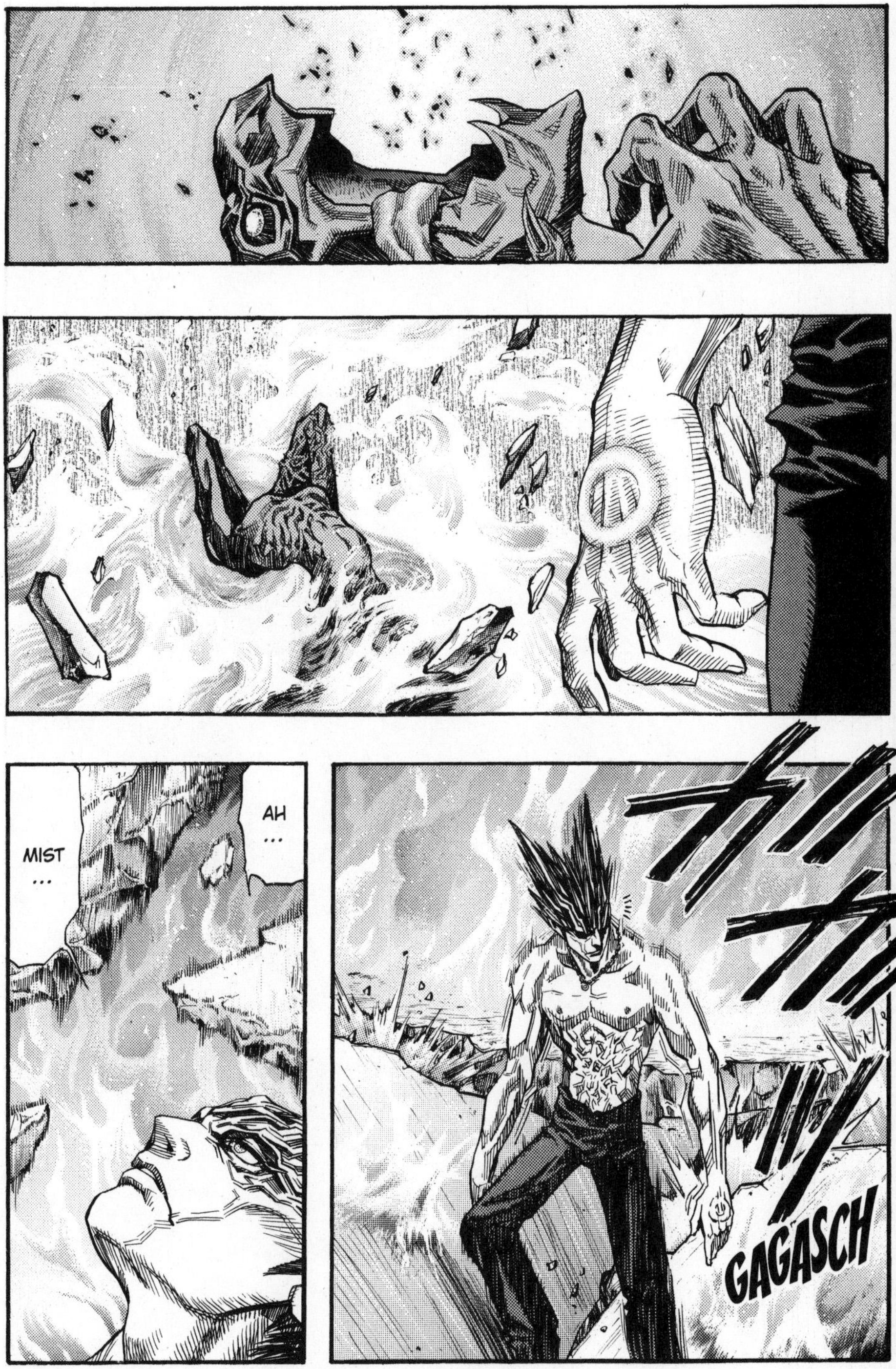
GAGASCH
AH ...
MIST ...

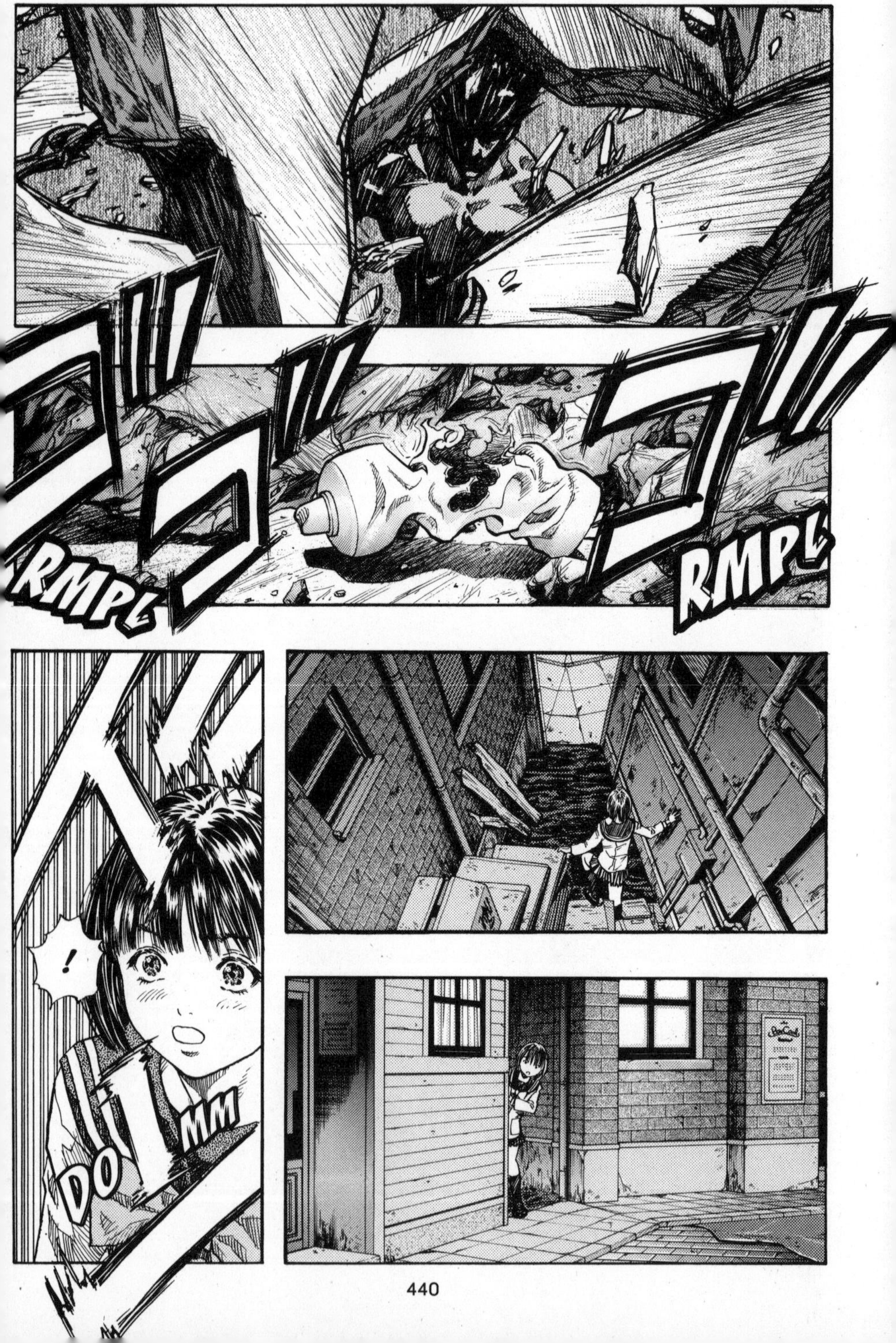
RMPL
RMPL
!
DOMM

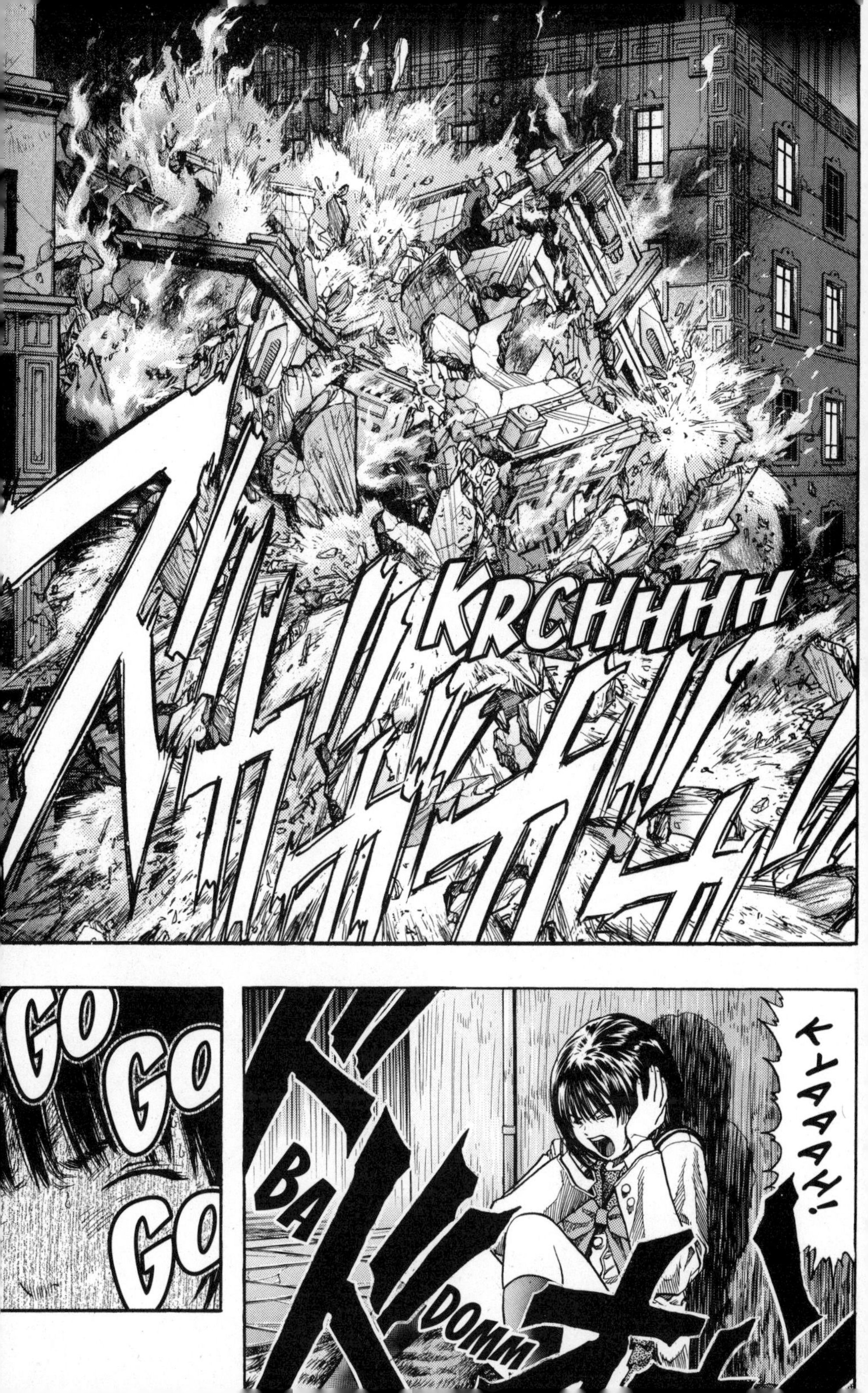
KRCHHHH
KYAAAAH!
BA
DOMM
GO
GO
GO
GO

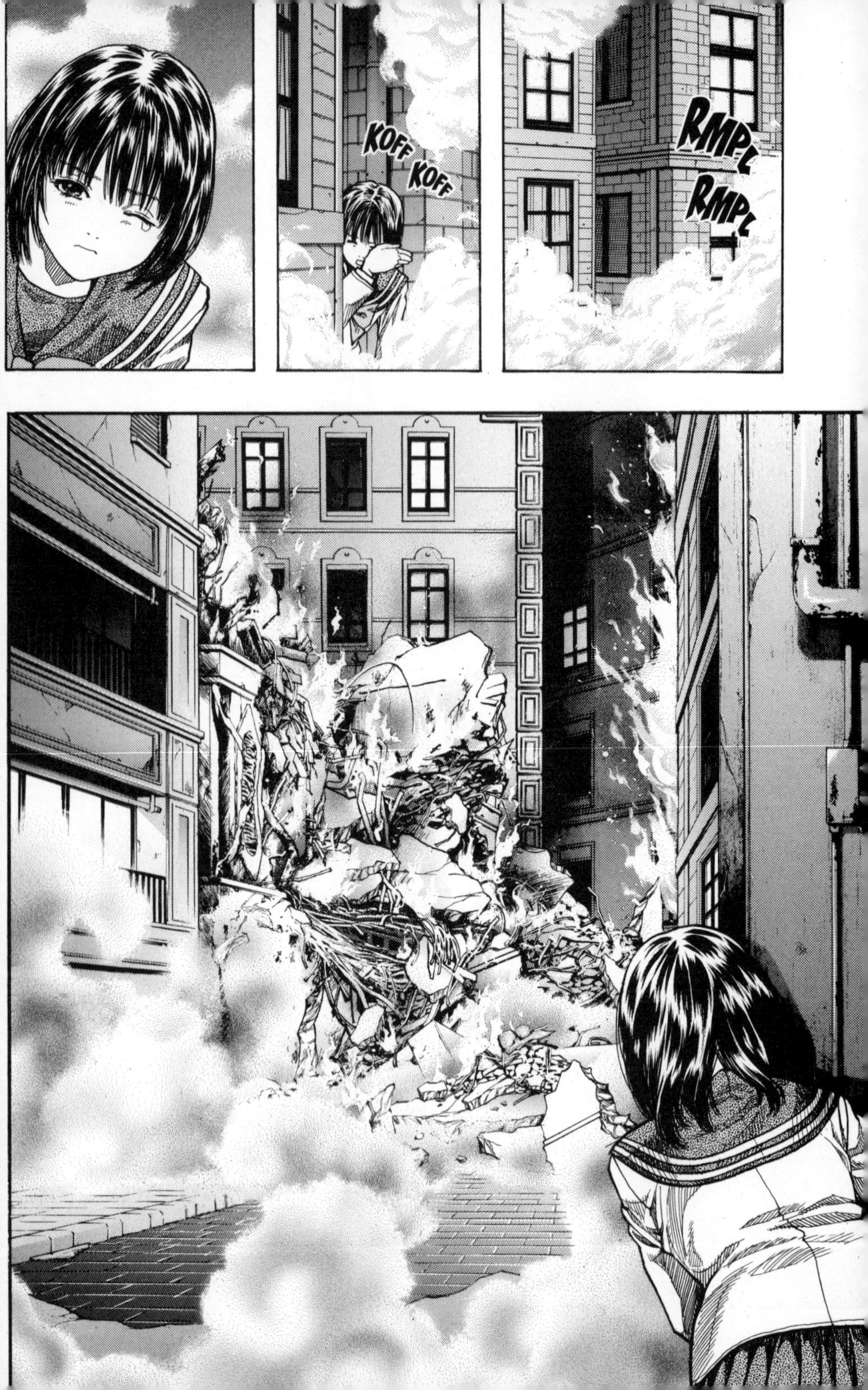
RMPL
RMPL
KOFF
KOFF

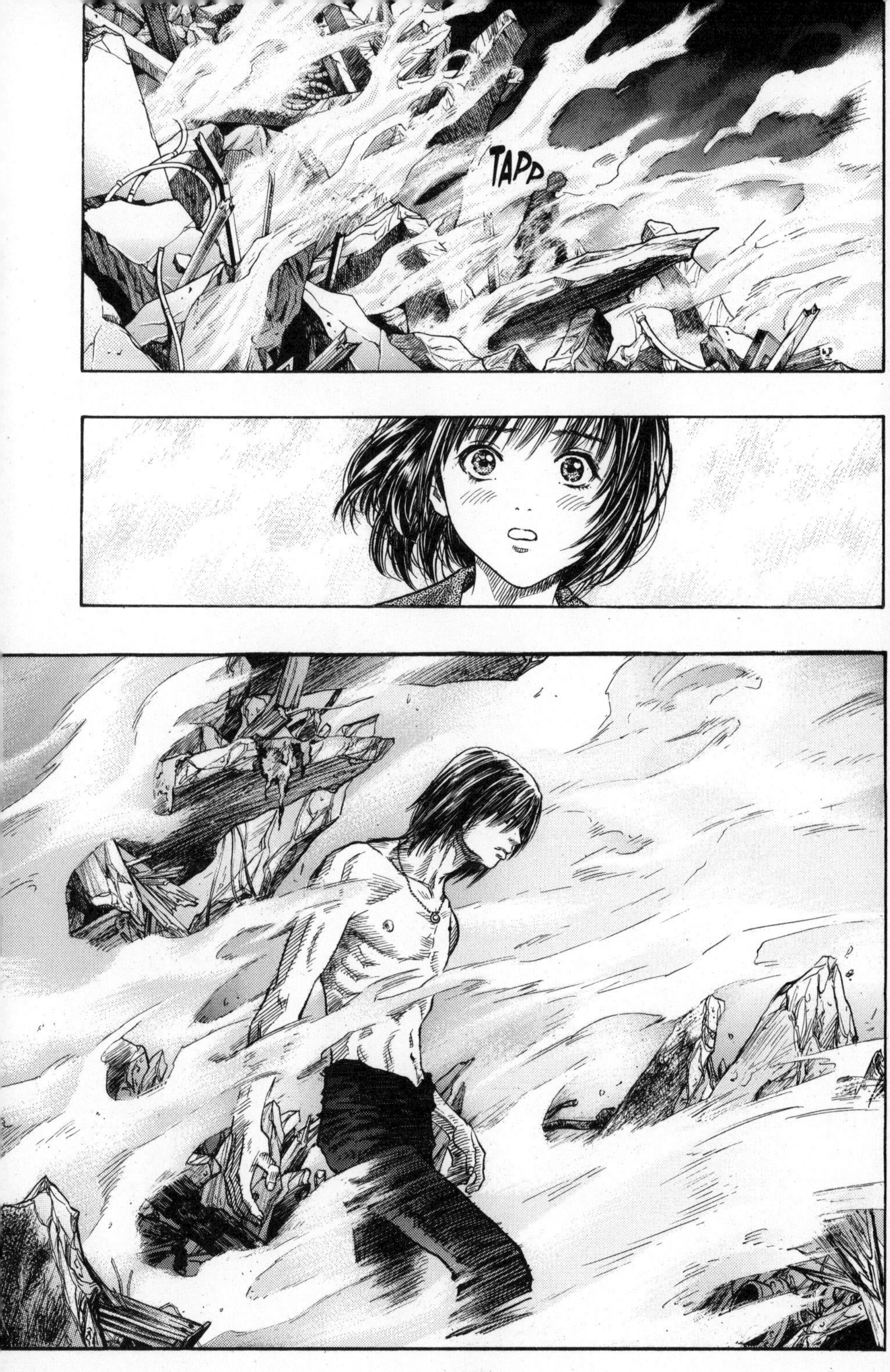
TAPP

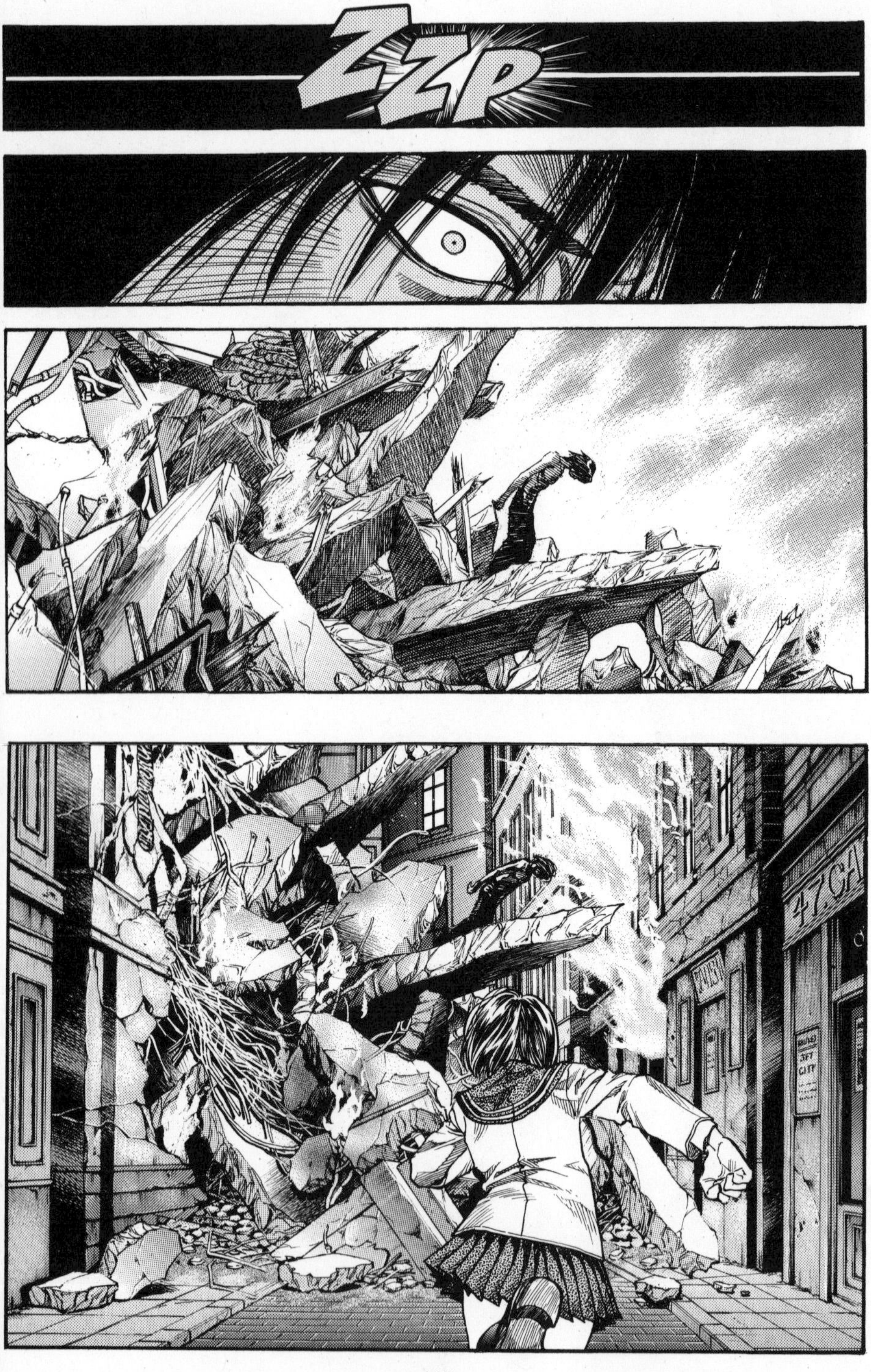
ZZP

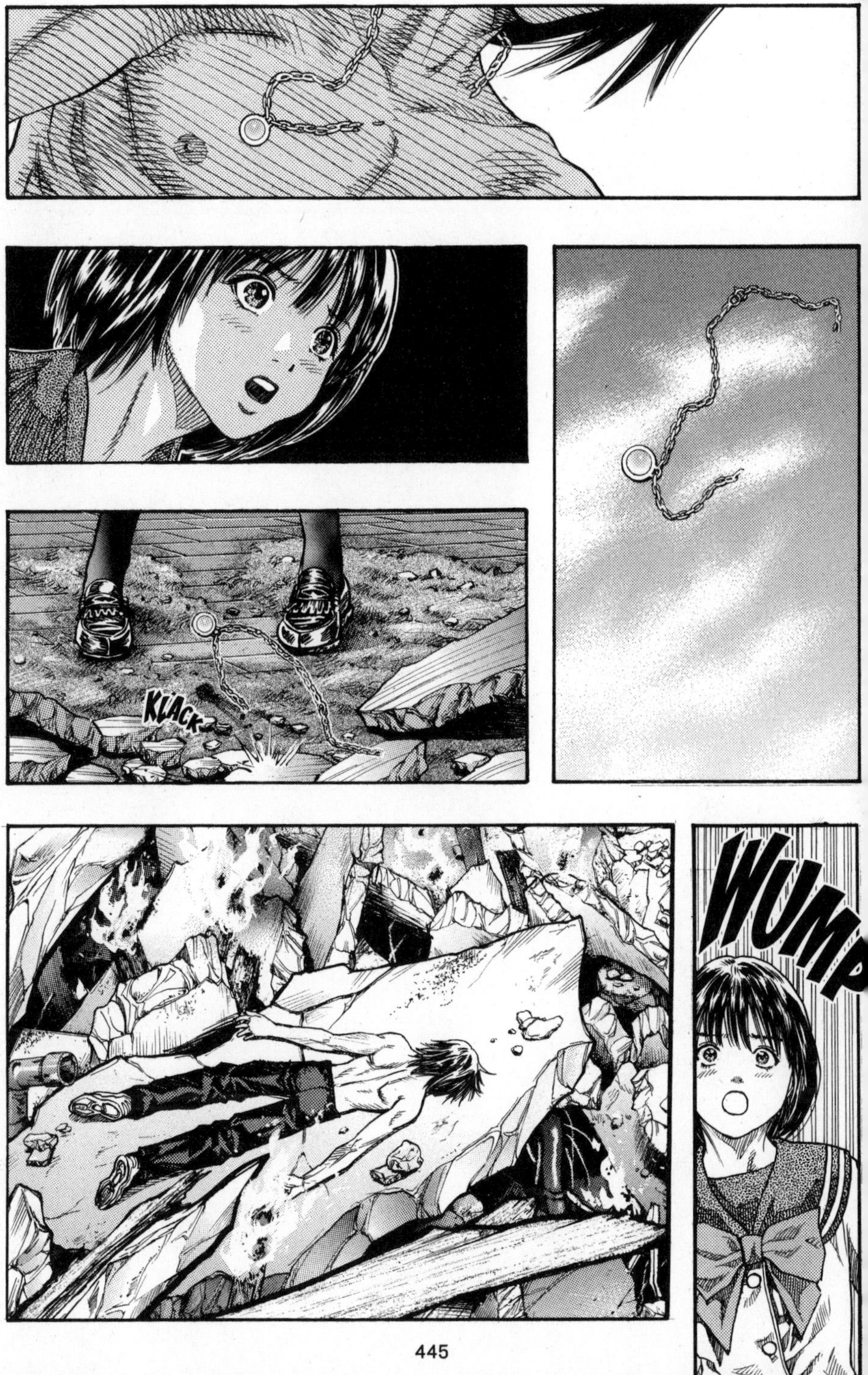
KLACK
WUMP

ZETMAN

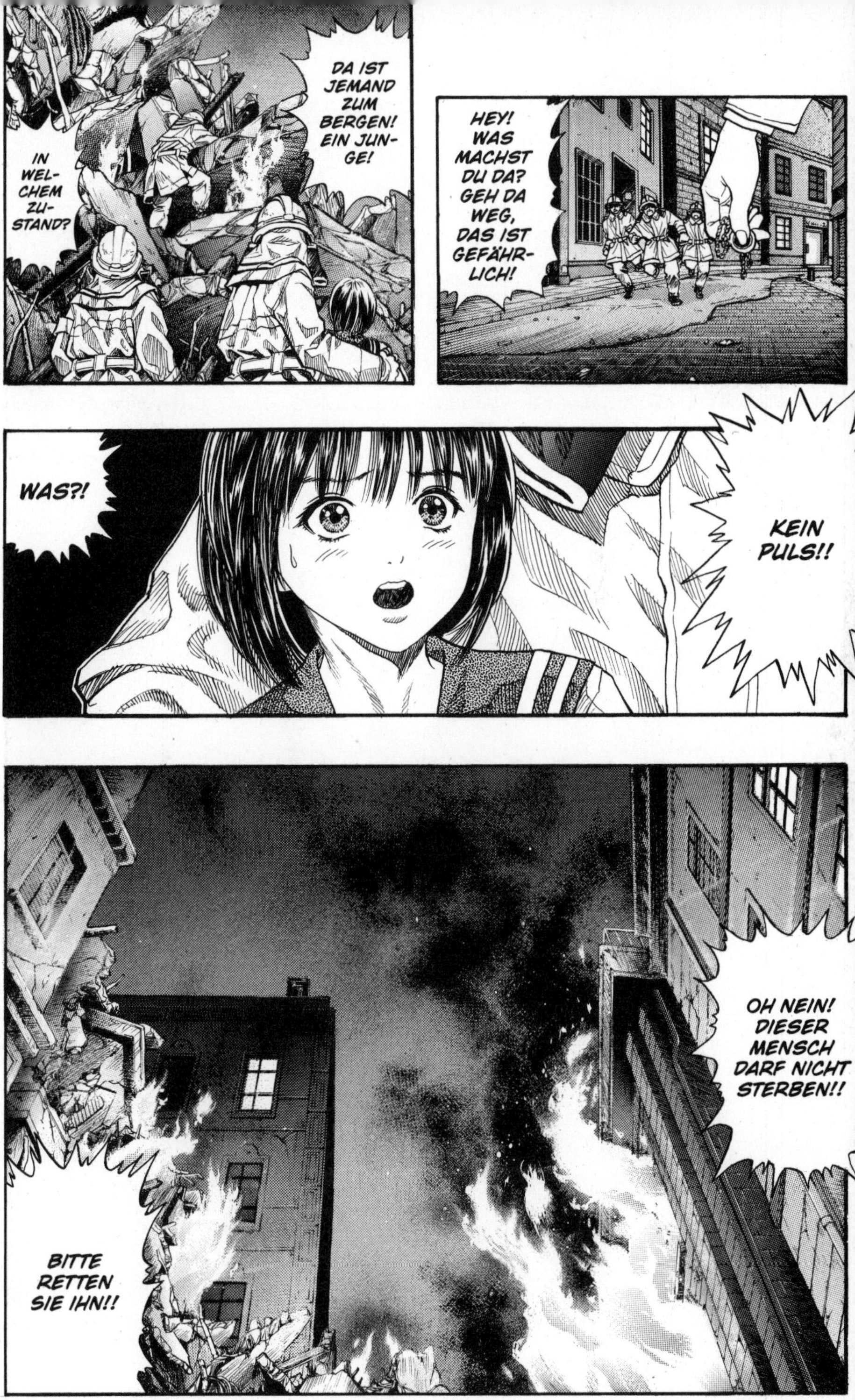

HEY! WAS MACHST DU DA? GEH DA WEG, DAS IST GEFÄHRLICH!
DA IST JEMAND ZUM BERGEN! EIN JUNGE!
IN WELCHEM ZUSTAND?
KEIN PULS!!
WAS?!
OH NEIN! DIESER MENSCH DARF NICHT STERBEN!!
BITTE RETTEN SIE IHN!!

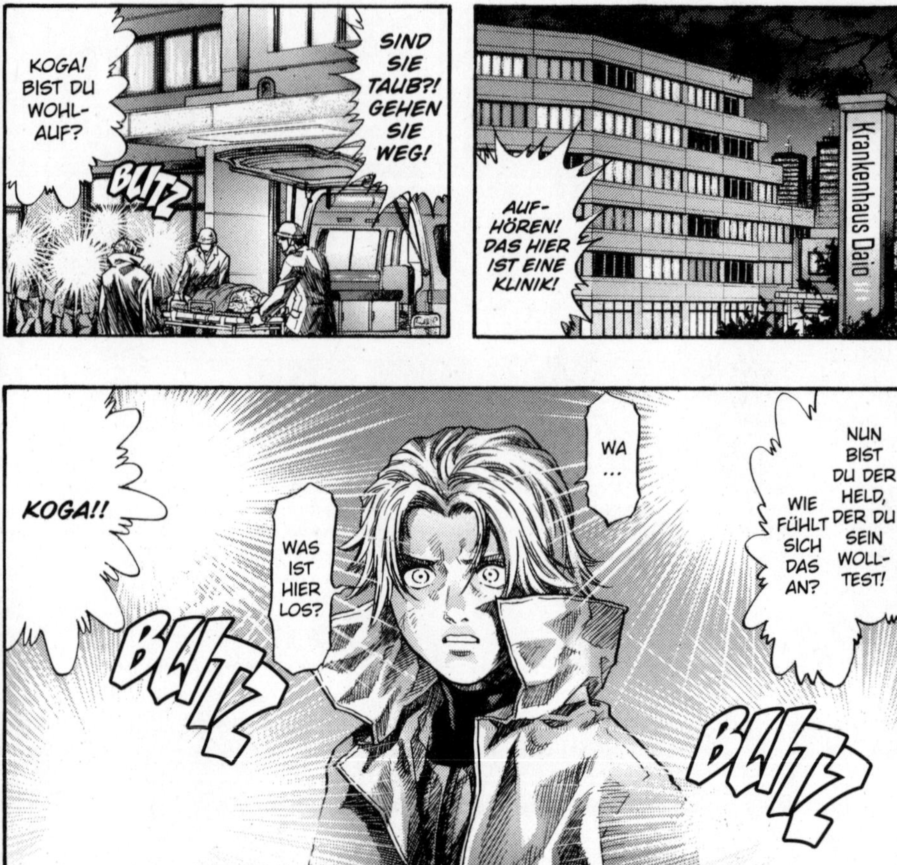

Episode 23:

Ein guter Tag

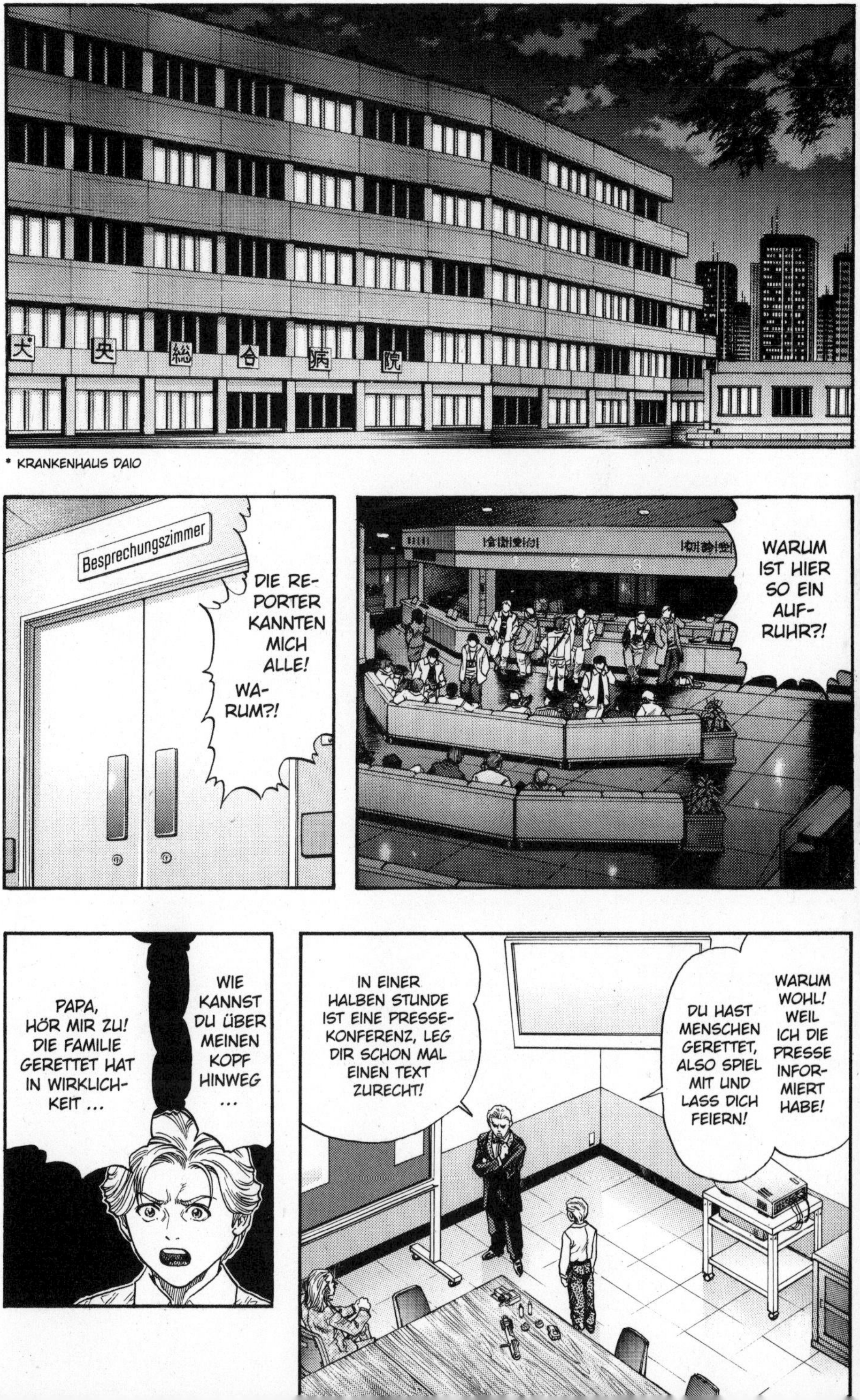
大央総合病院
* KRANKENHAUS DAIO
WARUM IST HIER SO EIN AUFRUHR?!
Besprechungszimmer
DIE REPORTER KANNTEN MICH ALLE!
WARUM?!
WARUM WOHL! WEIL ICH DIE PRESSE INFORMIERT HABE!
DU HAST MENSCHEN GERETTET, ALSO SPIEL MIT UND LASS DICH FEIERN!
IN EINER HALBEN STUNDE IST EINE PRESSEKONFERENZ, LEG DIR SCHON MAL EINEN TEXT ZURECHT!
WIE KANNST DU ÜBER MEINEN KOPF HINWEG ...
PAPA, HÖR MIR ZU! DIE FAMILIE GERETTET HAT IN WIRKLICHKEIT ...

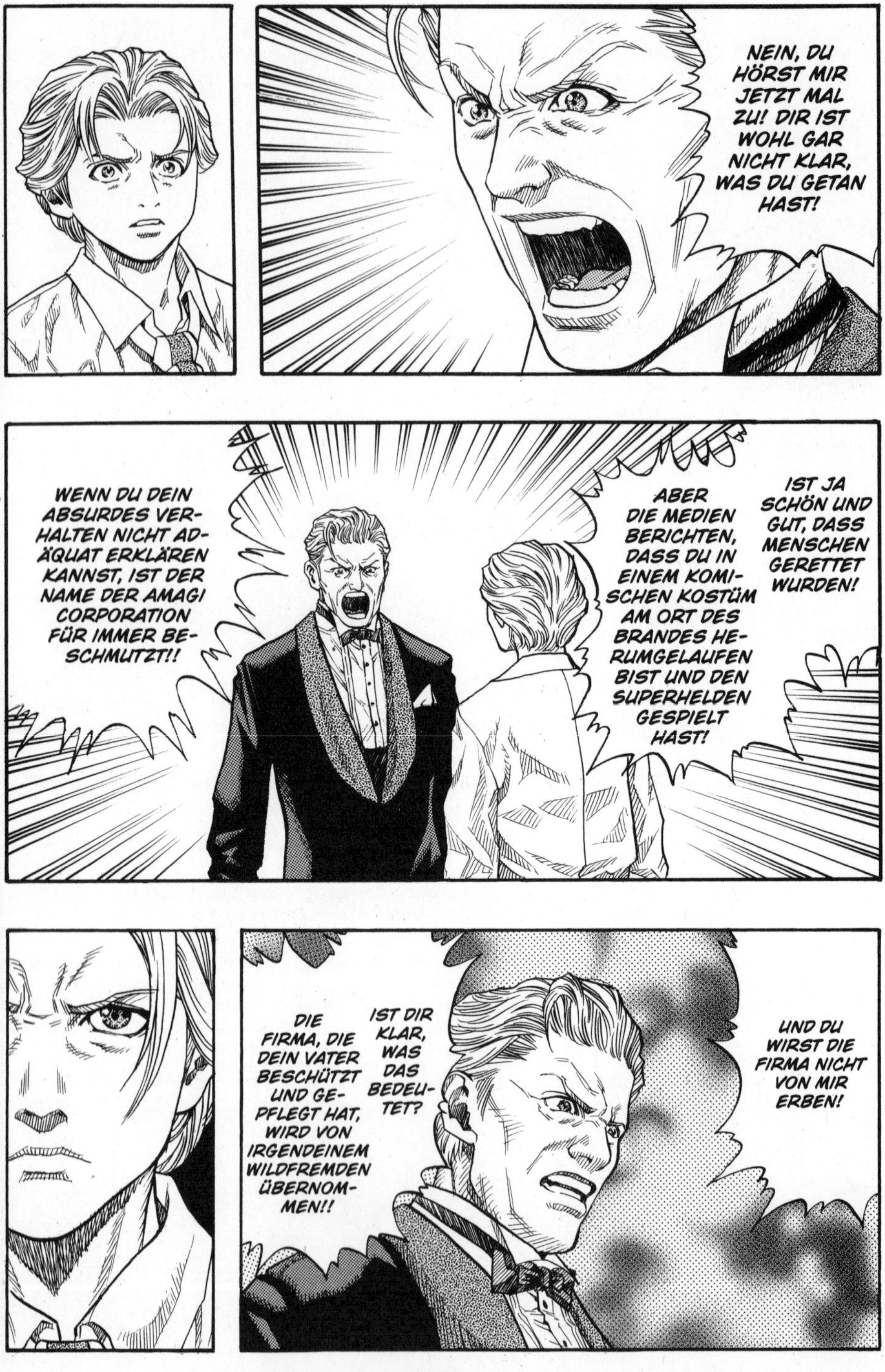
NEIN, DU HÖRST MIR JETZT MAL ZU! DIR IST WOHL GAR NICHT KLAR, WAS DU GETAN HAST!
IST JA SCHÖN UND GUT, DASS MENSCHEN GERETTET WURDEN!
ABER DIE MEDIEN BERICHTEN, DASS DU IN EINEM KOMI-SCHEN KOSTÜM AM ORT DES BRANDES HE-RUMGELAUFEN BIST UND DEN SUPERHELDEN GESPIELT HAST!
WENN DU DEIN ABSURDES VER-HALTEN NICHT AD-ÄQUAT ERKLÄREN KANNST, IST DER NAME DER AMAGI CORPORATION FÜR IMMER BE-SCHMUTZT!!
UND DU WIRST DIE FIRMA NICHT VON MIR ERBEN!
IST DIR KLAR, WAS DAS BEDEU-TET?
DIE FIRMA, DIE DEIN VATER BESCHÜTZT UND GE-PFLEGT HAT, WIRD VON IRGENDEINEM WILDFREMDEN ÜBERNOM-MEN!!

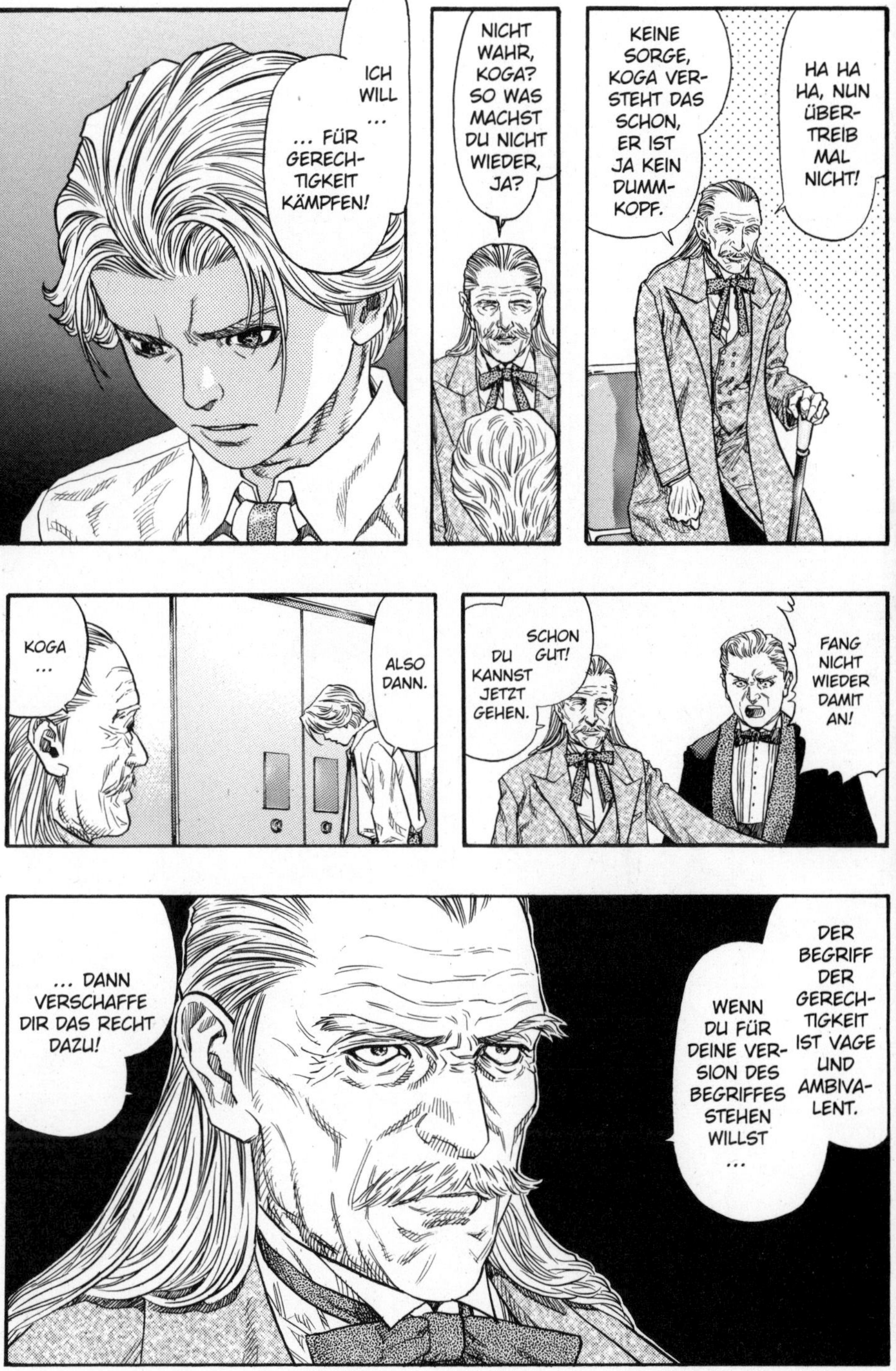
HA HA HA, NUN ÜBER-TREIB MAL NICHT!
KEINE SORGE, KOGA VER-STEHT DAS SCHON, ER IST JA KEIN DUMM-KOPF.
NICHT WAHR, KOGA? SO WAS MACHST DU NICHT WIEDER, JA?
ICH WILL ...
... FÜR GERECH-TIGKEIT KÄMPFEN!
FANG NICHT WIEDER DAMIT AN!
SCHON GUT!
DU KANNST JETZT GEHEN.
ALSO DANN.
KOGA ...
DER BEGRIFF DER GERECH-TIGKEIT IST VAGE UND AMBIVA-LENT.
WENN DU FÜR DEINE VER-SION DES BEGRIFFES STEHEN WILLST ...
... DANN VERSCHAFFE DIR DAS RECHT DAZU!

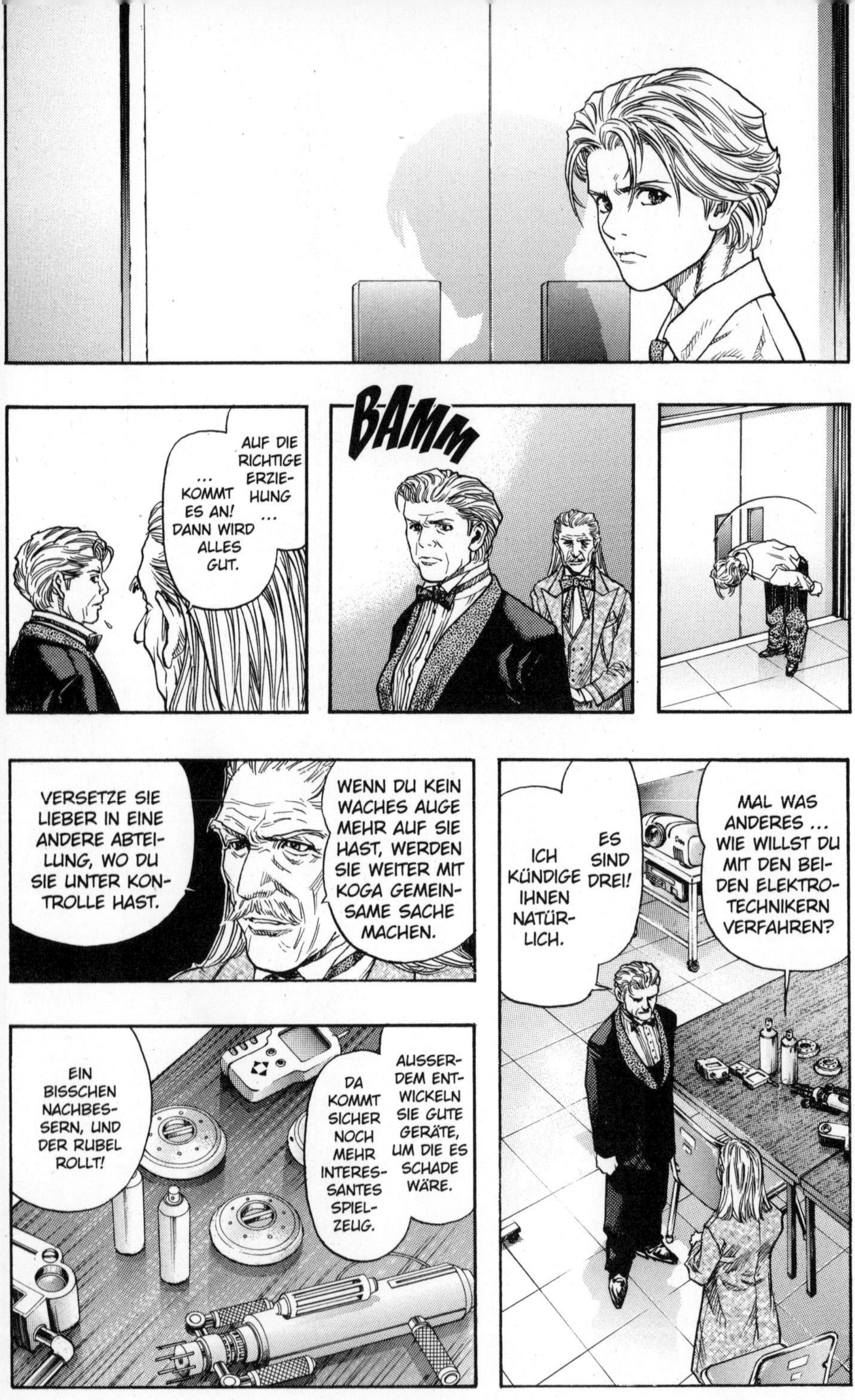
BAMM
AUF DIE RICHTIGE ERZIEHUNG … … KOMMT ES AN! DANN WIRD ALLES GUT.
MAL WAS ANDERES … WIE WILLST DU MIT DEN BEIDEN ELEKTROTECHNIKERN VERFAHREN?
ES SIND DREI!
ICH KÜNDIGE IHNEN NATÜRLICH.
WENN DU KEIN WACHES AUGE MEHR AUF SIE HAST, WERDEN SIE WEITER MIT KOGA GEMEINSAME SACHE MACHEN.
VERSETZE SIE LIEBER IN EINE ANDERE ABTEILUNG, WO DU SIE UNTER KONTROLLE HAST.
AUSSERDEM ENTWICKELN SIE GUTE GERÄTE, UM DIE ES SCHADE WÄRE.
DA KOMMT SICHER NOCH MEHR INTERESSANTES SPIELZEUG.
EIN BISSCHEN NACHBESSERN, UND DER RUBEL ROLLT!

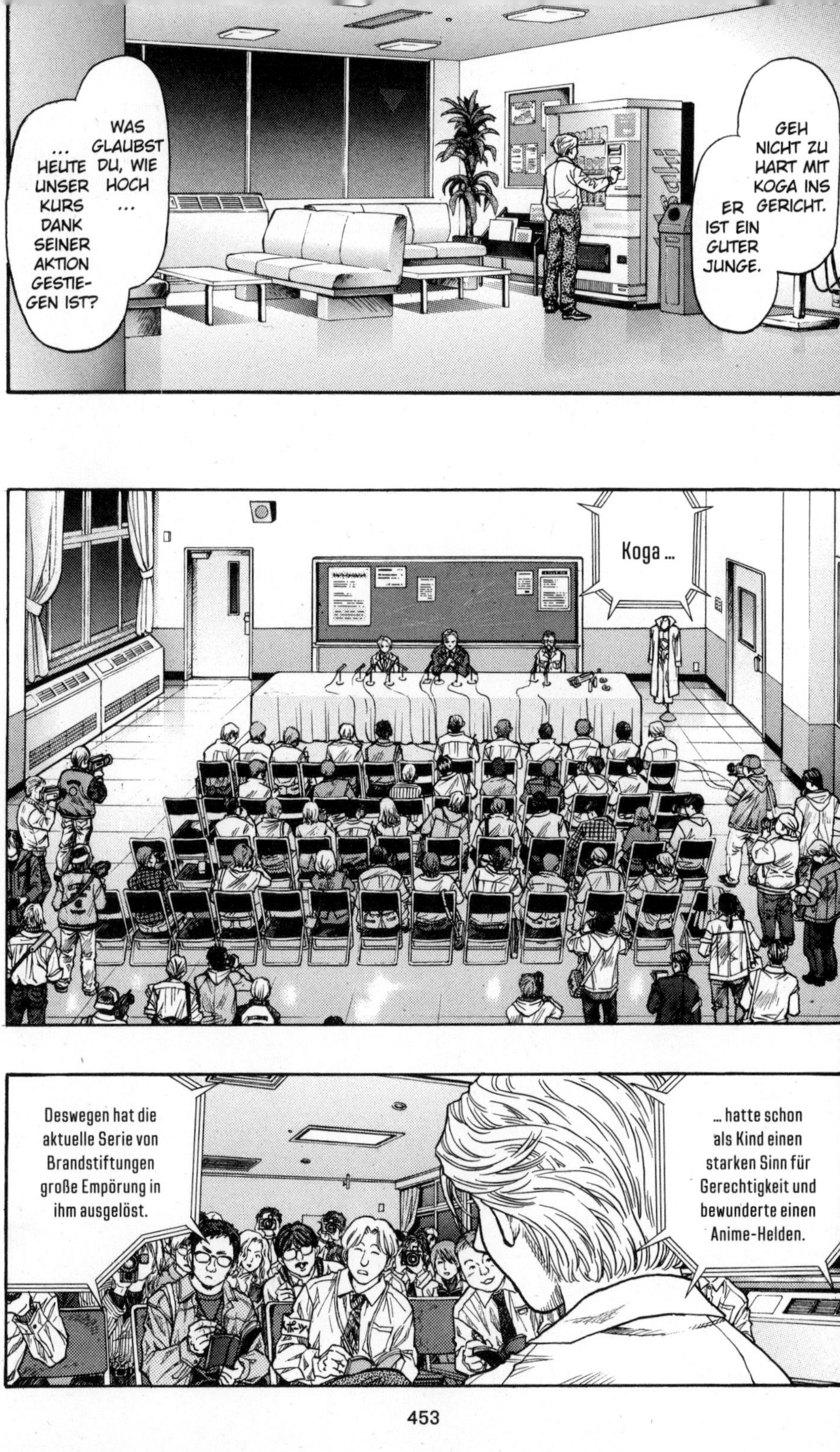
GEH NICHT ZU HART MIT KOGA INS GERICHT.
ER IST EIN GUTER JUNGE.
WAS GLAUBST DU, WIE HOCH …
… HEUTE UNSER KURS DANK SEINER AKTION GESTIEGEN IST?
Koga …
… hatte schon als Kind einen starken Sinn für Gerechtigkeit und bewunderte einen Anime-Helden.
Deswegen hat die aktuelle Serie von Brandstiftungen große Empörung in ihm ausgelöst.

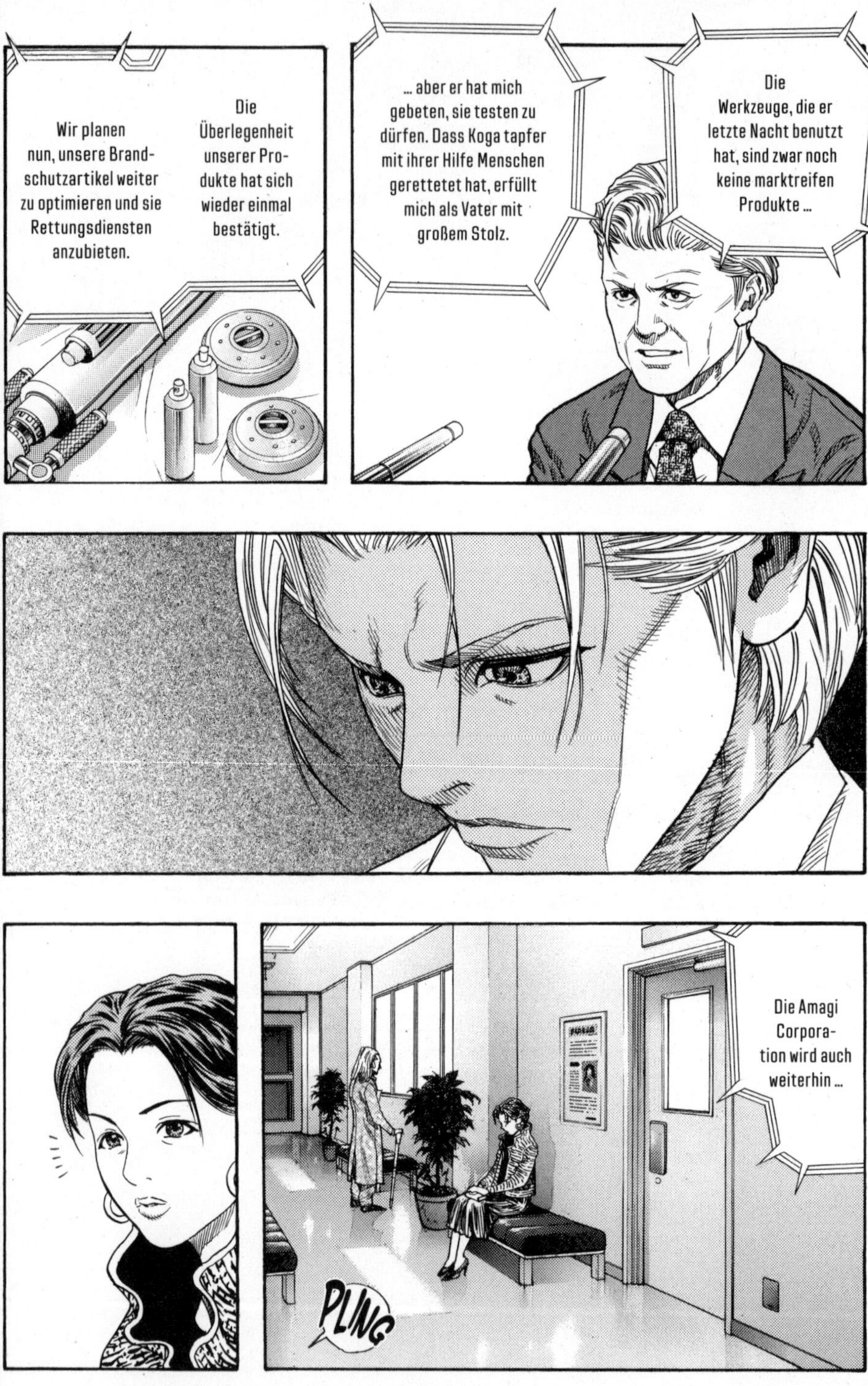
Wir planen nun, unsere Brandschutzartikel weiter zu optimieren und sie Rettungsdiensten anzubieten.
Die Überlegenheit unserer Produkte hat sich wieder einmal bestätigt.
… aber er hat mich gebeten, sie testen zu dürfen. Dass Koga tapfer mit ihrer Hilfe Menschen gerettetet hat, erfüllt mich als Vater mit großem Stolz.
Die Werkzeuge, die er letzte Nacht benutzt hat, sind zwar noch keine marktreifen Produkte …
Die Amagi Corporation wird auch weiterhin …
PLING

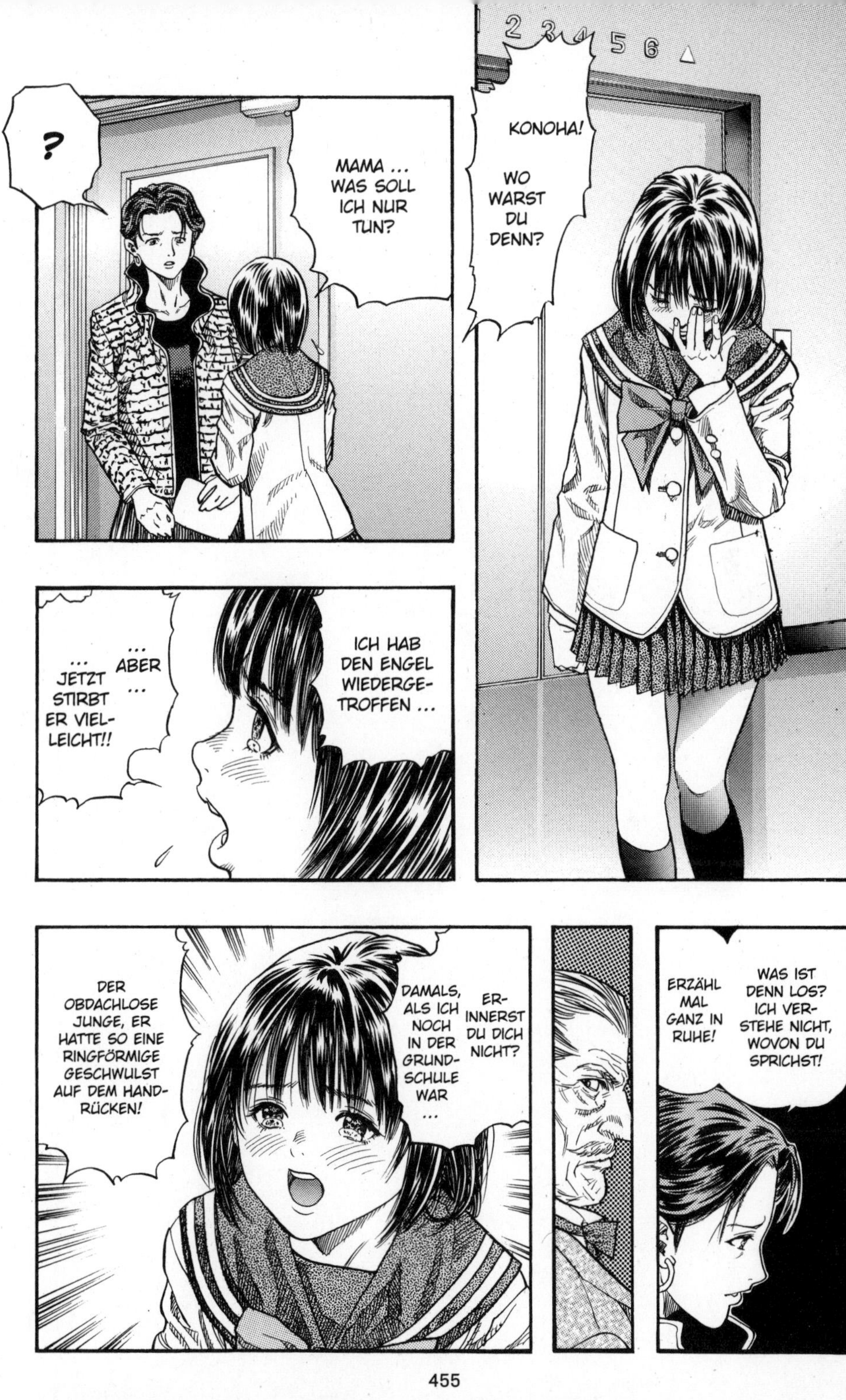
KONOHA!
WO WARST DU DENN?
?
MAMA ... WAS SOLL ICH NUR TUN?
ICH HAB DEN ENGEL WIEDERGETROFFEN ...
... ABER ...
... JETZT STIRBT ER VIELLEICHT!!
WAS IST DENN LOS? ICH VERSTEHE NICHT, WOVON DU SPRICHST!
ERZÄHL MAL GANZ IN RUHE!
ERINNERST DU DICH NICHT?
DAMALS, ALS ICH NOCH IN DER GRUNDSCHULE WAR ...
DER OBDACHLOSE JUNGE, ER HATTE SO EINE RINGFÖRMIGE GESCHWULST AUF DEM HANDRÜCKEN!

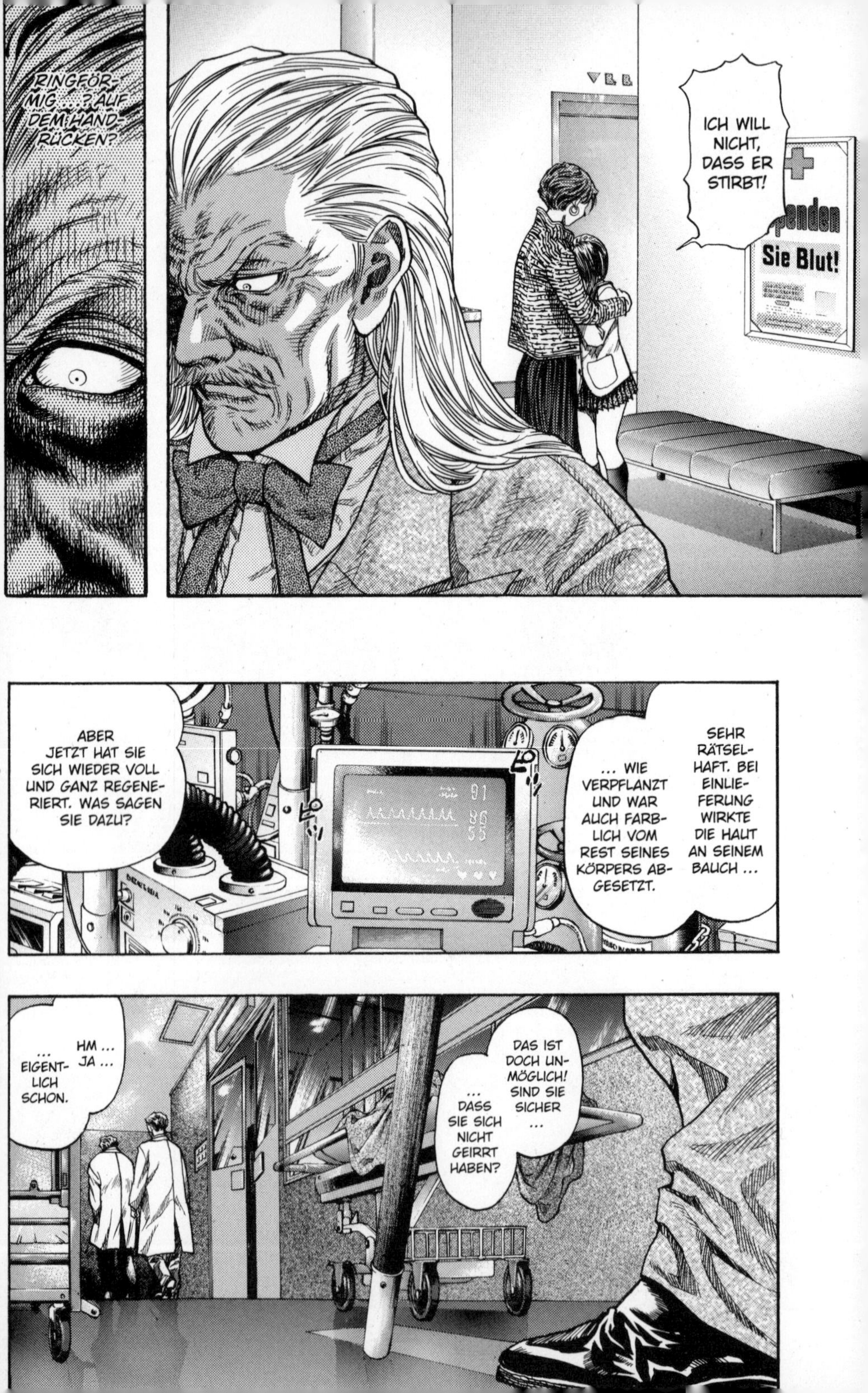

ICH WILL NICHT, DASS ER STIRBT!
Sie Blut!
RINGFÖRMIG ...? AUF DEM HANDRÜCKEN?
SEHR RÄTSELHAFT. BEI EINLIEFERUNG WIRKTE DIE HAUT AN SEINEM BAUCH ...
... WIE VERPFLANZT UND WAR AUCH FARBLICH VOM REST SEINES KÖRPERS ABGESETZT.
ABER JETZT HAT SIE SICH WIEDER VOLL UND GANZ REGENERIERT. WAS SAGEN SIE DAZU?
DAS IST DOCH UNMÖGLICH! SIND SIE SICHER ...
... DASS SIE SICH NICHT GEIRRT HABEN?
HM ... JA ...
... EIGENTLICH SCHON.

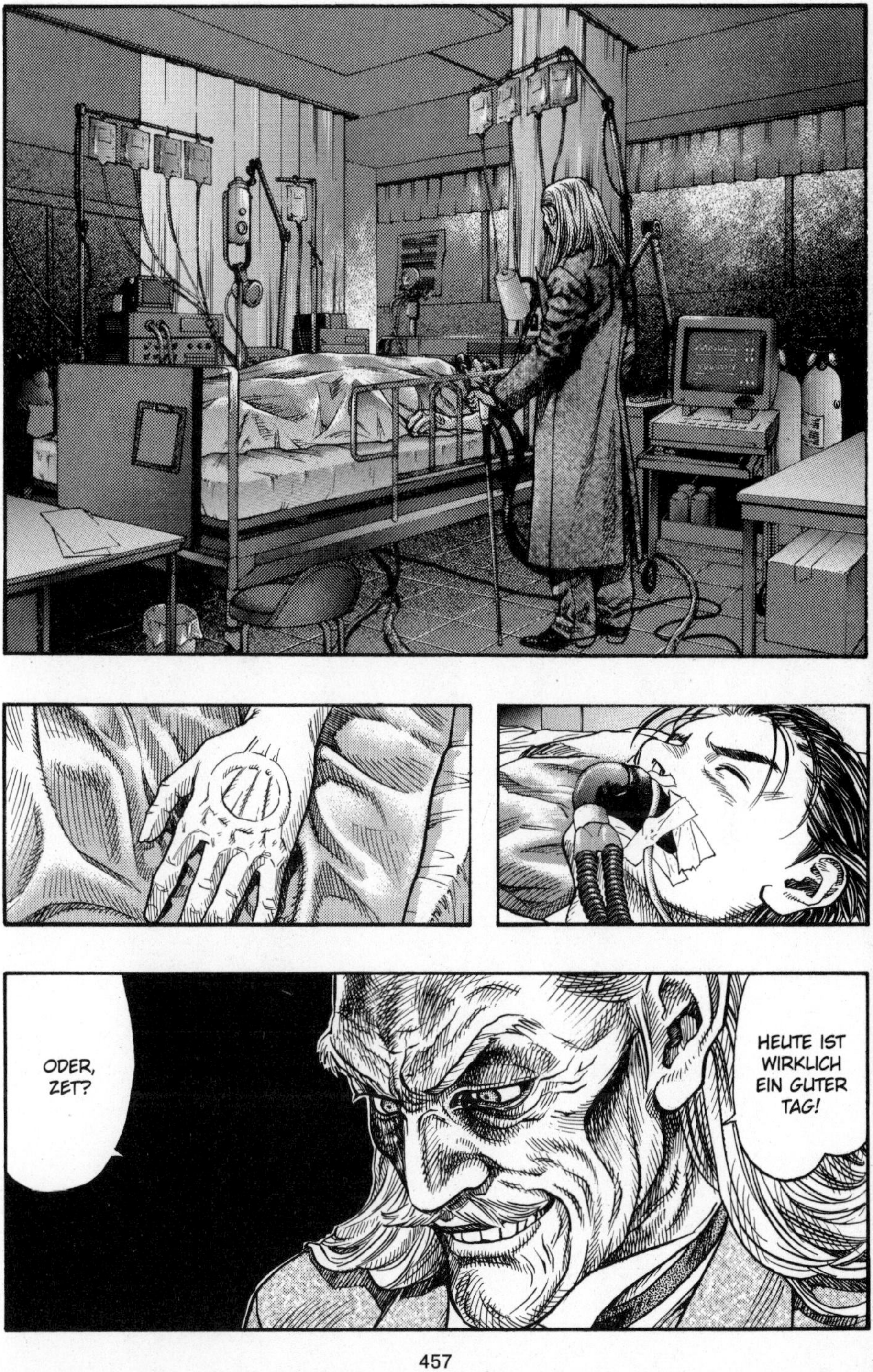
HEUTE IST WIRKLICH EIN GUTER TAG!
ODER, ZET?

ZETMAN

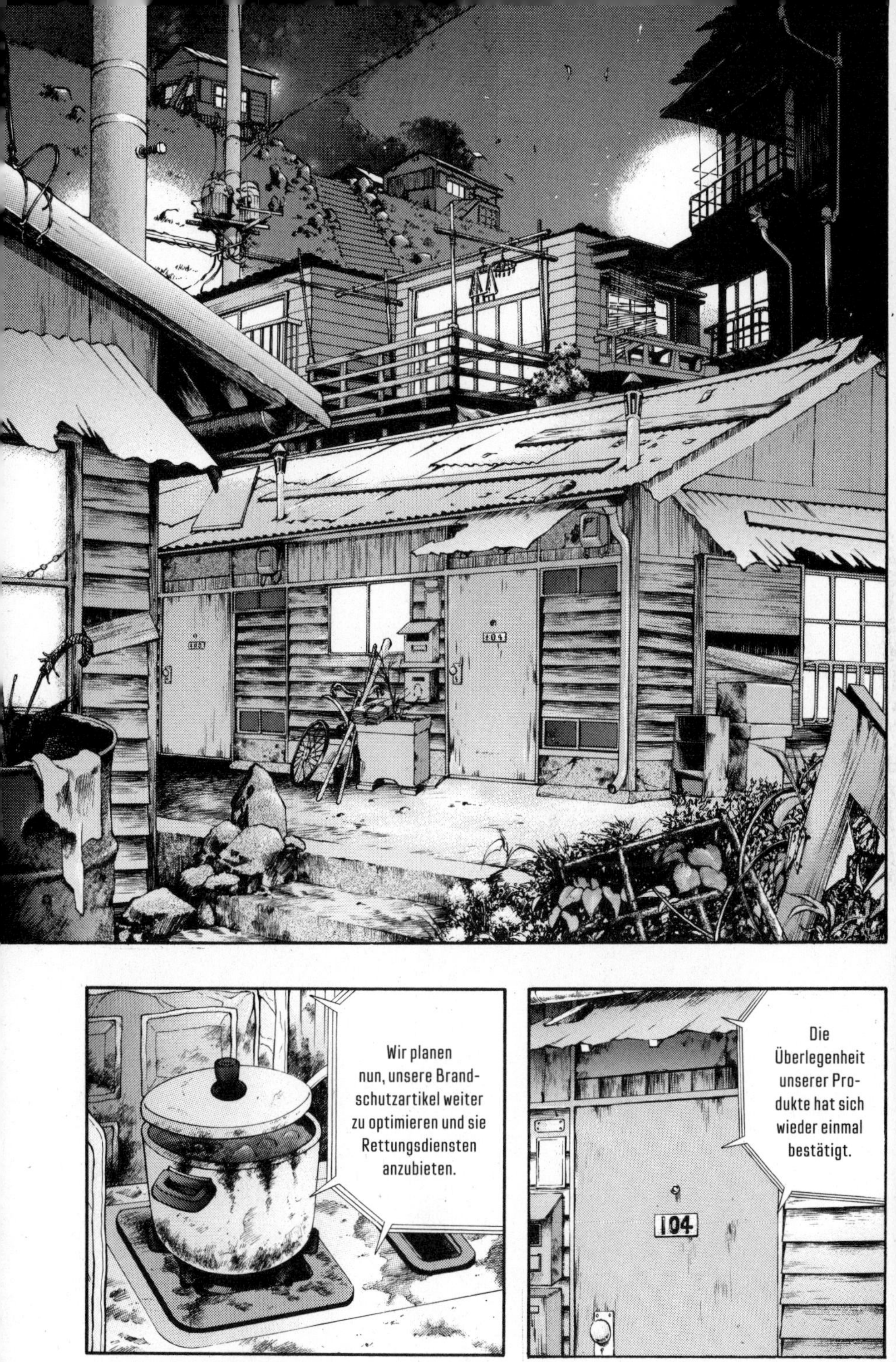

Die Überlegenheit unserer Produkte hat sich wieder einmal bestätigt.
Wir planen nun, unsere Brandschutzartikel weiter zu optimieren und sie Rettungsdiensten anzubieten.
104

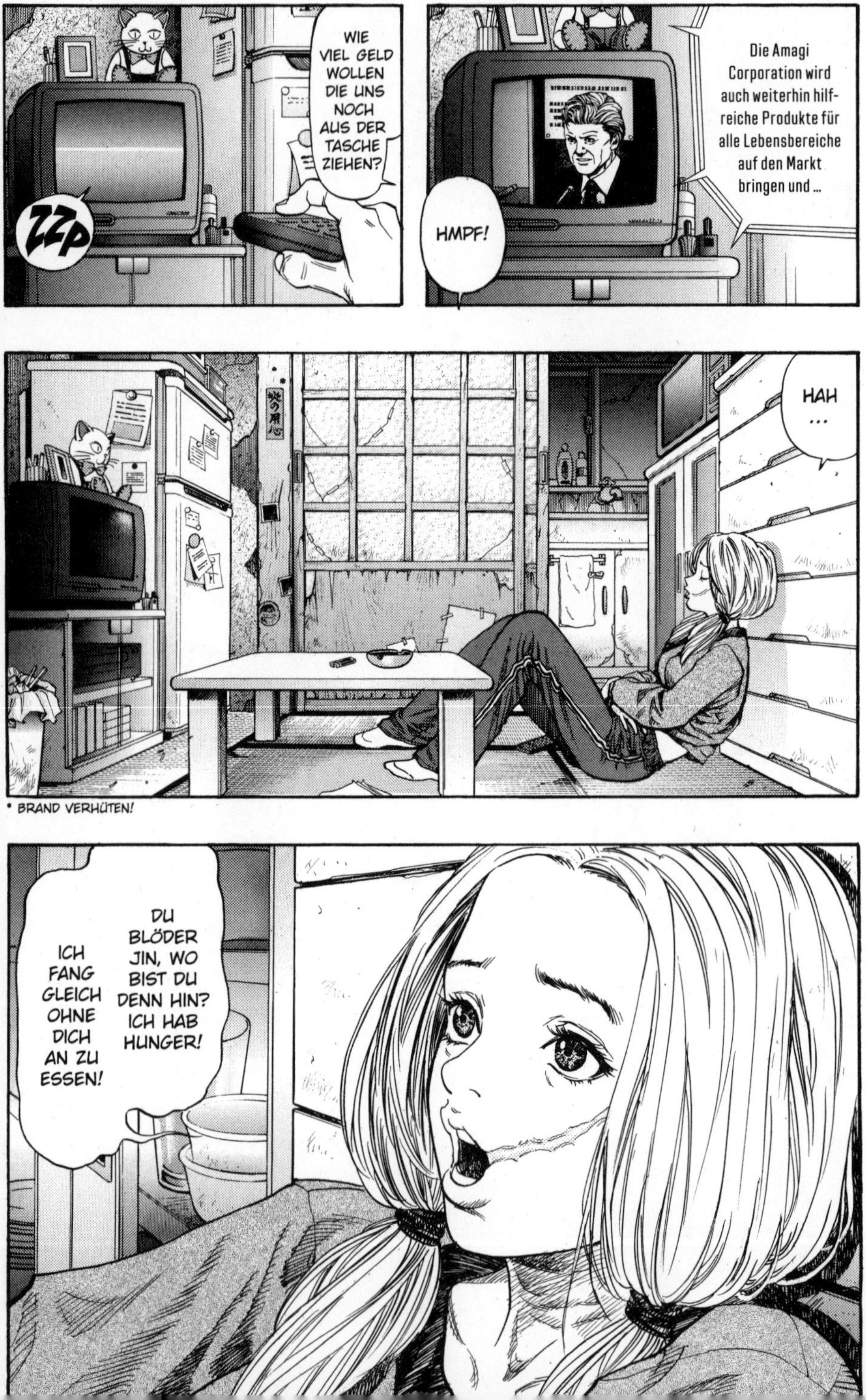

WIE VIEL GELD WOLLEN DIE UNS NOCH AUS DER TASCHE ZIEHEN?
ZZP
Die Amagi Corporation wird auch weiterhin hilfreiche Produkte für alle Lebensbereiche auf den Markt bringen und …
HMPF!
HAH …
* BRAND VERHÜTEN!
DU BLÖDER JIN, WO BIST DU DENN HIN? ICH HAB HUNGER!
ICH FANG GLEICH OHNE DICH AN ZU ESSEN!

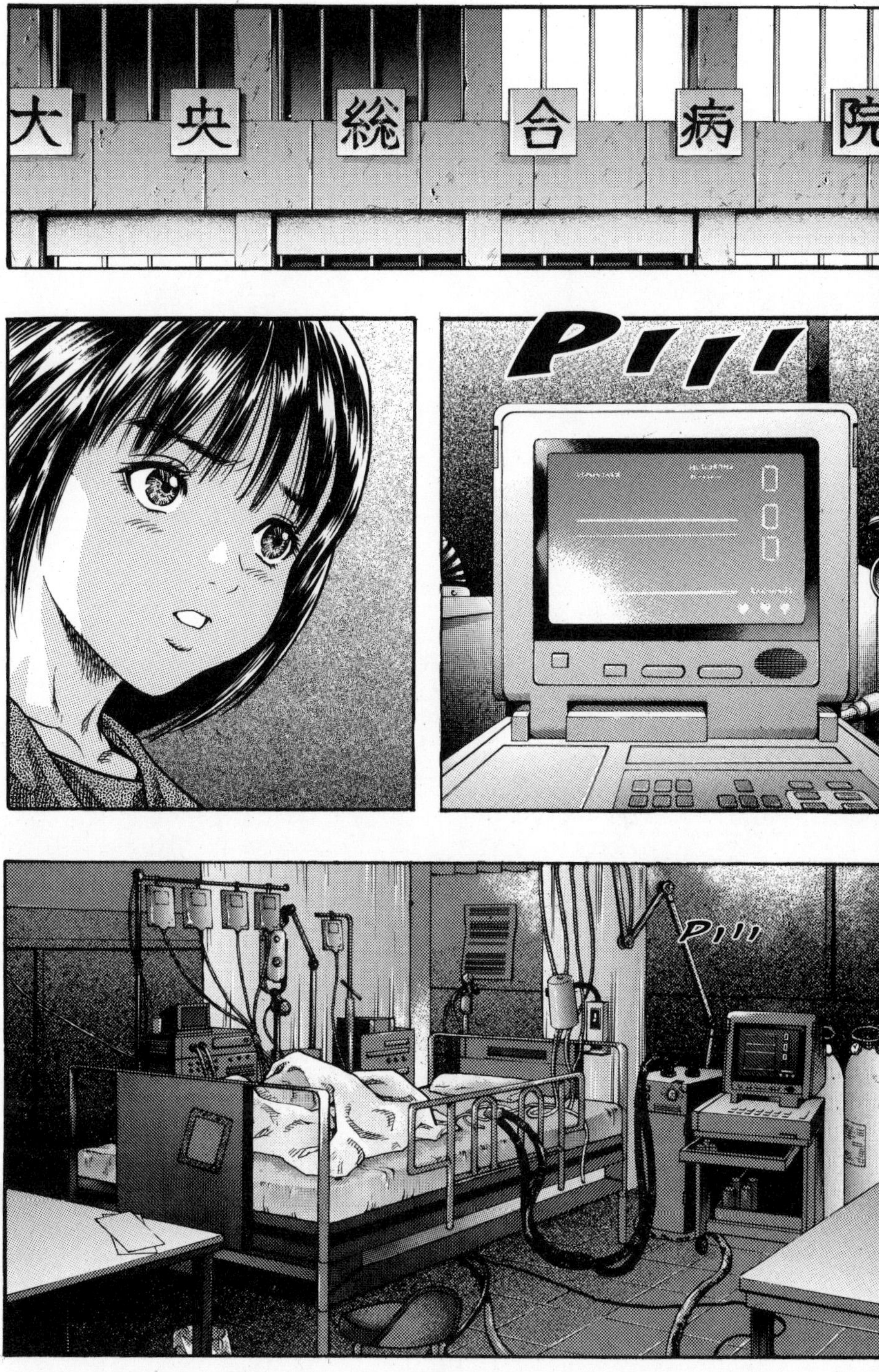
大央総合病院
PIII
Piii

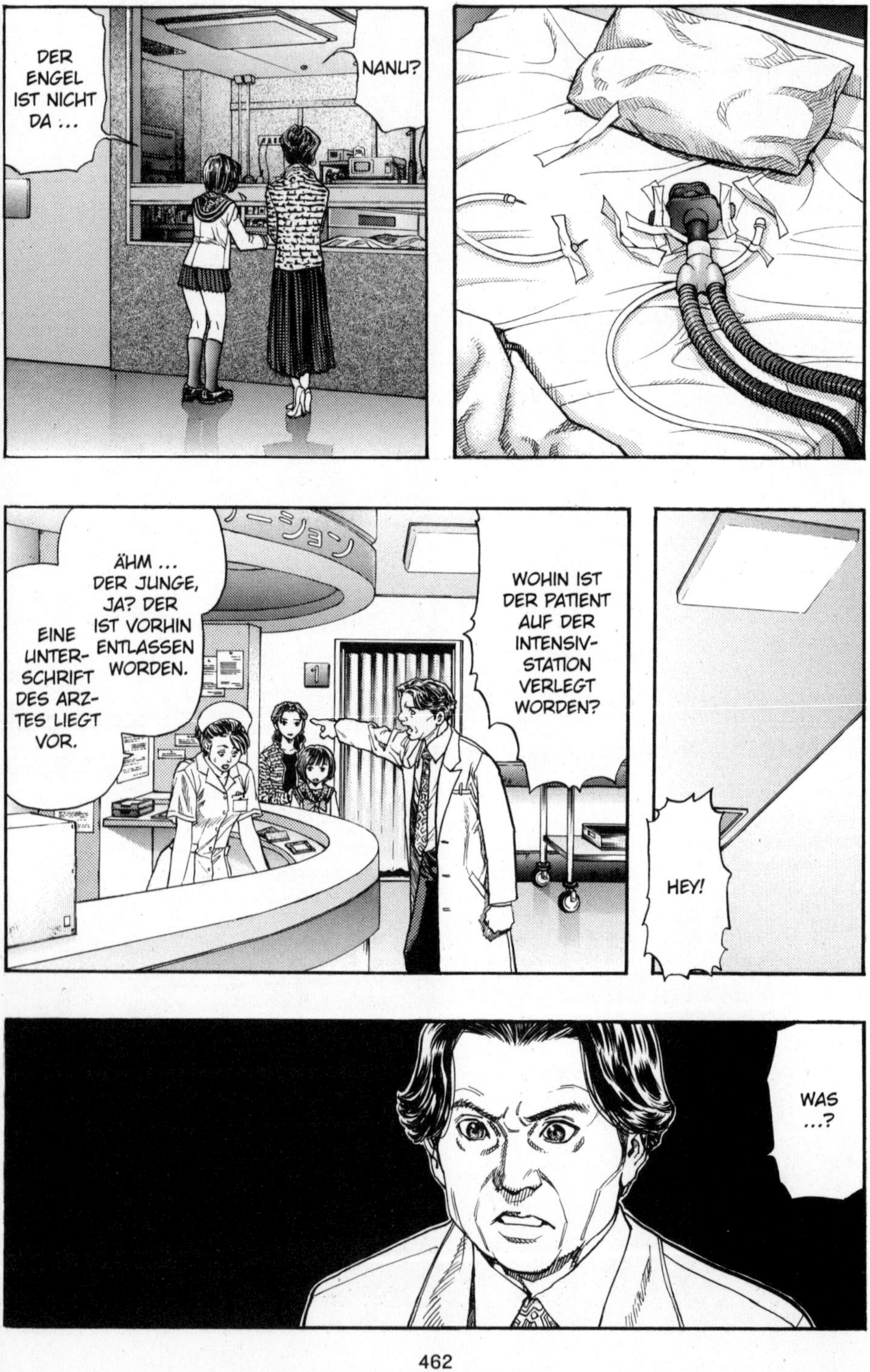
DER ENGEL IST NICHT DA ...
NANU?
WOHIN IST DER PATIENT AUF DER INTENSIV-STATION VERLEGT WORDEN?
ÄHM ... DER JUNGE, JA? DER IST VORHIN ENTLASSEN WORDEN.
EINE UNTER-SCHRIFT DES ARZ-TES LIEGT VOR.
HEY!
WAS ...?

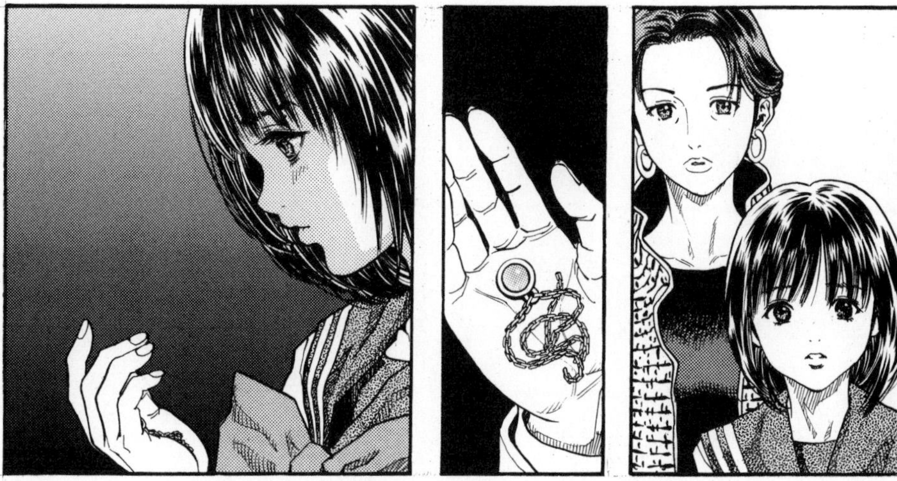

Episode 24:

Unvollständig

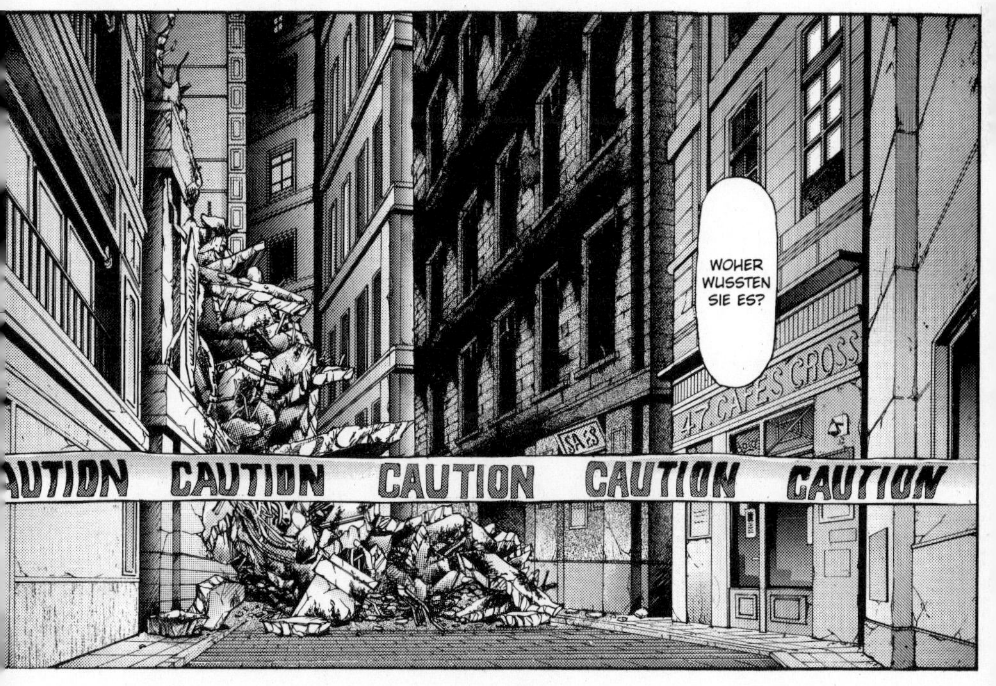

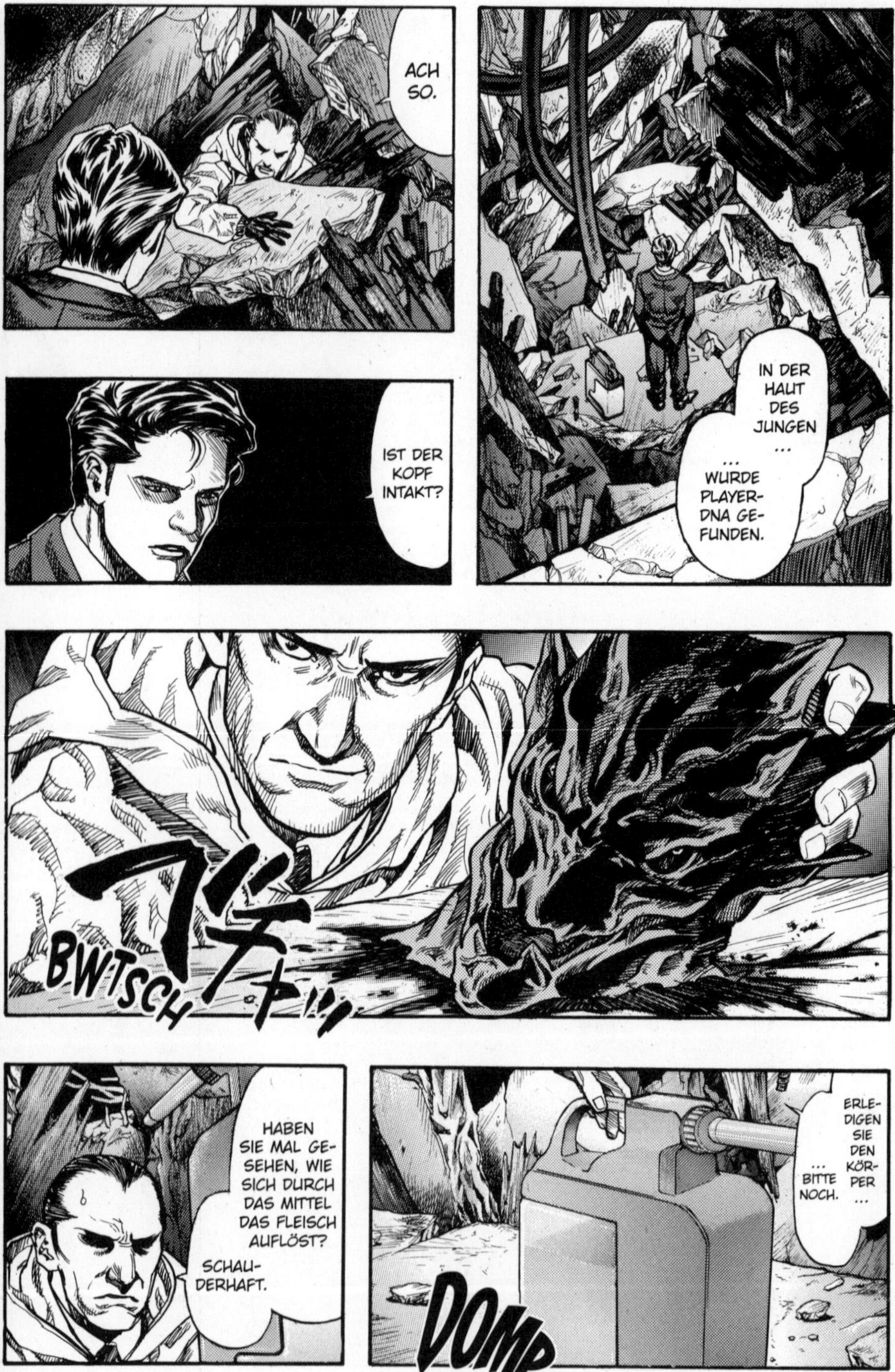

IN DER HAUT DES JUNGEN ...
... WURDE PLAYER-DNA GEFUNDEN.
ACH SO.
IST DER KOPF INTAKT?
BWTSCH
ERLEDIGEN SIE DEN KÖRPER ...
... BITTE NOCH.
DOMP
HABEN SIE MAL GESEHEN, WIE SICH DURCH DAS MITTEL DAS FLEISCH AUFLÖST?
SCHAUDERHAFT.

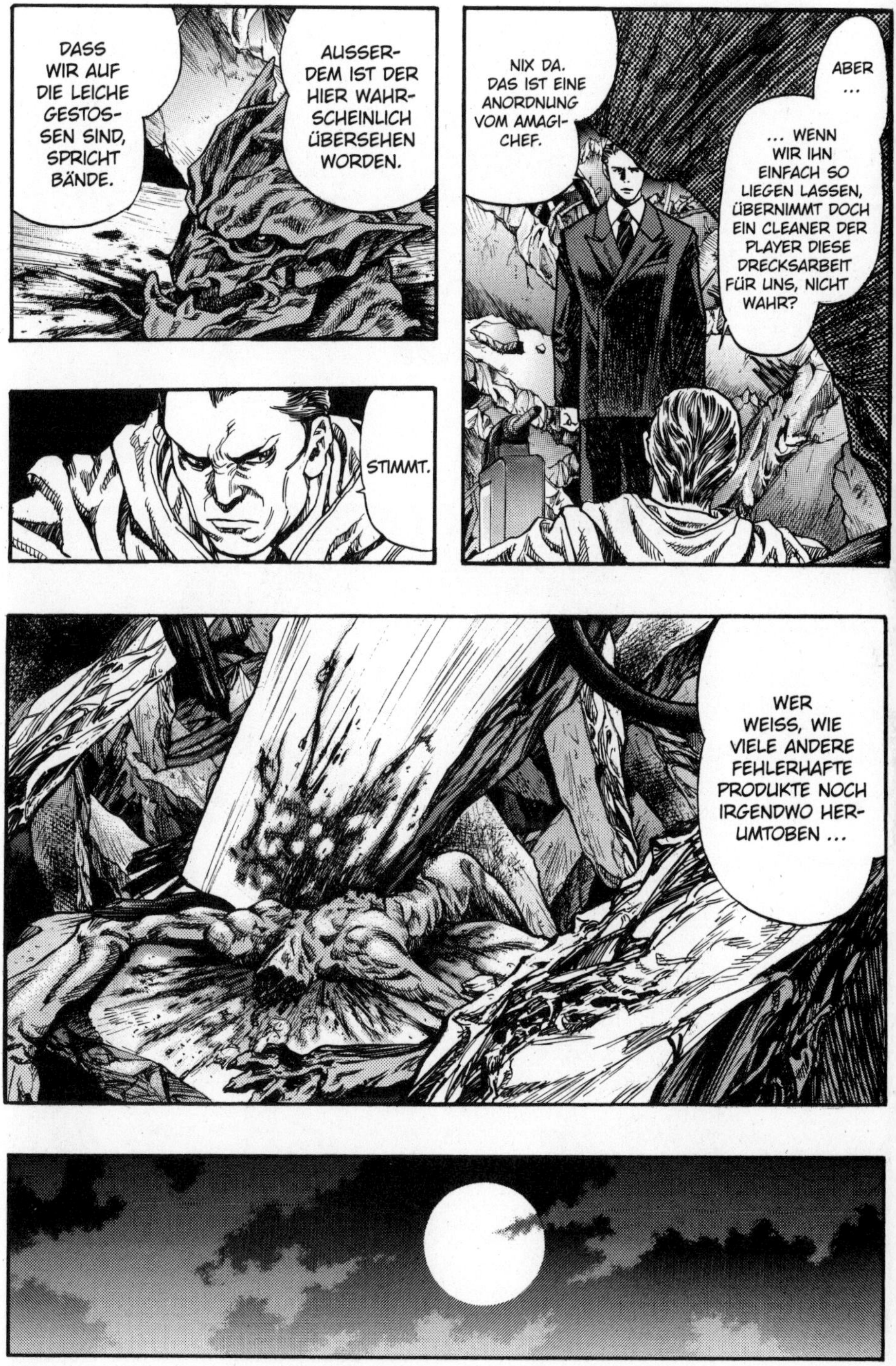
ABER …
… WENN WIR IHN EINFACH SO LIEGEN LASSEN, ÜBERNIMMT DOCH EIN CLEANER DER PLAYER DIESE DRECKSARBEIT FÜR UNS, NICHT WAHR?
NIX DA. DAS IST EINE ANORDNUNG VOM AMAGI-CHEF.
AUSSER-DEM IST DER HIER WAHR-SCHEINLICH ÜBERSEHEN WORDEN.
DASS WIR AUF DIE LEICHE GESTOS-SEN SIND, SPRICHT BÄNDE.
STIMMT.
WER WEISS, WIE VIELE ANDERE FEHLERHAFTE PRODUKTE NOCH IRGENDWO HER-UMTOBEN …

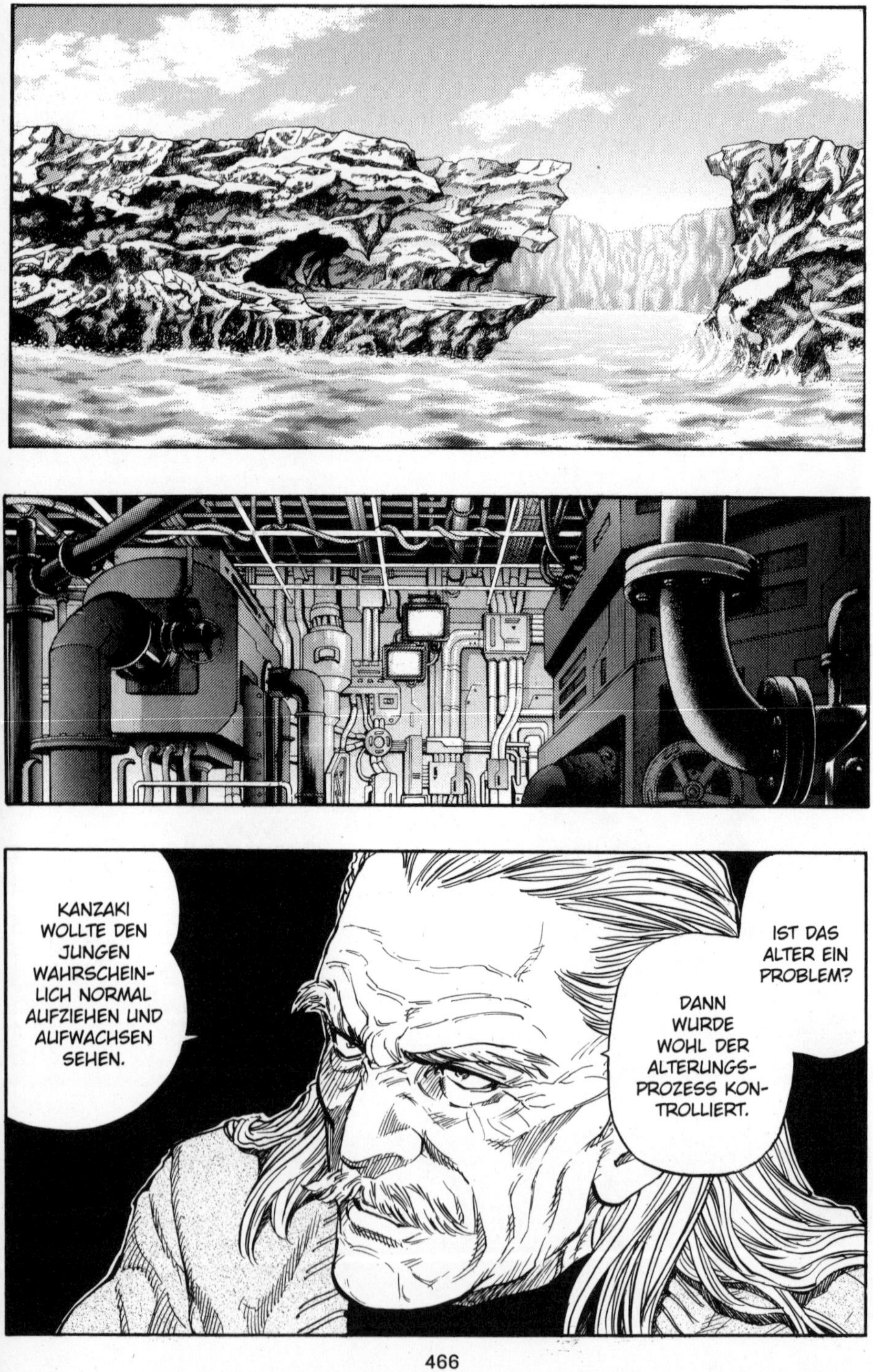
IST DAS ALTER EIN PROBLEM?
DANN WURDE WOHL DER ALTERUNGS-PROZESS KON-TROLLIERT.
KANZAKI WOLLTE DEN JUNGEN WAHRSCHEIN-LICH NORMAL AUFZIEHEN UND AUFWACHSEN SEHEN.

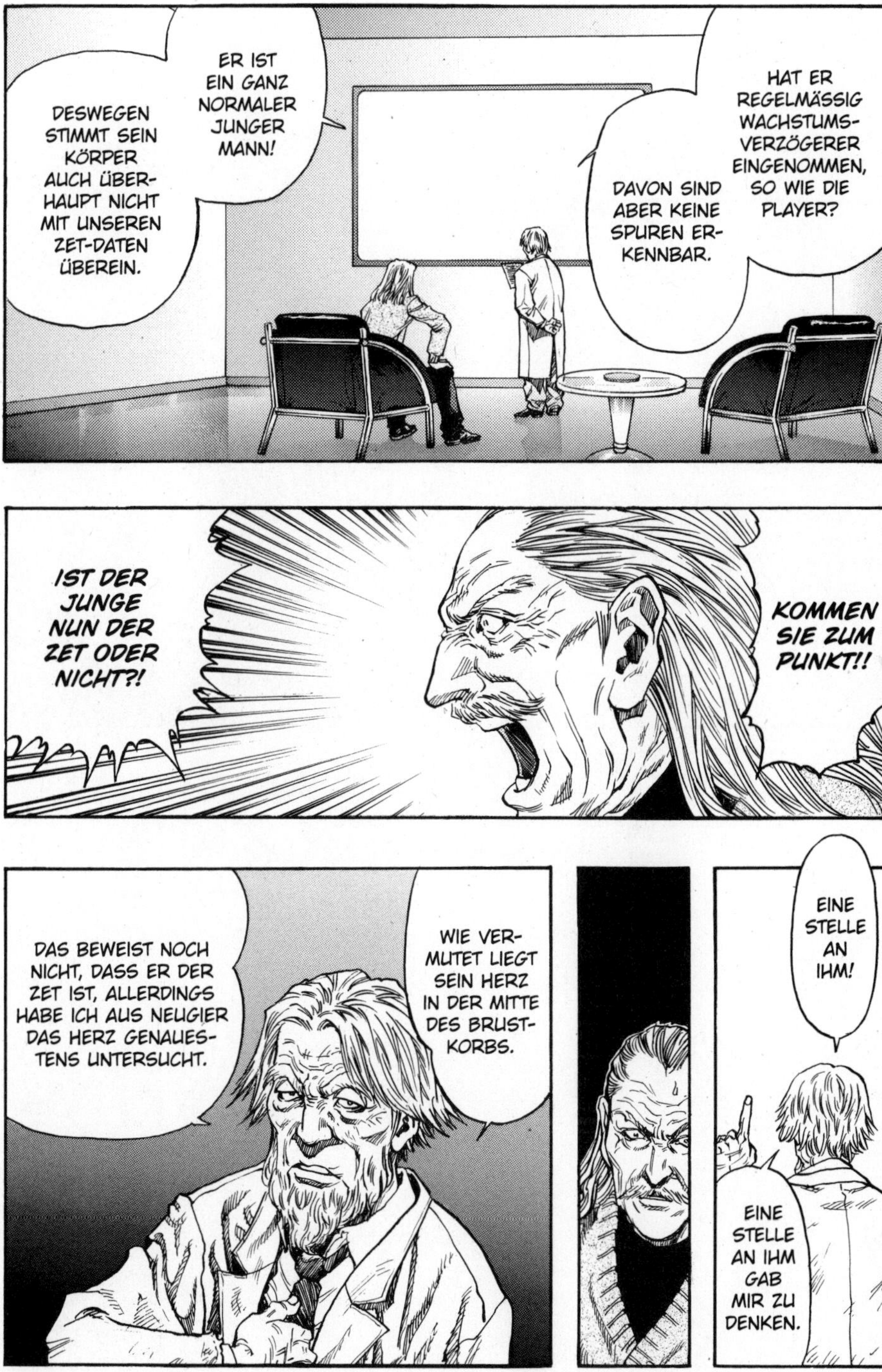
HAT ER REGELMÄSSIG WACHSTUMSVERZÖGERER EINGENOMMEN, SO WIE DIE PLAYER?
DAVON SIND ABER KEINE SPUREN ERKENNBAR.
ER IST EIN GANZ NORMALER JUNGER MANN!
DESWEGEN STIMMT SEIN KÖRPER AUCH ÜBERHAUPT NICHT MIT UNSEREN ZET-DATEN ÜBEREIN.
KOMMEN SIE ZUM PUNKT!!
IST DER JUNGE NUN DER ZET ODER NICHT?!
EINE STELLE AN IHM!
EINE STELLE AN IHM GAB MIR ZU DENKEN.
WIE VERMUTET LIEGT SEIN HERZ IN DER MITTE DES BRUSTKORBS.
DAS BEWEIST NOCH NICHT, DASS ER DER ZET IST, ALLERDINGS HABE ICH AUS NEUGIER DAS HERZ GENAUESTENS UNTERSUCHT.

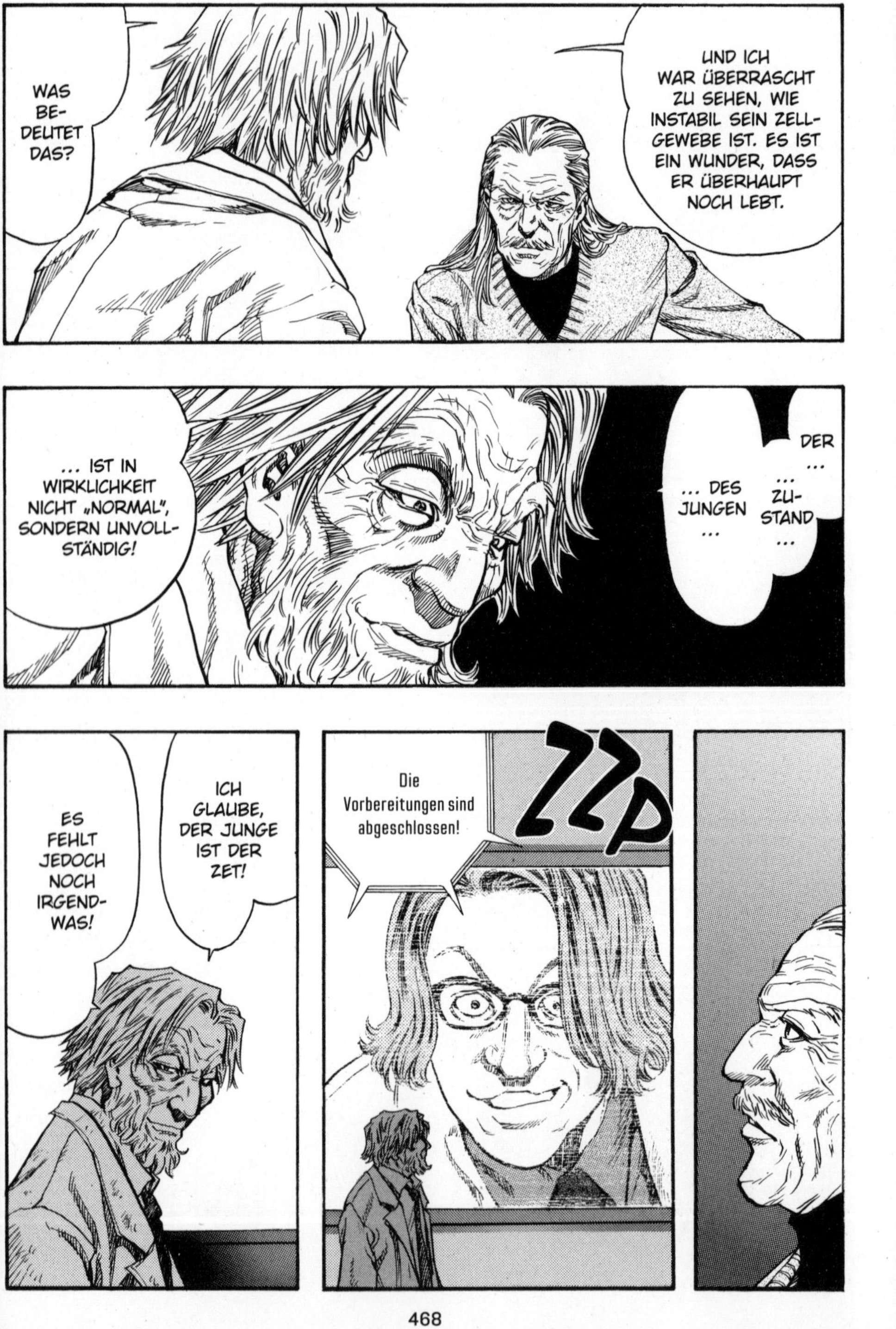
UND ICH WAR ÜBERRASCHT ZU SEHEN, WIE INSTABIL SEIN ZELLGEWEBE IST. ES IST EIN WUNDER, DASS ER ÜBERHAUPT NOCH LEBT.
WAS BEDEUTET DAS?
DER ... ... ZUSTAND ...
... DES JUNGEN ...
... IST IN WIRKLICHKEIT NICHT „NORMAL", SONDERN UNVOLLSTÄNDIG!
ZZP
Die Vorbereitungen sind abgeschlossen!
ICH GLAUBE, DER JUNGE IST DER ZET!
ES FEHLT JEDOCH NOCH IRGENDWAS!

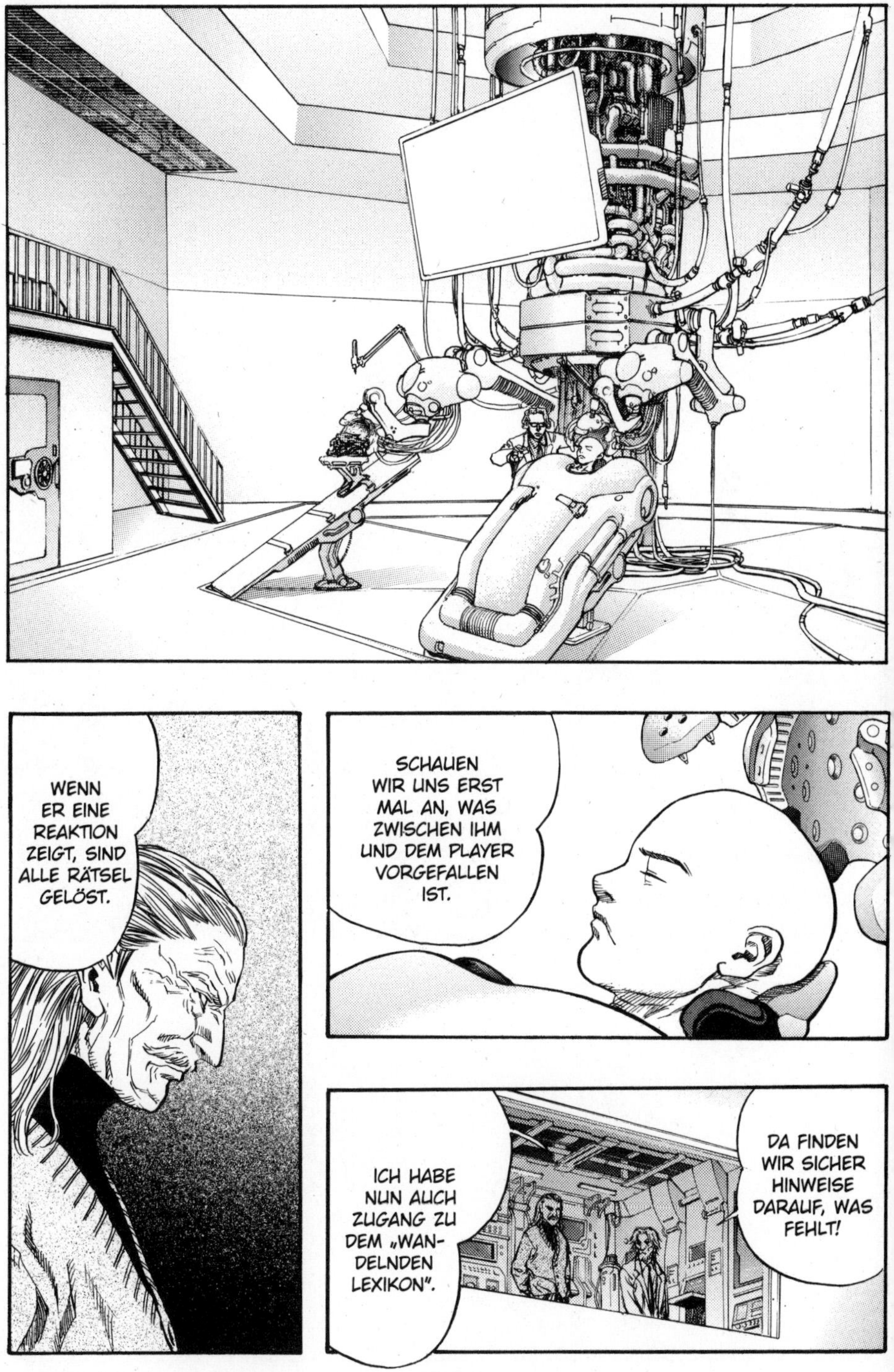
SCHAUEN WIR UNS ERST MAL AN, WAS ZWISCHEN IHM UND DEM PLAYER VORGEFALLEN IST.
WENN ER EINE REAKTION ZEIGT, SIND ALLE RÄTSEL GELÖST.
ICH HABE NUN AUCH ZUGANG ZU DEM „WANDELNDEN LEXIKON".
DA FINDEN WIR SICHER HINWEISE DARAUF, WAS FEHLT!

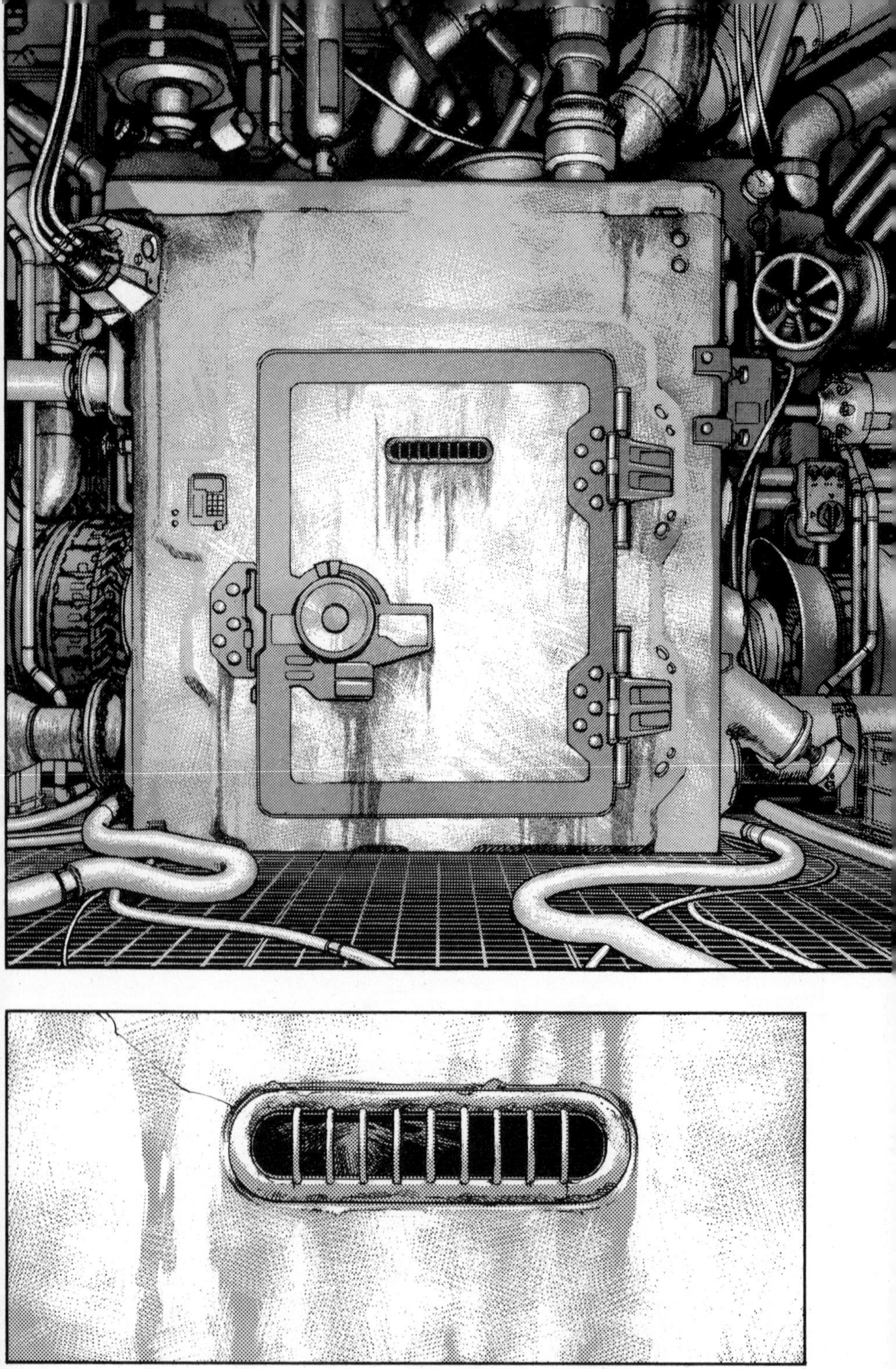

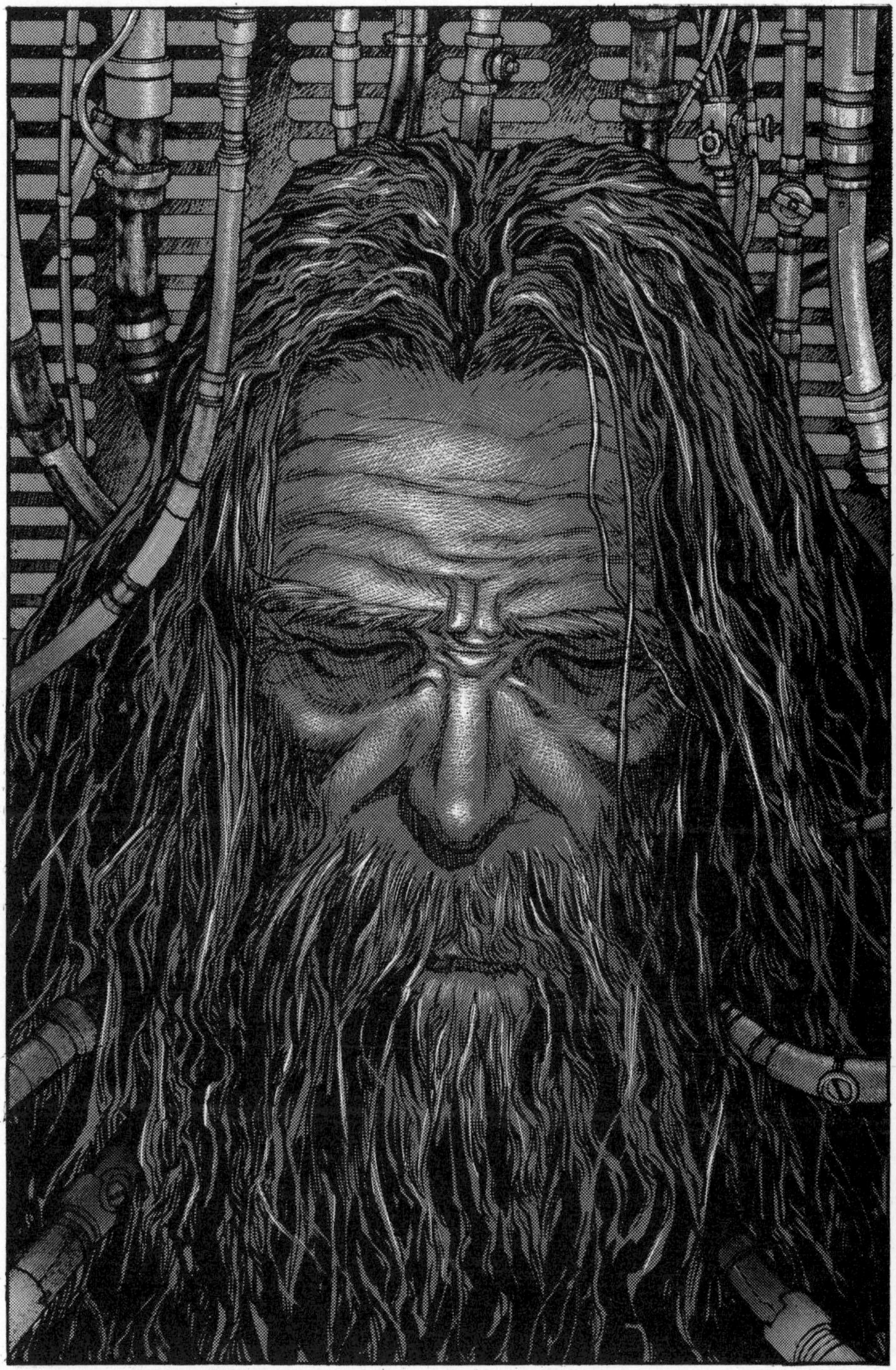

ZETMAN

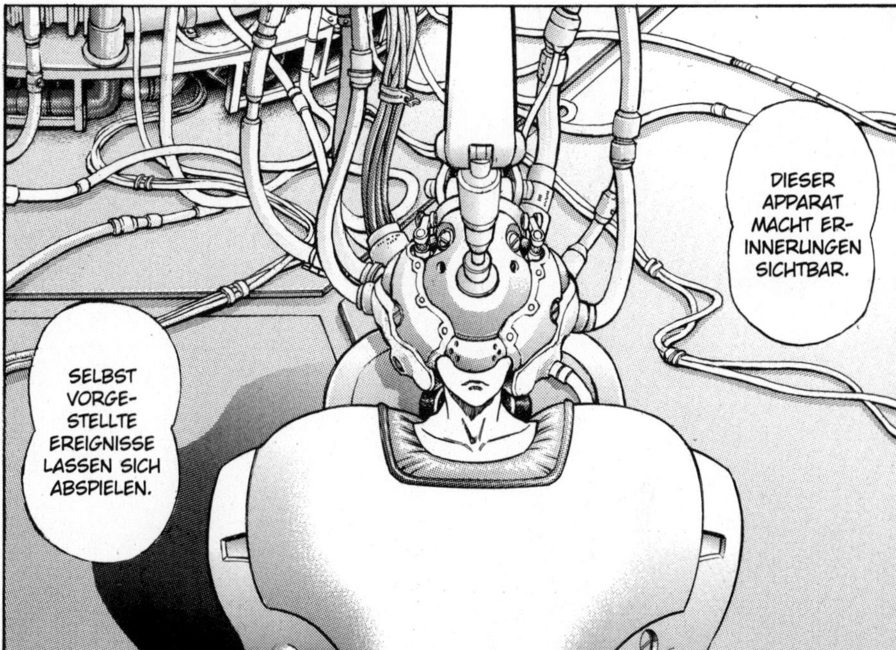

Episode 25:

Playback der Erinnerung

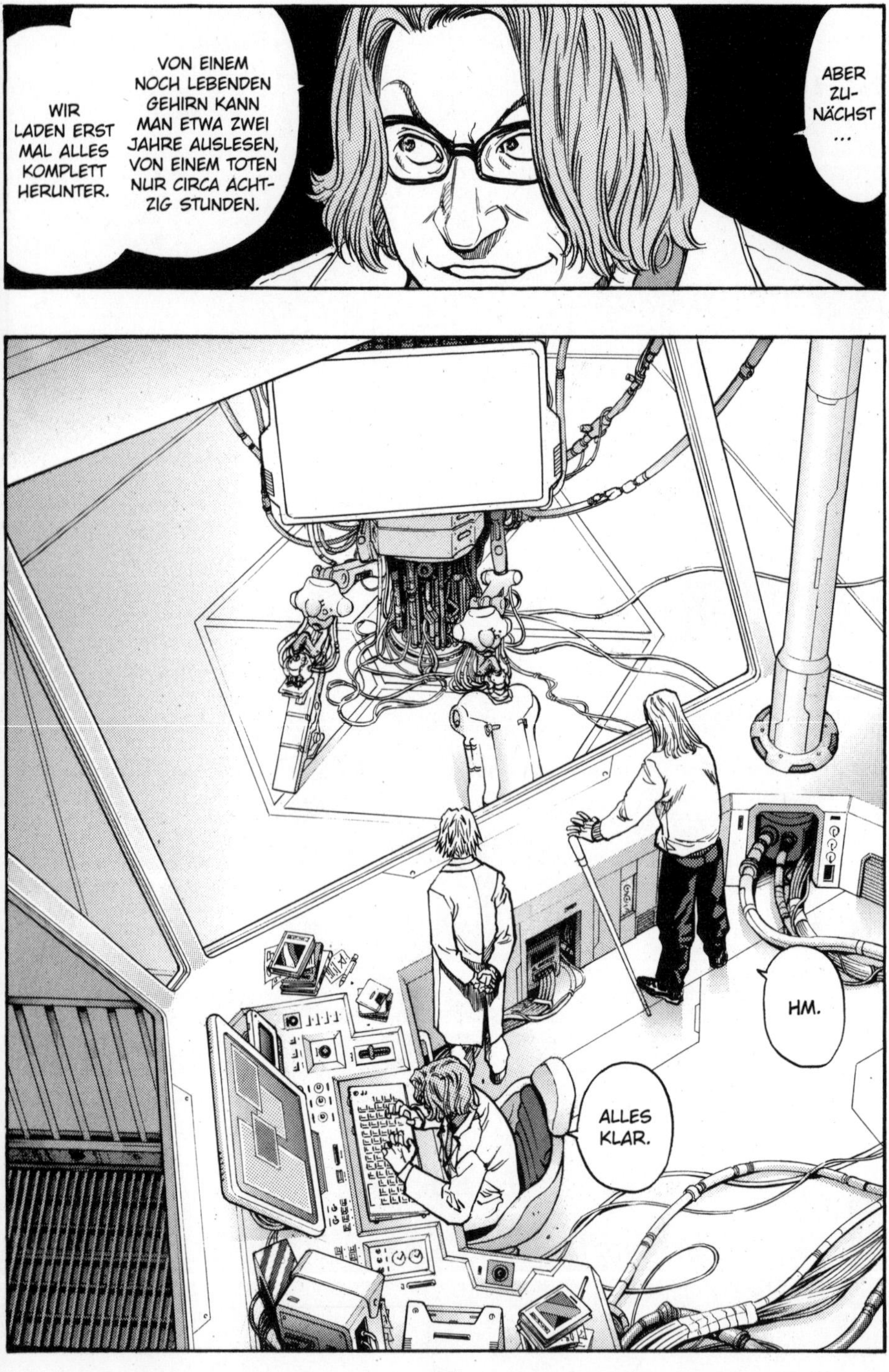
ABER ZUNÄCHST ...
VON EINEM NOCH LEBENDEN GEHIRN KANN MAN ETWA ZWEI JAHRE AUSLESEN, VON EINEM TOTEN NUR CIRCA ACHTZIG STUNDEN.
WIR LADEN ERST MAL ALLES KOMPLETT HERUNTER.
HM.
ALLES KLAR.

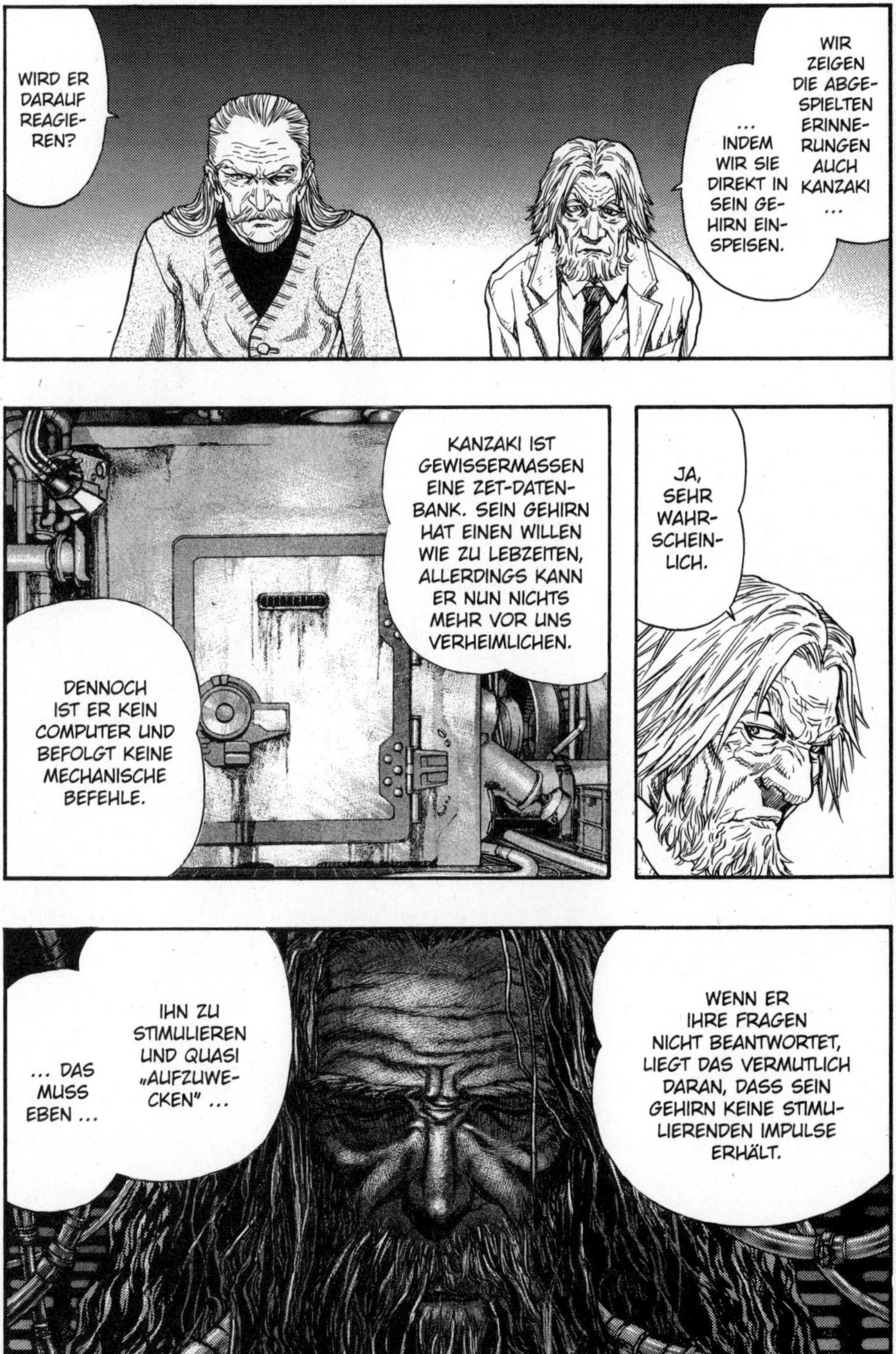
WIR ZEIGEN DIE ABGESPIELTEN ERINNERUNGEN AUCH KANZAKI …
… INDEM WIR SIE DIREKT IN SEIN GEHIRN EINSPEISEN.
WIRD ER DARAUF REAGIEREN?
JA, SEHR WAHRSCHEINLICH.
KANZAKI IST GEWISSERMASSEN EINE ZET-DATENBANK. SEIN GEHIRN HAT EINEN WILLEN WIE ZU LEBZEITEN, ALLERDINGS KANN ER NUN NICHTS MEHR VOR UNS VERHEIMLICHEN.
DENNOCH IST ER KEIN COMPUTER UND BEFOLGT KEINE MECHANISCHE BEFEHLE.
WENN ER IHRE FRAGEN NICHT BEANTWORTET, LIEGT DAS VERMUTLICH DARAN, DASS SEIN GEHIRN KEINE STIMULIERENDEN IMPULSE ERHÄLT.
IHN ZU STIMULIEREN UND QUASI „AUFZUWECKEN“ …
… DAS MUSS EBEN …

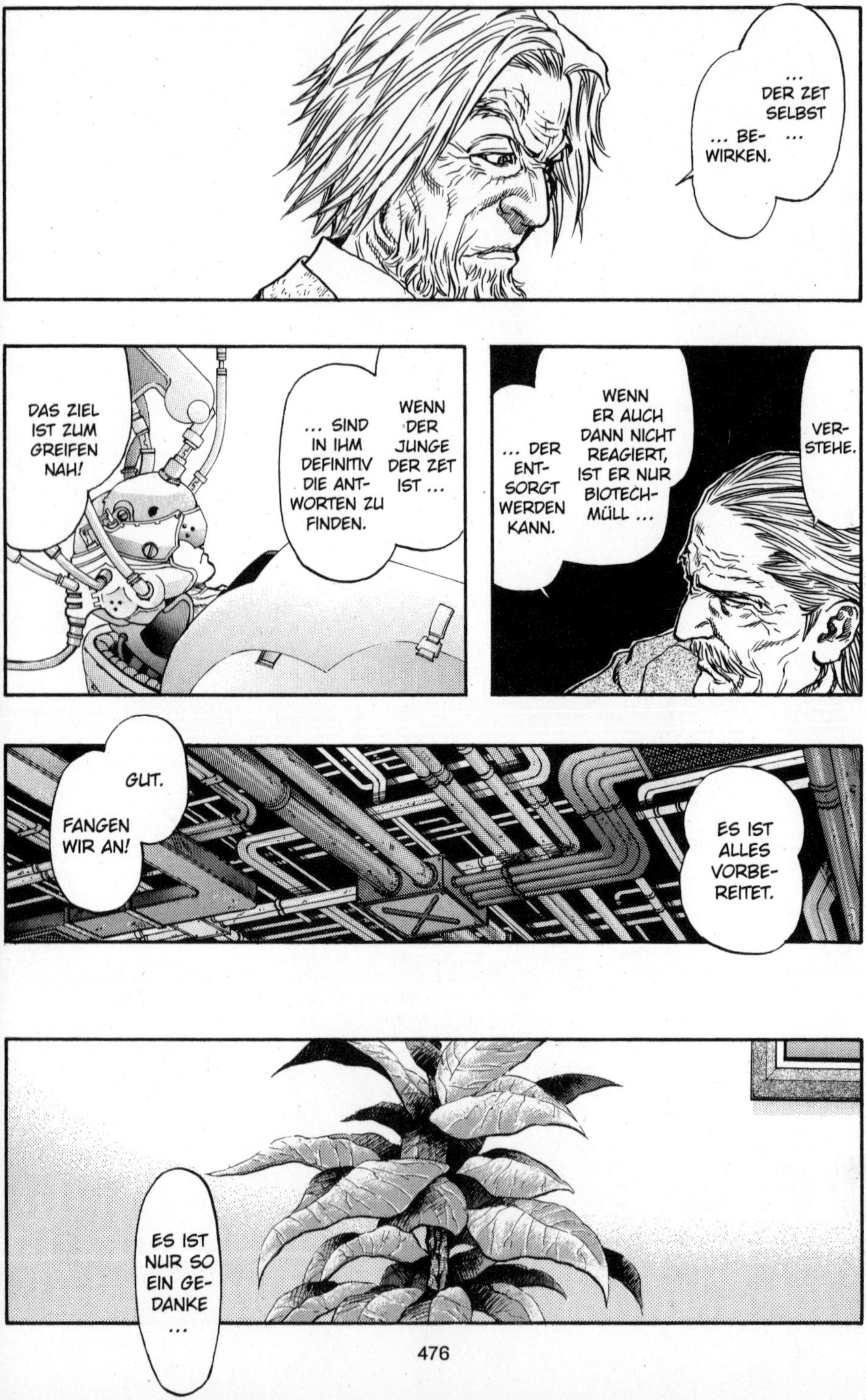
... DER ZET SELBST ...
... BEWIRKEN.
VERSTEHE.
WENN ER AUCH DANN NICHT REAGIERT, IST ER NUR BIOTECHMÜLL ...
... DER ENTSORGT WERDEN KANN.
WENN DER JUNGE DER ZET IST ...
... SIND IN IHM DEFINITIV DIE ANTWORTEN ZU FINDEN.
DAS ZIEL IST ZUM GREIFEN NAH!
ES IST ALLES VORBEREITET.
GUT.
FANGEN WIR AN!
ES IST NUR SO EIN GEDANKE ...

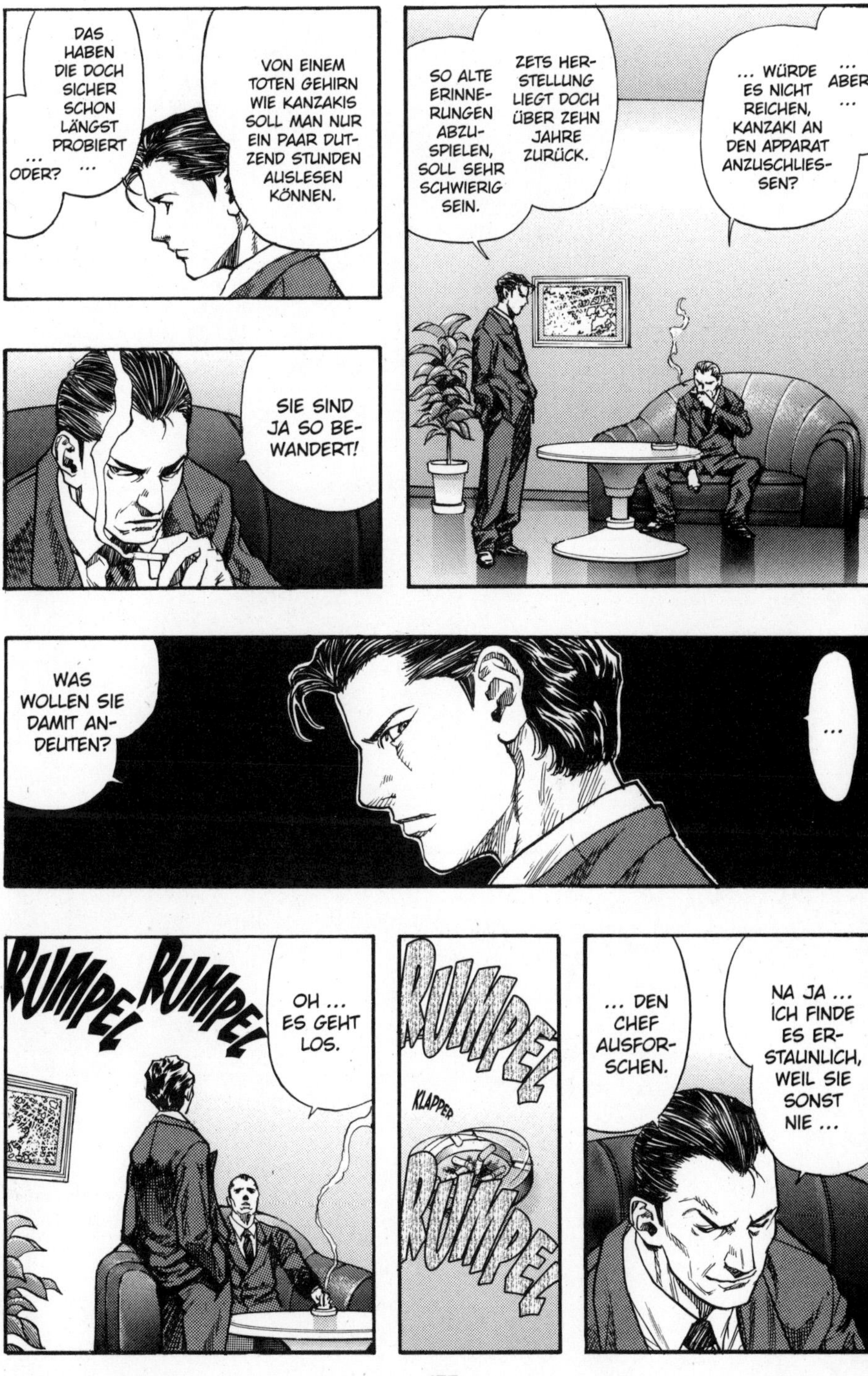
... ABER ...
... WÜRDE ES NICHT REICHEN, KANZAKI AN DEN APPARAT ANZUSCHLIESSEN?
ZETS HERSTELLUNG LIEGT DOCH ÜBER ZEHN JAHRE ZURÜCK.
SO ALTE ERINNERUNGEN ABZUSPIELEN, SOLL SEHR SCHWIERIG SEIN.
VON EINEM TOTEN GEHIRN WIE KANZAKIS SOLL MAN NUR EIN PAAR DUTZEND STUNDEN AUSLESEN KÖNNEN.
DAS HABEN DIE DOCH SICHER SCHON LÄNGST PROBIERT ... ODER? ...
SIE SIND JA SO BEWANDERT!
...
WAS WOLLEN SIE DAMIT ANDEUTEN?
NA JA ... ICH FINDE ES ERSTAUNLICH, WEIL SIE SONST NIE ...
... DEN CHEF AUSFORSCHEN.
RUMPEL
KLAPPER
RUMPEL
OH ... ES GEHT LOS.
RUMPEL
RUMPEL

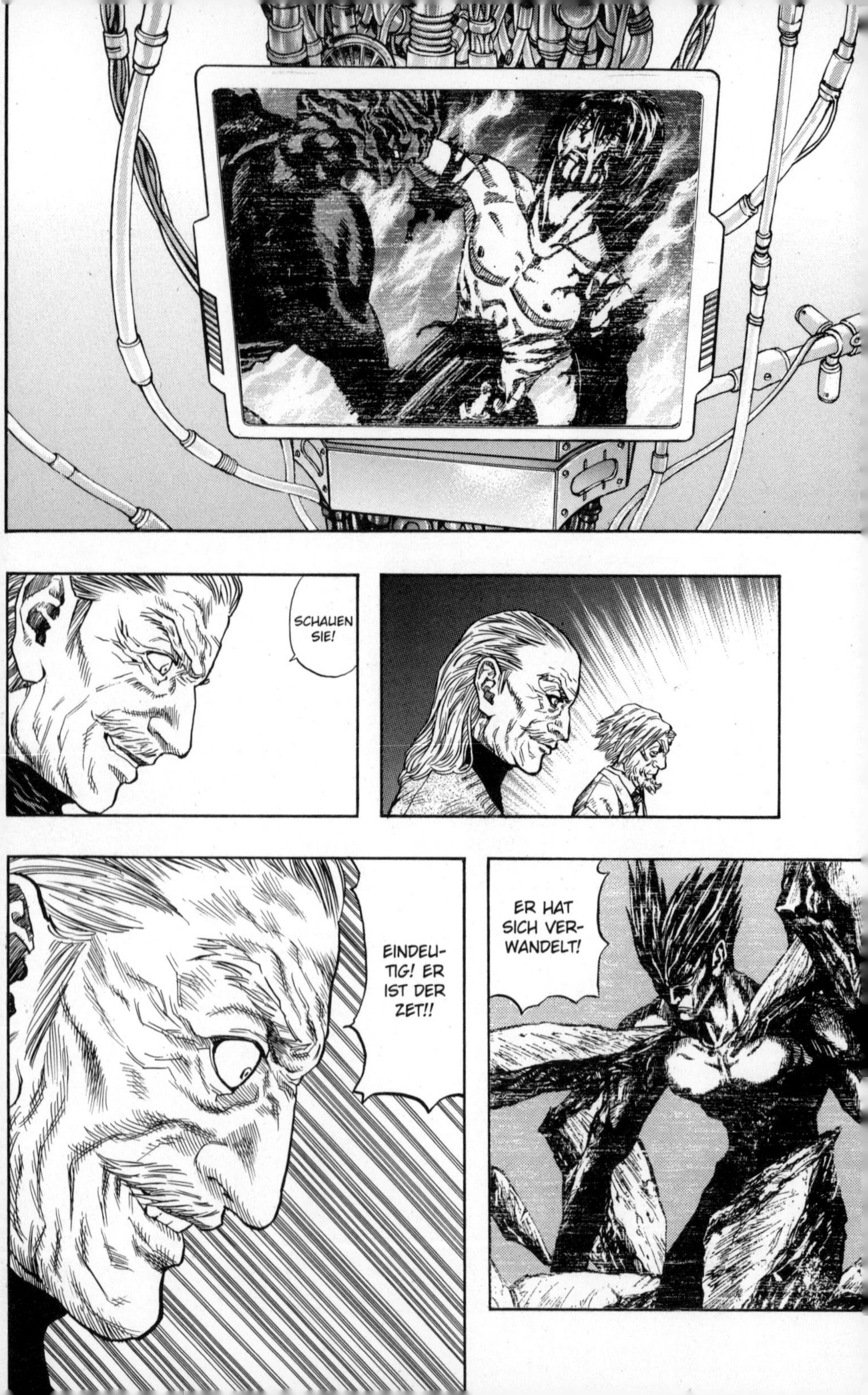
SCHAUEN SIE!
ER HAT SICH VER-WANDELT!
EINDEU-TIG! ER IST DER ZET!!

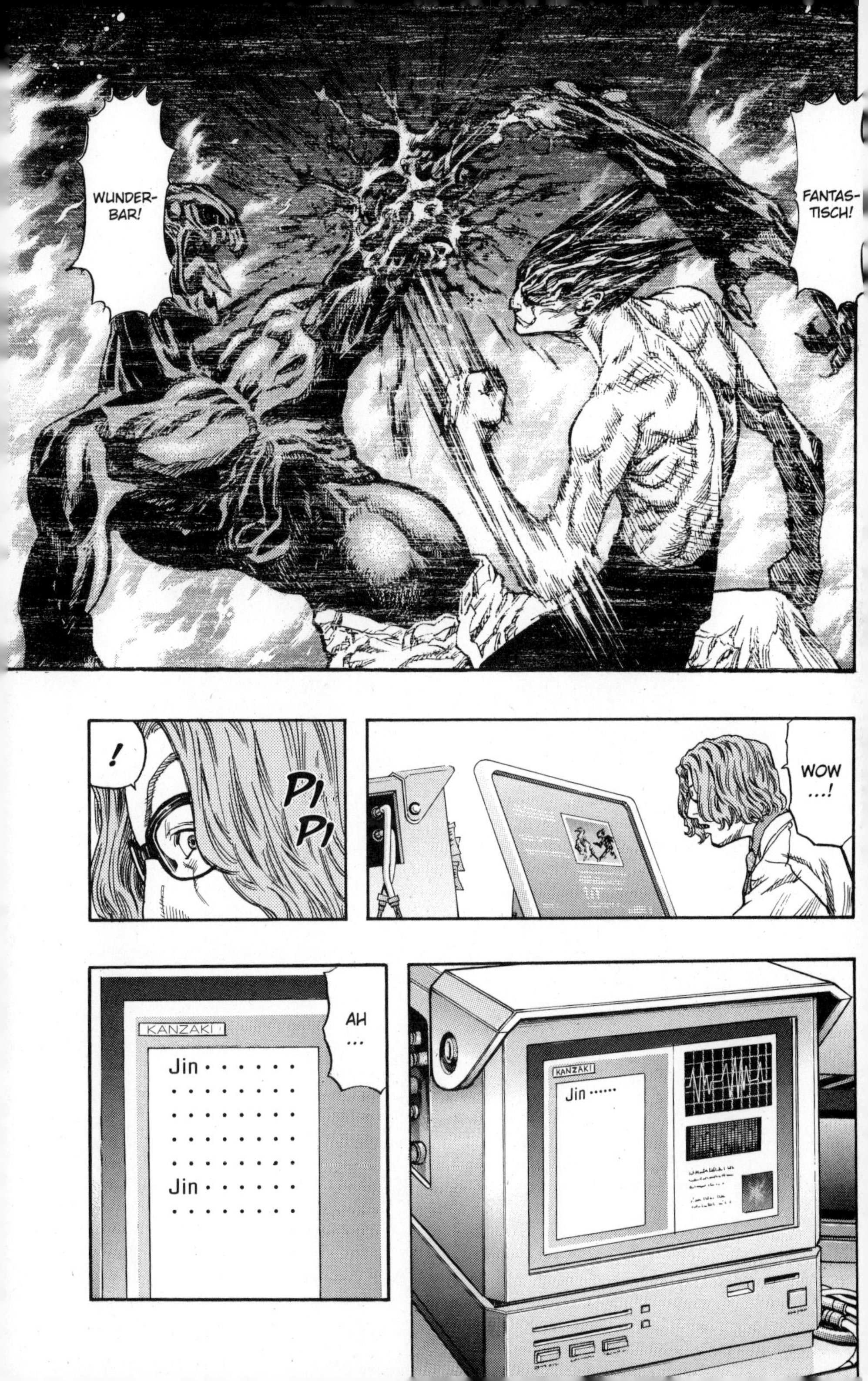
FANTAS-
TISCH!
WUNDER-
BAR!
WOW
...!
!
PI
PI
KANZAKI
Jin ......
AH
...
KANZAKI
Jin ....
Jin ....

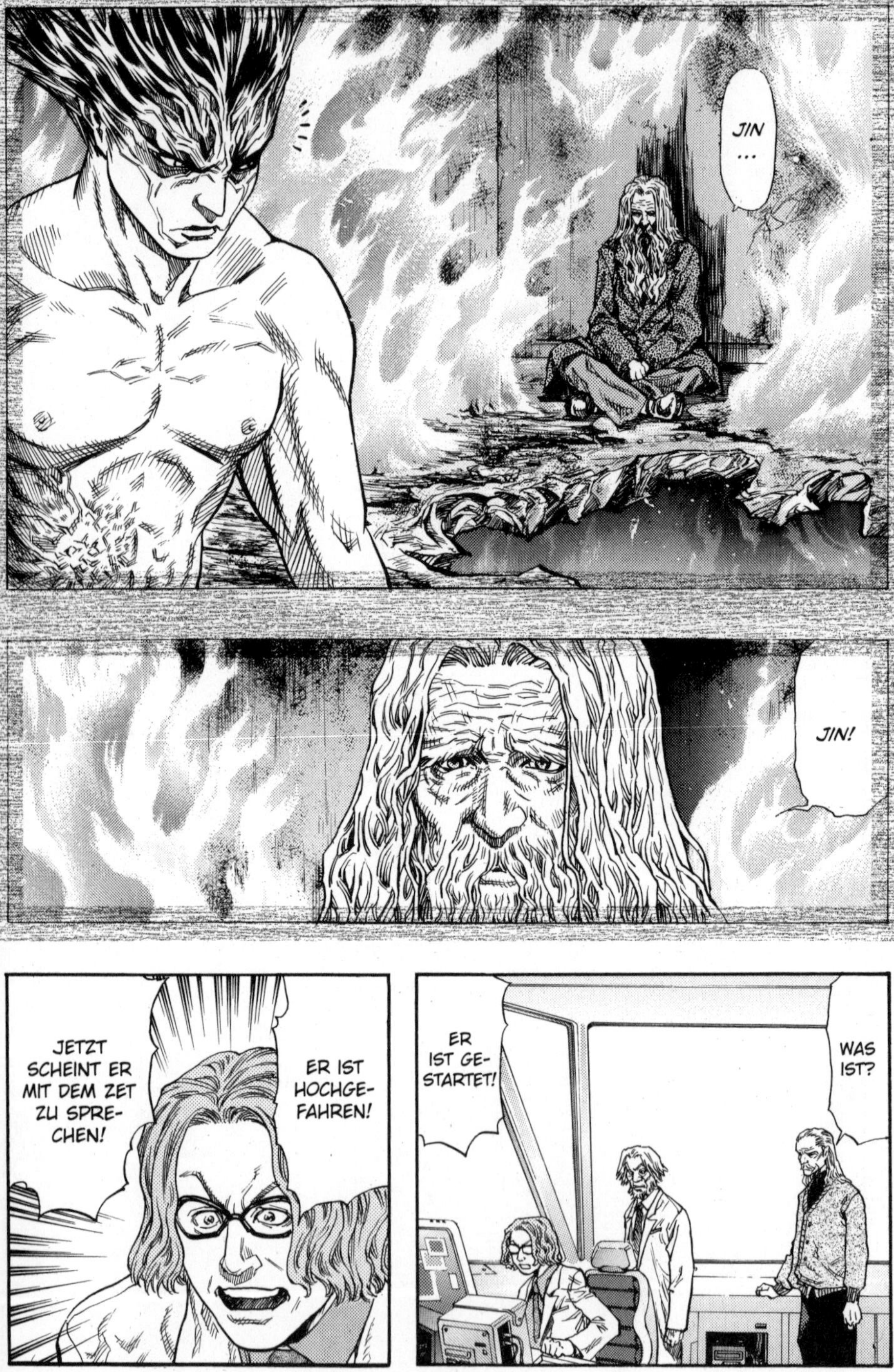
JIN ...
JIN!
WAS IST?
ER IST GE- STARTET!
ER IST HOCHGE- FAHREN!
JETZT SCHEINT ER MIT DEM ZET ZU SPRE- CHEN!

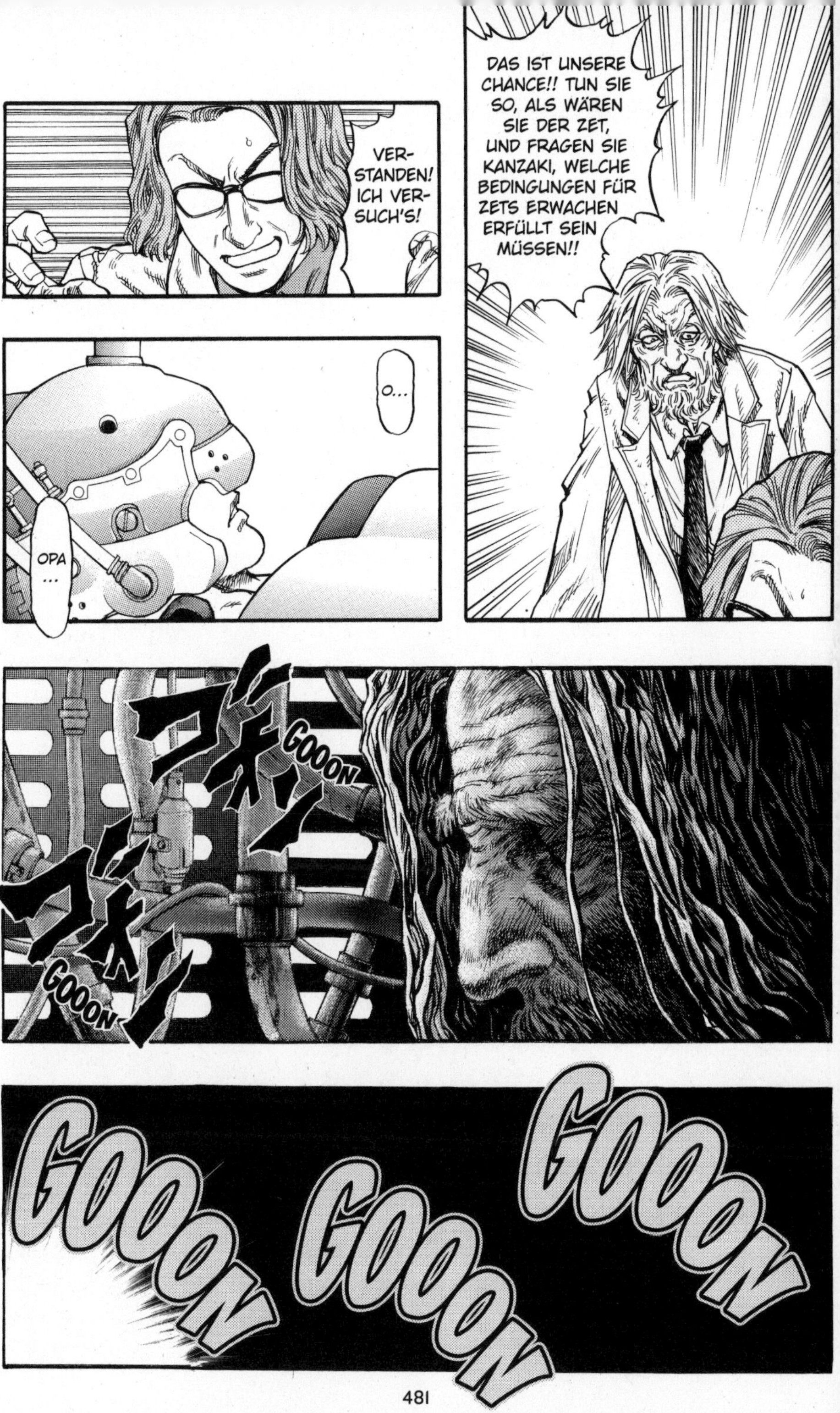
DAS IST UNSERE CHANCE!! TUN SIE SO, ALS WÄREN SIE DER ZET, UND FRAGEN SIE KANZAKI, WELCHE BEDINGUNGEN FÜR ZETS ERWACHEN ERFÜLLT SEIN MÜSSEN!!
VER-STANDEN! ICH VER-SUCH'S!
O...
OPA ...
GOOON
GOOON
GOOON
GOOON
GOOON

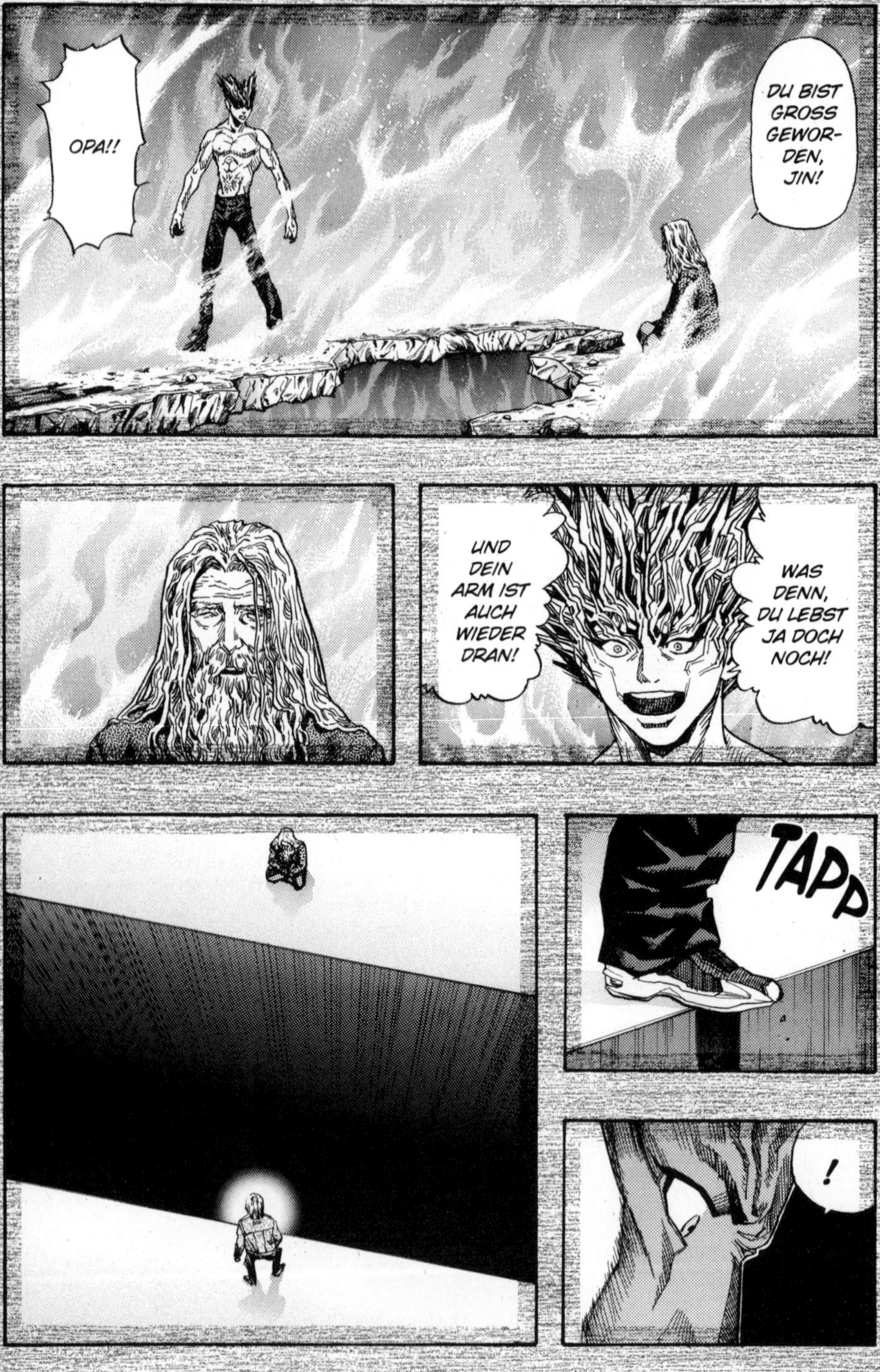
DU BIST GROSS GEWORDEN, JIN!
OPA!!
WAS DENN, DU LEBST JA DOCH NOCH!
UND DEIN ARM IST AUCH WIEDER DRAN!
TAPP
!

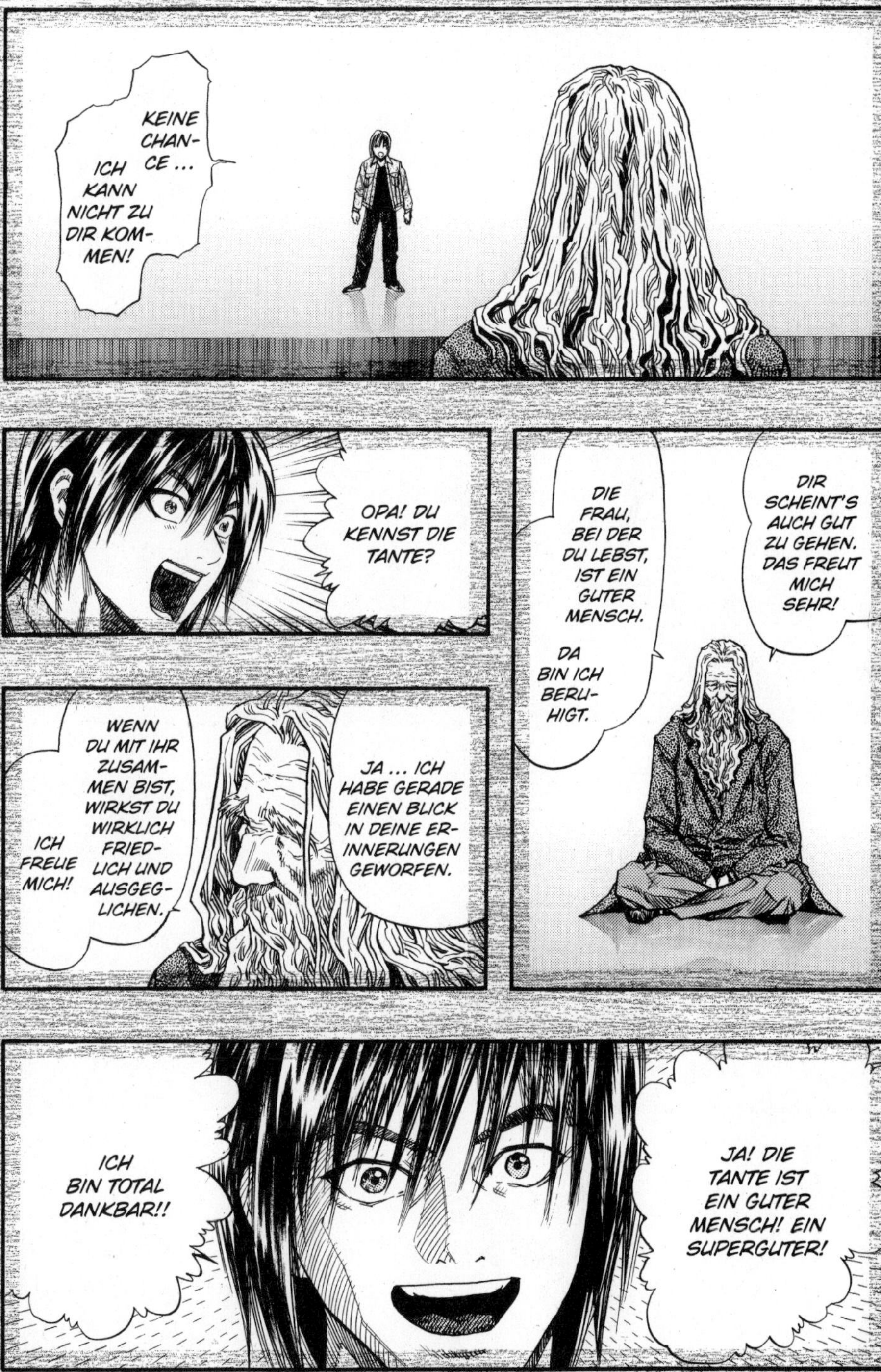
KEINE CHANCE … ICH KANN NICHT ZU DIR KOMMEN!
DIR SCHEINT'S AUCH GUT ZU GEHEN. DAS FREUT MICH SEHR!
DIE FRAU, BEI DER DU LEBST, IST EIN GUTER MENSCH.
DA BIN ICH BERUHIGT.
OPA! DU KENNST DIE TANTE?
JA … ICH HABE GERADE EINEN BLICK IN DEINE ERINNERUNGEN GEWORFEN.
WENN DU MIT IHR ZUSAMMEN BIST, WIRKST DU WIRKLICH FRIEDLICH UND AUSGEGLICHEN.
ICH FREUE MICH!
JA! DIE TANTE IST EIN GUTER MENSCH! EIN SUPERGUTER!
ICH BIN TOTAL DANKBAR!!

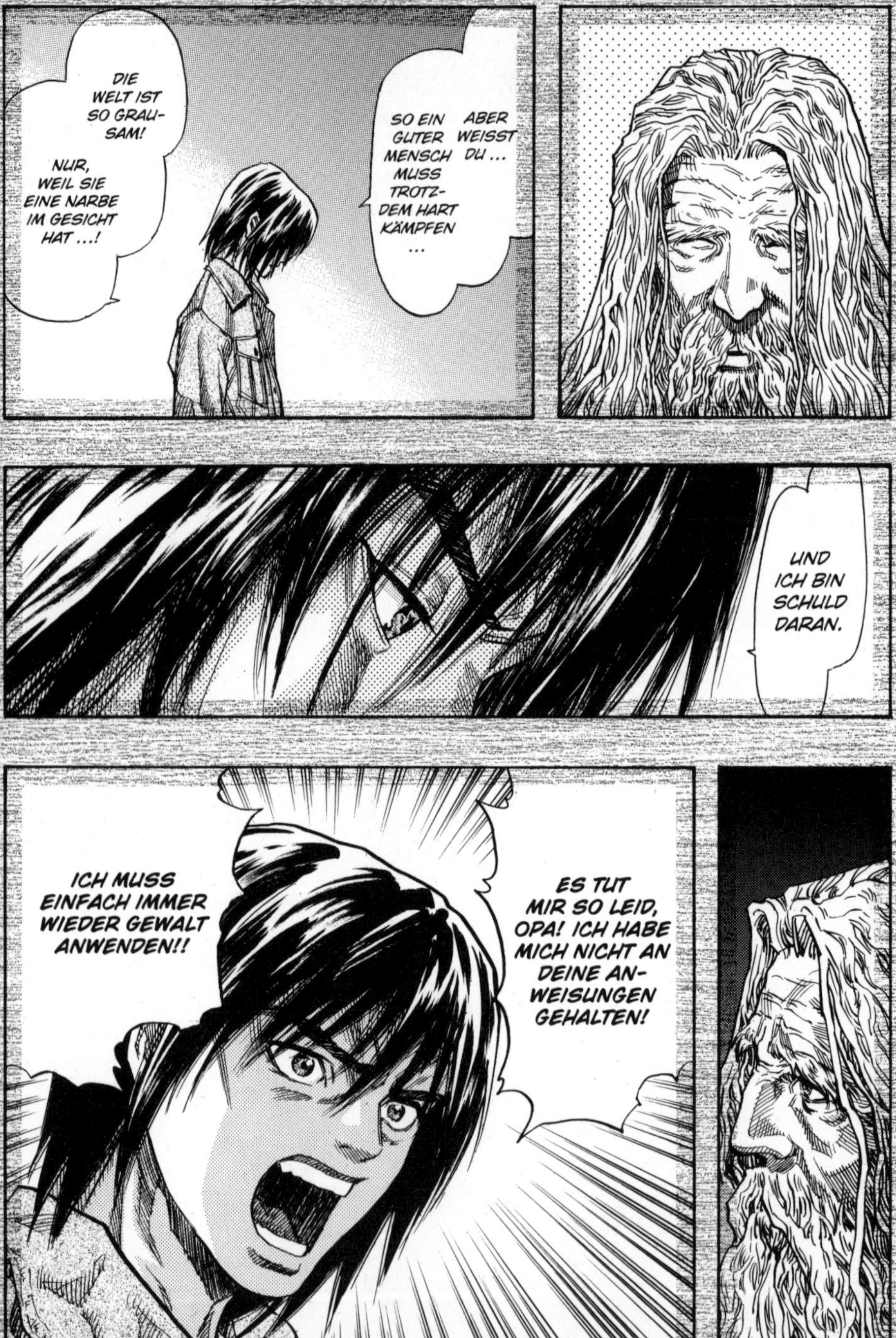
ABER WEISST DU …
SO EIN GUTER MENSCH MUSS TROTZDEM HART KÄMPFEN …
DIE WELT IST SO GRAUSAM!
NUR, WEIL SIE EINE NARBE IM GESICHT HAT …!
UND ICH BIN SCHULD DARAN.
ES TUT MIR SO LEID, OPA! ICH HABE MICH NICHT AN DEINE ANWEISUNGEN GEHALTEN!
ICH MUSS EINFACH IMMER WIEDER GEWALT ANWENDEN!!

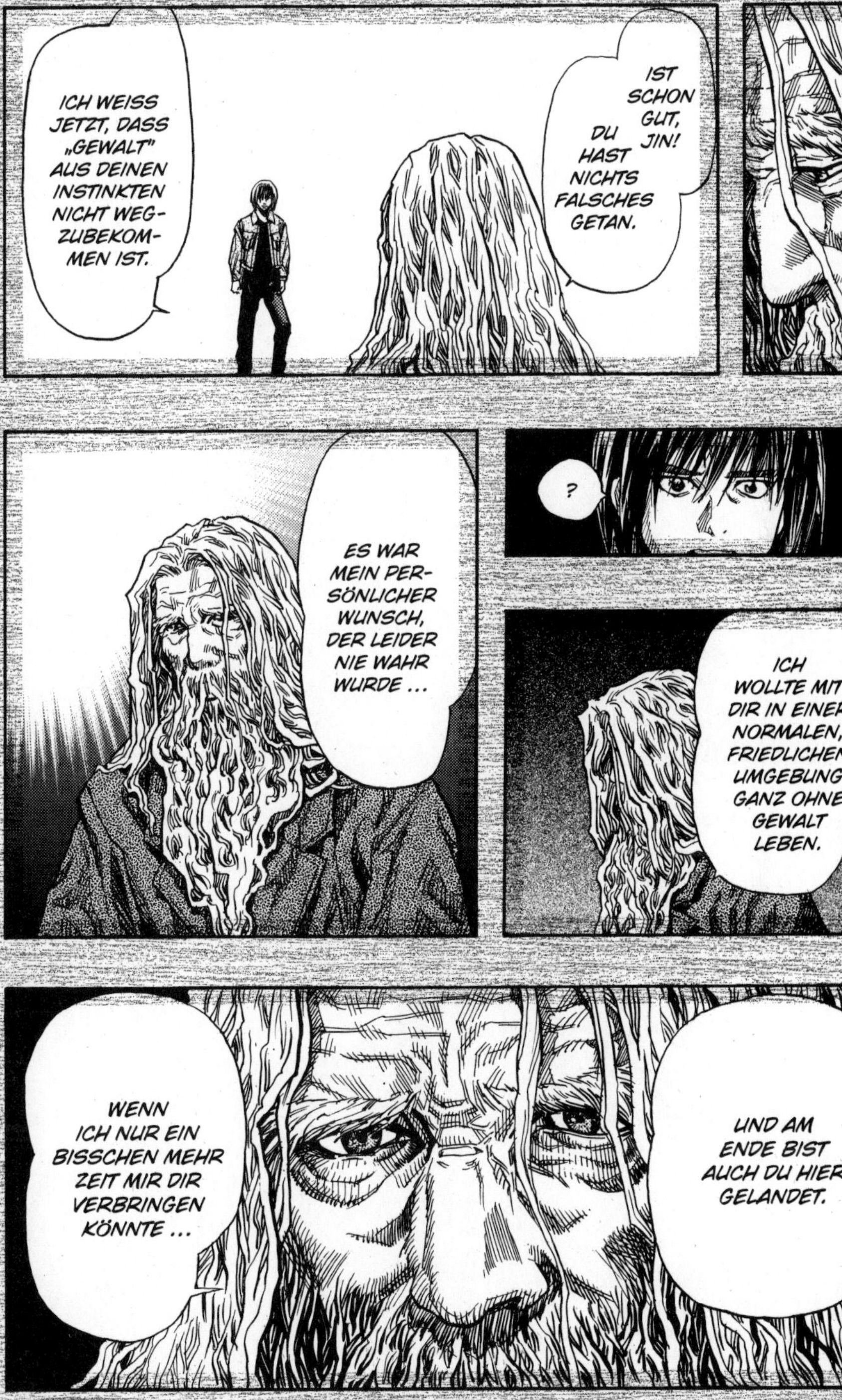
IST SCHON GUT, JIN!
DU HAST NICHTS FALSCHES GETAN.
ICH WEISS JETZT, DASS „GEWALT" AUS DEINEN INSTINKTEN NICHT WEGZUBEKOMMEN IST.
?
ICH WOLLTE MIT DIR IN EINER NORMALEN, FRIEDLICHEN UMGEBUNG GANZ OHNE GEWALT LEBEN.
ES WAR MEIN PERSÖNLICHER WUNSCH, DER LEIDER NIE WAHR WURDE …
UND AM ENDE BIST AUCH DU HIER GELANDET.
WENN ICH NUR EIN BISSCHEN MEHR ZEIT MIR DIR VERBRINGEN KÖNNTE …

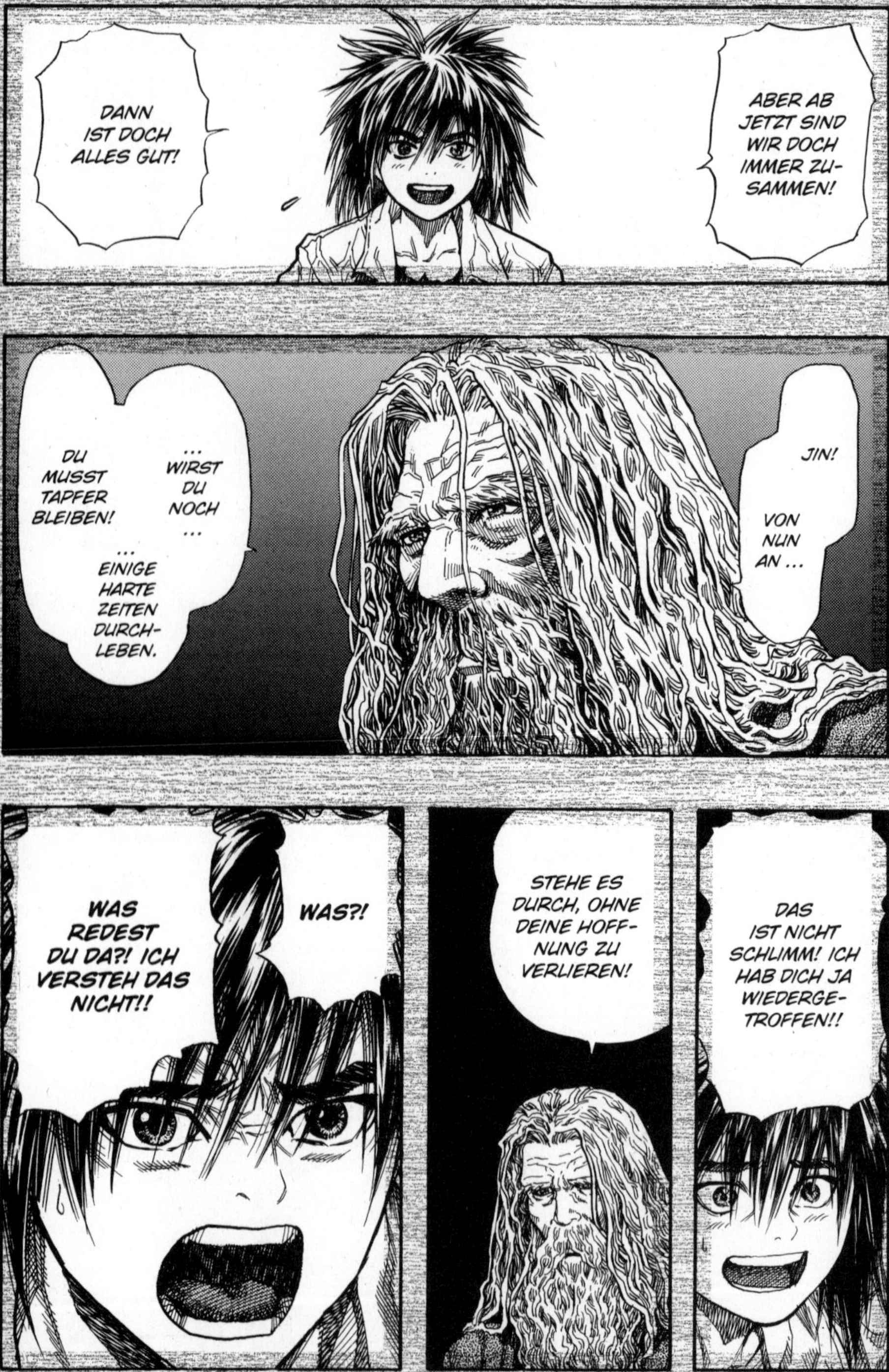
ABER AB JETZT SIND WIR DOCH IMMER ZUSAMMEN!
DANN IST DOCH ALLES GUT!
JIN!
VON NUN AN ...
... WIRST DU NOCH ...
... EINIGE HARTE ZEITEN DURCHLEBEN.
DU MUSST TAPFER BLEIBEN!
DAS IST NICHT SCHLIMM! ICH HAB DICH JA WIEDERGETROFFEN!!
STEHE ES DURCH, OHNE DEINE HOFFNUNG ZU VERLIEREN!
WAS?!
WAS REDEST DU DA?! ICH VERSTEH DAS NICHT!!

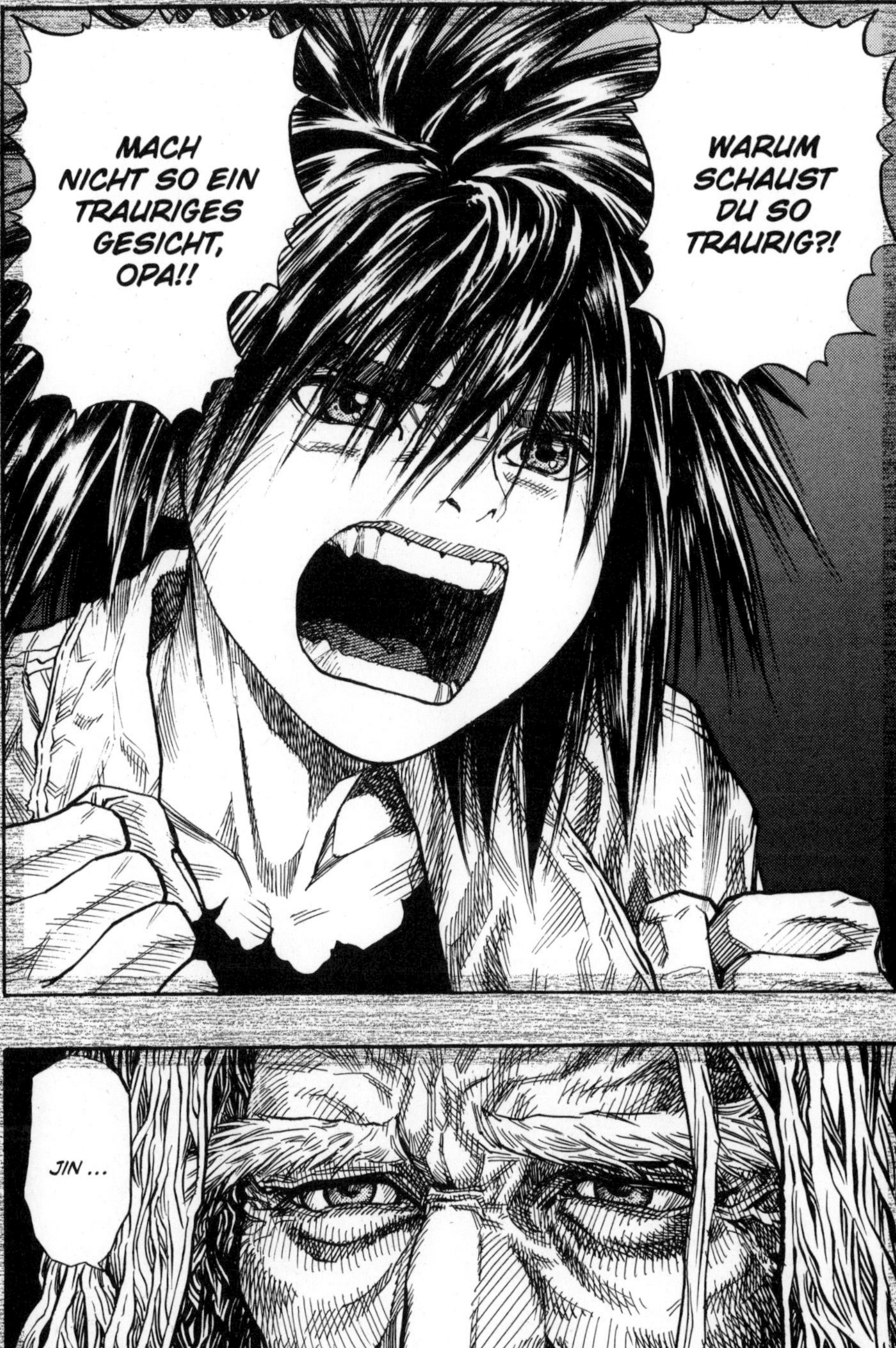
WARUM SCHAUST DU SO TRAURIG?!
MACH NICHT SO EIN TRAURIGES GESICHT, OPA!!
JIN …

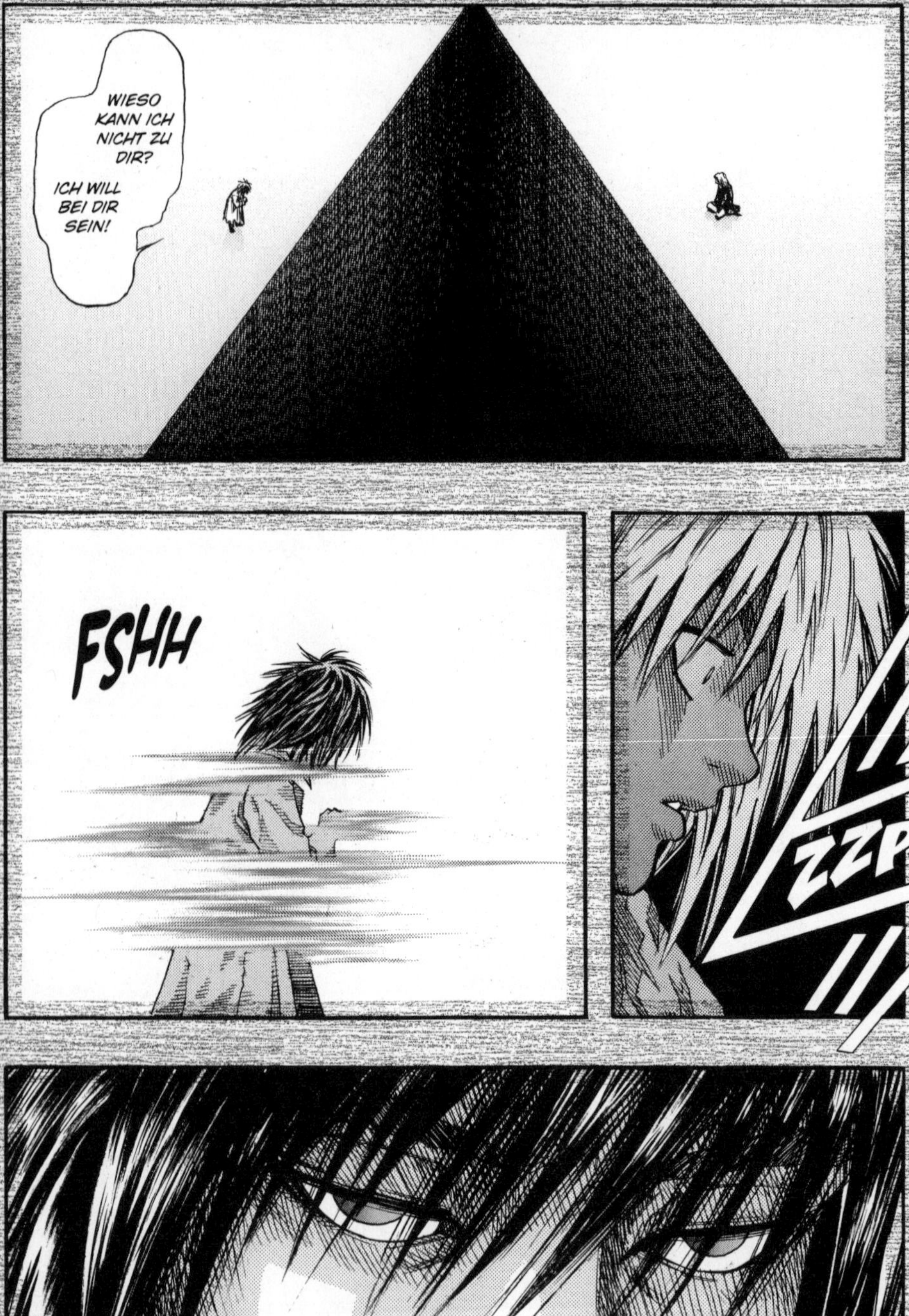
WIESO KANN ICH NICHT ZU DIR?
ICH WILL BEI DIR SEIN!
FSHH
ZZP

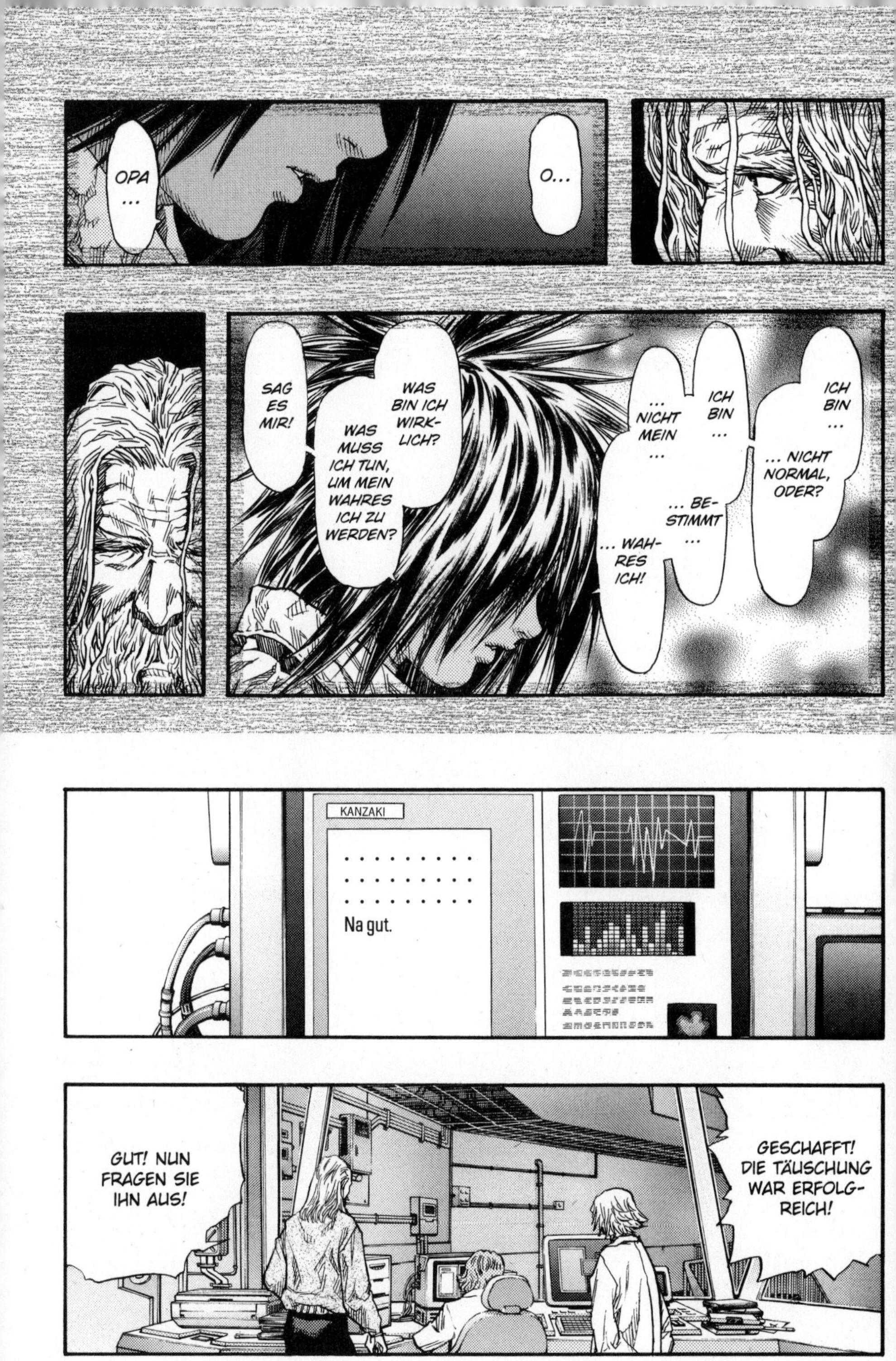
O...
OPA ...
ICH BIN ... ... NICHT NORMAL, ODER?
ICH BIN ... ... BESTIMMT ...
... NICHT MEIN ...
... WAHRES ICH!
WAS BIN ICH WIRKLICH?
WAS MUSS ICH TUN, UM MEIN WAHRES ICH ZU WERDEN?
SAG ES MIR!
KANZAKI
Na gut.
GESCHAFFT! DIE TÄUSCHUNG WAR ERFOLGREICH!
GUT! NUN FRAGEN SIE IHN AUS!

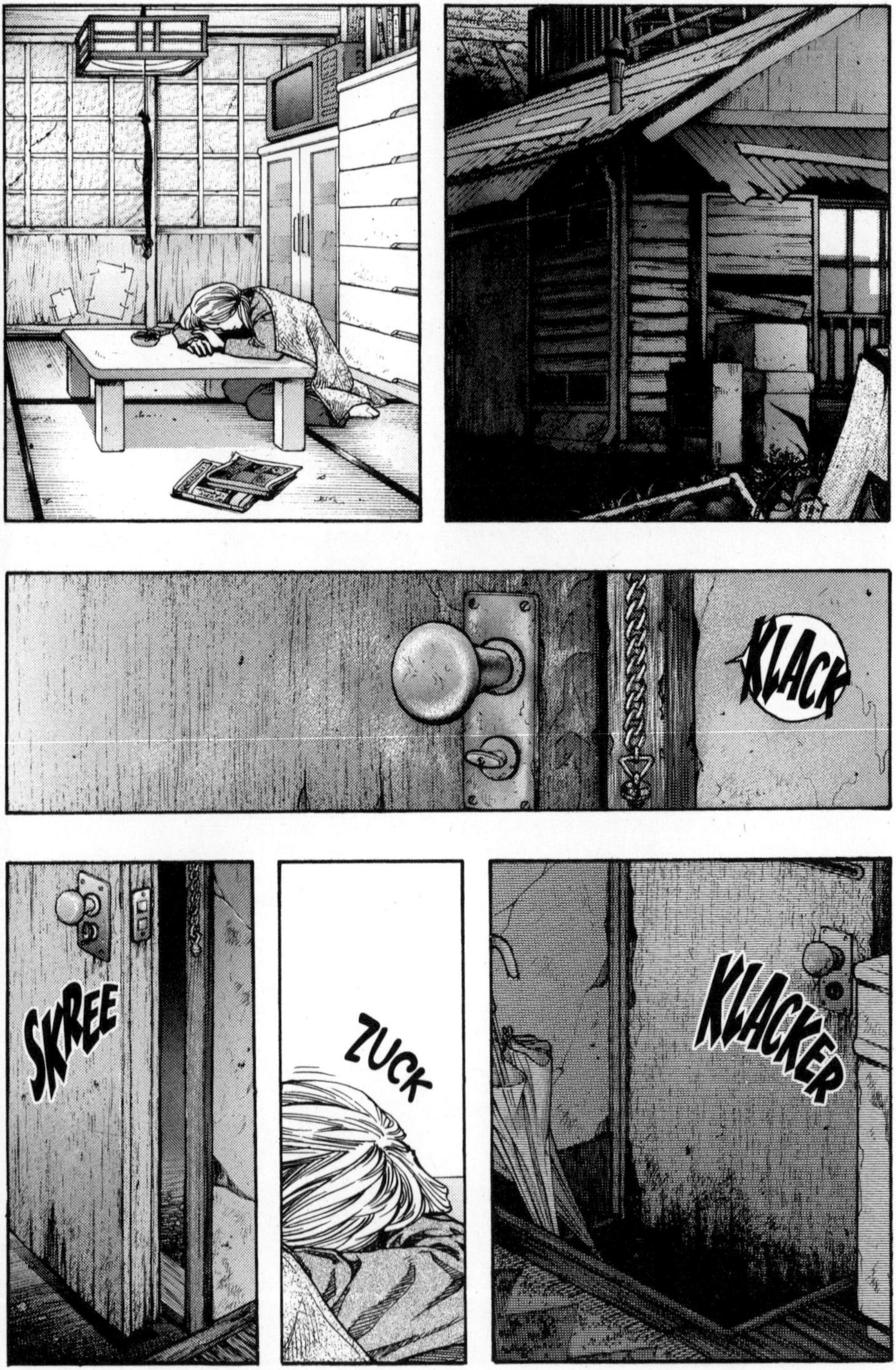
KLACK
KLACKER
ZUCK
SKREE

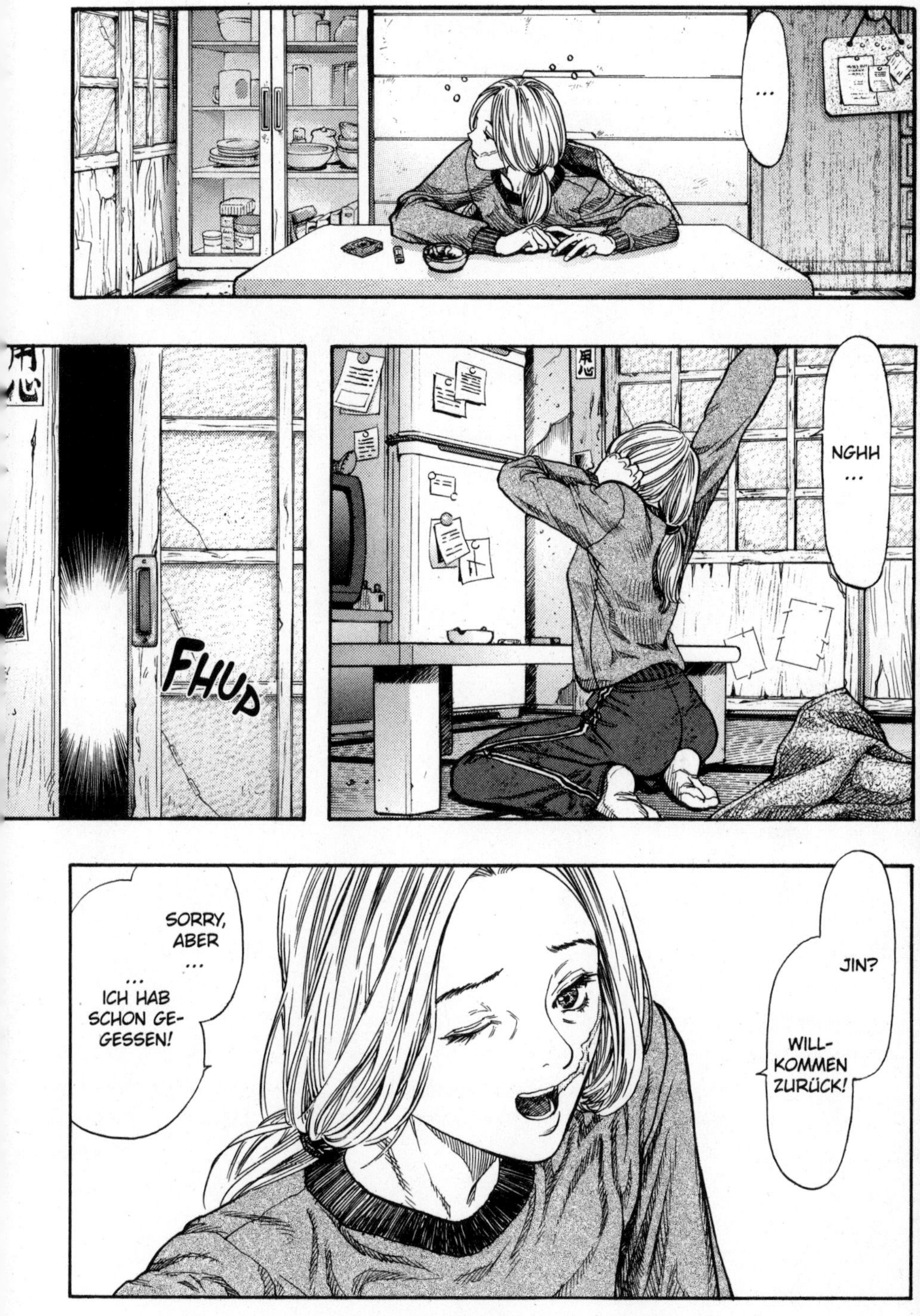
...
NGHH ...
FHUP
JIN?
WILL-KOMMEN ZURÜCK!
SORRY, ABER ...
... ICH HAB SCHON GE-GESSEN!

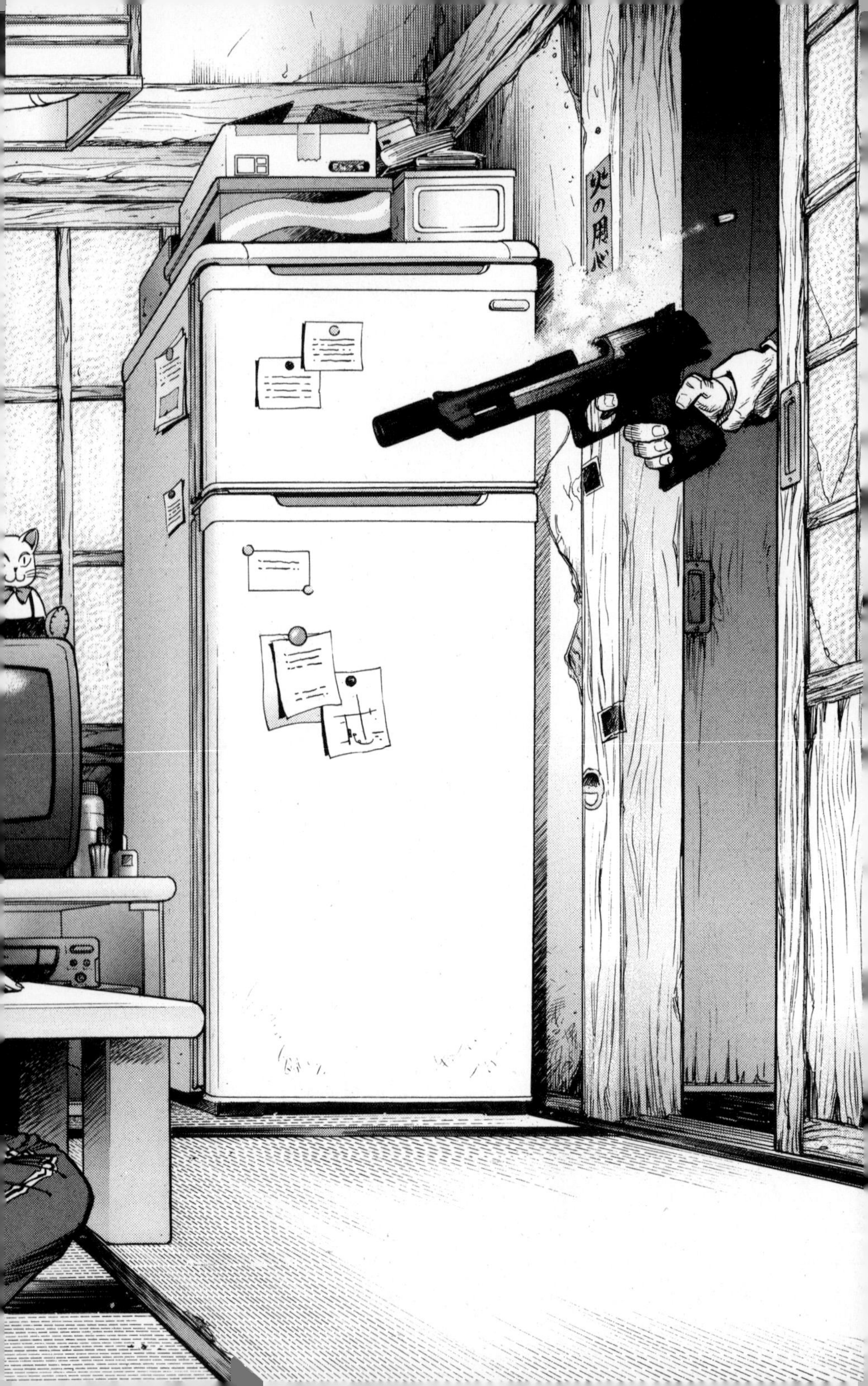
火の用心

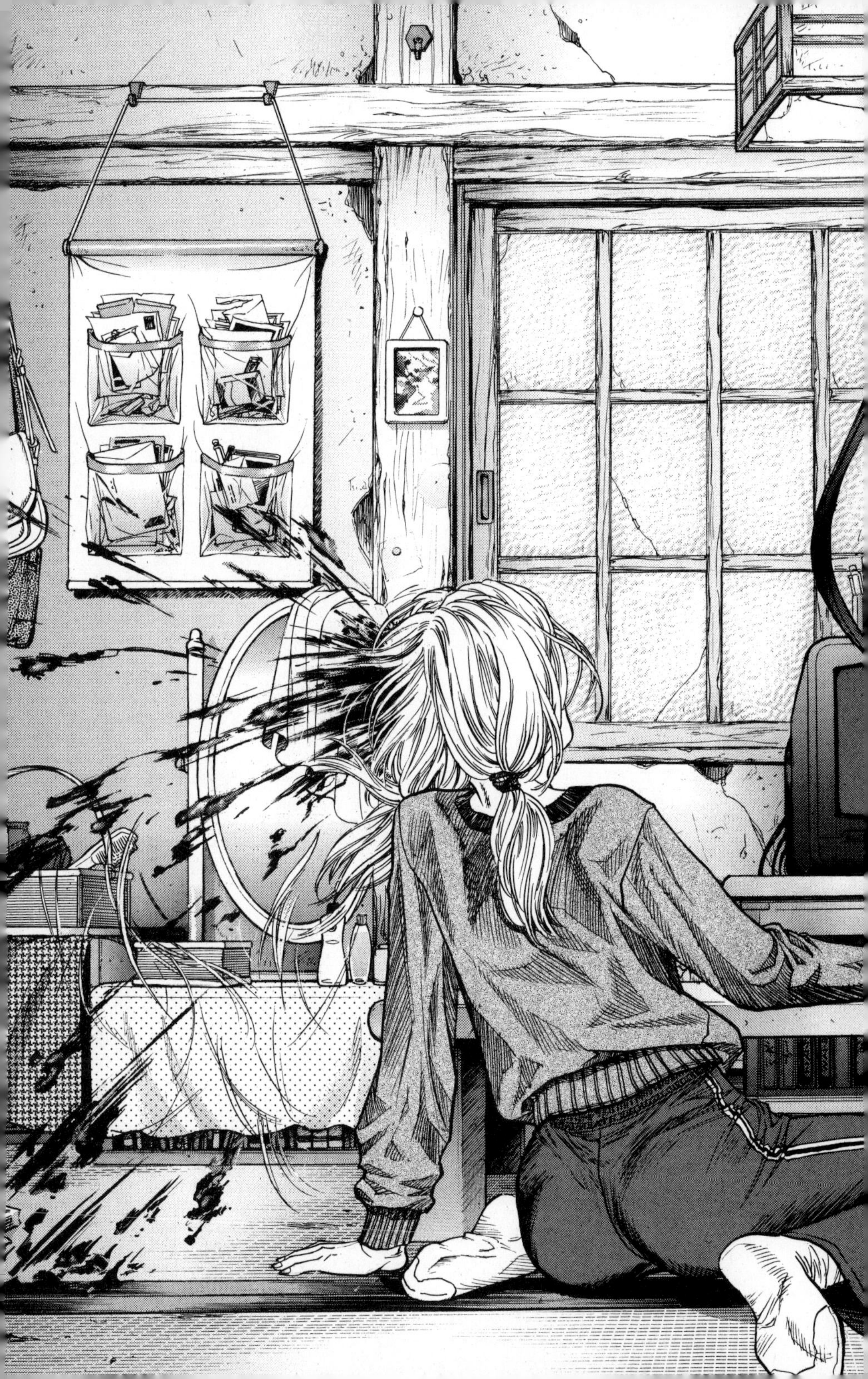

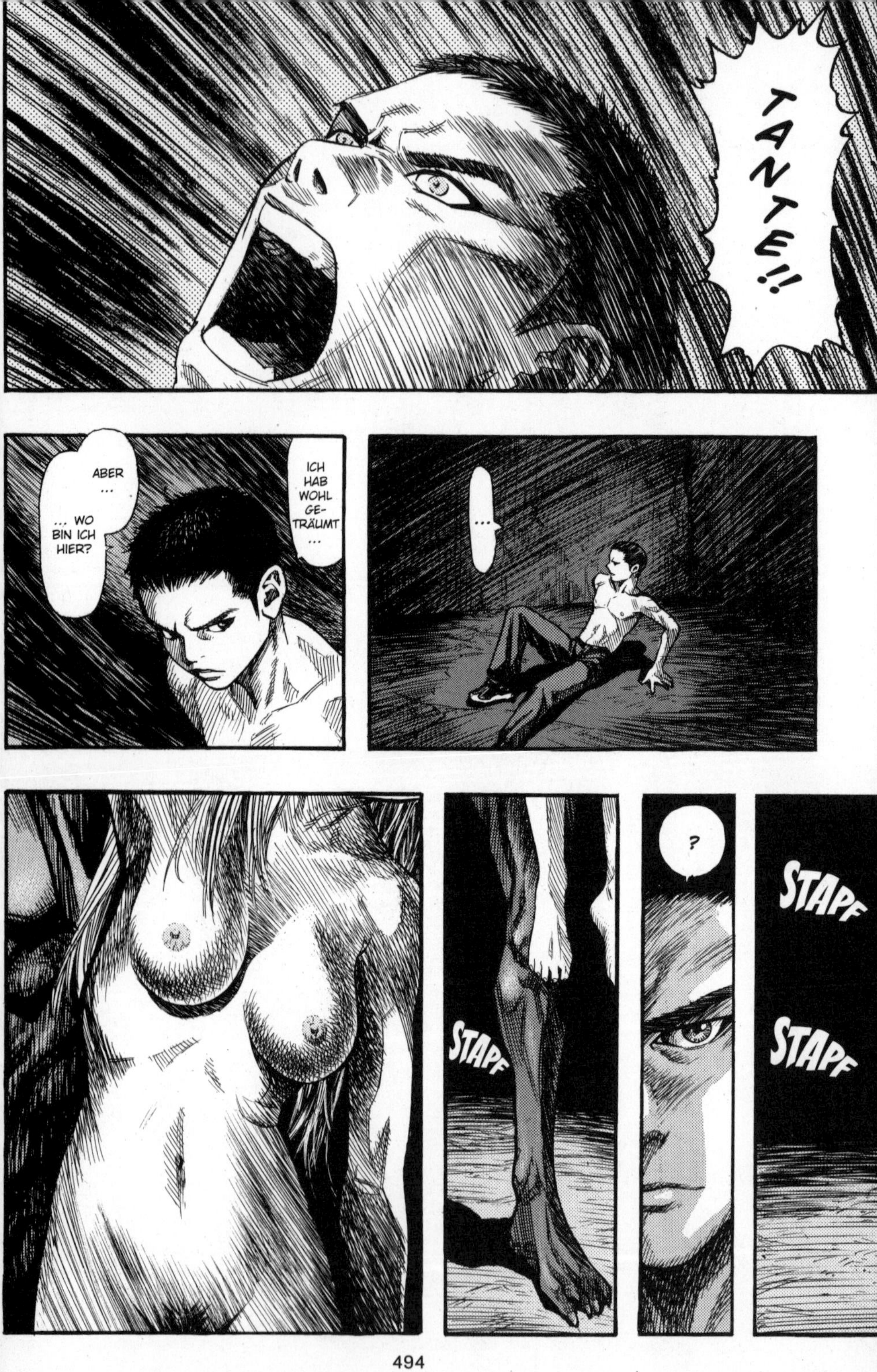
TANTE!!
ICH HAB WOHL GETRÄUMT ...
ABER ...
... WO BIN ICH HIER?
...
?
STAPF
STAPF
STAPF

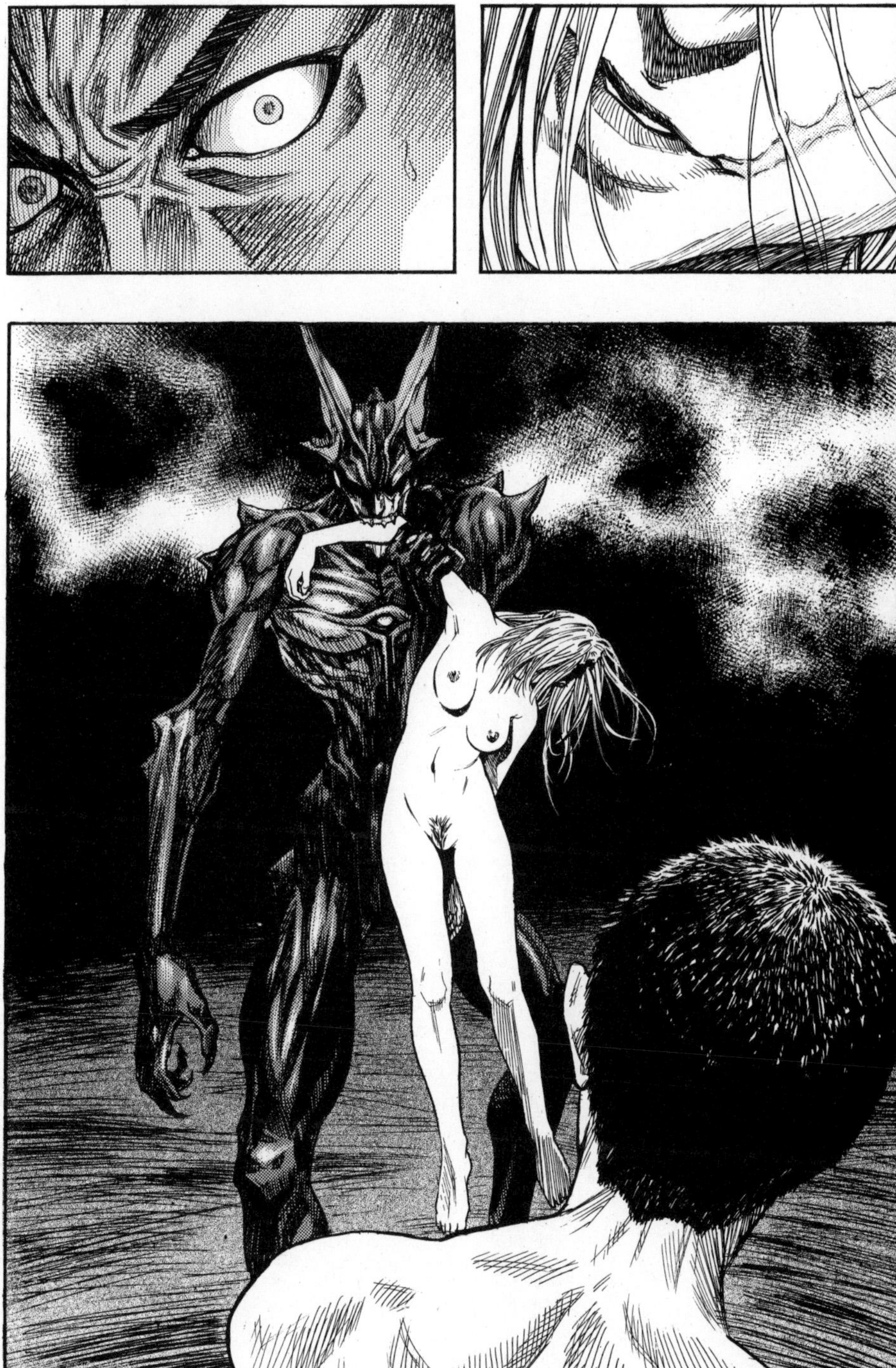

ZETMAN

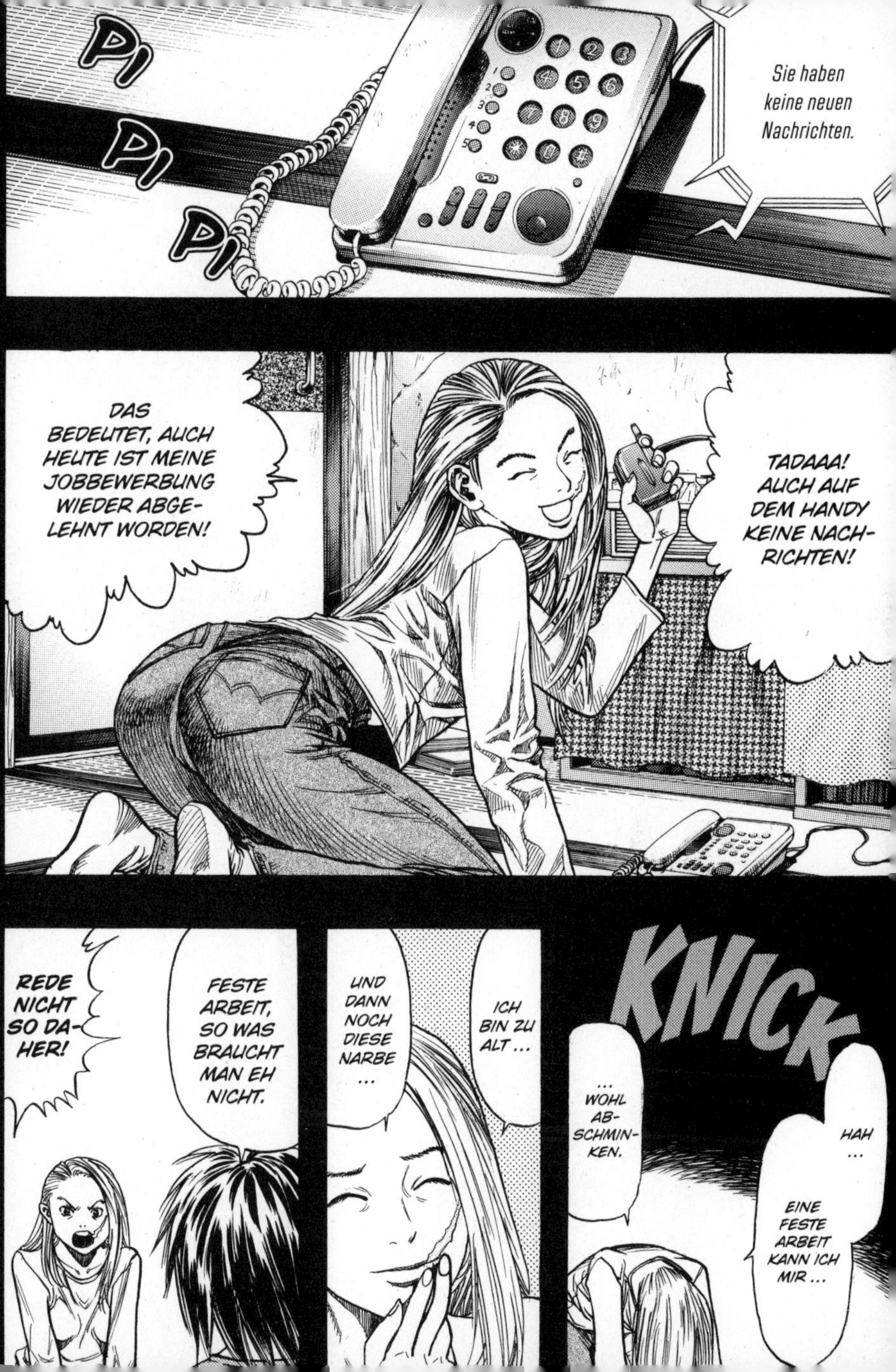
PI PI PI
Sie haben keine neuen Nachrichten.
TADAAA! AUCH AUF DEM HANDY KEINE NACHRICHTEN!
DAS BEDEUTET, AUCH HEUTE IST MEINE JOBBEWERBUNG WIEDER ABGELEHNT WORDEN!
HAH ...
EINE FESTE ARBEIT KANN ICH MIR ...
... WOHL ABSCHMINKEN.
KNICK
ICH BIN ZU ALT ...
UND DANN NOCH DIESE NARBE ...
FESTE ARBEIT, SO WAS BRAUCHT MAN EH NICHT.
REDE NICHT SO DAHER!

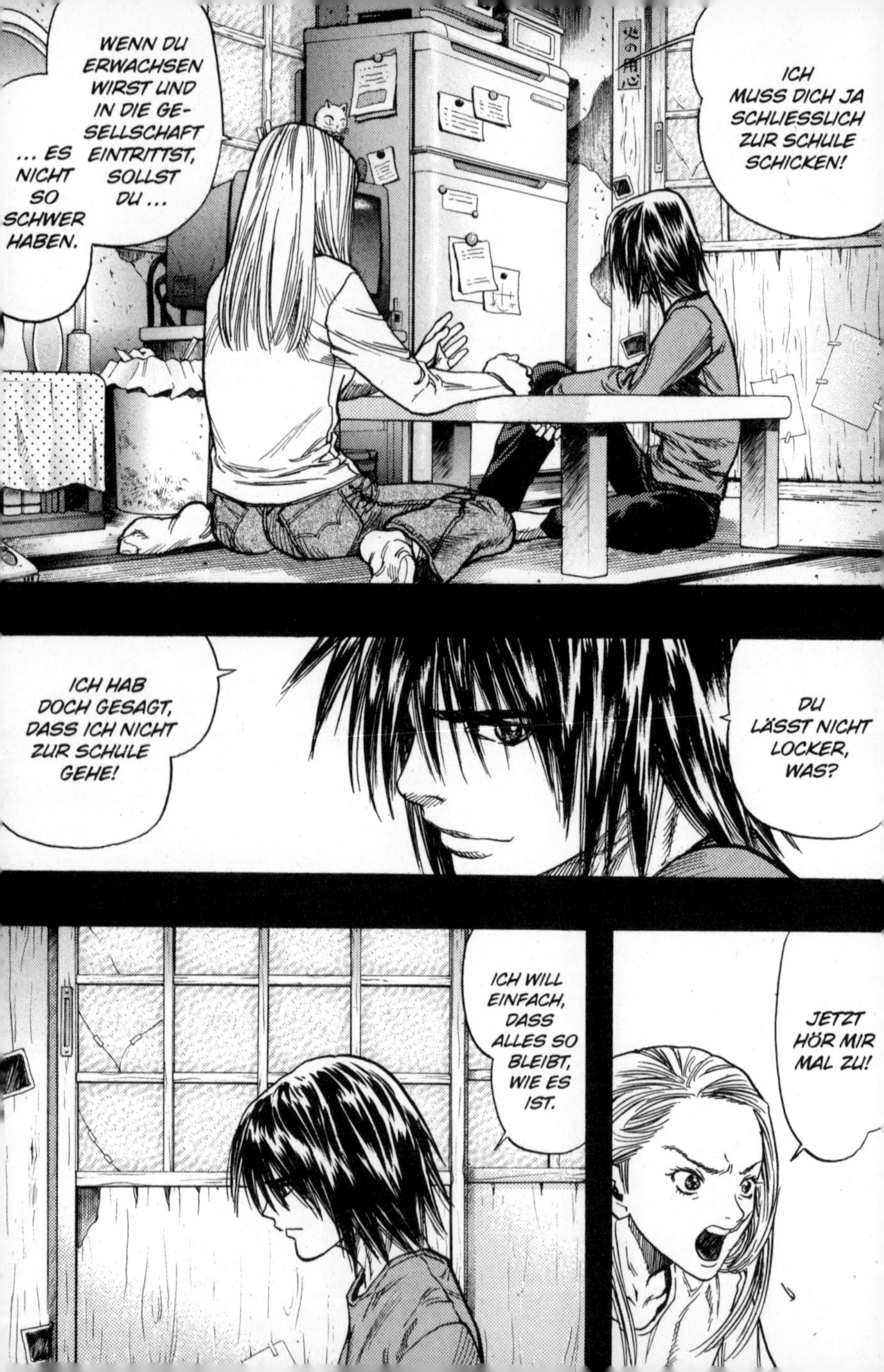
ICH MUSS DICH JA SCHLIESSLICH ZUR SCHULE SCHICKEN!
WENN DU ERWACHSEN WIRST UND IN DIE GESELLSCHAFT EINTRITTST, SOLLST DU …
… ES NICHT SO SCHWER HABEN.
DU LÄSST NICHT LOCKER, WAS?
ICH HAB DOCH GESAGT, DASS ICH NICHT ZUR SCHULE GEHE!
JETZT HÖR MIR MAL ZU!
ICH WILL EINFACH, DASS ALLES SO BLEIBT, WIE ES IST.

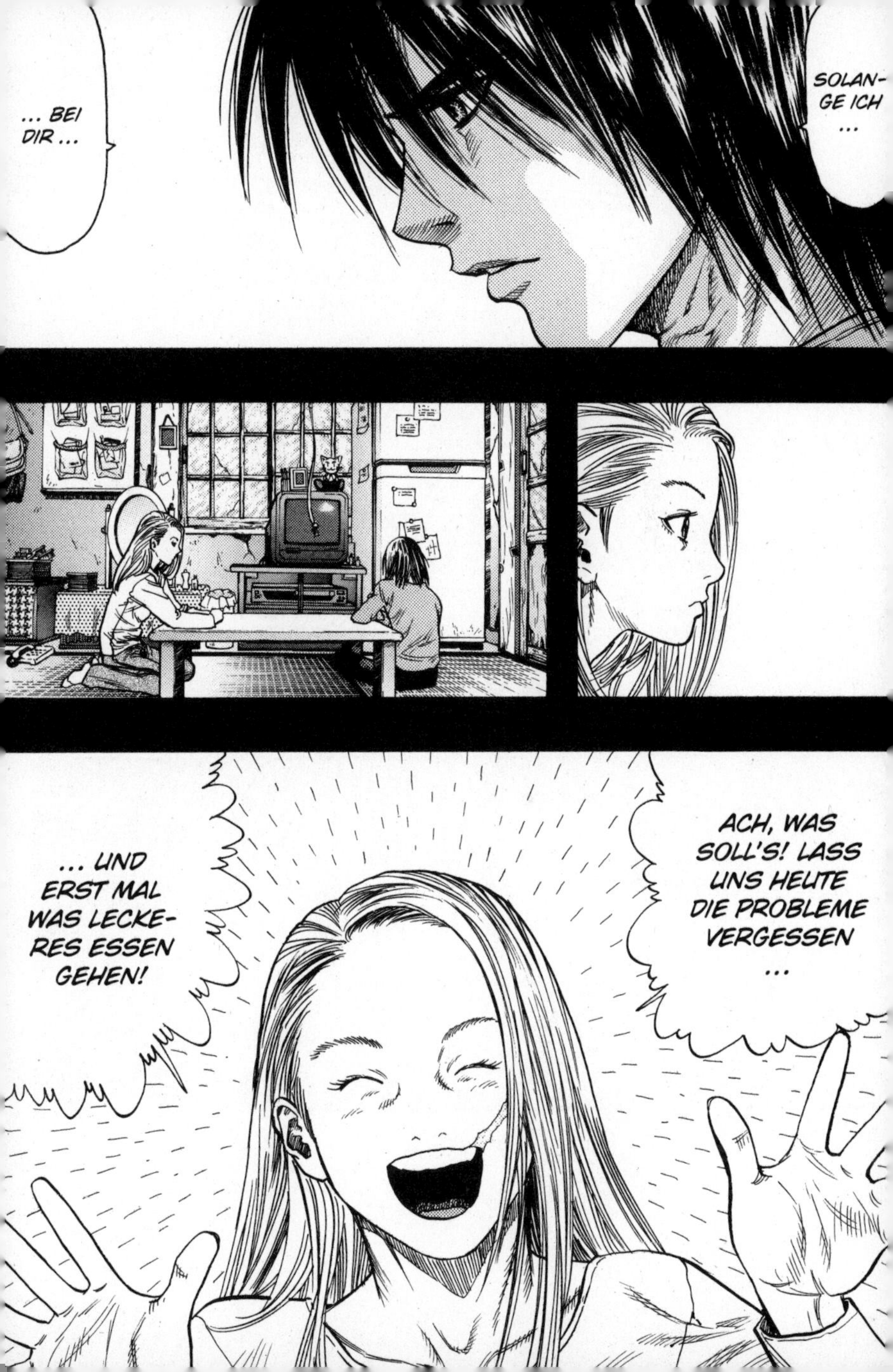
SOLANGE ICH ...
... BEI DIR ...
ACH, WAS SOLL'S! LASS UNS HEUTE DIE PROBLEME VERGESSEN ...
... UND ERST MAL WAS LECKERES ESSEN GEHEN!

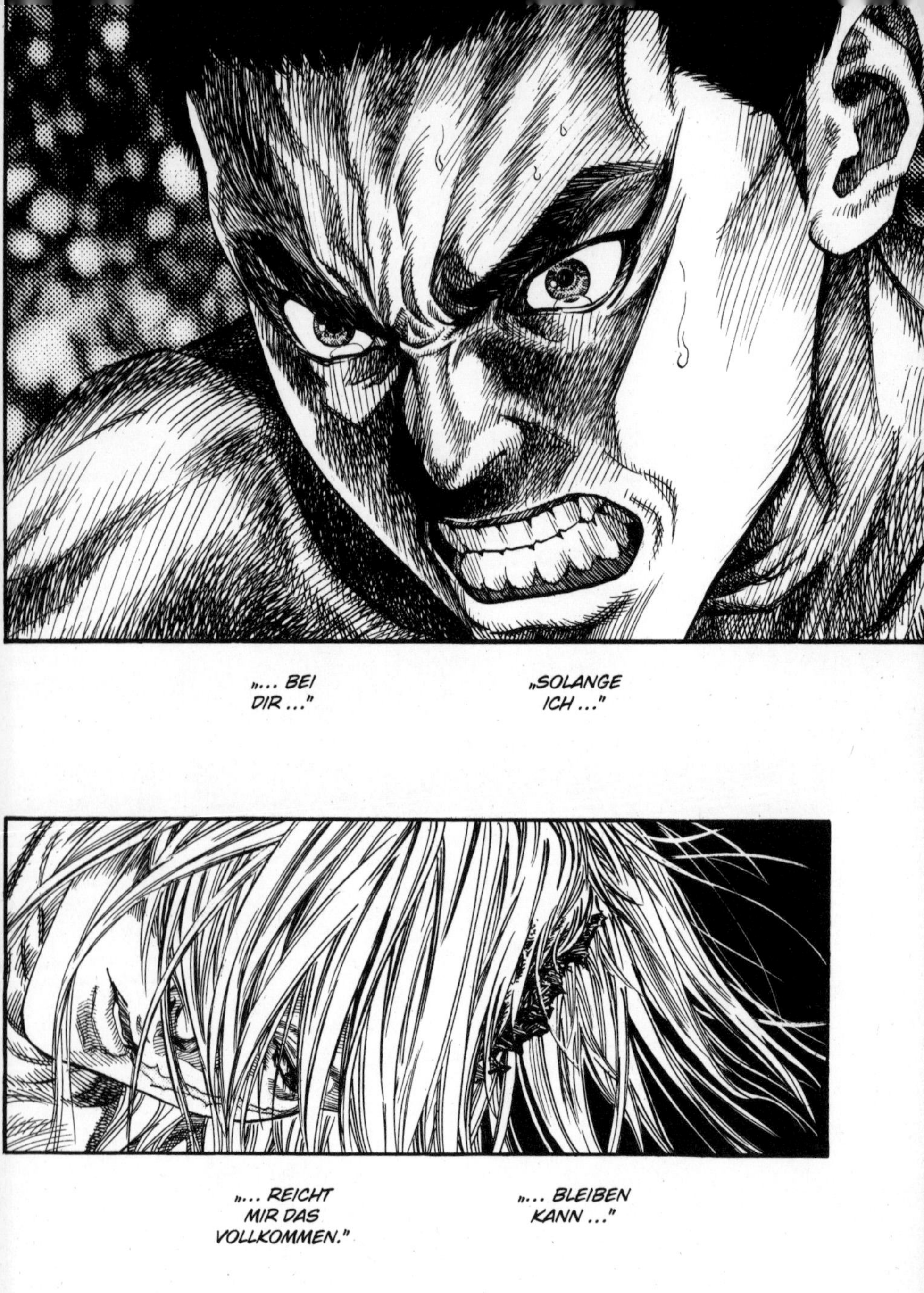
„SOLANGE ICH ..."
„... BEI DIR ..."
„... BLEIBEN KANN ..."
„... REICHT MIR DAS VOLLKOMMEN."

Episode 26:
Das dritte Stadium

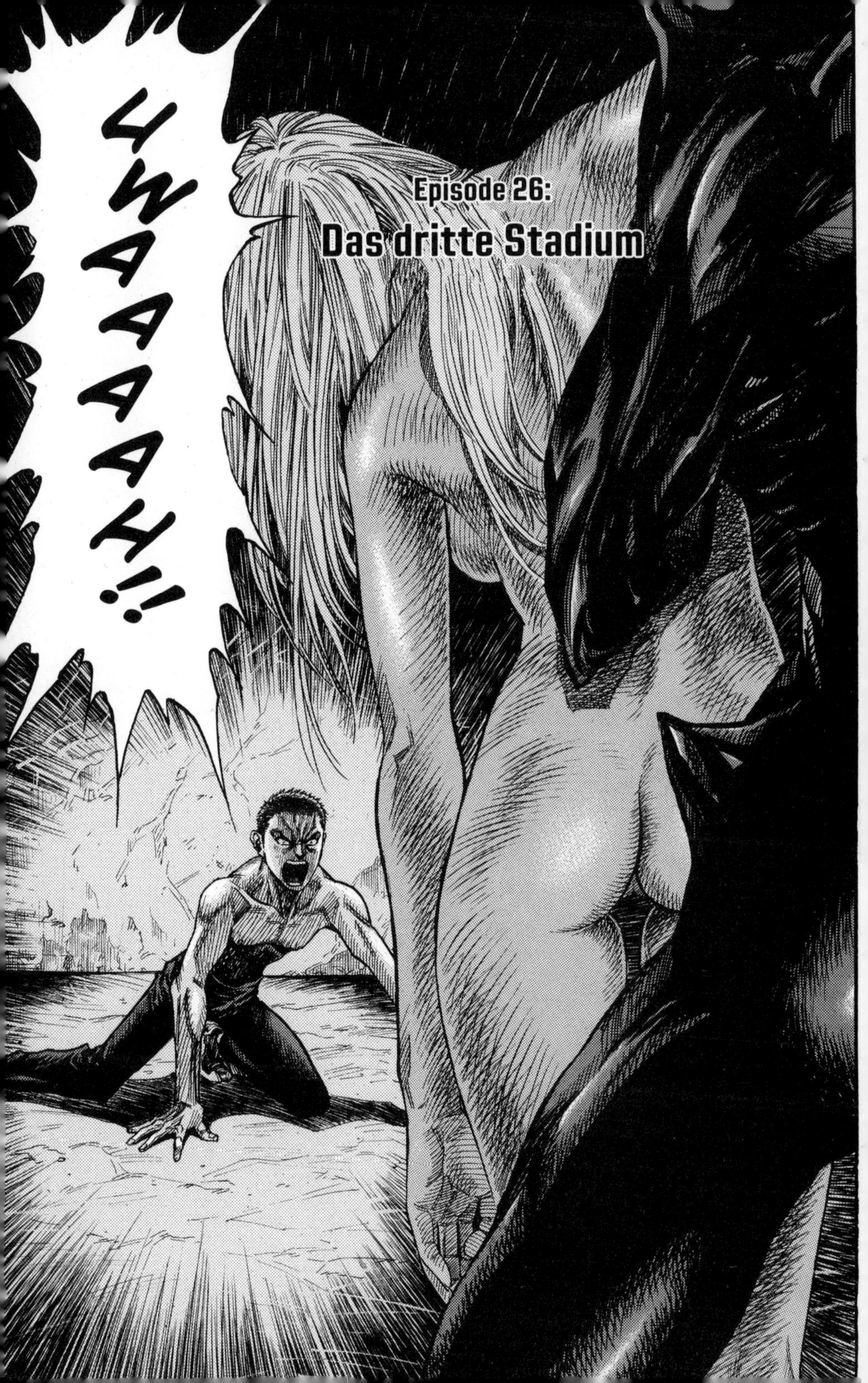

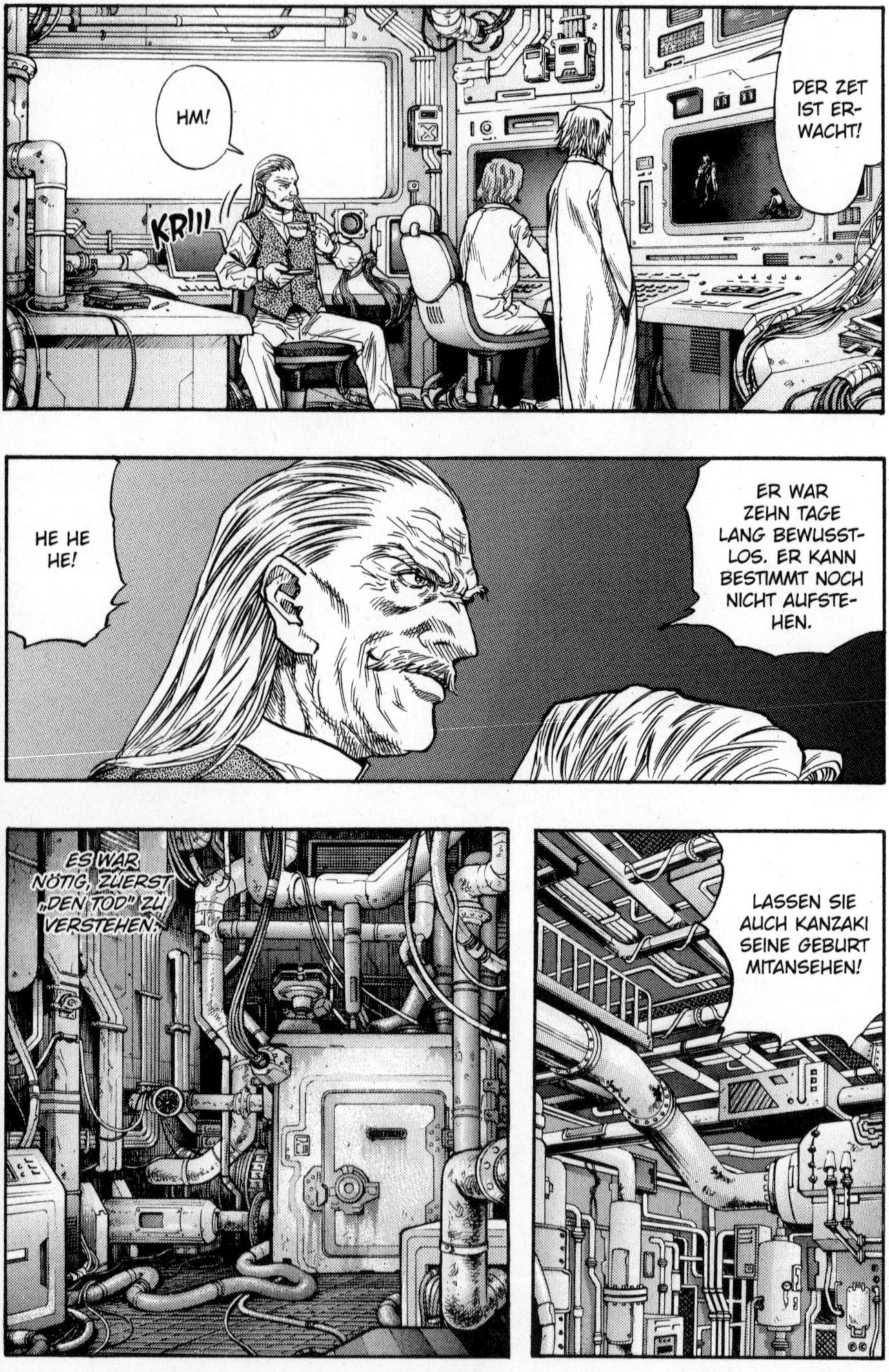
DER ZET IST ER-WACHT!
HM!
KR!!!
ER WAR ZEHN TAGE LANG BEWUSST-LOS. ER KANN BESTIMMT NOCH NICHT AUFSTE-HEN.
HE HE HE!
LASSEN SIE AUCH KANZAKI SEINE GEBURT MITANSEHEN!
ES WAR NÖTIG, ZUERST „DEN TOD" ZU VERSTEHEN.

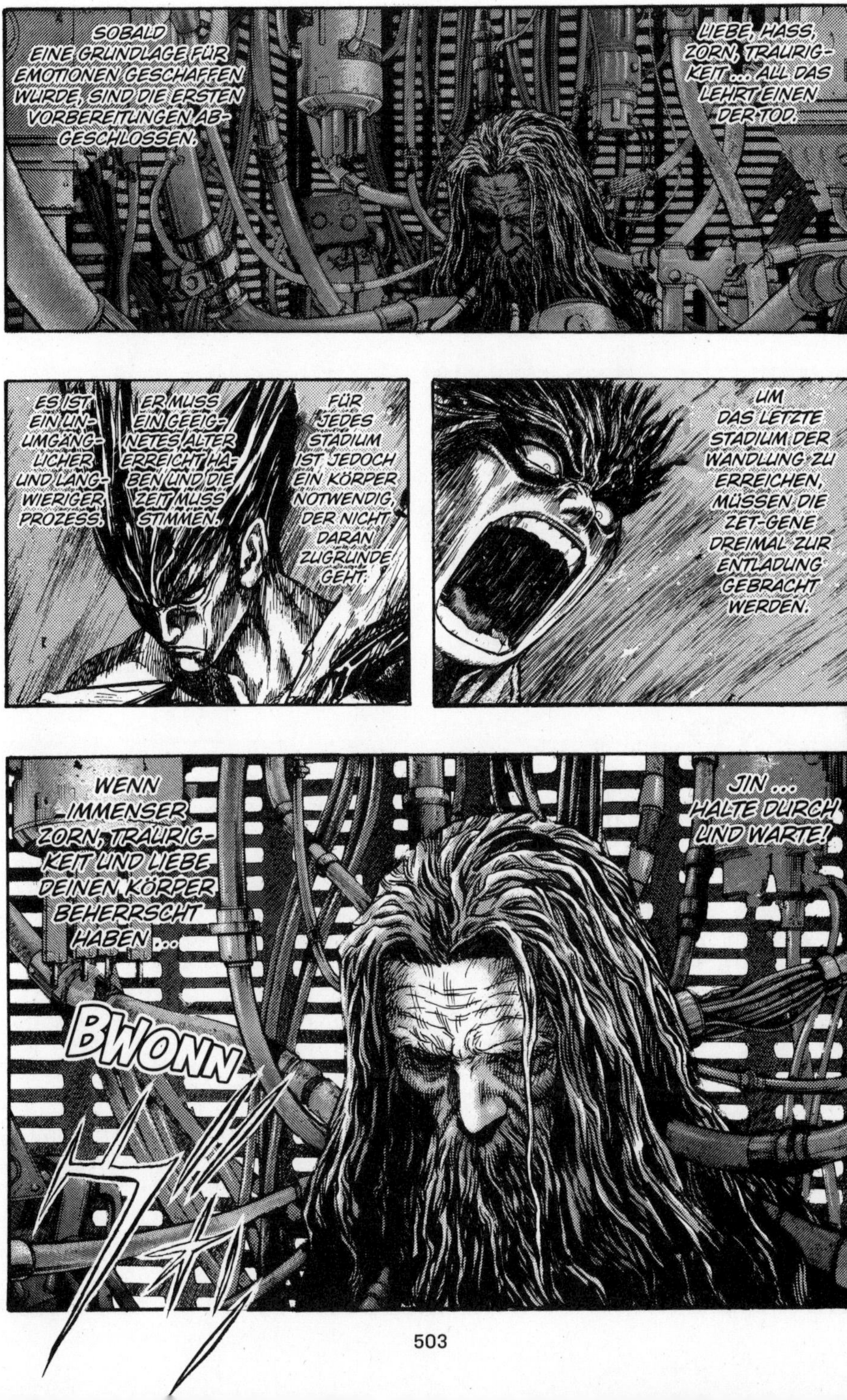
SOBALD EINE GRUNDLAGE FÜR EMOTIONEN GESCHAFFEN WURDE, SIND DIE ERSTEN VORBEREITUNGEN ABGESCHLOSSEN.
LIEBE, HASS, ZORN, TRAURIGKEIT ... ALL DAS LEHRT EINEN DER TOD.
ES IST EIN UNUMGÄNGLICHER UND LANGWIERIGER PROZESS.
ER MUSS EIN GEEIGNETES ALTER ERREICHT HABEN UND DIE ZEIT MUSS STIMMEN.
FÜR JEDES STADIUM IST JEDOCH EIN KÖRPER NOTWENDIG, DER NICHT DARAN ZUGRUNDE GEHT.
UM DAS LETZTE STADIUM DER WANDLUNG ZU ERREICHEN, MÜSSEN DIE ZET-GENE DREIMAL ZUR ENTLADUNG GEBRACHT WERDEN.
WENN IMMENSER ZORN, TRAURIGKEIT UND LIEBE DEINEN KÖRPER BEHERRSCHT HABEN ...
JIN ... HALTE DURCH UND WARTE!
BWONN

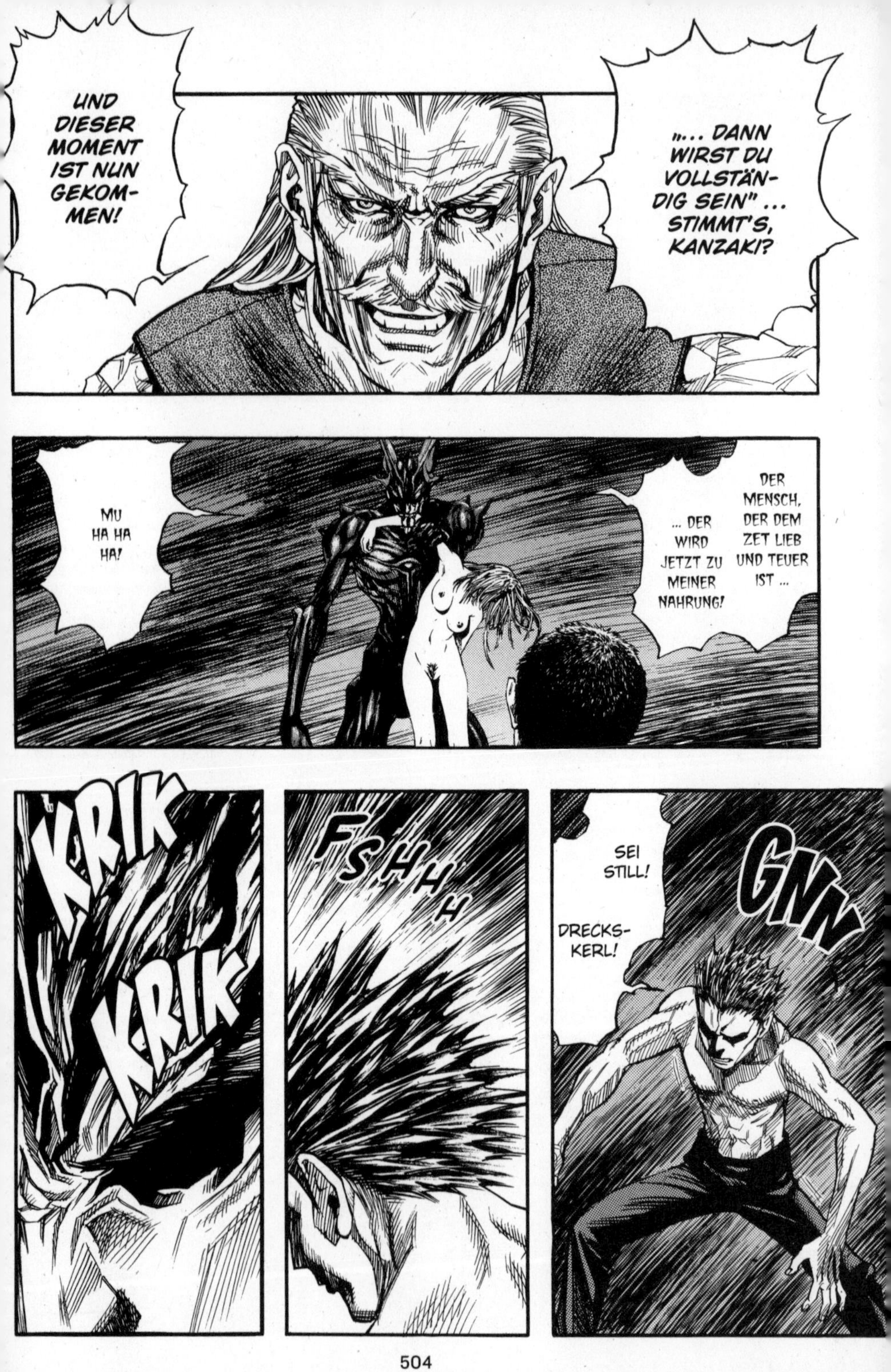
UND DIESER MOMENT IST NUN GEKOMMEN!
"... DANN WIRST DU VOLLSTÄNDIG SEIN" ... STIMMT'S, KANZAKI?
DER MENSCH, DER DEM ZET LIEB UND TEUER IST ...
... DER WIRD JETZT ZU MEINER NAHRUNG!
MU HA HA HA!
KRIK KRIK
FSHHH
GNN
SEI STILL!
DRECKS-KERL!

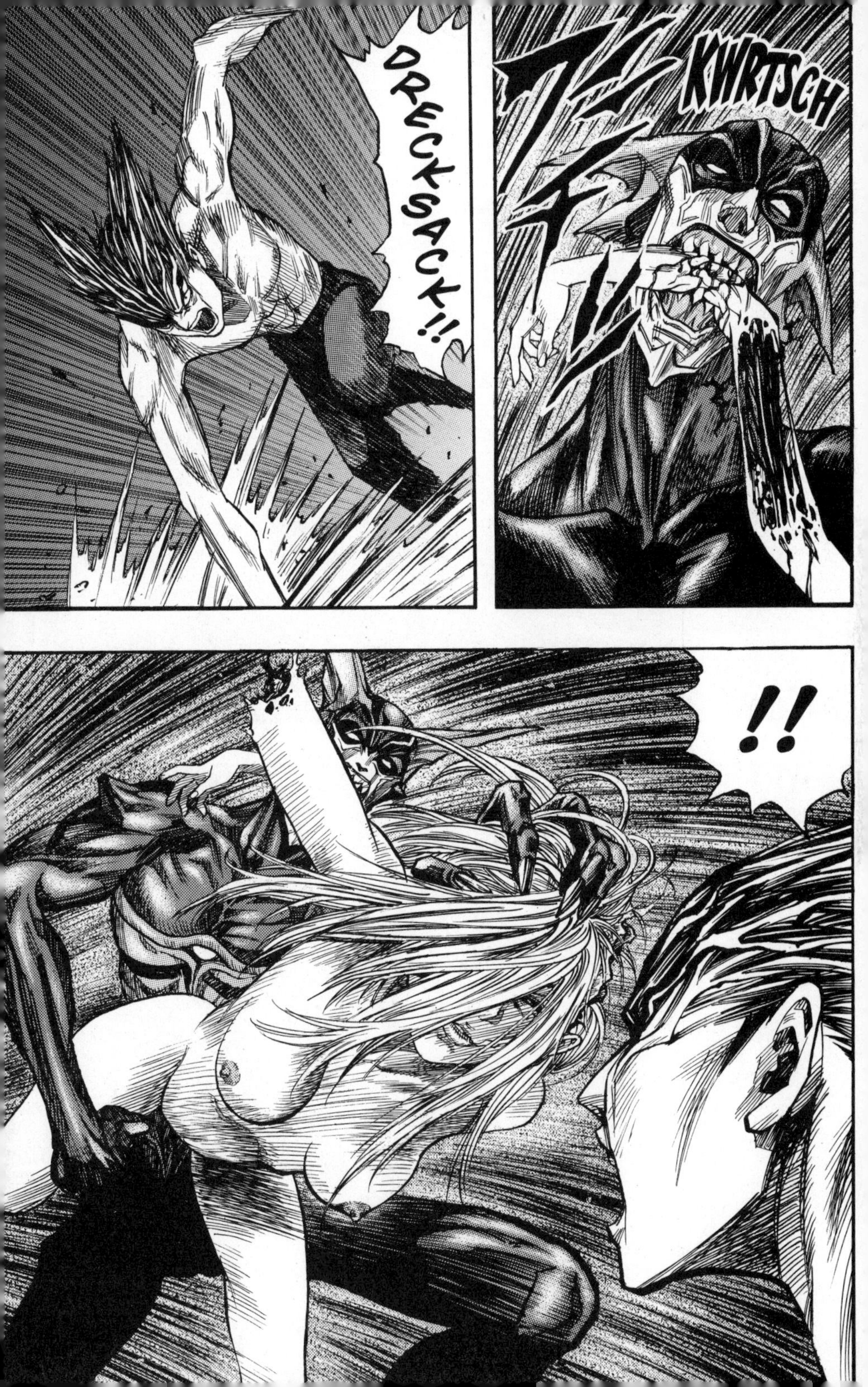
KWRTSCH
DRECKSACK!!
!!

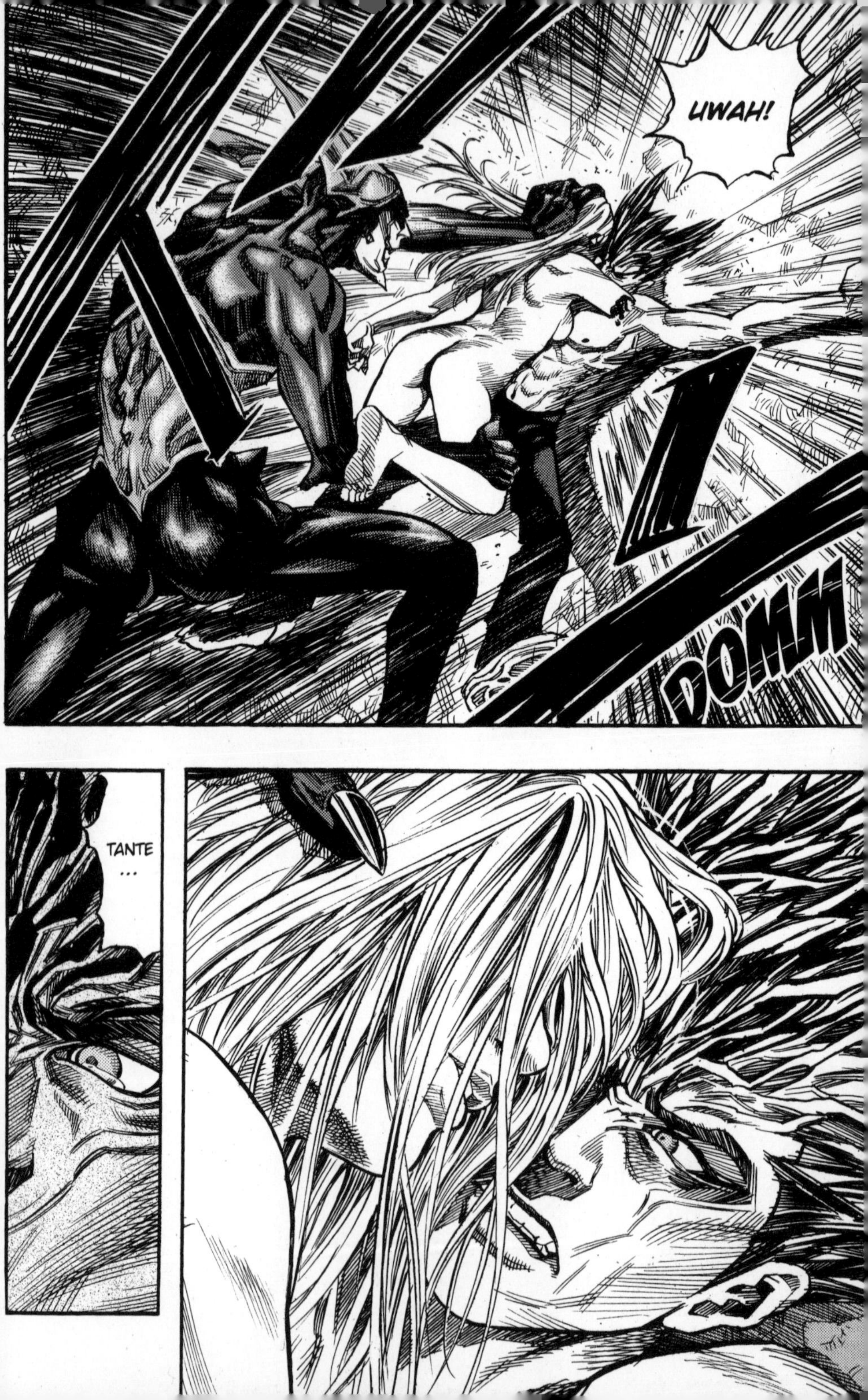
UWAH!
DOMM
TANTE ...

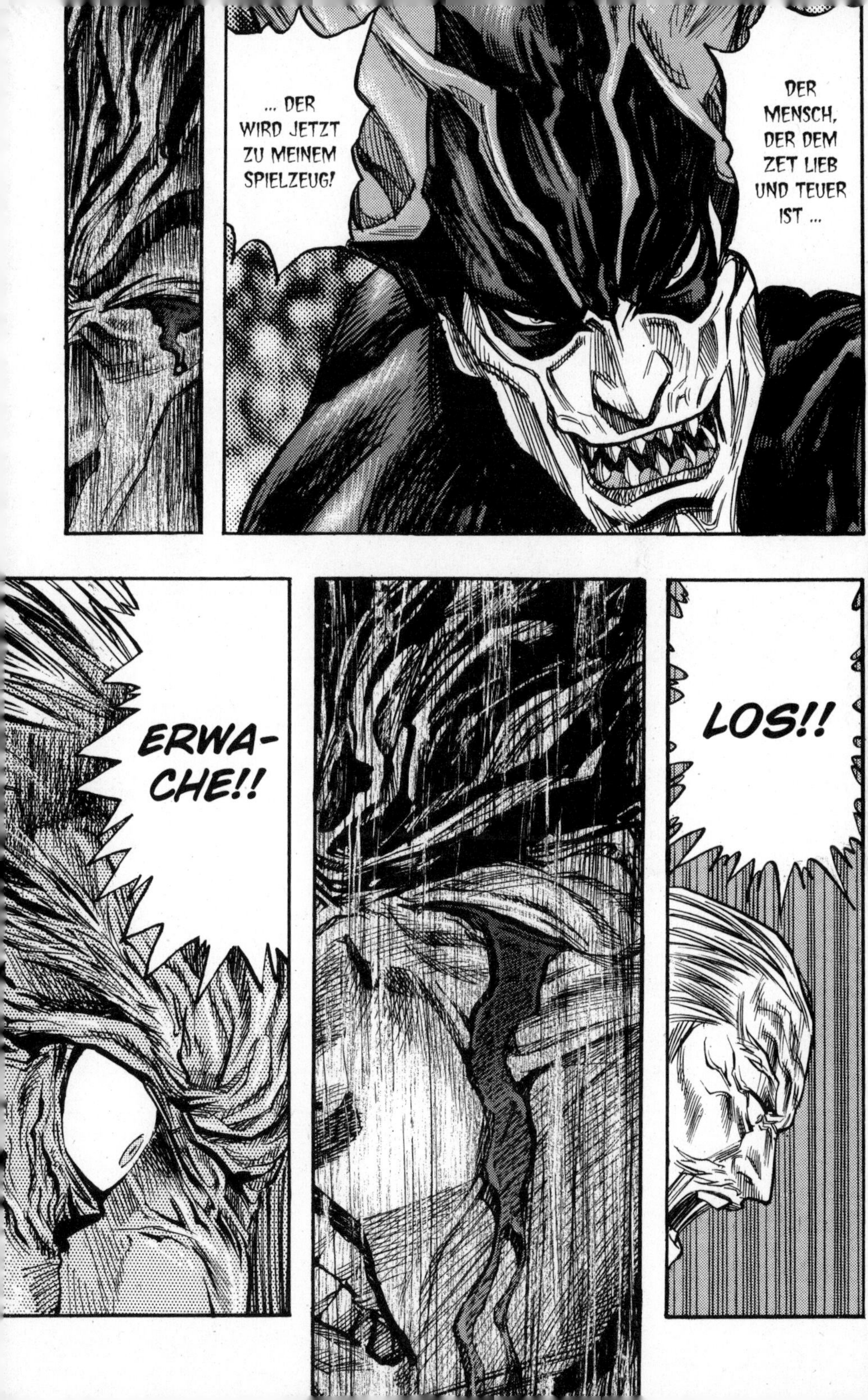
DER MENSCH, DER DEM ZET LIEB UND TEUER IST ...
... DER WIRD JETZT ZU MEINEM SPIELZEUG!
LOS!!
ERWA-CHE!!

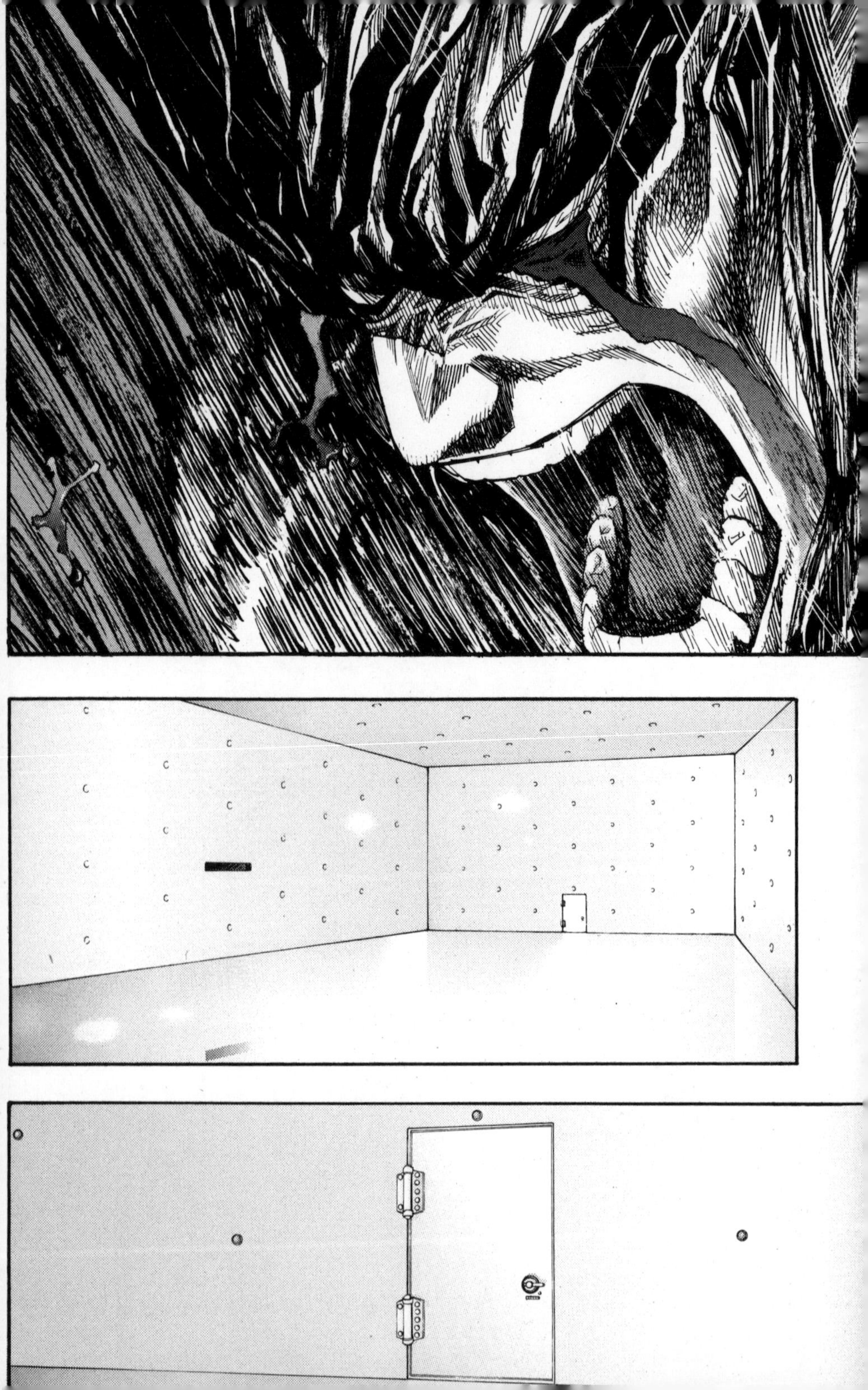

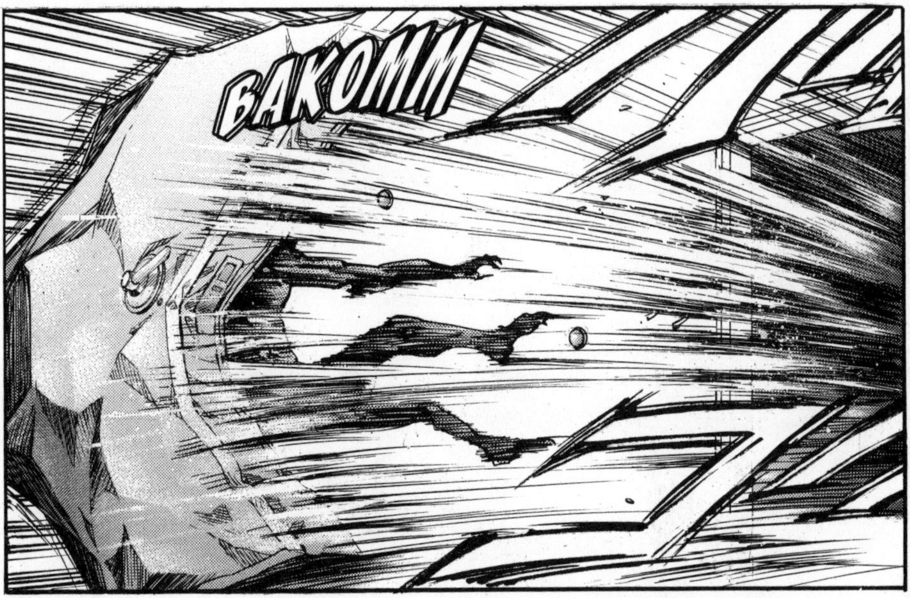
BAKOMM

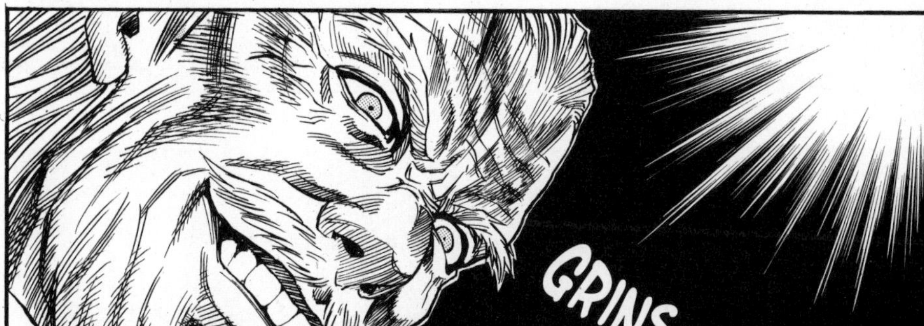
GRINS

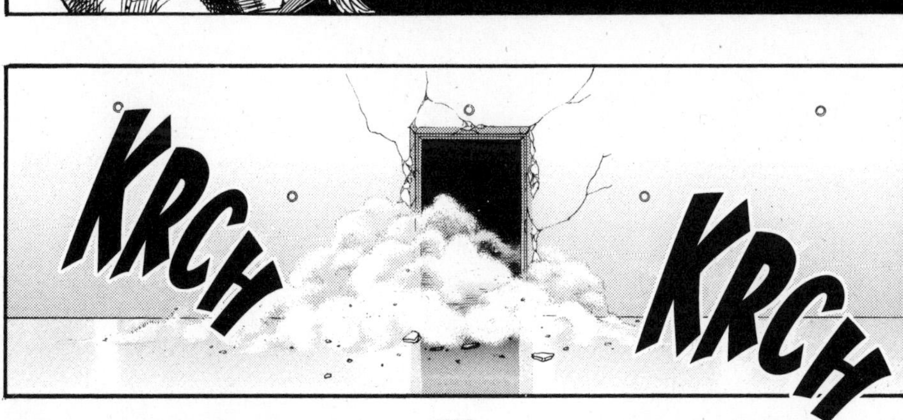
KRCH
KRCH

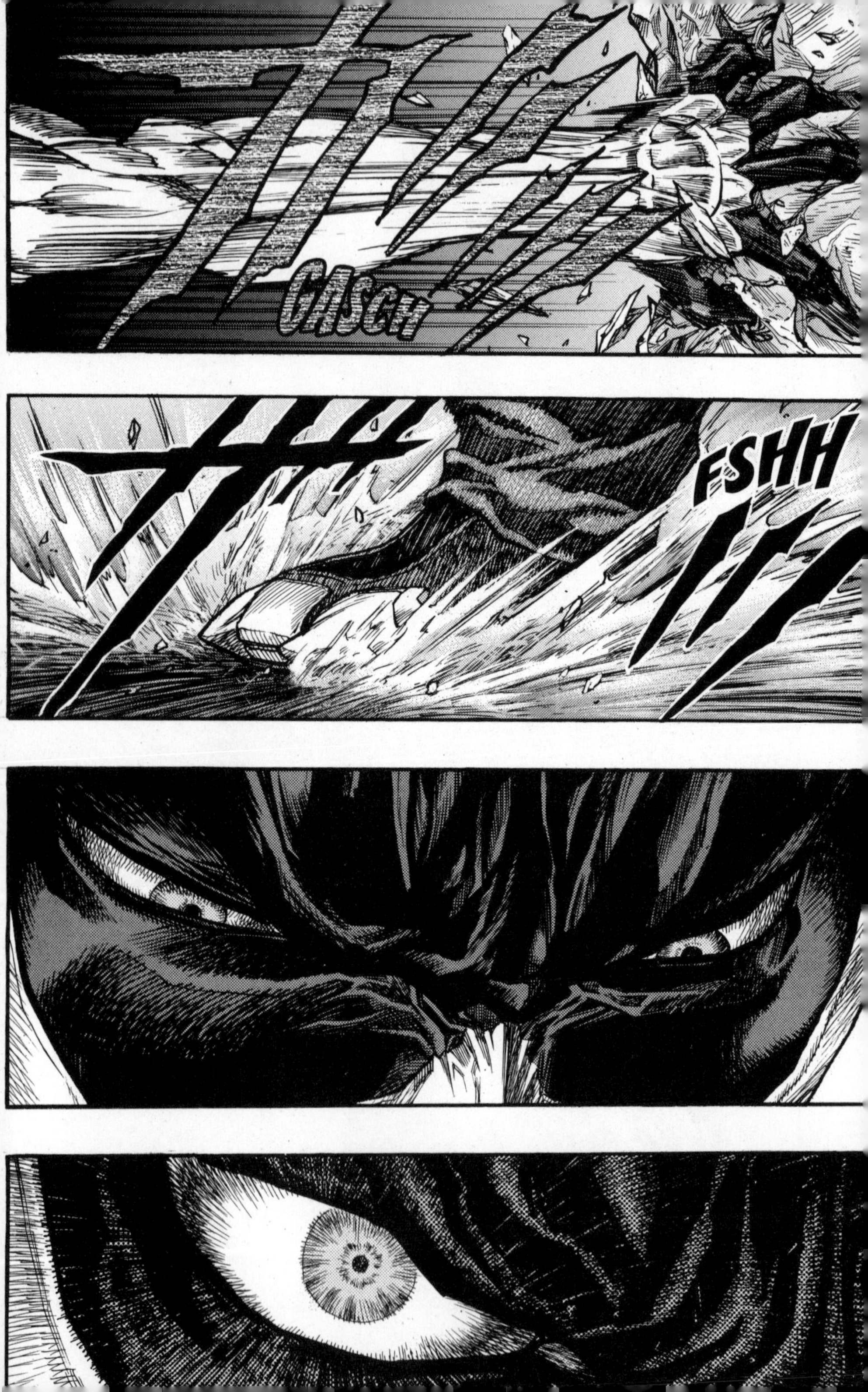
GASCH
FSHH

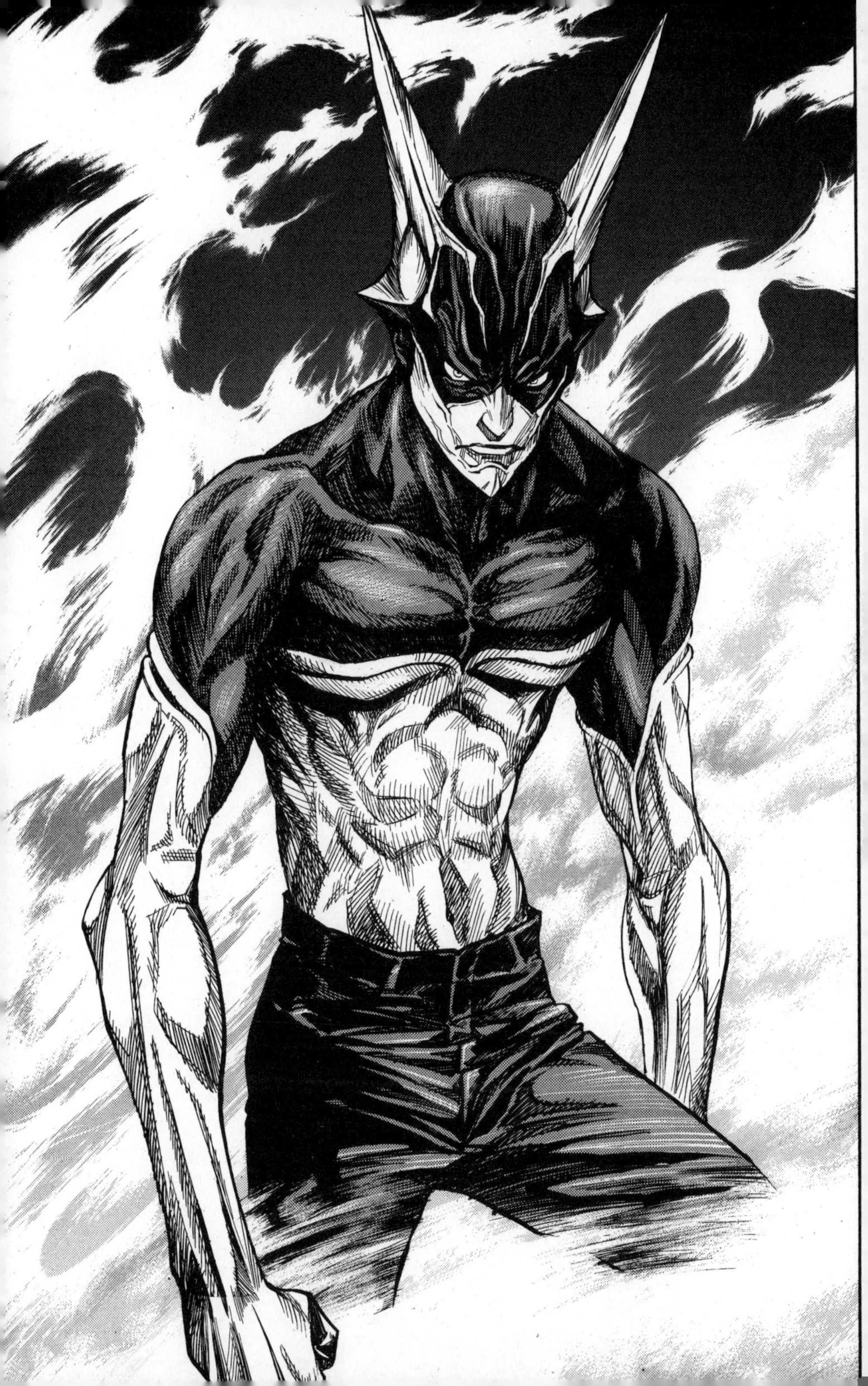

Fortsetzung folgt

ZETMAN

manga 漫画 Cult

STOPP!

STOPP! DIES IST DIE LETZTE SEITE!

ZETMAN ist ein Manga, und einen japanischen Comic liest man von hinten nach vorne. Auch die Lesereihenfolge der Bilder und Sprechblasen auf den Seiten ist anders als gewohnt: von rechts oben nach links unten.

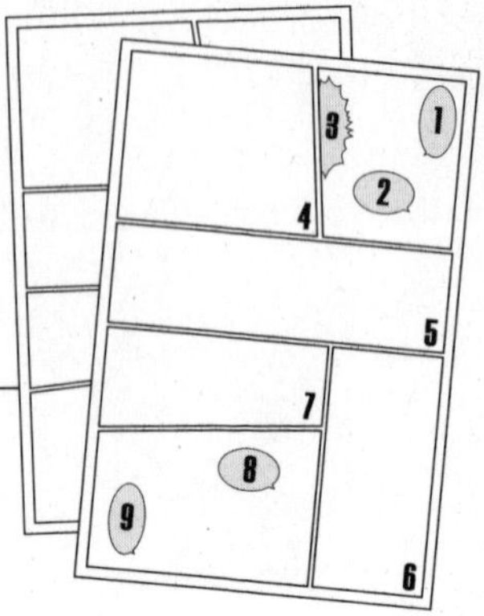

ZETMAN 01

von
Masakazu Katsura

2. Auflage, 2024
Deutsche Ausgabe/German Edition

Verlagsleitung: Andreas Mergenthaler & Luciana Bawidamann

Aus dem Japanischen von Burkhard Höfler

First published in Japan in 2002 by SHUEISHA Inc., Tokyo.
German translation rights in Germany, Austria and German-speaking Switzerland
arranged by SHUEISHA Inc. through VME PLB SAS, France.
Original Cover Design: Kobayashi Mitsuru (gen a lòde)

Programmleitung: Alexandra Grimsehl
Redaktion: Mareike Pieczarek
Lektorat: Mareike Pieczarek
Korrektorat: Denise Hedrich
Grafik/Produktionsleitung: Elke Epple
Layout und Lettering: Manga Cult, Datagrafix GSP GmbH, Berlin
Druck: GGP Media GmbH, Pößneck

Print-ISBN: 978-3-96433-806-8

www.manga-cult.de | August 2023